Handbuch der Film- und Fernseh-Produktion

Psychologie - Gestaltung - Technik

Werner van Appeldorn

TR-Verlagsunion München

2. überarbeitete Auflage 1988

Lektorat: Gabriele Rieth

Umschlagentwurf: Beate C. Eberle, München

Bildnachweis:
Agfa-Gevaert AG 64 a, 72, 73
Arnold & Richter 79, 123
BTS 92, 93, 105 a, 106, 148
Kodak AG 64 b
Schule f. Rundfunktechnik 47, 83, 84, 85, 89, 90, 97, 99, 100, 101, 102, 103, 104, 105 b, 107, 108, 147
W. Steenbeck & Co 144
Verfasser 1, 2, 3, 4, 7, 8, 9, 11, 12, 13, 14, 15, 16, 17, 18, 19, 20, 21, 23, 25, 26, 27, 28, 29, 30, 31, 32, 33, 34, 35, 36, 37, 38, 39, 40, 41, 42, 43, 44, 45, 46, 48, 49, 50, 51, 52, 53, 54, 55, 56, 57, 57 a, 58, 59, 60, 61, 62, 63, 65, 66, 67, 68, 69, 70, 71, 74, 75, 76, 77, 78, 80, 81, 82, 86, 91, 96, 109, 110, 111, 112, 113, 114, 115, 116, 117, 118, 119, 122, 125, 126, 128, 129, 130, 131, 132, 133, 134, 137, 138, 140, 142, 145, 149
Verfasser/SRT 95, 98, 135, 136,
Verfasser/WDR 94, 120, 121, 124, 141, 143, 146, 150

Gesamtherstellung: Druckerei Gebr. Bremberger, München

ISBN 3-8058-1728-2

Wie dieses Buch zu lesen ist

Sie brauchen keineswegs mit der ersten Seite anzufangen, Sie können es ebenso gut irgendwo in der Mitte aufschlagen und dort mit dem Lesen beginnen.

Das Gebiet Film und Fernsehen gehört nämlich nicht zur Technik, aber ebenso wenig gehört es zur Psychologie oder zur Kunst. Es ist ein Ganzes, ein System aus allen diesen Komponenten, und es wäre müßig, an dieser Stelle zu erörtern, ob zuerst die Henne oder das Ei da war. Wirklich verstehen kann man das Medium nur, wenn man es als Ganzes betrachtet. Wer sich bisher damit beschäftigt hat, kennt die Schwierigkeiten. Da gab es einen Film, der die Menschen zutiefst bewegt hat, er war jedoch miserabel fotografiert. Aber noch ehe man sich zu der Überzeugung durchgerungen hat, die Qualität der Fotografie sei für die Wirkung eines Films nebensächlich, wird man von einem anderen Film zutiefst beeindruckt, der ohne seine hervorragende Fotografie ein Nichts gewesen wäre. Ohne daß man die Fotografie eines Films in Beziehung zu allen anderen Gestaltungskomponenten setzt, kann man einfach nicht zu einer gültigen Beurteilung kommen.

Ein Film oder ein Fernsehprogramm ist ähnlich vielschichtig wie ein lebendiger Organismus. Der besteht auch aus einer Hierarchie von unzähligen lebendigen Gebilden. Leberzellen z.B. sind solche lebenden Gebilde. In sich sind sie vollkommen und ihren eigenen Gesetzmäßigkeiten unterworfen. Ihr Wirken ergibt jedoch keinen Sinn, wenn wir es nicht im Gesamtkontext des Organs „Leber" sehen. Dieses ist auf höherer Ebene wiederum ein abgeschlossenes kompliziertes Gebilde wie eine chemische Fabrik, in der Grundstoffe angeliefert und an anderer Stelle Chemikalien ausgeliefert werden. Ihre Bedeutung können wir wiederum nur dann erkennen, wenn wir sie im Rahmen des Gesamtorganismus betrachten.

Ebenso ist ein Film oder eine Fernsehsendung eine Hierarchie aus einzelnen Bildern, Farben, Tönen, Rhythmen, danach aus Szenen, und am Ende aus dem Bogen der Handlungsführung. So gesehen ist es gleichgültig, ob man bei der Erforschung eines lebenden Organismus bei den einzelnen Zellen beginnt und von da an aufbauend weiterarbeitet oder ob man zuerst den Gesamtorganismus betrachtet und ihn dann in seine einzelnen Bestandteile zerlegt

Dieses Buch ist eingeteilt in einzelne Kapitel über „Filmtechnik", „Fernsehtechnik", „Wahrnehmungspsychologie" etc. und diese wiederum in einzelne Abschnitte wie „Film-Emulsionen", „Gestaltwahrnehmung" etc. Ihre Reihenfolge ist indessen völlig bedeutungslos und mehr oder weniger zufällig, denn alle beschriebenen Bestandteile sind gleich wichtig und auf keinen kann man verzichten. Da sie alle Bestandteile eines Systems sind, in dem ein Faktor mit allen anderen in Beziehung steht, werden Sie in den Texten immer wieder Hinweise auf andere Kapitel finden, in denen ein bestimmter Aspekt des behandelten Themas auf anderer Ebene weitergesponnen wird. Wenn Sie sich z.B. mit den technischen Aspekten der Bildschärfe und des Auflösungsvermögens befassen, werden Sie darauf verwiesen, daß das Auflösungsvermögen auch wahrnehmungspsychologisch von Bedeutung ist. Falls Sie den Zusammenhang vertiefen wollen und das angegebene Kapitel aufschlagen, werden Sie alles Wissenswerte über die Wahrnehmung großer scharfer und kleiner unscharfer Bilder nachlesen können. Natürlich können Sie auch umgekehrt verfahren, falls Sie mit dem Lesen bei der Wahrnehmungspsychologie angefangen haben sollten und dort Ihre Neugierde auf die damit verbundenen technischen Zusammenhänge geweckt wurde. In jedem Fall aber werden Sie immer weiter verwiesen - kreuz und quer durch das ganze Fachgebiet.

Vielleicht werden Sie auf diese Weise eines Tages das ganze Buch gelesen haben, und möglicherweise wird dieses Verfahren Ihnen geholfen haben, Film und Fernsehen in seinen Zusammenhängen zu begreifen.

Vielleicht werden Sie hierbei ein Kapitel mit der Überschrift „Kunst“ vermissen. Gerade der Film wird ja von vielen als Kunstform verstanden. Mit der Kunst freilich hat es seine eigene Bewandtnis. Sie entzieht sich jeder wirklich schlüssigen Definition. Was heute Kitsch ist, kann morgen Kunst sein, und so ist das Ganze eine Sache des persönlichen, des zeitlichen und auch des örtlichen Geschmacks. Nichts, was man darüber schreibt, kann allgemeingültig sein. Alles, was man darüber schreibt, ist letzten Endes Spekulation. Das heißt nicht, daß wir der künstlerischen Energie der Filmschaffenden geringe Bedeutung beimessen. Im Gegenteil, ohne diesen künstlerischen Teil der Film- und Fernsehgestaltung wäre das Medium ein trostloses und eintöniges Routinegeplärre, welches sehr bald seinen wichtigsten Bestandteil verlieren würde: seine Zuschauer.

In diesem Buch wollen wir uns indessen auf jene Elemente der Medien beschränken, über die es einigermaßen gesicherte Erkenntnisse gibt. Damit allein betreten wir schon ein weites Feld. Absichten und Gestaltungstechniken der Kommunikatoren, Erwartungen und Reaktionen der Zuschauer und das technische Medium, das diese beiden verbindet - alles das gehört mit zum Gesamtsystem.

Technik und Wissenschaft lieben es, sich in Formeln auszudrücken. So kommt es, daß es zahlreiche Veröffentlichungen über Farbsensitometrie, Digitalisierung von Bildsignalen oder die Signifikanz von psychologischen Testergebnissen gibt, die zum erheblichen Teil aus Formeln bestehen. Weil es diese Veröffentlichungen gibt, habe ich darauf verzichtet, bei den einzelnen Sachgebieten so weit ins Detail zu gehen. Es hätte die Zielsetzung dieses Buches gesprengt und es außerdem zu einem vielbändigen, kaum lesbaren Werk erweitert.

Pädagogen, PR-Fachleute, Journalisten und andere Leser, denen es darauf ankommt, sich einen Überblick über die Wirkungsweise von Film und Fernsehen zu verschaffen, können sich mit dem Lesen begnügen. Daß sie nebenbei möglichst viele Filme und Fernsehsendungen sehen und analysieren sollten, versteht sich von selbst.

Kameramänner, Filmtechniker, Fernsehredakteure und andere Leser, für die Film und Fernsehen Hauptberufe sind, sollten die verschiedenen im Text beschriebenen Experimente selbst ausführen, auch wenn dies mit Umständen verbunden sein sollte.

Theorie und Praxis sollten sich aufs Haar gleichen und identisch sein. Es ist ein großer Unterschied, ob man sämtliche Werke über die Konstruktion von Uhrwerken studiert hat oder ob man auch selbst einmal eine Uhr auseinandergenommen und repariert hat. Alles, was in diesem Buch beschrieben ist, wird nur für den greifbare Praxis werden, der das Dargestellte auch praktisch erprobt.

Wenn man will, kann man die vier Bände dieses Werks als vier Semester eines Medienstudiums und die einzelnen Kapitel darin als Vorlesungen betrachten. Ein systematisches Erarbeiten aller „Vorlesungs“-Inhalte wird einem Medienkunde-Studium etwa gleichkommen, sofern es durch praktische Experimente vertieft wird: Versuche mit Produktionsmitteln, wahrnehmungspsychologische Experimente, gestalterische Übungsarbeiten. Anregungen hierzu sind in nahezu allen Kapiteln enthalten.

Andererseits wird es für Dozenten, Lehrer und Referenten bei diesem System verhältnismäßig leicht sein, für Vorlesungen oder Unterrichtsstunden gezielt das Material zu finden, das sie benötigen. Die üblichen Mühen, einige Bücherstapel durchzuarbeiten, um auf einigen wenigen Seiten genau jene Daten oder Zusammenhänge zu finden, auf die es ankommt, bleiben ihnen erspart.

Band I

Wahrnehmung und Gestaltung

Inhalt

1. Gestaltwahrnehmung

Sehen und Hören sind hochkomplizierte Vorgänge, die im wesentlichen ohne Zutun unseres Wachbewußtseins ablaufen. Da diese Funktionen nicht nur unbewußt und „automatisch" ablaufen, sondern praktisch ununterbrochen tagaus, tagein tätig sind, erscheinen sie uns in der Regel so selbstverständlich, daß wir nur wenige Gedanken daran verschwenden. Dennoch sind die Reaktionen des Zuschauers auf Film und Fernsehen - und daraus abgeleitet die Gestaltungstechniken der „Macher" - kaum wirklich zu verstehen, wenn man die komplexen Abläufe in der menschlichen Wahrnehmung nicht versteht.

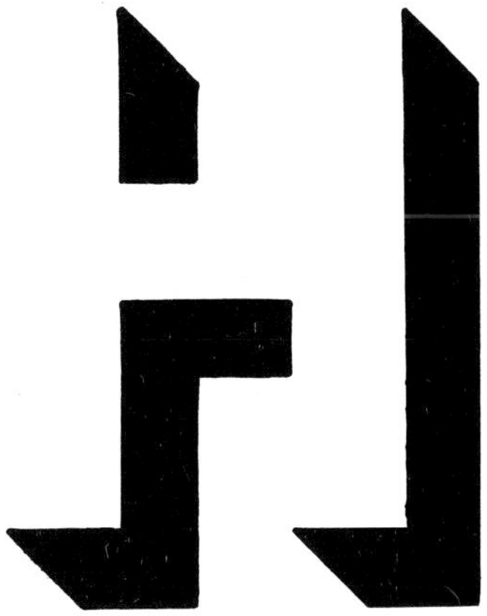

Abb. 1

Sollten Sie in dieser Konfiguration nicht sofort den Großbuchstaben H erkannt haben, könnten Sie dieses Buch einmal aufgeschlagen an eine Wand stellen, sich einige Schritte entfernen und die Figur jetzt durch halbgeschlossene Augenwimpern betrachten. Wahrscheinlich werden Sie bemerken, daß der Buchstabe um so deutlicher erkennbar wird, je undeutlicher Sie ihn sehen.

Dieses Paradoxon deutet auf interessante Vorgänge hin, die nur zum allergeringsten Teil in Ihrem Auge, im wesentlichen aber im Sehzentrum Ihres Gehirns stattfinden. Objektiv gesehen hat diese Präsentation nämlich nirgendwo auch nur eine entfernte Ähnlichkeit mit dem Buchstaben H, den wir uns ja als zwei senkrechte Striche vorstellen, die durch einen kurzen waagerechten Strich verbunden werden.

Mit dieser - zunächst abstrakten - Vorstellung sind wir dem Sehvorgang bereits auf der Spur, denn es besteht kaum ein Zweifel, daß ein Araber oder ein Chinese - die eine andere Schrift gelernt haben - aus den drei schwarzen Vielecken nur zwei senkrechte und eine waagerechte Linie erkennen würden.

Voraussetzung hierzu ist also, daß die Grundvorstellung des Buchstabens irgendwo in unserem Gedächtnis gespeichert wurde. Daß es sich bei dieser Speicherung um eine Abstraktion handeln muß, geht daraus hervor, daß wir das Grundprinzip „Buchstabe H" in allen möglichen Formen und Variationen wiedererkennen.

Damit ist aber noch nicht restlos geklärt, wie die Wahrnehmung aus den drei schwarzen Vielecken den aus weißen Balken bestehenden Buchstaben rekonstruieren konnte. Es gibt dafür nur eine plausible Erklärung: Die drei schwarzen Vielecke enthalten an ihren Ecken gleich lange, schräg und parallel verlaufende Begrenzungslinien

- einige davon sind nur dadurch rekonstruierbar, daß man eine gedachte Linie von Ecke zu Ecke zieht.

Auch in diesem Fall muß das Sehzentrum seinen ganzen Erfahrungsschatz abtasten, bis es auf die Erkenntnis stößt, daß solche schrägen parallelen Linien eine Perspektive darstellen könnten. Handelt es sich um eine Perspektive, so haben die schwarzen Figuren eine dritte Dimension - folglich können sie die seitlichen Schattenkonturen von ansonsten weißen, plastischen Körpern sein. Man sieht daraus, daß das Sehzentrum zu äußerst schnellen, unwillkürlichen Denkvorgängen mit mehrstufiger Logik imstande ist. Unser Beispiel zeigt, daß das Sehzentrum erstaunliche Leistungen vollbringt, denn beim Sehen der Figur muß ja zunächst das ganze Gedächtnis nach der passenden Urform abgesucht werden, und dort ist sicherlich nicht nur das Alphabet gespeichert. Konsequent weitergedacht müssen wir annehmen, daß dort alles gespeichert ist, was wir sehen können. Es gibt viele tausend Experimente, die genau diese Tatsache zweifelsfrei bestätigen.

Wenn wir daraus ableiten, daß Menschen nur solche Gegenstände sehen oder erkennen können, die sie zu sehen gelernt haben, dann mag dies auf den ersten Blick absurd erscheinen, es entspricht indessen der Realität. Die Umkehrung dieses Satzes würde lauten, daß Menschen Gegenstände, die sie nicht kennen, auch nicht sehen. Auch wenn das noch abwegiger erscheint, so stimmt auch dies.

Allerdings hat jeder Mensch irgendwann einmal zu sehen gelernt - er hat alle für ihn wichtigen Seherfahrungen abstrahiert und gespeichert. Zum weitaus größten Teil geschieht dies in den ersten Jahren nach der Geburt. Später entwickelt sich daraus die Fähigkeit, den gespeicherten Vorrat in kleinen Schritten zu modifizieren und zu erweitern. Solche Modifikationen können beim erwachsenen Menschen jedoch immer nur auf der Grundlage seines Erfahrungsspeichers erfolgen.

Das Sammeln von Seherfahrungen geschieht beim Kleinkind durch Zusammenwirken mehrerer Sinnesorgane („Synästhesie"). Sehr wichtig sind dabei Tast-, Geschmacks- und Geruchssinn. Kleinkinder betasten Gegenstände und führen sie zum Mund. Gleichzeitig mit der Abstraktion des gespeicherten Bildes werden auch eine Reihe anderer Eigenschaften - wie Temperatur und Oberflächenbeschaffenheit - gespeichert. Diese Synästhesie ist auch beim erwachsenen Menschen sehr wirksam, wenn sie sich auch fast ausschließlich im Unbewußten abspielt. Damit ist sie auch für die Film- und Fernsehgestaltung wichtig.

I 10 - 29
Gestaltung

In unserem Buchstabenbeispiel fehlt mehr als die Hälfte von dem, was man als zwei weiße senkrechte und einen waagerechten Balken sieht, nämlich deren gesamte Umrandung außerhalb der vorhandenen Schatten. Wenn wir die weißen Balken dennoch erkennen, dann nur deshalb, weil wir uns diese fehlende Umrandung „hineindenken". Betrachtet man die Figur noch einmal undeutlich aus der Ferne, kann man die fehlenden „hinzugedachten Linien" buchstäblich sehen. Unser Sehzentrum „denkt" also im wahrsten Sinne des Wortes. Es ergänzt fehlende Teile an einem einmal erkannten Gegenstand und es sieht gewissermaßen „gedachte Linien". Von solchen „gedachten Linien" wird noch in anderen Kapiteln die Rede sein. Das Erkennen von Gegenständen auch dann, wenn man nur Bruchstücke davon sieht, hat sicherlich eine entwicklungsgeschichtliche Ursache. Für den Urmenschen war es lebenswichtig, zu erkennen, ob sich im Gebüsch ein Säbelzahntiger oder ein harmloses Reh bewegte.

Um das Funktionieren der Gestaltwahrnehmung näher kennenzulernen, sollten Sie das nachfolgende Bild 30 Sekunden lang betrachten. Das ist drei- bis zehnmal so lang, wie normalerweise ein Filmbild auf der Leinwand steht. Wenn es Ihnen gelingt, sollten

Sie das Bild ganz normal ansehen, wie Sie auch sonst ein Illustriertenfoto oder ein einzelnes Filmbild im Kino betrachten, das heißt ohne Anstrengung, sich bestimmte Details zu merken.

Abb. 2: Betrachten Sie dieses Bild etwa eine halbe Minute.

Nunmehr sollten Sie, ohne sich noch einmal das Bild anzuschauen, alle gesehenen Gegenstände aufschreiben, die Ihnen gerade einfallen. Erst nachdem Sie damit ganz fertig sind, sollten Sie sich die weiteren Bilder anschauen (s. Abb. 3). Bitte kreuzen Sie alle Gegenstände an, die Sie vom ersten Bild wiedererkennen. Auch dabei sollten Sie möglichst spontan vorgehen und Ihr Gedächtnis nicht übermäßig strapazieren.

Zur Auswertung können Sie sich das erste Bild wieder vornehmen und in Ihrer Liste markieren, wieviele Gegenstände Sie richtig behalten haben. Ebenso verfahren Sie mit den angekreuzten Bildausschnitten.

In aller Regel werden Sie feststellen, daß Sie viel mehr richtige Bildausschnitte angekreuzt, als Sie in der Liste aufgeführt haben. Das läßt darauf schließen, daß Ihr Wahrnehmungszentrum in den 30 Sekunden sehr viel mehr auf dem Bild registriert hat, als Ihr Bewußtsein abstrakt wiedergeben kann. Das ist nicht nur von Bedeutung, wenn man Film- oder Fernsehzuschauer nach der Wirkung von Programmen befragt (was ihr Bewußtsein davon wiedergibt, ist für die Praktiker gewöhnlich völlig irrelevant), sondern viel mehr noch für die dramaturgische Gestaltungspraxis.

Abb. 3:
Welche Ausschnitte
aus Abb. 2
erkennen Sie wieder?

Das Experiment läßt sich noch erweitern, indem Sie es mit mehreren anderen Personen durchführen. Je mehr Personen Sie einbeziehen, um so deutlicher werden Sie feststellen, daß bei den erkannten und notierten Gegenständen eine bestimmte Reihenfolge allgemein erkennbar ist. Das bedeutet, daß es für die Gestalterkennung eine Bedeutungshierarchie gibt, daß bestimmte Gegenstände für die Mehrzahl der Menschen besonders bedeutsam sind und andere weniger. Natürlich können individuelle Präferenzen in dieser Hierarchie enthalten sein - so wird ein Musikinstrument für den musikbegeisterten Amateur in der Stufenfolge weiter nach oben rücken. Dies ändert indessen nichts an dem allgemeinen Trend.

Es wird aufschlußreich sein, zu vergleichen, welche Objekte am häufigsten an erster Stelle genannt werden und welche in der Aufmerksamkeits-Rangfolge darunter liegen. Daran lassen sich sicherlich interessante Überlegungen über Bedeutung und Ursprung dieser Hierarchie anknüpfen.

2. Gewichte

Wenn Sie das folgende Dreieck als Dia möglichst groß auf eine Leinwand projizieren und es von einer Gruppe von Leuten betrachten lassen, werden diese sicherlich nichts Besonderes dabei finden. Nur Sie selbst könnten dabei eine interessante Beobachtung machen, nämlich daß fast jeder der Betrachter irgendwann einmal den Kopf schief hält.

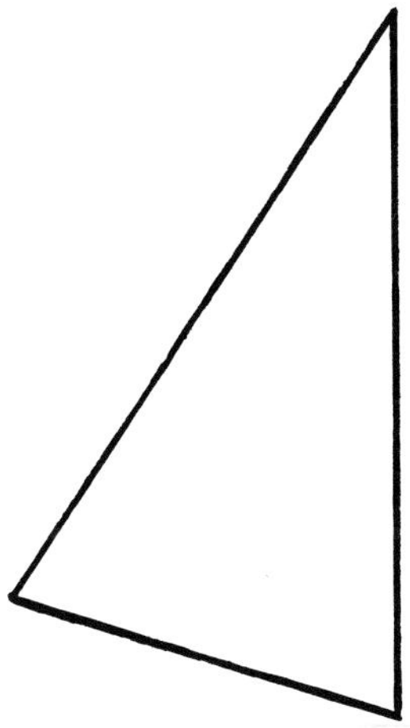

Abb. 4

Wenn Sie Ihre Versuchspersonen danach befragen, *warum* sie wohl den Kopf schief gehalten haben, werden Sie alle möglichen Antworten bekommen: „Das Dreieck kippt", „es müßte mit der Grundfläche gerade auf dem Boden stehen", „es ist nicht im *Gleichgewicht*" u.v.a. Fast alle Antworten werden jedoch irgend etwas mit dem *Gewicht* des Dreiecks zu tun haben, denn nur ein Körper aus Materie kann kippen oder würde gerade auf dem Boden stehen. Da ein Dreieck aber eine abstrakte Figur ist und abstrakte Figuren per se kein Gewicht haben, ist hier das Gewicht von der Wahrnehmung offensichtlich hinzugedacht worden. Wir können also feststellen, daß erkannte Gegenstände in der Wahrnehmung immer ein Gewicht haben. *Wieviel* Gewicht ein erkannter Gegenstand hat, hängt von vielen Faktoren ab. Hier werden nur einige angeführt:

- Durch Licht können Objekte größeres Gewicht bekommen, als ihnen im Verhältnis zu ihrer Größe zukäme. *I 14 Bildaufbau*
- Psychisch bedeutsame Objekte haben größeres Gewicht als gleich große andere Objekte. Menschen und Gesichter z.B. sind immer sehr bedeutsam. Jeder Mensch entwickelt eine Hierarchie von Bedeutungsträgern. *I 8 Aufmerksamkeit*

- Dazu können auch Bedeutungsträger gehören, die für den Betrachter vorher im Leben (oder am Anfang eines Films) mit starken Erlebnissen verbunden wurden.

I 14 Bildaufbau

- Die Anordnung der Gewichte im Bildrahmen verändert ihre Bedeutung in starkem Maße. Somit bekommt gewissermaßen der Bildrahmen selbst auch ein Gewicht.

Das Verhältnis des Bildrahmens zum Bildinhalt verändert sich mit der Größe des betrachteten Bildes. Der Bildrahmen bekommt um so mehr Übergewicht über den Inhalt, je kleiner das Bild ist. Je größer ein betrachtetes Bild ist, desto schwerer wiegen die Inhalte und desto weniger Gewicht hat der Rahmen. Eine der Ursachen hierfür ist die Kontinuität der Wahrnehmung.

Die Anordnung der Inhalte im Bildrahmen ist somit von überragender Bedeutung für jeden, der Filme oder Fernsehsendungen aufnimmt oder vorführt.

3. Gewicht und gedachte Linien

Bei der großformatigen Vorführung eines schrägstehenden gleichschenkligen Dreiecks halten die Betrachter den Kopf schief. Wenn Sie dieses Experiment noch einmal mit einem unregelmäßigen Dreieck wiederholen, können Sie beobachten, daß die Reaktion bezüglich der Kopfhaltung erheblich schwächer ist. Meist bleibt sie hier ganz aus.

Bei einem symmetrischen Dreieck wird das Un-Gleichgewicht, die Disharmonie, wesentlich stärker spürbar und löst drastischere Reaktionen aus. Die Psyche versucht, durch motorische Reaktion (Schräghalten des Kopfes) die fehlende Harmonie des schrägen Dreiecks wieder herzustellen. Harmonie, Gleichgewicht und damit verbunden Ästhetik lösen demnach meßbare, wahrnehmungspsychologische Reaktionen aus und sind alles andere als bloße Phantasieprodukte esoterischer Künstler. Die moderne Wissenschaft kennt eine Reihe von Experimenten, die beweisen, daß ästhetische Formen eine biologische Funktion haben.

Bei dem Experiment mit dem gleichschenkligen Dreieck spielen „gedachte Linien" eine Rolle:

- die Bodenfläche, auf der das Dreieck nach der gestaltpsychologischen Erfahrung fest aufstehen und die in der Regel waagerecht verlaufen sollte,
- die Mittellinie, durch die das Dreieck als symmetrisch erkennbar ist und die nach der gestaltpsychologischen Erfahrung senkrecht zum Horizont stehen sollte.

Daraus ergibt sich ein enger Zusammenhang aus *Gewichten* und *gedachten Linien*.

Das nachfolgende Bild von Manet zeigt sehr deutlich, wie vom Bildschöpfer (bewußt oder unbewußt) ein Zusammenwirken von Gewichten und gedachten Linien konstruiert wurde. Die drei Gewichte Mann, Frau und Kellner werden durch ihre Blicke zusammengehalten (s. Abb. 5).

Wenn Sie an irgendeinem öffentlichen Platz eine Person längere Zeit anschauen, wird sie dies sicherlich sehr bald merken und zu Ihnen zurückschauen - etwa um zu erfahren, weshalb Sie sie anschauen. Oder Sie brauchen sich nur auf die Straße zu stellen und längere Zeit nach oben zu blicken. Sie werden bemerken, daß alle Passanten dann ebenfalls nach oben schauen, auch jene, die wahrscheinlich vorher schon bemerkt haben, daß ernsthaft dort nichts zu sehen ist. Es ist offensichtlich, daß Blickrichtungen eine sehr elementare Bedeutung in der Wahrnehmung haben. Da die Stellung der Augäpfel allein für eine genaue Registrierung der Blickrichtung kaum ausreichen kann, stellt das Wahrnehmungszentrum wohl komplizierte Überlegungen unter Einbeziehung zahlreicher Faktoren - wie Kopfhaltung, Körperhaltung, Gesamtsituation - an, um zu gradgenauen Schlußfolgerungen hinsichtlich der Blickrichtungen zu kommen. Somit sind Blickrichtungen auch in der Bilddramaturgie von großer Bedeutung. *I 10 Bilddramaturgie*

Auf dem Bild von Manet wird der Blick des Betrachters entlang den Blickrichtungen der dargestellten Personen von Gewicht zu Gewicht geführt. Es ist dies sicherlich eine *zusätzliche* Absicherung gewesen, denn auch ohne diese Blickverbindung hätte der Betrachter die drei Gewichte zueinander in Beziehung gestellt, einfach weil er das Gleichgewicht, die Harmonie der Gewichte, innerhalb des Bildausschnitts suchen wird. Dies wird besonders deutlich, wenn eines der Gewichte fehlt (s. Abb. 6).

Abb. 5:
Gewichteverteilung
in einem Bild von Manet

Abb. 6:
Fehlendes Gewicht

Entweder der Betrachter spürt jetzt deutlich die disharmonische Verteilung der Gewichte - oder aber er mißt einem anderen Gegenstand an geeigneter Stelle (einem Baum, einem Pfahl), den er vorher nicht bemerkt hatte, ein weitaus höheres Gewicht bei als dieser ursprünglich besaß. Somit ist die Anordnung der Gewichte von größter Bedeutung, wenn es darum geht, daß der Betrachter bestimmte Bildinhalte wahrnimmt oder nicht.

4. Das Auge

Das Auge liefert einen wesentlichen Teil der Signale (weitere Signale aus anderen Bereichen des Körpers wie Gleichgewichtsorgan, Blutzuckerspiegel etc. werden mit ausgewertet). Obwohl das Auge selbst keine so überragende Bedeutung hat, so ist die Kenntnis seiner Funktion dennoch für das Verständnis von Gestaltungsmethoden bei Film und Fernsehen unerläßlich. Dies gilt um so mehr, weil das Auge keine Ähnlichkeit mit fotografischen Apparaten besitzt.

II 7 Linsenfehler

- Die Augenlinse ist von minderwertiger Qualität. Sie weist alle Aberrationen auf, die eine Linse nur haben kann. Nur im Bildzentrum erzeugt sie ein scharfes Bild. Durch die chromatische Aberration bedingt, muß sie für blaue Gegenstände eine andere Scharfeinstellung vornehmen als für gleich weit entfernte rote Gegenstände. Dadurch erscheinen blaue Gegenstände weiter entfernt zu sein als gleich weit entfernte rote. Manche Fotografen nutzen diese Tatsache bewußt aus, um ihren Bildern eine Art Pseudo-Plastik zu verleihen.

II 12 Filmmaterial
II 28 Bildsignal

- Die Augennetzhaut hat keinerlei Ähnlichkeit mit den Bildrezeptoren von Kameras. Film-Emulsionen und Speicherplatten sind in sich homogen strukturiert. Die Augennetzhaut ist in allen Bereichen verschieden.

Wenn Sie jetzt vom Lesen hochblicken, werden Sie den Eindruck haben, daß Sie in einer Art Weitwinkelwahrnehmung den ganzen Raum vor sich sehen, in dem Sie sich befinden. Sie werden möglicherweise annehmen, daß dieses Bild, so wie Sie es sehen, auf Ihre Augennetzhaut projiziert wird.

Ein einfaches Experiment, das Sie auch mit anderen Versuchspersonen durchführen können, wird Sie davon überzeugen, daß diese Annahme falsch ist. Wenn Sie nämlich beide Hände nahe nebeneinander halten und Ihre Versuchsperson auffordern, die rechte Hand zu fixieren, dann wird sie nicht in der Lage sein, zu sagen, wieviele Finger der linken Hand Sie ausgestreckt haben. Ebenso wird es Ihnen unmöglich sein, die Uhrzeit abzulesen, wenn Sie einen Gegenstand wenige Zentimeter neben der Uhr fixieren.

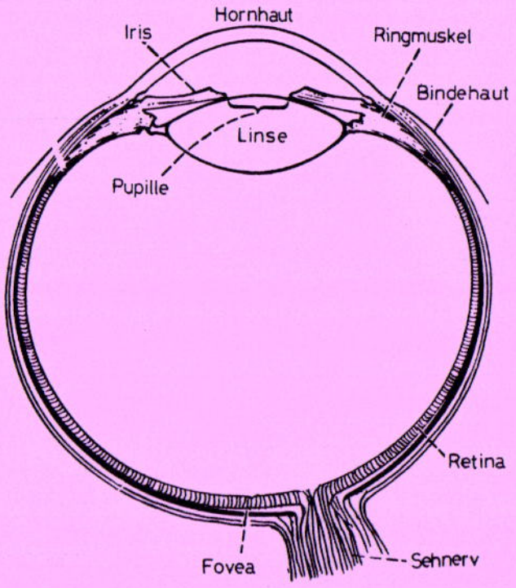

Abb. 7:
Das menschliche Auge

Tatsächlich findet scharfes und bewußtes Sehen nur auf einer sehr kleinen Fläche der Augennetzhaut statt, die „gelber Fleck" oder „Fovea" genannt wird. Hier sind die (farbempfindlichen) *Sehzäpfchen* am dichtesten nebeneinander gepackt, und jedes einzelne Zäpfchen ist mit einer Nervenfaser verbunden, so daß es ein eigenständiges Signal abgeben kann. An dieser Stelle hat das Auge ein Auflösungsvermögen von $\geqq 1$ Bogenminute. Das heißt, daß es in einem Abstand von 5 Metern noch Einzelheiten unterscheiden kann, die 1,5 mm groß sind. Diese Tatsache ist bedeutsam für den Betrachtungsabstand von Film- und Fernsehbildern. Der *Blickwinkel* dieses gelben Flecks beträgt nur wenig mehr als 1 Winkelgrad im Raum. Er erfaßt also nur einen winzigen Ausschnitt aus der Umgebung. Außerhalb des gelben Flecks nimmt die Konzentration der Zäpfchen sehr schnell ab, so daß schon sehr schnell auch die Fähigkeit zum Farbensehen aufhört. Außerhalb vom Zentrum nimmt zur Peripherie der Netzhaut hin die Zahl der *Sehstäbchen* zu. Diese sind bei Tage meist in der Netzhaut zurückgezogen. Sie kommen erst an die Oberfläche, wenn die Beleuchtungsstärke unter 8 Lux sinkt und die Pupille ganz geöffnet ist. Da die Pupille sich jetzt nicht mehr weiter den Lichtverhältnissen anpassen kann, regulieren die Stäbchen die Anpassung

II 16 Information

III 3
Messen des Lichts

durch die Konzentration von lichtempfindlichem Rhodopsin (dem Vitamin B verwandt). Ihre höchste Konzentration - und damit die höchste Empfindlichkeit - erreichen sie erst nach 45 Minuten. Da außerdem immer *mehrere* Stäbchen mit *einer* Nervenfaser verbunden sind und sich die von den Stäbchen erzeugten elektrischen Impulse summieren, reicht die Empfindlichkeit der Netzhaut an der Peripherie aus, um auch bei Sternenlicht und bedecktem Himmel noch Wahrnehmungen zu liefern. Man muß in der Nacht an den Gegenständen vorbeischauen und darf sie nicht direkt fixieren, um sie zu erkennen. Allerdings können diese Stäbchen keine Farben mehr unterscheiden.

Außer der Nachtsichtigkeit (die aber völlig anders abläuft, als die Tagsichtigkeit) hat die Peripherie der Augennetzhaut noch weitere Aufgaben. Sie reagiert z.B. auf schnelle Bewegungen und auf einprogrammierte ererbte Konfigurationen, die als gefährlich gelten, wenn beispielsweise Gesichter das Subjekt direkt fixieren. Sie bewirken eine unwillkürliche Hinwendung der Fovea auf die Bewegung oder die Konfiguration, um sie zu identifizieren.

Wenn Sie unter diesen Umständen dennoch den Eindruck haben, daß Sie den ganzen Raum vor sich sehen, dann kann das nur dadurch geschehen, daß die Fovea Ihres Auges den Raum ununterbrochen abtastet und in der Sekunde durchschnittlich 5 kleine Bildausschnitte in Ihr Wahrnehmungszentrum liefert, die dort etwa wie ein Puzzlespiel zusammengesetzt werden. Das Bild des Raumes existiert in Wirklichkeit also nur im Wahrnehmungszentrum Ihres Gehirns und zu keiner Zeit auf Ihrer Augennetzhaut. Aber auch in Ihrem Sehzentrum besteht es keineswegs aus einer Art Ladungsbild, das, ähnlich wie bei der Speicherplatte einer Bildröhre, auf die Hirnrinde projiziert wird. Somit besteht theoretisch die Möglichkeit, daß jeder Mensch ein Bild oder seine Umgebung anders sieht. *Abb. 29*

Experimente zeigen aber immer wieder, daß es im Ablauf des Sehvorgangs bei fast allen Menschen große Übereinstimmungen gibt. Die Steuerung des Abtastvorgangs erfolgt nämlich keineswegs zufällig. Er wird von einer Reihe von Faktoren gelenkt, wie z.B. von der Bedeutung, die die Einzelgegenstände für den Betrachter haben, den Gewichten und gedachten Linien. *I 8 Aufmerksamkeit* *I 2,3 Gewichte*

Beim ständigen Abtasten der Umgebung stellt sich die Pupille des Auges im wesentlichen auf die Helligkeit des fixierten Gegenstandes ein, d.h. die „Blendenöffnung" des Auges verändert sich ca. 5mal je Sekunde. Dadurch werden etwaige Helligkeitskontraste in der Umgebung weitgehend ausgeglichen. Lediglich die motorischen Impulse, die die Pupille steuern, werden als ungefährer Anhaltspunkt für sehr hohe oder sehr niedrige Lichtkontraste empfunden. Unter diesen Umständen ist das Auge zum Abschätzen von Lichtkontrasten völlig ungeeignet - eine Tatsache, die für den Kameramann von größter Bedeutung ist. Durch die ständige „Scharfstellung" des Auges auf die einzelnen fixierten Gegenstände ist das im Gehirn gespeicherte Gesamtbild (im Unterschied zur Fotografie) überall gleich scharf.

5. Signalverarbeitung

Ein beliebtes Denkmodell sieht so aus, daß der Sehnerv getreulich die Impulse der einzelnen Sehzellen ins Gehirn weiterleitet und diese dort wieder zu einer Art Bildprojektion auf der Hirnrinde zusammengesetzt werden - ähnlich wie ein Fernsehsignal transportiert und im Empfänger in ein Bild verwandelt wird. An diesem Vergleich stimmt nichts - es besteht keinerlei Ähnlichkeit zwischen der Signalverarbeitung beim menschlichen Sehen und beim Video-System.

Schon auf der Augennetzhaut findet sich eine hauchdünne, lichtdurchlässige Schicht vielfach ineinander verschalteter Nervenfasern. Hier werden die Wahrnehmungssignale bereits codiert, ehe sie den eigentlichen Sehnerv erreicht haben. So werden z.B. die rot, grün und blau differenzierten Farbsignale aus den Zäpfchen in ein zweikanaliges Übertragungssystem mit Plus-Minus-Polarität verwandelt - einen Blau-Gelb-Kanal und einen Rot-Grün-Kanal.

I 17 Beleuchtung

Im Hirnstamm werden Signale verarbeitet, die unwillkürliche Reaktionen hervorrufen wie Lidschlagreflexe, Aufmerksamkeitslenkung, aber auch das Entstehen von Stimmungen (Atmosphäre). Einige dieser Hirnstammfunktionen sind für die Dramaturgie von Bedeutung.

In der Hirnrinde findet eine Differenzierung des Wahrgenommenen nach bestimmten Merkmalen statt. Es ist nur schwer vorstellbar, aber dennoch entspricht es den Tatsachen, daß bestimmte Zellgruppen der Hirnrinde „zuständig" sind für die Registrierung ganz spezifischer Eigenschaften, wie Farbe, Oberflächenbeschaffenheit, Größe, Lage im Raum, Bewegung, Form etc.

Natürlich sind alle diese Zellgruppen untereinander verbunden, und jede einzelne hat wiederum Verbindung zu Zellgruppen anderer Sinnesorgane. Eine Erregung im Bereich „Oberflächenbeschaffenheit" kann Empfindungsreaktionen im Tastsinn hervorrufen („man spürt förmlich die sanfte Haut"), oder Signale aus dem Bereich der Gleichgewichts- und Körperhaltungssinne werden für die Bestimmung der „Lage im Raum" herangezogen.

Werden durch Kopfverletzungen etc. einzelne Zellgruppen voneinander getrennt, können Zustände eintreten, die für Normalsichtige nur schwer vorstellbar sind. Eine Trennung des Farbzentrums vom übrigen Sehzentrum hat z.B. zur Folge, daß die betroffene Person - wie jede andere auch - alle sie umgebenden Gegenstände deutlich erkennt und identifiziert, und gleichermaßen kann sie alle vorhandenen Farben gut erkennen. Sie ist jedoch außerstande, zu erkennen, welche Farbe zu welchem Gegenstand gehört.

I 12, 13 Bewegung

Ebenso verhält es sich mit der Wahrnehmung von Bewegung. Wir wissen, daß das für Bewegungswahrnehmung zuständige Zentrum bei Babys funktioniert, bevor sie imstande sind, Gegenstände als solche zu erkennen.

Bei der Betrachtung von Bildern sind verschiedene Abläufe möglich:

I 1 Gestaltwahrnehmung

- Ein Bild bietet nur Umrisse von Gegenständen, d.h. es aktiviert *nur* die Formwahrnehmung. Alle anderen Eigenschaften muß der Betrachtende aus dem Vorratsspeicher seiner Erfahrungen hinzufügen. Die Erfahrungen sind als Abstraktionen gespeichert, so daß diese Art der Bildbetrachtung überwiegend abstrakt betont ist und dem Wahrnehmenden erhebliche geistige Leistungen abfordert (die nur bei entsprechender Motivation aktiviert werden).

- Ein Bild aktiviert eine Vielzahl von Zentren wie z.B. Farbe, Form, Oberflächenbeschaffenheit, Lage im Raum etc. In solchen Fällen ist zu erwarten, daß auch noch weitere synästhetische Reaktionen erfolgen, etwa wenn eine gesehene Oberflächenstruktur gleichsam *spürbar* wird. Ein solches Bild wird überwiegend als konkrete Wahrnehmung aufgenommen.

Die Bildqualität ist demnach für die Art der Wahrnehmung bedeutsam. *II 16 Information*

6. Raum, Größe, Konstanz

Unsere Sinnesorgane haben u.a. die Aufgabe, uns die Orientierung im Raum zu ermöglichen, so daß wir darin sinnvoll und zweckmäßig reagieren können. Ein Mensch (oder auch ein anderes höheres Lebewesen) wird, wenn man ihn in eine neue Situation versetzt, zuerst eine Bestandsaufnahme der Situation vornehmen. Wahrnehmungspsychologisch sieht das so aus, daß er innerhalb weniger Sekunden in ähnlicher Weise, wie er ein größeres Bild „abtastet" - einen Lageplan der Umgebung oder des Raumes in seinem Sehzentrum entwirft. Größe? Form? Fenster? Türen? Möbel? Leute? Atmosphäre? usw. Ohne einen solchen Lageplan im Gehirn wäre ein Mensch völlig hilflos, und daher erfolgt diese Orientierung quasi automatisch und weitgehend ohne Zutun des Bewußtseins. Den Vorgang selbst können Sie jedoch sehr deutlich bei allen Menschen beobachten, die Sie in einen bisher nicht bekannten Raum führen. *I 27 Exposition*

Es gibt eine Reihe von Mechanismen, die die Drei-Dimensionalität des Wahrnehmungsraumes signalisieren. Gewöhnlich wird bei der Erörterung dieses Sachgebietes auf die binokulare Stereoskopie (zweiäugiges Sehen) verwiesen, jedoch ist diese nur von untergeordneter Bedeutung. Insbesondere beruht sie nicht, wie häufig behauptet wird, auf der Disparität der beiden Netzhautbilder.

Beim Abtasten des umgebenden Raumes werden vielmehr die jeweils fixierten Objekte in der Fovea zur Deckung gebracht. Bei sehr nahen Objekten geschieht dies dadurch, daß die beiden Augenachsen auf dem fixierten Objekt zusammengeführt werden (konvergieren), ein Vorgang, der einem schwachen Schielen ähnelt. Bei sehr weit entfernten Objekten verlaufen dagegen die Augenachsen parallel. Beim ständigen Abtasten des Umgebungsraumes ändert sich also auch ständig die Konvergenz der Augenachsen - gleichzeitig aber auch die Akkommodation (Scharfstellen, Entfernungseinstellen) der Augenlinse, die beim Auge durch Verändern der Linsen*krümmung* erfolgt. Die motorischen Impulse, die diese „Konvergenz" und „Akkommodation" steuern, werden in einem besonderen Teil des Sehzentrums als Entfernungssignale ausgewertet. *I 4 Das Auge*

Die Schwierigkeit, diesen Vorgang fotografisch nachzuvollziehen, beruht darauf, daß sich bei der Betrachtung zweier stereoskopischer Einzelbilder im Stereoskop zwar auch die Konvergenz der Augenachsen beim Fixieren der Einzelobjekte verändert, nicht aber die Akkommodation des Auges, weil ja die Bilder in Wirklichkeit zweidimensional und alle darauf abgebildeten Gegenstände gleich weit entfernt sind. Die fehlende Übereinstimmung zwischen Konvergenz und Akkommodation (die in der Realität ja immer aneinander gebunden sind) führt dazu, daß ein Betrachter die beiden Teilbilder in einem Stereoskop häufig nicht zu *einem* Bild verschmelzen kann. *III 30 Zukunft*

Hierbei kann noch ein weiterer Faktor eine Rolle spielen. Größe, Gewicht und Farbe bekannter Gegenstände sind gestaltpsychologisch gespeichert und werden bei der *I 1 Gestaltwahrnehmung*

Wahrnehmung ähnlicher Gegenstände in der Realität herangezogen („Größenkonstanz", „Farbkonstanz" etc.). Diese „Größenkonstanz" bewirkt, daß ein Mensch z.B. immer in einer Größe von ca. 1,70 m gesehen wird und daß damit bei der Betrachtung von Abbildungen von Menschen immer auch ein gewisser Entfernungseindruck vermittelt wird (ein bildfüllendes Gesicht sieht man als „sehr nah", einen kleinen Menschen in einem großen Park als „ziemlich entfernt"). Wenn nun dieser Entfernungseindruck im Stereoskop nicht mit der gewohnten Konvergenz *und* nicht mit der zugehörigen Akkommodation gesehen wird, gerät das zuständige Wahrnehmungszentrum völlig durcheinander.

Sollten Sie über stark vergrößerte Nachbildungen von Zigarettenschachteln, Limoflaschen o.ä. (wie sie in der Werbung häufig verwendet werden) verfügen, könnten Sie die Wirkung der Größenkonstanz im Experiment beobachten. Sie müßten den überdimensional großen Gegenstand dazu in einem kahlen Raum aufhängen, in dem sich sonst keinerlei Gegenstände befinden, damit die Wahrnehmung keine Vergleichsmöglichkeiten hat. Durch ein Loch in einer Wand lassen Sie den Gegenstand betrachten, und Ihre Versuchspersonen sollen dabei schätzen, wie weit er entfernt ist.

Ihre Wahrnehmung erhält jetzt zwei sich widersprechende Signale: Augenkonvergenz und Akkommodation melden, daß der Gegenstand verhältnismäßig weit entfernt und daher überdimensional groß sein muß, der Gestaltspeicher meldet, daß es sich um einen kleinen Gegenstand handelt, der daher verhältnismäßig nah beim Betrachter sein muß. Die Folge davon sind bei den Versuchspersonen erhebliche Unsicherheit und Entfernungsschätzungen, die weit (bis 50 %) unter der wirklichen Entfernung liegen.

Zu den anderen Möglichkeiten der Wahrnehmung, den Raum als dreidimensional zu erfassen, gehören:

III 1 Beleuchtung

a. Licht und Schattenwirkung: Hierdurch werden insbesondere die *Form* dreidimensionaler Gegenstände und ihre *Oberflächenstruktur* von der Wahrnehmung ermittelt. Wo es sich um gestaltpsychologisch nicht identifizierbare Gegenstände oder Oberflächen handelt, kann die Meldung zweideutig sein - je nachdem, ob Lichteinfall von der einen oder von der anderen Seite angenommen wird, kann es sich um Hohlformen oder um Konvexformen handeln.

b. Linienperspektive: Sie beruht darauf, daß parallel laufende Linien mit größer werdender Entfernung näher zusammenzulaufen scheinen.

c. Dunstperspektive: Auch sehr trockene Luft zerstreut und absorbiert das hindurchfallende Licht - die blauen Strahlen stärker als die roten. So kommt es, daß entferntere Gegenstände immer stärker ihre normale Farbe verlieren und von blauem Streulicht überlagert werden. Durch die Dunstperspektive wird die *räumliche Anordnung* der Gegenstände deutlich (im Unterschied zur Licht- und Schattenwirkung).

II 6 Linsen

Bei Aufnahmen mit Teleobjektiven kann es vorkommen, daß die aufgenommenen Gegenstände auf dem Bild wegen des kleinen Ausschnitts sehr *nah* erscheinen. Da sie in Wirklichkeit sehr weit entfernt und daher mit Dunst überlagert sind, erscheinen sie auf dem Bild farblich stark verfälscht.

d. Bewegungsperspektive: Bewegt sich ein Beobachter im Wahrnehmungsraum fort, so scheinen Gegenstände, an denen er sich *nah* vorbeibewegt, schneller vorbeizugleiten, als solche, an denen er sich *entfernter* vorbeibewegt. Die Folge davon ist, daß die relative Lage der Gegenstände zueinander an der Geschwindigkeit erkannt wird, mit der sie sich schneller oder langsamer als andere Gegenstände vorüberbewegen. Dieser Effekt ist bekannt, wenn man aus dem Fenster eines fahrenden Zuges oder Autos schaut. Die Bewegungsperspektive ist eine sehr elementare Form der Raumorientierung und für viele Lebewesen (Fische) die einzige Form der optischen Orientierung überhaupt. Dementsprechend stark ist hier die Wirkung: Auf Bildern, die vom Betrachter konkret gesehen werden, kann die Bewegungsperspektive eine Reihe anderer Sinnesorgane synästhetisch aktivieren - u.a. den Gleichgewichtssinn. Dieses kann unter Umständen bis zur körperlich empfundenen Übelkeit führen, wie sie auch in der Realität bei sehr schneller Fortbewegung entstehen kann.

I 13 Kamerabewegungen

7. Farben sehen

Die Zäpfchen in der Augennetzhaut sind farbempfindlich. Ähnlich wie bei den drei Bildröhren der elektronischen Kamera oder bei den drei Emulsionsschichten des Farbfilms gibt es verschiedene lichtempfindliche Stoffe in den Zäpfchen: überwiegend für Orange empfindliches Erythrolabe, für Grün empfindliches Chlorolabe und für Blau Cyanolabe (s. Abb. 8 u. 9).

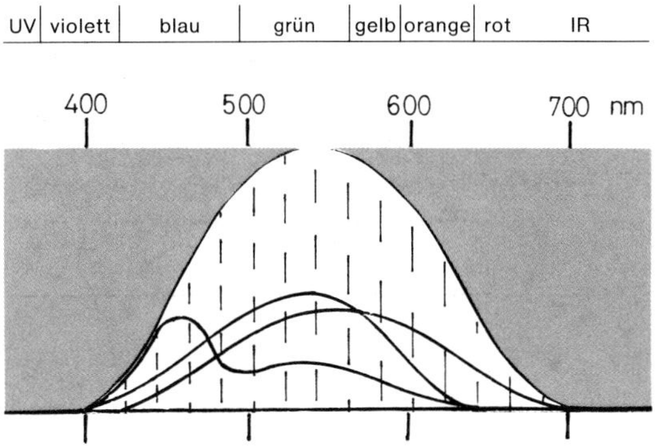

Abb. 8:
Die Helligkeitsempfindung des Auges für die Farben des Spektrums.
Die eingezeichneten Linien geben die Farbempfindlichkeit der einzelnen Sehzäpfchenarten an.

Abb. 9

Wenn Sie indessen die Empfindlichkeitskurven dieser Stoffe dem Blattgrün gegenüberstellen, wird deutlich, daß bei der Betrachtung eines grünen Blattes auch die für Orange und Blau empfindlichen Zäpfchen sehr stark aktiviert werden. Unter diesen Umständen muß es verwundern, daß ein Blatt der Wahrnehmung als *satt* grün erscheinen kann. Noch erstaunlicher ist die Fähigkeit, sattes Rot zu sehen.

Daß uns eine Wiese auch in der Nacht grün erscheinen kann, obgleich das für das Nachtsehen allein aktive Rhodopsin nur *eine* Farbe differenziert, bedarf ebenfalls einer Erklärung. Außerdem kann ein grünes Blatt von sehr unterschiedlichen Lichtarten beleuchtet werden und uns dennoch immer gleich grün erscheinen. Bei Tageslicht wird es (im Verhältnis) von einem Vielfachen der blauen Lichtmenge getroffen als bei Glühlicht, bei dem der Anteil an rotem Licht überwiegt. Die spektrale Zusammensetzung des von einem Blatt reflektierten Lichts bei Tageslicht hat keinerlei Ähnlichkeit mit der bei Glühlicht. Daß wir die Farbe unter all diesen Umständen immer gleich wahrnehmen, kann keine Leistung des Auges allein zur Ursache haben - es handelt sich offensichtlich um hochkomplizierte Anpassungsleistungen des psycho-physiolo-

II 1 Licht

gischen Nervensystems. Der Effekt kommt im wesentlichen durch das Zusammenwirken zweier Funktionen zustande:

I 1 Gestaltwahrnehmung

a. Die sogenannte „Farbkonstanz". Dabei handelt es sich um nichts anderes, als um eine gestaltpsychologische Erfahrungsspeicherung. Dies wird besonders beim Nachtsehen deutlich, wenn *bekannte* Gegenstände automatisch mit der zugehörigen Farbe assoziiert werden. So hat dieser Mechanismus der Farbkonstanz auch zur Folge, daß die Farben unbekannter Gegenstände viel objektiver gesehen werden als die Farben bekannter Gegenstände.

II 16 Information
III 1 Beleuchtung

Bei der Feststellung der Farbvalenz eines Gegenstandes müssen vom Sehzentrum daher auch Daten aus anderen Wahrnehmungsbereichen herangezogen werden, z.B. die Feststellung, daß es sich bei wahrgenommenen Objekten um Gras oder um menschliche Haut handelt. Je deutlicher und objektiver also die Gegenstände erkannt werden, um so „natürlicher" erscheint dem Betrachter deren Farbe. Das gilt selbstverständlich auch für die Betrachtung von Bildern, und so ergibt sich ein direkter Kausalzusammenhang zwischen der Qualität eines Bildes und den vom Betrachter darauf gesehenen Farben. Die aufwendigen Forschungsarbeiten vieler Techniker mit dem Ziel, auf Fernsehschirmen möglichst „natürliche" Farben wiederzugeben, erscheinen im Licht wahrnehmungspsychologischer Abläufe von sehr begrenztem praktischem Wert.

I 5 Signalverarbeitung
IV 2 Ausstattung

Für den Praktiker ist die Farbkonstanz bei der Betrachtung des menschlichen Körpers - als Wahrnehmung von elementarer Bedeutung - besonders problematisch. Nicht nur sind die Hauttöne aller Menschen individuell äußerst verschieden, sondern auch auf der Gesichtshaut eines einzelnen Menschen kann man sehr unterschiedliche Farben und „Unreinheiten" feststellen. Alle diese zum Teil starken Abweichungen vom Mittelwert werden in diesem Fall von der Farbkonstanz ausgeglichen, so daß wir sie buchstäblich nicht sehen. Auf Bildern allerdings treten sie in Erscheinung und zwar um so stärker, je höher der Abstraktionsgrad eines Bildes ist. Somit werden Hautunreinheiten unter Umständen auf Schwarz-Weiß-Bildern noch deutlicher gesehen als auf Farbbildern. In den meisten Fällen wird es erforderlich sein, für diese Diskrepanz zwischen Realwahrnehmung und Bildbetrachtung einen Ausgleich zu schaffen, insbesondere, wenn der Betrachter der Bilder einen ähnlichen Eindruck haben soll wie bei der Betrachtung der Realität. Dies geschieht in der Regel durch kosmetische Maßnahmen (Schminken, Make-up) zum Ausgleich von Teint-Unterschieden.

II 30 Elektronische Kamera

b. Eng verbunden mit der Farbkonstanz ist die Fähigkeit der Wahrnehmung, sich durch Auswertung verschiedener Daten (Farbe bekannter Gegenstände, weiße Flächen etc.) den jeweiligen Lichtverhältnissen anzupassen. Bei diesem Vorgang handelt es sich um eine Art von „automatischem Weiß-Abgleich", wie wir ihn von elektronischen Farbkameras her kennen. Innerhalb gewisser Grenzen funktioniert dieser Weiß-Abgleich auch bei der Betrachtung von Bildern, und zwar um so besser, je konkreter diese Bilder gesehen werden. Mit anderen Worten: Je größer und schärfer Bilder sind, um so weniger stören etwaige „Farbstiche", da das Auge sich ihnen anpaßt.

III 7 Lichtbestimmung
III 25 Fertigstellung

Führt man jedoch dem Zuschauer sukzessive mehrere Bilder vor, von denen jedes einzelne einen neuen Weiß-Abgleich der Wahrnehmung erfordert, so wirkt dies sehr ermüdend und störend. Aus diesem Grunde wird bei Filmen und Fernsehsendungen größter Wert auf eine möglichst genaue Farbanpassung der einzelnen Bilder aneinander gelegt.

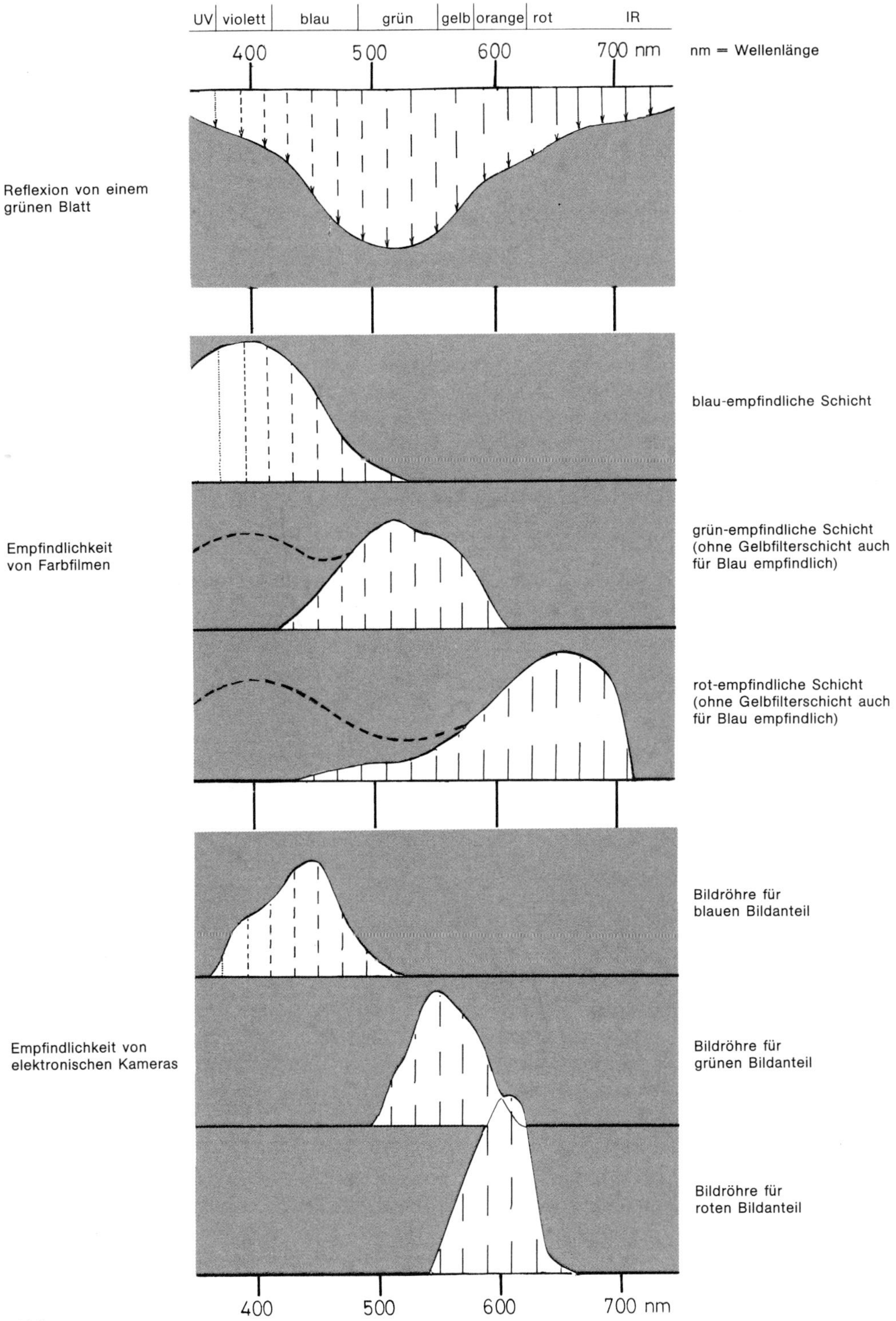

Abb. 9:
Die von einem grünen Blatt reflektierten Spektralfarben und die spektrale Empfindlichkeit von Dreischichten-Farbfilmen und elektronischen Dreiröhren-Kameras.

Das Auge ist weder fähig, über Helligkeit und Kontrast eines Gegenstandes noch über seine Farbe objektive Daten zu liefern. Wenn erfahrene Fotografen oder Kameramänner dennoch brauchbare Schätzungen machen, so beruhen diese weniger auf Wahrnehmung als auf - in der Regel unbewußt ablaufenden - Kalkulationen mit Erfahrungsdaten wie etwa: „Bei voller Sonne im Sommer in offener Landschaft braucht man Blende 16 bei 21 DIN. Hätte ich 24 DIN, müßte ich auf 22 abblenden." Da diese Gedankengänge in der Regel nicht der Kontrolle des Bewußtseins unterliegen, kann es häufig zu drastischen Fehleinschätzungen kommen.

8. Aufmerksamkeit

Filme oder Fernsehprogramme können eine Vielzahl hervorragender Qualitäten haben. Wenn sie trotzdem nicht in der Lage sind, die Aufmerksamkeit der Zuschauer auf sich zu ziehen und für die Dauer ihrer Vorführung zu fesseln, so sind die Mittel für die Herstellung des Programms vertan. Das Phänomen „Aufmerksamkeit" müßte dem Medienkundigen daher in groben Zügen bekannt sein. Sicherlich könnte man darüber allein gewichtige wissenschaftliche Bücher schreiben - hier wollen wir das Thema indessen nur soweit vertiefen, wie es für die Medienkunde von Bedeutung ist.

Es bestehen ohne Zweifel erhebliche individuelle Unterschiede darin, was beim einen oder anderen Zuschauer Aufmerksamkeit auslösen kann. Wollte man einen Film danach bewerten, inwiefern er Aufmerksamkeit auslöst, dürfte man entsprechende Versuche nur mit solchen Personen vornehmen, für die der Film ursprünglich bestimmt war. So ist es z.B. sinnlos, den Aufmerksamkeitswert eines technischen Aufklärungsfilms für Ingenieure an Hausfrauen zu testen.

Bei allen individuellen Unterschieden darf man aber auch nicht übersehen, daß alle Menschen auf dieser Erde nach einem einheitlichen Bauplan entstanden sind - einem Bauplan, der evolutiv gewachsen ist und darum Körper und Psyche gleichermaßen formt. Gäbe es keine Übereinstimmungen in der Psyche aller Menschen, gäbe es auch keinerlei Verständigung. So gibt es auch eine große Anzahl von Auslösemechanismen, auf die die Aufmerksamkeit fast aller Menschen reagiert. Diese sind für jeden, der sich mit Massenmedien befaßt, von besonderem Interesse. Ich will hier einige Mechanismen herausgreifen, stets in dem Bewußtsein, daß es außerdem auch individuelle Auslöser gibt, die durch individuelle Motivationen gegeben sind.

„Aufmerksamkeit", „Wachbewußtsein", „Interesse", „Zuwendung" - all das sind Begriffe ähnlicher Qualität, deren Bedeutungsfelder sich stark überschneiden. Dies ist nicht der Platz für eine exakt differenzierende Definition. Es genügt zu wissen, daß diese Funktion nicht im (entwicklungsgeschichtlich) jüngsten und am höchsten entwickelten Teil unseres Gehirns, der Hirnrinde, angesiedelt ist, sondern in dem ältesten, elementarsten, dem Hirnstamm. Von hier aus wird die Aufmerksamkeit gleichsam wie ein sehr schmaler Scheinwerferstrahl auf alle möglichen Bereiche im übrigen Gehirn gelenkt: einmal auf das Sehzentrum, wenn ich einen Gegenstand bewußt betrachte, einmal auf das Denkzentrum, wenn ich mir die Formulierung eines abstrakten Tatbestandes überlege, und dann wieder auf ein anderes Wahrnehmungszentrum, welches einen niedrigen Blutzuckerspiegel, also Hunger, als elementares Bedürfnis registriert. Die Zielrichtung der Aufmerksamkeit kann sehr häufig, oft mehrmals in der Sekunde, wechseln, erfaßt aber immer nur *einen* Tatbestand gleichzeitig.

In der Wahrnehmung gibt es eine Hierarchie von Aufmerksamkeitsauslösern, von denen immer der stärkere den jeweils schwächeren überspielt, so daß der schwächere Eindruck vom *Bewußtsein* nicht wahrgenommen wird. Daß er dennoch unter Umgehung des Bewußtseins wahrgenommen werden kann, zeigt das Experiment. *Abb. 2 und 3*

Auf einem Bild mit zahlreichen, etwa gleichwertigen Details würde die Aufmerksamkeit ständig auf *einem* Detail fixiert bleiben (was unter bestimmten Voraussetzungen geschehen kann), wenn nicht ein anderer Mechanismus diesen Zustand verändern würde.

Abb. 10: Zwei Profile oder eine Vase

Wenn Sie versuchen, sich bei Abb. 10 auf *einen* der beiden Bedeutungsträger - etwa *nur* auf die Vase - zu konzentrieren, werden Sie bald feststellen, daß dies nicht gelingt. Auch bei intensiver Willensanspannung „springt" Ihre Aufmerksamkeit auf die beiden Profile „um". Das ist darauf zurückzuführen, daß die mit dem Erfassen des Gegenstandes befaßten Organe ermüden und die Wahrnehmung neue Reize anfordert. Konsequent weitergedacht führt dieses Prinzip der „Reizerneuerung" zu der Erkenntnis, daß die gesunde Wahrnehmung und alle mit ihr verbundenen psychischen Funktionen ständig mit neuen Reizen gefüttert werden müssen, daß Wahrnehmung kein statischer, sondern immer ein kontinuierlicher Vorgang mit enorm hoher Informationsdichte ist. „Deprivations"-Experimente, bei denen Versuchspersonen von allen Wahrnehmungsreizen ferngehalten wurden, haben denn auch regelmäßig in kürzester Zeit zum völligen psychischen Zusammenbruch geführt.

Unter den zahllosen Aufmerksamkeitsauslösern führen wir nachfolgend in hierarchischer Reihenfolge einige an, die für die Film- und Fernsehgestaltung von Bedeutung sind.

a. Die Reizerneuerung an sich kann ein Aufmerksamkeitsauslöser sein. Ein roter Anorak auf einer weißen Schneefläche, das Rascheln eines Bonbonpapiers während eines Beethoven-Konzertes, ein Unfall als Unterbrechung eines gleichmäßigen Verkehrsflusses, kurzum, alles, was sich informatorisch aus einer als „redundant" empfundenen Umgebung heraushebt, kann Aufmerksamkeit auf sich ziehen. *II 16 Information*
Dieser Auslöser ist nicht nur der universellste, elementarste und wirkungsstärkste,

sondern entwicklungsgeschichtlich auch der älteste. Er kommt sogar bei einzelligen Lebewesen vor, bei denen er den Freß- und Vermeidungsreflex auslöst, und stellt im Grunde genommen deren gesamte Psyche dar. Er ist in irgendeiner Form auch an den nachfolgenden Auslösern beteiligt.

b. Wahrnehmungen, die mit elementaren Bedürfnissen eines Organismus verbunden sind, stellen immer sehr starke Aufmerksamkeitsauslöser dar. Die wichtigsten elementaren Bedürfnisse sind: Nahrung, Sex, Anerkennung (Rang), Hegetrieb, Schutz.

Wie sehr die Wahrnehmung vom Vorhandensein solcher „Triebspannungen" bzw. „Motivationen" beeinflußt wird, kann man mit einem einfachen Experiment zeigen. Man benötigt dazu einen normalen Diaprojektor, einen alten Compurverschluß, den man vor dem Objektiv des Projektors anbringt und mit dem man die Bilder für ganz kurze Zeit (z.B. 1/10 Sekunde) auf die Leinwand „blitzen" kann; ferner eine größere Zahl Dias mit möglichst alltäglichen Gegenständen darauf: Möbel, Werkzeuge, Nahrungsmittel etc. Wenn Sie diese Dias Ihren Versuchspersonen mit Hilfe des Compurverschlusses jeweils 1/10 Sekunde lang vorführen und sie bitten, die erkannten Gegenstände auf ein Blatt Papier zu schreiben, werden Sie feststellen, daß etwa die Hälfte der Gegenstände richtig erkannt wurde.

Es sei denn, Sie führen das Experiment kurz vor der Mittagspause durch, wenn Ihre Versuchspersonen recht hungrig sind. Dann nämlich werden sie alle eßbaren und trinkbaren Gegenstände mit fast 99 prozentiger Sicherheit erkannt haben und alle anderen so gut wie gar nicht.

I 22 Handlungsführung

Wo elementare Bedürfnisse vorliegen, wird die Aufmerksamkeit zuverlässig auf Darstellungen gelenkt, auf die die Bedürfnisse gerichtet sind.

In der Wirklichkeit des Lebens führt das Vorhandensein einer Triebspannung regelmäßig zu einem Konflikt mit der Umwelt. Triebspannung ruft beim Individuum Aktivität hervor, die auf die Befriedigung der Bedürfnisse gerichtet ist und dadurch das Gleichgewicht der Umwelt stört. Wenngleich das auf den ersten Blick wie eine sehr theoretische Erwägung aussehen mag, so haben wir hier dennoch einen seltenen Tatbestand vorliegen, über den sich praktisch alle Biologen, alle Psychologen und alle Dramaturgen einig sind. Das Vorhandensein eines Antriebs (Motivation) führt zu einem Konflikt mit der Umwelt, die ihrerseits motiviert ist, ihre Homöostase (Gleichgewicht) zu erhalten. Aus der Polarität dieses Konflikts entsteht jegliches Leben: das der Einzelzelle, der Pflanze, des Säugetieres und der soziologisch strukturierten Gesellschaft. Ohne diese Polarität, ohne diesen Konflikt erstirbt jedes Leben, jede Aktivität. Dieses Grundprinzip gilt selbstverständlich auch für jede Schilderung des Lebens und damit auch für die Dramaturgie.

I 22-30 Dramaturgie

c. Bei Lebewesen, die in soziologisch strukturierten Gesellschaften zusammenleben, hat sich eine primitive, aber wirksame Form der Kommunikation entwickelt, die ein starker Aufmerksamkeitsauslöser ist. Bei vielen höheren Lebewesen können Sie beobachten, daß starke Gefühlsäußerungen eines Individuums sich sehr schnell auf andere Gruppenmitglieder übertragen. Als Kommunikationsmedium dient dabei durchaus nicht nur die Stimme. Die Forschung kennt z.B. ebenfalls die Stimmungsübertragung durch Duftstoffe („Pheromone"). Eine Ratte, die in panische Angst gerät, versetzt auch andere Ratten in Panik, die in einem gesonderten Käfig leben und denen dort nichts Böses geschieht.

III 30 Zukunft

Um die Stimmungsübertragung beobachten zu können, muß man nicht unbedingt in den Zoo zum Pavianhügel oder zum Ententeich gehen. Auch in unserer Menschengesellschaft kann man alltäglich beobachten, wie sich eine bedrückte oder fröhliche Stimmung auf alle Individuen überträgt, wie in einer Paniksituation auch die Besonnensten den Kopf verlieren und wie Verkehrsunfälle oder Gewalttaten als stark emotional gefärbte Erscheinungen stärkste Aufmerksamkeit auf sich konzentrieren. Emotionsäußerungen jeder Art lösen demnach Aufmerksamkeit aus, führen dazu, daß sich Menschen mit der Emotion anderer identifizieren.

d. Unsere Sinnesorgane nehmen in jeder Sekunde viele hundert Eindrücke auf, die unsere Psyche natürlich in keiner Weise auswerten und verarbeiten kann. Wenn man es genau betrachtet, dann ist der Anteil an Wahrnehmungen, die in unserer Psyche irgend etwas bewirken, eher nach Promille als nach Prozenten zu bemessen. Fast alles, was wir hören und sehen, ist „redundant", d.h. es hat für uns keine Bedeutung und wird nicht zur Kenntnis genommen.

Dies zeigt sich sehr deutlich, wenn man einmal einen Spaziergang entlang der Hauptgeschäftsstraße seiner Stadt gemacht hat. Man begegnet dabei Hunderten oder Tausenden von Menschen. Würde man hinterher danach befragt, wievielen Leuten man begegnet ist, welche Altersgruppen vertreten waren, wie die Verteilung nach Geschlechtern war und welche Kleidung die Menschen trugen, wird einem kaum eine Antwort einfallen, die auf echter Beobachtung beruht - es sei denn, unter den zahllosen Menschen war einer mit knallroter Pluderhose und einer Jacke mit großen grünen Karos, ein Fall also, der eindeutig in die Kategorie „Reizerneuerung" gehört.

Etwas anders verhält es sich mit Aufmerksamkeitsauslösern, die dadurch aus der Masse hervorgehoben werden, daß wir sie bereits kennen - psychologisch gesprochen: daß sie in unserer Gestaltwahrnehmung gespeichert sind. Die Begegnung mit einem alten Bekannten aktiviert im Gestaltspeicher nicht nur die Erscheinung des Bekannten selbst, sondern häufig auch eine Folge anderer Erinnerungen, die mit ihm assoziiert werden. Solche Assoziationen können gemeinsame Erlebnisse aus früheren Lebensabschnitten sein, die in der Vorstellung etwa wie ein Film ablaufen. Der Vorgang des Wiedererkennens, verbunden mit Assoziationen, muß sich durchaus nicht auf die Wiederbegegnung mit alten Bekannten beschränken. Assoziationen können auch durch Melodien aktiviert werden, nicht selten auch durch Gerüche, die in früheren Lebensabschnitten einmal mit stark emotional besetzten Erlebnissen verbunden waren (die blühende Buchsbaumhecke, neben der man sein erstes Liebeserlebnis hatte). Wiedererkennen als Aufmerksamkeitsauslöser (der durchaus auch mit unerfreulichen Erlebnissen assoziiert werden kann) wird in der Filmgestaltung häufig benutzt. *I 27 Exposition*

e. Unsere Aufmerksamkeit kann auch von der Lösung logisch-abstrakter Probleme besetzt werden. Das Nachdenken darüber, daß man aus gegebenen Umständen heraus zwangsläufig einen Nebenbuhler zum Duell fordern muß, oder über die Frage, warum das Hypotenusenquadrat bei einem rechtwinkligen Dreieck gleich der Summe der Kathetenquadrate ist, oder auf welche Weise man seine Gewinnchancen im Zahlenlotto erhöhen könnte, all das gilt deshalb als abstrakt, weil hier nicht reale Gegenstände zueinander in Beziehung gesetzt werden, sondern nur die Denkmodelle, die sie in unserer Psyche repräsentieren. Logisches Denken ist geistiges Experimentieren - ohne Zuhilfenahme realer Gegenstände.

Nun finden in unserer Psyche ständig logische Denkvorgänge in so großer Menge statt, wie kein künstlicher Computer sie bewältigen könnte. Doch nur ein winziger Teil davon ist unserem Bewußtsein zugänglich. Die Fähigkeit, Denkvorgänge ins

Bewußtsein zu rufen - die Aufmerksamkeit auf sie zu lenken -, ist entwicklungsgeschichtlich sehr jung und hat nur sehr geringe psychologische Bedeutung. Damit ein Mensch anfängt, bewußt über ein Problem nachzudenken, muß zuvor eine starke Motivation hierzu entstanden sein. Wo immer es in der Filmgestaltung um die Behandlung logisch-abstrakter Probleme geht, muß man sich eingehende Gedanken darüber machen, ob eine solche Motivation im Zuschauer vorhanden ist, oder ob sie durch entsprechende dramaturgische Maßnahmen erst aufgebaut werden muß.

I 31 Programmarten

9. Verschmelzung

Führt man einigen Testpersonen sehr kurz nacheinander - etwa im Rhythmus flotter Bildschnitte im Film - Bilder in der Art der hier gezeigten vor, und fragt sie nach einer längeren Pause, was sie gesehen haben, so werden manche die Beschreibung eines Einfamilienhauses abgeben. Durchaus häufig sind darin Details enthalten, die auf den Fotos keinesfalls zu sehen waren, wie „Balkon“, „zweigeschossig“, „mit Garten“, „Reihenhaus“ etc. (s. Abb. 11).

Es ist ganz offensichtlich, daß nacheinander aufgenommene Einzeleindrücke im Sehzentrum des Menschen zu *einem* Gebilde verschmelzen - im Grunde genommen ein ganz normaler gestaltpsychologischer Vorgang. Auch beim Betrachten eines beliebigen Gegenstandes in der Natur liefert das Auge *nacheinander* eine Reihe von Details in das Sehzentrum, und erst hier wird aus diesen Eindrücken ein Bild des Ganzen. Dabei werden etwa fehlende Teile gedanklich ergänzt. So kommt es zu den „Balkons“ und „Gärten“ in den Äußerungen der Zuschauer. In Wirklichkeit haben sie nur ganz wenige Einzelheiten gesehen, die beileibe kein Haus darstellen - ja, die möglicherweise auch von verschiedenen Häusern stammen könnten.

I 4 Das Auge

IV 9 Schnitt

Es gibt eine ganze Reihe von Experimenten, die belegen, daß nacheinander vorgeführte Einzelbilder in der Vorstellung des Betrachters zu einer Gesamtsituation verschmelzen. Die vom Betrachter hinzugefügten Ergänzungen beschränken sich nun keineswegs auf Gegenstände, die sozusagen zwischen den gezeigten Bildern fehlen; es können auch Ergänzungen innerhalb der Bilder vorkommen. Dies geht aus einem russischen Experiment der zwanziger Jahre hervor, bei welchem immer dasselbe Porträt eines Schauspielers vorgeführt wurde, der ohne besonderen Gesichtsausdruck auf einen bestimmten Punkt außerhalb des Bildes blickte. Die Zuschauer erkannten deutlich und unverkennbar in seinem Gesicht den Ausdruck ergreifend gespielter Trauer - wenn unmittelbar davor oder danach ein Sarg gezeigt wurde. In demselben Gesicht erkannten sie liebevolle Zärtlichkeit, wenn ein Baby, und gierigen Hunger, wenn ein Teller Suppe gezeigt wurde.

Es lohnt sich, das erste Experiment mit den vier Hausfragmenten noch einmal mit anderen Bildern zu wiederholen. Obgleich diese vordergründig die gleichen Gegenstände wie in der ersten Serie enthalten - nämlich eine Türe, ein Fenster, einen Giebel und einen Schornstein -, wird der Verschmelzungsprozeß bei den Zuschauern völlig anders verlaufen. Die meisten werden lange Zeit mit den Bildern nichts anzufangen wissen. Vereinzelt und zögernd werden dann sehr vage Begriffe geäußert werden wie „eine Vorstadt“, „eine Fabrikgegend“, „Architektur“ etc. Wichtiger für eine präzise Verschmelzung und Begriffsbildung ist also nicht der vordergründige Inhalt der Bilder, sondern daß sie hinsichtlich des Stils und der Stimmung logisch zusammenpassen (s. Abb. 12).

III 7 Lichtbestimmung
III 9 Farbbeeinflussung

Abb. 11:
Verschmelzung von Einzelwahrnehmungen zu einem Gesamteindruck

Abb. 12:
Mangelhafte Verschmelzung bei stilistisch nicht passenden Einzeleindrücken

Da Filme aus Sequenzen von Einzelbildern bestehen und diese in der Vorstellung der Zuschauer zu Gesamtbegriffen verschmelzen, liegt es an der Sorgfalt und am Können der Gestalter, ob beim Zuschauer sehr konkrete, fest umrissene Vorstellungen vom Gesehenen verbleiben oder aber vage, unkontrollierbare, die ähnlich wirken wie eine fremde Sprache, von der man nur einzelne Wörter zu verstehen meint. Immer ist davon auszugehen, daß die Wahrnehmung des Menschen aus nacheinander aufgenommenen Einzeleindrücken besteht, die in einen logischen Zusammenhang gestellt werden. Wo aber ein bildlogischer Zusammenhang nicht herstellbar ist, bleibt nur Verwirrung zurück.

I 10 Bilddramaturgie

10. Bilddramaturgie

Bei der Bilddramaturgie handelt es sich um ein Regelwerk, welches beschreibt, wie die einzelnen Bilder einer Film- oder Fernsehszene gestaltet und wie sie aneinandergefügt werden müssen, damit die Szene vom Zuschauer entsprechend den Absichten des Autors nachvollzogen werden kann.

I 4 Das Auge
I 9 Verschmelzung

Die menschliche Wahrnehmung ist u.a. auf die Aufgabe ausgerichtet, sich in der Umgebung zu orientieren. Sie stellt dazu logische Bezüge zwischen den Einzelobjekten her. Dementsprechend versucht die Bilddramaturgie, die Topographie einer Szene und die Positionen der darin handelnden Personen dem Zuschauer möglichst eindeutig darzubieten und dabei Präsentationen zu vermeiden, die der Wahrnehmung unlogisch erscheinen müssen. Unlogisch wäre z.B., wenn beim Bildschnitt eine Person von der linken Bildseite in die rechte hüpfen oder wenn die Blickrichtung einer Person von rechts nach links springen würde. Vorgänge dieser Art, die der Wahrnehmung ungewohnt und unlogisch erscheinen müssen, setzen Kräfte zur Verarbeitung der Diskrepanzen frei - Energien, die die Aufmerksamkeit von der beabsichtigten Informationswirkung des Autors abziehen. Häufig vorkommende bilddramaturgische Fehler führen zu einer starken Ermüdung der Wahrnehmungszentren und in deren Folge zu einem dauerhaften Nachlassen der Aufmerksamkeit.

Die bilddramaturgischen Regeln basieren daher weitgehend auf der Art und Weise, wie ein interessierter Betrachter eine Szene wahrnehmen würde. Die Fragestellung des Regisseurs oder Kameramannes, der bilddramaturgische Entscheidungen trifft („eine Szene bilddramaturgisch auflöst"), wird daher lauten: „Auf welchen Ausschnitt würde sich die Wahrnehmung eines interessierten Betrachters zu diesem Zeitpunkt der Handlung konzentrieren?"

An manchen Stellen würde ein Betrachter sich eher in der Gesamtsituation orientieren, an anderen die Mimik eines Darstellers beobachten wollen. Da die Wahrnehmung - wie alle psychischen Mechanismen - ein gewisses Maß an ständiger Reizerneuerung braucht, um aktiv zu bleiben, werden in bestimmten Abständen auch die Blickrichtung der Kamera und der Bildinhalt wechseln müssen, so wie man auch bei der Betrachtung einer realen Szene nicht immer auf denselben Gegenstand blicken würde.

Zu den Entscheidungen ist erforderlich, daß der Regisseur - bzw. der Kameramann - einen gedachten Standpunkt einnimmt. Dieser gedachte Standpunkt kann natürlich im Ablauf einer Szene wechseln, jedoch nicht in der Weise, daß der Zuschauer die

Standpunktwechsel nicht nachvollziehen könnte. Selbstverständlich geht in diese Entscheidungen die persönliche Betrachtungsweise des jeweiligen Regisseurs oder Kameramannes ein. Normalerweise wird diese jedoch - sofern keine wahrnehmungspsychologischen Logikfehler gemacht werden - vom Zuschauer nachvollziehbar sein.

Das System sei hier an einem einfachen Beispiel erläutert: Zwei Personen (1 und 2) sitzen in einem Raum und führen ein Gespräch. Ein interessierter Beobachter der Szene würde vielleicht vom gedachten Standpunkt A aus die Gesamtsituation überblicken. Wird dieser Standpunkt uninteressant oder macht der Verlauf des Gesprächs eine genauere Betrachtung der Personen wünschenswert, würde sich der interessierte Betrachter auf den gedachten Standpunkt B begeben und mal Person 1, mal Person 2 anschauen. Diese Art der Szenenauflösung nennt man „Schuß und Gegenschuß“.

I 8
Aufmerksamkeit

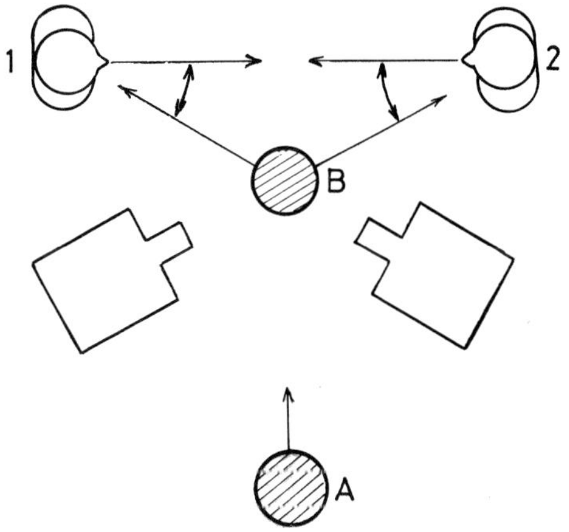

Abb. 13:
Auflösung einer Dialogszene

Ist der gedachte Standpunkt von Person 1 und 2 gleich weit entfernt, so erscheinen dem Betrachter beide Personen ebenfalls gleich weit entfernt. Außerdem verläuft ihre Blickrichtung, wenn sie sich anschauen, genau im gleichen Winkel im Verhältnis zum Betrachter.

Die Entfernung der beiden Personen kann nicht beliebig gewählt werden. Hat der Zuschauer bei der Orientierungsaufnahme von Standpunkt A aus den Eindruck gewonnen, daß die beiden Personen etwa 2 m auseinander sitzen, müssen sie in den beiden Aufnahmen vom gedachten Standpunkt B aus etwa je 1 m entfernt erscheinen (dabei ist es unwesentlich, wo die Kamera steht, solange die gewählte Bildgröße etwa dem Entfernungseindruck von 1 m entspricht und die Blickrichtung der Personen dem gedachten Standpunkt entspricht). Selbstverständlich wäre auch ein gedachter Standpunkt denkbar, der nicht genau in der Mitte zwischen den beiden Personen liegt.

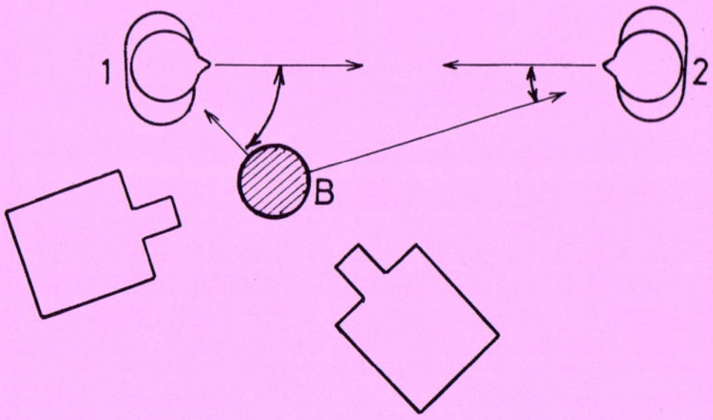

Abb. 14:
Der gedachte Standpunkt liegt näher bei einem der Dialogpartner.

IV 9 Schnitt

In diesem Falle erscheinen beide Personen in den Schnittbildern ungleich groß. Außerdem aber ist wichtig, daß die Blickrichtungen der Personen - wenn sie sich anschauen - jeweils einen anderen Winkel im Verhältnis zum Betrachter haben.

Etwaige Fehler, die in bezug auf die Abbildungsgröße gemacht werden, führen dazu, daß die beiden Personen scheinbar zusammen- oder auseinandergerückt sind, weil die beiden Detailbilder in der Vorstellung des Zuschauers zu einer Gesamtsituation verschmelzen. Sobald die Blickrichtungen der Personen nicht genau der Abbildungsgröße (Entfernungseindruck) entsprechen, entsteht der Eindruck, daß sie bei der Unterhaltung aneinander vorbeischauen. Dies würde dem Zuschauer ungewohnt und befremdlich erscheinen, weil es seiner Lebenserfahrung widerspricht. (s. Abb. 15)

Da sich aus den Einzelbildern für den Zuschauer eine Gesamtsituation ergibt, ist es auch logisch, daß die Blickachse bei den Umschnitten nicht in der Höhe oder der Richtung springt. Im Falle, daß eine der Personen aufrecht steht und die andere sitzt, wird meistens ein gedachter Beobachtungspunkt gewählt, der in der Höhe zwischen der Augenhöhe des Stehenden und der des Sitzenden liegt. Dadurch führt die Blickrichtung der stehenden Person im Bild schräg nach unten und die der sitzenden schräg nach oben. Auch hier müßten beide Blickachsen beim Umschnitt zur Deckung kommen. (s. Abb. 16 u. 17)

Abb. 15:
Falsches Verhältnis Abbildungsgröße zu Blickrichtung: Die Dialogpartner schauen seitlich aneinander vorbei.

Abb. 17:
Auflösung einer Dialogszene mit unterschiedlicher Blickhöhe.

◀
Abb. 16:
Ein gedachter Standpunkt nahe der Schulter eines Dialogpartners. Eine der beiden Einstellungen ist dann ein „Anschnitt"-Bild.

Grundsätzlich sollte die Blicklinie, die vom Auge eines Darstellers ausgeht, auch in der Höhe beim Umschnitt die Augen des anderen Darstellers treffen - man müßte also eigentlich *vor* dem Umschnitt eine Blicklinie auf den Monitor zeichnen können, die *nach* dem Umschnitt die Augen des Gesprächspartners trifft. Fehler in der Anordnung der Augenhöhe führen dazu, daß der eine Gesprächspartner dem anderen scheinbar auf den Haaransatz, der andere umgekehrt seinem Partner auf die Kinnspitze blickt.

I 13 Kamerabewegungen

Eine genaue Befolgung solcher Regeln macht es häufig nötig, daß die Beobachter-(Kamera-)Höhe sich verändern muß, wenn Personen ihre Blickhöhen verändern - etwa indem sie aufstehen oder sich setzen.

Ungenauigkeiten in der Durchführung bilddramaturgischer Auflösungen kommen in der Praxis vor. In manchen Fällen sind sie auf unvermeidliche Kompromisse zurückzuführen, die im Interesse anderer Wirkungsmechanismen (Bildkomposition) in Kauf genommen werden, oder auf technische Schwierigkeiten bei der Aufnahme (Dokumentationen), mangelhafte Sorgfalt oder mangelhafte Ausbildung. Der filmgewohnte Zuschauer kann ein gewisses Maß bilddramaturgischer Logikfehler verarbeiten. Die Verarbeitung verschleißt jedoch in jedem Fall Wahrnehmungsenergien, und ein bilddramaturgisch ohne Sorgfalt zusammengesetzter Film wirkt in seinem Ablauf holprig und zerfahren.

In unserem Beispiel mit den beiden Personen 1 und 2 (Abb. 13) gibt es eine gedachte Handlungsachse zwischen den beiden Personen. Wenn die Personen sich anschauen, ist die Handlungsachse deckungsgleich mit beider Blickrichtungen. Betritt unter ähnlichen Voraussetzungen eine dritte Person die Szene (Abb. 18 a-c), entsteht eine weitere Handlungsachse. Sie verläuft zwischen der Person 3 und den beiden Personen 1 und 2, die jetzt als Gruppe eine wahrnehmungspsychologische Einheit bilden. Diese neu entstandene Situation macht einen neuen gedachten Betrachtungspunkt erforderlich. Wenn eine mit Abb. 13 vergleichbare Zweiersituation vorausgeht, wird dieser Betrachtungspunkt eher in der Nähe der Personen 1 und 2 liegen.

Bleibt die Person 3 längere Zeit in ihrer Ausgangsposition, wird ein interessierter Betrachter vom Betrachtungspunkt C aus abwechselnd zur Person 3 und zur Gruppe 1 und 2 blicken. Hierfür gelten dieselben Regeln wie für das Gespräch zwischen 1 und 2.

Wo der Verlauf der Handlung es nahelegt, kann der Betrachtungspunkt auch näher an Person 3 heranrücken und sich damit von der Gruppe 1 und 2 weiter entfernen (Betrachtungspunkt D).

Es gibt eine Anzahl von Möglichkeiten, eine solche Szene bilddramaturgisch aufzulösen - indessen, der Betrachter kann in keinem Falle die Handlungsachse überspringen. Das würde zur Folge haben, daß die Blickrichtungen der handelnden Personen plötzlich an der anderen Seite des Betrachters vorbeiführen würden. Der Zuschauer würde sofort die Orientierung verlieren und nicht wissen, wer jetzt wen ansieht und wer mit wem spricht. Einen solchen bilddramaturgischen Fehler nennt man „Achssprung“.

Verlangen Fortgang der Handlung oder andere gestalterische Absichten, daß sich der Betrachtungspunkt auf die andere Seite der Handlungsachse verlagert, so muß die Bewegung dorthin für den Zuschauer sichtbar geschehen, d.h. die Kamera muß (als Stellvertreter für den interessierten Betrachter) sichtbar über die Achse *fahren*. Durch die „induzierte Bewegung“ wird der Zuschauer auf die andere Seite der Achse geführt

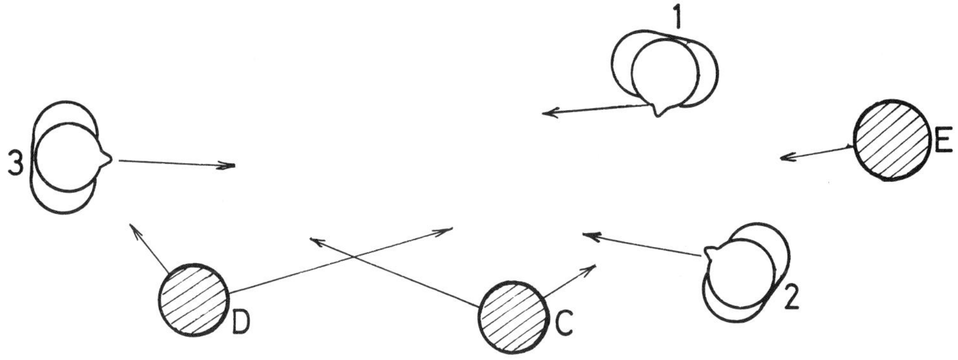

Abb. 18 a: Auftritt einer dritten Person

und er sieht dabei, wie sich die Blickachse des Darstellers über seine eigene Betrachtungsachse hinwegbewegt.

Eine andere Möglichkeit, die neu entstandene Dreiersituation aus der vorangegangenen Zweiersituation heraus zu entwickeln, besteht darin, von Betrachtungspunkt E aus den Auftritt der Person 3 zu beobachten. Von dort aus hat man im Vordergrund auch noch die Personen 1 und 2 im Blickfeld. Da wir die Vorgänge *vor* Auftritt der Person 3 von dem Betrachtungspunkt B aus aufgenommen hatten, müßten wir zum Erreichen des Betrachtungspunktes E über die Handlungsachse zwischen Person 1 und 2

Abb. 18 b:
Gedachter Standpunkt von Blickpunkt C aus

Abb. 18 c:
Gedachter Standpunkt von Blickpunkt D aus

I 13 Kamera-bewegungen

springen. Da dies ein Achssprung wäre, muß die Kamera *sichtbar* auf die neue Position fahren. Diese Lösung ist dann angebracht, wenn Person 3 nicht längere Zeit in der Ausgangsposition verbleibt, sondern gleich auf die Gruppe zugeht (sie ist jedoch keineswegs die einzig mögliche). Falls sich in der Dreiergruppe, die am Ende der Auftrittssituation entsteht, eine längere Handlung oder ein längerer Dialog anschließt, ist der Betrachtungspunkt E auf die Dauer nicht günstig, weil man außerhalb der Gruppe steht und einige Darsteller nur von seitlich hinten sichtbar sind. Ein interessierter Betrachter würde sich auf einen Punkt zubewegen, von dem aus er alle drei Personen richtig ansehen könnte - auf Betrachtungspunkt F zum Beispiel.

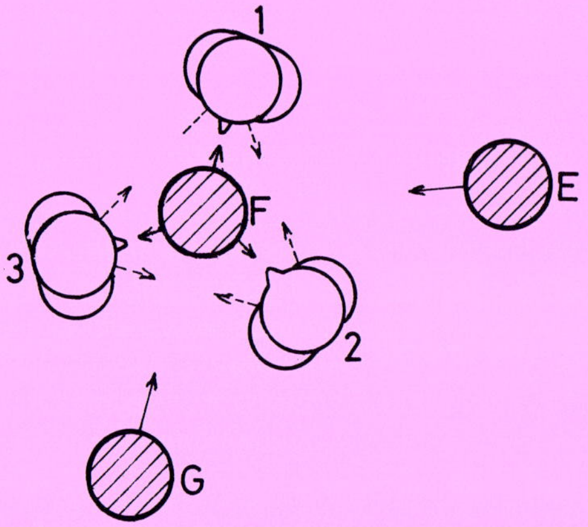

Abb. 19:
Auflösung eines Dreiergesprächs

Da in dieser Dreieckssituation jede Person wechselweise die beiden anderen Personen ansehen und ansprechen kann, gibt es hier drei Handlungsachsen. Wenn ein Betrachter von Punkt F aus Person 1 anschaut, wird diese einmal links, einmal rechts an ihm vorbeiblicken, je nachdem, ob sie mit Person 2 oder 3 korrespondiert. Durch eine Interaktion zwischen Person 1 und 2 wird z.B. die Handlungsachse zwischen diesen beiden gewissermaßen „aktiviert", während die beiden anderen Achsen „ruhen". Bei den Umschnitten wird man möglichst versuchen, auf den Gegenpol der jeweils aktiven Achse umzuschneiden. Man wird also von 2 auf 1 in einem Augenblick umschneiden, in dem beide miteinander korrespondieren. Will man trotz dieser Interaktion auf Person 3 umschneiden, würde man Person 1 kurz zu 3 blicken lassen und diesen Augenblick zum Umschneiden nutzen.

IV 3 Kamera-Arbeit: Dokumentarfilm

Es ist selbstverständlich auch möglich, von Person 1 auf 3 zu *schwenken* anstatt zu schneiden, und in manchen Fällen gibt es technische Gründe dafür. Solche Schwenks entsprechen indessen nicht dem menschlichen Sehen, denn wenn jemand von einer Person zur anderen blickt, geschieht dieser Übergang gewöhnlich durch eine blitzschnelle Kopf- und Augenbewegung. In dieser Übergangsphase wird so gut wie nichts wahrgenommen und schon erst recht nichts, was Ähnlichkeit mit einem Schwenk haben könnte.

Will man den gedachten Betrachtungspunkt wieder nach außerhalb der Gruppe verlegen, muß man dazu über eine der Achsen hinweg. Grundsätzlich ist das mit einer Kamerafahrt immer problemlos, weil der Zuschauer damit von einem Betrachtungspunkt zum anderen geführt wird. In den meisten Fällen wird man zum Überfahren eine der „zusehenden" Achsen wählen. Wenn man z.B. vom Betrachtungspunkt F auf den Punkt G außerhalb der Gruppe gehen will, geht das am besten, wenn die letzte Blickrichtung aus Betrachtungspunkt F auf Person 1 gerichtet war. Von dort aus kann man sich geradlinig rückwärts auf den Punkt G zurückziehen. In einem solchen Fall ist es sogar möglich, auf eine Rückwärts*fahrt* zu verzichten. Man kann auch *zurückspringen*, also von der nahen Einstellung auf die weitere umschneiden. Voraussetzung dazu ist, daß die zentrale Person 1 auch nach dem Umschnitt auf die entferntere Einstellung genau an der gleichen Stelle des Bildausschnitts verbleibt und ihre Blickrichtung sich nicht im geringsten ändert.

Auch in diesem Fall ist es unbedingt erforderlich, daß bei jedem Zurücksprung oder Heransprung die Augen des Darstellers genau auf der gleichen Stelle des Bildschirms bleiben. Jede Veränderung dieses Punktes in der Höhe oder zur Seite würde den Eindruck erwecken, daß der Darsteller zur Seite oder in die Höhe hüpft. In extremen Fällen muß man ihn nach dem Umschnitt sogar erst wieder suchen und kann die Handlung erst dann wieder weiterverfolgen, wenn man ihn auf dem Bildschirm wiedergefunden hat.

Bisher war von der bilddramaturgischen Auflösung *statischer* Situationen die Rede. Für die *Bewegung* der Person 3 vom Auftritt bis zu der Gruppe am Tisch gibt es eine Anzahl von bilddramaturgischen Auflösungsmöglichkeiten.

Je nachdem, auf welcher Seite der Handlungsachse sich der gedachte Betrachtungspunkt befindet, vollzieht sich diese Bewegung in einer definierten Richtung. Vom Beobachtungspunkt C aus hat die Bewegung der Person 3 in jedem Fall eine Links-Rechts-Tendenz, gleichgültig, ob der interessierte Betrachter nun zu ihr oder zur Gruppe am Tisch blickt. Im ersten Fall verläuft die Bewegung auf die Kamera zu, im zweiten Fall von der Kamera fort - die Links-Rechts-Tendenz aber bleibt in beiden Fällen erhalten. Daraus ist die Regel abzuleiten, daß Gegenstände, die sich in zielgerichteter Bewegung befinden und den Bildausschnitt von links nach rechts verlassen, in das nächste Bild wieder von links nach rechts eintreten müssen. Eine anders gerichtete Bewegung würde einem Achssprung gleichkommen, denn in unserem Bildbeispiel kann eine Rechts-Links-Bewegung nur von der anderen Seite der Achse aus wahrgenommen werden. *IV 9 Schnitt*

Anders liegen die Verhältnisse, wenn eine Bewegung nicht zielgerichtet ist und dies bilddramaturgisch zum Ausdruck kommen soll - etwa in dem Sinne, daß jemand „ziellos durch die Stadt irrt". In solchen Fällen wird man dafür Sorge tragen, daß die Bewegungen unter den Schnitten in ihrer Richtung wechseln.

Bei unserem Bildbeispiel besteht natürlich auch die Möglichkeit, daß eine Kamera die Person 3 von ihrem Auftritt bis zum Tisch verfolgt - entweder, indem sie vor ihr herfährt, oder indem sie die Person „abholt" und mit ihrer Bewegung bis zum Tisch mitschwenkt. Für das Anfangsbild und für das Schlußbild einer solchen Fahrt oder eines solchen Schwenks gilt im Hinblick auf die Anschlußbilder das gleiche, was auch sonst für die Schnittübergänge von einem Bild ins andere gilt. Endet ein solcher Schwenk z.B. mit einer Gesamtsicht auf den Tisch mit den drei Personen von Standpunkt C aus, müßte zuerst eine Einstellung auf Person 1 vom Betrachtungspunkt F aus folgen, ehe man auf Person 2 oder 3 schneiden kann. Das kann durch eine *Heranfahrt* oder durch einen *Heransprung* (Schnitt) geschehen.

Varianten des hier geschilderten Auflösungsverfahrens können daraus entstehen, daß - wie bereits erwähnt - wahrnehmungslogische Abweichungen in Kauf genommen werden, weil man dafür andere Bildeffekte einhandeln will. Außerdem aber ist es dem jeweiligen Gestalter überlassen, ob er über längere Strecken die distanziertere

Gesamtsicht wählt oder ob er häufig wechselnde Großaufnahmen bevorzugt. Dies ist nicht nur eine Temperamentsfrage, sondern ist auch abhängig a) von dem Ablauf der Filmhandlung und b) von der Frage, ob die Produktion für eine große Cinemascope-Leinwand oder für einen kleinen Fernsehbildschirm bestimmt ist. Auf einer großen Leinwand, die mit einem Blickwinkel von 35 Grad oder mehr betrachtet wird, tastet das Auge von sich aus Ausschnitt nach Ausschnitt ab und trifft seine eigene Auswahl. Dies entspricht sehr viel stärker dem natürlichen Sehen als die Wahrnehmung kleiner Fernsehbilder. Für solche wird man sehr viel häufiger abwechselnde *Handlungsausschnitte* anbieten müssen, die dann im Wahrnehmungszentrum des Zuschauers zu einer Gesamtsituation zusammengesetzt werden.

Wirkliche Varianten bestehen in der Regel darin, daß von der Regie aus die Darsteller arrangiert und von Situation zu Situation bewegt werden, so daß sich bilddramaturgische Möglichkeiten ergeben, die sowohl wahrnehmungspsychologisch folgerichtig als auch in anderen bildgestalterischen Aspekten ausdrucksreich sind.

11. Orts- und Zeitsprünge

Neben der bilddramaturgischen Auflösung von durchgehenden Szenen muß es Möglichkeiten geben, den Zuschauer an andere Handlungsorte zu versetzen oder redundante Zeitperioden zu überspringen. Nachdem visuelle Wahrnehmung und visuelles Denken aus einer zeitlichen Abfolge von Eindrücken bestehen - eine räumliche Distanz wahrnehmungspsychologisch also gleichbedeutend mit einer zeitlichen Differenz ist -, erscheint es naheliegend, daß die bilddramaturgischen Maßnahmen zur Verdeutlichung von Orts- und Zeitüberbrückungen sich sehr ähneln. In der kurzen historischen Entwicklung der Mediensprache hat es in dieser Hinsicht Veränderungen der Ausdrucksformen gegeben. Bis zur Einführung des Farbfilms war es üblich, Zeitsprünge durch Ab- und Aufblenden deutlich zu machen. Das Abblenden (Dunklerwerden) einer Szene bis zum völligen Schwarz signalisiert dem Zuschauer, daß ein Vorgang beendet ist - das Aufblenden (das aus dem Schwarzen heraus Entstehen) eines Bildes signalisiert den Neubeginn einer (anderen) Situation. Eine Überblendung (das Verschmelzen und allmähliche Verschwinden eines Bildes, während gleichzeitig ein neues Bild langsam entsteht) drückt dadurch, daß in der Mitte der Überblendung beide Bilder gleichzeitig zu sehen sind, Gleichzeitigkeit der dargestellten Szenen aus - also eine Parallelhandlung oder einen Ortssprung.

III 6 Kopieren
IV 10
Schnitt-Technik

Von dieser Praxis wurde jedoch häufig abgewichen, ohne daß man sich über die Zusammenhänge Rechenschaft abgelegt hat. Wegen der Koinzidenz von Zeit und Raumwahrnehmung wurden solche Abweichungen nicht als Fehler empfunden. Ein kahler Baum, der in einen blühenden Baum überblendete, war z.B. eine sehr deutliche und eingängige Zeitbrücke (Winter - Frühling).

In den ersten Jahren des 3-Schichten-Farbfilms war es technisch nicht möglich, Auf-, Ab- und Überblenden herzustellen. Die Bilddramaturgen mußten ohne diesen Vorgang auskommen. Das heißt: Sie hatten keine andere Wahl, als Zeit- oder Ortsüberbrückungen durch „harte Schnitte" deutlich zu machen. Das wurde vom Publikum ohne Schwierigkeiten angenommen und ist heute gängiger Bestandteil der filmischen Ausdrucksweise. (Wobei Ab-, Auf- und Überblenden keineswegs „abgeschafft" sind.)

Bei Orts- und Zeitsprüngen und anderen Übergängen durch harte Schnitte kommt es freilich sehr darauf an, daß der Zuschauer sofort erkennt, was gemeint ist. Wenn in einer gegebenen Umgebung z.B. plötzlich die handelnden Personen ausgetauscht sind, hat der Zuschauer eher den Eindruck, daß eine Art magische Verwandlung stattgefunden habe, als daß unter dem Bildschnitt redundante Zeit vergangen sei. Ist jedoch nach dem Bildschnitt sofort und unmißverständlich zu erkennen, daß man sich an einem anderen Schauplatz befindet, ist zunächst einmal klar, daß es sich um einen Orts- oder Zeitsprung handeln muß. Auch wenn die Szenenbeleuchtung z.B. sehr deutlich von einer Tag- in eine Nachtstimmung wechselt, leuchtet dem Zuschauer eine Zeitüberbrückung ein. Was es im einzelnen ist, erscheint nur sekundär wichtig und kann durch den Handlungsablauf (Dialog oder andere Inhalte) verdeutlicht werden. Auch daraus, daß die Filmhandlung zu jedem Zeitpunkt vom Zuschauer als aktuelle Gegenwart erlebt wird, ist zu schließen, daß die Frage nach dem Zeit- oder Ortssprung zweitrangig ist und es vollkommen genügt, wenn die Handlungslogik entsprechende Schlüsse zuläßt.

I 20, 21 „Tag/außen" etc.

I 22 Handlungsführung

Außer diesen häufig gebrauchten Übergängen gibt es noch eine ganze Reihe von Sonderformen. Eine davon ist z.B. die *Aufzählung*. Dabei handelt es sich weder um durchgehende Handlungen noch um Orts- oder Zeitüberbrückungen, obwohl sie mit der letzteren Form noch die meiste Ähnlichkeit haben. Eine solche Aufzählung könnte z.B. bilddramaturgisch ausdrücken: „Zu den Arbeiten des Bauern gehört melken, Stall ausmisten, pflügen, den Markt beobachten, ernten, Produkte abliefern." Sie besteht aus einzelnen Bildern, die deutlich und plakativ den jeweiligen Inhalt wiedergeben und die darum in der Regel zeitlich sehr kurz gehalten werden sollten. Vor allen Dingen darf dabei niemals der Eindruck entstehen, daß es sich um kontinuierliche Handlungsabschnitte handeln könnte. Die Diskontinuität der Schilderung kann z.B. dadurch verdeutlicht werden, daß die Bewegungsrichtung von Bild zu Bild deutlich wechselt.

IV 9 Schnitt

Kontrapunktische Übergänge von Szene zu Szene haben durch die damit verbundene Reizerneuerung extrem starke Wirkung. Sie können z.B. darin bestehen, daß eine Szene mit einem Mann endet, der sich an einem kalten Büfett sorgfältig einige Delikatessen auswählt. Die neue Szene beginnt mit einem „harten Schnitt" auf einen armen Inder, der in Abfällen herumstochert, um darin etwas Eßbares zu finden. Das Kontrapunktische wird dadurch verstärkt, daß der vordergründige Inhalt beider Bilder gleich ist: „Ein Mann bei der Nahrungsaufnahme - ein elementares Bedürfnis stillend -, wobei er unter einer Vielzahl von Dingen stochernd auswählt." Durch diese Gleichheit wird die Gegensätzlichkeit der Begleitumstände besonders hervorgehoben. Hier ist es wie bei allen anderen Übergängen wichtig, daß der Bildaufbau in Sekundenbruchteilen erkennen läßt, was ausgesagt werden soll. Fehlerhafte Bildkomposition kann dazu führen, daß die Aussage völlig mißverstanden wird, weil andere - für die Aussage unwesentliche - Details im Bild viel zu viel Gewicht bekommen haben.

I 14 Bildaufbau

Schließlich gibt es noch bilddramaturgische Formen für die Schilderung *statischer Situationen*, wie sie gelegentlich in Expositionen gebraucht werden: ein Dorf, eine Wohnung, eine Landschaft. Geschickte Dramaturgen werden meistens versuchen, solche Situationen mit Handlung zu füllen, um die Informationsdichte der Passage zu erhöhen. Es kann jedoch auch vorkommen, daß gerade das Statische der Situation, die Aktionslosigkeit wesentlicher Inhalt der beabsichtigten Aussage sein soll. Wahrnehmungspsychologisch würde man sich in einer solchen Situation umsehen, Einzeleindrücke sammeln und diese innerlich zu einem Gesamtbild der Situation zusammensetzen. Ähnlich sollte man auch bilddramaturgisch verfahren. Dabei ist es aus wahrnehmungspsychologischen Gründen wichtig, daß die Einzelbilder einer solchen Schilderung *nicht* harmonisch auskomponiert sind (wie Gemälde oder Fotografien), sondern daß sie einen Spannungsrest belassen, der jeweils in das nachfolgende Bild hineinführt (welches aus eben diesem Grund ebenfalls nicht harmonisch auskomponiert werden darf). Erst im Wahrnehmungszentrum des Zuschauers verschmelzen dann die Einzelbilder zu einem Gesamteindruck.

I 9
Verschmelzung

Abb. 20:
Nacheinander vorgeführte Einzelbilder verschmelzen zu einer Gesamtkomposition.

Bei den hier geschilderten Prinzipien handelt es sich um die rein grammatikalische Aufschlüsselung der filmischen Ausdrucksweise. Sie sind formender Bestandteil anderer gestalterischer Tätigkeiten wie Beleuchtung, Bildaufbau, Handlungsdramaturgie und Schnitt. Sie werden vom Zuschauer bewußt nicht wahrgenommen, jedoch hat fehlerhafte Bilddramaturgie auf die Wahrnehmung eines Programms sehr nachteilige Auswirkungen. Dennoch wird sie so gut wie nie - auch nicht von „Fachleuten" und Kritikern - als Ursache negativer Eindrücke erkannt.

Im folgenden geht es um Erscheinungsformen in den Medien, die beim Zuschauer Bewegungswahrnehmungen auslösen. Sie werden in der hier beschriebenen reinen Form in der Praxis nicht immer angewandt, sondern häufig miteinander verflochten.

Grundsätzlich ist zu unterscheiden zwischen Bewegungen a) der aufgenommenen Objekte und b) der aufnehmenden Kamera.

12. Bewegliche Objekte bei statischem Bildausschnitt

Im Zentrum des Sehwinkels werden Bewegungen überwiegend dadurch wahrgenommen, daß das Auge den fixierten Gegenständen folgt und die entsprechenden Aktionen der Augenmuskeln von der Wahrnehmung registriert werden. Außerhalb des Winkels des scharfen Sehens - auf der Peripherie der Netzhaut also - werden Objektbewegungen dadurch registriert, daß Sehzellen-Impulse von Zelle zu Zelle wandern. Wo dies lokalisiert vorkommt - dort also, wo sich auf ein bewegliches Objekt schließen läßt -, wird ein sehr starker Warnimpuls ausgelöst, der veranlaßt, daß die Person ihren Blickwinkel des scharfen Sehens reflexartig auf den bewegten Gegenstand richtet. Großflächige Bewegungen auf der Netzhaut-Peripherie dagegen lassen eher auf Fortbewegung im Raum schließen und lösen daher nicht unbedingt Aufmerksamkeitsreaktionen aus.

I 4 Das Auge

Generell stehen Objektbewegungen sehr hoch in der Hierarchie der Aufmerksamkeitsauslöser. Das heißt, daß bewegliche Objekte bevorzugt vor statischen Objekten wahrgenommen werden. Daß man allerdings auch durch allgemeines Gezappele von Bildinhalten und Hintergründen unspezifisch höhere Aufmerksamkeitswerte erreichen könnte, ist ein weitverbreiteter Irrtum und steht im Widerspruch zu wahrnehmungspsychologischen Erkenntnissen.

Auf Bildern, die nur einen kleinen Blickwinkel ausfüllen (z.B. Fernsehschirm ca. 10 Grad), kommen Bewegungsreize der peripheren Wahrnehmung kaum vor. Durch die Kleinheit des betrachteten Bildes und die dementsprechende Kleinheit der dargestellten Objekte werden auch die Wahrnehmungswinkel der Bewegungen erheblich verkleinert. Dadurch erhält das Wahrnehmungszentrum für Bewegung nur schwache Impulse, und die vermittelten Eindrücke sind gegenüber der Wahrnehmung realer Vorgänge entsprechend stark reduziert. Die Warn- und Auslösereaktion peripherer Bewegungswahrnehmung entfällt bei kleinformatigen Bildern vollständig.

Bei großformatigen Kinoprojektionen können die Bewegungseindrücke im Zentrum des Blickwinkels ebenso stark oder sogar stärker sein als bei der Wahrnehmung realer Vorgänge. Außerdem werden auch hier bewegliche Objekte an der Bildperipherie Aufmerksamkeitsreflexe auslösen - eine Tatsache, die bei der Bildgestaltung zu berücksichtigen ist.

In allen Fällen, in welchen bewegte und unbewegte Gegenstände in einem Bild sich etwa die Waage halten, kann der Zuschauer nicht unmittelbar erkennen, welche Gegenstände sich bewegen und welche nicht. In der Realität kennt man solche Situationen, wenn man von oben auf die Stelle schaut, an der ein Brückenpfeiler das Wasser eines Stromes teilt - oder umgekehrt, wenn man vom Bug eines fahrenden Schiffes aus nach unten aufs Wasser schaut. Im ersten Fall kann man den Eindruck haben, daß der Brückenpfeiler wie ein Schiff durch das Wasser fährt, im zweiten Fall, daß das Schiff wie ein Brückenpfeiler in einem fließenden Strom steht. Auch die Kenntnis der objektiven Verhältnisse hilft da nichts - die Wahrnehmungseindrücke sind autonom und stärker.

Im Film wie im wirklichen Leben kann man nicht unmittelbar unterscheiden, ob - durch das Fenster eines Eisenbahnabteils gesehen - ein Zug auf dem Nebengleis oder der eigene Zug abfährt. Gelegentlich kann es, wenn man diese Effekte der „relativen Bewegung“ nicht berücksichtigt, zu absurden Eindrücken kommen - so z.B. wenn jemand aus einem haltenden Auto aussteigt, während unmittelbar dahinter ein Eisenbahnzug in Gegenrichtung vorüberfährt. Ist der Bildausschnitt so gewählt, daß der Zuschauer keine Anhaltspunkte für die Feststellung der wahren Verhältnisse hat, entsteht der zwingende Eindruck, daß die dargestellte Person von einem schnell fahrenden Auto abspringt.

Bewegt sich ein Objekt in einer bestimmten Richtung durch das Bild und wird die Bewegungsrichtung in einem nachfolgenden Bild fortgesetzt, so erscheint dies dem Zuschauer als eine durchgehende Bewegung. Dies gilt auch dann, wenn das Objekt den Bildausschnitt verläßt und im nächsten Bild wieder (natürlich an der entgegengesetzten Seite) in den Ausschnitt hereinkommt. Dem Zuschauer signalisiert der dabei wechselnde Hintergrund, daß das Objekt eine längere Strecke zurücklegt - daß zwischen den beiden Einstellungen also eine Orts- und Zeitüberbrückung liegt.

IV 9 Schnitt
I 29 Zeit

Anders verhält es sich, wenn eine Bewegung über zwei oder mehrere Bilder fortgeführt wird und das Objekt dabei im Bildausschnitt bleibt. Das wäre z.B. dann der Fall, wenn ein Darsteller sich von seinem Sitz erhebt und sich dabei gleichzeitig in eine andere Richtung wendet - und dieser Vorgang anfangs als Großeinstellung und in der zweiten Hälfte als Naheinstellung gezeigt wird. Der Vorgang ist also, wie es in der Fachsprache heißt, „in der Bewegung geschnitten". Es handelt sich bei diesem Beispiel um einen schnellen, kurzen Vorgang, der u.U. nicht mehr als 18 Einzelbildphasen (3/4 sek.) beansprucht. Eine solche Bewegung konzentriert die Aufmerksamkeit sehr stark auf sich. Deshalb kommt es beim Schneiden solcher Vorgänge (von „groß" auf „total") auf größte Genauigkeit an: Auch ein oder zwei Einzelbilder zuviel oder zuwenig an der Schnittstelle können zur Folge haben, daß der Darsteller in den Drehbewegungen blitzartig zurückzuckt oder vorschnellt. Ist die Bewegung allerdings „flüssig" geschnitten, zieht sie die Aufmerksamkeit so stark an, daß dabei eine Positionsveränderung der Kamera unbemerkt bleibt. Aus diesem Grunde wird in der Bilddramaturgie gerne „in die Bewegung geschnitten".

Nachdem das Auge die Umgebung ständig abtastet und kontinuierlich Einzelinformationen über kleine Wahrnehmungsausschnitte anliefert, stellt es auch Positionsveränderungen bewegter Objekte durch eine zeitlich Abfolge von Wahrnehmungsfragmenten fest. Dadurch ist es möglich, auch durch eine Abfolge an sich statischer Bilder Bewegungseindrücke hervorzurufen. In einem bekannten Experiment wird zuerst das Standbild eines liegenden Löwen, dann eines sitzenden und schließlich eines stehenden und brüllenden Löwen gezeigt. Unter geeigneten Bedingungen entsteht dabei durchaus der Eindruck eines sich erhebenden und brüllenden Löwen, also einer Bewegung. Die Bedingungen dafür sind, daß die Einzelbilder nicht sehr viel länger stehen, als vom Auge beim punktuellen Abtasten der Umgebung für die Wahrnehmung einer Einzelposition beansprucht wird und daß die drei Löwen in Positionen aufgenommen werden, die wie die Aufnahme eines Löwen aus einer Position aussehen.

Obgleich einerseits das Bewegungszentrum der Wahrnehmung bei einer solchen Bildfolge ein Bewegungssignal liefert, erkennen andere Wahrnehmungszentren bei einer derartigen Präsentation durchaus, daß es sich um drei statische Bilder handelt. Darin liegt kein Widerspruch, weil die hohe Kompliziertheit der Wahrnehmungszentren scheinbar unvereinbare Eindrücke ermöglicht.

Unter günstigen Umständen können auch statische Bilder, die längere Zeit betrachtet werden, Bewegungseindrücke auslösen. Maßgebend dafür ist die Linienführung, die die Blickabfolge des Betrachters lenkt. Auch hier ist der Effekt logischerweise um so stärker, je größer das Bild im Blickfeld des Betrachters erscheint, denn dementsprechend laufen die Abtastbewegungen des Auges großflächiger ab.

Projiziert man dieses Bild - „Spiel der Wellen“ von Böcklin - auf eine große Leinwand, so sieht man buchstäblich das schwingende Auf und Ab der Figuren.

Abb. 21: Die Linienführung in einem Bild kann Bewegungseindrücke hervorrufen.

13. Bewegungen der Kamera

Kamerabewegungen können Schwenks oder Fahrten sein. Beim horizontalen oder vertikalen *Schwenken* wandern die Objekte durch das Bild. Dies ist ein Vorgang, der beim normalen Sehen niemals vorkommt und der dadurch einen hohen Abstraktionsgrad aufweist. Auch ein Betrachter eines Zwiegesprächs, der von einem Teilnehmer zum anderen blickt, „schwenkt“ nicht im filmischen Sinne seine Augen. Er sieht zwei statische Bilder der betrachteten Personen, nimmt aber nichts von dem wahr, was zwischen ihnen liegt.

Bewegt sich ein Hintergrund an einem Betrachter vorüber - etwa wenn er aus dem Fenster eines fahrenden Zuges schaut oder wenn er auf einem sich drehenden Karussell sitzt -, so werden seine Augen bestimmte Objekte fixieren und so lange durch Schwenken des Auges fixiert halten, bis eine Reizerneuerung fällig ist oder bis das Objekt durch die Fortbewegung aus dem Gesichtsfeld verschwindet. Auf dem Augenhintergrund werden also stehende und keine beweglichen Objekte abgebildet. Der Eindruck von Bewegung entsteht dabei durch die Bewegungen der Augen und in vielen Fällen auch durch unbewußte Wahrnehmungen auf der Peripherie der Netzhaut. Die Feststellung der Bewegungsgeschwindigkeit und die daran angepaßte Nachführbewegung der Augen bedingen eine komplexe Steuerung durch dafür bestimmte Nervenzentren und sind demnach ermüdend - insbesondere dann, wenn die Bewegungsgeschwindigkeit sich häufig ändert.

Das Betrachten eines Schwenks auf der Leinwand erfolgt nicht anders und wird daher vom Zuschauer in den meisten Fällen als unangenehm empfunden. Je schneller die Schwenkbewegung ist - und für das Auge wird sie schneller, je größer die Leinwand ist -, um so unangenehmer und anstrengender wird die Wahrnehmung.

Aus diesem Grunde wird in vielen Lehrbüchern empfohlen, das Schwenken auf ein absolutes Minimum zu reduzieren und nur dort anzuwenden, wo es eine eindeutige, durch kein anderes Mittel erreichbare Funktion hat.

Das könnte z.B. dann vorliegen, wenn ein sehr hoher Sendeturm abgebildet werden soll. In einer totalen Einstellung aus großer Entfernung wäre davon auf dem Bild womöglich nicht viel mehr zu sehen als ein dünner, senkrechter Strich. Nimmt man jedoch nur einen kleinen Abschnitt vom Fuß des Turms sehr nah auf und schwenkt dann langsam hoch bis zur Spitze, dann entsteht beim Zuschauer durch die zeitliche Akkumulation von mehr, noch mehr und immer noch mehr Turm der Eindruck, daß es sich um ein sehr hohes Gebilde handeln muß.

Ein weiterer Grund zum Schwenken könnte darin liegen, daß man die räumliche Zuordnung von zwei oder mehr Objekten zueinander beweiskräftig darstellen will und andere bilddramaturgische Mittel dazu nicht ausreichen. Von einer Straßenecke aus gesehen nähert sich ein Mann (ein Schuldner, ein Spaziergänger) auf dem Bürgersteig der Kamera. Die Kamera schwenkt in die Seitenstraße und man sieht, daß sich von dort ebenfalls ein Mann (ein Gläubiger, ein Gangster) derselben Straßenecke nähert.

In anderen Fällen, in denen der subjektive Eindruck einer Person wiedergegeben werden soll, die auf einem Karussell sitzt, ist ein Schwenk ebenfalls motiviert, und hier werden die emotionalen Auswirkungen sogar erwünscht sein.

Ganz anders liegen die Verhältnisse, wenn sich die Kamera bewegt, um ein bewegliches Objekt optimal im Bild zu halten. Dabei kann es z.B. um die Großeinstellung

Abb. 22:
Schwenk zum Verändern der Gewichtsverteilung im Bild bei Blickrichtungsänderung

eines Gesprächsteilnehmers gehen, der sich mal diesem Partner, mal jenem zuwendet, wobei die Kamera den Bewegungen insoweit folgt, daß Kopf und Blickrichtung immer optimal im Bildausschnitt angeordnet sind. Solche Kamerabewegungen werden vom Zuschauer nicht als Schwenks gesehen oder empfunden. Es entspricht ebenfalls dem natürlichen Sehen, wenn die Kamera einen Radrennfahrer ständig im Bildausschnitt behält und zu diesem Zweck vom Mittelpunkt der Radrennbahn aus mit ihm „mitgeht“. Das Auge des Betrachters braucht dabei nicht - wie bei Schwenks über unbewegte Hintergründe - Nachführbewegungen auszuführen, sondern kann auf den Radrennfahrer fixiert bleiben. Dennoch löst der schnell vorüberziehende Hintergrund in der Umgebung des Radfahrers auf der Peripherie der Augennetzhaut starke Bewegungssignale aus. Vorausgesetzt, daß um den Radfahrer herum genügend Hintergrund zu sehen ist. Ist das nicht der Fall, könnte - wie bei der relativen Bewegung - der Eindruck entstehen, daß er auf der Stelle fährt.

Kamerafahrten können mit fahrbaren Stativen, auf Schienenwagen oder vom Kamerakran aus im Studio oder im Gelände erfolgen oder auch von einem schnell fahrenden Rennwagen aus. Dabei kann die Kamera in Fahrtrichtung nach vorne oder hinten blicken oder seitlich zur Fahrtrichtung gerichtet sein.

Der Blick seitlich zur Fahrtrichtung unterscheidet sich vom Schwenk grundsätzlich dadurch, daß die näheren Objekte schneller durch das Blickfeld ziehen als entferntere Objekte. Aus dieser Diskrepanz errechnet die Wahrnehmung einen Tiefeneindruck. Man spricht dabei von „Bewegungsperspektive“. Auch für diese seitliche Bewegung gilt das für Schwenks Gesagte insoweit, als hohe Geschwindigkeiten höhere Anpassungsleistungen der Augenbewegungen erfordern und die Wahrnehmung daher schneller ermüdet. Auf größeren Bildflächen erscheinen auch die Bewegungen schneller.

Bei der Blickrichtung in Fahrtrichtung ist das Bildzentrum nahezu bewegungslos, während an den Bildrändern stärkere Fließbewegungen auftreten. Die Wirkung ist daher ähnlich der, die beim „Mitgehen“ mit bewegten Gegenständen auftritt: Das Zentrum des Blickwinkels wird überwiegend beim statischen Zentrum des Bildausschnittes fixiert bleiben, und die Peripherie der Netzhaut wird die stärkeren Bewegungen an den Bildrändern registrieren und in Bewegungseindrücke umsetzen. Dieser Effekt nähert sich um so mehr den natürlichen Sehverhältnissen an, je größer die Leinwand ist.

Hierbei ist noch ausschlaggebend, mit welcher Brennweite eine solche Aufnahme gemacht wird. Je weitwinkliger das Objektiv ist, um so mehr nähern sich die Auswirkungen an den seitlichen Bildrändern denen, die beim *seitlichen Blick* einer fahrenden Kamera auftreten. Das heißt, auch bei Kamerafahrten mit Blick nach vorne oder hinten können Tiefeneindrücke durch Bewegungsperspektiven auftreten. Das hat zur Folge, daß der Zuschauer sich körperlich durch den Raum bewegt fühlt. Auf großen Leinwänden kann diese Wirkung so stark sein, daß Gleichgewichtsstörungen auftreten. Dramaturgisch ist die Kamerafahrt ein hervorragendes Mittel, um den Raum dreidimensional darzustellen und den Betrachter räumlich durch die Handlung zu führen. Da das Auge auf seitlich vorüberziehende Objekte durch Ausgleichbewegungen reagiert, hat die Wahrnehmung in der Regel keine Möglichkeit, die Fortbewegungsgeschwindigkeit zur Zeit der Aufnahme objektiv einzuschätzen. Bei Weitwinkelaufnahmen von Fahrten und auf großen Leinwänden wird die Geschwindigkeit bei der Aufnahme in der Regel um ein Mehrfaches überschätzt.

II 6 Linsen

I 10 Bilddramaturgie

Mit Kamerafahrten nicht zu vergleichen sind Bildbewegungen aufgrund veränderlicher Brennweiten. Eine Zoom-Bewegung von Weitwinkel auf lange Brennweite hat z.B. zur Folge, daß ein Detail einer Umgebung am Ende stark vergrößert wiedergegeben wird. Da sich dabei - anders als bei der Kamerafahrt - die perspektivischen Relationen an den Bildrändern überhaupt nicht verändern, hat man eher den Eindruck, das vergrößerte Detail sei auf den Betrachter zugekommen. Nachdem es in der natürlichen Wahrnehmung sehr ungewöhnlich ist, daß beispielsweise ein Haus auf den Betrachter zukommt, ist eine solche Zoom-Bewegung hochgradig abstrakt in der Wirkung. Wenn es sich schon dabei um eine Verengung des Bildwinkels handelt, wäre sie dramaturgisch nur dann gerechtfertigt, wenn sie den subjektiven Eindruck eines Menschen wiedergibt, dessen Blickwinkel sich aufgrund äußerer Umstände verengt. Ein Mann, der in der Wüste neben seinem Zelt sitzt und einen endlos weiten Horizont vor sich sieht, kann im nächsten Augenblick - nämlich wenn am Horizont ein kleines Staubwölkchen erscheint - nur noch das Staubwölkchen sehen, und ein Grad links und rechts davon nichts mehr.

In allen Fällen, in welchen Zoom-Bewegungen dazu dienen, sich Veränderungen in der Bildaufteilung anzupassen, werden sie vom Zuschauer nicht als Bewegungen empfunden. Das könnte z.B. dann der Fall sein, wenn zwei Personen zusammenstehen und miteinander reden, und nach einiger Zeit kommt eine dritte Person hinzu. Hierbei ist es sicher günstiger, den Bildausschnitt zu erweitern, als von Anfang an einen weiten Bildausschnitt und damit eine ungünstige Komposition der Zweiergruppe in Kauf zu nehmen. Freilich ist es wichtig, den Zeitpunkt für die Ausschnitterweiterung präzise mit der Bewegung der Darsteller zu synchronisieren. Schon ein leichtes Vorauseilen oder Nachhängen rückt die technische Maßnahme in den Aufmerksamkeitsbereich des Zuschauers und lenkt ihn - wenn auch nur kurz - vom Handlungsfluß ab.

Abb. 23: Erweiterung des Bildausschnitts bei Auftritt eines zusätzlichen Bildgewichts (Zoom)

14. Bildaufbau

I 2 Gewichte

In der Wahrnehmung wird jeder erkannte Gegenstand mit einem Gewicht assoziiert, auch dann, wenn es sich um abstrakte und daher an sich gewichtslose Figuren handelt. Außerdem ist man bestrebt, die wahrgenommenen Gewichte in einer logischen, ausgewogenen Beziehung zueinander zu sehen. Das geschieht dadurch, daß das Auge ein Bild von Gewicht zu Gewicht abtastet und die Ausgewogenheit dadurch herbeiführt, daß es nach Wahrnehmung eines Gewichts das entsprechende Gegengewicht sucht, und in manchen Fällen, indem es die Gewichte modifiziert, d.h. Gegenständen von an sich geringer Bedeutung ein höheres Gewicht beimißt, nur damit sie in das Gleichgewichtsschema passen.

Die Gewichte von Gegenständen in Bildern lassen sich natürlich nicht in Kilogramm bemessen. Sie werden durch verschiedene Faktoren bestimmt:

a. durch die Größe, in der eine Form dargeboten wird.

b. Durch die Art der Darbietung. So kann ein besonders heller oder ein besonders dunkler Gegenstand, der sich eben dadurch von seiner Umgebung abhebt, größeres Gewicht bekommen. Das gleiche gilt für Gegenstände, die Reizfarben haben oder sich sonst farblich von ihrer Umgebung abheben. *I 17 Beleuchtung*

c. Dadurch, daß das Objekt für die Bedürfnislage des Betrachters Bedeutung hat. Hier gilt das, was im Kapitel I/8 über Aufmerksamkeitsauslöser gesagt wird - u.a. daß sowohl Gegenstände einen hohen Aufmerksamkeitswert und damit ein hohes Gewicht haben, die mit elementaren Bedürfnissen eines Menschen in Zusammenhang stehen, als auch solche, deren Bedeutung kurz vor der Präsentation durch starke Erlebnisinhalte hervorgehoben wurde: in der Filmhandlung z.B. das Messer, mit dem jemand ermordet wurde. *I 8 Aufmerksamkeit*

Nachdem es für die Informationsübermittlung und das Verständnis der Handlung äußerst wichtig ist, daß der Zuschauer auf den Bildern jene Details wahrnimmt, die von Belang sind, müssen diese Wahrnehmungsmechanismen gezielt eingesetzt werden.

Abb. 24: Erzeugung von Gewichten durch Lichtführung

Zunächst besteht die Möglichkeit, bestimmte Gegenstände durch Farbgebung oder Beleuchtung hervorzuheben. Dabei ist in jedem Falle zu entscheiden, inwieweit man dabei Kompromisse mit den Erfordernissen der bilddramaturgischen Logik schließen muß, oder inwieweit sich eine lichttechnische Maßnahme dieser Art mit anderen Erfordernissen - z.B. mit der Wiedergabe von Oberflächenstrukturen etc. - vereinbaren läßt. *III 9 Farben* *I 9 Verschmelzung*

Durch die Wahl der Kamerastandpunkte und der Brennweiten können die Gewichte der abgebildeten Objekte ebenfalls sehr stark beeinflußt und die Blickabfolge des Zuschauers kann gelenkt werden. Durch den Einsatz von langen Brennweiten werden die beiden Personen in Abb. 25 b etwa gleichgewichtig wiedergegeben. Ein Weitwinkelobjektiv hingegen verleiht der Vordergrundperson entschiedenes Übergewicht. (Abb. 25a)

Wenn die Kamerapositionen seitlich verändert werden, rücken in der einen Richtung die beiden Personen näher zusammen, bis schließlich die Vordergrundfigur die Hintergrundfigur „erdrückt“. (Abb. 26b)

In der anderen Richtung vergrößert sich der Abstand zwischen den beiden Personen. Diese Richtung ließe sich weiter fortführen, bis am Ende wieder eine totale Gleichgewichtigkeit der Personen entsteht und der Abstand zwischen ihnen größtmöglich ist. (Abb. 26a)

◄ a ►

◄ b ►

c ►

Abb. 25:
Veränderung der Gewichtsverhältnisse durch unterschiedliche Aufnahme-Brennweiten

Abb. 26:
Durch Veränderung der seitlichen Kameraposition rücken die Gewichte auseinander oder zusammen. Durch Veränderung der Kamera*höhe* verändern sich ihre Höhenverhältnisse zueinander.

Durch eine vertikale Veränderung der Kameraposition, wie z.B. in unserem Bildbeispiel nach unten, wächst die Vordergrundperson nach oben und blickt auf ihr Gegenüber herab. Entsprechend wird die psychologische Beziehung der Personen zueinander vom Betrachter auch empfunden. (Abb. 26c)

Alle diese Bildaufteilungen vermitteln dem Zuschauer Aufschlüsse über die Beziehungen der Personen zueinander. Das gilt auch für solche Fälle, in denen eine solche Situation bilddramaturgisch in Einzeleinstellungen aufgelöst wird, die dann wieder in der Vorstellung des Zuschauers zu einer Gesamtsituation verschmelzen. Daß sie nicht immer den Erfordernissen einer rein ästhetisch orientierten Fotografie entsprechen, sollte von sekundärer Bedeutung sein. Die wichtigste Aufgabe der Filmfotografie besteht darin, Inhalte und Handlungsabläufe in allen Einzelheiten möglichst deutlich und prägnant wiederzugeben.

Auch bei der Manipulation der Gewichte und der Handlungsrichtungen zwischen den dargestellten Objekten gilt, daß sie möglichst in Einklang mit den Erfordernissen der bilddramaturgischen Logik gebracht werden sollten. Dabei ist auch die Stärke des jeweils gewählten Effektes (der sich ja in vielen Stufen abnuancieren läßt) den Inhalten und der dramaturgischen Handlungsführung anzupassen. Eine durchlaufende Überbetonung von Gegensätzen und eine allzu starke Dynamisierung der Bildkompositionen führen zu einer Ermüdung des Zuschauers und dazu, daß die übrigen Handlungsinhalte (Dialog, Mimik, Situationsatmosphäre etc.) in der Wahrnehmung des Zuschauers unterrepräsentiert werden. Einen solchen Filmstil könnte man „manieriert" nennen. Auf der anderen Seite ist eine Bildgestaltung, die überwiegend gleichgewichtig und neutral bleibt und in ihren Ausdrucksmöglichkeiten nicht der Handlungsführung folgt, reizlos und langweilig. Sie nivelliert alle Bewegungen der Handlung und setzt damit die Gesamtwirkung des Produktes stark herab.

I 10 Bilddramaturgie

Hat man sich für eine bestimmte Gewichtsverteilung im *Bildaufbau* entschieden, ist größter Wert auf die genaue Festlegung des *Bildausschnittes* zu legen. Es wird häufig übersehen, daß auch kleine Änderungen in der Wahl der Bildumrandung nachweislich großen Einfluß auf die Gewichte und deren Beziehung zueinander haben (Abb. 27). Das ginge aus den Abbildungen noch deutlicher hervor, wenn man sie auf eine große Leinwand projizieren würde. Dabei wird es in den meisten Fällen unvermeidlich sein, daß auch noch andere als die Hauptobjekte ins Bild kommen. In unseren Beispielen (Abb. 13, 14, 17, 18, 23, 25, 26) werden sie kein Übergewicht über die Hauptfiguren bekommen, weil

a. diese durch Licht- und Schattenwirkung hervorgehoben sind,

b. Menschen in der Wahrnehmung ohnehin eine hohe Priorität als Aufmerksamkeitsauslöser besitzen und

c. die (physikalisch nicht vorhandenen, aber wahrnehmungspsychologisch sichtbaren) Verbindungslinien einen dynamischen Verlauf suggerieren.

In der Praxis würde noch ein Dialog oder eine andere Art von Interaktion zwischen den beiden Personen (Abb. 25) stattfinden. Dennoch sind die Gewichte der im Hintergrund sichtbaren Gegenstände nicht völlig unbedeutend. Das in Kapitel I/1 beschriebene Experiment zeigt, daß diese Objekte - auch wenn sie gegenüber den Personen nur nachrangiges Gewicht haben - in tieferen Bewußtseinsschichten registriert und verarbeitet werden. Aus ihrer Gesamtheit entsteht die (mehr oder weniger glaubhafte) Atmosphäre der Umgebung, die - je nachdem, ob sie die Inhalte logisch unterstützt oder im Widerspruch zu ihnen steht - die Aufnahme der Filmhandlung durch den

I 17 Beleuchtung

Abb. 27: Durch Verändern des Bildrandes („Kadrieren") wird der Ausdruck des Bildes verändert.

IV 2 Ausstattung

Zuschauer sehr wesentlich fördern oder behindern kann. Dies ist der Grund dafür, daß bei wirkungsstarken Filmen der Ausstattung mit stiltypischen Details größte und manchmal liebevolle Aufmerksamkeit bis in kleinste Kleinigkeiten gewidmet wird. Die Wichtigkeit dieser Arbeit wird häufig unterschätzt, weil ihre Wirkung im Unterbewußten liegt - fehlerhafte Gestaltung der Umgebung hat jedoch immer krasse Qualitätsverluste beim Gesamteindruck von einem Produkt zur Folge.

Somit ist bei der Bildgestaltung der Anordnung *aller* im Bild enthaltenen Objekte Aufmerksamkeit zu schenken. Insbesondere ist zu überlegen, ob man bestimmte Objekte (Wandbilder, Blumenvasen) teilweise aus dem Bildrand herausragen läßt („anschneidet"), oder ob es besser ist, sie ganz in den Bildausschnitt hereinzunehmen.

Bewegen sich die dargestellten Personen im Raum - was meistens der Fall sein wird -, entstehen naturgemäß Veränderungen in den Verhältnissen der Gewichte zueinander. Die entscheidende Frage ist jeweils, inwieweit man solche Veränderungen in Kauf nimmt oder wieweit man sie mit der Kamera kompensiert.

In Kapitel I/13 wurde als Beispiel angeführt, wie durch Erweiterung des Bildausschnittes während der Aufnahme (Zoom) der Tatsache Rechnung getragen wird, daß zu einer Zwei-Personengruppe eine dritte Person hinzutritt. Um sowohl in der Zweier- wie in der Dreier-Situation eine ideale Bildaufteilung zu erhalten, wird es nötig sein, außer der Ausschnitterweiterung auch durch leichtes seitliches Schwenken eine Anpassung vorzunehmen.

Wenn eine Person, die an einem Tisch sitzt und en face aufgenommen wird, aufsteht und von der Kamera fort zu einem Fenster geht - wenn sie in jeder Phase dieses Ablaufs optimal im Bildausschnitt gehalten werden soll -, kann es möglich sein, daß dazu die folgenden Kamerabewegungen erforderlich sind:

a. Genau zu dem Zeitpunkt, da die Person sich erhebt, fährt die Kamera um einige Dezimeter nach oben, damit sie in etwa eine horizontale Blickrichtung beibehalten und steile Abwärts- oder Aufwärts-Blickrichtungen vermeiden kann.

b. Während des Ganges zum Fenster wird die Person durch Schwenkbewegungen optimal im Ausschnitt gehalten und außerdem vielleicht der Blickwinkel leicht verengt. Dieses „Nachfahren“ mit der Zoomlinse darf keinesfalls so stark sein, daß die Person beim Gang von der Kamera fort stets dieselbe Größe behält, es darf lediglich zu einem optimalen Bildausschnitt für die Schlußposition (wenn die Person am Fenster anlangt) hinführen.

Eine Person, die aus einem Zimmer kommend einen Flur durchquert und in ein gegenüberliegendes Zimmer geht, wirft wieder ein anderes Problem auf. Um in die Zimmer blicken zu können, muß die Kamera in Höhe der Türen stehen. Im Augenblick aber, da die Person den Flur durchquert, muß die Kamera ausweichen, weil sie im Weg steht und in dieser Phase kein Bild aufnehmen könnte.

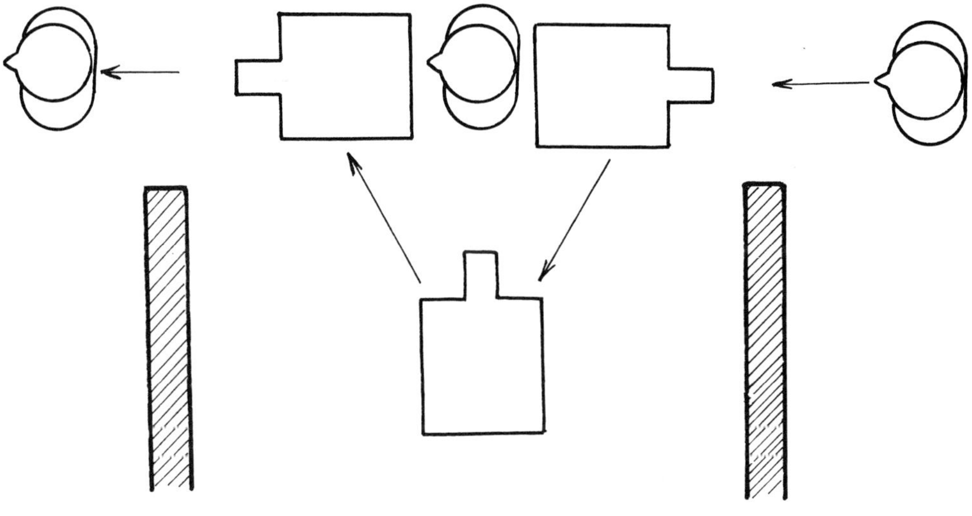

Abb. 28: Erforderliche Kamerabewegung beim Verfolgen eines beweglichen Objekts

Hier, wie in allen anderen Beispielen, wird die Kamerabewegung nicht als solche vom Zuschauer erlebt. Voraussetzung dafür ist, daß die Kamerabewegungen zeitlich sehr genau mit den Darstellerbewegungen synchronisiert werden. Kamerabewegungen, die sich organisch den geschilderten Vorgängen anpassen, intensivieren die Beobachtung der wesentlichen Inhalte. Ungenauigkeiten haben zur Folge, daß die Wahrnehmung des Zuschauers immer wieder vom Inhalt abgezogen und mit der Verarbeitung nicht wahrnehmungsgerechter Eindrücke beschäftigt wird. Diese Zusammenhänge werden selbst von „Fachleuten“ häufig übersehen, so daß sie zu falschen Beurteilungen fehlerhafter Filme kommen. In den meisten Fällen werden die Fehler bei den vordergründigen Inhalten gesucht, auch wenn sie in Wirklichkeit bei fehlerhafter oder dilettantischer Präsentation liegen.

15. Hören

Im Laufe der Evolution hat das Gehör des Menschen eine für das Überleben in seiner Umgebung wichtige Funktion als Ergänzung zu den anderen Sinnesorganen bekommen. Im Gegensatz zum Auge, das eine sehr große Informationsmenge (ca. 50 Mill. bits/sek.) aus einem sehr kleinen Raumwinkel aufnimmt, nimmt das Gehör Informationen aus allen Umgebungsrichtungen gleichzeitig auf, freilich nur mit einer Informationsdichte von ca. 40.000 bits/sek. Das Auge liefert von den betrachteten Gegenständen in seinem engen Blickbereich - wenige Winkelgrade - sehr präzise Detailinformationen wie Farbe, Form, Bewegung, Helligkeit, Struktur. An der Peripherie des Sehbereichs finden nur einfache Reflexe statt - Aufmerksamkeitslenkung auf bestimmte Konfigurationen und Bewegungen. Jenseits dieser Wahrnehmungen ist der Gesichtssinn für alle übrigen Richtungen des Raumes blind.

I 4 Das Auge

Die starke Gefährdung, die sich hieraus ergibt, wird durch die besondere Funktion des Gehörs behoben. In erster Linie dient es dazu, Vorkommnisse im übrigen Raum gestaltpsychologisch zu werten und zu orten, um dann die Aufmerksamkeit des höher potenten Sehorgans auf die Wahrnehmung zu richten. In früheren Zeiten mochte es sich dabei um einen Säbelzahntiger im Gebüsch, heute um ein sich näherndes Kraftfahrzeug auf der Straße handeln.

I 5 Signalverarbeitung
I 6 Raum

Um diese Warn- und Orientierungsfunktion sinnvoll ausüben zu können, sind Gesichts- und Gehörsinn in bestimmten (zumeist unbewußten) Ebenen miteinander verschaltet und beeinflussen sich gegenseitig (Synästhesie).

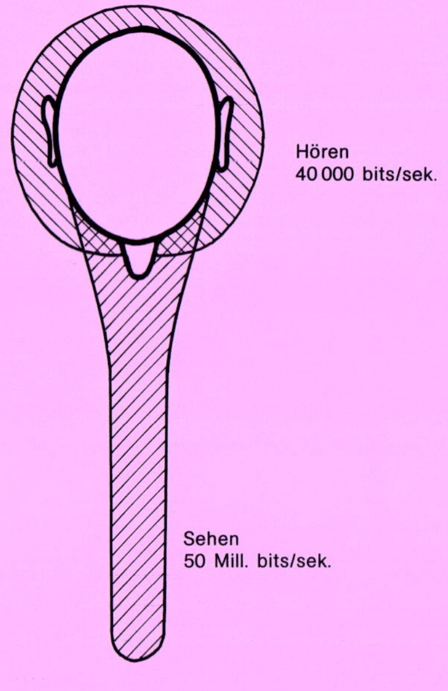

Abb. 29: Rundum-Wahrnehmung des Menschen

Da das Gehör durch seine Rundum-Funktion oft eine große Vielzahl gleichzeitig stattfindender Ereignisse unterscheiden können muß, verfügt es sowohl akustisch wie gestaltpsychologisch über ein äußerst feines Unterscheidungsvermögen. Gestaltpsychologisch bedeutet, daß der Gehörsinn auch aus einer sehr lauten Umgebung sich leise von hinten nähernde Schritte herauskennt und entsprechende (meist unwillkürliche) Reaktionen darauf veranlaßt. Akustisch bedeutet, daß das Gehör aus dem Frequenzbild der Schallwellen sehr genau entnehmen kann, aus welcher Richtung und aus welcher Entfernung die Geräusche eines Ereignisses eintreffen. Diese Fähigkeit basiert auf zwei Mechanismen:

a. Bei einem seitlich stattfindenden Schallereignis treffen die Schallwellen beim einen Ohr früher ein als beim anderen Ohr - um etwa 1/1000 Sekunde. Bei niedrigen Frequenzen bis etwa 750 Hz bedeutet das eine deutliche Phasenverschiebung. Aus dieser Phasenverschiebung errechnet das Hörzentrum die ungefähre Richtung der Schallquelle.

II 24 Interferenz

b. Hohe Frequenzen erfahren auf dem Wege durch den Hörkanal bis zum Trommelfell Veränderungen, die je nach Auftreffwinkel verschieden sind. So gibt es im Gehörgang durch Echo und Interferenzen charakteristische Schallspektren, die vom Hörzentrum als Richtungsinformation gewertet werden, auch wenn es sich nur um minimale Veränderungen in der Form der Sinuswellen handelt, die ihrerseits wiederum in ein Gemisch verschiedenster Geräusche eingebettet sind.

Für das Verständnis der Tonaufnahmetechnik ist die Kenntnis einiger weiterer Fähigkeiten des menschlichen Hörsystems erforderlich.

Schallwellen werden von allen Objekten der Umwelt mehr oder weniger stark reflektiert. Bei einem Gespräch im Garten werden Schallwellen gehört, die direkt vom Sprechenden zum Ohr des Hörenden laufen, aber auch solche, die von der Hauswand, von Gartenmöbeln und - gedämpfter - von Bäumen und Pflanzen reflektiert werden. Alle zusammen ergeben ein hochkompliziertes, diffuses Schallwellengemisch.

Das Hörzentrum ist u.a. durch die Fähigkeit der Richtungserkennung in der Lage, dieses Schallwellengemisch zu entwirren und in eine Vielzahl von Einzelinformationen umzusetzen. Dadurch, daß Schallwellen sich durch die Luftmoleküle fortbewegen, verändert sich auf dem Wege von der Schallquelle bis zum Hörenden ebenfalls das Schallwellenspektrum. Je nachdem, ob die Luft warm oder kalt, ob sie feucht oder trocken ist, werden hohe Frequenzen anders verändert als niedrige. Aus diesen Veränderungen kann das Gehör entnehmen, wie weit die Schallquelle und wie weit ihre Echos entfernt sind. Die Lautstärke ist für diese Unterscheidung ganz unmaßgeblich, denn bis auf extrem leise und extrem laute Töne werden fast alle Lautstärken mit ungefähr gleicher Intensität wahrgenommen. Der „Dynamik-Umfang“ der hörbaren Geräusche wird größtenteils auf ein Mittelmaß komprimiert. Die Grenzen zu den sehr leise und sehr laut wahrgenommenen Geräuschen sind fließend und richten sich nach subjektiven Gegebenheiten. Laute Musik wird z.B. weniger laut empfunden als gleich lautes Maschinengeräusch.

Durch die Fähigkeit des Hörzentrums, aus Schallquellen und ihren Echos Richtung, Entfernung und teilweise Oberflächenbeschaffenheit der Umgebung abzulesen, entsteht auch im Hörzentrum ein verhältnismäßig genaues Orientierungsbild. Den meisten Menschen ist das Vorhandensein eines akustischen Orientierungsbildes ebenso wenig bewußt, wie das eines optischen Orientierungsbildes im Sehzentrum. Das Bewußtmachen läßt sich jedoch, wie bei Blinden, trainieren. So gibt es Tonmeister, die anhand einer Tonaufnahme eine ziemlich zutreffende Beschreibung des Entstehungsortes geben können.

I 27 Exposition

Doch auch ohne Mitwirkung des Bewußtseins unterscheidet das Gehör sehr deutlich zwischen einer frostigen Schneelandschaft, in der alle Echos und eine große Zahl von Frequenzen geschluckt werden, und einem feuchten Keller, der die Echos von allen

Wänden und Decken ungeschwächt weitergibt. Selbstverständlich haben künstlich erzeugte Echos und Nachhalle keinerlei Ähnlichkeit mit den Schallspektren, wie sie natürlich in halligen Räumen entstehen. Der Tonmeister (Film) oder Toningenieur (Fernsehen) verfügt über eine Anzahl technischer Methoden, um den Film- und Fernsehton nach Möglichkeit dem menschlichen Gehör anzupassen. Das bisher übliche einkanalige (monaurale) Tonsystem bei Film und Fernsehen unterscheidet sich vom menschlichen Hören radikal allein durch die Tatsache, daß der Zuschauer nur den Schall aus *einer* Richtung, aus *einem* Lautsprecher hört. Diese Art der Wahrnehmung hat gegenüber der Realität einen hohen Abstraktionsgrad, dem der Tonmeister Rechnung tragen muß.

16. Dramaturgie des stereophonen Fernsehens

Völlig anders als beim monauralen Ton liegen die Verhältnisse, wenn das Bild von einem stereophonen oder gar Kunstkopf-Ton begleitet wird, der nicht mehr abstrakt, sondern weitgehend den natürlichen Hörverhältnissen analog ist. In den unterbewußten Wahrnehmungsebenen sind alle Sinnesorgane untereinander verschaltet (Synästhesie). Dies hat z.B. zur Folge, daß - wenn man akustisch das Öffnen einer Türe seitlich von sich aus wahrnimmt - man reflexartig den Kopf dorthin wendet, um mittels der hohen Aufnahmekapazität des Sehens festzustellen, wer dort den Raum betritt oder verläßt. Vielleicht erklärt die Abb. 29 auch, weshalb die Vorneortung bei der Kunstkopf-Stereophonie so problematisch ist: Es besteht für sie einfach keine biologische Notwendigkeit.

Daß sich aus diesen Zusammenhängen erhebliche dramaturgische Schwierigkeiten ergeben, ist aus den ersten stereophonen Fernsehsendungen klar zu erkennen. Eine Orchesteraufnahme in der bisher üblichen Bildauflösung hat sehr verwirrende Wirkungen auf den Zuschauer, wenn er gerade vor sich die ersten Geigen sieht und ihr Spiel zwei Meter links davon hört, um im nächsten Augenblick die Bässe zu sehen und ihre Musik zwei Meter weiter rechts zu hören. Völlig absurd wird das Erlebnis, wenn man den Dirigenten und hinter seinem Rücken das Publikum sieht, während die Musik aus dem Publikum kommt.

Andererseits zeigen Versuche mit Kunstkopf-Begleitton zum Fernsehbild, daß daraus unter gewissen Umständen auch eine unerwartet starke Bereicherung in der Informationsdichte des Gesamtsystems erwachsen kann. Dies kommt dadurch zustande, daß dem Zuschauer beim Fernsehbild eine konkrete Raumorientierung wegen des geringen Blickwinkels von maximal 10 Grad sehr erschwert wird. Die Unruhe, die durch die enge seitliche Begrenzung des Bildfensters entsteht, wird dadurch aufgehoben, daß die sonst fehlende seitliche Raumorientierung akustisch aufgefüllt wird. Dies entspricht durchaus den natürlichen Wahrnehmungsverhältnissen, und somit entsteht ein sehr starker Eindruck von Unmittelbarkeit.

Was aber geschieht wirklich, wenn seitlich eine Türe geöffnet wird, und der Zuschauer würde unter realen Verhältnissen reflexmäßig seinen Blick dorthin wenden? Nach den bisher gültigen Dramaturgieregeln würde man diesem natürlichen Reflex Rechnung tragen und „auf die Türe schneiden". Was aber würde im Augenblick des Umschnitts mit einem stereophonen Ton passieren?

Ähnlich liegt die Problematik bei der Auflösung eines Dialogs in „Schnitt und Gegenschnitt“. Ein interessierter Betrachter eines solchen Dialogs würde auch in der Realität von einem zum anderen blicken. Nun handelt es sich bei solchen Blickwendungen wahrnehmungspsychologisch keineswegs etwa um Schwenks. Die in der Regel sehr schnelle Blickwendung wird von der Psyche total blockiert, so daß die dramaturgische Entsprechung eher ein harter Schnitt ist.

I 10 Bilddramaturgie

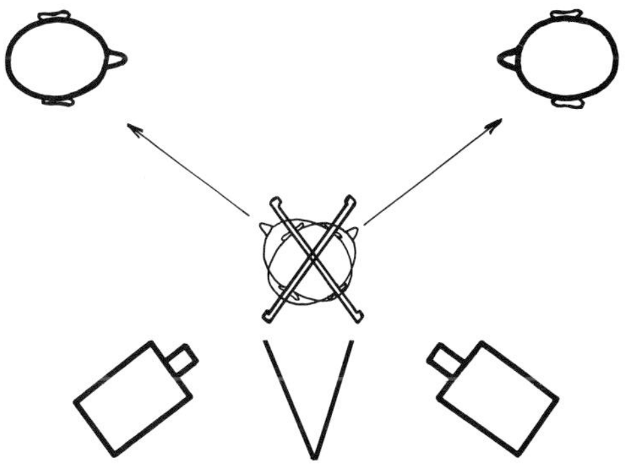

Abb. 30: Auflösung eines Dialogs in Schuß und Gegenschuß mit wechselnder Stereobasis im Ton (s. auch Abb. 13)

Eine Grundregel für den stereophonen Ton sollte mit Sicherheit lauten, daß eine Schallquelle immer aus der Richtung kommen sollte, in der sie auch zu sehen ist. Sofern die Umschnitte zwischen den Personen immer so erfolgen, daß die Kamera bei dem jeweils Sprechenden ist, ergeben sich aus der Veränderung der Stereobasis sicher keine größeren Schwierigkeiten. Anders ist es, wenn mitten in einem Satz auf den Zuhörenden umgeschnitten werden soll. Theoretisch müßte jetzt die Schallquelle schlagartig mitten im Satz nach rechts bzw. links hinten umspringen. Es bedarf wohl keiner Erläuterung, daß ein solches Umspringen psychologisch nicht tragbar ist. Ebenso unmöglich ist die Lösung, trotz des Bildumschnitts die Richtung der Stereobasis beizubehalten, denn dann würde die Schallquelle „Sprecher“ bei der zuhörenden Person geortet werden.

So wenig, wie die Blickwendung wahrnehmungspsychologisch als Schwenk gesehen wird, ebenso wenig wird die Veränderung der Stereobasis bei einer Kopfwendung registriert (sie wird durch das Bewegungssignal kompensiert). Sie muß also möglichst unmerkbar bleiben. Ein Schwenken der Stereobasis in die neue Position ist sicher kein geeignetes Mittel, weil die akustische Bewegung durch den Raum äußerst befremdlich wirken würde. Bleibt als einzige Möglichkeit nur eine weiche Überblendung von einer Stereo-Ebene in die andere.

In komplizierteren dramaturgischen Situationen vervielfachen sich natürlich auch die Probleme. In unserem Beispiel (siehe Abb. 31) gehen wir davon aus, daß ein Redner zu einem größeren Publikum spricht. Zwischendurch ergeben sich Dialoge zwischen Redner und einem der Zuhörer, sowie zwischen zwei Zuhörern. In der bisher üblichen Dramaturgie würde man zwei Standpunkte eines interessierten Betrachters annehmen: Standpunkt 1 erlaubt Blickwendungen zwischen Redner und Publikum als Ganzes. Vom Blick in Richtung Publikum aus kann man an einen einzelnen Zuhörer „heranspringen“, und vom dadurch gewonnenen neuen Standpunkt 2 aus kann man zwischen den beiden Zuhörern hin- und herblicken und, wenn gewünscht, von dort aus auch eine Totale des Redners sehen.

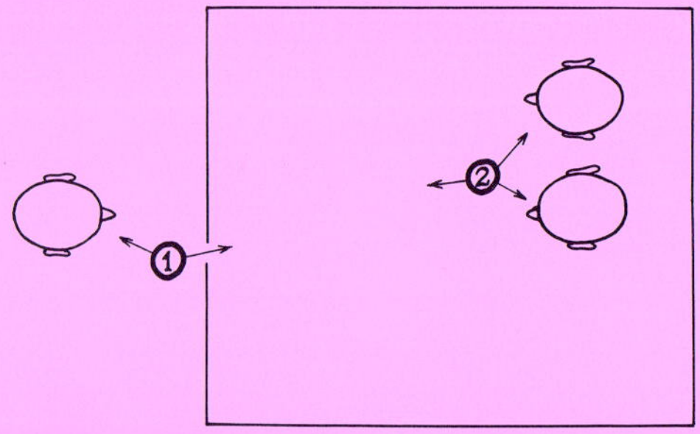

Abb. 31: Redner vor einem Publikum mit gedachten Standpunkten 1 und 2 und deren Blickrichtungen

Das Publikum als Masse wird eine deutlich lokalisierbare Tonkulisse darstellen, die bei den Blickrichtungen von Standpunkt 1 aus einmal *vor*, einmal *hinter* dem Betrachter liegen muß. Ob diese extremen Wechsel mit weichen Überblendungen noch tragbar sein werden, wird man feststellen müssen. Beim Heransprung von Standpunkt 1 auf Standpunkt 2 würde die Tonkulisse ebenfalls von vorne nach hinten springen. Dieses Problem wird man in der Praxis wohl dadurch lösen, daß man - anstatt heranzuspringen - eine Kamerafahrt macht und die Mikrofone mitführt.

Analog wird man bei Orchester- und Theateraufnahmen verfahren müssen. Hierbei wäre zu erwägen, ob man bei Übersichtstotalen nicht besser auch die Stereobasis verkleinert, damit nicht der überwiegende Teil des Orchesters von links und rechts außerhalb der Bildränder zu hören ist.

Zweifellos bedarf es noch zahlloser Experimente, bis ein praktisch brauchbares Regelwerk für die Dramaturgie des stereophonen Fernsehtons erarbeitet ist. Die Experimentierenden sind jedoch gut beraten, wenn sie sich vorher über die theoretische Dramaturgie und vor allem die ihr zugrundeliegenden wahrnehmungspsychologischen Fakten orientieren, wollen sie nicht zahllose Experimente durchführen, deren Scheitern von vornherein feststeht. Mit Sicherheit wird man aber in Zukunft jede Produktion noch sehr viel gründlicher dramaturgisch und drehbuchmäßig vorbereiten müssen als bisher, weil sich mit der höheren Informationsdichte des neuen Systems auch die möglichen Fehler potenzieren.

17. Beleuchtung

Das Beleuchten mit dem Ziel, dem Zuschauer die Atmosphäre (Fachsprache: „Stimmung") einer Situation zu vermitteln, beruht auf gestaltpsychologischen Grundlagen. Auf dem Wege über die Synästhesie kann die Licht- und Schattenverteilung in einem Bild (im Zusammenwirken mit Farben, Komposition und dinglichen Inhalten etc.) beim Zuschauer Assoziationen hervorrufen, die sich im Bewußtsein als Emotionen manifestieren. Voraussetzung hierfür ist, daß der Zuschauer ähnliche Erfahrungen in seinem Leben bereits gemacht hat. Es gibt eine große Anzahl grundlegender Erfahrungen, die viele Menschen gemeinsam haben und die daher im Film mit Sicherheit die beabsichtigte Wirkung erzielen: die zartblauen Schattentöne und die kristallfeine Struktur von frisch gefallenem Schnee; der Schankraum einer Kneipe, der vom Fenster her von der Sonne durchflutet wird; die kalte, in alle Winkel dringende Lichtflut einer mit Neon beleuchteten Lagerhalle.

Zu berücksichtigen ist dabei auch die Tatsache, daß das menschliche Sehzentrum eine außergewöhnlich hohe Kapazität für die logische Bewertung wahrgenommener Einzelheiten besitzt, die im Bewußtsein nur als emotionaler Eindruck (z.B. über die Glaubwürdigkeit der Darstellung) erkennbar wird. Soweit es um die Beleuchtung geht, würde z.B. eine unlogische Lichtführung zumindest ein hohes Maß an Künstlichkeit und damit an Abstraktion signalisieren und beim Betrachter Denkprozesse in Gang setzen. Freilich befassen sich diese Denkprozesse gewöhnlich mit den Interpretationsmöglichkeiten der Darstellung und nur selten mit dem dargestellten Gegenstand selbst. Eine unlogische Lichtführung liegt z.B. dann vor, wenn eine Person rechts neben einer brennenden Kerze sitzt, das Führungslicht aber aus einer anderen Richtung kommt. In diesem Falle würde die Wahrnehmung des Zuschauers zu dem Schluß kommen, daß es außer der Kerze im Raum noch eine andere Lichtquelle geben muß.

I 1 Gestaltwahrnehmung

Aufgrund der äußerst verschiedenartigen Funktionsweise von Auge und Kamera wird ein bloßes Abfotografieren physikalischer Realität nur in ganz bestimmten Fällen auch die Atmosphäre der Situation vermitteln. In weitaus der Mehrzahl der Fälle wird man die physikalische Realität außer acht lassen müssen und nach der psychischen Realität fragen, etwa „Wie sehe ich eine Situation?“ (z.B. ein Kellergewölbe, das Angst macht)

Erst wenn man ganz präzise Vorstellungen gemäß den eigenen Assoziationsmöglichkeiten entwickelt hat, kann man darangehen, die technischen Maßnahmen zur Darstellung zu planen, unter anderem also einen Lichtplan zu entwerfen.

Zu den Elementen, die im Bild Atmosphäre vermitteln und die durch Beleuchtungsmaßnahmen wirksam werden, gehören:

a. Art und Anordnung der Gegenstände - Wände, Möbel, Fenster, Häuser, Bäume etc.,

IV 2 Ausstattung

b. die Farben, soweit sie im Bild dominieren (z.B. rote Feuersbrunst),

c. die Oberflächenstrukturen (z.B. samtige Haut),

II 16 Information

d. die Lichtquellen, die eine Szene beleuchten (z.B. Sonne, Kerze, Neonlicht).

Je mehr von diesen Elementen in einem Bild enthalten sind und je deutlicher sie fotografisch hervorgehoben werden, um so prägnanter wird die Unmittelbarkeit der Bildinhalte nachvollziehbar. In der Praxis wird man immer Kompromisse suchen müssen zwischen den einzelnen hier angeführten Elementen. Es kann dabei vorkommen, daß man einer konsequenten Lichtführungslogik (entsprechend Punkt d „im Bild enthaltene Lichtquellen“) eine möglichst deutliche Darstellung der Oberflächenstrukturen (Punkt c) oder eine deutliche Wiedergabe aller im Bild vorhandenen Gegenstände (Punkt a) opfert. In den letzten Jahren besteht eine steigende Tendenz, der Logik der Lichtführung den Vorrang zu geben. Das hat nicht nur gestalterische Gründe sondern auch produktionstechnische.

III 1,2 Beleuchtung

Bei deutlich im Bild erkennbaren Lichtquellen ist die Richtung der Führungslichter weitgehend vorgegeben. Gewöhnlich ist der Kontrast zwischen Lichtquelle und der Helligkeit der von ihr beleuchteten Gegenstände um ein Vielfaches höher, als Filmmaterial oder Videokamera verarbeiten können. Hier sind in erster Linie Beleuchtungsmaßnahmen notwendig.

II 12 Filmmaterial

Abb. 32: „Tag/innen"-Beleuchtung

Abb. 33: Kompromiß bei der Richtung des Führungslichts (Das Führungslicht kommt nicht genau vom Fenster, sondern wegen der Formung von weiter rechts.)

So will man z.B. bei einer sogenannten „Tag/innen"-Stimmung (der Raum wird vom Fenster her durch Tageslicht erleuchtet) klar erkennbar machen, daß das Licht vom Fenster her kommt: Am deutlichsten wird dies, wenn tatsächlich Licht durch das Fenster auf eine Wand fällt und dort eine Projektion der Fensterform erkennbar wird. Da die Projektion im Vergleich zu den anderen Lichtpegeln im Raum recht hell sein und möglichst scharfe Konturen haben soll, muß die dafür verwendete Lampe

a. eine hohe Lichtleistung haben,

II 11 Lichtquellen

b. eine kleine Leuchtfläche haben,

c. nicht zu nahe am Fenster stehen.

Die Funktion einer solchen Lampe nennt man häufig „Effektlicht".

In vielen Fällen, z.B. wenn sich eine Person in der Nähe einer Lampe aufhält, deren Licht gleichzeitig auch auf eine Wand fällt, ist das „Effektlicht" identisch mit dem Führungslicht der Person. In unserem „Tag/innen"-Beispiel wäre dies sehr ungünstig, weil das Führungslicht auf die Person - von der Kamera aus gesehen - von hinten fiele und dadurch für Formgebung und Oberflächenstruktur sehr ungünstig läge.

Aus diesem Grund wurde hier ein anderes Führungslicht angesetzt, welches im Verhältnis zum Licht vom Fenster für den Betrachter immer noch glaubhaft und logisch erscheinen wird. Daraus geht hervor, daß das Führungslicht nicht unbedingt genau aus derselben Richtung kommen muß, in der sich die im Bild gezeigte Lichtquelle (hier das Fenster) befindet, sondern daß man beim Beleuchten einen zum Teil erheblichen Spielraum hat. Zwar sollte man immer versuchen, mit der Richtung des Führungslichtes so nahe wie möglich bei der im Bild gezeigten Lichtquelle zu bleiben, jedoch würde eine allzu starre Dogmatik dabei zu sehr auf Kosten der Deutlichkeit, der Plastik und der Oberflächenstruktur gehen. (s. Abb. 33)

IV 3 Kamera-Arbeit

Die Grenze der Kompromißmöglichkeiten liegt eindeutig dort, wo die Führungslicht-Achse die Kamera-Achse kreuzt. Daher ist beim Einrichten der Führungslichter immer darauf zu achten, wie weit die Kamera sich um die Aufnahmeobjekte herum bewegen wird bzw. ob mit mehreren Kameras gleichzeitig aus verschiedenen Richtungen aufgenommen wird. (s. Abb. 34)

II 11 Lichtquellen

Für die Aufhellung ist zunächst zu berücksichtigen, ob aus mehreren Richtungen aufgenommen wird und ob die Aufnahmeobjekte sich durch den Raum bewegen werden. In den meisten Fällen wird man hierzu großflächige Lichtquellen wählen.

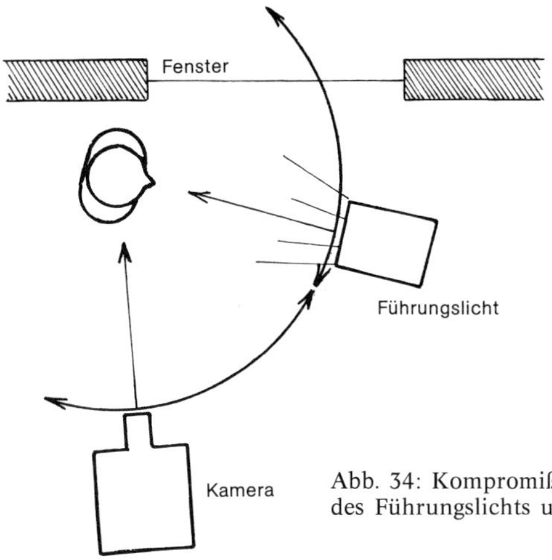

Abb. 34: Kompromißmöglichkeiten des Führungslichts und ihre Grenzen

Bei der Dosierung der Aufhellung hat man hier einen weiten Entscheidungsspielraum, wobei die Atmosphäre des Bildes bei jeder Stufe eine etwas andere Nuance bekommt. (s. Abb. 35)

Das hier geschilderte „Tag/innen“-Beispiel sollte nicht den Eindruck erwecken, als sei die darin beschriebene Problemlösung die einzig mögliche. Sie ist lediglich ein Beispiel für eine sehr häufig angewandte Methode. Ebenso gut könnte man auch von der Vorstellung ausgehen, daß draußen ein trüber Regentag sei. Dabei entsteht kein Effektlicht auf der Wand, und das Führungslicht kann dann durchaus diffus sein, d.h. von einer großflächigen Lichtquelle herrühren. Für den Laien mag es merkwürdig erscheinen, daß die *Intensität* des Führungslichtes dabei dieselbe ist wie beim sonnenüberstrahlten Raum. Das geht jedoch logischerweise daraus hervor, daß die notwendige Helligkeit für die Belichtung des Filmmaterials in jedem Falle eine Grundvoraussetzung ist, und daß die physikalische Realität für einen realistischen Eindruck keinerlei Bedeutung hat. Das Trübe, Dunkle eines Regentages wird man in einem solchen Fall durch sehr schwach dosiertes Aufhellicht zum Ausdruck bringen. *I 4 Das Auge*

Ähnlich verfährt man bei einer „Abend/innen“-Stimmung (Innenraum, in dem Licht brennt). Sind die im Bild vorhandenen Lichtquellen von ihrer Konstruktion (Lichtverteilung, Belüftung etc.) dazu geeignet, kann man sie mit so starken Birnen bestücken, daß sie ihre unmittelbare Umgebung voll ausleuchten und damit ihr eigenes Effektlicht herstellen. Doch selbst bei einer Bestückung mit 500-W-Fotobirnen wird die erzeugte Helligkeit wegen der starken Streuung selten mehr als 1 bis 2 Meter im Umkreis der Lampe ausreichen. Die Lichtquelle selbst wird dabei so hell werden, daß sie im Bild vollkommen überstrahlt wird oder das Objektiv trotz Vergütung Geisterbilder (Reflexe) wiedergeben würde. In elektronischen Kameras entstehen auf der Speicherplatte Nachzieh- und Einbrenn-Effekte. Um dies zu verhindern, kann man z.B. den Lampenschirm zur Kamera hin (von innen) durch Graufolie, Drahtgitter etc. abdunkeln oder die Glühbirne zur Kamera hin durch hitzebeständiges Material teilweise abdecken. Alle Gegenstände im Raum, die weiter von der Lichtquelle entfernt sind, müssen durch zusätzliche Lampen angeleuchtet werden, deren Richtung weitgehend durch die Position der sichtbaren Lichtquelle bestimmt ist. Befinden sich Personen oder Gegenstände in der Nähe der Wand, wird man für Person und Wand wohl ein und dieselbe Führungslampe verwenden. Der Schatten des Gegenstandes auf der Wand ist glaubhaft und durch die im Bild sichtbare Lichtquelle motiviert.

II 6 Linsen
II 28 Bildsignal

Abb. 35: „Tag/innen"-Beleuchtung mit stärkerer Aufhellung

Abb. 36: „Abend/innen"-Beleuchtung

Abb. 37: „Abend/innen"-Beleuchtung mit schwacher Aufhellung

Abb. 38: „Nacht/innen"-Beleuchtung

Beim Aufhellen besteht auch hier wieder ein Spielraum hinsichtlich der Dosierung. Eine Aufhellung von 1:2 zur Führung erweckt den Eindruck, daß die Lampe den Raum normal beleuchtet, so daß man (wie wir es im allgemeinen gewohnt sind) alle Gegenstände gut erkennt. Eine wesentlich schwächere Aufhellung, etwa 1:4, erweckt den Eindruck, daß der Raum von der Lampe nur trübe erhellt wird und die Ecken im undurchsichtigen Dunkel bleiben. Dieser Eindruck kommt indessen kaum zur Geltung, wenn z.B. alle Wände bis zum oberen Bildrand vom Führungslicht beleuchtet werden. Von der Aufhellung werden dann nur kleine Bildteile beleuchtet, die kaum Einfluß auf die Atmosphäre haben. Der düstere Eindruck wird erheblich verstärkt, wenn man von der Bildfläche so wenig wie möglich mit Führungslicht beleuchtet. In unserem Beispiel wurde das Führungslicht durch „Abklappen" von den Wänden so weit wie möglich abgehalten. (s. Abb. 37)

Bei einer „Nacht/innen"-Ausleuchtung ist die physikalische Realität bei der Lichtplanung gänzlich bedeutungslos. Ein Innenraum, in dem bei Nacht kein Licht brennt, ist eben völlig dunkel - es sei denn, von außen leuchten Straßenlaternen, Lichtreklamen oder Mondlicht durchs Fenster. Wo immer das von der Handlung her gerechtfertigt ist, wird man zu solchen Mitteln greifen, um Motivationen für seine Beleuchtung zu haben. Es kommen jedoch auch Fälle vor, wo diese Hilfsmittel nicht anwendbar sind, z.B. bei fensterlosen Räumen.

Der physikalischen Realität nach würde es in solchen Fällen ausreichen, Schwarzfilm in den Film einzusetzen. Die Wahrnehmungspsychologie aber bietet noch andere

Möglichkeiten, denn auch in einem Raum, in dem man nichts sieht, kann man sich orientieren. Wenn im Raum eine Handlung spielt (und das ist in einem Film in der Regel der Fall), gibt es Geräusche, die vom Gehör ziemlich präzise geortet werden. Außerdem kann der Tastsinn weitere Orientierungspunkte geben. Gestaltpsychologische und synästhetische Prozesse sorgen dafür, daß sich in der Wahrnehmung des Betrachters ein grobes Lagebild des Raumes, der Gegenstände und der handelnden Objekte auch dann bildet, wenn sie visuell nichts aufnimmt. Dieses Lagebild mag bei Ungeübten sehr ungenau sein (bei Blinden ist es recht genau); für uns ist wichtig, daß es existiert.

IV 4 Tongestaltung

I 27 Exposition

Auf die Beleuchtungstechnik angewandt heißt das, daß man versuchen sollte, auch der visuellen Wahrnehmung Andeutungen anzubieten, die über die gestaltpsychologische Ergänzung in ähnlicher Weise wie in der Realität zu einer Vorstellung vom Raum und den Vorgängen darin führen. Hierbei kommt es nun sehr genau auf die geschickte Auswahl der durch Licht hervorzuhebenden Details und auf die Dosierung der Menge an. Ein Zuviel an beleuchteten Details erweckt sehr schnell den Eindruck, daß der Raum gar nicht wirklich dunkel ist, und wenn darin Darsteller sich so verhalten, als sei es völlig dunkel, dann erscheint das dem Betrachter absurd. Andererseits kann ein Zuwenig allzu hohe Ergänzungsleistungen der Gestaltvorstellung fordern, die dann entweder Fehlinterpretationen oder Frustration zur Folge haben.

I 1 Gestaltwahrnehmung

Im Gegensatz zu der Lichtführung bei „Tag/innen"- oder „Abend/innen"-Ausleuchtungen sollte man bei der Positionsfestlegung der Lampen dafür Sorge tragen, daß der Betrachter die Position der Lampe möglichst nicht nachvollziehen kann. Die Logik seines Sehzentrums würde sonst sofort auf das Vorhandensein einer Lichtquelle in der Szene schließen und die völlige Dunkelheit nicht glauben.

I 10 Bilddramaturgie

Sehr ausschlaggebend sind hier auch die Flächenanteile von beleuchteten und völlig schwarzen Flächen im Bild. Die beleuchteten Teile sollten nur wenige Prozent der Gesamtfläche einnehmen - je weniger, desto besser. Schon die geringe Überschreitung eines gewissen Mindestmaßes kann den Eindruck „Dunkelheit" gründlich zerstören. Dadurch entsteht bilddramaturgisch die Schwierigkeit, daß man nicht ohne weiteres von einer Totalen aus an eine Großeinstellung heranspringen kann, denn wenn dieses Detail zufällig in einem der Lichtflecke steht, wird der Anteil an hellen Flächen im Bild zu groß, um noch dunkel zu wirken.

Diese Überlegungen machen auch deutlich, weshalb es zum Erreichen einer „Nacht/innen"-Stimmung nicht genügt, einen normal beleuchteten Raum einfach nur unterzubelichten. Ein Blick auf die Gamma-Kurven des Aufnahmematerials zeigt, daß bei einem Raum mit hellen Wänden, je mehr man abblendet, alle Details unterhalb der unteren Belichtungsschwelle verschwinden, bis zuletzt nur noch die hellen Wände erkennbar sind, die den überwiegenden Teil der Bildfläche bedecken. Daher wirken solche Bilder wie unterbelichtet, aber nicht wie Bilder eines dunklen Raumes. Besonderes Augenmerk ist bei solchen Aufnahmen auf genaues Messen zu legen, denn letzten Endes müssen die angesetzten Lichter auf dem Aufnahmematerial auch die entsprechenden Helligkeitswerte hervorrufen. In der Praxis wird man sehr schnell feststellen, daß das Auge als Schätzinstrument dabei völlig unbrauchbar ist, denn die Szene wird ihm taghell erscheinen - weil die angesetzten Lichter zum Erreichen einer ausreichenden Belichtung zwar kleinflächig, aber sehr hell sind und im Raum so viel Streulicht herrscht, daß das Auge alle unbeleuchteten Details erkennt. In der Aufnahme freilich verschwinden diese alle unter dem Schwellenwert und werden homogen schwarz.

II 12 Filmmaterial

III 3 Messen des Lichts

Kleine Lichtquellen im Bild - wie Wandlampen oder Kerzen - stellen ein anderes Problem dar. Elektrische Kerzenbirnen z.B. verbreiten nur verhältnismäßig wenig Licht und können, da sie im Bild direkt zu sehen sind, nicht durch stärkere Birnen ersetzt werden. Manchmal ist - da sich ihre Leuchtkraft auf eine sehr kleine Fläche konzentriert - ihre Oberfläche so hell, daß es in Aufnahmeobjektiven zu Überstrahlungen und Reflexen oder bei elektronischen Kameras zu Nachzieh- oder Einbrenn-Effekten kommt. In solchen Fällen wird man die Birnen durch hitzebeständige Materialien oder Farben zur Kamera hin teilweise abdecken oder sie über einen Regeltransformator mit einer geringeren Stromspannung betreiben. Jetzt werden sie natürlich eine noch wesentlich geringere Leuchtwirkung haben.

II 11 Lichtquellen

Dies entspricht nicht der normalen Wahrnehmung, so daß beleuchtungstechnische Maßnahmen erforderlich sind. Die nähere Umgebung einer Wandlampe wird recht hell gesehen. Dieser Effekt ist zu erreichen mit einer Lampe, die nur eine verhältnismäßig kleine Fläche beleuchtet, die also ein enges Lichtbündel erzeugt. Das Lichtbündel sollte nicht scharf umrandet sein, sondern in der Intensität von der Mitte aus zum Rand hin allmählich abfallen. Diese Forderung erfüllt ein hart gestellter Stufenlinsen-Scheinwerfer. Auch Stellungen zwischen hart und weich erfüllen noch die Forderung. Sollte ein solcher Scheinwerfer zu hell sein, ist es nicht zweckmäßig, ihn weicher zu stellen, da dann der Lichtkreis größer und am Ende der Kreisrand scharf wird. Besser ist es, die Intensität entweder durch Regeltransformator oder durch Drahtgitter in der Scheinwerferlinse herabzusetzen. Die Richtung der Lampe muß genau bestimmt werden. Bei Wandarmen, wie sie im Bild dargestellt sind, wird ein senkrecht nach unten verlaufender Schatten, sofern er nicht zu lang ist, noch glaubhaft sein. Ein schräg verlaufender Schatten indessen weist unmißverständlich auf eine künstliche Quelle von außerhalb hin. Damit gibt es für die Position eines solchen Effektlichtes wenig Spielraum. Im vorliegenden Fall sollte der Scheinwerfer aus einem Höhenwinkel von etwa 45 Grad senkrecht oberhalb des Wandarmes kommen.

Abb. 36

18. Farbiges Licht

Es gibt eine Reihe von Möglichkeiten, die Farbe von Bildern zu beeinflussen. Bei Filmen kann man durch Kopierlichtbestimmung innerhalb gewisser Grenzen Farbnuancen verändern. Im elektronischen Bereich kann man durch Regeln der drei Farbkanäle in allen Stadien zwischen Kamera und Empfänger farbliche Veränderungen hervorrufen. Alle diese Maßnahmen haben den Nachteil, daß sie immer das ganze Bild verändern und nicht selektiv für bestimmte Bildteile anwendbar sind. Ferner kann man - insbesondere bei Filmen - dabei nie verhindern, daß alle drei Grundfarben der Filmschichten beeinflußt werden.

III 9 Farbbeeinflussung

Das Vorsetzen eines farbigen Filters vor das Kamera-Objektiv hat eine ähnliche Wirkung - es verleiht immer dem Bild als Ganzem einen dominierenden Farbton.

Die Verwendung einer Farbfolie vor einer Lampe (es gibt hierfür eine große Auswahl hitzebeständiger Folien) hat grundsätzlich dieselbe Wirkung wie die Benutzung eines Farbfilters vor der Kamera. Nur kann man hier selektiv verschiedene Lampen mit unterschiedlichen Farbfolien versehen.

Das Licht einer Petroleumlampe wird z.B. von der Wahrnehmung als „warm" (= rötlich) empfunden. Grundsätzlich kann man diesen warmen Ton durch Filterung vor der Kamera, durch Filterung des Kopierlichtes beim Kopieren oder durch entsprechende Farbsteuerung des elektronischen Bildes erzeugen. (s. S. 63, Abb. 39)

Man kann natürlich auch die Scheinwerfer, die das von der Petroleumlampe erzeugte Licht (welches in Wirklichkeit viel zu schwach wäre, um eine Belichtung auf dem Film hervorzurufen) nachempfinden lassen, etwa durch schwach orange Farbfolien einfärben, und das hätte einen Vorteil: Wir wissen, daß das Auge sich an einen Farbton anpaßt und ihn dann nicht mehr als Farbe empfindet. In einem Bild kann man diesen Gewöhnungseffekt verhindern, indem man bei der Aufhellung auf die Einfärbung verzichtet. Eine Petroleumlampe wird einen Raum nur sehr schwach beleuchten und visuell nur in ihrer unmittelbaren Umgebung hell erscheinen. In den meisten Fällen werden aber auch die nicht direkt bestrahlten Einzelheiten im Raum vage und dunkel erkennbar sein. Dementsprechend ist das Aufhellicht zu dosieren. Benutzt man hierzu nicht eingefärbtes (weißes) Licht, so bedeutet das nicht, daß die Hintergründe im Bild weiß werden. Sie werden aufgrund ihrer Belichtung im untersten Bereich des Belichtungsumfanges dunkel und fast entsättigt erscheinen.

Bei Filmen für große Kinoleinwände kann man - auch bei ganz dunklen Nachtszenen - noch einen Schritt weiter gehen. Bei Beleuchtungsstärken um 8 Lux (Dämmerlicht) ziehen sich die farbsichtigen Zäpfchen der Augennetzhaut zurück und die nachtsichtigen Stäbchen kommen zum Vorschein. Hat das projizierte Filmbild über seine ganze Fläche eine Dichte von log 2, erhält die Kinoleinwand bei 250 Lux Projektionslicht 2,5 Lux. Beim Betrachten eines 2,5 Lux hellen Bildes wird der „Purkinje-Effekt" auf der Augennetzhaut eintreten, d.h. der Betrachter sieht das Bild wahrnehmungspsychologisch so, wie er die Wirklichkeit bei Dunkelheit auch sehen würde. *II 12 Filmmaterial*

Im Fernsehen ist dieser Effekt nicht machbar, und zwar aus zwei Gründen: Der geringe Raum, den das Fernsehbild im Blickfeld des Zuschauers einnimmt, und das übrige Raumlicht verhindern, daß der Purkinje-Effekt eintritt, d.h. der Betrachter sieht auch dunkle Bildteile mit den Sehorganen, die normalerweise bei hellem Tag sehen. Helligkeitswerte, die sich nur im unteren Viertel der Helligkeitsskala bewegen, bedeuten, in elektrische Impulse übersetzt, ein außerordentlich schwaches Signal. Solche schwachen Signale sind äußerst anfällig für alle Störungen und verlieren auf dem Wege zwischen Kamera und Heimempfänger oft viele wichtige Details. Was also im Kinofilm höchst wirklichkeitsnah gesehen wird, ist auf dem Fernsehschirm ein total minderwertiges Bild. Bei allen Nachtszenen für Fernsehbilder sollte wenigstens an einigen kleinen Stellen ein Signalpegel (Helligkeit) von 60 % erreicht werden. *II 31 Video-Signal*

Auf das Petroleumlampen-Beispiel bezogen, könnte man auch von der Annahme ausgehen, daß große Bildflächen so dunkel bleiben, daß sie in der Realität unterhalb des Purkinje-Wertes von 8 Lux bleiben. Auf fotografische Werte übertragen heißt das, daß die Hintergründe schwach (in der Nähe der unteren Belichtungsgrenze auf der Gamma-Kurve) aufgehellt werden können, und zwar - da die Sehstäbchen nur für blaues Licht empfindlich sind - mit blau eingefärbtem Licht. Der Kontrast zwischen dem rötlichen Führungslicht der Petroleumlampe und der bläulichen Aufhellung wird dann noch deutlicher wirksam. Der Simultankontrast verhindert auch über eine längere Zeitdauer der Szene eine Gewöhnung des Auges.

19. Bewegliche Lichtquellen

Einen besonders hohen Schwierigkeitsgrad haben Aufnahmen, in denen Lichtquellen bewegt werden, z.B. wenn Kerzen oder Lampen im Bild umhergetragen, wenn Gegenstände von den Scheinwerfern fahrender Autos beleuchtet, oder umgekehrt auch, wenn z.B. Personen in Fahrzeugen von Lichtern erhellt werden, die sich außerhalb des Fahrzeuges befinden und nicht mitfahren. In allen diesen Fällen wird die Richtung des Führungslichtes in Relation zum Aufnahmeobjekt verändert - die Bestrahlungsrichtung wird verändert und der Schatten auf dem Hintergrund wandert. Dabei soll ständig beim Zuschauer der Eindruck hervorgerufen werden, das Führungslicht komme aus Richtung der im Bild sichtbaren, bewegten Lichtquelle. Wo es sich dabei um Lichtquellen mit sehr geringer Leistung - wie z.B. Kerzen - handelt, muß das Führungslicht durch Lampen außerhalb des Bildes imitiert werden.

Handelt es sich z.B. um eine Person, die eine Kerze oder eine Petroleumlampe umherträgt, so sollte das Führungslicht, welches das Kerzenlicht nachempfinden läßt, so eingerichtet werden, daß die Kerze oder die Petroleumlampe nach Möglichkeit keine deutlich erkennbaren Schattenkonturen auf Wände etc. wirft, denn das wäre im höchsten Grade unglaubhaft.

Ideale Positionen für das Führungslicht sind deshalb besonders schwer zu bestimmen, weil es sich in vielen Fällen um *bewegliche* Positionen handeln muß, in welchen die Lampe entweder geschwenkt oder - wenn der Schatten auf dem Hintergrund wandern soll - örtlich verändert wird. Im Endeffekt wird man - etwa bei größeren Gängen durch mehrere Räume etc. - nicht umhin können, eine größere Anzahl von Beleuchtungssystemen einzurichten, die durch die Beleuchter gesteuert werden; etwa so, daß bei einer Körperdrehung des kerzentragenden Darstellers einige Lampen über einen Regeltransformator ausgeblendet und andere Lampen dafür eingeblendet werden. Nähert sich der Darsteller mit der Kerze einem Gegenstand oder einer Wand, so kann auch ein an sich unbewegtes Effektlicht auf dem Gegenstand oder der Wand glaubhaft sein, welches bei Annäherung durch einen Regeltransformator aufgeblendet wird und umgekehrt. In vielen Fällen präpariert man auch die im Bild sichtbare Lichtquelle so, daß sie ihre nähere Umgebung voll ausleuchtet. So könnte man z.B. eine Petroleumlampe oder eine Taschenlampe mit einem Halogenbrenner versehen, der durch den Ärmel des Darstellers mit einem Stromkabel versorgt wird. Wo eine solche Maßnahme möglich ist, erzeugt sie natürlich in der näheren Umgebung (1-2 m) der Lichtquelle einen sehr überzeugenden Effekt, jedoch muß man auch hier meistens für eine teilweise Abdunklung zur Kamera hin sorgen.

Das Ausleuchten für bewegliche Lichtquellen im Bild ist gewöhnlich ohne erhebliche Kompromisse nicht durchführbar. Selbst wenn man ein Höchstmaß an Material und Zeit zur Verfügung hat, wird man weitgehend Kompromisse schließen müssen, und der Kameramann wird in jedem Einzelfall zu entscheiden haben, wo er die Grenze zwischen Glaubhaftigkeit und Aufwand ziehen will. Vor allen Dingen ist er darauf angewiesen, daß der Darsteller die vorher geprobten Bewegungen genau ausführt, denn der Spielraum für Abweichungen ist nur äußerst gering.

20. „Nacht/außen“

Tag-für-Nachtaufnahmen („Amerikanische Nacht“) lassen sich nur unter bestimmten Bedingungen durchführen. Weitaus häufiger kommt es vor, daß man Nachteffekte außen durch Beleuchtung herstellen muß. Grundsätzlich gilt dafür dasselbe, was für „Nacht/innen“-Stimmungen gesagt wurde. Vielfach sind bei „Nacht/außen“-Stimmungen auch im Bild sichtbare Lichtquellen im Spiel wie beleuchtete Fenster, Lagerfeuer, Straßenlaternen, Autoscheinwerfer etc.

Die dunklen, nicht von Lichtquellen beleuchteten Bildteile müssen dabei so belichtet werden, daß sie im unteren Bereich des Belichtungsumfangs liegen. Wahrnehmungspsychologisch können sie, wenn sie z.B. in der Kinoprojektion unterhalb des Purkinje-Effektes liegen, bläulich eingefärbt werden. (s. Abb. 40)

Abb. 39: Petroleumlampen-Effekt

Abb. 40: Mondlicht-Effekt bei Sonnenschein durch a) Unterbelichtung, b) partielles Abfiltern des Himmels und c) Blaufärben

In Lehrbüchern kann man nachlesen, daß man zu diesem Zweck auf kunstlicht-sensibilisiertem Filmmaterial bei Tageslicht unterbelichten müsse. Vor diesem Rat sei eindringlich gewarnt, denn die Farbsättigung wird bei Unterbelichtung drastisch erhöht. In der Praxis führt das zu intensiv preußischblauen Farben, die im höchsten Maße unnatürlich wirken, insbesondere auf dem Fernsehschirm, da beim Betrachter der Purkinje-Effekt nicht eintritt und die Farbsichtigkeit voll erhalten bleibt. Weitaus überzeugendere Wirkungen erzielt man, wenn man mit der Beleuchtung der dunklen Bildteile höchstens 70 Mired unterhalb der Farbsensibilisierung des (gefilterten) Aufnahmematerials bleibt.

Beleuchtete Fenster etc. erscheinen dem Auge von außen oft „warm“ (gelblich). Somit kann man ihre Farbtemperatur etwas niedriger ansetzen als die Farbsensibilisierung des (gefilterten) Aufnahmefilms. Auch hier sind Werte bis + 70 Mired tragbar. (In der Praxis kann man so vorgehen, daß man auf Kunstlichtmaterial von 3200 K (=Kelvin) = 313 Mired aufnimmt und in der Kamera ein Orangefilter von + 70 Mired verwendet. Jetzt wird Tageslicht von 5800 K = 173 Mired, mit dem man die dunklen Bildteile beleuchtet, auf ein leichtes Blau von 244 Mired = 4100 K reduziert, und aus dem Kunstlicht, mit dem man Fenster, Straßenlaternen etc. beleuchtet, kommt man auf einen Orange-Ton von etwa 385 Mired = 2600 K.)

III 9 Farbbeeinflussung

Verläßt man sich bei „Nacht/außen“-Aufnahmen auf das Auge, wird man sehr schnell Täuschungen unterliegen. Auch hier ist es besonders wichtig, sich nur auf Meßwerte

II 12 Film-material

zu verlassen. Ein beleuchtetes Fenster muß, um einen realistischen Eindruck hervorzurufen, mindestens 2 bis 4 Lichtstufen heller sein als die dunkle Umgebung (die ihrerseits so hell sein muß, daß sie eine schwache Belichtung des Films hervorruft). Erfahrungsgemäß kann ein mit einer 60-W-Birne beleuchteter Raum diese Helligkeit auch nicht annähernd erzeugen, selbst wenn das Fenster dem Auge hell beleuchtet erscheint. Auch täuscht man sich bei Außenaufnahmen häufig hinsichtlich der Größen der zu beleuchtenden Flächen und setzt daher zu kleine Lampeneinheiten ein. Hier hilft nur - sobald man sich eine Vorstellung von der zu erzielenden Wirkung gemacht hat - nüchternes technisches Denken, Messen und fundiertes Wissen über die Eigenschaften des Aufnahmematerials.

21. „Tag/außen"

II 11 Tageslicht

Grundsätzliches über die am Tage aktiven Lichtquellen wird im Abschnitt über Lichtquellen erörtert. Besonders in unseren Breiten sind sie häufigen Wechseln von strahlender Sonne bei blauem Himmel bis zum total diffusen Licht bei dichter Wolkendecke unterworfen. Die Beleuchtungsmaßnahmen richten sich hier darauf, geschlossenen Szenenkomplexen eine kontinuierliche Bildstimmung auch dann zu verleihen, wenn sich während der Aufnahmearbeiten die Lichtverhältnisse ändern, oder aber bestimmte Bildstimmungen zu erzeugen, die nur durch Veränderung des vorhandenen natürlichen Lichts entstehen. Auf günstige Wetterverhältnisse zu warten und dazu Darsteller und Stab über lange Zeiträume unter Vertrag zu halten, ist heutzutage nur bei sehr teuren Filmprojekten durchführbar.

Sonneneffekt entsteht im Bild dadurch, daß Licht-Schatten-Kontraste verhältnismäßig hoch sind. Das Licht ist eindeutig gerichtet, aber die an sich dichten Schatten behalten in der Regel eine gewisse Transparenz. Oft sind sie - weil sie vom blauen Himmelslicht aufgehellt werden - etwas blauer als das direkte Führungslicht von der Sonne.

Wo Sonne scheint, ist die Behandlung des Lichts dennoch nicht unproblematisch, da man die Position des Führungslichtes ja nicht verändern kann. So kann die Sonne im Sommer um die Mittagszeit so hoch stehen, daß die Gesichter der Darsteller steil von oben beleuchtet werden. Die Wirkung ist ausgesprochen häßlich, und Ausdruck und Mimik der Gesichter werden erheblich in Mitleidenschaft gezogen. Viele Kameramänner helfen sich dadurch, daß sie die Sonne von den Vordergrundobjekten abdecken (was erheblichen baulichen Aufwand erfordert), oder daß sie das steile Sonnenlicht einfach als Spitzlicht betrachten und mittels künstlicher Lichtquellen neue Führungslichter setzen. Diese müssen so wirken, als käme ihr Licht von der Sonne, d.h. sie müssen eine Farbtemperatur von 5400 bis 6000 K haben und, da der Hintergrund von der Sonne beleuchtet und die Kamera entsprechend auf 16 oder 22 abgeblendet ist, eine sehr hohe Intensität besitzen. Man verwendet hierfür in der Praxis Kohlebogenlampen von 100 bis 200 Ampere, sogenannte „HIs" oder „Brutes". Starke HMI-Lampen können hilfsweise auch für sehr kleine Bildausschnitte ausreichen.

II 11 Lichtquellen

Ähnlich kann man verfahren, wenn man bei bedecktem Himmel Sonneneffekte erzeugen will, etwa weil ein Teil einer Szene bereits bei Sonnenlicht abgedreht wurde. Werden die Vordergrundobjekte von einem kräftigen Führungslicht beleuchtet, welches in der Intensität 1 1/2 bis 2 Stufen über dem allgemeinen Lichtpegel liegt, fällt es nicht weiter auf, daß die entfernten Hintergründe nur von diffusem Himmelslicht beleuchtet werden. Allerdings kann es hinderlich sein, daß der Himmel, der ja dann Lichtquelle ist, im Bild kalkig weiß erscheint. In manchen Fällen kann man diesen Effekt durch Verlauffilter oder Wolkendias verhindern. *III 14 glass-shots*

Auch wenn die Sonne aus einer für die Aufnahme günstigen Richtung scheint, kommt man nicht immer um Beleuchtungsmaßnahmen herum. Bei sehr blauem Himmel können die Licht-Schatten-Kontraste so hoch werden, daß man die Schatten zusätzlich aufhellen muß. Da das Führungslicht der Sonne Intensitäten um 20.000 Lux erreichen kann, muß die Aufhellung an die 10.000 Lux heranreichen, um einen 1 : 2 - Kontrast zu erzeugen. Diese Intensitäten sind nur durch starke Kohlebogenlampen oder hilfsweise bei kleinen Flächen durch HMI-Lampen zu erreichen. Für die Farbtemperatur dieser Aufhellung gibt es einen weiten Toleranzbereich, weil unsere Wahrnehmung daran gewöhnt ist, daß die Schatten bei Sonnenlicht je nach Bewölkung mehr oder weniger blau sind. Eine unnatürliche Wirkung entsteht nur dann, wenn bei Sonnenlicht die Aufhellung eine niedrigere Farbtemperatur hat (rötlicher ist) als das Führungslicht. Sehr viel problematischer ist es, wenn man bei Sonnenlicht Bilder herstellen muß, die so aussehen, als seien sie bei diffusem Himmelslicht oder trübem Wetter aufgenommen. So wirkt es z.B. ausgesprochen lächerlich, wenn Regenszenen (mit künstlichem Regen) bei strahlender Sonne aufgenommen werden. In solchen Fällen kann man nun versuchen, mit allen Mitteln die Licht-Schatten-Kontraste auf ein Minimum zu reduzieren, die Farbsättigung herabzusetzen und dem Bild einen etwas kälteren Farbton zu geben, entweder indem man in der Kamera entsprechend filtert, das Kopierlicht entsprechend einrichtet oder bei elektronischen Kameras blauer aussteuert.

Zum Herabsetzen des Kontrastes kann man

- die Schatten aufhellen, bis sie den gleichen Lichtpegel wie das Führungslicht erreicht haben,
- Spezialfilter zum Herabsetzen des Kontrastes oder Fogfilter verwenden, *III 10 Gradation*
- möglichst nur mit Sonne im Rücken (Hinterlicht) drehen,
- bei elektronischen Aufnahmen die Gradation (Gamma) durch entsprechende Aussteuerung flach halten.

Zum Aufhellen bei Sonnenlicht werden häufig auch „Silberblenden" (Reflektoren) verwendet. Sie bestehen aus viereckigen Platten von 1 - 2 m^2 Fläche, die mit reflektierender Metallfolie belegt sind. Ist die Oberfläche der Metallfolie hochglänzend, reflektiert sie ein punktförmiges, sehr hartes Licht, ist jedoch nur auf sehr kurze Entfernung wirksam. Platten, die nicht genau plan, sondern etwas gewölbt sind, haben je nachdem eine konzentrierende oder streuende Wirkung auf das reflektierte Licht.

Die Vorteile solcher Silberblenden liegen darin, daß sie keinen Strom benötigen und daß sie immer die gleiche Farbtemperatur abgeben wie das Sonnenlicht, welches sie reflektieren. Ihr Nachteil liegt darin, daß sie als großflächige Lichtquellen hoher Intensität für die Darsteller äußerst unangenehm sind. Sie können eine Rötung der Augen und gelegentlich auch Bindehautentzündungen hervorrufen.

Den Standort solcher Silberblenden muß man nach denselben Gesichtspunkten wählen, wie man auch andere Aufhellichter plaziert hätte (wobei sie natürlich in jedem Falle von der Sonne erreicht werden müssen). Bei starkem Wind ist es außerordentlich schwierig, Silberblenden stabil zu halten.

22. Handlungsführung und Gliederung

Die handwerklichen Regeln für die erzählerische Komponente eines Films oder einer Fernsehsendung werden unter dem Begriff „Dramaturgie" zusammengefaßt. Sie beruhen auf Erfahrungswerten, die in vielen Jahrhunderten bei Theateraufführungen und seit einigen Jahrzehnten bei Filmen und Fernsehsendungen gewonnen wurden und die auf Beobachtungen darüber zurückgehen, mit welchen Mitteln die Aufmerksamkeit eines Zuschauers für die Inhalte des jeweiligen Werkes wachgehalten werden kann. Abgesehen von einer a priori vorhandenen Disposition eines Zuschauers (Neugierde, persönliche Beschäftigung mit dem Thema, Vorhandensein elementarer Bedürfnisse), müssen die Inhalte in einer solchen Weise präsentiert werden, daß sie von den Wahrnehmungs- und Erkenntnisfunktionen der Psyche sinngemäß verarbeitet werden können.

I 8
Aufmerksamkeit

Es ist bekannt, daß Menschen ihre Umwelt im wesentlichen nur als eine Folge von Kausalitäten wahrnehmen und erkennen können. Auch das Betrachten eines stehenden Bildes ist eine zeitliche Abfolge von zahlreichen Einzeleindrücken, die im Sehzentrum des Beschauers in eine logische Beziehung zueinander gestellt werden. Beim Betrachten von Menschen werden aus Mimik und Gestik (unbewußt) Schlußfolgerungen auf die geistig-seelische Verfassung und mögliche Absichten gezogen. Auch Bewegungsabläufe etc. können nur als real gesehen werden, wenn sie logisch und folgerichtig sind.

I 9
Verschmelzung

Somit befaßt sich die Dramaturgie im Kern mit der Frage, inwiefern die einzelnen Gestaltungselemente (Bildeinstellung, Beleuchtung, Bewegungsabläufe, Handlungen der dargestellten Personen) in logisch-kausaler Beziehung zueinander stehen. Die handwerklichen Arbeitsregeln der Dramaturgie werden hier am Beispiel von Spielhandlungen erläutert, da diese überwiegend an der Erarbeitung solcher Regeln mitgewirkt haben. Inwiefern diese Regeln auf andere Darbietungsarten (Dokumentationen, Lehrfilme, Nachrichtensendungen) anwendbar sind, wird von Fall zu Fall erörtert werden.

23. Motivation

Bei allen Handlungen, die im Ablauf eines Films oder einer Sendung vorgenommen werden, muß für den Zuschauer klar erkennbar sein, welche elementaren Bedürfnisse oder welche Ereignisse bei den jeweiligen Personen eine Handlung ausgelöst haben. U.a. ist dazu eine sehr präzise Charakterisierung der handelnden Figuren erforderlich, die in einem sehr viel kürzeren Zeitraum erfolgen muß, als er im realen Leben für die Beurteilung eines Menschen zur Verfügung steht. Mit anderen Worten: Die Charaktere der handelnden Personen müssen stilisiert, überpointiert dargestellt werden, um in möglichst kurzer Zeit dem Zuschauer eine möglichst präzise Vorstellung zu vermitteln. Dabei besteht natürlich die Gefahr, daß man in Klischees verfällt. Dies kann dadurch vorkommen, daß man stark stilisierte Charakterisierungen übernimmt, von denen man weiß, daß sie beim Zuschauer bereits vorgeprägt sind. Dieses Verfahren ist jedoch ökonomisch und risikoarm. Der Aufbau eines originären Charakters ist mühevoller und bietet nicht die Sicherheit, daß die Präsentation, wie beabsichtigt, von jedem Zuschauer verstanden wird. Andererseits kann die Besetzung einer Rolle mit einem Darsteller, der von seinem Äußeren her die für die Handlung notwendige Motivation nicht erwarten läßt, die gesamte innere Logik der Handlung in Frage stellen. Der Zuschauer wird verwirrt, seine Wahrnehmung wird von logischen Diskrepanzen besetzt und dadurch vom Thema selbst abgezogen.

Man kann als wissenschaftlich erwiesen betrachten, daß bestimmte äußere Erscheinungsformen des Menschen - wenigstens innerhalb eines Kulturkreises - mit ganz bestimmten Charaktertypisierungen gekoppelt sind. Im Alltag gibt es gewiß hiervon eine große Anzahl von Ausnahmen, jedoch hat eine Summierung von zahlreichen Einzeleindrücken, die ein Mensch im Laufe seiner Lebenserfahrung gesammelt und korreliert hat, die Folge, daß in seiner Vorstellung eine Typisierung, eine Verbindung von äußerer Erscheinung und Charakter stattgefunden hat. Mag man diesen Vorgang, der eigentlich einer Ökonomisierung in den psychischen Wahrnehmungsabläufen dient, als „Vorurteil" bezeichnen - Tatsache ist, daß er bei jedem Menschen im Hinblick auf alle Bereiche des Lebens in dieser Weise stattfindet. Dieses ist bei der Rollenbesetzung eines Films oder einer Sendung zu berücksichtigen.

I 1 Gestaltwahrnehmung

Bestandteil der Charakterisierung einer Person sind Reaktionsweise und Motivierung. Das Vorhandensein einer Triebspannung bzw. einer Motivation führt zu Konflikten mit den Motivationen der Umwelt. Ohne einen Konflikt zwischen Person und Umwelt kann nichts in Gang kommen, findet kein Leben und findet keine Geschichte statt. Auch wenn es auf den ersten Blick weit hergeholt erscheinen mag, so ist es doch absolut notwendig, bei der dramaturgischen Bearbeitung eines Stoffes den zugrundeliegenden Konflikt zu formulieren - oder bei Dokumentationen nach den Motivationen und dem Konflikt zu suchen, die den zu schildernden Vorgang in Gang gesetzt haben.

Den Konflikt sollte man zunächst ausformulieren, ohne ihn zu personifizieren. Er könnte lauten: „Spontaneität des Individuums gegen starre Moral der Gesellschaft" (Effi Briest) oder „Unversöhnlicher Haß contra Liebe" (Romeo und Julia). Erst dann kann man darangehen, den Konflikt zu personifizieren, indem man ihn mit geeigneten Rollen besetzt. *Ohne* diesen Schritt gedanklich vollzogen zu haben, ist jeder Dramaturg der Gefahr ausgesetzt, irrelevante Episoden zu entwerfen und die einzelnen Szenen falsch zu gewichten, so daß dem Zuschauer der Sinn der Geschichte verborgen bleibt.

I 28 Gewichtung

In einer Dokumentation könnte der Konflikt lauten: „Mensch sucht Selbstbestätigung gegen Tücken der Natur" (Besteigung der Eiger Nordwand) oder „Die Gefahren moderner Technologien gegen Mangel an fossilen Energiequellen" (pro und contra Atomenergie). Dem Studierenden sei empfohlen, übungshalber aus klassischen Dramen, Kriminalfilmen, Komödien etc. den Konflikt (abstrakt!) herauszuarbeiten und zu formulieren, sowie die Klarheit der Formulierbarkeit und die Tiefe des Eindrucks, die das jeweilige Stück hinterlassen hat, miteinander zu vergleichen. In manchen Stücken ist das Herauslösen des Konflikts nicht ganz leicht, weil es eine große Anzahl von Gestaltungsmethoden gibt: Konflikte, die eine einzelne Person in sich selbst austrägt, oder Konflikte, die durch Instanzen, die nicht als natürliche Personen auftreten (z.B. Landschaften, Gruppen, Erscheinungen, die nicht real, sondern nur in der Imagination der handelnden Personen existieren), entschieden werden.

24. Nebenfiguren

Ist ein Konflikt zwischen „Personen“ (im dramaturgischen Sinne) postuliert, und sind die Personen zum Handeln hinreichend motiviert, wäre der Konflikt in längstens zehn Minuten ausgetragen, gäbe es nicht eine Zahl äußerer Einflüsse, die die Austragung des Konflikts immer wieder in eine andere Richtung lenken und dadurch eine endgültige Auflösung verzögern würden. Effi Briest als Personifizierung individueller Spontaneität ist dadurch motiviert, den älteren Baron von Innstetten zu heiraten, daß dieser ihr durch seine karrierebewußte Strebsamkeit bald hohes Ansehen in der Gesellschaft verschaffen kann. Innstettens Motivation ist die einfache Tatsache, daß ein hübsches junges Mädchen ein begehrtes Heiratsobjekt ist, aber auch, daß der natürliche Charme der Effi Briest der Karriere des Innstetten förderlich sein kann. Insofern würden die Bestrebungen beider Personen ungehindert aufwärts zum Ziel führen. Eine solche Handlung wäre langweilig und könnte nur für kurze Zeit die Aufmerksamkeit des Zuschauers fesseln. Die Handlung muß bald einen anderen Verlauf nehmen, um Aufmerksamkeit zu erregen, und dazu bedarf es äußerer Einflüsse.

Die Versuchung liegt nahe, zur Glaubhaftmachung solcher Einflüsse irgendwelche Zufälligkeiten zu erfinden. Dramaturgen des Altertums ließen - um Veränderungen herbeizuführen - einen als Gott verkleideten Schauspieler auf die Bühne herab. Doch einen solchen „deus ex machina“ kann man, ebenso wie einen Zufall, höchstens ein einziges Mal als Auslöser einer Verlaufsänderung (Peripetie) einer Handlung heranziehen. Eine längere Handlung benötigt, um Aufmerksamkeit auszulösen, mehrere Peripetien, und eine mehrfache Benutzung eines deus ex machina würde ebenso wie eine Anhäufung von Zufällen der Handlung jede Glaubwürdigkeit nehmen. Glaubhaft ist das Eintreten einer Peripetie nur dann, wenn sie das Ergebnis einer parallel ablaufenden, logisch motivierten Nebenhandlung ist, die mit der Haupthandlung verknüpft wird. Zu dieser Nebenhandlung werden entsprechende Nebenfiguren benötigt. Somit besteht die Notwendigkeit, neben dem Hauptkonflikt Nebenkonflikte zu konstruieren und die handelnden Personen mit entsprechenden Motivierungen auszustatten.

Routinierte Dramaturgen versuchen, ihren Handlungsablauf so dicht wie möglich auf das Wesentliche zu konzentrieren, d.h. zuviele Nebenlinien, zusätzliche Figuren oder Spielorte zu vermeiden, weil diese dem Zuschauer vorgestellt (exponiert) werden müssen und solche Expositionen den Fluß der Handlung zwangsläufig unterbrechen. Man sollte daher versuchen, den einmal vorhandenen und exponierten Nebenfiguren möglichst viele Funktionen zu geben. Dazu wird in der Regel gehören:

- daß die Nebenfiguren - wie bereits beschrieben - durch ihre Aktionen die Peripetien der Haupthandlung beeinflussen,
- daß die Nebenfiguren einer der beiden Seiten des Konflikts zugeordnet werden können, durch ihre Charakterisierung jedoch bewirken, daß die Konfliktseite dadurch eine zusätzliche Färbung bekommt. Wird eine Konfliktseite *nur* durch eine Hauptfigur repräsentiert, so entsteht leicht eine zu starke Typisierung des Problems. Die Schilderung *eines* Konflikts durch mehrere unterschiedlich charakterisierte Personen vermittelt eine höhere Differenziertheit und damit eine realitätsnähere und glaubhaftere Wiedergabe der Konfliktseiten,
- daß die Nebenfiguren den Hauptfiguren als Gesprächspartner dienen, damit diese ihre Sicht des Konflikts im jeweiligen Augenblick logisch artikulieren und für den Zuschauer nachvollziehbar machen können.

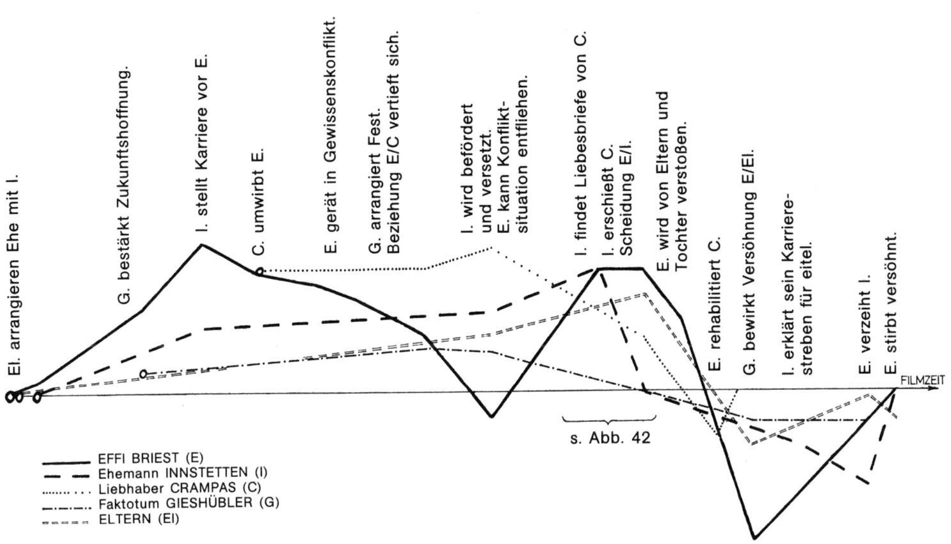

Abb. 41: Schicksalsverlauf der Haupt- und Nebenfiguren in einer Verfilmung von Theodor Fontanes „Effi Briest" (G. Gründgens)

In vielen dramaturgischen Strukturen treten auch einzelne Nebenfiguren auf, die nicht eindeutig einer Konfliktseite zugeordnet werden können, sondern gewissermaßen zwischen den Konfliktseiten vermitteln. Sie sind häufig mit einer übergreifenden Kenntnis der Vorgänge ausgestattet und werden manchmal auch durch komische Personen verkörpert. Sie moderieren die Handlung, indem sie beim Auseinanderstreben der Konfliktseiten diese wiederum zusammenführen und auf diese Weise die Handlung in Gang halten. Eine einfache Form dieser Moderatorenfunktion hat der Erzähler, der dadurch eine zweite Darstellungsebene eröffnet, oder eine völlig in die Handlung integrierte Figur wie z.B. die des Dr. Gieshübler in der Gründgens-Fassung der Effi Briest.

Da solche Personen aufgrund ihrer Charakterisierung und ihrer Position sehr viele Handlungsmöglichkeiten haben, geraten sie dem Autor oder Regisseur leicht zu intensiv - zu übergewichtig. Dadurch können sie natürlich dem Hauptkonflikt in seiner Gewichtung schaden, und der Zuschauer bleibt mit dem Gefühl zurück, nicht recht zu wissen, um was es bei dem Film eigentlich ging (zur Erklärung dieses Phänomens wird er in der Regel auf irgendeine Rationalisierung zurückgreifen - Kritik am Schauspieler, vordergründige Handlung etc. -, die jedoch für eine zutreffende fachmännische Beurteilung ohne Bedeutung ist). Um den Eindruck zu verhindern, daß es sich bei diesen Ausführungen um rein theoretische Abhandlungen ohne wirklichen Bezug zur Praxis handelt, ist eine Analyse einiger erfolgreicher Filme dringend anzuraten. Dabei sollten die Filme Szene für Szene mehrfach durchgesehen und daraufhin untersucht werden,

I 28 Gewichtung
IV 1 Drehbuch

- in welcher Weise die jeweilige Nebenfigurenhandlung die Haupthandlung beeinflußt (das ist frühestens nach mehrmaligem Ansehen des Films feststellbar, weil dazu eine genaue Kenntnis vom weiteren Verlauf der Handlung erforderlich ist),
- welcher Seite des Konflikts die Nebenfiguren zuzuordnen sind und welche Charakterisierung sie ihr verleihen,
- in welchen Fällen die Nebenfiguren den Hauptfiguren als Gesprächspartner dienen.

Eine szenenweise tabellarische Erfassung dieser Daten für mehrere Filme ist mit Sicherheit aufschlußreich - wobei es ohne Belang ist, ob es sich um klassische Stoffe, Boulevard-Komödien oder Kriminalgeschichten handelt.

25. Identifikation

Daß Filme sehr tiefgreifende Wirkungen auf die Psyche des Zuschauers haben können - daß sie auch intensiv nachwirken können -, ist an sich bekannt. Für den Medienkundler ist es wichtig, dieses Phänomen genauer zu kennen. Allzu häufig wird die starke Wirkung von Filmen als nur emotional bezeichnet. Dies ist eine durchaus unzulässige und wissenschaftlich unhaltbare Vereinfachung höchst komplizierter und wichtiger psychischer Vorgänge. Es ist naiv, anzunehmen, daß Einstellungen und Handlungen der Menschen vom Intellekt gesteuert würden. Ungleich wichtiger sind Emotionen, die ihrerseits oft Manifestationen komplexer unbewußter Erkenntnis- und Denkvorgänge sind.

I 8
Aufmerksamkeit

Die starke emotionale Wirkung des Films beruht nicht zuletzt darauf, daß sich der Zuschauer mit einer oder mehreren der dargestellten Rollen identifiziert. Diese Identifizierung ist ein komplizierter und vielschichtiger Prozeß und sie funktioniert nur, wenn die Rollenfiguren in allen Nuancen ihrer Charakterisierung, ihrer Umwelt und ihrer Handlungsmotivation absolut logisch und folgerichtig angelegt und durchgeführt werden. Das allein läßt schon darauf schließen, daß der emotionalen Identifikation ein komplexer kognitiver Denkvorgang im Unbewußten zugrunde liegt. Die Rollenfigur muß ganzheitlich - also auch emotional - auf ihre Umgebung reagieren, damit der Zuschauer dies psychisch nachvollziehen kann.

Die Wirkung an sich ist überhaupt wesentlich intensiver, als die meisten Zuschauer bewußt erkennen können. Man hat Filmzuschauern Dehnungsstreifen auf ihre Muskulatur geklebt, die den jeweiligen Spannungszustand einzelner Muskeln meldeten. Außerdem hat man vegetative Reaktionen (galvanischer Hautwiderstand, Herzrhythmus etc.) registriert. Diese Meßwerte zeigten, daß Zuschauer mit so gut wie allen Funktionen ihrer Psyche und ihres Körpers so auf die Handlungen reagierten, als seien sie selbst als Handelnde mit dem Geschehen verflochten.

Für den Dramaturgen ist es wichtig, bestimmen zu können, mit welchen Rollenfiguren sich der Zuschauer identifiziert. Das muß durchaus nicht immer nur die Hauptfigur sein.

In reinen Unterhaltungsfilmen werden zwar häufig die Hauptfiguren entsprechend den unerfüllbaren Wunschvorstellungen der Zuschauer entworfen. Durch die Identifikation mit diesen Wunschfiguren kann der Zuschauer einen Teil jener angestauten Frustrationen abreagieren, die durch die Unerfüllbarkeit vieler Wünsche im Alltagsleben entstehen. Somit haben viele Unterhaltungsstoffe eine wichtige psychohygienische Funktion.

Die alleinige Identifikation mit einer Hauptfigur im Unterhaltungsfilm macht zwangsläufig den Gegenspieler zu einer Art Bösewicht, der am Ende der Story überwunden wird („Happy-End“). Der Konflikt der Story wird in einer Schwarz-Weiß-Kontrastierung dargestellt. Diese Konstellation ist auch für ideologische Filme charakteristisch, da ja auch Ideologien meist auf einer Gut-Böse-Kontrastierung beruhen. Überzeugend können solche Filme wegen ihrer Wirklichkeitsfremdheit nicht sein.

Sehr viel tiefere Eindrücke erzielt man, wenn abwechselnd mehrere Figuren zur Identifikation angeboten werden. Würde man etwa das Problem der Atomenergie so darstellen, daß der Zuschauer sich einseitig nur mit den Argumenten der Befürworter identifizieren kann, so werden jeweils die einen sich bestätigt fühlen und die anderen mit ihren eigenen Gegenargumenten die dargebotenen Inhalte entkräften. Die Überzeugungskraft eines solchen Films wäre gleich Null.

Bietet man indessen die Problematik wirklichkeitsnah dar - d.h. in der Weise, daß der Zuschauer sich sowohl mit den Befürwortern wie mit den Gegnern identifizieren kann -, so wird er die ganze Problematik selbst verarbeiten müssen. Der Film wird noch lange Zeit in ihm nachwirken, und der Zuschauer wird von sich aus Informationen zur Lösung des Problems sammeln.

26. Kausalität

Aus den Aktionen der Nebenfiguren und ihren Auswirkungen auf den Hauptkonflikt ergibt sich ein mehr oder weniger enges Geflecht von Kausalitäten. In Effi Briests Geschichte findet der Ehemann Baron von Innstetten die Briefe, die Effi vor Jahren mit ihrem damaligen Liebhaber ausgetauscht hat. Aus seiner Sicht bleibt ihm keine andere Wahl, als den damaligen Nebenbuhler zum Duell zu fordern und die Ehe mit Effi zu lösen. Somit ist das Auffinden der Briefe die Einleitung einer entscheidenden Peripetie der Handlung.

Bei zwei Regisseuren, die die Geschichte verfilmt haben, stolpert Effis Tochter Anna über ein Kratzeisen (Regisseur Luderer) bzw. über eine Treppe (Regisseur Faßbinder), muß verbunden werden, und bei der Suche nach dem Verbandszeug werden die Briefe entdeckt. Dies ist eine sehr einfache, geradlinige Kausalkette unter starker Zuhilfenahme des Zufalls.

Bei Gründgens befindet sich Effi in einem Kurort und führt ein Gespräch mit der etwas frivolen Sängerin Trippelli, in dessen Verlauf diese ihr erklärt, daß, sollte sie, die Tripelli, sich irgendwann einmal scheiden lassen, sogar Effi als ihre Freundin sie dann schneiden müßte. *IV 12 Regie*

Effi schickt ihrer Tochter als Souvenir und als Trost dafür, daß sie sich ihr nicht widmen kann, ein Trinkglas aus dem Kurort.

Gleichzeitig wird ihr Mann, Baron von Innstetten, in seinem Büro durch seinen Gesprächspartner Wüllersdorf eingeladen, am Abend in einer Weinstube eine Ordensverleihung zu feiern.

Im Hause Innstetten spielt das Kind Anna mit dem Familienhund Rollo. Der Postbote bringt das Trinkglas, welches Effi ihr geschickt hatte, und der Hund Rollo springt auf ihn zu, so daß Anna gegen einen Stuhl geschleudert und verletzt wird. Bei der Suche nach Verbandszeug kommen die inkriminierenden Briefe zum Vorschein, gerade als von Innstetten nach Hause kommt, um sich auf den Abend in der Weinstube vorzubereiten. Er bekommt die Briefe in die Hand und benutzt nun die Einladung Wüllersdorfs, um diesen als Sekundanten für das Duell zu gewinnen.

Im Kurort ist es die Trippelli, die von dem Duell als erste erfährt, und gerade sie, die die wichtige Information über die katastrophale Lage der geschiedenen Frau gegeben hat, muß Effi von der neuen Situation in Kenntnis setzen.

Dieser kleine Abschnitt des Films ist ein Beispiel für die kausale Verflechtung von Vorgangen, bei der so gut wie alle Nebenfiguren in irgendeiner Form mitwirken und nichts dem Zufall überlassen bleibt.

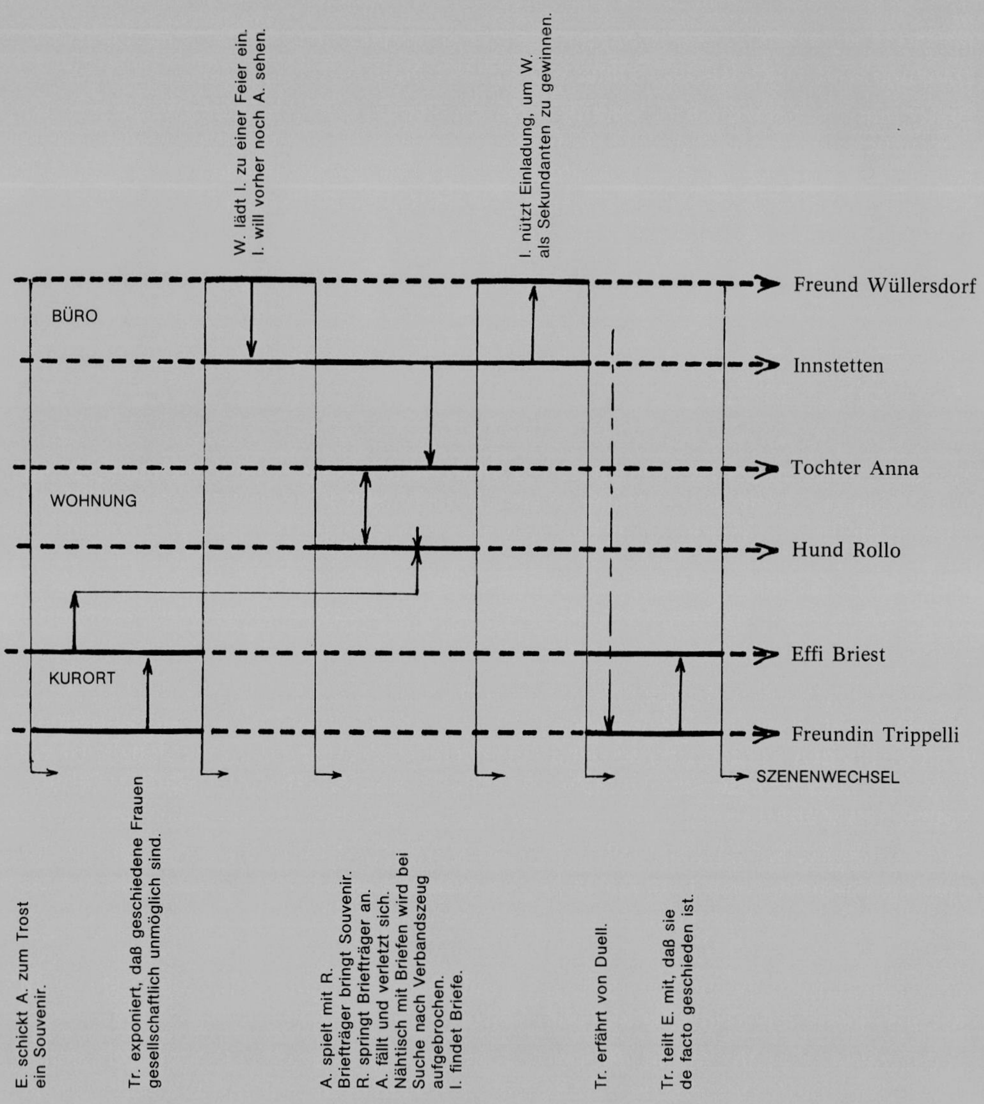

Abb. 42: Kausalkette in der dramaturgischen Konstruktion einer Peripetie

Gehen wir davon aus, daß der Mensch gewohnt ist, seine Umwelt als eine Vielzahl zusammenhängender und auseinander hervorgehender Detailereignisse wahrzunehmen, so bieten die ersten beiden dramaturgischen Bearbeitungen dieser Handlungsperipetie der Wahrnehmung des Zuschauers zu wenig Stoff. Seine (unwillkürliche) Kapazität zur Verarbeitung von Kausalitäten bleibt größtenteils unbesetzt, und es verbleibt eine vage Empfindung von Langeweile und Fadheit (zu deren Erklärung der Zuschauer natürlich auch hier auf vordergründige Rationalisierungen zurückgreifen wird). Andererseits wird er ein komplexes Kausalitätsgeflecht, wie Gründgens es konstruiert hat, als völlig natürlich und selbstverständlich empfinden - ein Effekt, der viele Laien zu der Auffassung verleitet, eine dramaturgisch wirksame Handlung sei kinderleicht zu konstruieren.

Im anderen Extrem kann es natürlich auch Handlungskonstruktionen geben, mit welchen der Zuschauer überfordert wird. Es ist jedoch ein Irrtum, hier einen sehr weiten Spielraum im möglichen Kompliziertheitsgrad anzunehmen. Dieser ist in der Tat von Individuum zu Individuum nicht sonderlich groß, und dabei kann man schon gar nicht Intelligenzquotienten oder Bildungsniveau als Maßstab heranziehen, denn das Erfassen komplexer Tatbestände ist eine elementare Fähigkeit der menschlichen Wahrnehmung.

27. Exposition

In einer realen Umgebung, die ein Mensch zum ersten Mal wahrnimmt, wird er zunächst automatisch eine Bestandsaufnahme vornehmen, ohne die er vollkommen handlungsunfähig wäre. *I 6 Raum*

Beim Ansehen von Filmen und Fernsehsendungen reagiert der Zuschauer nicht anders als im täglichen Leben, er wird sich ständig mit Fragen beschäftigen wie: „Was ist das für eine Umgebung?“ „Was sind das für Menschen?“ „Aus welchen Gründen tun sie das, was sie tun?“ „Welche Atmosphäre herrscht dort vor?“ etc.

Werden solche Fragen nicht befriedigend durch den Film beantwortet, wird der Zuschauer intensiv versuchen, Sinn und Zusammenhang der Präsentationen zu ergründen. Diese Beschäftigung zieht die Aufmerksamkeit von der eigentlichen Handlung und der eigentlichen Information ganz entschieden ab.

Somit gehört es zu den unerläßlichen Erfordernissen einer Dramaturgie, alle Personen, Schauplätze und Situationen, die zum ersten Mal erscheinen, zu „exponieren“, d.h. alle für das Verständnis der Handlung wesentlichen Merkmale dem Zuschauer bekanntzumachen. Dies sollte vorzugsweise mit Mitteln von hoher Informationsdichte, also durch Bilder und Handlungen geschehen, und nur dort, wo es unvermeidlich ist, verbal erfolgen (Dialog, Monolog). Es ist durchaus folgerichtig, daß Expositionen am Anfang einer Filmhandlung einen breiten Raum einnehmen. Hier besteht einerseits die Gefahr, daß man den Zuschauer durch eine zeitlich zu stark konzentrierte Schilderung der Zusammenhänge überfordert - so daß er den Sinn der gesamten weiteren Handlung nicht mehr erfassen kann -, oder daß man sich länger als 10 Minuten ausschließlich mit Expositionen befaßt und die Handlung nicht in Gang kommt, was Langeweile hervorruft. In der Praxis werden daher die notwendigen Expositionen schon am Anfang eines Films dosiert mit Handlungselementen durchsetzt. Im weiteren Verlauf wird die Handlung einen immer breiteren Raum einnehmen und die Expositionselemente werden immer kürzer und seltener vorkommen. Nach Möglichkeit sollten die zweite Hälfte oder das letzte Drittel einer Handlung überhaupt keine Expositionen mehr enthalten, so daß die Handlung in dieser Phase stark „verdichtet“ wird. Daher wird ein geschickter Dramaturg auch versuchen, mit einer möglichst geringen Zahl von Personen und Schauplätzen auszukommen. Er kann dadurch Expositionen einsparen und Handlung verdichten.

Verschiedene Filme auf die zeitliche Verteilung von Expositionen hin zu untersuchen ist mit Sicherheit sehr aufschlußreich. Insbesondere bei Dialogen ist es gelegentlich schwer zu unterscheiden, ob es sich um Klarstellung eines bereits gezeigten Tatbestandes handelt, oder ob damit eine neue Situation oder eine neue Person eingeführt wird. Nur im letzten Fall handelt es sich um eine Exposition.

Expositionen sind wichtige, aber auch lästige Notwendigkeiten, die den Handlungsfluß unterbrechen. Daher verfügen Dramaturgen über eine große Zahl handwerklicher Tricks, um mit diesem Problem fertig zu werden.

Einer dieser Tricks, der wohl in jedem klassischen Drama, in jedem Krimi und in jeder Komödie angewandt wird, ist das „Leitmotiv". Es besteht darin, daß man eine eindringlich exponierte Situation mit einem sehr deutlichen Signal koppelt: einem Musikmotiv, einem auffallenden Requisit (Fachjargon: „Roter Hering"), drei charakteristischen Bäumen auf einem Hügel, einem typischen Dialogsatz.

I 8 Aufmerksamkeit

Muß dieselbe Situation im späteren Verlauf der Handlung wiederholt vorgestellt werden, braucht man nur das vorher eingeprägte Signal zu präsentieren. Das Wiedererkennen wird beim Zuschauer sofort Assoziationen mit der Gesamtsituation wachrufen. Eine wiederholte, ins einzelne gehende Exposition erübrigt sich.

I 31 f. Komik

Eine sehr extreme Anwendung der Leitmotiv-Technik hat komische Wirkung und wird daher als sogenannter „Running Gag" häufig angewendet.

28. Gewichtung und Nuancierung

IV 1 Drehbuch

Sowohl bei der Abfassung eines Drehbuchs als auch bei der Inszenierung der einzelnen Szenen und Einstellungen ist der Gewichtung und Nuancierung aller Details größte Aufmerksamkeit zu widmen. Fehler, die hierbei gemacht werden, können die Aussage des Films ins Gegenteil verkehren oder völlig im unklaren lassen; vor allen Dingen aber können sie die innere Logik einer Dramaturgie zerstören.

In der Erzählung „Die Schneegans" von Paul Gallico ist die Hauptfigur ein verunstalteter Kunstmaler, der zurückgezogen in einem Leuchtturm lebt. Im benachbarten Fischerdorf wird er als etwas unheimlicher Sonderling, möglicherweise mit übernatürlichen Fähigkeiten, angesehen. In Wirklichkeit hat er völlig normale geistige Qualitäten und Bedürfnisse. Er hat lediglich die Konsequenzen aus seiner Verunstaltung gezogen (Konflikt: Verunstaltung ./. Vermeidungsreaktion der Menschen gegen Andersartige).

Ein junges Mädchen, welches eine verletzte Schneegans gefunden hat, überwindet seine Angst und bringt die Gans dem Kunstmaler zur Heilung. Nach einem kurzen Moment der Verzauberung flieht sie wieder in panischer Angst aus dem Leuchtturm. Vermittelt durch die Existenz der inzwischen zahm gewordenen Schneegans, kehrt sie jedoch in großen Abständen immer wieder zum Leuchtturm zurück, und im Laufe der Jahre entsteht auf diese Weise zwischen dem Kunstmaler und dem Mädchen eine ständig wachsende Vertrautheit.

Auf dem Höhepunkt der Geschichte fährt der Kunstmaler mit seinem Segelboot fort, um an einer lebensgefährlichen Rettungsaktion teilzunehmen. Hierzu hatte die Regierung aufgerufen, weil infolge kriegerischer Ereignisse Soldaten an einem Ufergrundstück eingeschlossen und beschossen wurden, und es keine andere Möglichkeit gab, sie zu retten.

Im Augenblick, da der Kunstmaler zu dieser Rettungsaktion ausfährt und sich von dem Mädchen verabschiedet, erkennen beide, daß sie sich lieben. Der Maler rettet zahlreiche Soldaten, kommt aber selbst bei der Aktion um.

Bei der Verfilmung dieses Stoffes bestehen durch falsche Gewichtung oder Nuancierung - möglicherweise durch zu starke Anlehnung an die literarische Vorlage - zahlreiche Fehlermöglichkeiten. Hat man sich dazu entschlossen, diesen Stoff als Liebesgeschichte auf der Basis des geschilderten Konflikts zu erzählen, würde eine ausführliche Darstellung der kriegerischen Ereignisse in dem Augenblick, da die eigentliche Beziehung der beiden Hauptfiguren den vom Zuschauer nachvollziehbaren Höhe- und Schlußpunkt erreicht hat, den Beginn einer völlig neuen Handlung mit vielfältigen Eigenbeziehungen, Konflikten und Expositionen bedeuten. Die ganze detailliert aufgebaute Handlung am Anfang des Films würde jede Bedeutung verlieren.

Eine sehr indirekte, verkürzte Behandlung der Kriegsereignisse würde indessen als auslösender Faktor für den persönlichen Konflikt des Kunstmalers zu schwach sein, zumal eben dieser Konflikt zur Motivierung seiner Schlußaktion stark ausgebaut werden muß. *I 27 Exposition*

In jedem Falle aber bleibt das Problem der Exposition des Krieges bestehen. Würde man den Zuschauer mit dieser Geschichte erst in dem Augenblick bekannt machen, in dem der Kunstmaler zu seiner Rettungsaktion aufbricht, würde sie ihm als echter „deus ex machina" erscheinen, den der Autor allein deshalb erfunden hat, weil sonst seine Handlung nicht weiterzuführen wäre. Zudem würde sie in jedem Fall eine mehr oder weniger ausführliche Exposition genau in dem Augenblick erforderlich machen, da die Handlung ihren Höhepunkt erreicht und ungestört fortlaufen sollte.

Die Tatsache, daß Krieg ist, muß dem Zuschauer also schon lange vorher exponiert werden, jedoch müssen diese mit der Haupthandlung verflochtenen Hinweise in ihrer Gewichtigkeit so dosiert werden, daß die Tatsache Krieg am Ende genau ihre Funktion erfüllt, nämlich den inneren Konflikt des Malers auszulösen - nicht mehr und nicht weniger.

Die Motivation des Malers, an der Rettungsaktion teilzunehmen und sein Leben aufs Spiel zu setzen, muß für den Zuschauer in allen Konsequenzen nachvollziehbar sein. Dies kann sehr leicht zu einem vordergründigen, von Edelmut triefenden Kitsch geraten, z.B. wenn man den Maler seine ganze Motivation ausführlich artikulieren läßt.

Wird jedoch in der ganzen vorangegangenen Handlung gründlich und sorgfältig aus den Verhaltensformen des Malers deutlich gemacht, daß er

- ein Mensch mit ganz normalen Bedürfnissen nach Liebe, Anerkennung und Selbstbestätigung ist, außerdem
- so gescheit ist, die Problematik seiner Beziehung zu anderen Menschen aufgrund seiner Verunstaltung zu erkennen und als Konsequenz allein bleibt,

dann wird eine weitere Fortführung der Liebesbeziehung unter den gegebenen Umständen (Konflikt: Verunstaltung ./. Gesellschaft) nicht möglich sein.

Der Zuschauer wird die Entscheidung, an diesem lebensgefährlichen Unternehmen teilzunehmen, nachvollziehen können (natürlich wird die logische Entwicklung vom Zuschauer auch hier ohne Zutun des Bewußtseins nachvollzogen, sein Bewußtsein wird den Vorgang als „ganz natürlich" registrieren).

Der Unterschied zwischen dem Auslösen echter Emotionen und dem an der Grenze der Lächerlichkeit lavierenden Kitsch liegt im wesentlichen darin, daß dem Zuschauer im ersten Fall Gelegenheit gegeben wurde, sich mit den Motivationen der handelnden Personen in emotional stark wirkenden Szenen in allen Details zu identifizieren. Daß es dabei in der Tat auf eine logisch entwickelte, sehr detaillierte Darstellung ankommt, *I 25 Identifikation* zeigt sich sofort, wenn man klassische Stoffe wie „Hamlet" oder „Faust" stark verkürzt als Exposé wiedergibt. Sie wirken in dieser Form ausgesprochen banal und unglaubhaft.

Was hier am Beispiel der Entwicklung einer Person über die gesamte Handlungsführung gesagt wurde, gilt ebenso für alle Einzelheiten der Gestaltung: das Szenenbild, die Fotografie, den Ton und natürlich die Darstellung durch die Schauspieler.

IV 12 Regie

In der Szene, die Höhepunkt unserer Handlung ist, sagt z.B. der Maler zu dem Mädchen: „Ich *muß* dahin fahren. Verstehst Du? Ich muß dahin!"

Vordergründig ist dies für den Zuschauer ein Satz und sonst nichts. Der Zuschauer legt sich keine Rechenschaft darüber ab, daß dieser Satz bei ihm völlig andere Reaktionen auslöst, je nachdem, *wie* er vom Darsteller gesprochen wird.

Spricht er den Satz energisch und entschlossen, ohne dabei das Mädchen anzuschauen - indem er seine Vorbereitungsarbeiten im Boot fortsetzt -, dann drückt der Satz aus, daß es ihm um die Selbstbestätigung geht, wenn er die Rettungsaktion durchführt. Unterbricht er seine Arbeit, schaut das Mädchen an und spricht den Satz leise und eindringlich, dann wird seine Motivation nicht so eindeutig klar. Der Zuschauer kann vermuten, daß die Beziehung des Mannes zu dem Mädchen eine neue Qualität gewonnen hat und dies gleichzeitig bei ihm innere Zweifel hervorruft; eine präzise Schlußfolgerung ist aber nicht möglich. Beide Versionen haben eine gewisse Banalität, die die Gefahr des Kitsches erhöht.

Spricht der Mann den ersten Teil „ich *muß* dahin fahren" hart und entschlossen, läßt er darauf eine Pause folgen, während man auf eine Antwort des Mädchens wartet, und schaut er daraufhin zum Mädchen - sieht man dazu in einem kurzen Zwischenschnitt das stumme Gesicht des Mädchens, dessen Augen wachsende Furcht ausdrücken -, und unterbricht er dabei seine Arbeit und spricht dann leise und eindringlich den zweiten Teil: „Verstehst Du. Ich muß dahin!", dann ist für den Zuschauer ein *Vorgang* erkennbar:

Der Maler ist zunächst entschlossen, diese Gelegenheit zur Selbstbestätigung wahrzunehmen. Erst dann erkennt er aus der Reaktion des Mädchens, daß es ihn liebt - der vordergründige Gedanke setzt sich fort in der Wiederholung der geäußerten Tatsache, aber Blickkontakt und Tonfall lassen erkennen, daß es für den Mann jetzt auch noch eine weitere Motivation für sein Unternehmen gibt: die Erkenntnis, daß ein intensiveres Verhältnis zu dem Mädchen nicht tragbar wäre. Es gehört zum Handwerk guter Schauspieler und guter Regisseure, psychologische Entwicklungen sehr präzise durchzudenken, bevor sie sich zu einer bestimmten Betonung, Mimik oder Gestik bzw. zu Pausen etc. entschließen.

Allerdings können sich solche Entwicklungen auch verselbständigen und ein Eigengewicht bekommen, das sie aus ihrer Funktion als Bestandteil der Gesamthandlung heraushebt. Durch derartige darstellerische „Kabinettstückchen" wird möglicherweise der eigentliche Sinn der Handlung „erdrückt" und in den Hintergrund gedrängt. Die Gefahr des reinen l'art pour l'art besteht selbstverständlich auch in allen anderen Bereichen wie z.B. der Fotografie, der Ausstattung oder der Musik. Merkwürdigerweise fallen berufsmäßige Kritiker und Leute, die sich selbst für Film- und Fernsehprofis halten, häufig auf solche Selbstzweck-Gewichtungen herein, während das Publikum diese Produkte meist strikt ablehnt.

29. Zeit

Die Wahrnehmung der Zeit gehört zu den unzuverlässigsten unserer Sinne. Ebenso wie in der Wirklichkeit wahrnehmungspsychologisch aus einer Fülle von Eindrücken immer nur jene ausgesondert und verarbeitet werden, die für die betreffende Person irgendeine Relevanz haben, werden im zeitlichen Ablauf eines Films alle Eindrücke, die für den Betrachter ohne Bedeutung sind, übergangen. Im Grunde genommen besteht zwischen der Wahrnehmung der Umgebung und dem Ansehen eines Films in dieser Hinsicht kein Unterschied, da auch die Betrachtung einer Straßenszene nur für den Laien die Wahrnehmung einer statischen Situation darstellt. In Wirklichkeit handelt es sich auch hier um eine schnelle zeitliche Folge von kleinen Wahrnehmungsdetails, wobei unwichtige Wahrnehmungen gar nicht weiter gespeichert oder sonstwie psychisch verarbeitet werden. Im Alltag hat das zur Folge, daß manchmal lange Zeiträume als „sehr schnell vergangen" empfunden werden, während einem umgekehrt sehr kurze Ereignisse wie eine lange Kette von Kausalitäten vorkommen.

I 8 Aufmerksamkeit

I 9 Verschmelzung

Durch Weglassen „redundanter" Ereignisse hat der Film die Möglichkeit, den zeitlichen Ablauf eines Vorganges zu raffen. Wenn dabei so vorgegangen wird, wie auch die menschliche Wahrnehmung redundante Eindrücke wegläßt, dann wird eine derartige Raffung vom Zuschauer überhaupt nicht als solche empfunden. Er hat den Eindruck, das Ereignis habe in der realen Zeit gespielt.

Umgekehrt kann ein relevantes Ereignis von großer Dichte im Film auch gedehnt werden. In Carol Reeds „Der dritte Mann" sieht Holly Martin nach endloser Suche plötzlich auf der anderen Straßenseite seinen Freund – jedoch nur einen winzigen Augenblick, denn es fährt ein Auto vorüber, und danach ist der Freund wie ein Spuk verschwunden. Das Vorbeifahren des Autos würde in der Realität nur Sekundenbruchteile dauern – die Szene ist aber von einer solchen Dramatik, daß sie in der Vorstellung der dargestellten Personen sehr lange dauert. Das wird im Film durch eine geschickte Schnittmontage nachvollziehbar gemacht, indem man das Auto mehrmals vorbeifahren sieht – mal aus der Sicht Holly Martins, mal aus der Sicht des Freundes. Ohne Zeitlupe einzusetzen, wird der Vorgang durch geschickte Schnittmanöver um ein Mehrfaches seiner Zeit gedehnt – auch hier, ohne daß der Zuschauer den Eindruck hat, daß mit der Zeit manipuliert wurde. Diese Methode kann natürlich nur funktionieren, wenn der Zuschauer in einen Zustand höchster dramatischer Anspannung versetzt worden ist. In einer rein deskriptiven Szene würde dieses Manöver als glatter Schnittfehler wirken.

Ebenso fehlerhaft wäre es, wenn man eine zeitliche Raffung durch einfaches Wegschneiden von Szenenabschnitten bewerkstelligen wollte. Die Handlung würde dann quasi in eine neue Situation „springen", das Ganze wie ein primitives Verwandlungsstück wirken.

IV 9 Schnitt

Es gibt eine große Anzahl von Methoden, um Zeitüberbrückungen durch Weglassen redundanter Handlungselemente auszuführen. Das Bezahlen eines Taxis z.B. und die Herausgabe von Wechselgeld ist ein solcher langer, aber für die Handlung meist unbedeutender Vorgang. Ihn in *einer* Einstellung zu einer bloßen Geste abzukürzen, wirkt unnatürlich. Der Zeitsprung bleibt aber vom Zuschauer unbemerkt, wenn nach Aushändigung des Fahrpreises auf den Fahrgast umgeschnitten wird, der sich schon nach dem gesuchten Hauseingang umsieht.

Auch wenn jemand eine Wohnung im dritten Stockwerk eines Hauses verläßt, um in einem Auto fortzufahren, braucht man nicht den Gang durch das Treppenhaus zu zeigen. Geschieht dabei nichts für die Handlung Relevantes, dann genügt es, wenn man zeigt, wie die Person die Wohnung verläßt, und in der nächsten Einstellung, wie sie ins Auto steigt und losfährt. Wechselt man den Schauplatz - etwa indem man mehrere Einzelhandlungen parallel führt -, hat man keine Zeitprobleme.

Beim Effi-Briest-Beispiel laufen parallel zum Kurortaufenthalt Effis zwei Handlungen ab: im Büro ihres Mannes und in der Wohnung, in der die Tochter Anna und das Dienstmädchen Roswitha agieren. Der Film ist so aufgebaut, daß der Schauplatz mehrfach wechselt. Die zeitlichen Abläufe werden dadurch völlig irrelevant - lediglich die kausale Reihenfolge ist wirksam.

I 26 Kausalität

I 20, 21 Stimmung

Andere Zeitbrücken sind dadurch möglich, daß z.B. in einem Raum nach dem Bildschnitt die Stimmung von „Tag/innen" auf „Abend/innen" wechselt. Dieser Wechsel muß für den Zuschauer sehr deutlich erkennbar sein, da sonst möglicherweise ein Verwandlungstrick-Effekt entstehen könnte.

Schwieriger ist es, dem Zuschauer klarzumachen, daß mehrere Jahre vergehen. Früher half man sich, indem man Datenangaben schriftlich zwischenschaltete, Kalender oder Zeitungen etc. präsentierte. Solche Mittel aber sind fremde Stilelemente, sie unterbrechen den Handlungsfluß und sind allzu vordergründige Tricks, die die Hilflosigkeit des Dramaturgen gegenüber dem Problem signalisieren.

Es ist viel eleganter, den Schauplatz zu wechseln und die Handlung fortfließen zu lassen. Ein Hinweis im Dialog z.B., der sich organisch in die Logik einfügt, genügt als Hinweis auf die verflossene Zeit.

Vergleicht man einmal systematisch die dramaturgisch abgelaufene Handlungszeit des Films mit der realen Abspielzeit der jeweiligen Abschnitte, so wird man auf bemerkenswerte Diskrepanzen stoßen. Nicht selten nehmen 8 Jahre 5 Filmminuten in Anspruch und andererseits zeigt sich, daß Sekundenereignisse im Film um ein Vielfaches gelängt werden. Gegen Ende eines dramaturgisch gut gebauten Films wird man im großen und ganzen eine stärkere zeitliche Raffung feststellen. Bemerkenswert daran ist, daß solche Messungen keinerlei Ähnlichkeit mit den Werten haben, die man nach seinem Zeitgefühl schätzen würde.

Der Umgang mit der Zeit gehört zu den Fertigkeiten des Gestalters, die dem Laien leicht und selbstverständlich erscheinen, aber in der Praxis mit zu den schwierigsten gehören. Das Abdrehen einer aus dem Zusammenhang herausgenommenen Einzeleinstellung wird von allen daran Beteiligten im Zeitablauf ganz anders empfunden als später das Anschauen auf dem Bildschirm. Es ist von größter Wichtigkeit, daß sich z.B. die Schwenkgeschwindigkeit der Kamera dem Bewegungsrhythmus der ganzen fertig montierten Szene anpaßt; diesen kann sich der Kameramann jedoch nur vorstellen, und die Gefahr, daß sein Zeitgefühl ihn in der angespannten Arbeitssituation täuscht, ist sehr groß.

IV 9 Schnitt

Auch beim Schneiden des Films unterliegt man sehr leicht zeitlichen Täuschungen. Die Faszination beim erstmaligen Betrachten eines Bildes läßt beim zehnten oder zwanzigsten Durchlauf durch den Schneidetisch bis auf den Nullpunkt nach - und bei jedem Durchlauf des geschnittenen Films entdeckt man aufs neue zeitliche Längen oder Raffungen, die einem unorganisch vorkommen. In dieser Sache ist das Gefühl für den Macher ein völlig untauglicher Ratgeber - der Umgang mit der Zeit im Film erfordert lange praktische Erfahrung, Sachkenntnis und nüchternen Verstand.

Eine Besonderheit in der Behandlung der Zeitabläufe ist die Einführung mehrerer Erzählebenen. In ihrer einfachsten Form kann dies durch eine „Rahmenhandlung" geschehen - etwa indem der oben geschilderte Film vom verunstalteten Maler damit beginnt, daß Soldaten *nach* dem Krieg von ihrer Rettung aus der feindlichen Umklammerung berichten und dabei das Gespräch auf den verkrüppelten Maler kommt. Erst dann beginnt in einer „Rückblende" die eigentliche Handlung mit der Exposition.

Der Vorteil einer solchen Verfahrensweise liegt darin, daß der Zuschauer dadurch bereits am Anfang über bestimmte Endresultate der Handlung informiert werden kann. Sofern diese Information präzise dosiert und auf die beabsichtigte Wirkung hin ausgestaltet wird, hat sie im Gegensatz zur landläufigen Meinung hierüber eher eine starke Steigerung der Zuwendung beim Zuschauer zur Folge. In einem Film, der das Schicksal von Menschen 24 Stunden vor ihrem Unfalltod behandelt, wäre eine detaillierte Schilderung ihres Tagesablaufs wahrscheinlich von einer nicht mehr zu überbietenden Banalität. Erst wenn der Zuschauer vor den handelnden Personen einen Wissensvorsprung hat - wenn er durch eine Rahmenhandlung von dem bevorstehenden Unfall weiß -, bekommen alle (an sich banalen) Handlungen der Personen, da sie ja in irgendeiner Form zu ihrem Tode führen, schwerwiegende Bedeutung.

Andererseits verleitet eine zweite Erzählebene dazu, möglichst viel Exposition in der Rahmenhandlung verbal abzuhandeln. Dies kann schwerwiegende Folgen für die Intensität der Erzählung haben. Der Zuschauer würde sich in solchen Fällen mit dem Erzähler identifizieren - das Beispiel vom verunstalteten Kunstmaler und dem Konflikt mit seiner Umwelt würde als abstraktes Geschehen erlebt, das einen selbst nicht berührt und nicht wirklich angeht. Ein solcher Verlust an Identifikationsaufbau ist meistens im Verlauf der Handlung nicht mehr einzuholen, und dadurch könnten der ganze Konflikt und sein Höhepunkt banal geraten. *I 25 Identifikation*

Ebenso ist das Einführen eines Erzählers - hier die erzählenden Soldaten - allzu oft als Mittel zum Zweck, als „deus ex machina" und als Unfähigkeit des Autors, die Probleme der Exposition zu bewältigen, erkennbar. Das ist besonders dann der Fall, wenn in der Rahmenhandlung selbst gar keine Handlung erkennbar ist.

Dieses Problem wurde in dem Ufa-Film „Münchhausen" einfach durch eine echte Rahmen*handlung* gelöst. Da es sich bei der Münchhausen-Geschichte um eine Aneinanderreihung von Einzelepisoden ohne kausalen Zusammenhang handelt, ist an sich eine filmdramaturgische Ausarbeitung nicht möglich. Um die Einzelepisoden dennoch wenigstens einigermaßen zum Bestandteil einer Kontinuität zu machen, beginnt der Film mit einem Geburtstagsfest im Schloß der Münchhausens. Die Gäste erscheinen in der Kleidung des 18. Jahrhunderts - aber mit modernen Autos. Während des Festes werden vom Hausherrn die Episoden erzählt (und als Rückblenden inszeniert).

Erst am Ende wird die Lösung der Frage nach der echten Spielzeit angeboten: Der angebliche Nachfahre des Lügenbarons ist in Wirklichkeit der Lügenbaron selbst, dem das ewige Leben verliehen worden war. So ist er bis „heute" nie gealtert, hat aber aus Liebe zu seiner Frau - die natürlich älter wurde - dieses Kostümfest arrangiert, um feierlich seinen Verzicht auf das ewige Leben zu verkünden. Er wird gemeinsam mit seiner Frau älter werden. Bei dieser Lösung ist unter den schwierigen Umständen von Einzelepisoden eine akzeptable Lösung durch Verknüpfung der Erzählebene mit der Inhaltsebene gefunden worden.

Eine noch intensivere Verknüpfung zweier Erzählebenen findet in der Verfilmung von Daphne du Mauriers „Rebecca" statt. Vordergründig erlebt man die Liebes- und

Ehegeschichte eines englischen Adligen mit einer jungen Frau. Es finden zahlreiche Ereignisse statt, die als Indizien Stück für Stück eine zweite Geschichte erzählen, nämlich die katastrophale und am Ende tödlich verlaufende erste Ehe des Adligen mit der Titelfigur Rebecca.

Hier ist der einzigartige Kunstgriff gelungen, einer Figur in einer Handlung das Hauptgewicht zu verleihen und ihren Konflikt darzustellen, obwohl sie zu keiner Zeit auf der Leinwand zu sehen ist und die wesentlichen Vorgänge aus der Sicht der ersten Erzählebene in der Vergangenheit liegen.

Wo immer man mit mehr als einer Erzählebene arbeitet, ist es wichtig, daß der Zuschauer den Übergang von einer in eine andere Ebene unzweifelhaft erkennt. Dazu gibt es eine Anzahl von Methoden: Ein Dialogdetail erzählt eine Geschichte, die dann - deutlich erkennbar als die erzählte Geschichte - sichtbar abläuft. Oder die Kamera fährt bis zur Großaufnahme auf das Gesicht eines Verkehrstoten zu, evtl. mit einem Musikakzent blendet das Bild dann über zum selben Menschen, als er noch lebte.

III 8
Negativarbeiten

An sich ließe sich für jeden Fall eine neue Methode erfinden, sofern sie dem Zuschauer nur zweifelsfrei den Übergang in eine andere Ebene signalisiert. Alle Dramaturgen warnen jedoch eindringlich davor, mehr als zwei Erzählebenen in einer Geschichte unterzubringen. Bei den Übergängen weiß der Zuschauer sonst nie, in welche der Ebenen er hineinversetzt wird, und manchmal verbringt er gedanklich mit der Lösung dieses Problems so viel Zeit, daß er bereits - sobald er der Lösung nahe ist - wieder in eine andere Ebene versetzt wird. Daß er am Ende eine totale Verwirrung erlebt und von der Handlung selbst wenig mitbekommen hat, ist verständlich.

30. Abstraktion

Grob und stark vereinfacht ausgedrückt, hat die Psyche im Organismus eines Menschen die Funktion eines Prozeßrechners. Sie bekommt zunächst Daten aus anderen Teilen des Organismus angeliefert: der zu niedrige Blutzuckerspiegel wird als „Hunger" registriert, Schmerzen als Warnsignal, daß irgendwo im Körper eine Funktion gestört ist.

Auf seine Bedürfnisse sinnvoll zu reagieren bedeutet, auf seine Umwelt einzuwirken. Wer Hunger hat, muß zielbewußt zum Kühlschrank laufen oder gar zum Bäcker. Oder er muß zuerst Geld beschaffen, um überhaupt zum Bäcker gehen zu können. Das eine wie das andere ist ein hochkomplizierter verhaltenspsychologischer Ablauf, der nur dann vom Prozeßrechner „Psyche" wirksam gesteuert werden kann, wenn dieser genügend Daten über die Umwelt angeliefert bekommt. Diesem Zweck dienen die Sinnesorgane und die ihnen zugeordneten Datenverarbeitungszentren – das „Wahrnehmungszentrum".

Unsere sichtbare und hörbare Umgebung besteht aus Myriaden von Einzelinformationen. Jedes einzelne sichtbare Blatt am Baum – seine Form, seine Lage im Raum, seine Farbe und Helligkeit – braucht für seine Beschreibung zahllose Info-bits. Am Baum aber sind tausende und abertausende Blätter – alle sichtbar.

Der Sehvorgang, wie wir ihn bis jetzt beschrieben haben, kann zwar in jeder Sekunde unseres wachen Lebens 50 Millionen bits aufnehmen und logisch verarbeiten. Das reicht jedoch nicht aus, um die Informationsmengen unserer Umgebung erschöpfend zu verarbeiten. Unsere Wahrnehmung trifft eine Auswahl aus der Fülle, nimmt nur einen kleinen Teil der Vorgänge in unserer Umgebung auf. Wohl können wir unsere Aufmerksamkeit willentlich lenken; im allgemeinen aber trifft der Organismus seine Auswahl nach seinen Bedürfnissen. Ein Hungriger wird vorrangig Eßbares erkennen, ein Frustrierter auf den Privilegierten blicken.

I 1 Gestaltwahrnehmung

Neben diesem Auswahleffekt finden wir in der Natur auch raffinierte kybernetische Systeme, die dazu dienen, mit möglichst geringem Aufwand möglichst große Wirkungen zu erzielen. Ein solches System ist auch im Wahrnehmungszentrum wirksam. Wollten wir die sekündlich wahrgenommenen 50 Millionen bits ungemindert verarbeiten, wäre unser Prozeßrechner trotz seiner fabelhaften Kapazität überfordert. Daher verfügt er über einen weiteren Mechanismus zur Verminderung der bit-rate. Nur die besonderen Merkmale eines gesehenen Gegenstandes („Birnbaum oder Eiche?“) oder Vorgangs werden weiterverarbeitet. Sie werden zu diesem Zweck „abstrahiert“. Nur so wird die Informationsmenge hantierbar, kann man sie in Denkprozesse integrieren, mit bisherigen Erfahrungen vergleichen und gegebenenfalls auch abspeichern.

II 16 Information

III 30 Zukunft

Die Wirksamkeit dieses Verfahrens kann man daran sehen, daß man eine bekannte Person auf einer guten Karikatur oft besser erkennt als auf einem schlechten Foto. Und dies, obwohl ein Foto nach allgemeiner Auffassung realitäts-analoger ist als eine Karikatur.

Den Vorgang als solchen zeigt ein Experiment der amerikanischen Psychologin Susan Brennan. Sie fütterte einen Computer mit einigen Dutzend beliebiger Porträtbilder, die ausschließlich Personen aus dem europäischen Raum zeigten, und ließ ihn dann von allen darin enthaltenen Merkmalen die Mittelwerte errechnen. Heraus kam ein Bild des „Durchschnittseuropäers“. Daraufhin fütterte sie den Computer mit dem Bild einer einzelnen Person und ließ ihn die Abweichungen vom Normalbild feststellen und besonders hervorheben. Das Resultat war eine Karikatur, auf der die Person auf Anhieb zu erkennen war.

Man könnte jetzt auf den Gedanken kommen, man bräuchte dem Zuschauer im Film dann eigentlich nur noch die fertige Abstraktion vorzuführen. Ein paar große Latschen, ein Spazierstöckchen, ein schwarzes Bärtchen, ein steifer Hut und jeder Zuschauer wird sofort Charlie Chaplin vor sich sehen. Das mag in diesem Fall zutreffen, in der Praxis freilich ist bei der Anwendung solcher Abstraktionen Vorsicht geboten. Zunächst einmal muß ein solches Bild (oder eine solche Bildfolge) ganz genau die Signale liefern, die an die richtige „Stelle“ im Bildgedächtnisspeicher des Zuschauers führen. Kann der Zuschauer die Merkmale nicht richtig einordnen, sind Frustration und Ablehnung die Folge. In jedem Falle fordert man dem Wahrnehmungszentrum des Betrachters eine erhebliche Arbeitsleistung ab, zu der er gut motiviert werden muß.

Wird eine solche Signalkombination häufiger wiederholt, weil sie leicht assoziierbar ist, dann wird daraus ein Klischee. Klischees fließen durch mehrfache Wiederholung meist allzu leicht in den Wahrnehmungsvorgang ein, und eine Unterbeschäftigung des Wahrnehmungsapparates hat fast noch schlimmere Folgen als eine Überforderung. Nur wenn sie sich als Bestandteil einer differenzierten Handlungsentwicklung einfügen, sind Klischees als prägnante Signale vorteilhaft.

I 8 Reizerneuerung

Die Auswahl der richtigen Signale erfordert erhebliche kreative Fähigkeiten. Wenn z. B. die *Stellung* des Stöckchens (etwas nach außen geneigt) auf die Charakteristik der Chaplin-Figur schließen läßt, bekommt eine solche Abstraktion zusätzlich Witz.

Abstraktionen kommen in der Filmgestaltung in sehr vielfacher Form vor. Die einzelnen Bilder können abstrakt sein (Abb. 1, frühe Filme von Fritz Lang) oder die Handlung als solche benutzt Symbole im Text, in der Darstellung oder Ausstattung, die komplexere Inhalte signalisieren. Ein Pantomime, der mit nicht vorhandenen Requisiten hantiert, abstrahiert. In gewisser Weise liefert auch die Filmmusik Symbole für bestimmte Stimmungen. In jedem Fall muß der Zuschauer die Symbole richtig interpretieren und mit Gedächtnismaterial aus seiner eigenen Lebenserfahrung ergänzen können.

Der Ton dient ebenfalls der Übermittlung abstrahierter und zwar in diesem Fall verbal codierter Inhalte. Die Sprache ist ein hochgradig abstraktes Kommunikationsmittel. Weder die skurrilen schwarzen Formen der geschriebenen Sprache – die Buchstaben – noch die Geräuschfolgen, die ein Sprecher von sich gibt, haben die geringste Ähnlichkeit mit den Inhalten, die dabei transportiert werden. Die Sprachcodes müssen vom Empfänger erst wieder mühsam in Vorstellungen zurückverwandelt werden. Das setzt viel Motivation voraus und ermüdet schnell. Außerdem sind die im Empfänger ausgelösten Vorstellungen meistens ungenau. So mag Sprache die Phantasie zwar anregen, vom Standpunkt der Kommunikation ist diese Ungenauigkeit jedoch nicht unbedingt wünschenswert.

Der Sprachcode hat als Kommunikationsmittel eine erheblich geringere Informationsdichte als das Bild. Das Sehzentrum kann aus einem Vor-Wegweiser an einer Landstraße in Sekundenbruchteilen eine komplizierte Straßenführung überblicken. Wollte man dieselbe Information sprachlich wiedergeben, wäre man längst falsch gefahren, ehe man einen einigermaßen brauchbaren Überblick gewonnen hätte. Im allgemeinen benötigt der Sprachcode für die Übermittlung eines Tatbestandes ein Vielfaches der Zeit, die Bilder dazu brauchen. Einzige Ausnahme von dieser Regel bilden Inhalte, die von vornherein abstrakt sind, wie z. B. mathematische, rechtsphilosophische oder ethische Probleme.

Zwischen einer hochgradigen Realitäts-Analogität – wie es beispielsweise für ein großformatiges plastisches und bewegliches Farbbild typisch wäre – und der extremen Abstraktion der Sprache liegt ein breites Spektrum aus zahlreichen Übergangsformen. Das kleine Fernsehbild besitzt per se einen höheren Abstraktionsgrad als das 70-mm-Filmbild im Kino, weil die dargestellten Gegenstände unnatürlich verkleinert und durch das geringe Auflösungsvermögen vergröbert werden, und zudem redundante Inhalte, wie der Bildrand, ständig das Zentrum des Blickfeldes beherrschen.

Es gibt in der Filmgestaltung keine Regeln für die Anwendung von Abstraktionen. Soviel ist allerdings sicher: Zur Verdichtung des Informationsflusses wird man wohl kaum ohne Abstraktionen auskommen, der Gestalter muß sich jedoch in jeder Phase seiner Arbeit über den jeweiligen Abstraktions*grad* seiner Maßnahmen sowie über die Anforderungen an den Zuschauer im klaren sein.

31. Über die Anwendung dramaturgischer und bilddramaturgischer Techniken auf verschiedene Programmarten

Da gestalterische Arbeitstechniken aus der Art und Weise entwickelt wurden, wie Menschen ihre Umwelt wahrnehmen und erleben, ist es nur schwer vorstellbar, daß diese Regeln nicht für alle Arten von Sendungen und Filmen gültig sein sollten. Dabei ist es legitim, alle Arten von Programmen einmal aus dem Blickwinkel des filmgestalterischen Handwerks zu betrachten. Es scheint angezeigt, noch einmal die Motivation des Zuschauers kurz zu erwähnen:

I 8 Aufmerksamkeit

- Es besteht das Bedürfnis, eigene Energien zur Informationsverarbeitung und zur Problemlösung zu aktivieren. Dieses Bedürfnis motiviert die Lösung von Kreuzworträtseln und Puzzles, das Schach- und Skatspielen, das Erfinden einer Fußballtaktik und das Ansehen von Kriminal- und anderen Filmen.
- Dazu kommt die Neugierde (Neophilie), eine Form der Reizerneuerung, die darin besteht, den eigenen Vorrat an gestaltpsychologischen Erfahrungen durch neue Erfahrungen zu erweitern. Die Neophilie ist bei Menschen elementar (mehr oder weniger stark) vorgeprägt, kann aber auch durch Umwelteinflüsse geweckt werden, etwa indem jemand durch unvollständige Information motiviert wird, diese zu einem abgerundeten Bild zu vervollständigen (in manchen Fällen ist eine vollkommene Abrundung real gar nicht erreichbar, so daß manche Leute jahrzehntelang zu bestimmten Themen Informationen sammeln, sei es als Hobby, sei es als Forscher).

I 1 Gestaltwahrnehmung

- Das elementare Bedürfnis der Menschen, von anderen Menschen beachtet, gewürdigt oder geliebt zu werden, führt in umgekehrter Richtung dazu, daß man ein starkes Bedürfnis besitzt, am Schicksal anderer Menschen teilzunehmen. So erregen alle emotionalen Ausdrucksformen in der Regel starke Aufmerksamkeit und setzen unbewußt Gedankenarbeit zur Ergründung der auslösenden Motivation der Emotionen in Gang („Identifikation", „Human Interest").

I 25 Identifikation

Setzt man diese Aufmerksamkeitsauslöser des Publikums in Beziehung zur handwerklichen Qualität eines Programms, so kommt man zu sehr brauchbaren Schlüssen über den mutmaßlichen Erfolg eines Programms. Mit „Erfolg" ist in diesem Falle nicht gemeint, daß ein Programm von einer bestimmten Anzahl von Zuschauern gesehen wurde, denn das kann auch auf propagandistische Erzeugung von „Vor-Zuwendung" zurückzuführen sein. Ebenso wenig ist gemeint, daß Zuschauer auf Befragen das Programm „gut" fanden, denn in der Regel besagt eine solche Äußerung nur, daß man sich dem mutmaßlichen „Üblichen" anpaßt. Mit Erfolg ist hier gemeint, daß die wesentlichen Inhalte eines Programms dem Zuschauer im Gedächtnis verbleiben und womöglich - auch unbewußt - seine Haltung zu dem aufgezeigten Problem modifiziert haben.

Nun die einzelnen Programmarten:

a. **Der Monolog**, meistens in Form einer Moderation, eines Statements oder eines Kommentars. In vielen Fällen bestehen die wesentlichen Inhalte aus hochgradig abstrahierten Fakten und Betrachtungen, die von sprechtechnischen und schauspielerischen Laien verbal vorgetragen werden. Als Laien sind sie bestrebt, eine Art von emotionsloser Objektivität vorzuspielen, was natürlich nicht gelingen kann. Der Zuschauer ist bemüht, im Gesicht des Vortragenden nach Interessantem zu forschen. Die Inhalte der Sprechtexte bewirken jedoch beim Zuschauer nachweisbar absolut nichts.

Es gibt hiervon Ausnahmen: Personen mit der Fähigkeit, völlig frei zu reden und Dinge auszudrücken, die der Bedürfnislage der Zuschauer entsprechen. Häufig sind die Zuschauer nicht in der Lage, diese Dinge selbst zu artikulieren oder werden durch konventionelle bzw. persönliche Hemmungen daran gehindert, dies zu tun. Sprecher dieser Art lösen eine starke Identifikation aus, weil sie (uneingestandene) Wunschvorstellungen des Zuschauers befriedigen. Zahlreiche Moderatoren und Kommentatoren glauben, daß sie in diese Kategorie gehören - in Wahrheit sind charismatische Sprecher im Fernsehen äußerst selten.

Im allgemeinen aber enthalten Monologe keine Handlung in dem Sinne, daß ein Ereignis kausal das folgende auslöst. Außerdem ist die Informationsdichte, die sich aus der laienhaften Darstellung, gepaart mit hochgradig abstrakten verbalen Inhalten, ergibt, viel zu gering, um die wahrnehmungspsychologische Aufnahmekapazität des Zuschauers zu besetzen.

b. **Der Dialog**, auch bekannt in der Form des „Interviews" oder der Fernseh-Diskussion. Hierzu gilt im wesentlichen das gleiche, was vom Monolog gesagt wurde. Auch interviewte Politiker, Wissenschaftler etc. unterliegen dem unwiderstehlichen Zwang, vor der Kamera irgend etwas „darzustellen" - den „Überlegenen", „Gescheiten", den „Populären", den „Nüchternen", „Objektiven" etc. Laienhaft gespielt, wird eine solche Darbietung vom Zuschauer mit größter Sicherheit durchschaut und das Ganze als Schau abgetan. Auch in diesem Fall gibt es Ausnahmen: Personen, die mitten in einem Ereignis emotional so stark erregt sind, daß sie auf die Anwesenheit der Kamera nicht reagieren und sich, der Situation entsprechend, ganz natürlich verhalten.

Nur äußerst selten gibt es Interviewer, denen es gelingt, ihre Partner so zu fesseln, daß sie ihre Manieriertheiten schnell aufgeben und sich natürlich verhalten.

I 27 Exposition

c. **Der reine Informationsfilm.** Das kann ebenso ein Nachrichten- wie ein üblicher Lehrfilm sein. Dramaturgisch gesehen besteht er nur aus einer Exposition oder einer Reihe von Expositionen. Meistens enthält er keine erkennbare Handlung und keine kausale Entwicklung und setzt beim Zuschauer ein hohes Maß an Vor-Motivation voraus - entweder Neophilie oder die Erwartung, daß der Film stark emotional gefärbte Inhalte (Katastrophen) enthalten könnte. Durch das Fehlen dramaturgischer Strukturierung und damit durch die fehlende Übereinstimmung mit den Wahrnehmungsmechanismen des Menschen können solche Filme die Aufmerksamkeit nur für wenige Minuten - erfahrungsgemäß maximal 12 bis 15 Minuten - fesseln. Es wird häufig angenommen, daß Menschen mit einer hohen Vor-Motivation solchen unstrukturierten Informationsfilmen auch länger folgen und mehr Informationen daraus entnehmen können. Die Praxis beweist, daß diese Annahme falsch ist. Auch Schweiß-Experten vermögen einem Informationsfilm über eine neue Schweißtechnik nur für kurze Zeiträume ihre Aufmerksamkeit zu widmen, wenn dieser dramaturgisch zu wenig durchgestaltet ist.

IV 1 Drehbuch
I 23 Motivation

Die Vorstellung, man könne auch reine Informationsfilme dramaturgisch durchgestalten, mag manchem befremdlich erscheinen. Es ist jedoch schwer einzusehen, weshalb ein solcher Film nicht mit einer Problemstellung exponiert werden kann und eine Schilderung der Widerstände, die einer Lösung des Problems im Wege stehen, präsentieren und am Ende die gefundene Lösung anbieten sollte.

Die Hauptschwierigkeit von Informationsfilmen liegt wohl darin, daß Filme mit ihrer extrem hohen Informationsdichte die Wahrnehmungskapazität des Zuschauers im ganzen ansprechen und dadurch abstrakte Informationen in den Hintergrund treten lassen. Wie bekannt bleibt von den im Sprechtext eines Kommentars enthaltenen Inhalten nichts im Gedächtnis des Zuschauers haften. Völlig unsinnig ist es, in Informationsfilmen Zahlenmaterial zu präsentieren, da dieses mit größter Sicherheit vom Zuschauer überhaupt nicht verarbeitet wird. Ebenso ist bekannt, daß sehr kurze Informationsfilme (Nachrichten) beim Zuschauer nichts bewirken. Lediglich, wenn über lange Zeiträume in dichter Folge Nachrichtenfilme zu einem Thema gesendet werden (Vietnamkrieg), entsteht ein ähnlicher Effekt, wie er bei einer längeren Dokumentation entstehen würde.

Zum ersten würden die Einzelgeschichten in ihrer Gesamtheit eine Entwicklung wiedergeben und insofern an die menschliche Erkenntnisfähigkeit angepaßt sein. Zum anderen entsteht dabei eine Art gestaltpsychologischer Summationseffekt, d.h. die wiederholte Wahrnehmung ähnlicher Vorgänge wird korreliert und als typisierte Vorstellung eingespeichert.

I 9 Verschmelzung
I 23 Motivation

Freilich sind dabei die zum Verständnis der Problematik erforderlichen Informationsschritte zeitlich stark zerstreut und ihre Zusammenfolge rein zufällig, so daß - anders als bei einer strukturierten Dokumentation - die beim Zuschauer verbleibenden Eindrücke eher vage und zufällig sind.

d. **Magazinsendungen** sind eine Art Episodenstoff mit Rahmenhandlung, wobei die Rahmenhandlung aus einem Monolog („Moderation") und die Episoden meist aus Informationsfilmen bestehen. Über die Problematik der beiden Verfahrensweisen wurde an anderer Stelle das Wesentliche gesagt.

I 26 Kausalität

Hinzu kommt, daß zwischen Rahmenhandlung (die gewöhnlich gar keine Handlung ist) und den Episoden, wenn überhaupt, nur abstrakt verbale Übergänge angeboten werden, die vom Zuschauer nur ganz marginal aufgenommen werden. Dies wird noch durch die Tatsache verstärkt, daß solche Moderationen aus bildlich völlig abstrakten Umgebungen abgeliefert werden, die beim Zuschauer keinerlei Assoziationen auslösen können. Große graue, schwarze oder weiße Flächen, deren Position im Raum schwer erkennbar ist, großflächige Bilder ohne Zusammenhang mit den anderen Bildinhalten, geschwungene Tische mit Mikrofonen darauf, alles das sind Paraphernalia, die für die gestaltpsychologischen Wahrnehmungserfahrungen des Zuschauers nirgendwo einzuordnen sind und ihm daher fremdartig und irreal erscheinen - eine Reaktion, die unbewußte Ablehnung auslöst.

e. **Die Dokumentation.** Es ist kaum auszumachen, weshalb für die Gestaltung von Dokumentationen andere Grundsätze gelten sollten als für Spielfilme. Letztlich beruhen diese Grundsätze auf Wahrnehmungsmechanismen, mit welchen der Zuschauer auch die Realität um sich herum betrachtet. Wenn schon Einigkeit darüber herrscht, daß Vorgänge nur durch das Vorhandensein von Motivation und Konflikt in Gang kommen, so wird man auch für alle aus der Realität entnommenen Themen diese Motivation und diesen Konflikt finden können, auch wenn die Suche danach häufig langwierige Denkarbeit voraussetzt. Ebenso kann man davon ausgehen, daß - ist einmal ein auslösender Konflikt gefunden - auch in der Realität eine Austragung dieses Konflikts, möglicherweise mit Peripetien, folgen wird, die irgendwann einmal zu einer Auflösung gelangt. Im Grunde genommen kann man

I 22 Handlungsführung

den Unterschied zwischen Dokumentation und Spielfilm nur in der Weise definieren, daß es dabei um verschiedene Arbeitstechniken geht. Im einen Falle werden alle dramaturgisch erforderlichen Details im voraus festgelegt und geplant, im anderen Falle müssen alle dramaturgisch wichtigen Details aus dem wirklichen Geschehen herausgelöst und im Augenblick des Entstehens mit Kamera und Ton aufgenommen werden.

IV 1 Drehbuch

Ist für die Entstehung eines guten Spielfilms meist ein hieb- und stichfestes Drehbuch erforderlich, so kann auch die Dokumentation ohne ein solches nicht auskommen - mit dem Unterschied, daß bei der Dokumentation das Drehbuch nicht auf Papier, sondern im Kopf des Filmers und nicht *vor*, sondern *während* der Dreharbeiten entsteht.

Es ist leicht ersichtlich, daß das Herstellen hieb- und stichfester Dokumentationen einen sehr viel höheren Schwierigkeitsgrad aufweist, als das Aufnehmen von Spielfilmen (wenngleich bei letzteren Vorgänge so glaubhaft inszeniert werden müssen, daß sie wie Realabläufe wirken, während die Vorgänge bei Dokumentationen ohnehin real ablaufen). Wenn es auch in der Praxis meistens andersherum gehandhabt wird, so dürfen logischerweise nur solche Personen mit Dokumentationen befaßt werden, die zuvor jahrelang an Spielfilmen gearbeitet haben. Sie müssen alle handlungs- und bilddramaturgischen Gestaltungstechniken so intensiv eingeübt und vertieft haben, daß diese gleichsam zur zweiten Natur geworden sind und sie die Vorgänge in der Realität quasi „automatisch" in ihrer dramaturgischen Bedeutung sehen. Zu den Schwierigkeiten gehört auch, daß Dokumentarfilmer Entwicklungen im voraus abschätzen können müssen. Es hat keinen Sinn, die Kamera erst dann einzuschalten, wenn ein dramaturgischer Höhepunkt stattgefunden hat. Man muß eine dramatische Zuspitzung schon in den frühesten Entstehungsmomenten erkennen und sie von da an mit der Kamera unter Beobachtung halten. Das mag wie eine Forderung nach Prophetie aussehen - in der Praxis aber kommt es durchaus häufig vor, daß entsprechend trainierte Leute mit hoher Intelligenz, exzellenter Beobachtungsgabe und großer Lebenserfahrung sich anbahnende Konflikte sozusagen in statu nascendi erkennen.

Diese Arbeitstechnik wird selten eine in allen Details perfekte Bild- und Handlungsdramaturgie ergeben können, ebenso wenig wie eine perfekte Lichtführung oder Tongestaltung. Diese Mängel können aber häufig durch die Unmittelbarkeit der Darstellung wettgemacht werden. Immerhin verhalten sich die handelnden Personen (wenn es sich um eine echte Dokumentation handelt) völlig natürlich und ungekünstelt und vermitteln dadurch einen dichten Informationsstrom über ihr Befinden und die Motivationen, die ihre Handlungen auslösen.

I 23 Motivation

Zu den Schwierigkeiten der dokumentarischen Aufnahme gehört es, abzuwägen, wieviele Konzessionen man hinsichtlich Bild-, Ton- und Schnittgestaltung zugunsten der Unmittelbarkeit der Darstellung machen kann. Von Laien und Anfängern wird die Bereitschaft des Zuschauers, mangelhafte Gestaltungsdetails zu tolerieren, meistens überschätzt, weil die Zuschauer nicht in der Lage sind, die Ursachen ihres Unbehagens zu artikulieren.

f. **Komik** wird in den meisten Fällen der Sparte „Unterhaltung" zugeordnet. Unterhaltung ist indessen ein Phantasiebegriff, der keiner psychologischen Definition standhält. Die Psyche des Menschen ist darauf gerichtet, Informationen aus der Umwelt aufzunehmen und entsprechend den persönlichen Bedürfnissen auszuwählen und zu verarbeiten.

I 8 Aufmerksamkeit

Aufmerksamkeit und Interesse werden durch diesen Mechanismus gesteuert. So können hohe Aufmerksamkeitswerte für kurze Zeiträume durch Reizerneuerung in Form von harmonischen Farben und Formen ausgelöst werden, ebenso wie durch die Präsentation von Dingen, die infolge von Frustration elementarer Bedürfnisse Traumvorstellungen auslösen - wie leichtbekleidete, sexuell ansprechende Frauen (FS-Ballett). Das Wiedererkennen von vertrauten Vorstellungen, die in der Vergangenheit einmal Emotionen ausgelöst haben (Schlager und ihre Interpreten), können ebenfalls Aufmerksamkeit auslösen.

Die Definition der Unterhaltung als Mittel, die Aufmerksamkeit von Zuschauern durch Präsentationen zu fesseln, die weiter keine Informationsansprüche stellen, ist psychologisch widersinnig. Kein Zuschauer nimmt Informationen auf, für die er psychisch keinen Bedarf hat, und umgekehrt kann nichts seine Aufmerksamkeit beanspruchen, was seine Bedürfnislage nicht informatorisch befriedigt. Besagte Definition ist darauf zurückzuführen, daß die Macher von Unterhaltung die durch ihre Produkte vermittelten Informationen selbst für irrelevant halten. In Wirklichkeit dürfte sich die Wirkung einer Unterhaltungssendung von der eines Problemfilms beim Publikum nur in Nuancen unterscheiden. Zum einen sind die Aufmerksamkeitsauslöser in beiden Fällen dieselben, zum anderen wird kein Zuschauer einen Problemfilm konsumieren, wenn dieser nicht seinen Wahrnehmungsbedürfnissen entspricht (und damit „unterhaltend" ist). „Unterhaltung" wird als anspruchsloses Sammelsurium aus Aufmerksamkeitsauslösern verstanden, das den darüber hinausgehenden Forderungen der Dramaturgie nicht zu genügen braucht. Diese kaum haltbare Auffassung hat verheerende Folgen auf die Qualität einschlägiger Produkte.

Komik als Bestandteil der „Unterhaltung" - aber auch als Element dramatischer Produktionen - hat in diesem Lande ein erstaunlich geringes Sozialprestige. Diese Haltung steht im krassen Gegensatz zur Wirklichkeit; keine Disziplin in der Medienproduktion hat einen so hohen Schwierigkeitsgrad wie die Komik. Das niedrige Prestige, gepaart mit hohem Schwierigkeitsgrad, hat zur Folge, daß gute Komiker äußerst selten sind und vor allen Dingen auch nicht herangebildet werden, während Leute, die vor der Kamera halbwegs gescheite Leitartikel verlesen, täglich zu Tausenden zu finden sind und dennoch Ansehen genießen. Auch „Fachleute", die faktisch über die Schwierigkeit der Komik Bescheid wissen, werden in ihren Entscheidungen und Handlungen durch das tief verwurzelte Bewußtsein geleitet, Komik sei „Tingeltangel".

Komische Effekte entstehen im wesentlichen dadurch, daß der Zuschauer mit einer Situation konfrontiert wird und durch Identifikation Energien für eine Problemlösung anreichert, die in der Handlung präsentierte Problemlösung jedoch anders als erwartet verläuft, so daß die angestaute Energie durch Lachen freigesetzt wird. Dies kann z.B. dadurch geschehen, daß der Protagonist einer Handlung auf - aus seiner Sicht - logische, aber unerwartete Problemlösungen verfällt, z.B. wenn Charlie Chaplin in „The Kid" - um als Glaser Aufträge zu bekommen - einen kleinen Jungen zum Einwerfen von Fensterscheiben anhält.

Auch das Überspringen notwendiger logischer Schritte kann angereicherte Problemlösungsenergie überflüssig machen und damit zum Lachen reizen. Im Film „Ein Esel, Herr General" erfährt ein Soldat im Krieg durch einen sprechenden Esel strategisch wichtige Feindinformationen. Auf die Frage nach der Quelle seiner Informationen sagt er wahrheitsgemäß, daß er sie von einem Esel habe. Die Folge davon ist eine umfangreiche Untersuchung seines Lebenslaufs durch immer höherrangigere Abwehroffiziere und schließlich durch den Militärpsychiater. Das Verfahren endet damit, daß der Soldat sich in einem psychiatrischen Hospital findet. Die Geschichte wiederholt sich nach seiner Entlassung bis zu dem Punkt, da sein Vorgesetzter ihn wieder nach den Quellen seiner Information fragt. Nach der Frage folgt ein Schnitt, und danach sieht man den Soldaten wieder im psychiatrischen Hospital sitzen. Die Frage des Vorgesetzten erzeugt beim Zuschauer Spannung für die Verarbeitung der nun logischerweise zu erwartenden Untersuchungsverfahren, die jedoch dann einfach übersprungen werden.

I 27 Exposition

Das Verfahren des „Running Gag" - eine Variante des Leitmotivs - beruht darauf, daß bestimmte Ausgangssituationen mehrfach wiederkehren und die Problemlösungen immer kürzer werden. Am Schluß erfolgt eine völlig unerwartete Variante der Problemlösung.

Überraschende logische Wirkungen können auch rein visueller Art sein. In Tatis „Mon Oncle" schauen zwei Kinder aus zwei kreisrunden erleuchteten Fenstern, in denen ihre Köpfe wie Silhouetten zu sehen sind. Sie verfolgen Vorgänge vor dem Haus und bewegen sich mal nach links, mal nach rechts. Dadurch entsteht der Eindruck, als habe das Haus zwei helle Augen, in denen sich die schwarzen Pupillen hin- und herbewegen.

Sicherlich haben Sie über keine dieser Beschreibungen lachen können. Dennoch war ihre Wirkung auf die Zuschauer der jeweiligen Filme äußerst komisch. Daraus geht hervor, daß nicht der *Inhalt* eines Gags komisch ist, sondern die *Art*, in welcher er präsentiert wird. Jeder weiß, daß manche Leute mit den simpelsten Witzen Lacherfolge erzielen können, andere durch ihre Art, zu erzählen, die besten Witze vernichten.

Eine systematische Untersuchung von Gags, ihren Expositionen, ihrem logischen Aufbau und ihrer Abhängigkeit von fein abgestuften Details durch szenenweise Analyse von Filmen wird die äußerst diffizile Gestaltungstechnik der Komik deutlich machen. Es genügt nicht, daß jemand an seiner Arbeitsstelle als Witzbold gilt, um Komiker zu werden. Gags müssen mit größter Akribie aufgebaut und durchdacht werden. Die Darsteller müssen in der Lage sein, sie auch nach der dritten oder der zehnten Wiederholung noch so zu spielen, als seien die Ideen im Augenblick spontan entstanden.

Die Qualität von Film- und Fernsehproduktionen könnte erheblich gesteigert werden, wenn man anerkannt gute Komiker dazu überreden würde, ihr Können dem Nachwuchs an Fachhochschulen zu vermitteln. In Ländern, in denen Filme wesentlich systematischer und erfolgreicher gestaltet werden, ist „Gag-Schreiber" ein anerkannter, hochbezahlter Spezialistenberuf.

32. Die Zukunft - gesellschaftlich

Die Verkabelung aller Haushalte und ihre Verbindung mit Ortszentralen mittels Breitbandkabel (Glasfaser) von sehr hoher Informationsdichte könnte sehr viel weitreichendere gesellschaftliche Folgen haben, als auf den ersten Blick anzunehmen ist. Es wird mit Sicherheit nicht dabei bleiben, daß man Warenkataloge über Bildschirm abrufen, Waren und Dienstleistungen bestellen und praktisch alle Geldgeschäfte über dieses Kabel abwickeln kann, wozu im Endeffekt dann auch Steuern und Altersversorgung gehören werden. Gesprächspartner in so gut wie allen Angelegenheiten werden Computer sein, die in Sekundenschnelle präzise Auskünfte erteilen und Dispositionen treffen können.

Der Kabelfernsehteilnehmer der Zukunft wird bei seinen Entscheidungen auch auf einen entschieden besseren Informationsstand zurückgreifen können, als das heute der Fall ist. Das liegt nicht etwa daran, daß heute zu wenig Information für die Bürger zugänglich wäre. Die Information wird vielmehr in einer für die Psyche nahezu unverdaulichen Form dargeboten, nämlich als eindimensionaler, abstrakter und umständlicher verbaler Kanal, der vom Rezipienten unter Aufwendung erheblicher Energie in für seine Begriffswelt verwertbare Vorstellungen verwandelt werden muß. Dieser Umstand erzeugt sehr schnell Ermüdungs- und Übersättigungsempfindungen und damit die vielzitierte „Informationsüberflutung". Andererseits können wir davon ausgehen, daß die Kapazität des menschlichen Gehirns zur Verarbeitung und logischen Aufarbeitung von Informationsmaterial nur zu Bruchteilen genutzt wird.

I 1 Gestaltwahrnehmung

Eine Darbietung von Informationen in einer der Psyche adäquaten Form - d.h. als logisch-kausale Folge von Vorgängen und in dreidimensionaler Form analoger Bilder - könnte in diesem Punkt eine völlig neue Situation schaffen. Zwar wird Information von solcher Dichte zum überwiegenden Teil ohne Zutun und Kontrolle des Bewußtseins verarbeitet, doch ist diese Tatsache nicht so bedeutsam, wie es scheinen mag, da ohnehin die meisten Entscheidungen und Handlungen des Menschen von unterbewußten Schichten gesteuert werden.

Darüber hinaus aber wird der unmittelbare Zugang zu Datenspeichern dazu führen, daß die erforderlichen Informationen in direktem Zusammenhang mit Entscheidungsvorgängen - und damit auch unter stärkerer Beteiligung des Bewußtseins - aufgenommen werden. Bei der Frage „pro oder contra Atomenergie" verfügen nur sehr wenige Bürger über halbwegs ausreichende Sachinformationen für eine sinnvolle Entscheidung. Ihr lexikalisches Wissen ist in tiefen Schichten des Unbewußten abgespeichert, und ins Bewußtsein holen kann man davon nur mehr oder weniger zufällige Bruchstücke, die zum Rationalisieren des augenblicklichen emotionalen Zustandes geeignet sind. Vom Datenspeicher abgerufene Fakten mögen auch kein absolut vollständiges Bild der Situation vermitteln: In jedem Falle werden sie aber eine wesentlich breitere und weniger voreingenommene Informationsmenge bieten als das Gedächtnis.

III 30 Zukunft

Mit dem hochauflösenden, plastischen Kabelfernsehen wird der Zuschauer wahrscheinlich auch die Möglichkeit haben, sich in einen laufenden Entscheidungsvorgang einzuschalten, beispielsweise indem er die Live-Übertragung einer Kommissionssitzung über Atomenergie einschaltet. In jeder Phase der Konferenz kann er seine eigene Entscheidung dem Terminal eingeben. Davon ausgehend, daß außer ihm noch hunderttausend andere Zuschauer zugeschaltet sind, die gemeinsam einen repräsentativen Bevölkerungsquerschnitt darstellen, wird die Konferenz in allen Phasen sofort mit den Entscheidungen der Öffentlichkeit versorgt. Sie kann entweder diese Entscheidungen akzeptieren oder ohne Zeitverlust durch Gegenargumente neue, revidierte Meinungen herbeiführen. Die Folge davon wäre ein System, welches den Idealvorstellungen von einer Demokratie sehr viel näher käme, als dies mit den heutigen Informations- und Entscheidungsformen möglich ist.

Auf dem Gebiet der konservierten Informations- und Unterhaltungsprogramme wird es ebenfalls eine Reihe von Neuerungen geben. Daß bestimmte Programme nur noch zu bestimmten Zeiten über Fernsehsender zu sehen sein werden, ist fast schon antiquiert. Der Fernsehkonsument wird bald eine Woche im voraus aus der Programmzeitschrift jene Programme auswählen, die er sehen will. Die einzelnen Titel sind in der Zeitschrift mit Codestreifen ähnlich jenen versehen, die man schon heute auf Markenwaren-Packungen findet.

Der Fernsehzuschauer fährt mit einem griffelförmigen Sensor über die Codestreifen jener Programme, die ihn interessieren. Danach kann er zu jedem beliebigen Zeitpunkt aus den aufgezeichneten Vorräten das Programm abrufen, das er gerade sehen möchte.

Möglicherweise wird er dabei auch den Gang der Handlungen beeinflussen können. Bei einem Spielfilm könnte man meinen, daß er dazu unendlich viele Entscheidungsmöglichkeiten hätte und man daher eine unendliche Anzahl von Handlungsabläufen vorproduzieren müßte. Eine nähere Beschäftigung mit der Dramaturgie läßt aber erkennen, daß diese Einflußmöglichkeiten nur zum Schein bestehen. Im Grunde beinhalten die dramaturgischen Gestaltungsregeln nichts anderes als eine möglichst genaue Entsprechung der menschlichen Erkenntnis- und Erlebnisform, nämlich der Wahrnehmung einer zwar komplexen, aber lückenlosen Kausalverkettung. Der Zuschauer wird über die Identifikation in die Handlung einbezogen. Auch wo er glaubt, frei zu entscheiden, ist er dennoch Bestandteil einer solchen Kausalverkettung, so daß seine Entscheidung nolens volens nur die logische Folge der exakt definierten Umstände sein kann. Somit wird er den Handlungsverlauf nur in Nuancen und nur kurzzeitig beeinflussen können, hinterher aber den Eindruck haben, er sei am Endergebnis maßgeblich beteiligt gewesen.

I 26 Kausalität

I 25 Identifikation

In dieser Weise kann der Zuschauer mal an den Raubzügen des Dschingis-Khan leibhaftig teilnehmen, mal an der Entdeckung Amerikas durch Columbus. Im Laufe seines Lebens (das durch die technische Perfektionierung erlebnis- und abenteuerarm sein wird) kann er die ganze Menschheitsgeschichte mit allen Abenteuern so intensiv nacherleben, als sei er selbst dabeigewesen.

Die gleiche Technik läßt sich freilich auch für Lehr- und Unterrichtsprogramme anwenden. Hier ließe sich ein Dialog mit dem Computer programmieren, in dem üblichen Sinne, daß der Lernende durch richtige Lösung von Problemen sein Lernprogramm stufenweise selbst weiterschaltet und damit sein Lerntempo selbst bestimmt. Im Unterschied zu heutigen Verfahren wird dem Lernenden der Stoff in Form von riesengroßen, dreidimensionalen Bildern dargeboten, die er selbst beeinflussen und umgestalten kann. So kann er mit geometrischen Figuren experimentieren oder ein Kaninchen sezieren - auf dem Bildschirm. Wo immer es erforderlich erscheint, kann ein Lehrer auftreten, der selbstverständlich stimmlich, sprachlich, mimisch und auch sonst äußerlich ein idealer Lehrer mit Charisma ist. Danach wird von einem Schulwesen im heutigen Sinne keine Rede mehr sein können.

Auch wenn es heute noch utopisch erscheinen mag: Alle technischen und psychologischen Voraussetzungen sind vorhanden, daß in den kommenden Jahrzehnten weder Politik noch Wirtschaft, noch Schulwesen, noch soziale Einrichtungen irgendeine Ähnlichkeit mehr mit ihren heutigen Erscheinungsformen haben werden. Nicht einmal den Tourismus wird es in seiner heutigen Form noch geben. Wozu sollte man eine wochenlange Südsee-Reise unternehmen, sich unangenehmen Temperaturen aussetzen, die allermeiste Zeit schlafen oder in engbesetzten Flugzeugen, Autobussen und Schiffen verbringen, wenn man über ein riesenformatiges plastisches Hi-Fi-Fernsehen nur die Höhepunkte einer solchen Reise (einschließlich Blütenduft) konzentriert und ebenso hautnah erleben kann - risikolos und immer bei idealem Wetter?

I 29 Zeit

Band II

Physikalisch-technische Grundlagen

Inhalt

1. Licht

Licht besteht aus wellenförmig sich ausbreitender, elektromagnetischer Energie. Es entsteht dadurch, daß in den Atomen der Materie Elektronen von einer Umlaufbahn in eine andere überspringen (Quantensprung). Die dazu erforderliche Energie muß der Materie entweder in Form von Wärme (Glühfadenlampen) oder als elektrische Energie (Leuchtstoffröhren) zugeführt werden. Wird z.B. ein Natriumatom - sei es durch Wärme, sei es durch Elektrizität - so erregt, daß ein Quantensprung hervorgerufen wird, so entsteht dabei eine Lichtwelle von einer ganz bestimmten Wellenlänge. Wir empfinden das Licht dieser Wellenlänge als intensiv gelb-orange.

II 20 Schwingungen

Der Vorgang der Lichtentstehung läßt natürlich auch Umkehrschlüsse zu. Das Vorhandensein von intensiv gelb-orangem Licht einer bestimmten Wellenlänge verrät dem Wissenschaftler, daß dieses Licht von Natrium herrühren muß.

Lichtstrahlen, die auf einen Gegenstand treffen und von diesem absorbiert werden, bringen die Atome dadurch in einen höheren Energiezustand. Mit anderen Worten: Der Gegenstand wird durch die Lichtstrahlen erwärmt. Die Sonne ist dafür ein Beispiel. Ferner kann man beobachten, daß schwarze Gegenstände, die fast alles Licht absorbieren, sich deutlich stärker erwärmen als weiße Gegenstände, die viel Licht reflektieren.

Es gibt auch Stoffe, die Licht in elektrische Energie umwandeln und solche, die unter Lichteinwirkung ihren elektrischen Widerstand ändern. Indem man die von Stoffen dieser Art abgegebene oder durchgelassene elektrische Energie mißt, kann man Rückschlüsse auf die Lichtmenge ziehen, die diese Wirkung hervorgerufen hat. Genauso arbeiten alle Belichtungsmesser: Sie zeigen entweder an, wieviel elektrische Energie von einer eingefangenen Lichtmenge erzeugt oder wieviel Strom von einer „Zelle“ unter Lichteinwirkung durchgelassen wurde. Im zweiten Fall muß das Meßgerät natürlich eine Stromquelle, eine Batterie besitzen. Wenn Sie sich mehrere Belichtungsmesser daraufhin ansehen, werden Sie sehr bald feststellen können, nach welchem Prinzip diese arbeiten.

III 3 Messen des Lichts

In unserer alltäglichen Umwelt ist „monochromatisches“ Licht von nur einer Wellenlänge, wie es von leuchtendem Natrium erzeugt wird, selten. Wir werden in der Regel von einem unterschiedlichen Gemisch verschiedener Wellenlängen umgeben. Unsere Augen können den Wellenlängenbereich zwischen etwa 400 nm (kurzwellig, blau) und 800 nm (langwellig, rot) sehen. Darunter und darüber sind noch große, für uns unsichtbare Farbbereiche vorhanden. Unterhalb von 400 nm existieren zahlreiche Farbstufen, die wir - da wir sie nicht sehen können - alle unter dem Begriff „Ultraviolett“ zusammenfassen. Oberhalb von 800 nm gibt es die „Infrarot“-Farben. Infrarote Strahlung ist gelegentlich als Wärmestrahlung zu spüren (Heizstrahler).

Erhitzte Körper strahlen ein Wellenlängengemisch aus, das wir als „weiß“ empfinden, wenn die Temperatur des heißen Körpers eine bestimmte Mindesttemperatur erreicht hat. Dieses „weiße“ Licht kann sehr unterschiedliche Zusammensetzungen haben, die von der jeweiligen Temperatur abhängig sind. Es besteht ein Zusammenhang zwischen dieser Temperatur und dem „weißen“ Licht. Deshalb spricht man von „Farbtemperatur“. Diese wird nach einer Temperaturskala, der sog. Kelvinskala, gemessen, deren Einheit den Celsiusgraden entspricht und deren Nullpunkt mit dem absoluten physikalischen Nullpunkt zusammenfällt. Demzufolge entspricht 0 K = -273 Grad C. Der Gefrierpunkt des Wassers beträgt 0 Grad C = +273 K. Die Temperatur des Glühfadens einer Haushaltsbirne beträgt etwa 2800 K, die einer Fotolampe etwa 3200 K und die Oberflächentemperatur der Sonne 5400 K. So bestimmen wir dann auch die Temperatur des „weißen“ Lichts, das von diesen Körpern ausgeht, in Kelvin.

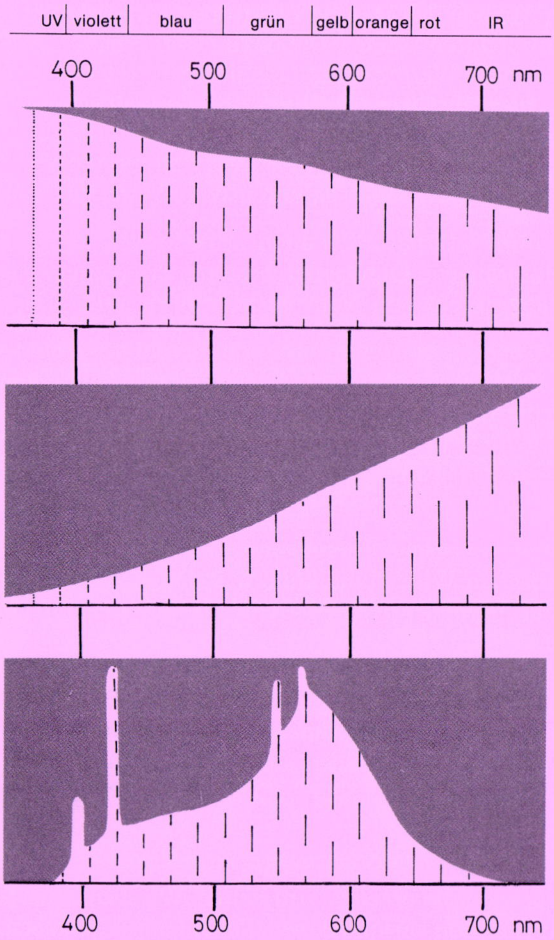

Abb. 43: Spektrale Zusammensetzung verschiedener Lichtarten

Durch die elektrische Erregung von (meist gasförmigen) Stoffen entsteht ein Gemisch von Lichtwellen, das ganz anders beschaffen ist als das der „Temperaturstrahler“. In solchen „Gasentladungslampen“ entstehen einzelne Wellenlängen mit hoher Energie, während andere Wellenlängen ganz fehlen. Je nachdem, wie die chemischen Leuchtstoffe gemischt sind, entsteht dabei ein Wellenlängenspektrum, das vom Auge ebenfalls als weiß empfunden wird.

Da bei Temperaturstrahlern ein großer Teil der zugeführten Energie in Infrarotstrahlung (Wärmestrahlung) verwandelt wird, ist die nutzbare Lichtausbeute dabei verhältnismäßig gering. Bei Gasentladungslampen kann man die chemische Zusammensetzung so wählen, daß der Anteil des nutzbaren Lichts möglichst hoch ist, die Infrarotstrahlung hingegen möglichst gering. Die Lichtausbeute ist bei Leuchtstofflampen fast dreimal so hoch wie bei vergleichbaren Temperaturstrahlern.

2. Farben

Die in der Natur vorkommenden organischen Farbstoffe reflektieren bestimmte Teile des weißen Lichts, während sie andere Teile absorbieren und (meistens in Wärme) umwandeln. Das Blattgrün „Chlorophyll" z.B. benutzt für die Herstellung von Nährstoffen für die Pflanze nur den blauen und roten Anteil des Lichts. Der mittlere grüne Anteil des Lichts ist für die Pflanze unbrauchbar und wird daher reflektiert.

Die molekulare Struktur chemischer Farbstoffe ist meist viel einfacher als die der natürlichen Farben und darauf berechnet, durch Konzentration möglichst vieler gleichförmiger Moleküle ganz enge Wellenlängenbereiche zu reflektieren. *Abb. 73*

Beleuchtet man z.B. eine grüne Farbfläche mit einer Leuchtstoffröhre, deren Licht dem Auge „weiß" erscheint, so entsteht durch das Zusammentreffen bestimmter Spektralspitzen der Lampe mit bestimmten Spektralspitzen oder Lücken des Farbstoffs u.U. ein völlig anderer Farbeindruck als bei der Beleuchtung des Farbstoffs mit Glühlicht. Wenn Sie diese Erscheinung auf die spektrale Empfindlichkeit des Farbfilms oder der elektronischen Kamera übertragen und des weiteren die spektrale Verteilung der Farbstoffe betrachten, die dann im Film oder auf dem Bildschirm entstehen, dann ist klar zu erkennen, daß eine „natürliche" Wiedergabe von Farben in Film und Fernsehen äußerst schwierig ist. In der Praxis beobachtet man häufig Grenzfälle, in denen z.B. leuchtende Objektfarben später im Bild völlig verschwunden sind. *II 17 Farbfilm*

Einzelne Farbstoffe haben die Eigenschaft, daß sie die Wellenlängen des einfallenden Lichts absorbieren und Licht einer anderen Wellenlänge wieder emittieren. Solche Stoffe nennt man „Fluoreszenzfarben". Sie können z.B. (unsichtbares) ultraviolettes Licht absorbieren und leuchtend blaues, grünes oder oranges Licht emittieren. Fluoreszenzfarben werden u.a. in Waschmitteln verwendet, um hell reflektierendes weißes Licht zu erzeugen, oder im Rettungswesen bei orange-leuchtenden Flieger-Overalls, Rettungsschlauchbooten etc.

Höchst problematisch ist die Farbe Grau. Im physikalischen Sinne reflektiert diese Mischfarbe weißes Licht, jedoch erheblich geschwächt, während sie andererseits einen Anteil Weiß absorbiert. Genaugenommen ist ein „weißer" Zeichenkarton, der 14 % des weißen Lichts absorbiert und 86 % reflektiert, sehr hell grau. Ein „schwarzer" Karton dagegen, der 7 % reflektiert, ist in Wirklichkeit stark dunkelgrau. Tatsächlich kann man einen „schwarzen" Karton so belichten, daß er später auf dem Bild schneeweiß erscheint (indem man seine Reflexion mißt und dann 2 Blenden höher belichtet). *II 12 Filmmaterial*

Bei chemischen Farbstoffen, die „grau" oder „schwarz" sein sollen, ist auch - wie bei den Buntfarbstoffen - die Möglichkeit gegeben, daß sie einzelne Spektralspitzen reflektieren und andere unterdrücken. Im Licht von Temperaturstrahlern kann dabei der Eindruck „Neutralgrau" entstehen. Im Licht von Leuchtstofflampen kann sich dieser Eindruck dann allerdings stark ändern. Farbstoffe, die dem Auge neutralgrau erscheinen, können durch die spektrale Empfindlichkeitsverteilung der Filme und Fernsehkameras und deren Wiedergabe stark verfälscht (farbstichig) werden.

Außer den vielen Gegenständen aus Materie, die einen Teil des weißen Lichts absorbieren und einen anderen Teil als „Körperfarbe" reflektieren, gibt es auch Stoffe und Oberflächen, auf die das Licht in anderer Weise reagiert.

Hier sind in erster Linie die transparenten oder durchsichtigen Stoffe zu nennen. Dazu gehören z.B. alle Gase (Luft), Gläser, Wasser, Gelatine (Film-Emulsion, Filter). Wir *II 4 Farbfilter* gehen in der Regel davon aus, daß sich Lichtstrahlen in diesen Körpern geradlinig fortbewegen. In Wirklichkeit stimmt das nicht immer. Lichtwellen stoßen auf ihrem Weg durch Materie ständig auf Teilchen, durch die sie in andere Richtungen abgelenkt (zerstreut) werden. Je weiter sich ein Lichtstrahl von seiner Quelle entfernt hat, um so geringer wird der Anteil an gerichteten Strahlen und um so größer der Anteil an ungerichtetem „Streulicht". Außerdem wird auch in Luft, Glas etc. ein Teil des Lichts absorbiert und in Wärme verwandelt. Schon wenige Meter unter der Wasseroberfläche ist der rote Anteil des einfallenden Lichts völlig absorbiert - es ist nur noch blaues Licht vorhanden. In der Luft dagegen wird blaues Licht stärker gestreut, während z.B. der wärmende Infrarot-Anteil des Sonnenlichts nur schwach gemindert auf die Erde trifft. Durch das blaue Streulicht erscheint der Himmel am Tage blau, und ferne Berge werden am Horizont durch einen blauen Schleier überlagert.

Lichtquanten werden - nach den Postulaten der Einsteinschen Relativitätstheorie - vom Schwerefeld der Materie abgelenkt, ein Effekt, der in der Astronomie eine Rolle spielt, für unser Medium jedoch ohne Bedeutung ist.

Lichtstrahlen, die die Kante eines festen Körpers berühren, werden abgelenkt. Diese „Kantenbeugung" spielt eine Rolle bei den Elementen eines fotografischen Objektivs (Blendenöffnung). Da die Lichtstrahlen verschiedener Wellenlängen unterschiedlich stark abgelenkt werden, wird weißes Licht dabei in seine einzelnen Farbkomponenten aufgespalten. Diese Tatsache wird im Gitterspektroskop für die Spektralanalyse von Licht benutzt.

II 6 Linsen

Lichtstrahlen werden abgelenkt („gebrochen"), wenn sie von einer transparenten Materie in eine andere transparente Materie übergehen, die eine andere optische Dichte hat, z.B. von Luft in Glas (Objektivlinse), von Glas in Luft oder auch beim Übergang von dünnerer (erhitzter) in dickere (kühle) Luft.

Bei diesen Übergängen ist der „Brechungswinkel" nicht nur abhängig von der jeweiligen Dichte der entsprechenden Materie, sondern auch von der Wellenlänge des Lichts. Beim Übergang in eine dichtere Materie wird kurzwelliges blaues Licht stärker gebrochen als rotes. Das weiße Licht wird folglich - wie bei einem Gitter aus vielen Kanten - in seine Farbkomponenten aufgespalten. Dieser Effekt wird für Spektralanalysen mittels Glasprisma ausgenutzt.

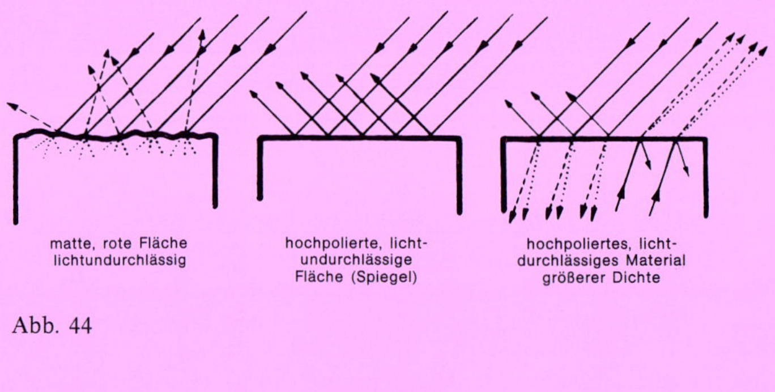

Abb. 44

3. Oberflächen

Objekte mit sehr glatter Oberfläche können Lichtstrahlen reflektieren, wenn diese in einem bestimmten Winkel einfallen. Handelt es sich dabei um nichttransparente Stoffe wie z.B. hochglanzpoliertes Metall oder um die Grenzfläche zwischen Glas und Silber bei einem normalen Spiegel, dann wird alles Licht reflektiert (Totalreflexion). Bei manchen durchsichtigen Stoffen werden dagegen nur die Lichtstrahlen reflektiert, die in einem verhältnismäßig spitzen Winkel auf die Oberfläche auftreffen. Lichtstrahlen, die in einem stumpfen Winkel auftreffen, durchdringen die Grenzfläche. Diese Wirkung kann man bei glatten Wasseroberflächen beobachten. Blickt man flach über das Wasser, so spiegeln sich Himmel und Landschaft darin, schaut man senkrecht von oben ins Wasser, kann man nur den Grund sehen. Glas hingegen läßt in der Regel etwa 90 % des Lichts eindringen und reflektiert etwa 10 %. Dieser Effekt hat Auswirkungen bei Objektivlinsen und Filtern. Das von glatten Flächen reflektierte Licht verläßt die Fläche wieder in dem gleichen Winkel, in dem es die Fläche ursprünglich erreicht hat (Einfallswinkel = Ausfallswinkel).

II 6 Linsen
III 14 glass-shots

„Glatte" Flächen müssen nicht unbedingt auch „eben" sein. Der zuvor geschilderte Sachverhalt trifft z.B. auch bei Wellenbildung einer Wasseroberfläche zu. Wird diese mit gerichtetem Licht beleuchtet, dann dringt an manchen Stellen das Licht ins Wasser ein, während es an anderen Stellen reflektiert wird.

Sind die Unebenheiten einer spiegelnden Fläche so klein, daß sie sich mit dem bloßen Auge nicht mehr als einzelne Erhöhungen unterscheiden lassen, zerstreuen sie das einfallende Licht in alle Richtungen. Man spricht in diesem Fall von einer „matten" Oberfläche. Diese Unebenheiten sind manchmal so geformt, daß sie das einfallende Licht trotz allgemeiner Streuwirkung bevorzugt in eine Richtung reflektieren. Diese Wirkung wird z.B. durch „seidenglänzenden" Mattlack hervorgerufen. Auch die Holzoberflächen von Möbeln werden gelegentlich auf diesen Effekt hin präpariert.

Bei „Mattglas", wie es als „Mattscheibe" in Kamerasuchern vorkommt, ist die Oberfläche ebenfalls so geartet, daß das Licht durch sie in alle Richtungen zerstreut wird. Es gibt allerdings auch Mattgläser mit ebenen Oberflächen, in die kleine Partikel mit unterschiedlichem Brechungsindex eingelagert sind, die das gewünschte Streulicht erzeugen. Dieses Verfahren findet z.B. bei einigen Effektfiltern Anwendung.

III 10 Gradation
III 20 Tricktisch

4. Farbfilter

In transparenten Stoffen, wie Glas und Gelatine, können auch Farbstoffe eingelagert sein, die Licht bestimmter Wellenlängen ganz oder zum Teil absorbieren und andere Wellenlängen durchlassen. In der Praxis kommt dieses Prinzip bei Farbfiltern vor. Es gibt Filterfarbstoffe, die breite Wellenlängenbereiche ganz ungehindert durchlassen und die übrigen Bereiche nur wenig mindern. Hierbei spricht man von „Breitband-Filtern". Andere lassen nur einen sehr engen Spektralbereich durch und absorbieren alles übrige Licht. Da sie nur einen geringen Teil der Lichtenergie durchlassen, können sie sich unter Umständen stark erwärmen. Man nennt solche Filter „Schmalbandfilter".

II 17 Farbfilm

Viele Glassorten absorbieren ultraviolettes Licht. Da UV-Licht für das Auge nicht sichtbar ist, erscheinen diese Gläser vollkommen transparent - in Wirklichkeit sind sie Farbfilter, die Wellenlängen, die kürzer als 350 nm sind, absorbieren.

Abb. 126

Ebenfalls völlig transparent weiß erscheinen dem Auge Farbfilter, die infrarotes Licht mit Wellenlängen über 800 nm (also Wärmestrahlen) absorbieren. Diese sogenannten Wärmeschutzfilter erwärmen sich bei Beleuchtung durch Glühlampen sehr stark und müssen z.B. in lichtstarken Projektoren die absorbierte Wärme an einen kühlenden Luftstrom abgeben. Für die Aufnahme mit Infrarotfilm, dessen Bromsilber auch für blaues Licht empfindlich ist, gibt es Farbfilter, die alles sichtbare Licht absorbieren und nur Infrarot mit Wellenlängen über 800 nm durchlassen. Solche Filter erscheinen dem Auge schwarz und undurchsichtig.

5. Interferenzschichten

II 24 Interferenz

Ist eine Schicht aus spiegelnder, transparenter Materie so dünn wie eine oder mehrere Lichtwellenlängen, dann entsteht in dieser Schicht Interferenz. Dies bedeutet, daß Licht bestimmter Wellenlängen innerhalb der Schicht hin- und herreflektiert wird. Stößt dabei Wellenberg auf Wellenberg, so verstärkt sich die Intensität der jeweiligen Farbe. Andererseits löschen sich diejenigen Lichtwellen selbst aus, bei denen durch das Hin- und Herspiegeln Wellenberge auf Wellentäler treffen. Dadurch kann eine Farbfilterwirkung entstehen, bei der die Lichtintensität nicht so gemindert wird wie bei Farbstoffiltern. Allerdings muß das zu filternde Licht in einem bestimmten Winkel auf die Interferenzschicht auftreffen. Weicht der Einfallswinkel von diesem Winkel zu stark ab, dann durchläuft das Licht die Schicht schräg und legt dabei eine längere Strecke zurück. Dadurch verändert sich natürlich auch das Verhältnis zur Wellenlänge des Lichts und damit auch die Filterwirkung.

III 9 Farbbeeinflussung

In der Praxis werden diese mikroskopisch dünnen, aus Metallverbindungen bestehenden Schichten auf Glasplatten aufgedampft. Farbfilter dieser Art, die häufig bei Scheinwerfern Anwendung finden, werden als „dichroitische Filter“ bezeichnet.

Durch unterschiedliche Schichtdicken auf Glasflächen lassen sich eine Reihe anderer Effekte erzielen.

III 14 und 18 Tricktechnik

II 8 Linsenfehler

So kann z.B. die Spiegelung an Glasoberflächen auf 30%, 50%, 75% oder auch 100% erhöht werden. Der jeweils nicht gespiegelte (reflektierte) Teil des Lichts wird durchgelassen. In diesen Fällen spricht man von „teildurchlässigen Spiegeln“. Der Einfallswinkel des Lichts spielt dabei allerdings eine wichtige Rolle. Andererseits besteht auch die Möglichkeit, Glasoberflächen durch Verwendung entsprechender Schichtdicken bzw. Interferenzschichten für eine bestimmte Wellenlänge zu „entspiegeln“. Bei Objektiven spricht man von „Vergüten“. Die 10% des Lichts, die normalerweise an einer Glasoberfläche gespiegelt werden, werden bei einer „vergüteten“ Oberfläche zum größten Teil auch noch durchgelassen. Dies hat auf die Leistung eines Objektivs erhebliche Auswirkungen. Dabei kann es durch Interferenzwirkungen auch zu einer leichten Betonung des roten oder blauen Lichtanteils kommen. In der Praxis sagt man dann, ein Objektiv ist „kalt“ (blaubetont) oder „warm“ (rotbetont).

6. Linsen

Einen durchsichtigen Körper, der von zwei zentrierten Kugelflächen bzw. einer Kugelfläche und einer Ebene begrenzt wird, nennt man eine sphärische Linse. Ist die Oberfläche nach außen gewölbt, nennt man sie konvex, ist sie nach innen gewölbt, konkav. Eine ebene Fläche nennt man plan.
Konvexe Linsen, d.h. Linsen, die in der Mitte dicker sind als am Rand, haben die Eigenschaft, das auf einer Seite einfallende Licht auf der anderen Seite zu sammeln (Lupen, Brillengläser mit positiver Brechkraft). Sie heißen daher auch „Sammellinsen". Gegenstände reflektieren das Licht meist in alle Richtungen des Raumes (diffuse Reflexion). Trifft ein Teil des von einem Punkt des Gegenstandes ausgehenden Lichts auf eine Sammellinse, so kann es wieder in einem Punkt konzentriert werden und damit ein Bild des Gegenstandpunktes erzeugen. Aus unendlich vielen Bildpunkten ergibt sich ein plastisches Abbild des Gegenstandes.

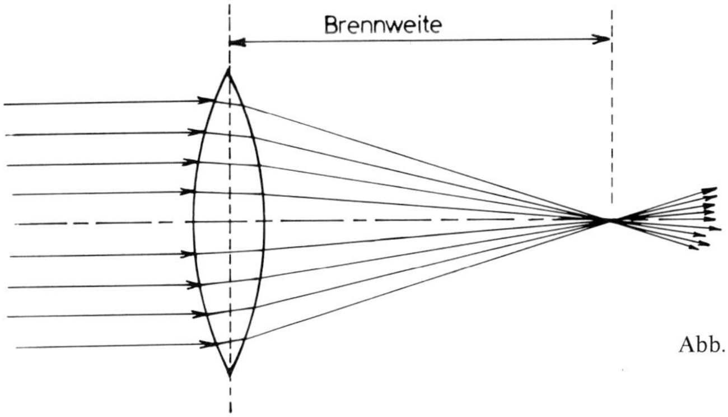

Abb. 45: Sammellinse (= Konvexlinse)

An dieser Stelle sollen nun einige Begriffe der Strahlenoptik erläutert werden. Die Ebene, in der sich die begrenzenden Kugelflächen schneiden, nennt man Mittelebene; der Mittelpunkt des Schnittkreises heißt optischer Mittelpunkt. Als optische Achse wird die Gerade bezeichnet, die senkrecht auf der Mittelebene steht und diese im optischen Mittelpunkt durchstößt.

Trifft ein Bündel zur optischen Achse paralleler Lichtstrahlen (achsenparalleler Strahl) auf eine Sammellinse, werden die Strahlen in der Linse so gebrochen, daß sie durch einen Punkt auf der optischen Achse, den Brennpunkt, laufen. Der Abstand des Brennpunktes vom optischen Mittelpunkt heißt Brennweite. Wird die Linse von zwei sphärischen Flächen begrenzt, so hat sie auf jeder Seite einen Brennpunkt. Die Größe der Brennweite hängt vom Krümmungsradius der Kugelfläche und dem Brechungsindex des Linsenmaterials ab. Je größer der Brechungsindex ist, desto kleiner ist die Brennweite. Bei festem Brechungsindex bedeutet eine Verkleinerung des Krümmungsradius eine Verkürzung der Brennweite. Der reziproke Wert dieser in Metern gemessenen Brennweite dient als Maßeinheit für die Brechkraft einer Linse. Sie wird in Dioptrien gemessen.

$$1 \text{ Dioptrie} = 1 \text{ dpt} = 1 \frac{1}{\text{m}}$$

Eine Konvexlinse der Brennweite 0,2 m hat 5 Dioptrien. Fällt ein paralleles Lichtbündel schräg zur Linse ein, so vereinigen sich die gebrochenen Strahlen in einem Punkt der Brennebene, der Ebene senkrecht zur optischen Achse durch den Brennpunkt.

Betrachtet man sehr dünne Linsen - nur für sie gelten diese Aussagen exakt -, so findet man, daß Strahlen durch den optischen Mittelpunkt die Linse ohne Richtungsänderung passieren. Strahlen durch den Brennpunkt vor der Linse verlaufen hinter der Linse parallel zur optischen Achse.

Aufgrund dieser geschilderten Gesetzmäßigkeiten können die Bildpunkte eines Gegenstandes nach Abbildung durch die Linse konstruiert werden. Man findet so, daß das Bild weit entfernter Gegenstände näher an der Linse liegt als das Bild weniger weit entfernter Gegenstände. Somit können nur Punkte einer Ebene senkrecht zur optischen Achse scharf in eine Bildebene abgebildet werden.

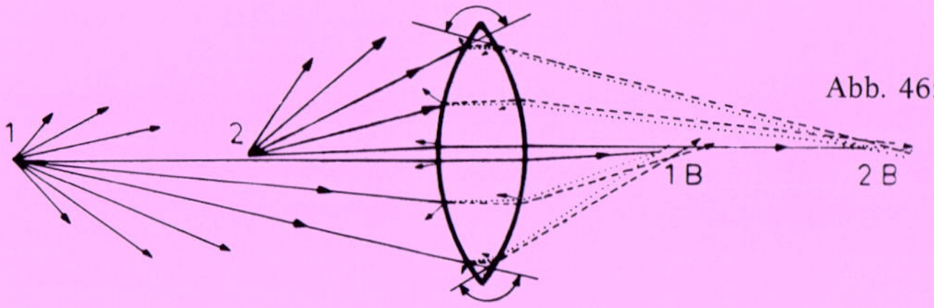

Abb. 46: Die Lichtstrahlen, die auf eine Linse treffen, werden zu einem geringen Teil auch reflektiert. Das durchfallende weiße Licht wird in seine Farbkomponenten zerlegt.

Außerhalb der scharfen Abbildungsebene werden aus den unendlich kleinen Abbildungspunkten Lichtscheiben, die alle ineinanderfließen und dadurch in ihrer Gesamtheit ein unscharfes Bild ergeben. Daher muß man das Objektiv einer Kamera auf die Entfernung des Aufnahmeobjekts „scharfstellen". In der Praxis wird freilich nicht erwartet, daß alle Punkte unendlich scharf wiedergegeben werden. Auch die Wiedergabe von Lichtscheiben ist noch tragbar, wenn diese eine gewisse Größe nicht überschreiten. Wie groß die Scheiben sein dürfen, richtet sich nach den Ansprüchen, die man an die Schärfe der Abbildung stellt. In jedem Fall ergibt sich dabei ein bestimmter Toleranzbereich, den man „Schärfentiefe" nennt, d.h. innerhalb eines bestimmten Bereichs werden Gegenstände unterschiedlicher Entfernung mit noch tragbarer Schärfe abgebildet. Große Linsen haben eine geringere Schärfentiefe als Linsen mit kleinem Durchmesser.

Ob in der Fotografie eine Brennweite „lang" oder „kurz" ist, richtet sich nach der Größe des Aufnahmeformats. Beim 16-mm-Schmalfilm beträgt das Aufnahmeformat z.B. ca. 10 x 7,5 mm, in der Standfotografie kommt das Format 90 x 120 mm vor. Eine Linse mit einer Brennweite von z.B. 70 mm bildet auf den 10 x 7,5 mm des Schmalfilmbildes Punkte aus einem verhältnismäßig kleinen Bildwinkel ab. In einem solchen Falle spricht man von einer „langen Brennweite". In extremen Fällen ist eine lange Brennweite ein „Teleobjektiv". Dieselbe 70-mm-Linse würde auf dem 90 x 120 mm Fotoformat Punkte aus einem sehr großen Bildwinkel abbilden. Auf dieses Format bezogen hat sie eine „kurze Brennweite" - sie ist ein „Weitwinkel".

Schneidet man aus einer Pappe ein Loch in der Größe des Aufnahmeformats aus (z.B. 90 x 120 mm) und hält sie im Abstand der Brennweite *vor* die Linse, dann umfaßt das ausgeschnittene Loch genau den von der Abbildungsebene gleicher Größe aufgenommenen Ausschnitt. Bringt man das Auge an die Stelle der Linse, dann sieht man durch das Loch im Karton genau denselben Ausschnitt, den auch die fotografische Anordnung „sehen" würde.

Nun wird in Lehrbüchern häufig behauptet, daß lange Brennweiten die Tiefenwirkung aufheben und Weitwinkel die Perspektive verzerren. Das können diese Linsen in Wirklichkeit natürlich nicht. Die angesprochene Wirkung kommt nur dadurch zustande, daß Bilder in der Praxis fast nie aus der „richtigen" Entfernung betrachtet werden. Betrachtet man ein Foto aus einer Entfernung, die der Brennweite, mit der es aufgenommen wurde, entspricht, dann sieht man auch die perspektivische Verjüngung wieder genau „richtig“. Wenn ein Foto vergrößert wird - z.B. durch Projektion der Bilder eines 16-mm-Films auf eine Leinwand -, muß auch der Betrachtungsabstand um den Vergrößerungsmaßstab verlängert werden. Projiziert man ein 10 mm breites Schmalfilmbild, das mit einer 16 mm langen Brennweite aufgenommen wurde, auf 1 m Breite, dann müßte man es aus 1,60 m Entfernung betrachten. In einem Filmvorführraum, in dem Bilder der unterschiedlichsten Brennweiten sich mehrmals in jeder Minute abwechseln, wird der Zuschauer kaum bei jedem Bildwechsel von vorne nach hinten und wieder zurück laufen. Im Idealfall wird er sich in einer Entfernung von der Projektionswand aufhalten, die einer mittleren Brennweite entspricht. Hierbei spricht man gelegentlich von „Normalbrennweite“, für die es aber keine verbindliche Definition gibt. Von diesem Punkt aus erscheinen dem Betrachter Bilder mit längeren und kürzeren Brennweiten verzerrt und verfremdet. Dieser Effekt wird jedoch von Malern, Fotografen und Kameramännern bewußt ausgenutzt und zur Erzielung bestimmter Effekte angewendet. Die hinteren Plätze in einem Kino sind zwar traditionsgemäß noch immer die teuersten, optisch aber sind sie bei weitem nicht die besten.

I 14 Bildaufbau

Bei „negativen“ Linsen, d.h. konkaven oder Streulinsen gibt es keinen wirklichen Brennpunkt. Die in eine konkave Linse achsenparallel einfallenden Lichtstrahlen werden nach der Brechung zerstreut. Die rückwärtige Verlängerung dieser auseinanderstrebenden Strahlen ergibt einen Punkt, der - vergleichbar dem Brennpunkt bei konvexen Linsen - ebenfalls auf der optischen Achse liegt. Dieser nur „gedachte“, virtuelle Brennpunkt befindet sich vor der Linse. Den Abstand zwischen virtuellem Brennpunkt und dem optischen Mittelpunkt bezeichnet man als negative Brennweite. Demzufolge wird auch die Dioptriezahl mit einem Minuszeichen versehen.

III 8 und 10 Objektive

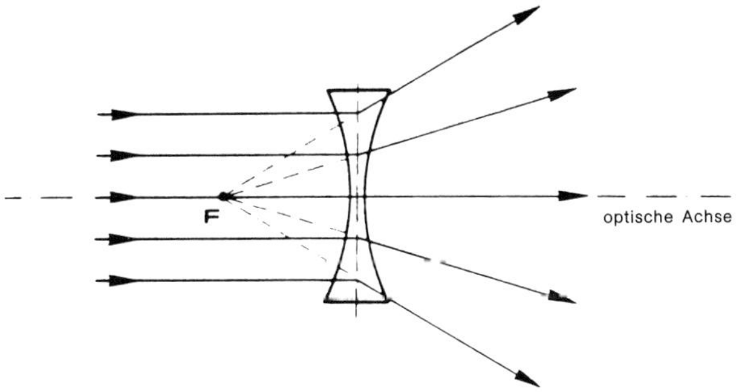

Abb. 47: Streulinse (= Konkavlinse)

7. Linsenfehler

In Kapitel II/6 sind wir davon ausgegangen, daß unter sich parallele Lichtstrahlen unabhängig von ihrer Wellenlänge (Farbe) durch Sammellinsen in einem Punkt konzentriert werden. In Kapitel II/2 wurde jedoch beschrieben, daß „weiße“ Lichtstrahlen, die in ein dichteres transparentes Medium (z.B. Glas) eintreten, je nach Wellenlänge unterschiedlich stark abgelenkt werden, so daß weißes Licht dabei in seine Farbbestandteile zerlegt wird. Da diese unterschiedliche Reaktion auf verschiedene Wellenlängen eine ideale Vereinigung paralleler Strahlen in einem Punkt verhindert, sprechen wir von einem „Linsenfehler“ (Aberration).

a. Greift man aus der Oberfläche einer Sammellinse einen kleinen Sektor heraus, erkennt man leicht, daß er starke Ähnlichkeit mit einem Glasprisma hat, von dem wir wissen, daß es weißes Licht in seine Farbbestandteile zerlegt. Es gibt nicht den mindesten Grund, weshalb *dieser* Teil der Linse sich anders als das Glasprisma verhalten sollte. Praktisch bedeutet dies, daß die Brennweite für blaues Licht, das durch den Linsenrand fällt, wesentlich kürzer ist als die Brennweite für rotes Licht.

Abb. 45

Wird die Linse bzw. das Objektiv auf die blaue Brennweite scharfgestellt, bekommt der Brennpunkt einen roten Rand und umgekehrt. Wenn Sie kräftige schwarz-weiße Konturen durch eine starke Lupe betrachten, können Sie diese Farbsäume sehr gut erkennen - besonders wenn Sie durch den äußeren Rand der Lupe sehen. Diesen Linsenfehler nennt man „chromatische Aberration".

b. Je nach Dichte der Glasmasse und je nach Krümmung einer Linsenoberfläche kann es durchaus vorkommen, daß Lichtstrahlen, die durch den Rand einer Linse fallen, sich in einem näheren Brennpunkt vereinen als Lichtstrahlen, die die Linse in der Nähe der Mitte durchlaufen. So entsteht an keiner Stelle ein wirklich scharfer *Brennpunkt.* Statt dessen entstehen (unabhängig von anderen Aberrationen) in einem begrenzten Bereich *Lichtscheiben* als Abbildung des Punktes, von dem das Licht ursprünglich herrührte. Diesen Linsenfehler nennt man „sphärische Aberration".

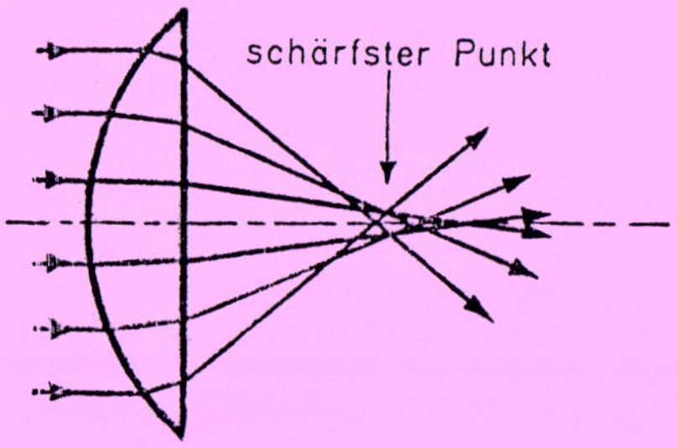

Abb. 48: Sphärische Aberration (ohne Berücksichtigung der chromatischen Aberration)

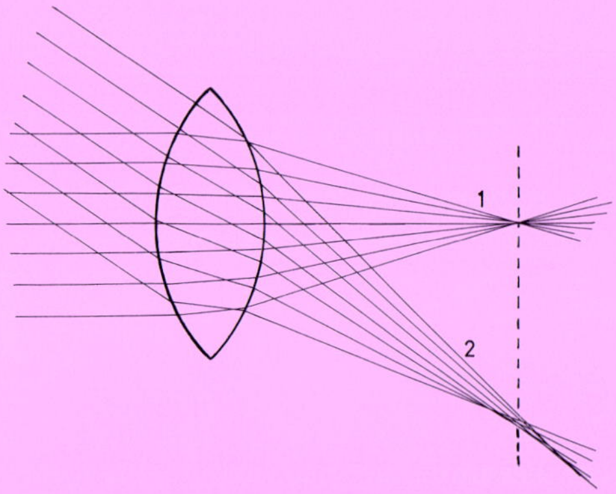

Abb. 49: Astigmatismus. Die Strahlen von einem Bildpunkt außerhalb der Bildmitte verlaufen z.B. von der Seite gesehen wie das Bündel 1, von oben gesehen wie das Bündel 2. Der Strahlenkegel vereint sich in der Bildebene nicht zu einem spitzen Punkt, sondern zu einer Linie (genauer: zu einer schmalen Ellipse).

c. Betrachtet man ein Strahlenbündel, das schräg durch eine Linse fällt und das von einem Punkt herrührt, der außerhalb der Linsenachse liegt, etwas genauer, dann zeigt sich, daß dieses Strahlenbündel zunächst einmal von der Linse schräg geschnitten wird. Abb. 49 zeigt zwei Ansichten von ein und demselben Strahlenbündel, jeweils um 90° gedreht. Dabei ist deutlich zu erkennen, daß ein Teil der Strahlen mit ganz anderen Winkeln auf die Glasfläche auffällt als andere, das

Bündel begrenzende Strahlen. Daher ist es nicht verwunderlich, daß die von einem Punkt ausgehenden Strahlen quasi mehrere Abbildungspunkte hintereinander haben, die aber dann logischerweise keine scharfen Punkte mehr ergeben können.

Dieser „Astigmatismus" hat zur Folge, daß als Abbildung eines Punktes nicht wiederum Lichtpunkte entstehen, sondern längliche Lichtscheiben - nahezu Lichtstriche - , die in einer bestimmten Entfernung von der Linse auf den Bildmittelpunkt zulaufen. In einer anderen Entfernung laufen sie um den Bildmittelpunkt kreisförmig herum. Fotografiert man mit einer astigmatischen Linse ein Speichenrad und stellt dabei das Bild auf die Felge scharf, dann werden die Speichen unscharf. (Im umgekehrten Fall werden die Speichen scharf, die Felge dagegen unscharf.)

d. In Kapitel II/6 wurde darauf hingewiesen, daß man das von einer Linse erzeugte Bild in der Perspektive genau richtig sieht, wenn man das Auge an die Stelle der Linse bringt. Diese Aussage war insofern ungenau, als die Linse ja eine gewisse räumliche Ausdehnung besitzt. Daher wäre es besser, zu sagen:„ ... wenn man das Auge in den *Mittelpunkt* der Linse bringt". Diesen Punkt, von dem aus das Bild genau in der Perspektive zu sehen ist, in der es die Linse abbildet, heißt daher *Hauptpunkt*. Vom Hauptpunkt aus wird auch die Brennweite gemessen.

Im selben Kapitel wurde erwähnt, daß sich die Schärfentiefe einer Abbildung um so mehr vergrößert, je kleiner der Linsendurchmesser ist. Daher lassen sich auch die unter a, b und c geschilderten Linsenfehler verringern, indem man die Lichtstrahlen, die durch den Rand der Linse laufen, blockiert. Dadurch wird natürlich auch die Gesamtmenge des durchgelassenen Lichts verringert. Die Randstrahlen lassen sich durch eine mit einer kreisförmigen Öffnung versehene Fläche blockieren („Lochblende", „Kreisblende", „Irisblende"). Die Frage ist, *wo* man diese Lochblende im Verhältnis zur Linse anbringt.

Liegt die Lochblende in einiger Entfernung *vor* der Linse, und versucht man, vom Hauptpunkt der Linse aus ein relativ großes Quadrat zu betrachten, so wird dabei u.U. durch die Lochblende die Sicht auf die Ecken des Quadrats blockiert. Um die Ecken dennoch zu sehen, muß man das Auge seitlich aus dem Mittelpunkt der Linse wegbewegen. Praktisch bedeutet dies, daß der Hauptpunkt für die Abbildung der Quadratecken nicht mehr mit dem Mittelpunkt der Linse identisch ist. Mit den Hauptpunkten verschieben sich auch die Abbildungspunkte seitlich, so daß das Quadrat nicht mehr als solches abgebildet wird: Die Seitenkanten werden krumm. In diesem Fall spricht man von einer sogenannten *Kissenverzerrung*.

Drehen wir das ganze System um, d.h. betrachten wir die Abbildung des Quadrats aus dem Hauptpunkt der Linse, während die Lochblende *hinter* der Linse liegt, so erhalten wir einen ähnlichen Effekt. In der Umkehrung der Verhältnisse entsteht jetzt eine Verzerrung, die als *Tonnenverzerrung* bezeichnet wird. Die Position der Lochblende kann daher bei Weitwinkelabbildungen zu Verzerrungen führen.

8. Korrektur von Linsenfehlern

Es gibt eine Reihe technischer Maßnahmen, um die Fehler in der Abbildung durch Linsen weitgehend zu korrigieren. Dazu gehört u.a. die Kombination verschiedener Glassorten mit jeweils unterschiedlicher Lichtbrechung.

Bei der Korrektur der chromatischen Aberration besteht z.B. die Moglichkeit, eine Sammellinse sehr kurzer Brennweite aus weniger dichtem Glas (die sehr starke Farb-

II 7 Linsenfehler

II 1 Licht

säume hervorrufen würde) mit einer schwachen Streulinse längerer Brennweite aus dichterem Glas zu verbinden. Beide Linsen zusammen ergeben einen Brennpunkt, der weiter entfernt ist als der der Sammellinse. Die chromatische Aberration wird durch diese Kombination in sich weitgehend aufgehoben. Völlig beseitigen kann man sie jedoch nicht, wie sich auch aus Abb. 50 ersehen läßt.

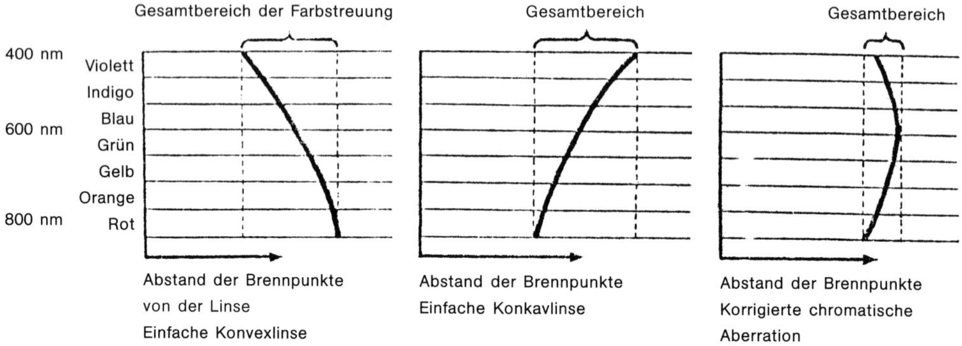

Abb. 50: Die positive und die negative Farbstreuung einer Konvex- und einer Konkavlinse heben sich in etwa auf, wenn man beide Linsen miteinander kombiniert. Die resultierende Farbstreuung ist dann weit geringer.

II 12 Filmmaterial

II 16 Information

Optimale Korrekturen lassen sich vornehmen, wenn ein bestimmter Verwendungszweck angestrebt wird. So ist ein Objektiv, mit dem Aufnahmen auf schwarz-weißem Kopiermaterial (das ja nur für blaues Licht empfindlich ist) vergrößert oder verkleinert werden, für den blauen Anteil des Lichts optimal korrigiert - auf Kosten des roten Anteils. Schwarz-Weiß-Arbeiten mit einem solchen Objektiv werden optimal scharf. Farbarbeiten bekommen jedoch stärkere Farbsäume als dies bei Verwendung einer unkorrigierten Linse der Fall wäre. Für Filmmaterial mit einem Auflösungsvermögen von 100 Linien/mm Kompromisse bei der Objektivberechnung zu suchen, die 400 Linien/mm auflösen, ist sinnlos. Wirkungsvoller ist das Anstreben steiler Konturenflanken im Bereich von 100 Linien/mm.

Ebenso wichtig ist die Berücksichtigung des Aufnahmeformats. Benutzt man ein für 16 mm korrigiertes Objektiv für ein wesentlich größeres Format, wird nur die Mitte des Bildes optimal scharf - die Ränder bekommen extrem starke Farbsäume. Umgekehrt kann man auch kein 16-mm-Schmalfilmbild mit Objektiven aufnehmen, die für ein wesentlich größeres Format korrigiert wurden, da man das 16-mm-Bild zum Betrachten stark vergrößern muß - und dabei wird der verbliebene Restfehler mit vergrößert. Dies ist einer der Gründe dafür, warum das 50-mm-Weitwinkelobjektiv einer 6 x 6-Kamera nicht als lange Brennweite für eine 16-mm-Kamera verwendet werden kann und umgekehrt. Ein weiterer Grund ist, daß eine „lange Brennweite", bezogen auf ein bestimmtes Bildformat, für Lichtstrahlen berechnet wird, die nahezu parallel auf das Objektiv auftreffen. Ihre Korrektur ist relativ unproblematisch, und deshalb sind lange Brennweiten - gleich für welches Format - relativ einfach in ihrem Aufbau.

Ein Weitwinkelobjektiv muß dagegen gleichzeitig Lichtstrahlen, die parallel, und solche, die sehr schräg auf das Objektiv laufen, verarbeiten. Diese schräg auffallenden Strahlen können z.B. in einem kurzbrennweitigen Objektiv auf das innere Objektivgehäuse auftreffen und dort absorbiert werden (Vignettieren).

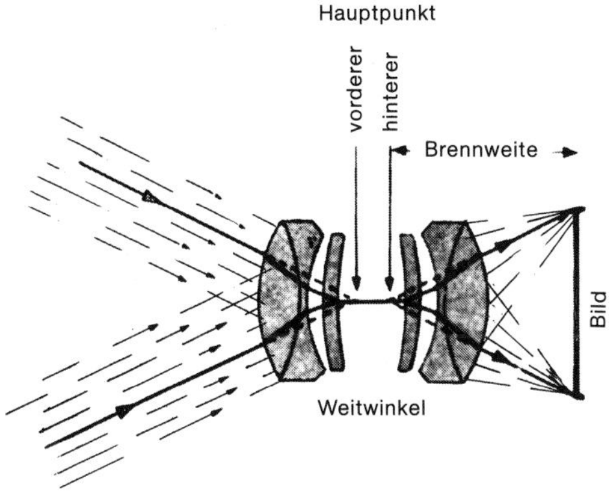

Abb. 51: Weitwinkelobjektiv mit dem Strahlengang von zwei unendlich weit entfernten Punkten, die einen Teil des Bildrandes bilden.

Linsenfehler wie Astigmatismus, sphärische Aberration und diverse Verzerrungen werden um so problematischer, je weitwinkliger ein Objektiv wird. Die Korrektur der chromatischen Aberration kann z. B. dazu führen, daß andere Aberrationen verstärkt werden. Versucht man jetzt, diese neu entstandenen Fehler wieder zu korrigieren, kommt man zum Schluß zu höchst komplizierten, nur noch mit Computern berechenbaren Linsenkombinationen. Weitwinkelobjektive bestehen aus mindestens sechs, meistens aber auch wesentlich mehr Linsen.

Eine solche Kombination vieler Linsen wirft wieder neue Probleme auf. Glas-Luft-Flächen haben die Eigenschaft, daß ein Teil des auffallenden Lichts (ca. 10%) an ihnen reflektiert wird. Die Lichtstrahlen, die die Linsen durchlaufen und zu Brennpunkten zusammenlaufen sollten, werden geteilt und ein Teil wird zwischen den Glas-Luft-Flächen hin- und herreflektiert. Zum Teil gelangen sie auch über diesen Umweg auf die Bildfläche.

II 1 Licht

Diese „Nebeneffekte" können verschiedenartige Auswirkungen zur Folge haben. In manchen Fällen entsteht dabei ein allgemeines Streulicht, durch welches das Bild insgesamt aufgehellt wird. Betrachtet man hierzu die Reaktionskurven des Filmmaterials, so ist leicht zu erkennen, daß diese Aufhellung einer Art Nachbelichtung gleichkommt, durch die die Kontrastwiedergabe des Objektivs herabgesetzt wird.

III 10 Gradation

In anderen Fällen werden sehr helle Aufnahmeobjekte wie Lampen, Sonnen, Kerzenflammen neben ihrer normalen Abbildung noch einmal etwas lichtschwächer abgebildet. Es entstehen sogenannte „Geisterbilder". Die Spitzlichter werden vervielfacht. Des weiteren besteht die Möglichkeit, daß die Blendenöffnung auf dem Film abgebildet wird. Sie ist an vieleckigen Lichtflecken zu erkennen.

Die „Vergütung" der Linsen schafft bei diesen Problemen weitgehend Abhilfe, da die Reflexion innerhalb eines Objektivs um etwa 90 % vermindert wird. Die Vergütung kann die Entstehung von Reflexionen allerdings nicht völlig verhindern. Zudem besteht bei der Beschichtung der Linse die Möglichkeit, daß blaue oder rote Anteile des Lichts stärker „aufgeschaukelt" werden, so daß das jeweilige Objektiv eine Neigung zu „kälterer" oder „wärmerer" Farbwiedergabe aufweist.

II 5 Interferenz

9. Blendenöffnung und Hauptpunkte

Abb. 51

Die Lichtmenge, die von einer Linse durchgelassen wird, ist abhängig von deren Durchmesser. Eine langbrennweitige Linse verteilt das von einer verhältnismäßig kleinen Objektfläche ausgestrahlte Licht (kleiner „Blickwinkel“) auf die gleiche Abbildungsfläche wie eine Weitwinkellinse, die das Licht von einer großen Objektfläche einfängt. Eine langbrennweitige Linse hat daher stets eine viel größere Durchtrittsöffnung als eine weitwinklige Linse gleicher „Lichtstärke“. Die Lichtstärke (Blende) einer Linse wird folglich von der Größe der Durchtrittsöffnung *und* der Brennweite bestimmt. Beide stehen in einem festen Verhältnis zueinander, das zahlenmäßig als

$$f = \frac{\text{Brennweite}}{\text{Linsendurchmesser}}$$

ausgedrückt wird. Eine Linse mit einer Öffnung von 25 mm Durchmesser und einer Brennweite von 50 mm hat eine Lichtstärke (Blende) von 50 : 25 = 2.

Hätte die Linse einen Durchmesser von 17,68 mm, so würde sie nur genau die Hälfte der Lichtmenge durchlassen, und das Verhältnis zur Brennweite würde jetzt 1 : 2,8 betragen. Man spricht dann in der Praxis von „Blende 2,8“.

II 6 und 7 Linsen

Wenn man die Durchtrittsöffnung einer Linse verkleinern will - sei es um eine bessere Korrektur der Linsenfehler oder um eine höhere Schärfentiefe zu erreichen -, benutzt man dazu eine „Irisblende“. Sie ist in der Regel so kalibriert, daß immer jene Öffnungsdurchmesser (im Verhältnis zur Brennweite der Linse) angegeben sind, die die Hälfte bzw. die doppelte Lichtmenge der jeweils benachbarten Zahl durchlassen, also Blende 2, dann 2,8 und weiter 4; 5,6; 8; 11; 16; 22; 32 usw. Je größer die Zahl, um so kleiner die Durchtrittsöffnung. Meistens ist der Durchmesser der vorderen Linse (Frontlinse) maßgebend für die Lichtstärke eines Objektivs.

II 10 Objektive

Problematisch ist die Anbringung der Irisblende in Objektiven, die aus mehreren Linsen bestehen. Dies trifft in besonderem Maße auf Weitwinkelobjektive zu. Verursacht werden die Probleme u.a. dadurch, daß schräg durchlaufende Lichtbündel u.U. teilweise vom Objektivgehäuse absorbiert werden. Es besteht also die Gefahr, daß ein weitwinkliges Bild an den Rändern dann wesentlich dunkler ist als in der Mitte. Man sagt, daß das Objektiv „vignettiert“. Zudem ist der Hauptpunkt eines Objektivs in diesen Fällen nicht mehr so leicht zu bestimmen wie der einer einzelnen Linse. Der Punkt, von dem aus ein Betrachter ein Objekt in genau der Perspektive sehen würde, in der es vom Objektiv „gesehen“ wird, liegt meist irgendwo zwischen den Linsen. Bei Teleobjektiven und Retro-Focus-Weitwinkeln liegt er oft auch außerhalb des Objektivs. Der Punkt, von dem aus ein Betrachter die vom Objektiv erzeugte Abbildung in der richtigen Perspektive sehen würde, ist - im Gegensatz zur Einzellinse - nicht mehr unbedingt mit dem „vorderen Hauptpunkt“ identisch, er kann vielmehr an einer anderen Stelle auf der Objektivachse liegen und wird „hinterer Hauptpunkt“ genannt.

Aus Kapitel II/7 ist bekannt, daß die Anbringung der Lochblende weit außerhalb der Hauptpunkte zu Verzerrungen der Bilder führen kann. Bei der Konstruktion von Objektiven muß daher die optimale Stelle für die Anbringung der Irisblende gefunden werden. Dabei ist zu beachten, daß das ursprünglich dem Durchmesser der Frontlinse entsprechende Lichtbündel möglicherweise durch die Einwirkung der vorne liegenden Linsen stark verengt wurde. Eine Irisblende, deren Durchmesser dem Durchmesser der Frontlinse entspricht, hätte in diesem Fall zur Folge, daß man die Blende u.U. um mehrere Blendenstufen schließen muß, ehe die Blendenränder das Lichtbündel überhaupt berühren und von da an durch weiteres Schließen wirksam werden.

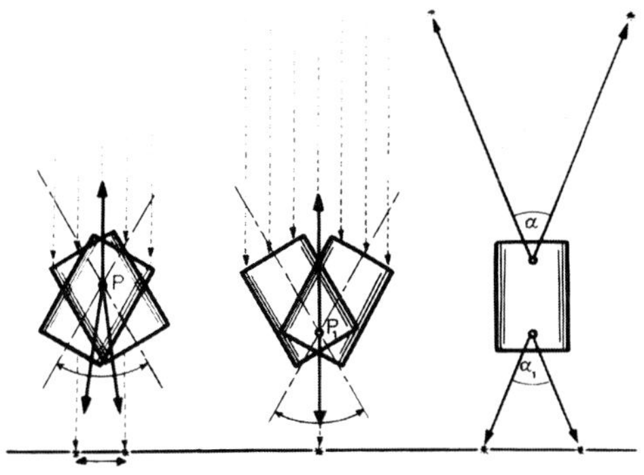

Abb. 52: Hauptpunkt eines Objektivs
a) Dreht man ein Objektiv um einen beliebigen Punkt, wird die Abbildung eines Objektes hin und her verschoben.
b) Dreht man ein Objektiv um den hinteren Hauptpunkt, bleibt die Abbildung eines Objektes stehen.
c) Zwei Punkte im Raum werden vom vorderen Hauptpunkt aus in einem bestimmten Winkel gesehen. Ihre Abbildungen werden vom hinteren Hauptpunkt aus im gleichen Winkel gesehen.

Abb. 53: Strahlengang von zwei unendlich weit entfernten Punkten, die Teil des Bildrandes bilden, in einem langbrennweitigen Objektiv.

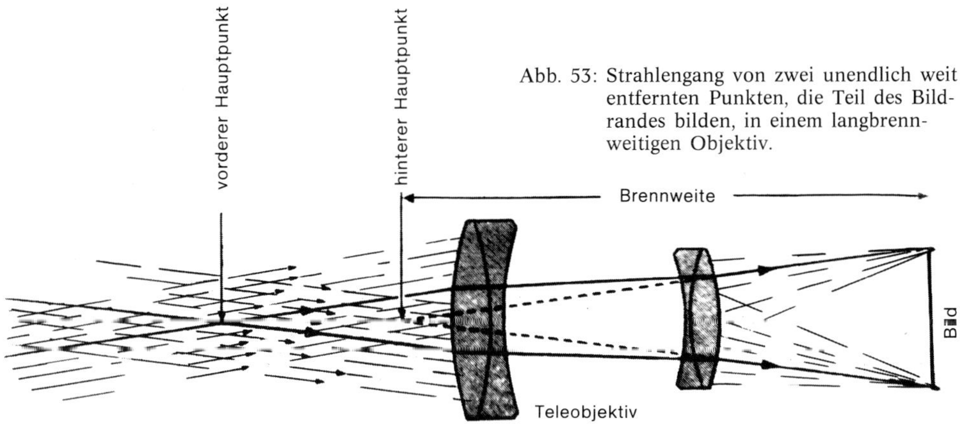

Zweckmäßigerweise sollte daher der größte Durchmesser der Irisblende dem größtmöglichen Lichtbündel an der Stelle entsprechen, an der die Irisblende angebracht wird. Jetzt stimmt allerdings die Regel

$$\text{Lichtstärke (Blende)} = \frac{\text{Brennweite}}{\text{Blendenöffnung}}$$

im *mechanischen* Sinne nicht mehr. Sie stimmt nur noch im *optischen* Sinne. Das kann man auch daraus erkennen, daß die Irisblende, durch die Frontlinse betrachtet, entsprechend vergrößert *erscheint*.

10. Besondere Objektive

Bei Weitwinkelobjektiven liegt die hintere Linse in der Regel sehr nahe bei der Abbildungsebene. Für den Kamera-Konstrukteur kann dies ein sehr empfindliches Handicap sein, z.B. wenn er für einen Spiegelreflexsucher zwischen Objektiv und Bildebene einen Spiegel anbringen möchte. Noch größere Probleme haben die Konstrukteure elektronischer Kameras, da sie zwischen Objektiv und Bildröhren die Strahlenteiler für die drei Grundfarben anbringen müssen.

II 30 Elektronische Kamera

Um in diesen Fällen Abhilfe zu schaffen, hat man das sogenannte „Retro-Focus-Objektiv" entwickelt. Die Grundelemente entsprechen dem eines Objektivs mit normaler „Schnittweite" (= Abstand zwischen hinterer Linse und Bildebene). Da ein solches Objektiv natürlich auch nur einen mittleren Blickwinkel hat, wird zur Erweiterung des Blickwinkels *vor* dem Objektiv eine Streulinse angebracht. Damit wird aus dem ursprünglichen Objektiv ein Weitwinkelobjektiv. So einfach dieses Prinzip ist, so hat es doch auch seine Tücken, denn eine zusätzliche Linse würde in jedem Fall die fein austarierte Korrektur aller Aberrationen durcheinanderbringen. Daher müssen Retro-Focus-Objektive vom Konstrukteur von Grund auf neu errechnet werden.

Etwas weniger kritisch sind Vorsatzlinsen für sehr lange Brennweiten (Teleobjektive). Da sie nur nahezu parallel durchfallende Lichtstrahlen verarbeiten, ist bei ihnen die Korrektur der Aberrationen weniger problematisch. Daher kann man bei Teleobjektiven häufig Vorsatzlinsen verwenden, die als „Brennweiten-Verlängerer" oder „-Verkürzer" dienen.

Problematisch ist die sogenannte „Makroaufnahme", die Aufnahme von sehr kleinen Objekten im extremen Nahbereich. Da die Brechungswinkel eines Objektivs immer gleichbleiben, muß man das Objektiv immer weiter von der Bildebene entfernen, je näher das Aufnahmeobjekt, das scharf abgebildet werden soll, rückt. Beträgt die Entfernung des Objekts vom vorderen Hauptpunkt des Objektivs das Doppelte der nominalen Brennweite (die ja nur für parallel einfallende Strahlen gilt, also für Strahlen, die von einem unendlich weit entfernten Punkt ausgehen), so wird es auch in einer Entfernung hinter dem hinteren Hauptpunkt abgebildet, die doppelt so groß ist wie die nominale Brennweite. An dieser Konstellation ist bemerkenswert, daß das Objekt jetzt weder vergrößert noch verkleinert, sondern genau in natürlicher Größe abgebildet wird. Rückt man das Aufnahmeobjekt noch näher an das Objektiv heran, wird es auf der anderen Seite sogar vergrößert abgebildet.

II 9 Blenden

Wenn sich die *effektive* Brennweite unter solchen Umständen gegenüber der *nominalen* Brennweite verdoppelt hat, dann kann auch die Berechnung der Lichtstärken und der Blenden nicht mehr stimmen. Betrug vorher bei Anwendung der nominalen Brennweite (z.B. 50 mm) und einer Objektivöffnung von 25 mm die Lichtstärke $50:25 = 2$, so beträgt sie bei Verdoppelung der Brennweite $100:25 = 4$, d.h. das Objektiv läßt nur noch 25% des Lichts zur Bildebene durch, das es bei Nominalbrennweite durchgelassen hätte.

Hat man allerdings dabei einen Abstand erreicht, der der nominalen Brennweite entspricht, dann ist die Konstellation genau umgekehrt wie bei der Aufnahme eines unendlich weit entfernten Gegenstandes. D.h. der Gegenstand wird jetzt in unendlich weiter Entfernung hinter dem Objektiv scharf abgebildet. Praktisch hat dies keinen Wert mehr.

Spezialobjektive für Makroaufnahmen haben daher eine stärkere Lichtbrechung, die man sich so vorstellen könnte, als konzentriere man die auf der Hinterseite des Objektivs parallel austretenden Strahlen durch eine zusätzliche Sammellinse in der Weise, daß sie dann doch in einem Brennpunkt konzentriert werden.

Theoretisch ist eine solche Linsenkombination nichts anderes als ein Objektiv mit stärkerer Brechung, also ein Weitwinkelobjektiv. Man könnte daher auch ein Weitwinkelobjektiv als Makro-Objektiv einsetzen, indem man es einfach weit genug von der Bildebene entfernt. Dieses Verfahren hat allerdings zwei erhebliche Nachteile:

a. Die Blendenangaben auf der Objektivfassung stimmen nicht mehr.

b. Die Korrektur der Aberrationen wird unter diesen extremen Umständen nicht mehr ausreichen.

Sogenannte „Vergrößerungsfaktoren" von Makro-Objektiven sollte man immer im Licht des „Aufnahmeformats" sehen. Wenn Sie eine Erbse auf 16-mm-Film im Größenverhältnis 1 : 1 aufnehmen, dann werden Sie das Bild hinterher wahrscheinlich stark vergrößert auf der Leinwand betrachten. Die Erbse füllt das halbe Bild aus und erscheint riesengroß. Haben Sie die Erbse aber mit einer 6 x 6-Kamera im Größenverhältnis 1 : 1 aufgenommen, dann wird sie verhältnismäßig winzig erscheinen, da sie nur etwa 1/12 (linear) des Formats ausfüllt.

11. Lichtquellen für die Kinematographie

Es gibt eine nahezu unübersehbare Fülle von Lichtquellen (Lampen), die für Film und Fernsehen bestimmt sind und in Studios installiert oder an Produktionsfirmen vermietet werden. Eine Aufzählung wäre schon deshalb nicht sinnvoll, weil das Angebot in jedem Jahr wechselt. Für den Praktiker ist allein ausschlaggebend, die Beurteilungskriterien der Lichtquellen zu kennen, um so die richtige Auswahl für die jeweilige Aufgabenstellung treffen zu können. Im wesentlichen geht es dabei um folgende Kriterien:

Lichtart: Bei Temperaturstrahlern (Glühbirnen) entsteht ein kontinuierliches Spektrum mit Farbtemperaturen von 2800 K bis 3400 K. Lichtleistung und Farbtemperatur sind abhängig von der angelegten elektrischen Spannung. Wird z.B. an eine für 220 Volt ausgelegte Glühbirne nur eine Spannung von 200 Volt angelegt, gibt sie nur noch 70 % der Lichtleistung ab, mit einer Farbtemperatur, die von 3200 K auf 2900 K absinkt. Dabei wird die Lebensdauer verdoppelt. Durch Vorschalten eines Steuerwiderstandes oder eines Steuertransformators ist die Leistung einer Glühbirne also steuerbar. Glühbirnen setzen den größten Teil der zugeführten elektrischen Energie in Wärme um und nur einen geringen Teil in Licht.

II 1 Licht

Die früher üblichen Glühbirnen, deren Licht in einem stromdurchflossenen Wolframfaden erzeugt wurde, hatten den Nachteil, daß ein Teil des Wolframs bei den hohen Temperaturen verdampfte und sich auf den Glaskolben niederschlug. Dieser Glaskolben wurde dadurch immer lichtundurchlässiger, und der Wolframfaden war nach kurzer Zeit verschlissen. Daher wurden in den letzten Jahren Jod-Quarz-Kolben eingeführt. Der Kolben ist hier wesentlich kleiner als der der früheren Glühbirnen und besteht aus Quarz. Im Innern ist außer dem Glühfaden eine kleine Menge Jod enthalten, die bewirkt, daß sich das verdampfte Material des Glühfadens immer wieder am

Glühfaden selbst absetzt. Dadurch bleibt der Quarzkolben sauber, außerdem kann der Glühfaden auf eine höhere Temperatur aufgeheizt werden und verschleißt nicht so schnell. „Halogen“-Glühlampen („Brenner“) gibt es für eine Leistungsaufnahme, die zwischen 250 und 10 000 Watt liegt.

Nur noch selten im Gebrauch sind Kohlebogenlampen. Sie erzeugen dadurch Licht, daß elektrischer Strom von der Spitze eines Kohlestabes in die Spitze eines anderen Kohlestabes fließt, wobei zwischen den beiden Spitzen ein 1 bis 2 cm langer Lichtbogen von sehr hoher Intensität und hoher Farbtemperatur entsteht (um 6000 K). Durch Beimengen von Chemikalien zur Kohle wird die Lichtleistung noch erhöht und die spektrale Zusammensetzung des Lichts verändert. Kohlebogenlampen haben den Nachteil, daß die Kohlestäbe schnell abgebrannt sind und oft erneuert werden müssen; zudem werden sie meist mit Gleichstrom betrieben. Kohlebogenlampen gibt es für 110 oder 220 V und 60 bis 250 Ampere. Sie sind nicht regelbar - es sei denn durch verstellbare Jalousien, die das erzeugte Licht teilweise absorbieren. Kohlebogenlampen erzeugen je Stromeinheit weniger Wärme und mehr Licht als Glühbirnen: Die sehr hohe Farbtemperatur von über 6000 K macht es erforderlich, daß sie mit einem Korrekturfilter für die Anpassung an die Farbempfindlichkeit des Filmmaterials betrieben werden.

II 12 Filmmaterial

Eine Neuentwicklung ist der sogenannte HMI-Brenner. Hier wird in einem Quarzkolben ein Lichtbogen erzeugt, der ähnliche Eigenschaften besitzt wie der Lichtbogen zwischen den Kohlestäben. Letzterer wird gezündet, indem man die Spitzen der Kohlestäbe für einen kurzen Augenblick zusammenführt (damit der Strom zu fließen beginnt) und sie dann sofort um die Lichtbogenlänge wieder auseinanderzieht. Dieses Verfahren ist jedoch innerhalb eines luftdicht abgeschlossenen Quarzkolbens nicht durchführbar. Daher müssen HMI-Brenner durch sehr hohe „Zündspannungen“ von 20 000 Volt gezündet werden. Ist der Lichtbogen einmal entstanden, bleibt er mit normaler Netzspannung in Gang, bietet jedoch dem Netzstrom einen so geringen Widerstand, daß er praktisch einen Kurzschluß darstellt. Aus diesem Grunde müssen HMI-Lampen mit einem Vorschaltgerät betrieben werden, das im wesentlichen aus einer (ziemlich schweren) Drossel zur Vermeidung des Kurzschlusses plus einem Gerät zur Erzeugung der Zündspannung besteht.

HMI-Brenner können mit normalem Netzstrom betrieben werden. Das hat indessen den großen Nachteil, daß sie entsprechend der Wechselstromfrequenz 50 mal in der Sekunde an- und ausgehen. Das ist für das Auge natürlich nicht erkennbar, kann jedoch zu Stroboskop-Effekten führen, wenn die aufnehmende Kamera nicht ganz genau mit 25 Bildern pro Sekunde läuft. Je nachdem, wie die Hellphasen des Brenners mit den Belichtungs- bzw. Transportphasen der Kamera zusammentreffen, wird in der Kamera mehr oder weniger Licht aufgenommen, so daß das Bild mehr oder weniger rhythmisch flackert (Interferenz). Die Kamera muß daher mit dem Stromnetz, das den Brenner versorgt, synchron sein. Kameras, die mit der Kinofrequenz 24 Bilder/sek. laufen, müssen mit kleineren Sektorenblenden ausgestattet werden, damit die Bilder nicht flackern.

II 24 Interferenz

II 26 Synchronität
II 20 Schwingungen

Da dies häufig zu Schwierigkeiten führt, wurden Vorschaltgeräte konstruiert, die neben einer Drossel und einem Zündgerät eine Vorrichtung enthalten, die den Brenner mit höherfrequentem Wechselstrom (400 Hz) versorgt. Außerdem handelt es sich dann nicht, wie bei der Netz- und Wechselspannung, um eine sinusförmige, sondern um eine Rechteckspannung, so daß die Hellphasen (durch den zwischen den Phasenwechseln länger fließenden Strom) länger andauern als die Dunkelphasen.

Das von HMI-Brennern erzeugte Licht wird in seiner farblichen Zusammensetzung durch Beigaben seltener Erden und anderer Stoffe, die im Lichtbogen zum Glühen kommen, so beeinflußt, daß ein sehr gleichmäßiges Spektrum entsteht. Dieses wirkt auf Farbfilme ähnlich wie Tageslicht von 5400 K bis 6000 K. Eine stabile spektrale Lichtverteilung ist aber immer erst etwa eine Minute nach dem Zünden des Brenners erreicht, so daß dieser nicht sofort einsatzfähig ist. Auch ist er durch Änderung der Stromzufuhr in der Lichtleistung und der Farbtemperatur kaum regelbar. Die Lichtleistung kann, ähnlich wie bei der Kohlebogenlampe, nur durch eine stufenlos schließbare Jalousie geregelt werden, die dann mehr oder weniger Licht absorbiert. HMI-Brenner gibt es für eine Leistungsaufnahme von 200 bis 6000 Watt. Ihre Lichtleistung ist etwa 2,5 mal so groß wie die einer Glühbirne gleicher Leistungsaufnahme. Bei gleicher Lichtleistung beträgt daher die abgestrahlte Wärmemenge nur etwa 40 % gegenüber der der Glühlampe.

II 1 Licht

Lichtverteilung: Brenner oder Glühbirnen strahlen das von ihnen erzeugte Licht in der Regel gleichmäßig in alle Richtungen ab. In den meisten Fällen ist dies jedoch nicht erwünscht. Daher werden sie von bestimmten Vorrichtungen (z.B. Spiegeln, Linsen etc.) umgeben, die die Verteilung des Lichts in verschiedenster Weise beeinflussen. Die Kombination von Brennern und Hilfsmitteln dieser Art bezeichnet man allgemein als „Lampen“.

Die einfachste Lampe besteht aus einem Hohlspiegel, der einen großen Teil des vom Brenner erzeugten Lichts auffängt und so reflektiert, daß es gebündelt in eine Richtung strahlt. In Filmstudios war es früher häufig üblich, Kohlebogenlampen mit solchen konkaven Spiegeln auszustatten. Wegen der mit offenen Brennern verbundenen Gefahren werden Spiegellampen dieser Art heute nur noch als Kleinleuchten mit Jod-Quarz- oder HMI-Brennern, vor denen sich eine Schutzscheibe befindet, verwendet.

Bei Spiegellampen ist der Verteilungswinkel des Lichts recht groß und die Intensität in der Mitte des Lichtbündels wesentlich höher als an den Rändern. Durch Vor- und Zurückschieben des Brenners im Hohlspiegel kann man die Intensität in der Mitte des Lichtbündels auf Kosten der Intensität an den Rändern noch erhöhen. In manchen Fällen sind Lampen mit ungleicher Intensitätsverteilung beim Beleuchten von großem Nutzen.

III 2 Führungslicht

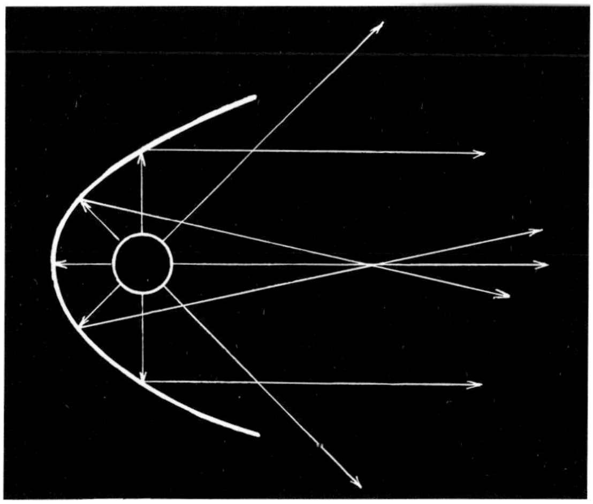

Abb. 54: Strahlengang in einer Spiegellampe

Die Leuchtfläche der Spiegellampen ist, wie bei einer frei brennenden Kerze, einem Brenner oder einer Glühbirne, aufgrund der gerichteten Strahlung verhältnismäßig klein, so daß beleuchtete Objekte scharfe Schatten werfen.

II 6 Linsen

Etwas komplizierter im Aufbau sind „Stufenlinsen-Scheinwerfer". Außer Brenner und Hohlspiegel enthalten sie eine konvexe Linse, die das vom Spiegel gesammelte und gerichtete Licht noch weiter bündelt. Da eine konvexe Linse in der erforderlichen Größe aufgrund der hohen Mitteldicke ein sehr großes Glasgewicht haben würde und es bei der Brechung des Lichts ohnehin nur auf die Einfalls- und Ausfallswinkel an der Linse ankommt, hat der französische Physiker Fresnel Linsen aus konzentrischen Ringen gebaut, deren Oberflächen jeweils so angewinkelt sind wie die einer normalen Sammellinse. Durch die stufenweise Anordnung der einzelnen Ringe verdickt sich die Linse zur Mitte hin jedoch nicht. Bei etwa gleicher Wirkung ist eine solche „Stufenlinse" um vieles leichter als eine normale Linse.

I 17 Beleuchtung

Auch beim Stufenlinsen-Scheinwerfer kann man Brenner und Spiegel näher an die Linse heranfahren oder von der Linse entfernen, wodurch das Strahlenbündel enger oder weiter wird. Befinden sich Spiegel, Brenner und Linse genau auf einer Achse, ist die Lichtverteilung beim „weich" eingestellten Scheinwerfer sehr gleichmäßig. Beim „hart" eingestellten Scheinwerfer ist die Lichtintensität in der Mitte des Strahlenbündels am größten und fällt nach den Rändern zu allmählich ab.

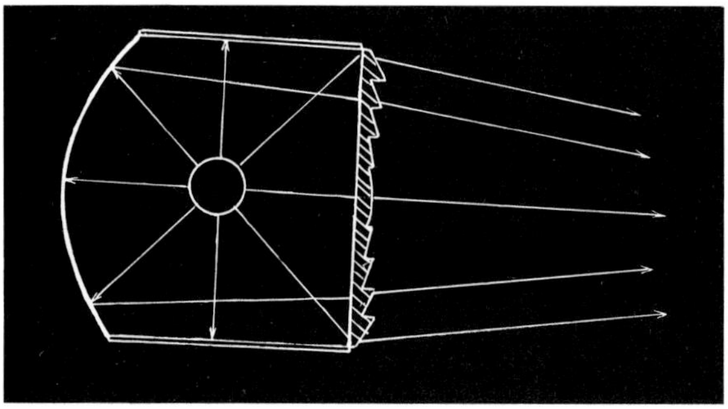

Abb. 55: Strahlengang in einem Stufenlinsen-Scheinwerfer

Die Leuchtfläche des Stufenlinsen-Scheinwerfers ist aufgrund der gerichteten Strahlung relativ klein (d.h. sie entspricht der der Linsenfläche). Folglich sind die Schattenkonturen, die beleuchtete Objekte auf einen Hintergrund werfen, verhältnismäßig scharf. Durch das komplizierte optische System geht außerdem viel von der Lichtleistung des Brenners verloren.

Unscharfe Schattenkonturen kommen nur mit Lampen zustande, die eine große Leuchtfläche haben und damit eine diffuse Strahlung ergeben. Es gibt eine große Anzahl von Konstruktionen, die diesem Zweck dienen. Grundsätzlich werden die folgenden Methoden angewendet:

II 3 Oberflächen

Ein Brenner wirft sein Licht in einen Hohlspiegel mit möglichst großem Durchmesser. Die Oberfläche des Spiegels ist nicht glatt, sondern mit zahllosen kleinen Erhebungen versehen, so daß sie matt erscheint. Dadurch wird von jedem Punkt des Spiegels aus Licht in viele Richtungen zerstreut. Es entsteht eine diffuse Strahlung. Eine andere Möglichkeit besteht darin, einen Streuschirm aus transparentem Material in geeigneter Entfernung von einer beliebigen Lampe anzubringen. Die Oberfläche des Materials ist ebenfalls mit zahllosen kleinen Erhebungen versehen, so daß die Folie matt erscheint. Auch sie wird, ähnlich wie der Streuspiegel, das durchfallende Licht von allen Punkten aus zerstreuen; das Ergebnis ist ebenfalls eine diffuse Strahlung.

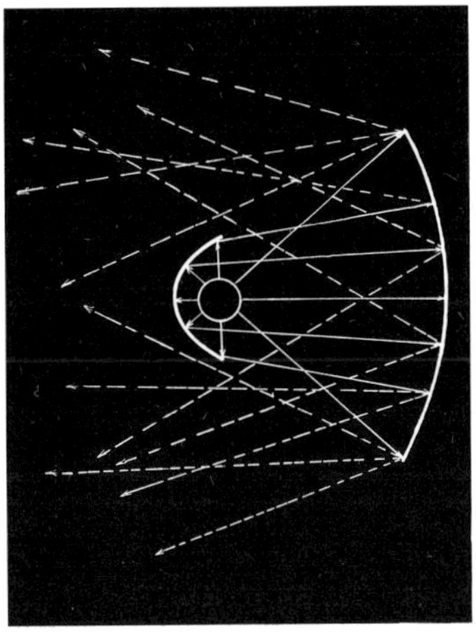

Abb. 56

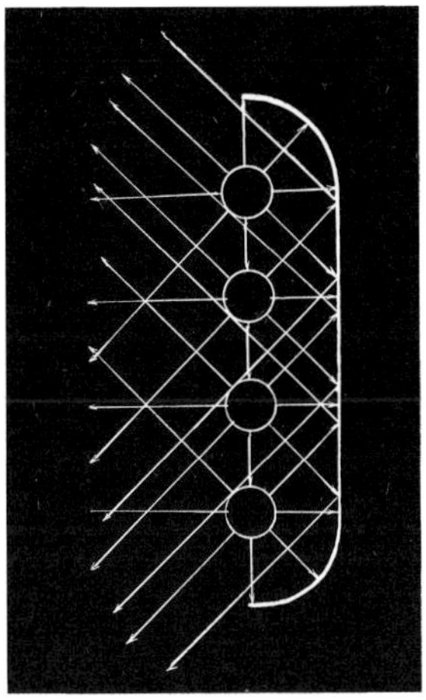

Abb. 57

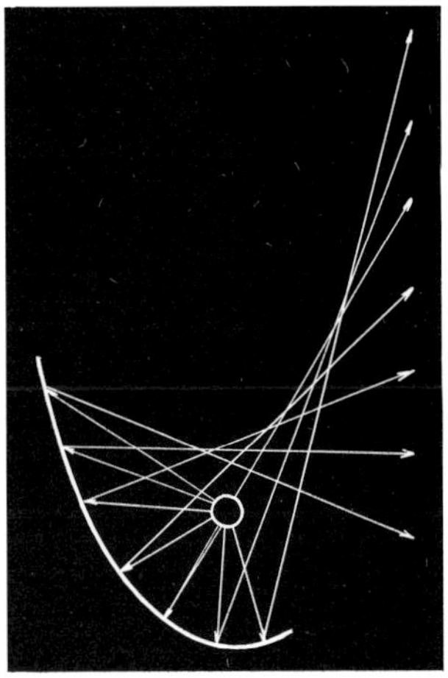

Abb. 57 a

Abb. 56: Flächenleuchte mit einem Brenner

Abb. 57: Flächenleuchte mit mehreren Brennern

Abb. 57 a: Asymmetrische Leuchte für die gleichmäßige Beleuchtung großer Flächen aus kurzer Entfernung („Rücksetzer“, „Rundhorizonte“ in Studios). Häufig werden 4 solcher Leuchten in einer Lampe zusammengefaßt und einzeln mit roten, grünen und blauen Filtern versehen. Durch Ein- und Ausregeln der farbigen und weißen Leuchten kann man jede beliebige Lichtfarbe und -sättigung herstellen.

Eine Variante, bei der es um hohe Lichtleistungen bei gleichzeitig großer Leuchtfläche geht, besteht aus großflächigen Reflektoren, die mit zahlreichen, flächenartig angeordneten Glühbirnen bestückt sind. Bei solchen Lampen ist der Verbrauch an Glühbirnen naturgemäß sehr hoch. Bei allen Reflektoren muß man darauf achten, daß man die richtigen Glühbirnen oder Brenner einsetzt. Es gibt z.B. „verspiegelte“ Glühbirnen, die durch Innenverspiegelung des Glaskolbens ihr Licht in eine Richtung abgeben, ähnlich wie die hier beschriebenen Spiegellampen. Solche Birnen werfen natürlich kein Licht in den Streuspiegel zurück, so daß dieser überflüssig und damit auch wirkungslos wird.

Sehr große Leuchtflächen erhält man dadurch, daß man große, matte, weiße Flächen mit beliebigen Lampen anstrahlt. Gekalkte Wände, weißer Zeichenkarton oder weißes Leinen reflektieren etwa 85 % des einfallenden Lichts. Aufgrund ihrer unebenen Oberfläche verteilen sie das einfallende Licht in alle Richtungen („indirektes“ Licht). Beleuchtungstechnisch ist die reflektierende Fläche als Lichtquelle anzusehen. Je größer eine leuchtende Fläche ist, desto diffuser ist das erzeugte Licht, desto unschärfer werden die Schattenkonturen - u.U. bis zum völligen Verschwinden - und desto größer wird der Streuwinkel. Dadurch ist es bei Flächenleuchten nicht mehr möglich, das Strahlenbündel räumlich zu begrenzen, da entsprechende Hilfsmittel wie z.B. Kartons oder Bleche selbst so unscharfe Konturen erzeugen, daß sie in der Regel nicht mehr als Begrenzung wirksam werden. Des weiteren wird durch die starke Streuung des Lichts immer nur eine geringe Lichtintensität beim aufzunehmenden Objekt ankommen. Bei Lampen mit großen Leuchtflächen sind daher stets entsprechend höhere Lichtleistungen zu kalkulieren als bei Lampen, die gerichtete Strahlung abgeben.

Gewicht und Größe der einzelnen Lampen sind nicht nur aus Transportgründen von Bedeutung. Große, schwere Lampen sind auch für die Verwendung an Außendrehorten, wo sie häufig an Möbelstücken, Gardinenstangen etc. befestigt werden müssen, denkbar ungeeignet.

Ein wichtiges Kriterium für die Beurteilung einer Lampe ist ferner die Art, wie die vom Brenner erzeugte Wärme abgeführt wird. In einer schlecht belüfteten Lampe verschleißen Brenner und verschmoren elektrische Kontakte sehr schnell.

Zubehör: Lampen allein reichen zum Beleuchten nicht aus; sie müssen in bestimmte Positionen gebracht und das von ihnen abgegebene Licht muß u.U. beeinflußt werden. Diesem Zweck dienen die folgenden Zubehörteile:

a. Stative zum Befestigen und Richten von Lampen.

b. Klammern der verschiedensten Art zur Befestigung von Lampen an Einrichtungsgegenständen etc.

c. Rohrkonstruktionen, die zwischen Zimmerwänden eingeklemmt werden und mehrere Lampen aufnehmen können.

III 9 Farbbeeinflussung

d. Verschiedenartige Vorsätze zur Beeinflussung des Lichts, wie Streuscheiben, die das Licht in einem weiteren Winkel zerstreuen, Drahtnetze, die einen Teil des Lichts absorbieren und dadurch die Intensität mindern, ohne den Streuwinkel zu verändern, oder farbige Folien zur Veränderung der Lichtfarbe.

e. Lichtregelanlagen, die die Intensität von Lampen regeln, indem sie die elektrische Spannung verändern. Dazu gehören Regeltransformatoren für einzelne Lampen sowie Lichtorgeln, d.h. Bedienpulte, mit denen man eine große Anzahl von Lampen einzeln steuern kann. Mit Lichtorgeln kann man auch ganze Gruppen von Scheinwerfern gemeinsam steuern oder die Steuerung ganzer Scheinwerfergruppen einspeichern und auf Knopfdruck immer wieder abrufen.

f. Folien und Platten verschiedenster Art, die als Reflexionsflächen oder zur Erzeugung diffuser Strahlung benutzt werden („indirektes Licht") bzw. der Begrenzung von Lichtbündeln dienen. Dazu gehören dann noch technische Hilfsmittel, wie z.B. Rahmen und Klammern, mit denen die Folien und Platten befestigt werden.

IV 3 Kamera-Arbeit

g. Vorrichtungen zum Erzeugen, Speichern und Verteilen von elektrischem Strom, wie z.B. Generatoren, Akkumulatoren, Verteiler- und Sicherungskästen, Kabelmaterial. (Bei Anschlußwerten von mehr als 2 kW dürfen diese Vorrichtungen nur von einem Elektriker bedient bzw. beaufsichtigt werden.)

Es ist in jedem Fall empfehlenswert, sich einmal in einem Studio, dem Lampenlager einer Verleihfirma oder bei Außenaufnahmen einen genauen Überblick über die Vielfalt der verfügbaren Beleuchtungsmittel zu verschaffen. Besonderes Augenmerk sollte dabei auf Leistungsaufnahme, Lichtart und -verteilung der Lampen gelegt werden.

Tageslicht: Die Beschaffenheit der Beleuchtungsmittel spielt selbstverständlich nicht nur in Studios bzw. in Innenräumen eine Rolle sondern auch bei Aufnahmen im Freien. Hier ist das Tageslicht eine wesentliche Lichtquelle, für deren Betrachtung hinsichtlich Lichtart und -verteilung dieselben Prinzipien gelten wie für künstliche Beleuchtung (Lampen).

Die Sonne ist eine kleinflächige Lichtquelle von sehr hoher Intensität. Ihre Lichtstrahlen erreichen die Erde fast parallel und werfen dadurch fast scharfe Schattenkonturen. Die Farbtemperatur beträgt durchweg 5400 K und sinkt nur bei hoher Luftfeuchtigkeit kurz vor Sonnenuntergang oder nach Sonnenaufgang erheblich ab.

Gewöhnlich strahlt neben der Sonne auch der Himmel eine gewisse Lichtmenge ab, die nun freilich sehr unterschiedlich beschaffen sein kann. Bei tiefblauem Himmel (große Trockenheit) ist das Himmelslicht (das ja immer diffuses Licht, d.h. Streulicht einer sehr großflächigen Lichtquelle ist) im Vergleich zum direkten Sonnenlicht von geringer Intensität. Es ist intensiv blau und hat daher eine extrem hohe Farbtemperatur (bis 18000 K). Weiße Wolken am Himmel setzen die Farbtemperatur des Himmelslichts naturgemäß herab, verändern jedoch seine sonstigen Eigenschaften nicht. Ein dunstiger Himmel erzeugt diffuses Licht von weit höherer Intensität als dies bei tiefblauem Himmel der Fall ist. Dieses Licht hat eine Farbtemperatur, die - je nach restlichem Himmelsblau - niedriger liegt als bei tiefblauem Himmel. Bei geschlossener Wolkendecke fällt das direkte Sonnenlicht weg. Nur noch die von oben bestrahlten Wolken lassen total zerstreutes, diffuses Licht durch, ähnlich wie die Streuscheibe vor einer Lampe. Die gesamte Wolkendecke ist dabei als eine große Leuchtfläche anzusehen.

II 1 Licht

Beweglichkeit der Lampen: Lampen, die für den Einsatz in Studios bestimmt sind, müssen gewöhnlich nicht weit transportiert werden. Sie sind auch nicht Wind und Wetter ausgesetzt. Bei solchen, überwiegend stationär verwendeten Lampen muß man weniger Wert auf Gewicht oder Wasserfestigkeit legen und kann sich daher bei der Konstruktion ganz auf Lichtleistung und Lichtverteilung konzentrieren.

Für Lampen, die bei Außenaufnahmen und Reportagen eingesetzt werden, gelten andere Kriterien. Da nicht überall beliebige Strommengen zur Verfügung stehen, versucht man, möglichst hohe Lichtleistungen mit möglichst kleinen Geräten zu erzeugen, bisweilen sogar auf Kosten einer idealen *Lichtverteilung*.

12. Filmmaterial

Fotografieren bedeutet soviel wie „mit Licht schreiben“, dennoch beinhaltet der Begriff nur einen Teil der Wirklichkeit. In jedem Fall gilt, daß man zum Fotografieren Licht benötigt, und zwar genügend Licht, damit sich in den Bromsilberkristallen einer Film-Emulsion entwickelbare „Keime“ bilden oder damit auf der Speicherplatte einer elektronischen Aufnahmeröhre ein elektrisches Potential entsteht. Was mit diesem „Fachjargon“ eigentlich gemeint ist, wird später noch genau erklärt werden. Bleiben wir zunächst einmal beim Grundsätzlichen.

Danach kann man also sagen, daß Fotografie aus Licht *und* Schatten besteht, daß ein Bild erst dann entsteht, wenn *unterschiedliche* Helligkeiten aufgezeichnet werden. Diese Feststellung mag vielleicht banal klingen, aber immerhin handelt es sich hier um die Grundlage der Informatik.

Wie sich Filmmaterial zu Hell und Dunkel verhält, können Sie leicht selbst feststellen, indem Sie Ihren Fotoapparat auf eine gleichmäßig beleuchtete weiße Fläche - ein Blatt Papier oder eine glatte, weiße Wand - richten. Messen Sie die Helligkeit der Fläche, indem Sie Ihren Belichtungsmesser nahe daran halten, ohne selbst Schatten zu werfen. Jetzt müssen Sie die weiße Fläche elfmal hintereinander fotografieren, allerdings immer mit anderer Belichtung. Sie fangen damit an, daß Sie 5 Blendenstufen *unterbelichten*; das heißt, wenn Sie Blende 4 (bei einer bestimmten Belichtungszeit) gemessen haben sollten, dann ist die erste Aufnahme bei Blende 22 (bei gleicher Belichtungszeit) zu machen. Für den Fall, daß die Blendenskala Ihrer Kamera schon bei Blende 11

Abb. 58: *Ohne* Licht entsteht kein Bild, aber auch eine völlig gleichmäßige Lichtverteilung ergibt kein Bild. Erst das Vorhandensein von Licht *und* Schatten erzeugt Bildinformation.

endet, können Sie an Stelle der (nicht mehr einstellbaren) Blende 16 die Belichtungszeit *halbieren*, d.h. nicht mehr 1/50 sek. sondern 1/100 sek. belichten. Für die fehlende Blende 22 kann die Belichtungszeit nochmals halbiert werden, d.h. Sie belichten nicht mehr 1/100 sek. sondern 1/200 sek. (oder auch 1/250 sek.).

Im zweiten Durchgang des Experiments verändern Sie bei jeder Aufnahme die Belichtung um 1 Blendenstufe, und zwar so lange, bis Sie 5 Blendenstufen *überbelichten*. Sollte die Blendenskala Ihrer Kamera nicht mehr ausreichen, können Sie, statt von 2,8 auf 2 aufzublenden, die Belichtungszeit *verdoppeln*, und damit nicht nur 1/50 sek. sondern 1/25 sek. belichten. Für die fehlende Blende 1,4 müßten Sie dann die Belichtungszeit nochmals auf 1/12 sek. (oder 1/10 sek.) verdoppeln.

Nach dem Entwickeln wird Ihr Film eine Serie unterschiedlich dichter Graufelder zeigen.

Das Ergebnis ist allerdings nicht sehr spektakulär. Es wird erst interessant, wenn Sie das Experiment mit verschiedenen Filmsorten wiederholen - z.B. mit schwarz-weißen Negativfilmen unterschiedlicher Empfindlichkeit, mit Farbumkehrfilmen und vielleicht sogar mit Kopierfilmen (Positiv) - und die Ergebnisse dann etwas genauer auswerten. Zum Auswerten genügen ein ganz normaler Diaprojektor und Ihr Belichtungsmesser. Projizieren Sie zunächst die einzelnen „Bilder" auf eine möglichst kleine weiße Fläche, damit die Wiedergabe möglichst hell wird. Anschließend messen Sie mit Ihrem Belichtungsmesser auf der Projektionswand, wieviel Licht die jeweiligen (gleichmäßig grauen oder schwarzen) Dias noch durchlassen. Hat der Belichtungsmesser z.B. *ohne* Dia auf der Projektionswand Blende 16 (bei einer beliebigen Belichtungszeit) angezeigt und zeigt er jetzt *mit* Dia über der *gleichen* Belichtungszeit Blende 4 (d.h. 4 Blendenstufen weniger), so kann man daraus schließen, daß dieses Dia nur noch 1/16 des Projektionslichts durchläßt. Wenn Sie alle gemessenen Werte in ein Diagramm eintragen, erhalten Sie eine Kurve, die etwa so aussieht, wie die in Abb. 59. Aus dieser Kurve können Sie ablesen, daß ein Bild nur in einem eng begrenzten Belichtungsbereich aufgezeichnet werden kann, d.h. daß unterschiedliche Helligkeiten nur in engen Grenzen auch als unterschiedliche Schwärzungen wiedergegeben werden.

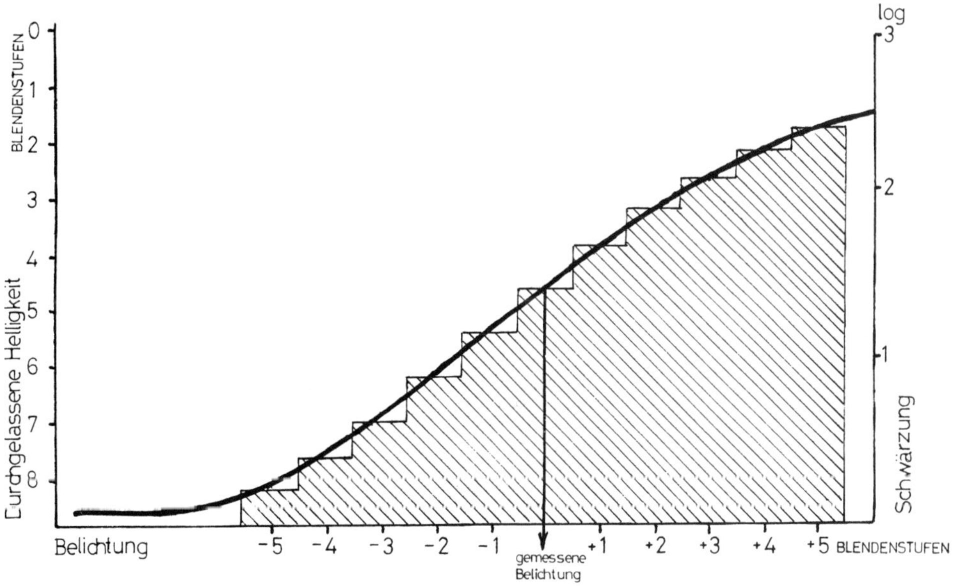

Abb. 59: Die aufbelichteten Helligkeitsstufen und die resultierenden Schwärzungen ergeben die charakteristische Kurve (= Gamma-Kurve) eines Filmmaterials. In einem richtig belichteten Bild repräsentieren die einzelnen Werte die hellen Lichter und die dunklen Schatten des Bildes.

III 3 Messen des Lichts

Bei den Bildern aus Abb. 60a und 60b wird jeweils die hellste und die dunkelste Stelle mit einem sogenannten „Spot-Fotometer", der Helligkeiten innerhalb eines sehr kleinen Meßwinkels anzeigt, gemessen. Messung 1 zeigt die hellste Stelle, d.h. die Stelle, die noch durchzeichnen soll, Messung 2 zeigt die dunkelste Stelle. Messung 3 erfolgte auf einer Stelle, deren Wiedergabe im Bild man sich als „mittelgrau" vorstellen könnte, und die daher auf der Schwärzungsskala etwa in der Mitte liegen müßte. Nach diesem Mittelwert wird die Blende eingestellt. Bei Farbumkehrfilmen dürfen die Meßwerte 1 und 2 nicht mehr als 2 bis 2 1/2 Blendenstufen höher bzw. niedriger als dieser Wert liegen. Bei schwarz-weißem Negativfilm dürfen sie bis zu 4 Blendenstufen in jeder Richtung abweichen.

Diese Tatsachen führen zu der Schlußfolgerung, *daß es den Begriff Belichtungsspielraum in der Fotografie eigentlich gar nicht gibt.* (In der Praxis kommt es natürlich vor, daß man Spitzlichter absichtlich „überknallen“ oder Schattenpartien „absaufen“ läßt.)

Abb. 60a: Messung und Helligkeit einzelner Bildpunkte. In einem Spot-Fotometer könnte z.B. der hellste Punkt 1 Lichtwert 12, der dunkelste Punkt 2 den Lichtwert 8 und der mittelhelle Punkt 3 den Lichtwert 10 anzeigen.

Abb. 60b: Überträgt man die gemessenen Werte auf die Skala des Spot-Fotometers, ergibt sich bei einer Filmempfindlichkeit von 21 DIN bei 1/60 Sekunde die Blende 4. Da der hellste und der dunkelste Wert innerhalb der kleinen Keile mit der Bezeichnung 1 und 10 liegen, ist gewährleistet, daß die betreffenden Bildteile noch Detailzeichnung haben.

Die Übertragungskurve für elektronische Kameras würde ähnlich aussehen wie die Kurve für den Negativfilm, nur kann man auf der senkrechten Achse natürlich keine „Lichtdurchlässigkeit des Filmmaterials“ abtragen. In der elektronischen Bildröhre entsteht statt dessen elektrische Spannung, die sich selbstverständlich ebenso messen und in ein Diagramm eintragen läßt. Die Kurve, die dabei entsteht, sieht einer Filmkurve sehr ähnlich. Wir haben sie nur deshalb nicht eingezeichnet, weil:

a. die einzelnen Röhrentypen unterschiedlich sind,

b. diese Kurven durch Verstärker verzerrt und entzerrt und damit stark beeinflußt werden können, und

II 28 Bildsignal

c. dieses Thema in Kapitel II/28 noch ausführlich behandelt wird.

Um für Fachliteratur und mögliche Gespräche mit Experten besser gerüstet zu sein, sollten Sie sich mit einigen Begriffen vertraut machen. Grundlage für die Begriffsklärung sind die Kurven aus Abb. 61. An ihnen läßt sich folgendes ablesen:

- Die einzelnen Filmsorten können sehr unterschiedliche Licht-Schatten-Kontraste verarbeiten. Man spricht dabei von „Kontrastumfang“. Einige Filmsorten versagen bereits bei der Aufnahme von hellhäutigen Menschen in dunkler Kleidung.

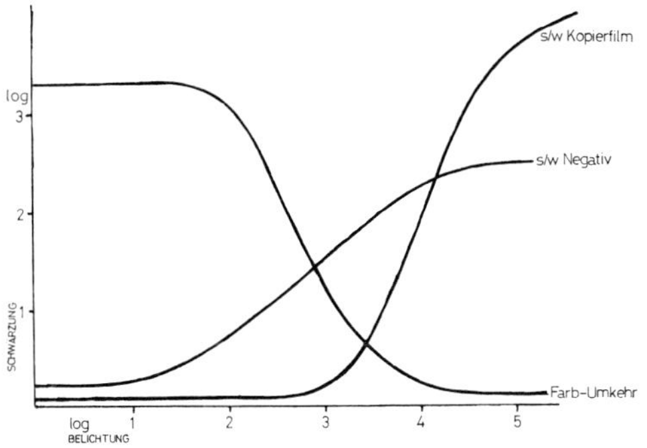

Abb. 61: Die charakteristischen Kurven (= Gamma-Kurven) unterschiedlicher Filmsorten

- Die einzelnen Filmsorten erreichen sehr unterschiedliche Höchstschwärzungen. Die dunkelsten Stellen beim Negativfilm lassen meist noch etwa 1/80 des Lichts durch, die dunkelsten Stellen des Kopierfilms weniger als 1/1000. Man spricht hier von „Schwärzung".
- Bei manchen Filmsorten verläuft die Kurve über lange Strecken völlig gerade. Das bedeutet, daß die aufbelichteten Helligkeitsstufen als genau entsprechende Schwärzungsstufen wiedergegeben werden. Andere Materialien haben geschwungene Kurven, d.h. einzelne Bildteile werden als übersteigerte, andere als verminderte Schwärzungsstufen wiedergegeben („Nicht-Linearität").
- Der Tangens („die Steigung") des Winkels, den die steilste Stelle der Kurve mit der waagerechten Achse bildet, wird als „γ" (Gamma) bezeichnet. Ein γ von 1 heißt, daß die Kurve in einem Winkel von exakt 45 Grad ansteigt. Abb. 61 zeigt jedoch, daß der Negativfilm ein viel *flacheres* γ (etwa 0,7), der Kopierfilm dagegen ein sehr steiles γ (über 2) hat. Lassen Sie sich auch von Fachleuten nicht einreden, daß man aus dem γ eines Filmmaterials unbedingt auf den Kontrastumfang oder den Schwärzungsumfang schließen kann. *II 17 Farbe*
- DIN oder ASA: Die Empfindlichkeit eines Films wird nach einer komplizierten Formel nach einem Punkt irgendwo in der Mitte der Kurve ermittelt - eben auf dem mittleren Feld Ihrer ersten Aufnahmereihe (vgl. Experiment S. 115). DIN- oder ASA-Empfindlichkeit sagt nichts über Kontrastumfang, Schwärzungsumfang oder Gamma eines Films aus.
- Unglücklicherweise gibt es sowohl für die Schwärzung als auch für die Belichtung unterschiedliche Maßeinheiten. Manche Leute messen die absoluten Werte, andere messen mit geometrischen Abstufungen (wie die Blendenreihe an der Kamera), wieder andere in logarithmischen Zahlen. Häufig muß man bei Veröffentlichungen raten, welche Maßeinheiten jeweils gemeint sind. Ein Licht- oder Schwärzungskontrast von 1 : 100 z.B. ist gleichbedeutend mit $5\,^2/_3$ Blendenstufen, und das wiederum entspricht log 2. Wenn Sie also lesen, daß die Schwärzung eines Films 1,6 beträgt, dann können Sie annehmen, daß es sich um eine logarithmische Angabe handelt und daß der Film etwa $^1/_{40}$ des Lichts durchläßt. Wenn Sie aber ein Graufilter in Händen halten, auf dem die Stärke „ND 3" angegeben ist, dann ist damit log 0,3 gemeint, folglich vermindert das Filter das durchfallende Licht um etwa 1 Blendenstufe.

Leider scheint die Fotoindustrie liebevoll an diesem Normenwirrwarr zu hängen, denn sie ist durch nichts zu bewegen, darauf zu verzichten.

13. Kopieren

Vielleicht haben Sie sich schon einmal über die schlechte Bildqualität alter Filme oder so mancher Fernsehsendung gewundert. Nicht immer ist daran der Kameramann schuld. Oft sind es Kopiervorgänge verschiedenster Art, durch die die Bildqualität leidet.

Zum besseren Verständnis dieser Problematik sollten Sie wieder selbst ein Experiment durchführen. Die einfachste Möglichkeit besteht darin, Ihren Testfilm (vgl. S. 115) auf Diafilm zu kopieren und zwar so, daß das mittelgraue Mittelfeld auch auf dem Diafilm etwa mittelgrau wiedergegeben wird. Alle anderen dunkleren und helleren Felder kopieren Sie mit exakt der gleichen Lichtmenge. Dies ist insofern logisch, als diese Felder die hellen Lichter und dunklen Schatten eines einzelnen Bildes repräsentieren und Sie dieses Bild im Ganzen ja auch mit *einer* Lichtmenge kopieren würden. Das Ergebnis dieses Versuchs ist beim besten Willen nicht vorherzusehen, da zu viele Faktoren dabei eine Rolle spielen.

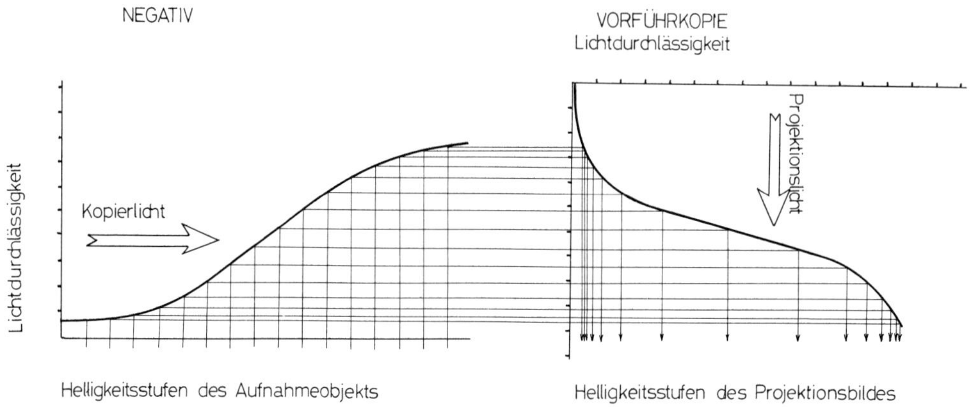

Abb. 62: Das Kopieren eines Negativfilms auf Positivfilm als Gamma-Kurven. Die Helligkeitsstufen des Aufnahmeobjekts werden dabei verändert.

Wenn Sie Ihre Kopie abschließend mit dem Diaprojektor und dem Belichtungsmesser so ausmessen, wie Sie es bereits mit der Originalaufnahme getan haben, dann werden Sie erhebliche Veränderungen gegenüber der Kurve des Originals feststellen. Dies hat folgende Gründe:

Kopierfilme (oder auch elektronische Bildröhren, mit denen man Filmbilder abfotografiert = „abtastet") haben logischerweise auch eine Gammakurve, die für ihre Reaktion auf Licht charakteristisch ist. Belichtet werden solche Filme in der Regel durch die Schwärzung des Originalbildes hindurch. Dessen Schwärzungsumfang wird demzufolge zum Belichtungsumfang des Kopierfilms. Zur Veranschaulichung dieser Tatsache müssen Sie nur einfach das Diagramm des Kopierfilms um 90 Grad drehen. Sie erkennen dann ohne Schwierigkeit, daß sich Bilder durch Kopieren u.U. erheblich verändern. Dazu einige Beispiele:

- Ist der Schwärzungsumfang des Originals größer als der Belichtungsumfang des Kopiermaterials, so gehen unweigerlich Bilddetails - entweder in den Schattenpartien oder aus den Lichtern - verloren. Im ersten Fall spricht man vom „Zulaufen" der Schatten, im zweiten vom „Ausfressen" der Lichter.

● Manche Kurventeile - insbesondere diejenigen, die Schattenpartien wiedergeben - verlaufen nicht gerade, nicht „linear". Werden solche nichtlinearen Abstufungen auf jene Kurvenstellen des Kopiermaterials, die ihrerseits selbst nicht linear reagieren, aufbelichtet, so hat dies eine noch stärkere „Verzerrung" der ohnehin zu schwachen Helligkeitsabstufungen des Originals zur Folge.

Dieser Fehler mag noch erträglich sein, wenn Aufnahme- und Kopierfilme verwendet werden, deren charakteristische Kurven zueinander passen. In der Praxis wird jedoch sehr häufig von einer Kopie eine zweite und von dieser dann eine weitere Kopie erstellt. Man kann sich an zehn Fingern ausrechnen, daß dabei ganz erhebliche Qualitätseinbußen entstehen. Es ist keine Seltenheit, daß das Fernsehen Filme sendet, deren Schwärzungsumfang für die elektronischen „Filmgeber" viel zu hoch ist, so daß manches, was auf dem Film noch zu sehen war, auf dem Bildschirm als „schwarze Masse" erscheint. *II 34 Filmgeber*

● Ein Bild erscheint dem Betrachter dann als „brillant", wenn der Schwärzungskontrast höher als log 3 ist, d. h. wenn die dunkelsten Stellen des Films weniger als 1/1000 des Projektionslichts durchlassen. Kopien für die Vorführung im Kino sind so beschaffen, aber auch viele sogenannte Umkehrfilme, bei denen das Kamera-Original nicht als Negativ, sondern gleich als „Positiv" betrachtet werden kann.

● Alle Filme, die als Ausgangsmaterial für spätere Kopiervorgänge bestimmt sind (auch die Umwandlung eines Filmbildes in ein elektronisches Fernsehbild ist gewissermaßen ein solcher Kopiervorgang), haben einen Schwärzungsumfang von möglichst nicht mehr als log 2,4. Sie würden daher einem Betrachter als „flau" erscheinen, da ihnen die für eine Vorführung erforderliche Brillanz fehlt.

● Das Kopieren von Umkehrfilmen ist höchst problematisch. Sollten Sie im Graustufen-Experiment, wie zuvor beschrieben (vgl. S. 115), auch Umkehrfilme getestet haben, dann wissen Sie auch, daß die meisten dieser Filme, da sie ursprünglich zum Vorführen gedacht waren, einen sehr hohen Schwärzungsumfang besitzen. (Freilich gibt es auch sogenannte „Professional Filme", die „weicher" in der Wiedergabe sind.) Ein hoher Schwärzungsumfang ist jedoch für die Kopieranstalt schwer zu verkraften. Außerdem sind die Kurven der meisten Umkehrfilme stark geschwungen. Die Abstufungen werden an kaum einer Stelle „linear" wiedergegeben.

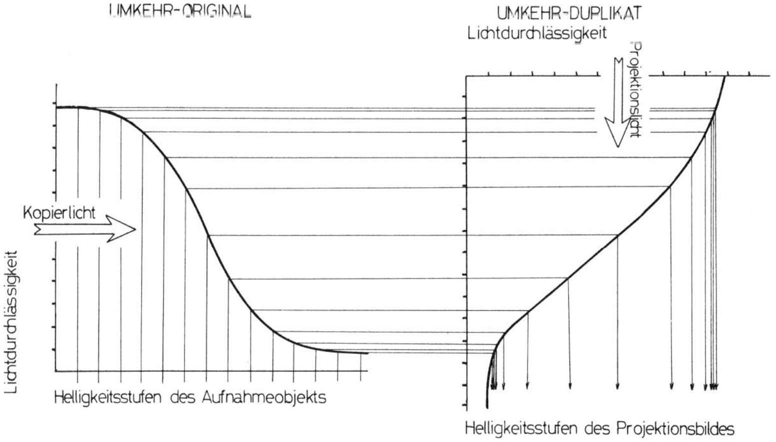

Abb. 63: Das Kopieren eines Umkehr-Originals auf Umkehr-Duplikatfilm. Die Helligkeitsstufen des Aufnahmeobjekts werden dabei stärker verzerrt als beim Kopieren von Negativfilm.

Kopiert man solche Filme wiederum auf Umkehr-Kopierfilm, damit auch das Resultat wieder positiv wird, so bedeutet dies, daß erneut auf eine stark geschwungene Kurve kopiert werden muß. Die Verzerrungen in den Helligkeitsabstufungen werden daher erheblich verstärkt.

Selbstverständlich kann man aus technischen Gründen, z.B. für Trickarbeiten, auch von Umkehrfilmen Negative kopieren - oder von Negativen Umkehrfilme, die dann natürlich ebenfalls wieder negativ werden.

14. Wie Schwärzungskurven entstehen

Schwärzungskurven kann man u.U. beeinflussen, wenn man weiß, wie sie entstehen. Die folgenden Erläuterungen sollen die dazu erforderliche Verständnishilfe bieten.

Wenn Bromsilberkristalle von blauem Licht getroffen werden, zerfallen einige ihrer Moleküle. Diese „Keime" bewirken, daß der ganze Kristall später in einer alkalischen Entwicklerlösung zu schwarzem Halogensilber und Bromkali zerfällt. Die Schwärzung in einem belichteten und entwickelten Film besteht aus solchen Halogensilberkörnern.

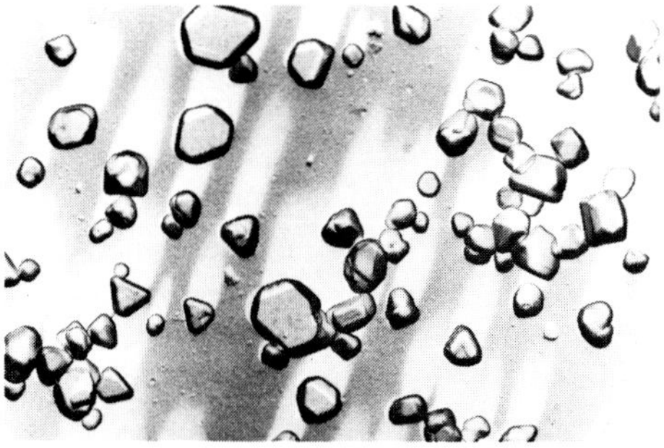

Abb. 64 a: Bromsilberkörner in einer Filmschicht. Unterschiedliche Korngrößen = unterschiedliche Lichtempfindlichkeit = unterschiedliche Grautöne nach dem Entwickeln.

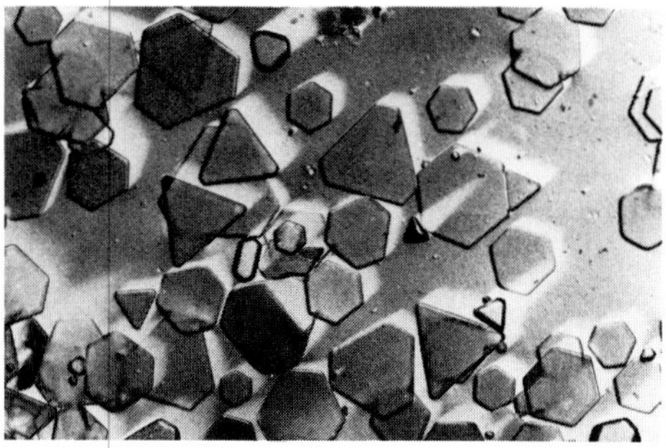

Abb. 64 b: Abgeflachte T-Kristalle. Größere Oberfläche = höhere Lichtempfindlichkeit.

Je größer die Bromsilberkristalle sind, desto geringer ist die Lichtmenge, die benötigt wird, um an ihnen entwickelbare Keime hervorzurufen. Hätten alle Bromsilberkristalle einer Filmschicht genau dieselbe Größe, würden sie alle gleichzeitig auf eine bestimmte Lichtmenge reagieren. Das hieße, daß die charakteristische Kurve eines solchen Films genau senkrecht verliefe. Unterschiedliche Helligkeiten würden nicht mehr als unterschiedliche Graustufen wiedergegeben werden; das Gamma wäre unendlich. In der Praxis kommt dies allerdings nie vor. Alle Filme enthalten ein Gemisch aus höher lichtempfindlichen großen Kristallen und weniger lichtempfindlichen kleinen Kristallen.

Aufgrund dieser Informationen können Sie aus den Gamma-Kurven von S. 119 die folgenden Daten ablesen:

- Je mehr Bromsilber sich in einer Schicht befindet, um so intensiver ist die erreichbare Schwärzung.
- Je mehr grobe Bromsilberkristalle einer Film-„Emulsion" beigemengt sind, um so empfindlicher wird die Emulsion als Ganzes und um so größer wird auch der Belichtungsumfang. Allerdings wird der Film dann auch „grobkörniger".
- Kopierfilm besteht aus großen Mengen kleiner Kristalle, da er eine hohe Schwärzung erreicht, einen geringen Belichtungsumfang hat und verhältnismäßig unempfindlich ist.

Nun wäre es ein leichtes, in einer *dicken* Gelatine-Emulsion die ideale Mischung aus großen und kleinen Kristallen unterzubringen. Dadurch würde jedoch die Schärfe des Bildes beeinträchtigt (vgl. dazu S. 126). Größere Mengen Bromsilber in möglichst *dünnen* Gelatineschichten unterzubringen, hat allerdings einen Haken. Wenn zwei Kristalle zu nahe beieinanderliegen und nur einer von beiden einen Entwicklungskeim trägt, so wird auch der Nachbarkristall infiziert. Die Silberkörner „klumpen zusammen", das Bild wird grobkörnig. Die Filmhersteller haben sich viele Tricks einfallen lassen, um einerseits dünne Schichten herzustellen und andererseits eine möglichst ideale Mischung von großen und kleinen Kristallen so fein zu verteilen, daß diese beim Entwickeln nicht „zusammenklumpen". Die Unterschiede zwischen den einzelnen Fabrikaten bestehen in unterschiedlichen Kompromissen, mit denen die Hersteller versuchen, ihrem Anspruch „ein hochempfindliches, feinkörniges Filmmaterial" zu liefern, möglichst nahe zu kommen.

II 16 Information

Moderne Emulsionen bestehen teilweise aus sogenannten „T-Kristallen". Es handelt sich dabei um normale Bromsilberkristalle, die jedoch flach und dünn geformt sind. Durch ihre wesentlich größere Oberfläche fangen sie viel mehr Licht ein als normale Kristalle; durch ihre geringe Masse aber bilden sie nach der Entwicklung nur kleine Halogensilberflecken. Dadurch erreicht man höhere Empfindlichkeiten bei geringerer Körnigkeit. Da die Kristalle in sich auch noch planparallel geformt sind, zerstreuen sie weniger Licht innerhalb der Emulsionsschicht und tragen dadurch zu einer besseren Bildschärfe bei.

15. Entwicklung

Läßt man belichtetes Filmmaterial sehr lange in einer Entwicklerlösung liegen, dann zerfallen allmählich auch diejenigen Bromsilberkörner, die keine oder zu schwache Entwicklungskeime „abbekommen" haben, zu schwarzem Halogensilber. Umgekehrt hat eine zu kurze Entwicklungszeit zur Folge, daß viele belichtete Kristalle überhaupt nicht zerfallen. Daraus folgt, daß man sich die Grenze, die „richtige" Entwicklungszeit, erst irgendwo zwischen diesen beiden Extremen suchen muß. Es gibt einen gewissen Spielraum, den man ausnutzen kann, will man bestimmte Resultate erzielen, wie z.B. besonders „weiche" (= flache) und feinkörnige Negative, oder aber besonders „harte" (= steile) Kopien mit grafischer Wirkung.

Nun hängt die „richtige" Entwicklungszeit von einigen Faktoren ab.

- Von der chemischen Zusammensetzung des Entwicklers. Da das Entwickeln von Bromsilber eine chemische Reaktion darstellt, verändert sich die Entwicklerlösung ständig (zudem reagiert sie mit Luftsauerstoff). In professionellen Kopierwerken gibt es daher komplizierte Einrichtungen, die keinen anderen Zweck haben, als den, die chemische Zusammensetzung der Entwicklerlösung konstant zu halten.

- Von der Temperatur der Entwicklerlösung. Will man, besonders bei Farbfilmen, exakte Resultate erzielen, dann muß diese Temperatur auf Bruchteile von Celsiusgraden genau eingehalten werden. Dies gilt insbesondere dann, wenn die Entwicklungszeit mit hohen Temperaturen (um 40° C) verkürzt werden soll.

Seit es Film und Fernsehen gibt, versucht man - ohne Erfolg -, standardisierte Ergebnisse bei der Filmherstellung und Filmverarbeitung zu erreichen. (Die gleichen Bemühungen werden inzwischen auch bei der elektronischen Bildtechnik unternommen.) Für viele Techniker ist diese Standardisierung ein Glaubensbekenntnis, aufgrund dessen sie die Erreichbarkeit immer konstanter Resultate häufig für tatsächlich machbar halten. Die harte Wirklichkeit sieht jedoch anders aus. Der Praktiker muß damit leben, daß sich Filme des gleichen Fabrikats ständig verändern, daß jedes Kopierwerk anders entwickelt und daß auch elektronische Bilder auf jedem Bildschirm anders aussehen können.

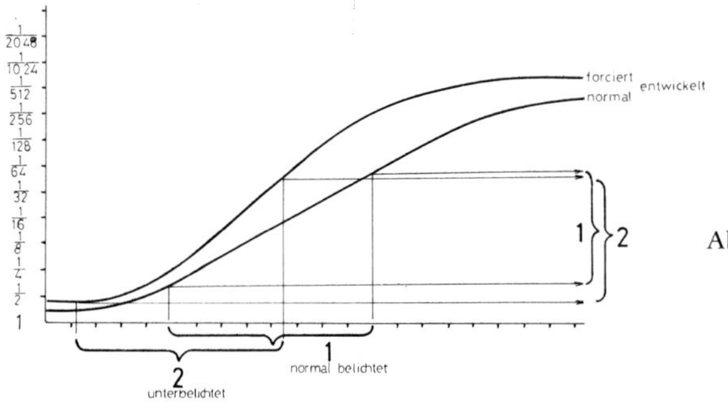

Abb. 65: Der gleiche Negativfilm - einmal normal belichtet und normal entwickelt, einmal unterbelichtet und forciert entwickelt

Wie sich unterschiedliche Entwicklungszeiten (oder Temperaturen) auf ein und dieselbe Filmschicht auswirken, zeigen die Kurven in Abb. 65. Nach Aussagen dieser Kurven kann man die Empfindlichkeit eines Films in gewissen Grenzen durch längeres Entwickeln scheinbar erhöhen („forcieren"). Daß es sich um eine nur scheinbar höhere Empfindlichkeit handelt, ist daran erkennbar, daß die fehlende Schattendifferenzierung auch durch längere Entwicklung nicht sichtbar wird. Nur die Lichter, die andernfalls bei einem unterbelichteten Bild zu schwach wiedergegeben worden wären, geraten jetzt in einen günstigeren Bereich der Kurve. Andererseits werden durch die längere Entwicklungszeit viele ansonsten unbelichtete Kristalle entwickelt. Dies zeigt sich an einem grauen Schleier, der sich über das ganze Bild zieht und der auch im Diagramm abzulesen ist. Natürlich sind davon in erster Linie die großen Kristalle betroffen, die zudem - trotz aller Vorkehrungen - anfangen, „zusammenzuklumpen". Mit anderen Worten: Das Bild wird „grobkörnig" und, wie es in der Elektronik heißt, es „rauscht".

II 30 Elektronische Kamera

Beim Umkehrfilm geschieht das gleiche, jedoch ist die Auswirkung natürlich umgekehrt. Die forcierte Entwicklung des Films bewirkt auch in diesem Fall ein grobkörniges Bild sowie einen Schleier in Form etwas weniger geschwärzter Dunkelpartien. Bei allen Filmarten nimmt der mögliche Kontrastumfang der Belichtung durch längeres Entwickeln ab. („Umkehrfilme" sind nicht mit „Positivfilmen" zu verwechseln.) Umkehrfilme erzeugen nach der Entwicklung ein positives Bild, da alle hellen Partien hell und alle dunklen Partien dunkel wiedergegeben werden.

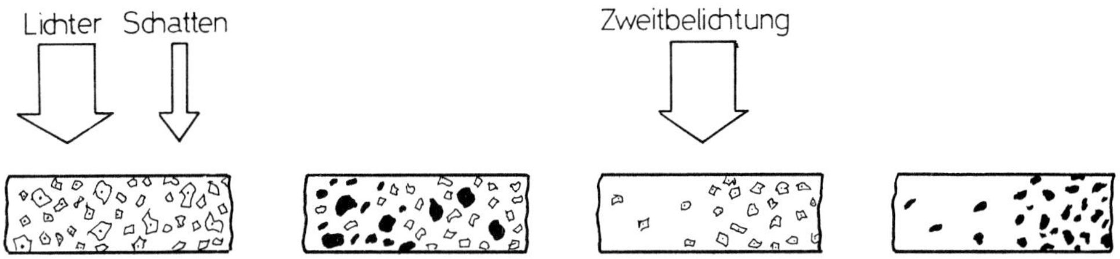

Abb. 66: Umkehrentwicklung

Positivfilme reagieren im Prinzip genauso wie Negativfilme. Sie sind in Gradation und Kontrast jedoch so beschaffen, daß man mit ihnen von einem Negativ aus ein zufriedenstellendes Positiv kopieren kann.

Umkehrfilme unterscheiden sich vom Material her nicht wesentlich von Negativfilmen. Der eigentliche Unterschied besteht in der Entwicklung, so daß man im Grunde genommen jeden Film „umkehren“ könnte. Dabei wird der Film zunächst ganz normal entwickelt. Anschließend wird - anders als beim Negativfilm - das entstandene Halogensilber durch ein „Bleichbad“ aufgelöst und weggeschwemmt, bis nur das unbelichtete und unentwickelte Bromsilber übrigbleibt. Dieses wird dann zunächst dem Licht ausgesetzt, bevor man den Film ein zweites Mal entwickelt. Nach dieser „Zweitentwicklung“ entsteht wieder ein Bild. Da es in den schwach belichteten Schatten, in denen mehr unbelichtetes Bromsilber übriggeblieben war, dunkler wird, ist dieses Bild positiv. (Erstellt man von einem Negativ eine Umkehrkopie, so wird die Kopie selbstverständlich auch negativ.)

Enthält das Filmmaterial, um einen hohen Objektkontrast aufnehmen zu können, sehr viel Bromsilber, so wird nach der Erstentwicklung in der Regel noch sehr viel unbelichtetes und unentwickeltes Bromsilber vorhanden sein. Dieses Bromsilber erzeugt dann nach der Zweitentwicklung ein sehr dunkles Bild sowie einen grauen Schleier. Aus diesem Grund enthalten Filme, die für die Umkehrentwicklung bestimmt sind, erheblich weniger Bromsilber als die für die Negativentwicklung bestimmten. Der Belichtungsumfang dieser Filme ist daher auch geringer als der der Negativfilme.

Bromsilber ist für blaues Licht empfindlich. Die ersten Filme, die reines Bromsilber enthielten, reagierten daher nur auf Blau, die Folge war eine verfälschte Wiedergabe aller grünlichen oder rötlichen Töne. Später fand man heraus, daß bestimmte (mit Farbstoffen verwandte) Substanzen Bromsilberkristalle auch für grünes Licht empfindlich machen. Diese „Sensibilisierung“ für Grün wurde als solch großer Fortschritt empfunden, daß man die Filme mit der Bezeichnung „orthochromatisch“ (d.h. für Farben richtig empfindlich) versah.

Dies war natürlich übertrieben, da Filme erst dann in etwa orthochromatisch waren, als die Möglichkeit bestand, sie zusätzlich für rotes Licht zu sensibilisieren. Selbstverständlich mußte man jetzt eine neue Bezeichnung finden. Sie lautete: „panchromatisch“ = „für alle Farben empfindlich“. Panchromatische Filme sind jedoch für blaues Licht immer noch stärker empfindlich als für die übrigen Farben. Daher wird bei den im Handel erhältlichen Filmen für Tageslicht, das mehr Blau enthält als Kunstlicht, meist eine höhere allgemeine Empfindlichkeit angegeben. *II 1 Licht*

Filme, die zum Kopieren von schwarz-weißen Vorlagen verwendet werden, sind in der Regel „unsensibilisiert“, d.h. sie sind nur für die blauen Anteile des Lichts empfindlich.

16. Information (Schärfe)

Wenn Sie sich, z.B. beim Kauf eines neuen Radiogerätes, in Fachgeschäften oder durch entsprechende Prospekte informieren, dann werden Sie dabei in der Regel auch auf einige Begriffe wie „Störabstand", „Rauschfaktor" etc. stoßen. Diese Begriffe stammen aus der technischen Informationslehre und sind für alle Kommunikationssysteme gültig. Radioteleskope suchen im Weltall aus dem hörbaren Rauschen Signale heraus, die sich vom Hintergrund in irgendeiner Art abheben. Bei interkontinentalen Ferngesprächen werden die Stimmen der Gesprächsteilnehmer vom Rauschen gelegentlich bis zur Unverständlichkeit überlagert. Bei modernen Hi-Fi-Anlagen ist das Rauschen so gering, daß es praktisch unter der Musik nicht mehr hörbar ist. Nur, völlig verschwunden ist das Rauschen nie, denn jedes technische Informationssystem besteht aus der Tätigkeit einzelner Elektronen oder Bromsilberkristalle, die nach dem „Alles-oder-Nichts-Prinzip" auf äußere Reize reagieren: Aus der Kathode einer Röhre wird ein Elektron abgegeben oder nicht - ein Bromsilberkristall wird zu Halogensilber entwickelt oder nicht. Aus der elektrischen Spannung von Myriaden von Elektronen werden elektrische Wellen und daraus wird Musik. Aus Myriaden von Halogensilberfleckchen werden die Schatten eines Bildes.

Wenn Sie ein scharfkantiges Eisenlineal so auf einen Film drücken, daß ein Teil der lichtempfindlichen Schicht durch das Lineal abgedeckt wird, und anschließend den nicht abgedeckten Teil belichten, dann erhalten Sie nach dem Entwickeln und Fixieren eine scharfe schwarz-weiße Kontur. Dem Auge jedenfalls erscheint sie scharf. Sie können aber auch einfach eine sehr helle weiße Fläche mit Ihrem Fotoapparat aufnehmen. Die in Ihrer Kamera vorhandene Bildrandabdeckung hat eine ähnliche Wirkung wie das zuvor erwähnte Eisenlineal. Als schwarz-weiße Kontur kann in diesem Fall der Bildrand betrachtet werden. Sobald Sie allerdings die Kontur in starker Vergrößerung betrachten, werden Sie entdecken, daß sie keineswegs wirklich scharf ist. Diese Unschärfe wird Ihnen mit Sicherheit auffallen, wenn Sie den zuvor belichteten Film mittels Dia-Projektor auf eine große Leinwand projizieren und dann nahe an die Leinwand herangehen. Den Grund für die Unschärfe können Sie feststellen, indem Sie die Kontur, z.B. mit Hilfe eines Mikroskops, noch stärker vergrößern. Unter dem Mikroskop sind die einzelnen Halogensilberkörner deutlich erkennbar.

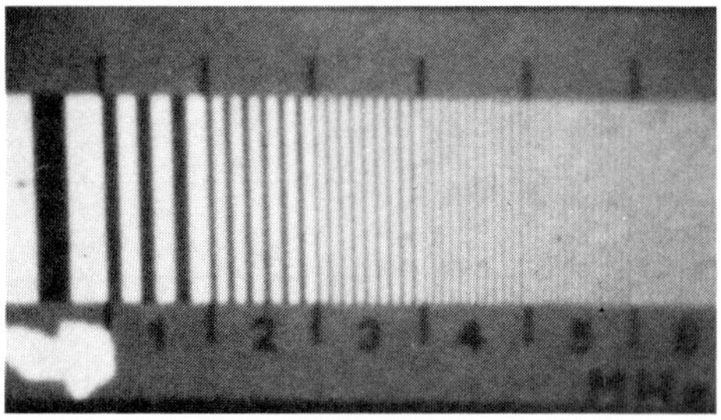

Abb. 67: „Scharfe" schwarz-weiße Konturen auf einem 16-mm-Farb-Umkehrfilm. Die MHz-Linienraster entsprechen einer Übertragung des Filmbildes auf Video. In der mittelgrauen Fläche sieht man das Kornraster.

Sind in einer Schicht *alle* Bromsilberkristalle belichtet und entwickelt, dann wird das Bild an den entsprechenden (= belichteten) Stellen (fast) schwarz, d.h. die einzelnen Silberkörner sind nicht mehr sichtbar, da sie sich gegenseitig stark überdecken und quasi ineinanderlaufen. Werden in einer Schicht überhaupt keine Bromsilberkristalle belichtet und entwickelt, dann sind selbstverständlich auch keinerlei einzelne Silberkörner mehr unterscheidbar.

Nur bei entsprechender Belichtung, d.h. in allen Zwischentönen von hell- bis dunkelgrau kann man die Silberkörner bei ausreichend starker Vergrößerung gut erkennen. Am besten gelingt dies natürlich in den schwach belichteten Teilen einer Schicht, in denen nur die großen Kristalle entwickelt wurden und die Zwischenräume nicht durch kleine Silberkörner ausgefüllt werden.

II 15 Entwicklung

Diese Ausführungen lassen den Schluß zu, daß der Grundschleier, der beim forcierten Entwickeln entsteht, besonders grobkörnig ist. Bei der Vorführung von Filmen zeigt sich die „Körnigkeit“ des Bildes als „Grießeln“. Technisch bezeichnet man sie auch als „Rauschen“, da es sich in beiden Fällen, d.h. bei Bild und Ton, um das gleiche Phänomen handelt. Fernsehbilder, die mit der gleichen Technik übertragen und verstärkt werden, wie Sprache und Musik, unterliegen daher ebenso dem „Bildrauschen“ wie der Film der Körnigkeit. Die Stärke des Rauschens (d.h. die Körnigkeit) wird beim Film an einer gleichmäßig grauen Fläche mit der Schwärzung log 0,5 gemessen, wobei man die Fläche mit einem sehr feinen Lichtstrahl abtastet, dessen Durchmesser nur 25/1000 mm beträgt. Auf der Rückseite des Films werden die Helligkeitsschwankungen des durchfallenden Meßstrahls mit einem Mikro-Densitometer gemessen. Die Umrechnung der Lichtschwankungen ergibt den R.M.S.-Wert („Root Mean Square“) für die Körnigkeit.

II 28 Bildsignal
II 12 Filmmaterial
II 14 T-Kristalle

Unter diesen Umständen kann man sich leicht vorstellen, daß ein Film auf einer begrenzten Fläche nur eine ganz bestimmte Anzahl von schwarz-weißen Konturen wiedergeben kann. Nebeneinander verlaufende schwarze Linien auf weißem Grund ergeben, insbesondere wenn ihr Abstand genau so groß ist wie der Durchmesser der Linien, eine regelmäßige Frequenz von schwarz-weißen Konturen (= Linienpaare).

Diese Frequenz wird immer schneller, je enger die Linien zusammenrücken, bis schließlich die schwarzen Linien - und damit gleichzeitig die weißen Zwischenräume - anfangen, ineinanderzufließen. Diesen Vorgang können Sie sich konkret vorstellen, wenn Sie sich die Unschärfe der Konturen auf S. 126 betrachten.

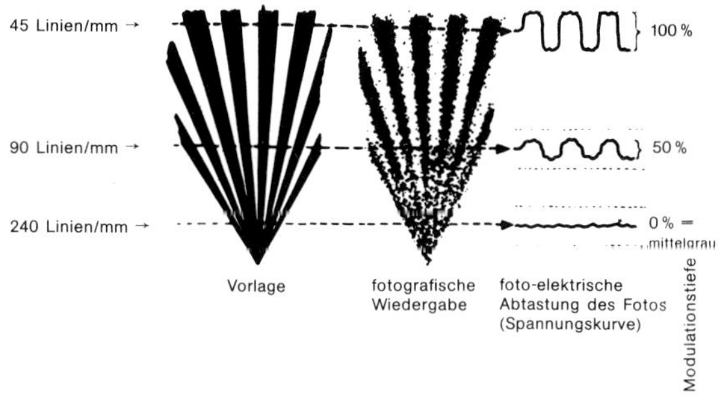

Abb. 68: Am Rande des Auflösungsvermögens

Es ist jedoch keineswegs so, daß das „Auflösungsvermögen“ eines Films nun bei einer bestimmten „Linienfrequenz“, bei einer bestimmten Anzahl von Linien pro Millimeter, abrupt aufhört, auch wenn Filmhersteller bei ihren Fabrikaten ein Auflösungsvermögen von z.B. 80 Linien/mm angeben. In Wirklichkeit gibt es beim „Engerwerden“ des Linienrasters eine breite Übergangszone, in der die „Modulationstiefe“ des Linienrasters, d.h. der Schwärzungsunterschied zwischen der Wiedergabe von Schwarz und Weiß, immer mehr abnimmt, bis dann schließlich überhaupt keine Linien mehr zu sehen sind, sondern nur noch eine homogen graue Fläche: Modulationstiefe = 0.

Daß das „Auflösungsvermögen“ eines Filmmaterials abhängig ist von der Dicke der Filmschicht (die wiederum den Grad der Zerstreuung des Lichts bestimmt), von der

Größe der Bromsilberkristalle sowie von der Gesamtmenge des Bromsilbers, leuchtet ein. Wir wissen aber auch, daß unterschiedliche Filme aufgrund ihres unterschiedlichen Silbergehalts sehr verschiedene Schwarz-Weiß-Kontraste wiedergeben können. Es gibt Filme, die eine maximale Schwärzung von log 2 (durchlässig für 1/100 des auffallenden Lichts) haben, und andere, deren maximale Schwärzung weit mehr als log 3 (für weniger als 1/1000 des Lichts durchlässig) beträgt. Bei einem höheren Schwarz-Weiß-Kontrast werden die Linien allerdings weit später anfangen, ineinanderzulaufen. Bilder mit einem sehr geringen Schwarz-Weiß-Kontrast *erscheinen* folglich nicht nur weniger scharf, meistens *sind* sie auch unschärfer.

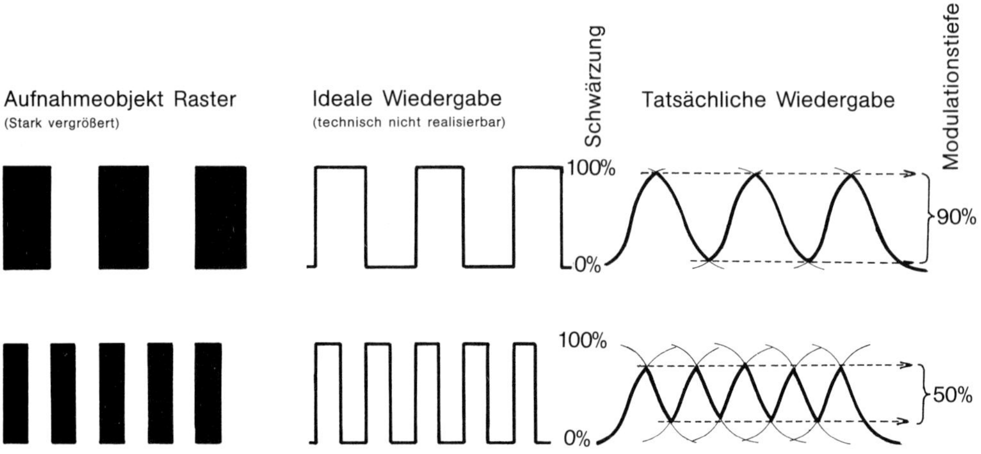

Abb. 69: Am Rande des Auflösungsvermögens (Schwärzungsdiagramme)

Aufnahmefilme können, je nach Empfindlichkeit, 70 bis 100 Linien pro Millimeter auflösen, feinkörnige und wenig empfindliche Kopierfilme ca. 200 Linien.

I 1 Gestaltwahrnehmung

I 4 Auge

Ob ein Bild nun sehr scharf ist und z.B. Oberflächenstrukturen von Aufnahmeobjekten wiedergeben kann, hängt auch von der Größe des Aufnahmeformats ab.

So ist z.B. das Bild auf einem 16 mm „schmalen" Film etwa 10 mm breit und 7,5 mm hoch. Es kann daher (bei 80 Linien/mm Auflösung) in der Breite 10 x 80 = 800 Linien, in der Höhe 7,5 x 80 = 600 Linien auflösen - insgesamt also 600 x 800 = 480000 Einzelpunkte.
Auf dem 35-mm-„Normalfilm" ist das Bild dagegen etwa 22 x 18 mm groß, d.h. es kann in der Breite 22 x 80 = 1760 Linien, in der Höhe 18 x 80 = 1440 Linien auflösen. Insgesamt ergibt das 1760 x 1440 = 2534400 Bildpunkte. (All dies sind natürlich nur Mittelwerte, da das Auflösungsvermögen der einzelnen Aufnahmefilme unterschiedlich ist und zudem die Grenze von 80 Linien davon abhängt, welche Modulationstiefe man jeweils noch als Auflösung akzeptiert.)

Das heute übliche Fernsehformat kann waagerecht etwa 320 Linienpaare auflösen, ist senkrecht jedoch durch die 625 Zeilen festgelegt, die - zumindest theoretisch - insgesamt 312 schwarz-weiße Konturen wiedergeben können. Dies trifft freilich nur dann zu, wenn tatsächlich jede zweite Zeile eine schwarze, jede dazwischenliegende Zeile eine weiße Linie wiedergibt, d.h. also bei genau 312 Linien. Bei weniger als 312 Linien geraten die meisten Schwarz-Weiß-Übergänge zwischen die Zeilen. In der vertikalen Auflösung wird eine Linientrennung dann erst wieder bei etwa 312 : 1,6 = 195 Linien erreicht. Das ergibt pro Bild 200000 Einzelpunkte. Damit ist das Fernsehbild dem 16-mm-Schmalfilm vergleichbar, dem 35-mm-Normalfilm aber weit unterlegen.

Im Fernsehen werden 25 Einzelbilder je Sekunde übertragen. Bei 200 000 aufgelösten Einzelpunkten pro Bild ergibt das 5 000 000 Punkte je Sekunde. An den schwarz-weißen Linienrastern und ihrer grafischen Darstellung war zu sehen, daß diese fast wie Sinuskurven elektrischer Schwingungen aussehen. Die elektrischen Bildinhalte werden tatsächlich in Form solcher elektrischer Schwingungen übertragen. Daher wird das Auflösungsvermögen solcher Kanäle und der daraus hervorgehenden Bilder auch in Schwingungen pro Sekunde oder „Hertz" ausgedrückt. Unser zuvor beschriebenes Bild hat daher ein Auflösungsvermögen von 5 000 000 Hertz oder 5 MHz. Diese Zahlenangaben findet man auch auf Testbildern, mit denen man die Schärfe der Wiedergabe testen kann.

II 20 Schwingungen
II 31 Video-Signal

Überträgt man ein Bild auf ein anderes Medium - indem man von einem Negativ eine Kopie anfertigt oder ein Filmbild in ein Fernsehbild umwandelt -, so entstehen dabei stets Schärfeverluste. Beim Kopieren von Umkehrfilmen wird z.B. ein sehr enges Linienraster, dessen Modulationstiefe nur noch 50% beträgt, auf ein Kopiermaterial übertragen, welches selbst nur noch mit einer Modulationstiefe von 50% auf ein solches Linienraster reagiert. Die Folge davon ist, daß das Linienraster auf dem Duplikat dann nur noch 25% Modulationstiefe hat.

Aber auch dies ist nur eine rein rechnerische Größe. In der Praxis entsteht *zusätzliche Unschärfe* durch Kopierlichtstrahlen, die zusätzlich in der Kopierfilm-Emulsion zerstreut werden. Diesen Effekt können Sie genau beobachten, wenn Sie Ihren Testfilm mit der aufbelichteten schwarz-weißen Kontur (vgl. Experiment S. 126) mittels einer Glasplatte auf ein Stück unbelichteten Kopierfilm pressen - und zwar so, daß dabei Emulsion auf Emulsion zu liegen kommt - und anschließend den Kopierfilm durch die Kontur-Abbildung hindurch belichten. Nach dem Entwickeln können Sie die Schärfe der kopierten Kontur mit der der Originalkante vergleichen, indem Sie dieselbe Methode anwenden, die bereits in Kapitel II/13 beschrieben wurde (vgl. S. 117).

Um möglichst scharfe Kopien mit hohem Auflösungsvermögen zu erhalten, nimmt man sehr feinkörniges Material mit hohem Silbergehalt (d.h. mit hohem Schwärzungsumfang) für die Herstellung von Projektionsfilmen, und feinkörniges Material mit geringem Silbergehalt, falls von diesen Kopien später noch einmal Duplikate erstellt werden. Zudem sollte man stets bestrebt sein, möglichst großformatiges Aufnahmematerial zu verwenden, da bei der späteren Bearbeitung (Kopieren, Fernsehabtastung) ohnehin Verluste entstehen. Auch bei der Verwandlung von Filmbildern in elektronische Bilder - d.h. bei der „Abtastung" durch „Filmgeber" - entstehen Schärfeverluste, die u.a. darauf zurückzuführen sind, daß der Lichtpunkt, der das Filmbild abtastet, nicht unendlich klein sein kann.

II 34 Filmgeber

Es gibt eine Reihe von Verfahren, um schärfere Bildkonturen zu erzeugen. Bei Filmmaterialien nutzt man z.B. die Tatsache aus, daß sich die Entwicklersubstanz in stark belichteten Bildteilen schneller verbraucht als in unbelichteten. Sie muß an der einen Stelle viel Bromsilber zu Silber reduzieren, an der anderen dagegen nur wenig. Sorgt man für genau dosierte Diffusion der Entwicklerlösung *innerhalb* der Film-Emulsion, so fließt stark verbrauchter Entwickler an einer schwarz-weißen Kontur vom stark reduzierten schwarzen Silber in die angrenzende helle Fläche. Dadurch entsteht ein mehr oder weniger breiter Saum unterentwickelter und damit hellerer Fläche. Umgekehrt fließt frischer, unverbrauchter Entwickler aus der hellen Fläche in die dunkle. Deren Saum wird dadurch ständig mit frischem Entwickler versorgt und stärker ausentwickelt (dunkler) als die Bildpunkte im Innern der dunklen Fläche. Die schwarz-weiße Kontur bekommt einen höheren Kontrast und wird dadurch schärfer.

III 30 Zukunft

Abb. 70: a) Abtasten einer schwarz-weißen Kontur durch einen Elektronenstrahl,
b) die dabei entstehende elektrische Spannungskurve und
c) die künstliche Verbesserung der Schwarz-Weiß-Flanke durch Verstärkung („Konturenanhebung")

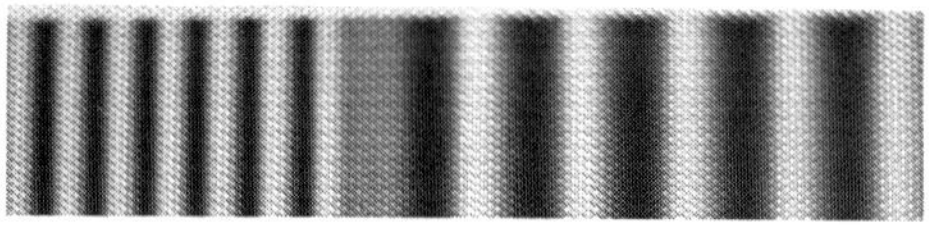

Abb. 71: „Scharfe" schwarz-weiße Konturen auf einem Heimempfänger. Das schwarz-weiße Raster auf der linken Seite entspricht einer Frequenz von 1 MHz.

Beim elektronischen Bild entstehen Unschärfen u.a. dadurch, daß der Durchmesser des Abtaststrahls, der eine schwarz-weiße Kontur abtastet, nicht unendlich klein sein kann. Er bildet gewissermaßen einen kleinen Kreis. Wenn dieser Kreis die schwarz-weiße Kontur abtastet, verläuft der Spannungsunterschied zwischen Hell und Dunkel - je nach Kreisdurchmesser und Abtastgeschwindigkeit - allmählich (in der Praxis handelt es sich um Kreisdurchmesser von weniger als 1/20 mm und einen Zeitraum von weniger als 20 Nanosekunden). Bei der Wiedergabe wird das als Unschärfe sichtbar.

Elektronisch ist es möglich, solche „langsam verlaufenden" Spannungsunterschiede (= Konturen) zu identifizieren und ihre Amplitudenflanke zu verstärken, d.h. steiler zu machen. Dazu wird das Bildsignal in einer zweiten Leitung um den Zeitraum, den der unscharfe Übergang beansprucht – also um etwa 90 Nanosekunden – verzögert. Das Echtzeit- und das verzögerte Signal werden ins Negative verkehrt und zusammengeführt. Dadurch entstehen am Anfang und am Auslauf der Unschärfe „Überschwinger", die die Konturenflanke steiler machen und dadurch den Eindruck größerer Schärfe erzeugen. Bei waagerechten Konturen, die mehr oder weniger parallel mit den Bildzeilen laufen, muß eine Konturenanhebung mindestens zwei Bildzeilen speichern, miteinander vergleichen und die entsprechenden Helligkeitsübergänge verstärken. Dabei kann es leicht vorkommen, daß bei zu starker Energiezufuhr die Konturen „überspringen". Sie bekommen helle und dunkle Säume. Sie können diesen Effekt beobachten, indem Sie die Abstimmung Ihres Fernsehempfängers etwas *neben* den Sender einstellen.

III 30 Digitalisierung

Eine solche „Apertur-Korrektur" oder „Konturenanhebung" kann nicht zwischen echten schwarz-weißen Konturen und solchen, die vom Bildinhalt her tatsächlich weicher sind, unterscheiden. Sie wird daher z.B. auch Hautfalten verstärken, die in Wirklichkeit weicher verlaufen.

Trotz Verbesserung der Bildqualität wird mit diesen Methoden keine echte Erhöhung des Auflösungsvermögens erreicht, da eine nachträgliche Verbesserung des Auflösungsvermögens mit normalen Produktionsmitteln aufgrund der fehlenden technischen „Information" nicht möglich ist. Bei Anwendung der elektronischen Bildverbesserungstechniken werden daher - um nur ein Beispiel zu nennen - die Bartstoppeln im Gesicht eines Mannes u.U. nicht einzeln sondern generell als Verdunklung und Blautönung der Haut wiedergegeben.

I 1 Gestaltwahrnehmung

Mit ähnlichen Mitteln versucht man, einen anderen Bildfehler – das Rauschen (oder Grießeln) – zu beseitigen. Technisch gesehen besteht dieses Rauschen aus Helligkeitsschwankungen in den Bildflächen. Im Gegensatz zur Konturenanhebung bei größeren Helligkeitssprüngen werden diese kleinen Helligkeitsschwankungen von der Verstärkung ausgeschlossen, also unterdrückt („Coring"). Damit werden freilich auch jene kleinen Helligkeitsschwankungen unterdrückt, die die Oberflächenstruktur der abgebildeten Gegenstände ausmachen, wie Hautporen, Sandkörner etc.

Je geringer das Auflösungsvermögen eines bildtechnischen Systems ist, um so stärker müssen Konturenanhebung und Rauschunterdrückung eingesetzt werden. Dabei entsteht eine Verfremdung oder Abstraktion, die den Bildern eine gewisse Sterilität verleiht.

Wird von einem solchen System auf ein anderes System mit ebenfalls niedrigem Auflösungsvermögen kopiert, wird die Bildinformation wiederholt einer Konturenanhebung und Rauschunterdrückung unterworfen. Dabei wird deren Wirkung potenziert, und es entstehen Bilder, die durch geringe Detaildifferenzierung und homogene Flächenwiedergabe stark an Aquarelle erinnern.

17. Farbfilme

Farbfilme enthalten drei übereinanderliegende Emulsionsschichten, wobei jede dieser Schichten nur für eine der drei Grundfarben Rot, Grün und Blau empfindlich ist. Elektronische Kameras enthalten drei Bildröhren, die über ein Strahlenteilungsprisma zwar alle dasselbe Bild, jedoch durch einen Filter hindurch nur in einer der drei Grundfarben aufnehmen. Dadurch wird jede nur mit dem für sie bestimmten roten, grünen oder blauen Bildanteil belichtet. (Es gibt allerdings auch elektronische Kameras mit nur einer Bildröhre , die mit einem Streifenraster in den drei Grundfarben ausgestattet ist.)

II 30 Elektronische Kamera

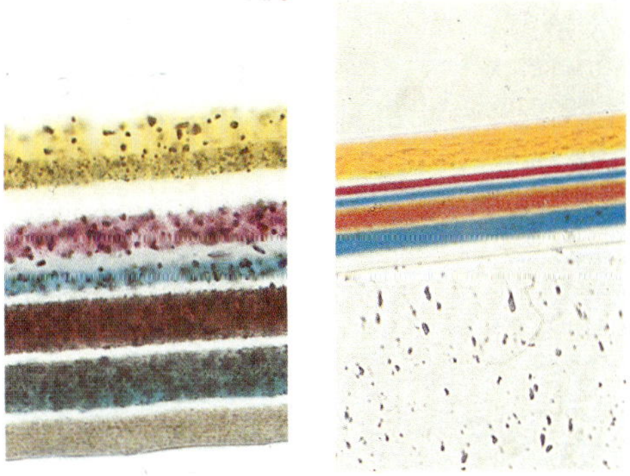

Abb. 72: Mikrotomschnitte durch Farbfilmschichten.
Von oben (Belichtungsseite).
grobkörnig gelb, feinkörnig gelb, grobkörnig Magenta, grobkörnig Cyan, feinkörnig Magenta, feinkörnig Cyan, Träger. Links: Nach Farbentwicklung mit Halogensilberkörnern.
Rechts: Gebleicht und getrocknet.

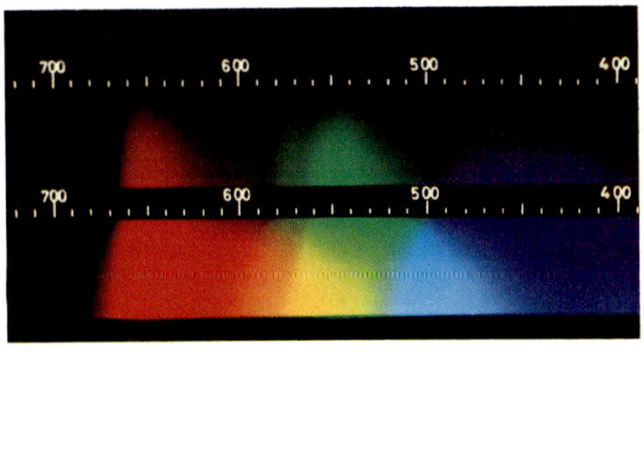

Abb. 73: Ein in einem Spektrografen belichteter Farb-Umkehrfilm für Tageslicht. Man erkennt die Empfindlichkeitsbereiche der drei Farbschichten und ihre Überschneidungen.

Abb. 9

Würde man versuchen, das kontinuierliche Spektrum des sichtbaren Lichts von Blau bis Rot aufzuzeichnen, dann wäre die Idealvorstellung die, daß zwischen Blau, Grün und Rot scharfe Trennungen bestehen. In der Praxis sind diese Abgrenzungen jedoch nicht möglich. Die Empfindlichkeitsgrenzen in den Film-Emulsionen lassen sich ebenso wenig ganz scharf bestimmen, wie die Durchlässigkeit der Filter, durch die hindurch die Elektronenbildröhren belichtet werden.

Die obere Emulsionsschicht eines Farbfilms ist ganz unsensibilisiert und daher nur für blaues Licht empfindlich. Die zweite Schicht ist zusätzlich für Grün sensibilisiert und daher für Blau und Grün empfindlich. Da die blauen Bildanteile aber schon in der oberen Schicht aufbelichtet wurden und Blau- und Grün-Information getrennt aufgezeichnet werden sollten, muß das blaue Licht daran gehindert werden, diese zweite Schicht zu erreichen. Zu diesem Zweck wird zwischen der ersten und der zweiten Schicht ein Gelbfilter angebracht, das rotes und grünes Licht durchläßt, blaues jedoch absorbiert. Die unterste Schicht ist rot- und blau-empfindlich. Sie wird nur von den roten Bildanteilen erreicht und zeichnet diese auf.

II 16 Information

II 2 Farben

Da die unterste Schicht logischerweise von weniger Licht erreicht wird als die oberste blau-empfindliche Schicht, besitzt sie eine höhere Empfindlichkeit und ist damit auch grobkörniger. Zudem werden die Lichtstrahlen, bis sie in diese „Tiefe" vorgedrungen sind, zerstreut, so daß der rote Bildanteil die geringste Konturenschärfe aufweist. Dieser Effekt ist bei Farbfilmen für Tageslicht stärker als bei Kunstlichtfilmen, da Kunstlicht mehr Rot als Blau enthält und dadurch die Empfindlichkeit der Rotschicht von Natur aus geringer sein kann. Bei Filmen, die für Aufnahmen bei Tageslicht bestimmt sind, muß der Empfindlichkeitsunterschied zwischen blau- und rot-empfindlicher Schicht aufgrund des höheren Blau-Anteils viel stärker sein.

Betrachtet man die Empfindlichkeitskurve einer der Schichten, beispielsweise der grünen, einmal genauer, so erkennt man, daß die Empfindlichkeit auch über dem grünen Ausschnitt des Spektrums ungleich verteilt ist. Sie ist bei 540 nm am höchsten, d.h. bereits eine geringe Lichtmenge dieser Wellenlänge reicht aus, um die Schicht zu belichten. Dagegen würde die gleiche Lichtenergiemenge der Wellenlänge 570 nm keinerlei Belichtung hervorrufen, obgleich sie durchaus noch zum Bereich des grünen Lichts gerechnet werden kann.

In der Natur kommen so eng begrenzte Lichtspektren allerdings verhältnismäßig selten vor. Das grüne Licht, das von einem Blatt reflektiert wird, enthält zusätzliche Rot- und Blau-Anteile. *Geringe* Energiemengen dieses blattgrünen Lichts würden *nur* die grün-empfindliche Schicht belichten. Bei sehr *hohen* Lichtmengen würden jedoch auch die zugemischten Rot- und Blau-Anteile ausreichen, um die entsprechenden Schichten mitzubelichten. Die Folge davon wären „Nebendichten", die gleichbedeutend mit einer farblichen Entsättigung sind.

Dieser Effekt ist durchaus wünschenswert, da Baumblätter ja auch in der Natur niemals „gesättigt" grün sind. Das Problem besteht jedoch darin, jeweils das richtige Verhältnis zwischen Grundfarbe und Nebendichten im Griff zu behalten.

Natürlich gelten für die einzelnen Farbfilmschichten dieselben Grundbedingungen wie für Schwarz-Weiß-Filme, d.h. sie reagieren auf bestimmte Mindest- und Höchstlichtmengen genauso, wie es in den entsprechenden γ-Kurven dargestellt wurde (vgl. S. 117).

Allerdings gibt es bei Farbfilmen für jede der 3 Schichten eine eigene γ-Kurve. Auf den ersten Blick erscheint es etwas schwierig, diese γ-Kurven in Zusammenhang mit den

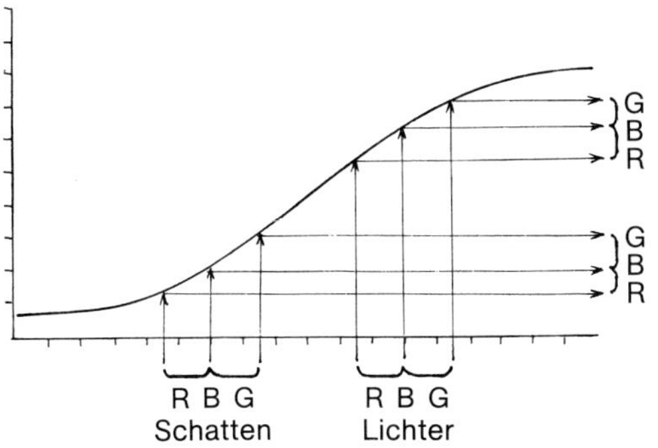

Abb. 74: Die Wiedergabe von Blattgrün (Lichter und Schatten) auf einem Farb-Negativfilm. Das Rot-Grün-Blau-Verhältnis bleibt in allen Helligkeitsbereichen weitgehend erhalten.

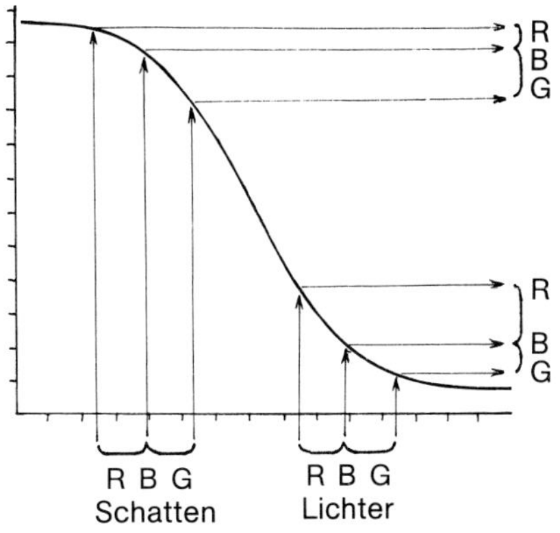

Abb. 75: Die Wiedergabe von Blattgrün auf einem Farb-Umkehrfilm. Das Rot-Grün-Blau-Verhältnis wird in unterschiedlichen Helligkeitsbereichen verschieden wiedergegeben.

Farbempfindlichkeitskurven zu bringen. Diese Zusammenhänge sind jedoch das Ergebnis einfacher logischer Schlußfolgerungen, die nachzuvollziehen später bei der Beherrschung der Farbfilmtechnik sehr hilfreich sein kann. Zur Erläuterung sollen zwei extreme Beispiele dienen:

Ein beleuchtetes Pflanzenblatt reflektiert grundsätzlich viel grünes und nur wenig rotes und blaues Licht. Außerdem ist die Unterseite des Blattes wesentlich dunkler als die Oberseite. Während man die Zusammensetzung des reflektierten Lichts als „Farbinformation" eines Bildes bezeichnet, spricht man bei den Kontrasten zwischen Hell und Dunkel von der „Helligkeitsinformation" eines Bildes.

Wenn der Kontrast zwischen Hell und Dunkel nicht zu groß ist und die γ-Kurven ziemlich lang und gerade sind, dann stellt sich die Aufzeichnung der Rot-, Grün- und Blau-Komponenten des Diagramms in den γ-Kurven so dar wie in Abb. 74. In allen drei Schichten werden die Licht-Schatten-Verhältnisse einigermaßen im richtigen „Dichteverhältnis" wiedergegeben, und in den Lichtern wie in den Schatten bleibt ein *II 12 Filmmaterial*
normales Rot-Grün-Blau-Verhältnis erhalten.

Was jedoch entsteht, wenn der Kontrast hoch ist und die γ-Kurven kurz und geschwungen sind, das veranschaulicht Abb. 75. Blau- und Rot-Anteil geraten jetzt in den Schattenpartien unter den Schwellenwert. In den Schatten bleibt nur reines ungesättigtes Grün übrig. In den Lichtern fehlt die Differenzierung bei Grün, die vom Blau- und Rot-Anteil geliefert werden müßte. Zusammen mit dem dichten homogenen Grün ergibt das in den Lichtern eine hochgradige Entsättigung (Verweißlichung) mit völlig verfälschten Farbmischverhältnissen.

Beide Extremfälle kommen in der Praxis nicht vor. Es gibt jedoch Filmtypen, die stärkere Ähnlichkeit mit dem ersten System der langen, geraden γ-Kurven aufweisen (Negativfilme) und andere, die mehr dem zweiten System der geschwungenen Kurven gleichen wie z.B. Umkehrfilme mit normaler Empfindlichkeit.

Nach dem Entwickeln eines Farbfilms entstehen in der Emulsion Farbstoffe, die - anders als die sogenannten Grundfarben Rot, Grün, Blau - je zwei Drittel des Spektrums durchlassen und ein Drittel (mehr oder weniger) zurückhalten. Man spricht dabei von „Komplementärfarben". Die Komplementärfarbe zu Rot ist „Cyan" - sie läßt Grün und Blau durch, hält aber Rot zurück. Die Komplementärfarbe zu Grün ist *Abb. 72*

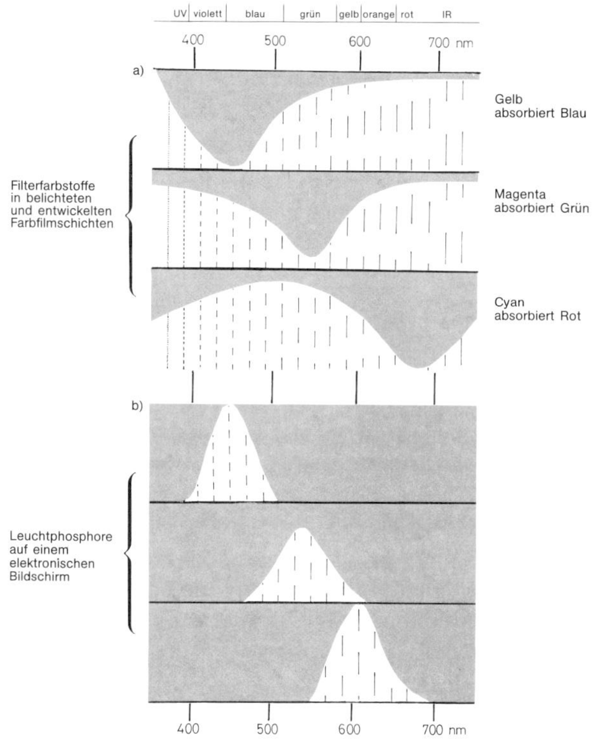

Abb. 76: a) Spektrale Durchlässigkeit der Farbstoffe in belichteten und entwickelten Farbfilmschichten. Im vorliegenden Beispiel entsteht die Farbe „Schwarz“, weil alle drei Schichten ihren Anteil herausfiltern (subtrahieren). Bei der Farbe „Rot“ würde die untere „Cyan“-Schicht kein Licht subtrahieren, so daß nur Blau und Grün aus dem weißen Licht herausgefiltert würden.
b) Die Farben der Leuchtphosphore eines Farbfernseh-Empfängers. Im vorliegenden Beispiel würden sich die drei Farben zum Eindruck „Weiß“ addieren. Bei der Farbe „Rot“ würde nur der unten gezeichnete Phosphor aufleuchten.

„Purpur“ - oder in englischer Bezeichnung „Magenta“ -, sie läßt Rot und Blau durch und hält Grün zurück. Die Komplementärfarbe zu Blau ist Gelb. Gelb läßt Grün und Rot durch. Bei diesen Farbstoffen handelt es sich folglich um transparente „Filterfarben“.

Wenn wir diese Filterfarben mit rein weißem Licht durchleuchten, in dem alle Wellenlängen mit gleicher Energie vertreten sind, stellen wir fest, daß manche Wellenlängen stärker, andere weniger stark durchgelassen werden. Daraus ergeben sich für die drei Farbstoffe, die in den Emulsionsschichten gebildet werden, Kurven, die in etwa denen von Abb. 76 entsprechen und die keinerlei Ähnlichkeit mit den *Farbempfindlichkeitskurven* des Films haben.

Durch unterschiedlich starke Belichtung einer Farbfilmschicht entstehen unterschiedlich hohe Farbstoffkonzentrationen. Ist die Farbstoffkonzentration sehr gering, dann wird auch sehr viel Licht von jenen Nebenfarben durchgelassen, die eigentlich zurückgehalten werden sollten. Die Farbe wird „entsättigt“. Umgekehrt bewirkt eine sehr hohe Farbstoffkonzentration, daß das durchgelassene Farbspektrum immer schmaler wird - allerdings wird dabei auch die durchgelassene *Lichtmenge* immer geringer.

Bei Farbnegativfilmen entstehen die Komplementärfarben an den Stellen, an denen Bromsilber belichtet und entwickelt wurde. Die „Abfallprodukte", die sich beim Entwickeln des Halogensilbers bilden, ergänzen die hochkomplizierten Moleküle („Farbkuppler") bestimmter Stoffe zu Farbstoffen. Nach der Entwicklung muß man das entwickelte, schwarze Halogensilber auflösen, „bleichen", und schließlich, wie beim Schwarz-Weiß-Film, das unentwickelte Bromsilber herauslösen (=„fixieren"). In der Emulsion bleiben dann nur die Farbstoffe zurück, und zwar an den Stellen, an denen vorher aus Bromsilber Halogensilber entwickelt worden war. Dadurch kann auch ein Farbfilm „körnig" sein. Filmfarbstoffe setzen sich aus hochkomplizierten und folglich nicht sehr haltbaren Molekülen zusammen. Daher besteht eine besondere Schwierigkeit bei der Herstellung von Farbfilmen darin, das Zerfließen dieser Farbstoffe in der Film-Emulsion zu verhindern. Unter günstigsten Voraussetzungen (kalte, dunkle Lagerung) halten sie mehrere Jahrzehnte. Im Hinblick auf eine Archivierung historischer Ereignisse für spätere Generationen ist das sehr wenig. Neuerdings werden allerdings auch Kopierfilme mit besserer Haltbarkeit für Archivzwecke angeboten.

II 16 Information

Wie bereits gesagt wurde, verursachen *geringe* Mengen blauen Lichts im Farbnegativfilm nach dem Entwickeln eine geringe Konzentration gelben Farbstoffs. *Geringe* gelbe Farbstoffmengen aber lassen nicht nur Rot und Grün, sondern auch etwas Licht der Nebenfarbe Blau durch. *Große* Mengen blauen Lichts rufen eine starke Konzentration gelben Farbstoffs hervor und können zudem eine schwache Belichtung der Nebenfarben bewirken, so daß dadurch eine gewisse Entsättigung stattfindet. Das Verhältnis zwischen Grundfarbe und Nebenfarbe bleibt dabei erhalten.

Die Vorgänge beim Kopieren von Farbnegativfilmen erscheinen ein wenig kompliziert, obwohl sie im Grunde genommen vollkommen logisch ablaufen. Was ursprünglich einmal *dunkelblau* war, ist im Negativ *hellgelb*, d.h. an dieser Stelle des Negativs wird viel rotes und grünes und wenig blaues Licht durchgelassen, um das positive Kopiermaterial zu belichten. Im Positivfilm entsteht dadurch nach der Entwicklung viel Cyan- und Magenta-Farbstoff mit wenig Gelb. Cyan und Magenta lassen, wenn sie übereinandergelegt werden, nur noch blaues Licht durch. Dieses blaue Licht wird durch die geringe Menge gelben Farbstoffs teilweise absorbiert, so daß am Ende nur noch *wenig* blaues Licht durchkommt. Die Stelle am Positivfilm erscheint *dunkelblau*.

Bei hellem Blau war im Negativ eine hohe Gelbkonzentration entstanden, aber auch geringe Mengen von Cyan und Magenta. Beim Kopieren (Durchleuchten) werden nur geringe Mengen roten und grünen Lichts durchgelassen, blaues Licht wird nahezu völlig zurückgehalten. Dadurch entstehen im Positivfilm geringe Mengen Cyan- und Magenta-Farbstoffs, die insgesamt große Mengen blauen Lichts durchlassen, aber nur wenig Rot und Grün. Die Stelle im Positivfilm erscheint *hell*blau.

Beim Farbumkehrfilm wird zunächst ähnlich verfahren wie beim schwarz-weißen Umkehrfilm (vgl. dazu S. 125).

Die Farbstoffe entstehen erst bei der Zweitentwicklung (= „Farbentwicklung"). Es gibt allerdings auch Farbfilme, bei denen die Farbstoffe von vornherein in den drei Emulsionsschichten vorhanden sind. Sie werden beim Erstentwickeln des Bromsilbers durch die Entwicklerprodukte (Bromkali etc.) zerstört, so daß nur noch an den schwach belichteten Stellen Farbstoffe übrigbleiben. Die Wirkung ist die gleiche wie beim konventionellen Farbumkehrverfahren.

Bei dunklem Blau waren bei der Erstentwicklung des Umkehrfilms in den grün- und rot-empfindlichen Schichten keine Belichtungen erfolgt; dafür entstehen bei der Zweitentwicklung die Höchstmenge an Halogensilber (das später wieder „ausgebleicht“ wird) sowie Cyan- und Magenta-Farbstoff. Übereinandergelegt lassen diese nur das ihnen gemeinsame blaue Licht durch. Die blau-empfindliche Schicht erfuhr bei der Erstentwicklung eine schwache Belichtung. Daher bildet sich bei der Zweitentwicklung eine geringe Menge gelben Farbstoffs, der das blaue Licht entsprechend schwächt. Die betreffende Stelle im Film erscheint dunkelblau.

Helles Blau belichtet die blau-empfindliche Schicht vollständig. Diese wurde daher bei der Erstentwicklung ganz ausentwickelt, so daß bei der Zweitentwicklung kein Silber mehr vorhanden ist. Folglich kann sich in dieser Schicht auch kein gelber Farbstoff mehr bilden. Die grün- und rot-empfindlichen Schichten wurden bei der Erstentwicklung schwach belichtet, so daß bei der Zweitentwicklung geringe Mengen Cyan- und Magenta-Farbstoffs entstehen, die übereinandergelegt viel blaues und etwas weniger grünes und rotes Licht durchlassen. Die betreffende Stelle im Film erscheint hellblau.

Die Unterschiede zwischen „Negativ-Positiv-Verfahren“ und „Umkehrverfahren“, wie sie bereits für Schwarz-Weiß-Filme beschrieben wurden (vgl. dazu S. 125), gelten ganz allgemein auch für Farbfilme, d.h. der Belichtungskontrast ist bei Umkehrfilmen geringer als bei Negativfilmen.

II 16 Information

Farbfilme haben generell ein geringeres Auflösungsvermögen als Schwarz-Weiß-Filme. Dies ist dadurch bedingt, daß hier mehrere Emulsionsschichten übereinanderliegen, die das Licht entsprechend stärker zerstreuen. Der geringere Belichtungskontrast der Farbfilme ist wiederum darauf zurückzuführen, daß die Emulsionsschichten dünner gegossen werden und daher weniger Bromsilber enthalten können.

Die bessere Farbwiedergabe des Negativfilms ist nicht nur darauf zurückzuführen, daß seine Gradationskurven über weite Strecken gerade verlaufen und die Farbmischkurven dadurch in den Lichtern und Schatten ähnlich bleiben. Zusätzliche Verbesserungsmöglichkeiten bestehen darin, die Nebendichten der einzelnen Farbstoffe im fertig entwickelten Film durch Maskierung zu kompensieren. Der Purpur-Farbstoff (in der grün-empfindlichen Schicht) absorbiert auch geringe Mengen blauen Lichts. Würde man die Nebendichten kompensieren, indem man beim Kopieren den blauen Anteil des Kopierlichts erhöht, dann hätte dies Farbverfälschungen in jenen Bildteilen zur Folge, die nur schwache oder gar keine Grünbelichtung erfahren haben und daher auch kein blaues Licht fehl-absorbieren.

II 34 Filmgeber

Um Abhilfe zu schaffen, hat man die grün-empfindliche Schicht mit einem gelben Farbstoff versehen, der sich in dem Maße wieder abbaut, wie an grün belichteten Bildstellen Purpur-Farbstoff entsteht („Farbmaske“). Somit bleibt die Blau-Absorption an allen Bildstellen gleich stark - sie ist entweder durch die Gelbmaske oder durch die Nebendichte des Purpur-Farbstoffs gegeben. Dementsprechend kann sie ohne weiteres durch Verstärkung des Blau-Anteils im Kopierlicht kompensiert werden. Der „echte“ gelbe Farbstoff, der in der blau-empfindlichen Schicht die entsprechenden Bildanteile aufzeichnet, muß natürlich wesentlich dichter sein als der Maskenfarbstoff und sich deutlich von diesem abheben.

Ein gewisser Ausgleich von Nebendichten kann auch durch einen entwicklungshemmenden Stoff bewirkt werden, der beim Entwickeln entsteht und in die Nachbarschichten eindringt. So wird z.B. an Stellen, an denen Purpur-Farbstoff entsteht, in der Nachbarschicht die Entwicklung von gelbem Farbstoff gehemmt. Die unerwünschte Blau-Absorption des Purpur-Farbstoffs wird folglich dadurch kompensiert, daß die Blau-Absorption in der benachbarten Gelbschicht geschwächt wird.

Mit Hilfe der letztgenannten Methode läßt sich die unerwünschte Wirkung der Nebendichten auch bei Umkehrfilmen etwas ausgleichen. Beide Verfahren dienen dazu, die Farbsättigung und die Farbtrennung der Filme zu verbessern.

18. Filmlaufwerke

Unter normalen Verhältnissen ist das menschliche Auge in der Lage, etwa 18 bis 20 Lichtimpulse in der Sekunde getrennt voneinander wahrzunehmen. Werden sehr helle Impulse nicht durch Verengen der Irisblende kompensiert - beispielsweise am Rande des Gesichtsfeldes - so lassen sich sogar bis zu 100 Impulse pro Sekunde unterscheiden (Bildflimmern).

In der Kinematographie nützt man diese begrenzte Fähigkeit der Sehzellen, Einzeleindrücke zu unterscheiden aus, indem man dem Betrachter nacheinander 24 Einzelbilder in der Sekunde vorführt (beim Fernsehen sind es 25 Einzelbilder). Diese verschmelzen in der Wahrnehmung des Zuschauers zu einem kontinuierlichen Bild. Unterscheiden sich die Konturen der einzelnen Bilder leicht voneinander, so entsteht bei der Verschmelzung der Eindruck von Bewegung.

Bei der Filmaufnahme, bei der Wiedergabe, in der Schrittkopiermaschine und bei manchen Filmgebern muß daher der Film mittels eines Laufwerkes 24-(25)mal in der Sekunde um jeweils ein Bild weiterbewegt werden. Für die Belichtung bzw. Betrachtung des stehenden Bildes bleibt um so mehr Zeit, je schneller dies geschieht. Für die Dauer der Fortbewegung des Films muß die Belichtung bzw. Betrachtung unterbrochen werden, da andernfalls die Konturen der Bilder als verwaschene senkrechte Streifen sichtbar werden. Natürlich versucht man, die Fortbewegungs- und Verdunklungszeit zugunsten der Belichtungs- bzw. Betrachtungszeit möglichst kurz zu halten, da die Dunkelphase bewirkt, daß ein Teil des Projektions- oder Aufnahmelichts absorbiert wird und damit verlorengeht.

Filmlaufwerke müssen zudem mit möglichst hoher Präzision arbeiten. Filmbilder werden in der Regel zur Betrachtung erheblich vergrößert. Dies gilt insbesondere in der Projektion. Aber auch ein 16-mm-Film erfährt auf einem 60-cm-Fernsehbildschirm bereits eine 60fache Vergrößerung. Jede kleinste Ungenauigkeit hat daher ein „Wackeln“ des Bildes - einen „Bildstandfehler“ - zur Folge. Bei Ungenauigkeiten von 1/10 mm „wackelt“ das Bild schon um 6 mm. Auch Schrammen oder Fusseln von 1/10 mm Breite - für das Auge kaum sichtbar - erscheinen auf dem Bildschirm in 6 mm Breite.

Filme müssen, um ein Kamera- oder Projektor-Laufwerk durchlaufen zu können, aus weichem, biegsamem Material bestehen. Sie enthalten Weichmacher, die durch lange Lagerung oder durch die große Hitze des Projektionslichts verdunsten. Daher kann der Zuschnitt eines Films niemals so genau maßhaltig sein, wie es eigentlich erforderlich wäre.

Bei all dem ist die mechanische Belastung des Films außerordentlich hoch. Ein Normalfilmbild (= 35-mm-Kinofilm) muß 24 mal in der Sekunde um etwa 2 cm weiterbefördert werden. Dafür steht jeweils 1/50 sek. zur Verfügung. Das bedeutet, daß der Film innerhalb dieser Zeit auf etwa 90 cm/sek. - bzw. 3,2 km/h - beschleunigt und anschließend wieder abgebremst werden muß. Die dazu erforderliche Kraft konzentriert sich auf ein oder mehrere Perforationslöcher von nur 2,7 mm Breite. Obwohl die Filmmasse, die dabei im Filmkanal fortbewegt wird, nur wenige Gramm beträgt, treten dabei doch erhebliche Beschleunigungskräfte auf, durch die sich der Film wölben oder während der Belichtungsphase weiterbewegen könnte. Um all diese Fehlerquellen zu vermeiden, enthalten Filmlaufwerke die folgenden Elemente:

Filmkanal. Er soll eine präzise seitliche Führung des Films gewährleisten und ihn in der Schärfe-Ebene halten. Während der Fortbewegungsphase darf die Filmoberfläche dabei nicht beschädigt oder verschrammt werden.

II 6 Linsen

Der eigentliche Filmkanal besteht im wesentlichen aus zwei länglichen, hochpolierten Schienen, die den Film nur an bild-unwichtigen Teilen berühren. Für Projektion oder Belichtung ist ein Bildfenster in der Größe des jeweiligen Filmbildes ausgeschnitten. (Bei Kopiermaschinen ist dieses Bildfenster größer als ein Filmbild, damit das kopierte Bild einen schwarzen Rand bekommt.)

Da sich der Film bei ausschließlich seitlicher Führung im Bildfenster wölben könnte, sind in der Höhe des Bildfensters zusätzlich Führungsleisten angebracht, die ihn quer zur Laufrichtung in einer Ebene halten. An dieser Stelle ist die Filmoberfläche natürlich stark gefährdet. Jede kleinste Gelatineablagerung aus der Film-Emulsion, die sich hier festsetzt, kann sich durch die Reibung verhärten und immer mehr Gelatine aus dem Film herausschaben. Es entstehen Laufschrammen, die den Film wertlos machen.

Die seitliche Führung des Films erfolgt durch schmale, auf Federn gelagerte Stahlleisten. Die Federn dienen dazu, kleine Ungenauigkeiten in der Breite des Films auszugleichen. Das Material dieser Seitenführungen wird allerdings durch die scharfen Kanten des Films stark belastet.

Zum Filmkanal gehört außerdem eine „Andruckplatte", die den Film in die Filmkanalebene „drückt". Der dazu erforderliche Federdruck muß sehr genau eingestellt sein: Er darf einerseits den Film nicht zu stark bremsen, andererseits muß er fest genug sein, um ein Wölben oder Flattern des Films zu verhindern. Manche Kopiermaschinen haben Andruckplatten, deren Druck bei der Fortbewegungsphase des Films gelockert und in der Belichtungsphase erhöht wird („Schwingfenster-Maschine"). Auch die Andruckplatte hat hochpolierte Kufen, die den Film nur an bild-unwichtigen Stellen berühren, sowie Querleisten in Höhe des Bildfensters. Bei Projektoren ist selbstverständlich auch die Andruckplatte mit einem ausgeschnittenen Bildfenster versehen, da sie das Projektionslicht durchlassen muß.

Greifer und Malteserkreuz. Das im Hinblick auf die Genauigkeit ideale Verfahren, einen Film von Bild zu Bild weiterzutransportieren, besteht im Einsatz eines einzigen Greiferzahns (= Greifers), dessen Abmessungen exakt denen der Perforationslöcher entsprechen. Diese Methode hat allerdings auch einige Nachteile:

- Sollte der Abstand der Perforationslöcher - z.B. durch Schrumpfung des Filmmaterials - ungenau sein, dann würde der Greiferzahn neben dem betreffenden Perforationsloch eindringen und dessen Kanten einreißen.

- Ein genau senkrechtes Eindringen des Greiferzahns wäre nur durch aufwendige Greifer-Führungsmechanismen gewährleistet. (Teure Kameras sind mit solchen Mechanismen ausgestattet. Diese beinhalten größere Greiferzähne und sichern einen genaueren Transport des Films.)
- Bei Einsatz eines einzigen Greiferzahns besteht die Gefahr, daß sich der Film beim Weitertransport im Filmkanal verkantet.
- Der gesamte für den Filmtransport erforderliche Druck wird jeweils nur auf ein Perforationsloch konzentriert.

Bei manchen Filmlaufwerken wird daher versucht, den Transportdruck auf mehrere Perforationslöcher zu verteilen. Dies mit Hilfe mehrerer aufeinanderfolgender Greiferzähne zu realisieren, ist jedoch wenig sinnvoll. Da der Abstand der Perforationslöcher niemals auf hundertstel Millimeter genau mit dem der Greiferzähne übereinstimmt, wird der Transportdruck auch in diesem Fall nur von einem der Greiferzähne auf den Film übertragen - die anderen Zähne berühren die Ränder der Perforationslöcher nicht.

Effektiver ist daher die Anordnung zweier nebeneinanderliegender Greiferzähne, durch die zusätzlich ein Verkanten des Films beim Transport verhindert wird. Diese Methode ist allerdings bei Schmalfilmgeräten, die häufig mit nur einseitig perforiertem Film arbeiten, nicht anwendbar.

Die Form der Greifer, ihr Bewegungsablauf sowie die Ausformung der Greiferspitze bereiten den Kamerakonstrukteuren immer wieder Kopfzerbrechen. Die Ergebnisse sind in jedem Falle Kompromisse zwischen der Anpassungsfähigkeit an unterschiedliche Filmsorten einerseits und Genauigkeit der Filmführung andererseits. Trickkameras, bei denen es auf allerhöchste Genauigkeit ankommt, sind daher oft mit auswechselbaren Greiferzähnen ausgestattet.

Viele Kameras haben einen zusätzlichen „Sperrgreifer“, der den Film während der Belichtungs- bzw. Betrachtungsphase genau in seiner Position festhält. Er dringt folglich erst dann in ein Perforationsloch ein, wenn der Transportgreifer den Transportvorgang beendet hat.

Neben dem Greifer gibt es noch einige andere Möglichkeiten, einen Film zu transportieren. Am bekanntesten ist das Malteserkreuz. Es besteht aus einer sich kontinuierlich drehenden runden Scheibe, die an einer Stelle eine Aussparung mit einem Schaltstift besitzt, der bei jeder Scheibenumdrehung in eine der Nuten (Vertiefungen) des Malteserkreuzes hineinläuft und das Kreuz um eine Vierteldrehung herumwirft. Anschließend läuft die Scheibe in der Rundung zwischen den Malteserkreuz-„Armen“ und hält dadurch das Kreuz solange fest, bis die Aussparung mit dem Stift wieder die nächste Nut erreicht. Die Sperrscheibe macht 24 oder 25 Umdrehungen in der Sekunde, so daß das Kreuz entsprechend oft um eine Vierteldrehung herumgeworfen wird. Auf der Welle des Malteserkreuzes befindet sich eine Zahnrolle mit 2 x 16 Zähnen, die den Film bei jeder Vierteldrehung um ein Bild weitertransportieren (beim Schmalfilm: 6 x 1 Zahn).

Diese Methode hat den großen Vorteil, daß sie sehr präzise ist und der Film dabei am besten geschont wird. Dies ist darauf zurückzuführen, daß der Film nicht nur mit mehreren Perforationslöchern gleichzeitig in den Zähnen der Schaltrolle liegt, sondern zusätzlich mit den Flächen zwischen den Perforationslöchern auf der Rolle aufliegt und dadurch mittels Reibung transportiert wird. Auf diese Weise verteilt sich der Transportdruck auf eine große Fläche. Ein Sperrgreifer wird überflüssig, da das

Malteserkreuz während der Belichtungs- und Betrachtungsphase von der Drehscheibe festgehalten wird. Der Nachteil der Malteserkreuz-Schaltung besteht darin, daß sie sehr laut ist und daher Tonaufnahmen stört.

Umlaufblende. Sie dient dazu, das Bildfenster immer dann zu verdunkeln, wenn der Film um ein Bild weitertransportiert wird. In den meisten Fällen wird dazu eine runde Scheibe benützt, aus der Sektoren ausgespart sind („Sektorenblende"). Die Umdrehungszahl der Sektorenblende ist mit dem Greifermechanismus bzw. mit dem Malteserkreuz kraftschlüssig gekoppelt, denn sie muß das Bildfenster völlig abgedunkelt haben, wenn der Transport des Films beginnt, und darf es erst wieder freigeben, wenn dieser völlig abgeschlossen und der Film zum Stehen gekommen ist. Dadurch nimmt die Dunkelphase mehr Zeit in Anspruch als eigentlich für den reinen Transport des Films erforderlich wäre. Man versucht daher, die Sektorenblende nach Möglichkeit in einem Kreuzungspunkt des Strahlengangs unterzubringen, da sie dort das für das gesamte Bild erforderliche Licht schlagartig unterbricht. Bei Kameras ist dies allerdings nicht machbar, weil die Umlaufblende hier zwischen Objektiv und Filmebene laufen muß und an dieser Stelle – insbesondere bei Weitwinkelobjektiven – sehr wenig Platz vorhanden ist. Außerdem dient die Sektorenblende bei den meisten Kameras zusätzlich als Spiegelträger für das Suchersystem.

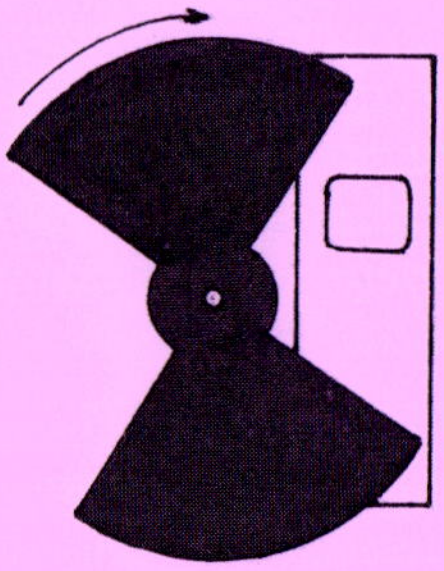

Abb. 77: Sektorenblende, die das Bildfenster immer genau zu dem Zeitpunkt abdunkelt, wenn der Film weitertransportiert wird.

Bei Projektoren wird die Sektorenblende in der Regel zwischen Lichtquelle und Filmebene untergebracht. Auf diese Weise schont man den Film, da durch die Sektorenblende unnötige Bestrahlung und Hitzeentwicklung von ihm ferngehalten werden.

Eine schnellere Verdunklung des ganzen Bildfensters erreicht man durch Walzenblenden. Eine Walzenblende besteht aus einer Blechtrommel, deren Wände zwei gegenüberliegende Aussparungen aufweisen. Sie dreht sich rechtwinklig zum Strahlengang und läßt immer dann Licht durch, wenn *beide* Aussparungen den Strahlengang freigeben. Beim Schließen tritt stets das vordere Blechteil von oben, das hintere gleichzeitig von unten in den Strahlengang ein, so daß der Verdunklungsvorgang viel schneller abgeschlossen ist. Die Walzenblende benötigt allerdings viel Platz, so daß sie in Kameras gewöhnlich nicht anwendbar ist.

Eine zweiflügelige Sektorenblende dunkelt das Bild zweimal bei jeder Umdrehung ab. Sie läuft daher mit 12 bzw. 12 1/2 Umdrehungen je Sekunde, während die Walzenblende 24 (25) Umdrehungen machen muß. Da sehr hell projizierte Bilder gelegentlich flimmern, wird bei manchen Projektoren der Hellsektor der Umlaufblende noch einmal unterbrochen. Das bedeutet zwar einen Lichtverlust, hat aber auch zur Folge, daß nicht nur 24 sondern 48 Lichtimpulse auf der Leinwand aufleuchten.

In vielen Kameras ist der Hellsektor der Sektorenblende verstellbar. Dadurch besteht die Möglichkeit, die Belichtungszeit der Einzelbilder zu verkürzen: Anstatt bei sehr hellem Aufnahmelicht die Irisblende zu schließen, kann man, ähnlich wie beim Fotoapparat, auch die Belichtung durch die Belichtungszeit regulieren. Dabei besteht allerdings die Gefahr, daß die Einzelbilder starker Bewegungen zu scharf wiedergegeben werden. Das Fehlen der Bewegungsunschärfe hat dann ein „Ruckeln" der Bewegung bei der Vorführung zur Folge.

Läßt sich die Sektorenblende bei laufender Kamera verstellen, kann man durch allmähliches Schließen während der Aufnahme eine Abblende (allmähliches Dunkelwerden) herstellen - umgekehrt natürlich auch eine Aufblende. (Ein Ab- oder Aufblenden mittels der Irisblende ist kaum möglich, da man meistens nicht weiß, bei welcher Blende auf dem Film keine Belichtung mehr erfolgt - wann also der Schwarzpunkt erreicht ist - und ob bei sehr kleiner Blendenöffnung überhaupt ein Schwarzpunkt erreicht wird. Außerdem ist die Belichtung bereits um die Hälfte vermindert, wenn die Blende nur um eine Stufe geschlossen ist.)

Vor- und Nachwickler. Die Einzelbildschaltung beschleunigt den Film 24mal in der Sekunde von 0 auf 90 cm/sek. Daß der Film dabei nicht einfach mit der gleichen Geschwindigkeit von einer bis zu 3 kg schweren Vorratsrolle heruntergezogen werden darf, ist durchaus logisch. Vielmehr muß eine Vorrichtung geschaffen werden, die den Film gleichmäßig, d.h. mit konstanter Geschwindigkeit, von der Vorratsrolle zieht. Diesen Zweck erfüllt eine Zahnrolle, die kraftschlüssig mit dem übrigen Transportmechanismus gekoppelt ist und beispielsweise beim Normalfilm mit ca. 45 cm/sek. Geschwindigkeit exakt die Filmmenge abzieht, die jeweils durch den Filmkanal läuft. *II 34 Filmgeber*

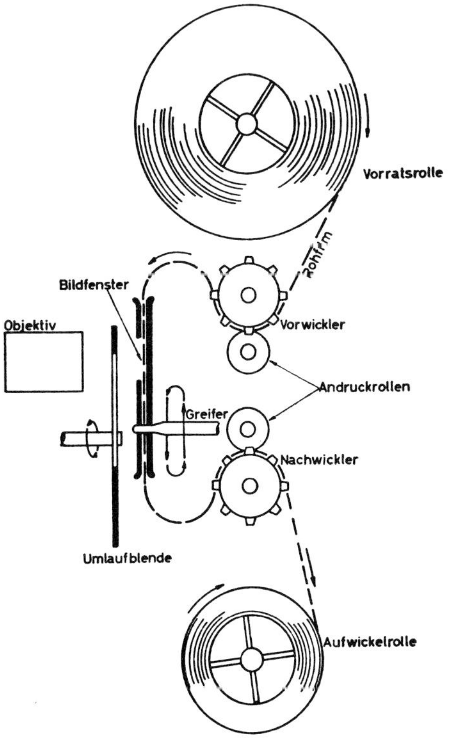

Abb. 78: Prinzip des Filmlaufwerks in Kameras, Projektoren und Schrittkopiermaschinen

Damit diese gleichmäßige Bewegung von 45 cm/sek. in eine „ruckhafte" Bewegung, deren Geschwindigkeit ständig zwischen 90 und 0 cm/sek. schwankt, umgesetzt werden kann, muß zwischen dieser „Vorwickler"-Zahnrolle und dem Filmkanal stets eine lockere Filmschlaufe bleiben.

Zahnrollen können unterschiedliche Durchmesser haben, an die sich der Film jeweils anpassen und dabei entsprechend gebogen werden muß. Kleine Durchmesser besitzen zudem den Nachteil, daß der Film sehr schräg auf die Zähne aufläuft. Dadurch müssen die Zähne stärker abgeschrägt werden und bieten daher dem Film weniger Halt.

Der Film würde jedoch ohne mechanische Hilfe nicht auf der Vorwicklerrolle liegen bleiben. Daher sind Vorwickler stets mit Andruckrollen oder anderen Vorrichtungen versehen, die sich zum Einlegen des Films abheben lassen. Alle diese Vorrichtungen berühren den Film natürlich nur an bild-unwichtigen Stellen.

Der Film muß nach Durchlaufen des Filmkanals natürlich wieder aufgewickelt werden. Die direkte Wirkung des Zugs der Aufwickelrolle auf den Film im Filmkanal würde jedoch weder dem Bildstand noch den Perforationslöchern gut bekommen. Daher ist zwischen Filmkanal und Aufwickelrolle eine weitere Zahnrolle angebracht, die die ruckweise Filmbewegung der Einzelbildschaltung wieder in eine genau dosierte gleichmäßige Bewegung umsetzt. Diese Zahnrolle, die gleichfalls eine Andruckvorrichtung besitzt, wird als Nachwickler bezeichnet. Ihre Funktionsweise entspricht genau der des Vorwicklers. Auch zwischen Filmkanal und Nachwickler muß wieder eine lockere Filmschleife gelassen werden.

Beherrscht man die Grundprinzipien der Filmlaufwerke, kann man jede Kamera, jeden Projektor und jede Kopiermaschine bedienen. Verwirrend ist allenfalls die Tat-

Abb. 79: Filmkamera mit offenem Gehäuse- und Kassettendeckel.
Vor- und Nachwickler befinden sich bei dieser Kamera im Kassettenmaul. Die Andruckplatte des Bildfensters ist geöffnet und man erkennt darin oben den zweizahnigen Transportgreifer, unten den einzahnigen Sperrgreifer.

sache, daß die einzelnen Grundelemente oft unterschiedlich angeordnet werden. So sind z.B. Vor- und Nachwickler bei manchen Geräten aus Gründen der Platzersparnis in einer größeren Zahnrolle vereinigt. Der Film läuft dann zuerst über diese Rolle, anschließend durch die obere Schleife, den Filmkanal, die untere Schleife und dann noch einmal an der Unterseite über dieselbe Zahnrolle, die in diesem Fall natürlich zwei Andrucksysteme besitzt.

Bei Kameras sind Vor- und Nachwickler häufig zusammen in der Filmvorrats-Kassette untergebracht. In diesem Falle ist die Kassette beim Aufsetzen auf die Kamera kraftschlüssig mit dem Antrieb gekoppelt und aus der Kassette ragt eine genau dosierte Filmschleife heraus, die zum Einlegen in den Filmkanal ausreicht.

Filmvorrat. Der Filmvorrat eines Apparates wird von einer Vorratsrolle abgewickelt und nach Durchlaufen des Gerätes wieder aufgewickelt. Eine 300-m-Rolle hat dabei am Anfang einen Umfang von etwa 80 cm und macht folglich bei einem Durchlauf von 45 cm/sek. Normalfilm weniger als 1/2 Umdrehung/sek. Zum Ende hin beträgt ihr Umfang nur noch etwa 20 cm, so daß sie jetzt mit der 4fachen Geschwindigkeit, d.h. mit etwa 2 Umdrehungen/sek. laufen muß. Das gleiche gilt auch für die Aufwickelrolle, nur eben in umgekehrter Weise. Der Antrieb der Aufwickelrolle darf also keinesfalls kraftschlüssig mit dem übrigen Laufwerk verkoppelt sein. Daher wird die Aufwicklung entweder von einem eigenen Motor vorgenommen, der bei langsamen oder schnellen Umdrehungen möglichst konstanten Zug auf den Film ausübt, oder sie ist durch eine Reibkupplung, eine „Friktion", mit dem Antrieb des Gerätes verbunden. Friktionen haben allerdings den Nachteil, daß sich die Zugkraft, die sie auf den Film ausüben, mit dem Rollendurchmesser ändert.

Ein weiteres Problem ergibt sich durch das Gewicht der jeweiligen Filmrollen. So kommt z.B. eine schwere Vorratsrolle nicht sofort zum Stehen, wenn das betreffende Gerät (wie dies bei Reportage-Kameras sehr häufig der Fall ist) ganz plötzlich angehalten wird, sondern läuft stets etwas nach, so daß sich zwischen Vorratsrolle und Vorwickler eine lockere Filmschleife bildet. Beim Anlaufen des Gerätes wird dann zunächst der in dieser Filmschleife enthaltene Filmvorrat aufgezehrt. In dem Augenblick aber, in dem die Schleife strammgezogen wird, müßte die Vorratsrolle eigentlich sofort, d.h. „ruckhaft" wieder anlaufen. Da dies aufgrund ihrer Gewichtsträgheit jedoch nicht möglich ist, reißen die Perforationslöcher am Vorwickler ein.

Bei der Aufwickelrolle liegen die Verhältnisse ähnlich. Läuft das Gerät ganz plötzlich an, dann gibt der Nachwickler sofort Film ab. Da die Aufwickelrolle aufgrund ihres Gewichts nicht genau zeitgleich anläuft, bildet sich auch in diesem Fall eine Filmschleife, die dann einen Augenblick später strammgezogen wird, wobei häufig die Perforationslöcher im Nachwickler ausreißen.

Abhilfe schaffen in beiden Fällen eine große Zahl technischer Hilfsmittel, wie z.B. Bremsvorrichtungen oder federnd gelagerte Umlenkrollen, die durch ihre Federkraft etwaige Schleifen vergrößern oder verkleinern und die Zugkraft zwischen Zahnrolle und Vorrats- bzw. Aufwickelrolle konstant halten.

Umlenkrollen. Bedingt durch die Bauart verschiedener Geräte ergibt sich häufig die Notwendigkeit, die Laufrichtung des Films zu verändern. Zur Platzersparnis und optimalen Verteilung des Gewichts werden Vorrats- und Aufwickelrolle oft nebeneinander angeordnet oder in Kassetten auf, an oder unter dem Kameragehäuse angebracht.

Beim Durchlaufen solcher Geräte muß der Film dann in eine andere Ebene, um Bauteile herum oder einfach in eine andere Richtung umgelenkt werden. Diesem Zweck dienen ungezahnte „Umlenkrollen", die meistens keine Andruckvorrichtung besitzen. Gewöhnlich haben sie eine ausgeprägte Seitenführung, die verhindert, daß der Film aus der Ebene herausläuft.

Geht es um die Beruhigung des Filmablaufs, wie beim Auf- und Abwickeln oder bei Tongeräten, dann sind die Wellen dieser Umlenkrollen oft beweglich an Federn angebracht. Dadurch können sie Filmschleifen unter konstanter Spannung halten.

Für bestimmte Reportagezwecke gibt es z.B. Kameras, die gleichzeitig Bild und Ton auf einen Streifen aufzeichnen. Vorführmaschinen für kombinierte Kopien können grundsätzlich Bild und Ton von einem Streifen abspielen. In beiden Fällen stellt sich das Problem, daß der Film (der „ruckweise" durch den Filmkanal transportiert wird) völlig gleichmäßig über den Lichtton- oder Magnetton-Kopf laufen muß. Da jedoch die Zähne des Nachwicklers in den Perforationslöchern des Films stets ein gewisses Spiel haben, wird sich immer ein wenig von der ruckweisen Bewegung der Einzelbildschaltung auf die Tonabspielung übertragen: Der Ton „jault".

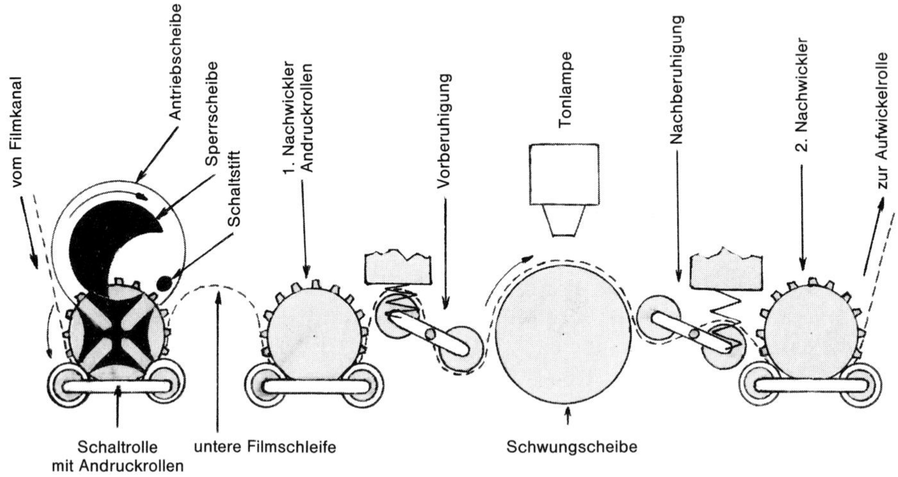

Abb. 80: Malteserkreuz-Schaltung und Filmführung für Ton

Abhilfe schafft in diesem Fall die zwischen Nachwickler und Tonkopf geschaltete „Vorberuhigung". Sie besteht in der Regel aus zwei gekoppelten, federnd angebrachten Umlenkrollen, die die Filmschleife zwischen Nachwickler und Tonkopf vergrößern oder verkleinern können. Sie pendeln sich mit einem ähnlich konstruierten Umlenkrollensatz aus, der zwischen dem Tonkopf und einem weiteren, vor der Aufwickelrolle angebrachten Nachwickler liegt. Bei der Tonabtastung läuft der Film dann über eine Schwungmasse, die die Laufgeschwindigkeit absolut konstant hält, während die Unregelmäßigkeiten des Filmlaufs zwischen den beiden Nachwicklern von der Vor- und der Nachberuhigung aufgefangen und ausgependelt werden.

Bild- und Tonaufzeichnung sollten, ebenso wie die Wiedergabe, synchron ablaufen, d.h. wenn die Lippen des Sprechers im Bild ein „p" bilden, dann sollte dieses gleichzeitig auch im Ton zu hören sein. Bildfenster und Tonkopf können sich jedoch nicht an derselben Stelle eines Filmgerätes befinden, da sich der Film im Bildfenster einzelbildweise weiterbewegt, beim Tonkopf hingegen kontinuierlich durchläuft. Damit aber kombinierte Filme in allen Apparaturen synchron ablaufen, beträgt der Abstand zwischen Bild und Ton immer 20 Bilder (beim Schmalfilm sind es 25 Bildfelder). Durch Vergrößern oder Verkleinern der unteren Filmschleife kann man die Synchronität allerdings beim Filmeinlegen verändern.

19. Antriebsmotoren

Für Kameras und andere Geräte gibt es eine große Anzahl verschiedener Antriebsmotoren. Man wählt sie dem jeweiligen Zweck entsprechend aus. Im folgenden werden die wesentlichen Merkmale beschrieben.

Federwerke. Sie haben den Vorteil, daß man mit ihnen von Stromquellen unabhängig ist (was auf Reisen sehr nützlich sein kann) und daß sich in ihnen keine elektrischen Funken bilden können. Kameras mit Federwerks-Antrieb kann man daher auch in explosionsgefährdeten Betrieben verwenden. Der Nachteil dieser Kameras besteht darin, daß sie nicht synchron mit Tonaufnahmegeräten laufen können und daß die Federwerke sehr häufig aufgezogen werden müssen. Sie neigen leider dazu, mitten in einer wichtigen Aufnahme stehenzubleiben.

Handregelmotoren. Sie werden gewöhnlich aus einem Akkumulator mit Gleichstrom gespeist. Ihre Laufgeschwindigkeit kann in weiten Grenzen durch Regelwiderstände verändert werden, so daß man mit ihnen Zeitlupen- und Zeitraffereffekte herstellen kann. Handregelmotoren können nicht synchron mit anderen Geräten laufen. Da ihre Laufgeschwindigkeit außerdem lastabhängig ist, ist sie nicht konstant genug, um über Pilotton eine Tonaufnahme zu steuern.

Selbstregelmotoren. Hierbei handelt es sich ebenfalls um Gleichstrommotoren, die aus Akkumulatoren gespeist werden. Ihre Laufgeschwindigkeit wird allerdings durch einen eingebauten Fliehkraftregler so konstant gehalten, daß man damit über den Pilotton eine Tonaufnahme steuern kann. Synchronlauf mit anderen Geräten ist allerdings nicht möglich.

Synchronmotoren. Sie werden durch einphasigen Wechselstrom oder dreiphasigen Drehstrom angetrieben und richten ihre Laufgeschwindigkeit genau nach den Phasen der Stromversorgung. Dadurch können sie mit anderen Geräten, die aus derselben Stromquelle gespeist werden, synchron laufen.

Besondere Synchronmotoren können so miteinander verkoppelt werden, daß ein Motor den anderen umdrehungsgenau steuert, und zwar vorwärts wie rückwärts („Interlock"). Geräte, die mit solchen Motoren angetrieben werden, laufen nicht nur geschwindigkeitssynchron, sondern auch startsynchron.

IV 8 Mischung
II 26 Synchronität

Quarzmotoren. Sie sind eine Kombination aus Selbstregel- und Synchronmotor, werden mit Batteriestrom betrieben und von einem Quarz gesteuert. Quarze haben die Eigenschaft, daß ihr Kristallgitter bei Anregung durch eine elektrische Wechselspannung auf einer sehr genau reproduzierbaren Frequenz schwingt. Diese Frequenz ist von Umweltbedingungen (Temperatur, Feuchtigkeit, Alter) nahezu unabhängig. Die Quarzschwingungen steuern den Motor mit hoher Präzision, so daß die Laufgeschwindigkeit völlig konstant bleibt. Die meisten Quarzmotoren können von 24 Bildern/sek. (Kinofilm) auf 25 Bilder/sek. (Fernsehen) umgeschaltet werden.

Die Besonderheit einiger Motoren besteht ferner darin, daß sie vorwärts und rückwärts laufen können. Das ist z.B. bei Trickaufnahmen bedeutsam. Bei rückwärts laufenden Kameras ist allerdings zu beachten, daß die Vorratsrolle in diesem Fall (rückwärts) angetrieben und die Aufwickelrolle gebremst werden muß.

III 12 Trick

20. Schwingungen

Schwingungen, d.h. sich periodisch wiederholende Vorgänge spielen in der uns umgebenden Natur eine allgegenwärtige Rolle. Tag- und Nachtablauf, der Wechsel der Jahreszeiten, die Mondphasen oder die Bewegung der Elektronen um den Atomkern - all dies sind periodisch wiederkehrende Vorgänge. Diese finden sich in der Natur auch bei komplizierten Steuersystemen, wie z.B. im Nervensystem von Insekten: Der rhythmische Flügelschlag wird hier von einem Untersystem sozusagen „automatisch" gesteuert, während die höheren Zentren nur noch Steuerimpulse für Flugrichtung etc. liefern.

Der folgende Versuch soll das Zustandekommen einer Schwingung veranschaulichen: Zunächst wird ein Gegenstand zwischen zwei gleichen, waagerecht angebrachten Spiralfedern befestigt. Will man diesen Gegenstand nun in Richtung der Federn bewegen, so ist dazu Energie erforderlich, da eine Feder zusammengedrückt, die andere hingegen gedehnt werden muß. Diese Energie wird zunächst durch die Federspannung gespeichert. Läßt man den Gegenstand los, wird die in den Federn gespeicherte Energie auf den Gegenstand übertragen, so daß dieser sich in Richtung auf seine Ausgangslage zu in Bewegung setzt.

Dort angelangt hat der Gegenstand jedoch die gesamte Spannungsenergie der Federn in Bewegungsenergie umgesetzt. Er ist so „in Schwung", daß er seine Bewegung fortsetzt und dabei wieder eine der Federn zusammendrückt, während er die andere dehnt. Dabei gibt er seine Bewegungsenergie so lange an die Federn ab, bis sie vollständig in Federspannung übergegangen ist. Von diesem Moment an wiederholt sich der Vorgang in umgekehrter Richtung.

Theoretisch könnte der Gegenstand jetzt immer und ewig zwischen den Federn hin- und herschwingen, da die einmal zugeführte Energie stets nur zwischen der Verformungsenergie der Federn und der Bewegungsenergie des Gegenstandes ausgetauscht wird. Praktisch wird jedoch ständig ein Teil der Energie durch Reibung des sich bewegenden Gegenstandes und dadurch, daß beim Spannen und Entspannen der Federn Wärme entsteht (innere Reibung) aufgezehrt. Der vom Gegenstand zurückgelegte Weg wird dadurch immer kleiner, die Schwingungsbewegung wird „gedämpft" und kommt schließlich ganz zum Erliegen.

Eine Eigenschaft dieses Systems ist allerdings höchst bemerkenswert: Es läuft immer mit einer genau bestimmten Geschwindigkeit ab. Die Periode der Hin- und Herbewegung ist durch die Eigenschaften des Gegenstandes (Masse) und durch die elastischen Eigenschaften der Federn eindeutig und unveränderlich festgelegt, sie wird in der Technik als „Frequenz" bezeichnet.

Der Versuch, unter ansonsten gleichen Voraussetzungen die Frequenz von Schwingungen zu erhöhen oder zu verringern, würde den Aufwand ganz erheblicher Energiemengen erfordern. Zur Erhöhung der Schwingungsfrequenz müßte der Gegenstand, um schneller seinen nächsten Wendepunkt zu erreichen, am Anfang seiner Bewegungsphase stärker beschleunigt werden, als dies durch die Federspannung allein erfolgt. Am Wendepunkt angekommen müßte man ihn jedoch abbremsen - d.h. die zusätzlich zugeführte Energie wieder vernichten -, damit er nicht über sein Ziel hinausschießt, wesentlich mehr Federspannung aufbaut und dann für den verlängerten Rückweg mehr Zeit benötigt.

Umgekehrt müßte man den Gegenstand, wenn er mit einer langsameren Frequenz schwingen soll, gleich am Anfang bremsen, damit er durch die Federspannung keine zu hohe Bewegungsenergie bekommt. Andererseits hätte er dann jedoch zu wenig Schwung, um für den Rückweg genügend Federspannung aufzubauen. Die dazu erforderliche Energie wäre demzufolge zusätzlich in das System einzubringen.

Die einzelnen Moleküle des Wassers oder der Luft sind zwar nicht zwischen Federn aufgehängt, sondern in der Masse ihrer Nachbarmoleküle eingebettet, dennoch verhalten sie sich unter diesen Umständen ähnlich wie unser schwingender Gegenstand. Wird ein Luftmolekül angestoßen, überträgt es die zugeführte Bewegungsenergie auf die Nachbarmoleküle, indem es sie anstößt. Es entsteht eine winzige Zone höheren Luftdrucks, die ähnlich wirksam wird, wie die Federspannung in unserem ersten Beispiel. Entsprechend entsteht auf der anderen Seite des bewegten Moleküls eine ebenso winzige Zone mit Unterdruck.

Die durch das erste Molekül angestoßenen Nachbarmoleküle haben die Tendenz, die aufgenommene Energie wieder abzugeben. Sie bewegen sich auf ihre Nachbarmoleküle zu und geben ihre Bewegungsenergie dort durch einen Stoß ab. Jedes Einzelmolekül bewegt sich dabei wie der Gegenstand zwischen den Federn, wobei sich der Bewegungszustand jedoch nach und nach auf alle Nachbarmoleküle überträgt. Die Schwingungsbewegungen breiten sich im Raum aus und werden nach einiger Zeit in größerer Entfernung wahrnehmbar. Genau in dieser Weise entsteht der Schall.

Da in diesem Falle die Packungsdichte der Luftmoleküle (= Luftdruck) der Federspannung in unserem ersten Beispiel entspricht, bleibt die Ausbreitungsgeschwindigkeit der Schwingungen unter gleichbleibenden allgemeinen Luftdruckverhältnissen auch stets genau dieselbe – sie beträgt unter normalen irdischen Bedingungen etwa 330 m/sek.

Die Art der Ausbreitung der Schwingungen läßt sich an einer glatten Wasseroberfläche gut beobachten, wenn man einen Stein ins Wasser wirft. In dem Augenblick, in dem der Stein die Wasseroberfläche durchdringt, verdrängt er die Wassermoleküle. Da sich Wasser nicht zusammendrücken läßt, können die Moleküle nur seitlich nach oben in den Luftraum ausweichen. Sie formen einen Wasserberg, werden aber unmittelbar darauf durch die Schwerkraft wieder auf ihre alte Position zurückgezogen.

Auch diese Auf- und Abschwingungen der Wassermoleküle übertragen sich auf die Nachbarmoleküle, so daß sie sich nach und nach über die Wasseroberfläche ausbreiten. Wir sehen sie als Wellen, wobei der Eindruck entsteht, als pflanzten sich diese Wellen über die Wasseroberfläche fort. Die Wassermoleküle selbst bleiben jedoch an Ort und Stelle - nur die vom Stein abgegebene Energie pflanzt sich fort.

So oder so ähnlich verhalten sich alle Schwingungen, die sich im Raum ausbreiten oder sich - wie elektrische Schwingungen - in Kupferleitungen o.ä. fortbewegen. Sich fortbewegende Schwingungen dieser Art nennt man daher stets „Wellen", auch wenn sie als solche - wie beim Schall - nicht sichtbar sind.

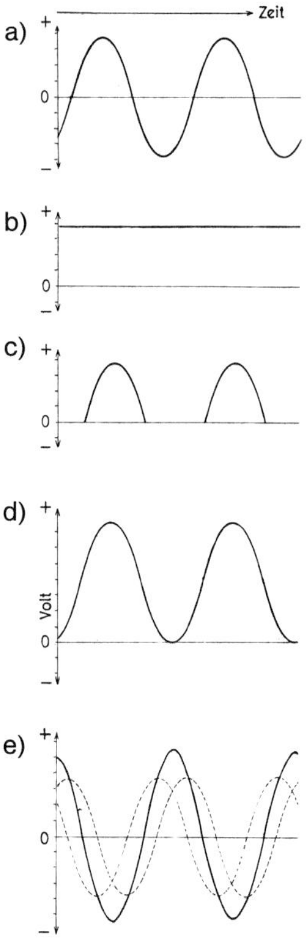

Abb. 81: Spannungsverläufe:
a) Wechselspannung („Sinusspannung“), bei der die Spannungsrichtung im gleichen Rhythmus wechselt.
b) Gleichspannung (erzeugt Gleichstrom).
c) Wechselspannung nach Passieren eines Gleichrichters: Es entsteht „Pulsierende Gleichspannung“.
d) Sinus-Gleichspannung.
e) Werden zwei unterschiedliche Spannungsarten - hier zwei phasenverschobene Wechselspannungen - zusammengeführt, addieren bzw. subtrahieren sie sich laufend, wobei eine neue Spannungskurve entsteht. Die aus den jeweiligen Spannungen entstehenden Ströme folgen mit einer winzigen Zeitverzögerung und nehmen in der Regel den gleichen Verlauf.

Unser Beispiel mit dem Gegenstand zwischen den zwei Federn läßt sich auch auf das Verhalten elektrischer Ströme und Spannungen übertragen, wobei die Ströme die Stelle der Bewegungsenergie einnehmen, Spannungen die der Speicherenergie. Ein Kondensator kann z.B. eine bestimmte Menge elektrischer Spannung, die ihm als Strom zugeführt wird, speichern. Ist er mit einer Spule verbunden, gibt er die gespeicherte Energie als Strom, der die Spule durchfließt, wieder ab. In der Spule entsteht dabei ein Magnetfeld. Dieselbe Spule kann - ähnlich wie die Spule in einem Dynamo - das Magnetfeld wieder in elektrischen Strom zurückverwandeln, der dann wieder in den Kondensator fließt und diesen auflädt. Das Ganze beginnt wieder von vorne. So entsteht in einem solchen „Schwingkreis“ eine elektrische Schwingung, deren Frequenz unabänderlich durch die Kapazität des Kondensators und die Windungszahl der Spule festgelegt ist. Andere Frequenzen können in diesem Schwingkreis nicht entstehen, und von außen zugeführte abweichende Frequenzen würden in ihm auch schnell ihren Energievorrat aufbrauchen. Ein elektrischer Schwingkreis wirkt daher auf elektrische Schwingungen anderer Frequenzen als „Sperrkreis“ oder „Filter“. Schwingkreise können zum einen dazu benutzt werden, bestimmte elektrische Frequenzen zu erzeugen und zum anderen dazu, um als „Filter“ aus einem Wellengemisch bestimmte Frequenzen auszuwählen und alle anderen zu sperren.

Auch elektrische Schwingungen breiten sich aus. Handelt es sich um einfache elektrische Ströme und Spannungen, können sie sich z.B. in metallischen Leitern fortpflanzen. Elektromagnetische Schwingungen - z.B. Radiowellen und Licht - sind bei ihrer Ausbreitung überhaupt nicht auf das Vorhandensein von Materie angewiesen und können sich mit 300 000 km/sek. fortbewegen. Da die Ausbreitungsgeschwindigkeit von elektromagnetischen Schwingungen konstant ist, werden die einzelnen Wellen (die durch die sich ausbreitenden Schwingungen entstehen) immer kürzer, je schneller der Schwingungsrhythmus ist. Man kann sich leicht ausrechnen, daß eine 1 km lange Welle, die sich mit 300 000 km/sek. fortpflanzt, 300 000 Schwingungen je Sekunde als Ursache haben muß. Man sagt in diesem Fall: Eine Wellenlänge von 1000 m entspricht einer Frequenz von 300 Kilohertz (kHz). Beim Hörfunk würde man auch von „Langwellen“ sprechen.

Der gesamte Hörfunkbereich erstreckt sich von ebendort bis zur „Ultra-Kurzwelle“ (UKW) mit bis zu 100 Millionen Schwingungen (100 Megahertz bzw. 100 MHz). Für die Übertragung von Fernseh-Bildsignalen benötigt man noch höhere Senderfrequenzen. Im VHF-Bereich („Very High Frequency“) sind das 45 - 68 MHz oder 174 - 230 MHz, im UHF-Bereich („Ultra High Frequency“) sind es 470 - 790 MHz.

Lichtwellen schwingen noch wesentlich schneller und sind entsprechend kürzer. Sie werden in milliardstel Metern („Nanometer“) gemessen. Licht von einem bestimmten Blau hat z.B. eine Wellenlänge von 400 nm = 400 milliardstel Metern oder 400 millionstel Millimetern. Das entspricht 750 000 000 000 000 Schwingungen je Sekunde. *II 1 Licht*

21. Schwingungsebenen

Schwingungen können unterschiedliche Bewegungsarten haben. Schallwellen bewegen sich, so wie im Beispiel des Gegenstandes zwischen zwei waagerechten Federn, in der Federachse hin und her. Diese Bewegung nennt man „Longitudinal-Schwingung“. Schwingung und Ausbreitung erfolgen in derselben Richtung.

Elektromagnetische Schwingungen verhalten sich etwas anders. Man könnte sich auch vorstellen, daß man den Gegenstand zwischen den beiden Federn nicht längs in Richtung der Federachse in Bewegung gesetzt hätte, sondern quer zu dieser Achse. Dann wären beide Federn immer gleichzeitig gespannt und entspannt worden, und der Gegenstand hätte Schwingungen quer zur Federachse ausgeführt. Diese Form nennt man „Transversal-Schwingung“.

So gesehen wird der Gegenstand sich auf einer geraden Linie hin- und herbewegen, die quer zur Federachse steht und diese meist im rechten Winkel kreuzt. Das muß aber nicht unbedingt so ablaufen. Man kann den Gegenstand auch so in Bewegung setzen, daß er gleichzeitig in zwei Richtungen schwingt. Dann wird er die Achse nicht mehr kreuzen, sondern kreisförmig oder ellipsenförmig um die Federachse herumschwingen.

Wenn aber die Schwingungen nur in einer Richtung verlaufen, nennt man sie „linear polarisiert“.

Sehr kurze, polarisierte Rundfunkwellen werden nur von solchen Antennen aufgenommen, die in der entsprechenden Richtung angeordnet sind. Daher werden Rundfunkwellen gleicher Frequenz, die in einer anderen Richtung schwingen, von der Antenne nicht aufgenommen.

Bei Lichtwellen ist es so, daß bestimmte transparente Kristalle (deren Moleküle systematisch gitterförmig angeordnet sind) Licht nur dann durchlassen, wenn es in der Gitterrichtung schwingt. Lichtstrahlen, die in einer anderen Richtung schwingen, werden wie von einem schwarzen Körper absorbiert. In der Fotografie nennt man diese Kristalle „Polarisationsfilter" oder kurz „Polfilter". Legt man zwei Polfilter so übereinander, daß die Kristallgitter parallel zueinander liegen, dann lassen sie das Licht in der entsprechenden Richtung durch. Legt man sie dagegen so übereinander, daß sich ihre Gitter kreuzen, werden sie völlig lichtundurchlässig.

Bei flüssigen Kristallen besteht die Möglichkeit, die Richtung des Molekülgitters durch Magnetfelder zu beeinflussen. Auch in diesem Fall kann man zwei Polfilter übereinander anordnen und eines davon durch Elektromagnete so steuern, daß seine Gitterrichtung einmal parallel, einmal kreuzweise zum anderen Polfilter verläuft, so daß die Anordnung einmal lichtdurchlässig, einmal lichtundurchlässig wird. Auf diese Weise erhält man eine elektrisch gesteuerte „Lichtschleuse" oder einen „Lichthahn".

II 25 Lichtton

22. Modulation

Bisher wurde stillschweigend davon ausgegangen, daß Schwingungen stets genau in gleicher Periode und in gleicher Intensität (= „gleiche Frequenz" und „gleiche Amplituden") verlaufen. In der Praxis ist dies bei Licht nur dann der Fall, wenn es sich um reine Spektralfarben handelt, wie sie z.B. von einem Laser erzeugt werden. Bei Tönen trifft dies nur auf die sogenannten „Sinustöne" zu. Meistens handelt es sich jedoch sowohl bei Schall- als auch bei Rundfunk- und Lichtschwingungen um recht komplizierte Gebilde.

Musikalische Klänge z.B. bestehen aus der Grundfrequenz, die für die Tonhöhe ausschlaggebend ist (440 Hertz für Kammerton „A"), und aus sogenannten „Obertönen", die die Klangcharakteristik ausmachen. An den Obertönen kann man erkennen, ob ein bestimmter Ton von einer Geige oder von einer Trompete gespielt wird. Die Schwingungskurven solcher Töne zeigen, daß die einzelnen Luftmoleküle dabei recht komplizierte Bewegungen ausführen.

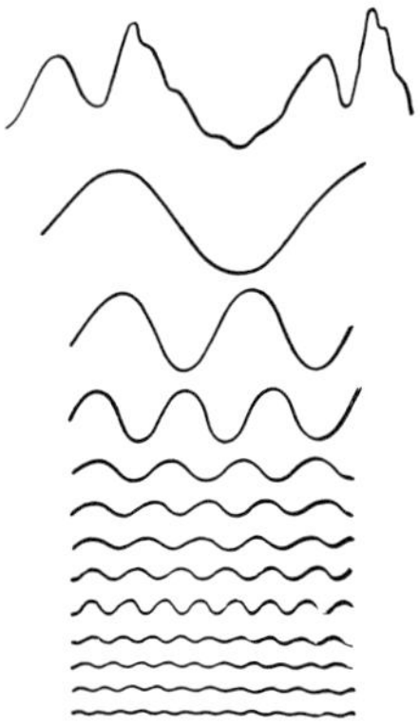

Abb. 82: Ganz oben: Orgelton. Darunter: Grundton des Orgeltons. Die übrigen Wellen sind überlagerte „Obertöne", die dem Grundton aufmoduliert sind und ihm seine Charakteristik verleihen.

Andere Schallereignisse wiederum bestehen aus mehr oder weniger ungeordneten Schwingungen. Wir bezeichnen sie je nach ihrer Zusammensetzung als „Rauschen" oder als „Geräusche" einer bestimmten Qualität. Auch Konsonanten wie z.B. „p" oder „s" bestehen aus ungeordneten Schwingungen, Vokale wie „a" oder „o" hingegen aus „modulierten" - also durch Obertöne identifizierbaren - Tönen.

II 16 Information

Bei Rundfunkwellen spricht man von „Trägerschwingungen" - elektromagnetischen Schwingungen, deren Frequenz und damit deren Wellenlänge für einen bestimmten Sender typisch sind und ihn von anderen Sendern unterscheiden. Sperrkreise in einem Empfangsgerät sorgen dafür, daß von dem uns umgebenden Wellengemisch nur die Frequenz eines bestimmten Senders durchgelassen wird.

Das eigentliche Signal - die Schallwellen des Hörfunkprogramms oder die Bildsignale des Fernsehprogramms - wird der Trägerschwingung aufgeprägt (= „aufmoduliert"). Dies kann nun auf verschiedene Weise erfolgen - z.B. durch „Amplitudenmodulation" (AM), d.h. die Trägerschwingung wird durch die Schwingung des Signals in ihrer Stärke (in ihrer „Amplitude") beeinflußt. Ein anderes Verfahren beruht darauf, daß sich die Frequenz der Trägerschwingung durch das aufmodulierte Signal ändert. Dabei spricht man von „Frequenzmodulation" (FM).

II 32 Magnetische Aufzeichnung

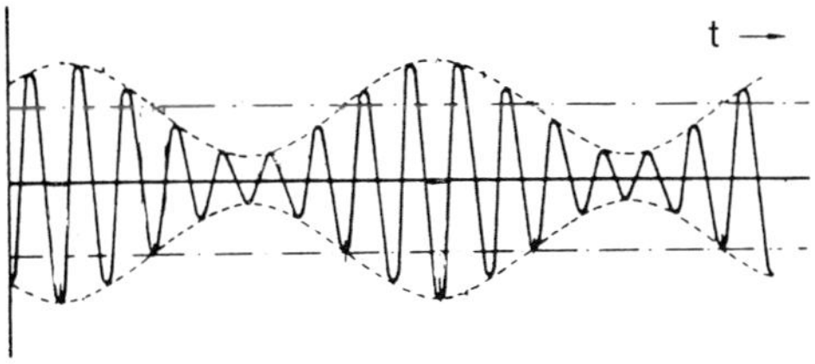

Abb. 83: Amplitudenmodulation („AM"). Die Signalwelle (gestrichelt) wird durch Veränderungen der Amplitude der gleichbleibenden Trägerschwingung (ausgezogene Linie) wiedergegeben.

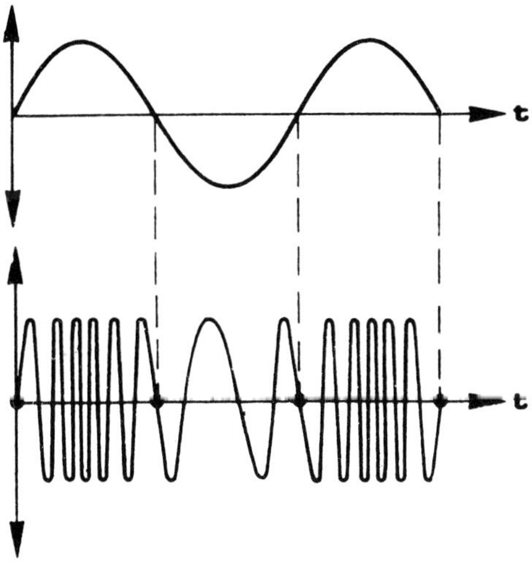

Abb. 84: Frequenzmodulation („FM"). Die Signalwelle (oben) wird durch Veränderungen der Trägerwellen-Frequenz wiedergegeben (unten).

Es leuchtet ein, daß eine Trägerschwingung um ein Mehrfaches schneller schwingen muß als das aufmodulierte Signal. Der Unterschied muß so groß sein, daß elektronische Anordnungen Träger- und Signalschwingungen voneinander unterscheiden und trennen können. Außerdem darf die Trägerschwingung die Form der Signalschwingung möglichst nicht beeinflussen. Je höher die Frequenz der Trägerschwingung ist, um so genauer bleibt die Form der Signale erhalten. Die höchste Frequenz, die eine Trägerwelle übertragen kann, nennt man „Bandbreite". Es leuchtet jedoch ein, daß die Grenze dieser Bandbreite nicht ganz genau zu bestimmen ist, da es dabei auf die Genauigkeit ankommt, mit der man die Form der Signalschwingungen erhalten will.

Schwingungen mit sehr hohen Trägerfrequenzen können mit anderen Schwingungen mit weit niedrigeren Frequenzen moduliert werden. Diese Schwingungen werden dann ihrerseits wieder mit Signalen moduliert. Die Bundespost benutzt dieses Verfahren, um über *eine* Leitung mehrere Telefongespräche zu übertragen. Auch der Fernsehton wird über eine solche Zwischenfrequenz (ZF) dem Fernsehsignal beigefügt.

II 31 Video-Signal

Abgesehen davon gibt es noch eine andere Art der Signalübertragung mittels Schwingungen:

Wenn wir den kreisförmig zwischen zwei Federn schwingenden Gegenstand (s. II/21) mit nur einem Auge (also nicht dreidimensional) genau aus der Schwingungsebene betrachten, sehen wir auch nur eine einfache, geradlinige Schwingung, deren Bewegungsablauf genau einer solchen geradlinigen Schwingung entspricht. Bewegen wir uns jetzt außen um den Kreis herum, sehen wir immer noch die gleiche geradlinige Schwingung, jedoch zeitlich leicht versetzt. Wenn wir uns um 180° um den Kreis herumbewegt haben, sehen wir die Bewegung genau gegenläufig.

Abb. 81 e

In ähnlicher Weise könnte man sich zwei genau gleiche Schwingungen vorstellen, die von einer kreisförmigen Schwingung - jedoch mit unterschiedlichem „Phasenwinkel" - abgeleitet wurden. Sie wären wohl genau gleich in der Frequenz, jedoch zeitlich gegeneinander versetzt, so daß vielleicht einmal beide Wellen genau zur Deckung kommen, ein anderes Mal Wellenberg auf Wellental trifft. Alle Zwischenstufen sind natürlich ebenso möglich. Den Grad der Verschiebung nennt man „Phasenlage", die dann auch in Winkelgraden angegeben wird. Durch den Vergleich der Phasenlagen zweier Schwingungen gleicher Frequenz kann man Daten übermitteln. Beim Farbfernsehen wird in dieser Weise das Farbsignal übertragen.

II 31 Video-Signal

Unverhältnismäßig viel leistungsfähiger als Träger sind die äußerst schnellen Schwingungen der Lichtwellen. Blaues Licht schwingt z.B. mit vielen Millionen MHz. Diese „Bandbreite" reicht aus, um durch Zwischenträgerfrequenzen (ZF) viele dutzend Fernsehprogramme gleichzeitig zu übertragen. Dazu muß man natürlich Lichtwellen benutzen, die nur aus *einer* Frequenz bestehen, d.h. extrem „spektralreine" Farben. Lichtwellen dieser Art werden von einem Laser erzeugt. Sie haben außerdem den Vorteil, daß für die Übertragung keine Kupferkabel sondern Glasfasern benötigt werden. Diese Übertragungstechnik wird in Zukunft breiten Raum einnehmen.

III 30 Zukunft

23. Sonderformen

Bisher wurde davon ausgegangen, daß sich Schwingungen als sinusförmige Wellen fortpflanzen. Die Form der Wellen kann jedoch durch äußere Einflüsse verändert werden - durch Überlagerung anderer Schwingungen, durch elektronische Bauteile (Dioden, Transistoren, Kondensatoren, Stromleitungen etc.) oder auch dadurch, daß die Amplitude (= Schwingungsweite) einer Trägerschwingung nicht dazu ausreicht, die Amplitude eines Signals aufzunehmen. Im letzten Fall spricht man von „Übersteuerung".

Von solchen „Verzerrungen" abgesehen, gibt es auch absichtlich herbeigeführte Veränderungen der Wellenform, z.B. die sogenannte „Sägezahnschwingung", die zum

Steuern des Elektronenstrahls in der Fernsehröhre gebraucht wird, oder die sogenannten „Rechteckschwingungen“. II 29 *Ablenkung*

Solche „Rechteckimpulse“ sind z.B. die Synchronimpulse des Fernsehsignals, die, wenn die Bildzeilenabtastung auf den Anfang zurückgeführt werden soll, im Empfänger die Entladung des Kondensators herbeiführen. II 31 *Video-Signal*

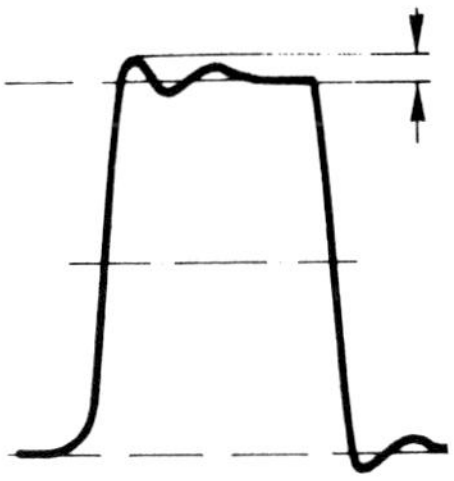

Abb. 85: Spannungsverlauf in einem „Rechteck“-Impuls

Für sinusförmige Impulse ist es charakteristisch, daß sie nur sehr geringe Leistungsmengen benötigen. Dieselben Gesetzmäßigkeiten (u.a. die der Trägheit) gelten für Rechteckimpulse. In ihrem Fall bedeutet dies, daß die Moleküle oder die Stromflüsse immer ganz plötzlich in unendlich schnelle Bewegung versetzt werden, da die senkrechte Flanke eines Rechteckimpulses nichts anderes bedeutet, als daß sich (beim Schall) ein Luftmolekül unendlich schnell in eine andere Position begeben hat oder daß sich (bei elektrischen Potentialen) ein elektronisches Bauteil unendlich schnell auf- oder entladen hat. In der Praxis ist dies natürlich nicht durchführbar.

Die plötzliche Bewegung benötigt im Vergleich zur Sinusschwingung eine vielfach größere Leistung, und je größer die zugeführte Leistung ist, um so steiler ist auch die Flanke des Rechteckimpulses. Nur: Eine ideale Rechteckform wird dieser Impuls nie erreichen, seine Flanke wird vielmehr immer die Form besitzen, die auch ein Sinusimpuls von sehr hoher Frequenz hätte. Je größer die zugeführte Leistung ist, desto höher ist der Anteil von Schwingungen mit hoher Frequenz.

24. Interferenz und Stroboskop-Effekt

Treffen zwei Wellen gleicher Frequenz und gleicher Amplitude zeitlich versetzt so zusammen, daß die Berge der einen Welle genau mit den Tälern der anderen Welle zusammentreffen, dann heben sich an jedem Punkt der Wellen die Energiezustände (Potentiale) gegenseitig auf, d.h. die beiden Wellen heben sich gegenseitig auf.

Treffen andererseits zwei Wellen gleicher Frequenz und gleicher Amplitude so zusammen, daß dabei Wellenberg auf Wellenberg und Wellental auf Wellental trifft, dann addieren sich diese Wellen und werden dadurch verstärkt.

Bei der Informationsübertragung durch „Phasenmodulation“, d.h. durch Wellen mit zeitlichem Versatz, kann die Empfängerseite aus diesem wechselweisen Abschwächen und Verstärken der Energie die übertragene Information entnehmen. Ein mit der Phasenmodulation vergleichbarer Effekt tritt auf, wenn zwei Wellen aufeinandertreffen, die sich in ihrer Frequenz nur wenig voneinander unterscheiden. In diesem Fall wechseln sich Phasen der Abschwächung und der Verstärkung in einem festen Rhythmus ab. Das Ergebnis ist eine neue, sehr langsame Frequenz. Dieser „Stroboskop-Effekt“ kann in manchen Fällen unerwünschte Auswirkungen haben. So z.B. wenn eine Filmkamera mit 25 Bildern/sek. ein drehendes Rad aufnimmt, dessen Speichen immer so stehen, daß sich während der Belichtung stets an derselben Stelle eine Speiche befindet. Dies ist dann der Fall, wenn a) ein Rad mit 25 Speichen 1 Umdrehung, b) ein Rad mit 5 Speichen 5 Umdrehungen oder c) ein Rad mit 1 Speiche 25 Umdrehungen pro Sekunde macht. Jedes dieser Räder scheint auf der Filmaufnahme stillzustehen, da jedes Einzelbild des Films eine Speiche in gleicher Position zeigt (obwohl es sich in Wirklichkeit natürlich immer um andere Speichen desselben Rades handelt). Dreht sich das betreffende Rad geringfügig langsamer oder schneller als zuvor angegeben, dann scheint es sich auf dem Film langsam rückwärts bzw. vorwärts zu drehen.

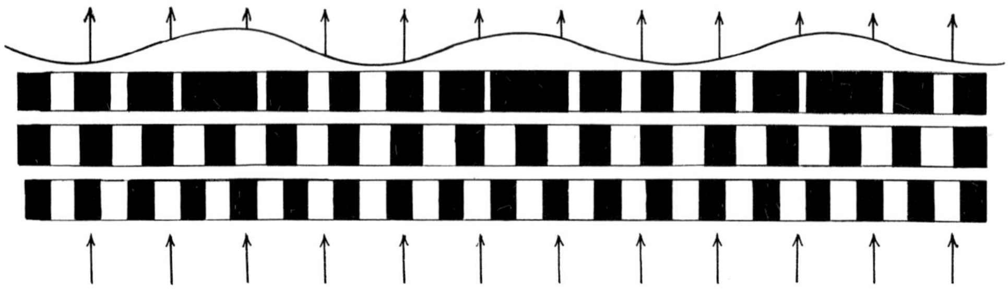

Abb. 86: Interferenz (Stroboskop), hier am Beispiel von übereinandergelegten Hell-Dunkel-Rastern unterschiedlicher Frequenz. Das von beiden gemeinsam durchgelassene Lichtraster bildet eine neue, langsamere Frequenz.

Stroboskopische Effekte treten auch auf, wenn mit einer Filmkamera ein Fernsehbild aufgenommen werden soll. Das Rückführen des Elektronenstrahls an den Anfang einer neuen Zeile erscheint auf dem Film als dunkler waagerechter Balken, der sich langsam nach oben oder nach unten durch das Bild bewegt, je nachdem, ob die Kamera ein wenig langsamer oder schneller läuft als der Bildwechsel auf dem Fernsehschirm.

II 26 Synchronität

Bei Plattenspielern wird die Laufgeschwindigkeit häufig durch ein Stroboskop kontrolliert. Ein am Plattenteller angebrachtes, genau berechnetes Schwarz-Weiß-Raster wird von einer Glimmlampe beleuchtet, die mit der 50-Hz-Frequenz des Stromkreises 50mal pro Sekunde an- und ausgeht. (Für das menschliche Auge ist dieses An- und Ausgehen nicht erkennbar.) Hat der Plattenspieler die richtige Laufgeschwindigkeit, so scheint das Schwarz-Weiß-Raster stillzustehen.

Lichtwellen können durch Interferenz neue Frequenzen, bei Licht demzufolge Farbeffekte erzeugen. Dies wird bei mikroskopisch dünnen Schichten, in denen Lichtwellen hin- und herreflektiert werden und dadurch mit sich selbst interferieren, für Farbfilterwirkungen ausgenutzt.

II 5 Interferenzschichten

Das Beispiel mit der Filmkamera und dem sich drehenden Speichenrad macht deutlich, daß nicht nur gleiche oder fast gleiche Frequenzen miteinander interferieren, sondern auch solche, die sich um ein Vielfaches unterscheiden (z.B. 25 Hz und 50 Hz).

Interferieren zwei Wellen mit nahezu gleicher Frequenz miteinander, so kann dabei eine neue Welle entstehen, mit einer Schwingungszahl ähnlich der Signalfrequenz. Beim Ton ist in diesem Fall ein Brummen oder Pfeifen zu hören, beim elektronischen Bild entstehen Streifen oder ein Moiré-Muster.

25. Lichtton

Als technisches Verfahren für den Filmbegleitton wird auch heute noch häufig das Lichtton-Verfahren angewendet. Es hat den Vorteil, daß Bild und Ton beim Herstellen von kombinierten Filmkopien in einem Arbeitsgang kopiert werden können. Magnetspuren auf dem Filmrand liefern zwar eine bessere Tonqualität - insbesondere, wenn die Spur mehr als 2 mm breit und wenn die Laufgeschwindigkeit des Films hoch genug ist - , haben aber den Nachteil, daß für ihre Fertigstellung einige zusätzliche Arbeitsgänge erforderlich sind: Auf jede einzelne Vorführkopie muß nach der Bildkopierung und Entwicklung der Ton vom gemischten „Mutterband" elektrisch überspielt werden.

II 13 Kopieren

IV 4 Tongestaltung

Abb. 87: Vorführkopie mit Lichttonspur, „Variable Area" = „Amplitudenschrift". Im oberen Teil kann man erkennen, daß die Tonspur seitlich schwarz abgedeckt wurde. Dies geschieht, um an geräuscharmen Stellen die Lichtdurchlässigkeit und damit das durch Filmkorn, Staub oder Kratzer verursachte Rauschen zu verringern. Die „Klarton-Blende" öffnet sich automatisch, sobald wieder größere Lautstärken wiedergegeben werden.

II 32 Magnetische Aufzeichnung

IV 8 Mischung

In den Anfangsjahren des Tonfilms bis zur Einführung des Magnettons wurden alle Tonaufnahmen direkt auf Lichtton-Negative aufgenommen. Kopien von diesen Lichtton-Negativen wurden geschnitten und auf ein neues Ton-Negativ gemischt. Heute werden alle diese Arbeitsgänge auf Magnetband ausgeführt, und erst das fertig gemischte Cordband wird dann auf ein Ton-Negativ überspielt.

II 22 Modulation

Die Umwandlung von elektrischen Tonschwingungen in optisch-fotografische Aufzeichnungen geschieht durch „Lichthähne" - Einrichtungen, die im Rhythmus der Tonschwingungen unterschiedliche Lichtmengen zu einem schmalen Spalt durchlassen, unter dem der lichtempfindliche Film durchläuft. Auf diese Weise entsteht eine belichtete Spur, deren Breite (= ca. 2 mm) der Länge des Tonspalts entspricht.

Bei den Lichthähnen handelt es sich in der Regel um Abdeckungen, die im Rhythmus der Tonschwingungen hin- und herbewegt werden und dadurch größere oder kleinere Teile des Lichtspalts freigeben. Auf dem darunter vorbeilaufenden Film werden entsprechend größere oder kleinere Flächen geschwärzt („Variable Area").

Abb. 88: Lichtton-Sprossenschrift.
Unser Beispiel stammt aus dem Jahr 1924. Damals ließ das Bildfenster des Stummfilmformats zwischen Bild und Perforation keinen Platz für eine Tonspur. Deshalb wurde vorübergehend der 35-mm-Film auf 42 mm für eine Tonspur außerhalb der Perforation verbreitert.

Weniger gebräuchlich ist ein Verfahren, bei dem stets die volle Breite des Spalts ausgeleuchtet wird, die Lichtintensität jedoch im Rhythmus der Tonschwingungen wechselt („Variable Density"). Dadurch entsteht die sogenannte „Sprossenschrift", bei der die Schallschwingungen wie Leitersprossen als Streifen unterschiedlicher Schwärzung auf der Spur angeordnet sind.

III 5 Kopierwerk

Ton-Negative werden in der Kopiermaschine durch ein separates Lichtfenster kontinuierlich auf die Filmkopien aufkopiert. Beim Verkleinern des Formats - etwa von 35 mm auf 16 mm - muß natürlich auch die Tonspur verkleinert werden. Dies geschieht entweder durch optische Verkleinerung oder durch normales Abspielen des Ton-Negativs und elektrische Verwandlung in einen neuen Lichtton für das neue Format.

II 17 Farbe

Ton-Negative bestehen selbstverständlich immer aus schwarz-weißen Silberbildern. Beim Herstellen von kombinierten Farbkopien wird normalerweise auch die Tonaufzeichnung beim Entwickeln in ein Farbstoffbild verwandelt. Dabei verlieren die Konturen der Tonschwingungen etwas von ihrer Schärfe, wodurch die Tonqualität beeinträchtigt wird. Daher benutzt man in diesen Fällen zum Kopieren des Tons farbiges Licht. Der Ton wird dadurch nur in der oberen Farbfilmschicht, also Blau, aufgezeichnet. Die Konturen sind dort schärfer, und durch die geringere Dichte wird auch der Kontrast zwischen hellsten und dunkelsten Amplitudenstellen weniger stark. Er kann von der Fotozelle besser verarbeitet werden.

Bei einem anderen Verfahren wird auf dem Film nur die Tonspur durch eine flüssigkeitsabweisende Schicht bedeckt, und zwar sobald sie aus der Entwicklung kommt und noch bevor sie das Bleichbad erreicht. Die Tonaufzeichnung bleibt dann als Silberbild erhalten. Allerdings dürfen sich auf der Tonspur keine Farbstoffe bilden.

Beim Abspielen von Lichtton-Kopien wird die Tonspur wieder von einem möglichst schmalen Lichtspalt durchleuchtet. Das durchfallende Licht fällt auf eine Fotozelle. Diese verwandelt das - im Rhythmus der aufgezeichneten Schallschwingungen in der Helligkeit wechselnde - Licht in elektrische Schwingungen, die dann verstärkt und in Lautsprechern hörbar gemacht werden.

Da in Filmprojektoren das Bild schrittweise weitergeschaltet wird und der Film sich dazu im Bildfenster - grob ausgedrückt - ruckweise fortbewegt, der Ton jedoch in dieser Weise nicht abgetastet werden kann, liegt der Abtastspalt in allen Filmgeräten ein Stück unterhalb vom Bildfenster an einer Stelle, an der der Film wieder ganz ruhig und ohne zu „rucken“ läuft.

II 18 Beruhigung

Die Schwierigkeiten des Lichtton-Verfahrens bestehen darin, daß die Steuerung des Aufnahme-Lichthahns bei den meisten Verfahren mechanisch erfolgt. Entweder werden kleine Keile über dem Spalt hin- und herbewegt, oder ein Lichtstrahl wird durch einen winzigen Spiegel hin- und hergelenkt („Spiegel-Oszillograph“). In beiden Fällen muß eine (wenn auch sehr kleine) Masse bewegt werden. Durch die Trägheit dieser Masse bleibt es nicht aus, daß es bei Schwingungen bis zu Frequenzen von 15 000 Hz zu Verzerrungen der Amplituden kommt.

Normalfilm läuft mit 0,45 m/sek. durch den Projektor - Schmalfilm mit 0,18 m/sek. Gehen wir von einem Auflösungsvermögen des Filmmaterials von 100 Linien/mm aus, dann könnte der Lichtton auf Normalfilm 45 000 Schwingungen/sek., auf Schmalfilm immerhin noch 18 000 Schwingungen/sek. auflösen. Diese Auflösung wird in der Praxis nicht erreicht, da

- der Lichtspalt sowohl bei der Aufnahme, als auch bei der Wiedergabe breiter als 1/100 mm ist,
- innerhalb der Filmschicht das Licht des Spalts gestreut wird und dadurch Unschärfen entstehen, *II 16 Information*
- weitere Unschärfen durch Kopiervorgänge entstehen. *II 13 Kopieren*

Alle diese Faktoren führen zu Verfälschungen - Verzerrungen - der ursprünglichen Schwingungen.

Da die optische Aufzeichnung aus unterschiedlich großen Silberkörnern (oder deren Farbspuren) besteht, können große Silberkörner - ebenso wie Staub oder Schrammen auf dem Film - von der Fotozelle registriert werden. Sie werden als „Kornrauschen“ hörbar. Kornrauschen macht sich in erster Linie in den hellen Stellen der Tonspur, d.h. an leisen oder geräuschlosen Stellen bemerkbar. Eine elektronische Einrichtung, die bei kleinem Tonpegel den Tonspalt im Aufzeichnungsgerät seitlich teilweise abdeckt und dadurch in der Kopie die Dunkelfläche vergrößert („Klarton-Blende“), soll diesen Effekt abmildern. In jedem Falle ist jedoch der Störabstand beim Lichtton schlechter als beim Magnetton.

II 16 Information

26. Synchronität

IV 10 Schnitt-Technik

Synchronität heißt Gleichzeitigkeit. Sie spielt bei allen Film- und Fernsehtechniken eine große Rolle. So z.B. auch bei der Aufnahme und Wiedergabe von Bild und Ton: Die optisch sichtbaren Lippenbewegungen eines Sprechers müssen mit den akustisch hörbaren Sprechgeräuschen zeitlich übereinstimmen.

Technisch gesehen sind zur Herstellung von Synchronität zwei Voraussetzungen zu erfüllen:

II 19 Motoren

- Bild und Ton müssen exakt zur gleichen Zeit einsetzen. D.h. es genügt nicht, wenn beide mit genau der gleichen Geschwindigkeit ablaufen, entscheidend ist auch, daß sie genau zeitgleich oder genau an derselben Stelle zu laufen beginnen. In der Praxis nennt man diesen Aspekt der Synchronität „synchron einstarten".
- Bild und Ton müssen mit genau der gleichen Geschwindigkeit ablaufen. Es nützt nichts, wenn beide am Anfang einer Darbietung synchron sind, sich jedoch im weiteren Verlauf zeitlich immer weiter auseinanderbewegen und dadurch „asynchron" werden.

Zum „Einstarten" von Bändern verschiedenster Art - z.B. beim Film von Bild und Ton oder von zwei Bildaufnahmen, die ineinander überblendet werden sollen, sowie von MAZ-Bändern zum elektronischen Schnitt - gibt es eine Anzahl verschiedener Verfahren.

Abb. 142

Das älteste und einfachste Verfahren ist das Anbringen von „Synchronmarken" auf den zusammengehörenden Streifen oder auf Startbändern, die der eigentlichen Aufzeichnung vorauslaufen. Synchronmarken auf Tonbändern können zum Einlegen in einer Abspielmaschine sichtbar als gemalte Startkreuze oder als Aufkleber angebracht sein. Wenn allerdings Synchronpunkte im Ton - wie bei einer Mischung - beim Überspielen auf andere Tonbänder übertragen werden sollen, dann müssen sie als akustische Signale der eigentlichen Schallaufzeichnung vorauslaufen oder ihr folgen. Als akustische Signale benutzt man in der Regel „Piepser" von 1/25 sek. Dauer.

Bei Bild- und Tonaufnahmen für den Film wird vor oder nach der Aufnahme des eigentlichen Ereignisses vor der Kamera eine „Synchronklappe" geschlagen, auf der lesbar die Einstellungsnummer steht, die dann auch akustisch für die Tonaufzeichnung angesagt wird. Anschließend wird die „Klappe geschlagen". Das Zusammenschlagen der beiden Klappenteile ist im Bild deutlich sichtbar - der dabei entstehende Knall im Ton hörbar. Auf diese Weise werden auf dem Bildfilm und auf dem Tonband Synchronpunkte markiert.

Während der Schnittarbeiten müssen Startbänder und Klappen natürlich von den einzelnen Einstellungen abgeschnitten werden. Im Schneideraum hilft man sich dann weiter, indem man z.B. mit einem Fettstift Synchronmarken auf Bild- und Tonstreifen anbringt. In größeren Filmbetrieben können längere Folgen synchron aneinandergeklebter Bild- und Tonstreifen in Numeriermaschinen auf dem Filmrand mit fortlaufenden Zahlen versehen werden. Dadurch besteht später die Möglichkeit, in jeder Phase der Schnittarbeit die Synchronpunkte (gleiche Zahlen) von Bild und Ton wieder zusammenzufügen.

Bei einem modernen Verfahren werden Synchronmarken bereits bei der Aufnahme durch Aufzeichnen eines Zeitcodes auf Bild und Ton angebracht. Die Filmkameras und Tonaufnahmegeräte werden zu diesem Zweck mit ganz genau funktionierenden

Quarzuhren ausgerüstet, die binär codierte Zeitsignale in Form von Impulsen auf den Filmrand aufbelichten bzw. als Magnetimpulse auf einer separaten Spur des Tonbandes aufzeichnen. Zu Beginn eines Arbeitstages müssen alle bei den Aufnahmen eingesetzten Kameras und Tongeräte auf eine beliebige Anfangszeit eingestartet werden. Dieses Einstarten erfolgt durch eine kurzzeitige Kabelverbindung der Geräte mit einer „Mutteruhr". Wählt man dazu die reale Uhrzeit, so hat das den Vorteil, daß man Ereignisse wie z.B. ein Tor beim Fußballspiel später am Schneidetisch in Bild und Ton ohne lange Verzögerung finden kann, vorausgesetzt, man hat sich den Zeitpunkt gemerkt, zu dem das betreffende Ereignis stattfand.

III 30 Zukunft

IV 3 Kamera-Arbeit

Der Zeitcode beim Film (der sich vom Zeitcode der MAZ unterscheidet) kann Tag, Monat, Jahr, Stunde, Minute, Sekunde und die Kameranummer registrieren. Das bedeutet, daß in jeder Sekunde einmal die gesamte Informationsmenge aufgezeichnet wird. Es können jedoch nicht - wie bei der MAZ - die einzelnen Bilder gezählt werden.

Zeitcodes haben beim Film folglich die Funktion häufig wiederkehrender Synchronmarken. Zur Regelung des geschwindigkeitsmäßigen Gleichlaufs, z.B. von Bild und Ton, sind sie jedoch nicht geeignet.

Die Arbeit am Schneidetisch wird indessen durch den Zeitcode erheblich erleichtert. Außerdem kann bei der Aufnahme das lästige Klappenschlagen, das einen zusätzlichen Aufwand an Filmmaterial bedeutet und insbesondere bei dokumentarischen Aufnahmen oft den unbefangenen Ablauf der Ereignisse vor der Kamera stört, entfallen. Bei szenischen Produktionen genügt es, die genaue Uhrzeit einer Aufnahme schriftlich festzuhalten, damit später beim Schnitt vorsortiert werden kann.

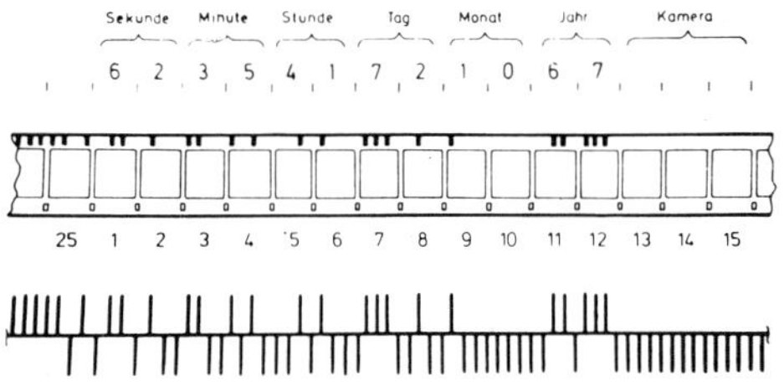

Abb. 89: Auf 16-mm-Schmalfilm aufbelichteter Zeitcode zum sekundengenauen Auffinden von Synchronpunkten

Die Verwendung des Zeitcodes hat selbstverständlich nur dann einen Sinn, wenn der Schneidetisch mit einem entsprechenden Lesegerät und einem Prozeßrechner ausgestattet ist. Die optischen oder magnetischen Impulse werden dann vom Filmrand oder vom Cordband abgetastet und in eine optische Anzeige der Uhrzeit zurückverwandelt. Die Abtasteinrichtung muß die Impulse sowohl im normalen Vorwärts- als auch im Rückwärtslauf und außerdem im Schnellauf - also mit stark erhöhter Impulsfrequenz - richtig auslesen können. All dies erfordert natürlich einigen Aufwand an elektronischer Schaltungstechnik.

Der angeschlossene Prozeßrechner kann den Lauf des Schneidetisches vorwärts und rückwärts, schnell und langsam steuern. Er kann z.B., je nach Befehlseingabe, das Tonband vorwärts oder rückwärts anlaufen lassen und es in dem Augenblick wieder stoppen, in dem es den gleichen Synchronpunkt des gerade vorliegenden Bildes erreicht hat. Mit anderen Worten: Durch den Prozeßrechner besteht die Möglichkeit, Bild und Ton automatisch synchron anzulegen.

Man kann auch den Zeitcode einer bestimmten Einstellung eingeben, und der Schneidetisch wird daraufhin Bild und Ton „automatisch" auf den Anfang der betreffenden Einstellung laufen lassen.

Der geschwindigkeitsbedingte Gleichlauf von Bild und Ton (oder auch von Bild und Bild) wirft ganz andere technische Probleme auf und erfordert andere Maßnahmen als die Übereinstimmung einzelner Synchronpunkte. So sind z.B. noch Filmkameras in Gebrauch, deren Laufgeschwindigkeit durch fliehkraftgeregelte Gleichstrommotoren konstant gehalten wird. Bei kraftschlüssiger Koppelung einer solchen Kamera mit einem Tonaufnahmegerät für perforierten Magnetfilm, können Bild- und Tonaufnahme synchron werden. Eine solche mechanische Koppelung ist jedoch äußerst unpraktisch, da sie das Gerät unförmig und unbeweglich macht.

Aus diesem Grund wurde eine elektrische Koppelung eingeführt, die in etwa so funktioniert, daß die Kamera beim Laufen einen schwachen Wechselstrom von ca. 50 Hz erzeugt. Diese Frequenz kann den Lauf des Tonaufnahmegeräts so steuern, daß das perforierte Tonband mit genau der gleichen Geschwindigkeit läuft, wie auch der Film in der Kamera. Läuft die Kamera nun z.B. um eine Spur zu langsam und gibt der Pilotton der Kamera dadurch nur eine Frequenz von 49 Hz ab, dann verringert sich auch die Laufgeschwindigkeit des perforierten Tonbands entsprechend.

Da Bandspieler für perforiertes Tonband ebenfalls recht schwer und umständlich zu transportieren sind, hat man eine bequemere Lösung gesucht: Auf einem wesentlich leichteren Schmalspur-Tonbandgerät wird gleichzeitig mit dem „Nutzton" der Pilotton der Kamera aufgezeichnet. Dieser Pilotton wird von zwei sehr schmalen Magnetköpfen gegenphasig über die Nutztonspur gespielt. Beim Abspielen erfaßt der Magnetkopf für den Nutzton beide Pilottonspuren gleichzeitig und da diese gegenphasig sind, heben sie sich auf und werden nicht-wahrnehmbar. Nur ein doppelter Pilottonkopf kann den Pilotton registrieren.

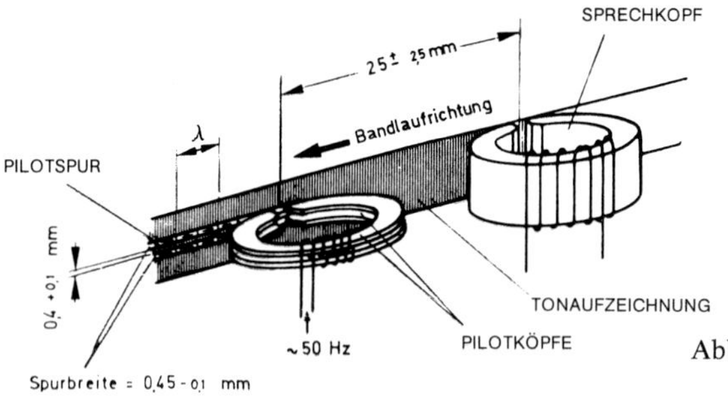

Abb. 90: Aufzeichnung einer Pilotspur auf ein Tonband

Später, beim Überspielen des Nutztons vom Schmalspurband („Senkel") auf perforierten Magnetfilm, steuert der gleichzeitig abgetastete Pilotton die Laufgeschwindigkeit des Bandes so, daß die Tonaufzeichnung auf dem Perfoband synchron mit der Filmlaufgeschwindigkeit, die ursprünglich den Pilotton erzeugt hatte, wird. Das Verfahren erfordert in jedem Falle zur Übertragung des Pilottones eine Kabelverbindung zwischen Kamera und Tonbandgerät, und eine solche Kabelverbindung kann - gerade bei dokumentarischen Aufnahmen - hinderlich sein.

Daher werden seit mehreren Jahren in den Antriebsmotoren der Kameras sowie in den Tonaufnahmegeräten Quarze verwendet, deren Moleküle die Eigenschaft haben, immer und unter allen Umständen mit exakt derselben Frequenz zu schwingen. Wird der 50-Hz-Pilotton im Tonaufnahmegerät durch einen solchen Quarz erzeugt, ist eine zuverlässige Synchronität zwischen Bild und Ton auch ohne Pilottonkabel gesichert.

In Europa werden Tonfilme mit 24 Bildern/sek. aufgenommen - Fernsehfilme dagegen mit 25 Bildern/sek. abgetastet. Der geringe Geschwindigkeitsunterschied von ca.

4% macht sich kaum bemerkbar. Beim Synchronisieren von Bild und Ton ist allerdings darauf zu achten, daß sowohl Kamera als auch Tongerät nach derselben Norm, d.h. nach der Filmnorm mit 24 Bildern/sek. oder nach der Fernsehnorm mit 25 Bildern/sek. laufen. Sollten sie nach unterschiedlichen Normen laufen, würde schon nach 25 Sekunden eine Zeitdiskrepanz von 1 Sekunde entstehen.

Probleme mit der Synchronität können bei der Verwendung von HMI-Lampen auftreten, da diese ihre Helligkeit im Rhythmus der 50-Hz-Frequenz des Stromnetzes verändern. Diese Veränderungen laufen zu schnell ab, um für das menschliche Auge sichtbar zu sein. Besteht jedoch eine Differenz zwischen der Laufgeschwindigkeit der Kamera und der Stromnetz-Frequenz, so werden während des Offensektors der Kamera zeitweise zwei „Lichtberge" und ein „Tal" bzw. zwei „Lichttäler" und ein „Berg" von dieser registriert. Die Folge ist, daß die Helligkeit des Bildes schwankt, das Bild „atmet".

II 24 Interferenz
II 11 Lichtquellen

Ist eine Übereinstimmung der Netzfrequenz mit der quarzgesteuerten Laufgeschwindigkeit nicht gewährleistet (z.B. in außereuropäischen Ländern oder bei Verwendung von Generatoren), muß beim Einsatz von HMI-Licht zwischen Stromnetz und Kamera Synchronität hergestellt werden. Zu diesem Zweck wird der Quarz ausgeschaltet und der Kameramotor statt dessen mit den 50-Hz-Impulsen des Stromnetzes gesteuert. Für die Steuerung gibt es Vorschaltgeräte, die zwischen Stromnetz und Kamera geschaltet werden können („Fremdsteuerung"). Selbstverständlich muß dabei, damit Bild und Ton synchron bleiben, auch der Pilotton der Tonaufnahme vom Stromnetz und nicht vom Quarz übernommen werden.

Will man aus irgendwelchen Gründen das elektronische Bild von einem Fernsehmonitor mit einer Filmkamera aufnehmen (wobei starke Bildqualitätsverluste in Kauf genommen werden müssen), entstehen ebenfalls Synchronitätsprobleme. Jedes Einzelbild auf dem Bildschirm wird nach dem Zeilensprungverfahren in 1/25 sek. zweimal ausgetastet - jeder Zeilendurchlauf dauert folglich 1/50 sek. Die Belichtungszeit einer Filmkamera, die mit 25 Bildern/sek. läuft, beträgt 1/50 sek. Dabei ist es nicht möglich, daß der Offensektor der Kamera zeitlich beide Zeilendurchläufe erfaßt. Während des Dunkelsektors wird zumindest der zweite Zeilendurchlauf des Bildes nicht ganz erfaßt - es entsteht ein waagerechter dunkler Balken.

II 18 Filmlaufwerke
II 31 Video-Signal

Ist zusätzlich noch die Kamera nicht genau geschwindigkeitssynchron mit der Austastung des elektronischen Bildes, dann wandert der dunkle Streifen langsam ab- oder aufwärts. Man kann dies verhindern, indem man die Kamera wieder mit Fremdsteuerung und nicht mit einem Quarz betreibt. In diesem Fall werden zum Steuern des Kameramotors die Impulse der Vertikalaustastung benutzt. In der Praxis ist das einfacher durchzuführen als es hier beschrieben wird, da sich die Austastimpulse mit einem geeigneten Gerät induktiv von der Rückwand des Monitors abnehmen lassen.

II 20 Schwingungen

Durch die Synchronisation von Filmkamera und Monitor ist der dunkle Streifen natürlich noch nicht entfernt, man hat nur erreicht, daß er nicht mehr vertikal wandert. Durch Phasenverschiebung besteht die Möglichkeit, den dunklen Streifen größtenteils außerhalb des Bildausschnitts zu schieben.

Beim elektronischen Bild sind die Synchronprobleme technisch wesentlich komplizierter. Nehmen wir einmal an, daß zwei elektronische Kameras (oder andere Bildquellen wie Filmgeber oder MAZ) ihre eigenen vertikalen und horizontalen Austastimpulse erzeugen und zusammen an ein Mischpult angeschlossen sind. Möglicherweise ist dann im Augenblick der Umschaltung von einer Bildquelle auf die andere die Austastung einer Bildzeile bei der ersten Bildquelle gerade beendet, während sie bei der zweiten Bildquelle gerade in der Bildmitte angelangt ist. In diesem Fall kommen

III 23 Elektronische Tricks
IV 10 Schnitt

die Austastimpulse am Ausgang des Mischpultes aus dem Rhythmus – das neue Bild ist in der Mitte geteilt, und es dauert einige Zeit, bis sich der Monitor auf den neuen Austastrhythmus eingestellt hat. Das Bild „läuft durch".

Bei Geräten, die in einem Studio zusammengeschaltet werden sollen, hilft man sich durch Fremdsteuerung aller Geräte mittels eines zentralen Impulsgebers („Zentraltakt", „Gen-Lock"). Allerdings können auch dabei noch Schwierigkeiten auftreten. Obgleich elektronische Wellen mit einer Geschwindigkeit von 300 000 km/sek. durch ein Kabel oder durch den Äther fließen, bedeutet eine Entfernung von 10 km bereits eine horizontale Verzögerung von einer halben Bildbreite, d.h. durch die zeitliche Verzögerung des H-Impulses wird das ankommende Bild um eine halbe Bildbreite seitlich verschoben. Eine Kamera, die nur wenige Kilometer von der Zentrale entfernt steht, liefert daher auch dann seitlich verschobene Bilder, wenn sie aus der Zentrale mit Synchronimpulsen versorgt wird. Elektronische Studios müssen daher immer über Einrichtungen verfügen, die dafür sorgen, daß unterschiedliche Bildquellen in allen Stadien der Bearbeitung synchron gehalten werden können („Verzögerungsleitungen", „Zeitbasiskorrektur").

Beim farbigen Fernsehbild müssen außer den Austastimpulsen auch noch die Farbsignale synchron gehalten werden. Die jeweilige Farbinformation geht aus der Phasenlage einer überlagerten Schwingung mit der verhältnismäßig hohen Frequenz von 4,43 MHz hervor. Auch bei 300 000 km/sek. entspricht das einer Wellenlänge von nur 68 m. In einer 34 m langen Leitung wird das Farbsignal folglich schon so weit verzögert, daß es genau gegenphasig am Ende der Leitung eintrifft. Es würde daher genau die Komplementärfarbe derjenigen Farbe signalisieren, die am Anfang der Leitung eingegeben wurde.

In der Praxis werden dadurch in den meisten Fällen nur wenig Schwierigkeiten entstehen, da vor jeder Zeile das Farbvergleichssignal („Burst") übertragen wird, mit dem das eigentliche Farbsignal verglichen wird. Burst und Farbsignal werden stets um den gleichen Betrag verzögert, so daß ihre Phasenlage zueinander konstant bleibt. Voraussetzung ist allerdings, daß die Empfangsstelle gerade und ungerade Zeilen voneinander unterscheiden kann, da das PAL-System darauf beruht, daß das Farbreferenzsignal von Zeile zu Zeile immer wieder zwischen positiv und negativ umgeschaltet wird. Sollte eine Bildzeile (etwa im Trickmischpult) mit positiver PAL-Phase auf eine andere Bildzeile mit negativer PAL-Phase treffen und mit ihr synchronisiert werden, würden sich alle Farben in ihre Komplementärfarben verkehren.

Beim Farbsignal verhält es sich so, daß Geschwindigkeitssynchronität allein nicht genügt. Alle Farbsignale werden stets eine Frequenz von exakt 4,43 MHz haben. Gleichzeitig ist es allerdings auch erforderlich, daß das Signal „phasensynchron" ist, d.h. daß Wellenberg auf Wellenberg und Wellental auf Wellental trifft.

Phasensynchronität ist auch beim Abfilmen eines laufenden Projektionsbildes mit einer laufenden Filmkamera (z.B. bei Aufprotricks) erforderlich. Dabei genügt es nicht, daß Kamera und Projektor genau gleich schnell - synchron - laufen, da der Hellsektor der Kamera möglicherweise zeitlich immer genau mit dem Dunkelsektor des Projektors zusammentrifft, so daß die Kamera das projizierte Bild überhaupt nicht „sieht". Daher muß bei Aufnahmen dieser Art durch entsprechende Vorrichtungen dafür gesorgt werden, daß die Sektorenblenden von Kamera und Projektor stets gleichzeitig geöffnet sind - d.h. Kamera und Projektor müssen phasensynchron laufen.

III 18 Aufpro

II 18 Laufwerke

27. Das elektronische Bild

Das elektronische Bild ist aus dem Wunsch heraus entstanden, Bilder blitzschnell von einem Ort zum anderen zu übertragen. Da sich nur elektrischer Strom ebenso schnell fortbewegt wie Licht und zudem schon lange für die Übertragung von Tönen - Sprache und Musik - genutzt wurde, lag der Gedanke nahe, für die Übertragung von Bildern einen ähnlichen Weg zu suchen.

Die Schwierigkeit bei der Realisierung dieser Idee bestand darin, daß Bilder eine um ein Vielfaches höhere Informationsdichte haben als hörbare akustische Erscheinungen. Durch Telefonleitungen können z.B. Geräuschinformationen übertragen werden, die bis zu 4000 Impulse pro Sekunde enthalten. Hi-Fi-Rundfunksendungen übertragen bis zu 15000 Geräuschschwingungen pro Sekunde, folglich etwa so viel, wie das menschliche Ohr wahrnehmen kann.

II 16 Information

II 22 Modulation

Wie ein über eine Telefonleitung übertragenes FS-Bild aussehen würde, das können Sie ganz leicht selbst errechnen. Damit ein Bild dem Auge beweglich erscheint, müssen ihm ca. 25 stehende Einzelbilder pro Sekunde vorgeführt werden, die in der Wahrnehmung dann zu einem einzigen beweglichen Bild verschmelzen. Sie müssen daher die 4000 Impulse, die die Telefonleitung übertragen kann, durch 25 teilen und erhalten dann für jedes übertragene Einzelbild 160 Impulse (= Bildpunkte).

Fotos in Tageszeitungen sind durch das Druckklischee in der Regel in etwa 625 Einzelpunkte pro cm^2 aufgeteilt. Da 160 ungefähr der vierte Teil von 625 ist, müssen Sie nur aus einem Zeitungsfoto 1/4 cm^2 (Kantenlänge 1/2 x 1/2) ausschneiden - nach Möglichkeit mit vielen Bilddetails - und diesen Ausschnitt dann unter einer starken Lupe betrachten. Wenn Sie sich vorstellen, daß seine Größe der Ihres Fernsehschirmes entspricht, dann erhalten Sie einen Eindruck davon, wie scharf das Bild jetzt noch ist und welche Details darauf wiedergegeben werden können.

Bei der Hi-Fi-Übertragung mit 16000 Schwingungen/sek. (= Hertz) wäre die Bildfläche viermal so groß. Selbst wenn Sie einen ganzen Quadratzentimeter aus dem Zeitungsbild ausschneiden, ist das Resultat nicht sehr befriedigend.

Für die Übertragung eines einigermaßen brauchbaren Bildes, müßte jedes einzelne Bild aus mindestens 200 000 Einzelpunkten bestehen - bei 25 Bildern pro Sekunde ergibt das 5 000 000 Impulse je Sekunde, oder - anders ausgedrückt - 5 MHz. Eine so hohe Impulszahl konnte die Rundfunk- und Telefon-Technologie lange Zeit nicht verkraften, da die üblichen Bauteile (Verstärkerröhren, Spulen, Kondensatoren, Widerstände, Leitungen) auf hohe Frequenzen („HF“) ganz anders reagieren als auf niedrige Frequenzen („NF“).

28. Entstehung des Bildsignals

Beim elektronischen Bild geht es darum, Helligkeitsunterschiede (= Lichtunterschiede) in elektrische Impulse umzuwandeln. Wir wissen, daß es bestimmte Stoffe (z.B. Selen) gibt, die auf Lichteinwirkung mit unterschiedlichen elektrischen Eigenschaften reagieren.

II 1 Licht

II 6 Linsen

In der elektronischen Kamera projiziert das Objektiv zunächst - wie in jeder anderen Kamera auch - eine mehr oder weniger scharfe Abbildung eines Ausschnittes der Umgebung auf eine Abbildungsebene. Bei der elektronischen Kamera liegt diese Abbildungsebene innerhalb einer luftleeren „Bildröhre“ und besteht aus einer Fotoschicht, die ähnliche Eigenschaften besitzt wie die lichtempfindliche Schicht eines Belichtungsmessers.

Die heute am häufigsten benutzte Aufnahmeröhre hat eine Fotoschicht aus Blei-Monoxid („Plumbikon“-Röhre). Blei-Monoxid verringert seinen an sich hohen elektrischen Widerstand, wenn es Lichtstrahlen ausgesetzt wird, weil dann innerhalb seiner Kristallstruktur Elektronen losgelöst und freigesetzt werden. So wird das Blei-Monoxid an allen hellen Bildstellen für Elektronen durchlässig, an allen dunklen Stellen behält es seinen hohen Widerstand. Es entsteht sozusagen ein „latentes Speicherbild“.

Dieses Speicherbild besteht zunächst aus einem gleichzeitigen zweidimensionalen *Nebeneinander* von Einzelinformationen (= Bildpunkten aus elektrischen Potentialen). Diese müssen, damit sie an einen anderen Ort übertragen werden können, in ein eindimensionales zeitliches *Nacheinander* verwandelt werden.

Dazu dient ein scharf gebündelter Elektronenstrahl, der das latente Bild zeilenweise abtastet und so in eine zeitliche Abfolge elektrischer Signale verwandelt. Der Elektronenstrahl wird von einer „Kathode“ erzeugt, die im wesentlichen aus einem elektrisch geheizten Glühdraht besteht, der eine negativ geladene Metallfläche aufheizt. Im luftleeren Raum lösen sich dadurch Elektronen aus dem Metall und bewegen sich in den Raum hinein.

Diese Elektronen lassen sich durch Magnetfelder in ihrer Fortbewegung beeinflussen. Durch elektrisch geladene Gitter und Elektroden werden sie auf ihrem Weg gebündelt und beschleunigt. Sie bewegen sich dann mit hoher Geschwindigkeit auf die Speicherplatte zu.

II 29 Ablenkung

II 6 Linsen

Auf diesem Wege werden sie durch ringförmige, stromdurchflossene Spulen, die die Bildröhre außen umgeben, bzw. durch die so erzeugten Magnetfelder auf einen Punkt konzentriert („fokussiert“). Es ist dies ein ähnlicher Vorgang wie der, bei dem Lichtstrahlen durch eine Glaslinse auf einen Brennpunkt konzentriert werden. Daher spricht man in diesem Fall auch von einer „Elektronen-Optik“.

II 31 Zeilensprung

Nun muß noch erreicht werden, daß dieser Elektronenstrahl nicht nur einen einzelnen Bildpunkt, sondern nacheinander alle Bildpunkte abtastet. Er muß zeilenweise über das Bild geführt werden. Diesem Zweck dienen weitere Magnetspulen - „Ablenkspulen“ - , die von pulsierenden elektrischen Strömen durchflossen werden und damit ständig ihr Magnetfeld verändern. Dadurch wird der Elektronenstrahl dann 15 625mal in jeder Sekunde waagerecht über die Speicherplatte und wieder an den Ausgangspunkt zurückgeführt („Horizontal-Ablenkung“). Damit er nicht nur ständig eine einzelne Zeile abliest, wird er zusätzlich 50mal in der Sekunde von oben nach unten und dann wieder zurück an den Anfang geführt („Vertikal-Ablenkung“).

Trifft die Spitze des Strahls dabei auf eine Stelle der Speicherplatte, die durch Lichteinwirkung leitend wurde, dann fließen die durch das Licht freigesetzten Elektronen auf der anderen Seite der Fotoschicht in eine extrem dünne, lichtdurchlässige Schicht ab, die diese Elektronen durch ihren positiven elektrischen Ladungszustand gewissermaßen „ansaugt“. Dadurch verändert sich dann auch der Ladungszustand dieser „Anodenschicht“.

Trifft der Strahl jedoch auf eine Stelle der Speicherplatte, die mangels Lichteinwirkung nicht leitend wurde, dann lädt der Strahl nur die Speicherplatte negativ auf, es fließen jedoch keine Elektronen in die Anodenschicht ab. So entstehen an der Anode Spannungsschwankungen, die den hellen und dunklen Bildpunkten entsprechen.

Normalerweise werden alle durch Licht losgelösten Elektronen beim Auftreffen des Elektronenstrahls in die Anodenschicht abgesaugt. Der betreffende Bildpunkt auf der Speicherplatte wird dabei nach jedem Abtastzyklus zunächst neutralisiert und hat jeweils 1/25 sek. Zeit, damit durch Lichteinwirkung wieder neue Elektronen freigesetzt werden (oder nicht).

Es kann jedoch vorkommen, daß an einzelnen Bildpunkten die Lichteinwirkung extrem hoch ist - etwa wenn man hell leuchtende Glühlampen oder Lichtreflexe im Bild hat. Dann können so viele Elektronen in der Speicherplatte freigesetzt werden, daß der Elektronenstrahl die Stelle mehrmals berühren muß, bis alle Elektronen abgeflossen sind. Die Stelle gibt also auch dann noch Elektronen ab - sie erscheint der Aufnahmeröhre also auch dann noch hell -, wenn die Kamera längst von dem übermäßig hellen Punkt weggeschwenkt wurde. Praktisch sieht das so aus, daß extrem helle Punkte oder Flächen des Bildes, wenn die Kamera darüber hinwegschwenkt, helle Kometenschweife hinter sich herziehen („Nachzieheffekt").

Die Genauigkeit, mit der die Spannungsschwankungen der Anodenschicht - das Bildsignal also - die tatsächlichen Helligkeitsschwankungen des Bildes wiedergibt, hat Grenzen. Diese Grenzen sind dadurch gesetzt, daß die an einem sehr winzigen Bildpunkt losgelösten Elektronen sich etwas in ihrer näheren Umgebung ausbreiten können, und außerdem dadurch, daß sich der Abtaststrahl nicht auf einen unendlich kleinen Punkt fokussieren läßt. Er wird immer mehrere Bildpunkte gleichzeitig abtasten und dadurch eine gewisse Unschärfe erzeugen. Bei Bildröhren mit einer Fotofläche von nur 1 cm Durchmesser ist es wesentlich schwieriger, genügend Strahlenergie auf einem formatentsprechend kleinen Punkt zu konzentrieren als bei einer Fotoschicht mit 5 cm Durchmesser. Folglich treten hier ähnliche Probleme auf wie beim 70-mm- oder 16-mm-Film.

II 16 Information

II 12 Filmmaterial

Bildröhren sind überhaupt recht problematisch und empfindlich. Für die Erzeugung und Ablenkung von Elektronenstrahlen verbrauchen sie verhältnismäßig viel Strom. Weil die Ablenkung des Elektronenstrahls für die Zeilenablenkung nicht linear abläuft – d.h. nicht genau der Ablenkspannung entsprechend –, braucht es erheblichen Aufwand an Korrekturspulen, damit ein Quadrat auf dem Bild auch als Quadrat wiedergegeben wird und nicht als Sofakissen oder Tonne mit Ecken.

II 29 Bildsignal

Da bei Farbkameras außerdem drei Bildröhren (eine für jede Farbe) ein Bild aufnehmen, müssen die Bilder aller drei Röhren genau zur Deckung gebracht werden („Konvergenz"). Das erfordert langwierige, penible Justagearbeiten, deren Ergebnis nicht einmal von Dauer ist. Schon ein kleiner Stoß kann die Konvergenz der drei Teilbilder wieder zunichte machen.

II 30 Elektronische Kamera

Seit kurzem gibt es ein neues Bildwandler-Verfahren für Kameras, bei dem diese Probleme nicht mehr bestehen: Winzig kleine transistorähnliche Gebilde aus Silicon, sogenannte CCD's („Charge Coupled Devices") verwandeln Licht in elektrische Spannung. Moderne Techniken der Chipherstellung machen es möglich, 350 000 solcher „Pixel" auf einem 66 mm^2 großen Siliconplättchen unterzubringen – etwa 600 horizontal und 580 vertikal.

Bis zur professionellen Anwendbarkeit dieser Technik gab bzw. gibt es einige Probleme zu überwinden. Das schwierigste war, daß alle 350 000 Pixel ganz genau gleich auf Lichteinwirkung reagieren müssen. Wenn einzelne CCD's z.B. schwächere elektrische Impulse erzeugen als ihre Nachbar-CCD's, so entstehen dunkle Flecken im Bild, die ständig an derselben Stelle bleiben. Für diese Störung sind CCD-Kameras empfindlich, besonders bei hohen Temperaturen.

II 31 Bildsignal

Ein anderes Problem besteht darin, die in den einzelnen Pixeln entstandenen Spannungen so abzurufen, daß daraus ein kontinuierliches Bildsignal entsteht. Hierzu benutzt man Verfahren, die aus der Computertechnik bekannt sind. Auch ein Computergedächtnis besteht aus einem Raster horizontaler und vertikaler Schalterreihen, die von außen durch bestimmte Impulsfolgen („Adressen") gezielt angesteuert werden können. Analog dazu sorgt in der CCD-Kamera ein Taktgeber, der 2.500.000 Impulse pro Sekunde abgibt, dafür, daß die gespeicherten Bildzeilen im richtigen Rhythmus abgerufen werden, d.h. 50 Halbbilder zu je etwa 290 Zeilen in der Sekunde. Der Taktgeber liefert auch eine Folge von 4-bit-Codes, die die Reihenfolge der abzurufenden Zeilen steuern.

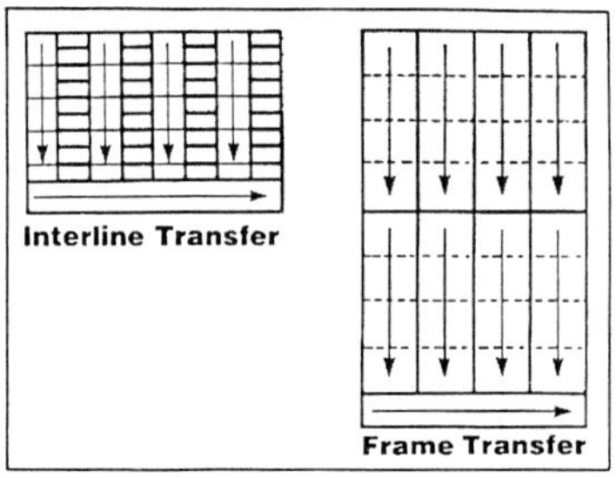

(Quelle: BTS)

In den einzelnen Zellen des CCD-Chips entsteht durch Belichtung ein elektrisches Potential. Nach jeder Belichtungsphase (1/50 sek. für ein Halbbild) werden die angesammelten Potentiale wie in einer Eimerkette von Zelle zu Zelle in eine Leitung abgeleitet, wo sie – wie beim Schieberegister im Computer – ein Signal bilden. Der Ableitungsvorgang dauert gewöhnlich etwa 0,5 Millisekunden. Da die Zellen auch beim Weiterleiten von Signalen lichtempfindlich sind, können senkrechte helle Streifen entstehen („Smear"), wenn die Signale an sehr hell beleuchteten Zellen vorüberziehen. Um dies zu verhindern, hat der „Interline Transfer (IL)"-Chip neben jeder Bildzellenreihe eine gesonderte Transportzellenreihe, die durch eine Aluminiumschicht gegen Lichteinwirkung abgedeckt ist.

Beim „Frame Transfer (FT)"-Chip gibt es dagegen wie bei der Filmkamera eine rotierende Sektorenblende, die die Zellen immer dann verdunkelt, wenn sie Signale transportieren. FT-Chips nutzen unter diesen Umständen 70% des einfallenden Lichts aus und können wesentlich kleiner sein als IL-Chips. Bei einer Breite von nur etwa 13 mm kann man Objektive mit kürzeren Brennweiten, damit größeren Schärfentiefen und mit Blendenöffnungen von 1,4 benutzen.

II 6-9 Objektive

In modernen CCD-Kameras sind die Chips fest mit dem Strahlenteilungsprisma verbunden. Daher können weder Konvergenz- noch Geometriefehler auftreten. Die Kamera ist wesentlich robuster, zumal die Chips – anders als Bildröhren – so gut wie nie verschleißen. Es wird kein Strom mehr für die Erzeugung von Elektronenstrahlen und deren Ablenkung gebraucht. CCD-Kameras sind daher nicht nur flexibler im Einsatz, sondern haben auch ein deutlich geringeres Gewicht. Bei starken Spitzlichtern im Bild wird die in den jeweiligen Pixeln entstandene Spannung bei jedem Abruf völlig abgebaut, so daß keine Nachzieheffekte mehr entstehen.

29. Bündelung und Lenkung des Elektronenstrahls

Der fokussierte Elektronenstrahl in der Aufnahmeröhre muß – genau wie im Fernsehempfänger – so gelenkt werden, daß er nicht ständig nur auf *einen* Punkt der Speicherplatte gerichtet bleibt. Hierzu dienen Spulensysteme, deren Magnetfelder sich laufend verändern.

Die sogenannte „Sägezahnschwingung“ für die Vertikalablenkung wird so erzeugt, daß ein Kondensator durch Zufuhr entsprechend dosierten Stroms langsam - d.h. im Verlauf 1/50 Sekunde - aufgeladen wird. Dabei steigt die Ladespannung des Kondensators stetig an. Mit dieser ansteigenden Ladespannung kann man einen wesentlich stärkeren Leistungsstrom steuern, der dann durch die Magnetspulen fließt.

Am Ende 1/50 Sekunde - d.h. wenn der Abtaststrahl am unteren Bildende angekommen ist - schließt der V-Synchronimpuls des Taktgebers oder des FBAS-Signals einen Transistor-Schalter, durch den die Ladung des Kondensators abfließen kann. Die Spannung fällt sehr schnell ab, und damit wird auch der von ihr gesteuerte Strom in den Ablenkspulen gesperrt.

II 31 Video-Signal

II 26 Synchronität

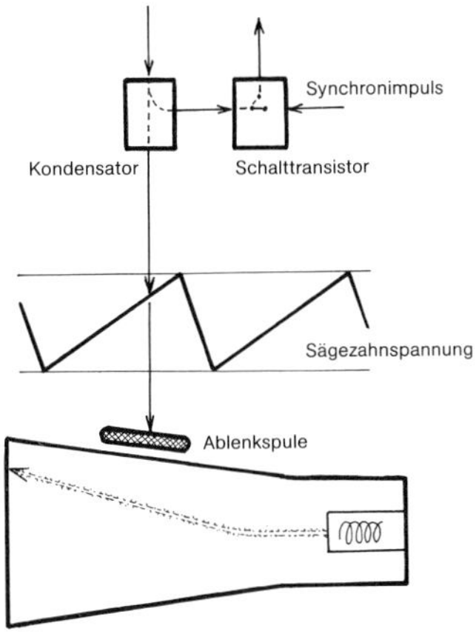

Abb. 91: Im Kondensator baut sich die Sägezahnspannung auf, die ihrerseits über die Ablenkspule den Abtaststrahl über die Bildebene lenkt. Bei jedem Synchronimpuls schließt der Schalttransistor den Kondensator kurz, der sich dadurch entlädt - der Abtaststrahl wird auf den Ausgangspunkt zurückgeführt.

Wesentlich schwieriger liegen die Verhältnisse bei der Horizontal-Ablenkung. Hier muß ein sehr starker Strom innerhalb von 52 Mikrosekunden ($= \frac{52}{1000000}$ sek.) auf höchste Stärke ansteigen, um eine Bildzeile abzutasten, und innerhalb von 12 Mikrosekunden auf seinen Ausgangspunkt zurückgeführt werden. Die Magnetspulen selbst verhalten sich bei diesen extrem schnellen Vorgängen wie die Spulen eines Schwingkreises, d.h. sie setzen durch Selbstinduktion plötzlich auftretenden elektrischen Spannungen Widerstand entgegen. Der Stromfluß in der Spule kann nur langsam zustande kommen. So entsteht ganz von selbst ein stetig ansteigender „Sägezahn-Strom“ und damit ein Magnetfeld, das den Abtaststrahl horizontal über die Bildebene führt. Stetig bedeutet hier: im Verlauf von 52 Mikrosekunden.

II 23 Frequenzen

Die Aufgabe besteht darin, die recht hohe Spannung an den Ablenkspulen bei Zeilenbeginn einzuschalten, sie nach 52 Mikrosekunden wieder abzuschalten und sie nach weiteren 12 Mikrosekunden wieder einzuschalten. Da es sich um hohe Spannungen und Ströme handelt, sind es in der Regel Leistungstransistoren oder Thyristoren, die hier an- und abgeschaltet werden müssen. Diese Spannungen werden außerdem noch einmal durch den „Zeilentransformator“ erhöht, ehe sie den Spulen zugeleitet werden.

Die Schaltimpulse dazu stammen aus einem Oszillator, der etwa 15 625 Impulse in der Sekunde liefert. Die genaue Impulszahl läßt sich durch Spannungsänderungen beeinflussen. Diese „Steuerspannung" aber wird ihrerseits dadurch beeinflußt, daß die Oszillator-Schwingungen mit den von außen - entweder von einem Taktgeber oder einem FBAS-Signal - zugeführten H-Synchronimpulsen entweder übereinstimmen oder nicht übereinstimmen. Letzten Endes führt dieser Regelkreis dazu, daß der Oszillator Impulse abgibt, die genau deckungsgleich mit den Impulsen des Taktgebers oder des von außen zugeführten FBAS-Signals sind.

Die großen Energiemengen, die für die H-Ablenkung benötigt werden, können natürlich nicht schlagartig innerhalb von 12 Mikrosekunden verschwinden. Durch ein raffiniert ausgeklügeltes System von Spulen, Kondensatoren und Transistorenschaltern entsteht eine Art Schwingkreis, in dem der Ablenkstrom im vorgesehenen Rhythmus hin- und herpendelt, gesteuert von den H-Impulsen.

Dieses ganze System kann natürlich nicht gewährleisten, daß alle Bildzeilen genau waagerecht verlaufen oder daß alle Zeilen genau den gleichen Abstand voneinander haben. Dazu gibt es zu viele Störfaktoren, die ein genau lineares Ansteigen der Magnetfelder verhindern. Ungenauigkeiten aber würden zu Verzerrungen der Bildkonturen führen oder bei Dreifarben-Systemen dazu, daß die einzelnen Farbteilbilder in ihren Konturen nicht zur Deckung kommen.

II 30
Elektronische Kamera

Sowohl Kameras als auch Empfangsgeräte haben deshalb mehrere Möglichkeiten, die Geschwindigkeit und den Grad der Ablenkung des Elektronenstrahls leicht zu verändern.

Bei der Kamera besteht eine der Möglichkeiten darin, die Bildröhren in ihrer Längsachse zu verdrehen. Von dieser Möglichkeit wird nur dann Gebrauch gemacht, wenn trotz gerade ausgerichteter Kamera ein schräg stehendes Bild auf dem Monitor entsteht, oder - was häufiger vorkommt - wenn bei Kameras mit mehreren Bildröhren Farbsäume entstehen, da eine der Röhren etwas verdreht ist und ein entsprechend gekipptes Farbteilbild liefert.

Eine weitere Möglichkeit besteht darin, die horizontalen oder vertikalen Ablenkspannungen zu verstärken oder abzuschwächen, so daß das Bild-Austastungsfeld in waagerechter oder senkrechter Dimension vergrößert oder verkleinert wird.

Schließlich kann man sogenannte „Hilfsspulen", die um die Bildröhre herum angeordnet sind, mit verschiedenen Wechselströmen speisen, die aus dem 15625-Hz-Oszillator oder aus der 50-Hz-V-Ablenkung stammen. Mit Hilfe der dadurch erzeugten zusätzlichen Magnetfelder können z.B. in der Mitte durchgebogene Bildzeilen wieder geradegezogen werden. (Bei diesem Beispiel würde die vertikale Ablenkung immer genau in dem Augenblick verstärkt oder abgeschwächt, wenn die horizontale Ablenkung sich der Bildmitte nähert.)

Da die vertikale Ablenkung immer ganz genau nach 312 1/2 Bildzeilen eingeleitet werden muß, sind die Impulserzeugung für das Horizontal- sowie die für das Vertikal-System in jedem Taktgeber miteinander verkoppelt.

30. Elektronische Kamera (E-Kamera)

Eine elektronische Bildröhre selbst ist eigentlich farbenblind. Sie ist zwar für das Licht verschiedener Wellenlängen unterschiedlich empfindlich, kann diese jedoch nicht voneinander unterscheiden. Um dennoch ein Farbbild aufnehmen zu können, muß man daher die Farbinformation vor Erreichen der Bildröhre differenzieren.

Die meisten Kameras sind zu diesem Zweck mit drei Bildröhren ausgestattet, von denen jede jeweils nur bestimmte Helligkeitswerte - die roten, grünen oder blauen - registriert. Zur Differenzierung dieser Helligkeitswerte wurde das Grundprinzip eines Verfahrens aufgegriffen, das bereits bei der Aufnahme der ersten Technicolor-Filme angewendet wurde: Dort befand sich zwischen Aufnahmeobjektiv und Filmebene ein Prismensystem, das die vom Objektiv projizierten Bildstrahlen auf zwei Bildebenen verteilte. Durch entsprechende Bedampfung der Prismenoberflächen wurde eine Bildebene nur von den roten, die andere nur von den grünen und blauen Lichtanteilen erreicht. Durch die Kamera liefen gleichzeitig drei Negativfilme, von denen einer nur den roten Bildanteil registrierte. In der zweiten Bildebene liefen zwei Filme übereinander („Bi-Pack"). Der obere, nicht farbensensibilisierte, nahm nur den blauen, der untere den grünen Bildanteil auf. Das Verfahren wird heute in dieser Form nicht mehr angewendet. *II 17 Farbe*

Bei der elektronischen Kamera befindet sich zwischen Objektiv und Bildebene ein Prismensystem, das die vom Objektiv ausgehenden Strahlen auf drei Bildröhren verteilt und dabei durch entsprechend aufgedampfte Interferenzschichten die eine Röhre *II 5 Interferenz*

Abb. 92: Strahlenteilungsprisma aus einer elektronischen Kamera. Es befindet sich zwischen Objektiv und Bildröhren.

Abb. 93: Elektronische Kamera, aufgeklappt und ohne Seitenteile. Hinter dem Objektiv erkennt man die drei Bildröhren, von denen jede eine der Grundfarben registriert.

nur mit roten, die zweite nur mit grünen und die dritte nur mit blauen Lichtanteilen beschickt.

Auch in diesem Fall sind die Grenzen zwischen den einzelnen Farbanteilen - ähnlich wie bei den drei Schichten des Farbfilms - nicht absolut scharf voneinander getrennt. Bei der Aufnahme einer schwach beleuchteten rein grünen Fläche wird auch eine sehr geringe Lichtmenge die für Blau und Rot zuständigen Bildröhren durch die Prismen hindurch erreichen. Diese Lichtmenge wird jedoch so gering sein, daß die beiden Röhren nicht mehr darauf reagieren. Das Gesamtsignal, das die Kamera abgibt, entspricht einem schwachen, aber vollständig gesättigten Grün.

Abb. 76

Ist allerdings die Helligkeit der grünen Fläche sehr groß, dann sprechen auch die für Rot und Blau zuständigen Röhren auf das restliche „Nebenlicht“ an. Das Gesamtsignal der Kamera entspricht einem hellen, jedoch entsättigten Grün. Insgesamt ist allerdings die Farbtrennung elektronischer Kameras etwas besser als die von Negativfilmen und wesentlich besser als die von Umkehrfilmen.

Aufgrund des komplizierten Prismensystems zwischen Objektiv und Bildebene muß das Licht eine weite Strecke zurücklegen. In der Regel ist diese Strecke erheblich weiter, als es der Aufnahme-Brennweite entspricht. Die „Schnittweite“ der Objektive - d.h. der Abstand zwischen der hinteren Linsenfläche des Objektivs und der Bildebene - muß durch geeignete Maßnahmen künstlich verlängert werden. Bei solchen „Retro-Focus“-Objektiven liegt der hintere Hauptpunkt außerhalb des Objektivs in der Nähe der Bildebene.

II 10 Objektive

Am leichtesten ist die Schnittweitenverlängerung bei Zoom-Objektiven herbeizuführen. Hier bleibt der Austrittswinkel der Lichtstrahlen zur Bildebene hin auch bei Brennweitenveränderungen konstant. Bei Objektiven mit festen Brennweiten unterscheiden sich die Austrittswinkel, so daß zur Schnittweitenverlängerung unterschiedliche Maßnahmen erforderlich sind.

Schnittweitenverlängerung und Strahlenteilung bergen die große Gefahr in sich, daß zusätzliche Linsenfehler auftreten und dadurch die Bildschärfe beeinträchtigt wird. Daher wird in die meisten elektronischen Kameras ein besonders konstruiertes Zoom-Objektiv fest eingebaut, so daß Objektiv und Strahlenteilung optisch eine Einheit bilden.

In den meisten Kameras befindet sich außer dem Prismensystem zur Strahlenteilung zwischen Objektiv und Bildebene noch eine weitere Einrichtung, mit deren Hilfe das Licht einer schwachen Lichtquelle - zusätzlich zu den Bildstrahlen aus dem Objektiv - gleichmäßig über die Bildebene verteilt wird. Dieses Verfahren erfüllt die gleiche Funktion wie das Vor- oder Nachbelichten beim Film (nur nennt man es in der Elektronik „Bias“), d.h. die dunklen Schattenpartien des Bildes geraten durch das zusätzliche Licht in einen günstigeren Pegelbereich. Der Bildkontrast wird allgemein verringert und der Aufnahmefähigkeit der Bildröhre dadurch besser angepaßt. *III 10 Gradation*

Die von den einzelnen Bildröhren ausgehenden Signale müssen verstärkt werden. Der Grad der Verstärkung kann individuell beeinflußt werden, so daß beispielsweise das Rotsignal mehr und das Blausignal weniger verstärkt wird. Dadurch besteht die Möglichkeit, die Empfindlichkeit der Kamera an eine bestimmte Lichtart anzupassen („Weiß- und Schwarzabgleich“). Moderne Kameras führen den Weißabgleich automatisch durch, wenn man sie auf eine weiße Fläche richtet und einen Druckknopf betätigt. *II 1 Licht* *III 9 Farbbeeinflussung*

Abb. 94: E-Kamera-Aussteuerung. An diesem Pult können 5 E-Kameras in Farbe, Helligkeit und Kontrast einander angepaßt werden.

Die meisten elektronischen Kameras besitzen eine allgemeine Lichtempfindlichkeit, die der einer Filmkamera mit 22 DIN-Film entspricht. Durch entsprechend intensivierte Verstärkung des Bildsignals kann man die Empfindlichkeit erheblich erhöhen (um bis zu 18 Dezibel). Dabei werden allerdings auch die Störsignale, die von den Bildröhren und den nachgeordneten Verstärkerteilen ausgehen, verstärkt. Genau wie beim forcierten Entwickeln des Films entsteht ein hoher, störender Rauschpegel: Das Bild „grießelt“. *II 15 Entwicklung* *II 16 Information*

Ein optisches Suchersystem wäre für elektronische Kameras unpraktisch, da zusätzlich zum Prismensystem für die Farbteilung eine weitere Strahlenteilung für den Sucher erforderlich wäre. Aus diesem Grund sowie aus anderen Gründen sind elektronische Kameras mit kleinen Monitoren ausgestattet, die das aufgenommene Bild wiedergeben. Manche dieser Monitore sind so klein, daß sie wie die Mattscheibe einer Filmkamera durch eine Lupe hindurch betrachtet werden können. Normalerweise ist auf dem Suchermonitor das Bild aus dem Helligkeitssignal zu sehen. Die Tatsache, daß dieses Bild keine Farben enthält kann für den Kameramann u.U. ein Handicap bedeuten.

Bei vielen Kameras besteht auch die Möglichkeit, die Signale einzelner Bildröhren auf den Monitor zu schalten. Durch Zusammenschalten zweier Röhren ist es einfacher, die Konvergenz der einzelnen Röhren zu justieren. *II 29 Elektronenstrahl*

Bei einer Reihe von Trickarbeiten im Studio - z.B. beim Einpassen eines eingestanzten Objekts in eine bestimmte Position des Hintergrundes - muß der Kameramann das Trickbild, das vom Trickmischpult hergestellt wird, sehen. Zu diesem Zweck wird das Ausgangsbild des Mischpultes über das Kamerakabel der Kamera zugeleitet, und der Kameramann kann es dann auf seinen Suchermonitor schalten („extern“). *II 23 Elektronische Tricks*

Der Nachteil des elektronischen Suchersystems besteht darin, daß die Kamera zum Einrichten und Proben eingeschaltet sein muß. Bei Außenaufnahmen mit transportabler Elektronik bedeutet das, daß die Kamera auch während des Einrichtens und Probens Strom verbraucht. Bei Batteriebetrieb muß daher entsprechend vorgesorgt werden.

Die Bildsignale der Kameras werden bereits in der Kamera fertig codiert und so weit verstärkt, daß sie einem Aufzeichnungsgerät direkt zugeleitet werden können. Beim Studiobetrieb hingegen sind Codierung und Verstärkung in einem separaten Raum untergebracht. Natürlich sind die Steuerungsmöglichkeiten und in erster Linie die präzise farbliche und helligkeitsmäßige Anpassung mehrerer Kameras aneinander im Studiobetrieb weit besser als bei der weitgehend automatischen Aussteuerung mobiler Kameras.

31. Video-Signal

Die Umsetzung der zeilenweise abgetasteten Bildinhalte in elektrische Impulse kann auf verschiedene Weise erfolgen. Im Laufe der Übermittlung von der elektronischen Kamera über Verstärker, magnetische Aufzeichnung, Sender und Empfänger wird das Signal mehrfach umgewandelt.

II 30 Elektronische Kamera

II 16 Information

Die drei Bildröhren der Farbkamera liefern zunächst drei reine Helligkeitssignale von etwa 6 MHz Auflösung, d.h. Signale, in denen die hellsten Bildpunkte als höchste elektrische Spannung (meistens 0,7 V) und die dunkelsten als geringste Spannung (0,0 V) repräsentiert sind. Dieses „RGB"-Signal („Rot-Grün-Blau"-Signal) benötigt für die Übertragung natürlich auch drei Kabel bzw. drei Sender mit einer Bandbreite von mindestens je 5 MHz.

Beim RGB-Signal kann man die Verstärkung der einzelnen Farbkanäle separat beeinflussen und damit nicht nur Helligkeit und Kontrast der Bilder, sondern auch die Farb-

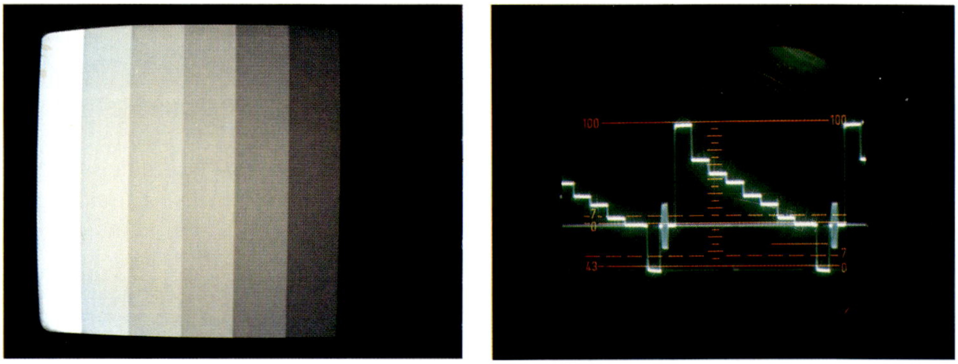

Abb. 95 a und b: Grautreppe auf einem Fernseh-Empfänger
Das Oszillogramm zeigt den Spannungsverlauf einer Bildzeile. Sie beginnt beim Austastimpuls (H-Impuls), der auf der unteren, mit „43" bezeichneten Linie aufliegt. Ihm folgt das Farbreferenzsignal („Burst"). Danach kann man die unterschiedlichen Helligkeitsstufen als unterschiedlich hohe Spannungshöhe erkennen. Unmittelbar nach der Spannung „0" = Schwarz folgt der nächste H-Impuls, durch den der Elektronenstrahl auf den Anfang der nächsten Zeile zurückgeführt wird.

mischung in den Schatten und Lichtern verändern („Schwarz- und Weißabgleich"). Bei transportablen Geräten geschieht dies bereits im Kameragehäuse selbst - bei Studiokameras an getrennten Bedienpulten.

Sowohl für die Bearbeitung im Studio als auch für die Sendung wäre es unpraktisch, wenn dazu ständig drei Bildleitungen mit so hoher Bandbreite benötigt würden. Daher hat man andere Signalformen gefunden, bei denen man mit geringerer Bandbreite auskommt. U.a. wird dies durch die Behandlung von *Bildhelligkeit* und *Farbe* als gesonderte Phänomene erreicht. So besteht die Möglichkeit, durch einfaches Addieren von R, G und B ein Helligkeitssignal zu gewinnen, mit dem ein scharfes farbloses (Schwarz-Weiß-)Bild wiedergegeben werden kann. Da das Auge für die einzelnen Farben sehr unterschiedlich empfindlich ist, werden R, G und B in solchen Fällen nicht zu gleichen Teilen sondern im Verhältnis Rot 30%, Grün 59% und Blau 11% gemischt. Wird ein Farbbalken auf dem Monitor farblos (Sättigung = 0) wiedergegeben, dann sind diese Helligkeitsunterschiede sehr genau zu erkennen. Das so entstandene Helligkeitssignal wird in der Praxis auch als „Y"-Signal bezeichnet.

II 17 Farbe

Nun muß noch die jedem einzelnen Bildpunkt zuzuordnende Farbe übermittelt werden. Hierbei zeigte es sich, daß ein Auflösungsvermögen - eine Bandbreite - von 5 MHz dazu nicht mehr erforderlich ist. Ein einzelner Grashalm, der gerade noch vom Auflösungsvermögen des Y-Signals wiedergegeben wird, ist so klein, daß er für die Wahrnehmung des Zuschauers nicht mehr unbedingt grün sein muß. Für das reine Farbsignal genügt ein Auflösungsvermögen von 1,3 MHz. Störend kann dies nur in solchen seltenen Fällen wirken, in denen z.B. das rote Trikot eines Fußballspielers genau die gleiche Helligkeit besitzt wie der grüne Rasen im Hintergrund. In diesem Fall ist die Kontur zwischen Vordergrund und Hintergrund nur noch durch den Farbunterschied erkennbar, und dieser Farbunterschied wird nur mit einer geringen Auflösung (mit 1,3 MHz) übermittelt - folglich also unscharf. Betrachtet man auf dem Heimempfänger einen Farbbalken aus der Nähe, so kann man die unterschiedlichen Schärfen der Helligkeitsstufen und der Farbübergänge sehr genau erkennen (Testbild).

Zur Übermittlung der Farbinformation wird zunächst ein „Farbdifferenzsignal" gebildet. Dabei geht man davon aus, daß physikalisch die sichtbaren Farben in einer geraden Spektralreihe aufeinanderfolgen: Am einen Ende dieser Spektralreihe liegt das langwellige Rot, am anderen das kurzwellige Blau. Grün und Gelb liegen dazwischen. Folglich muß für jeden Bildpunkt noch zusätzlich die Information, an welcher Stelle der Farbskala seine Farbe liegt und wie intensiv (gesättigt) diese Farbe ist, geliefert werden. Es wird ja auch vorkommen, daß manche Punkte farblos sind, d.h. weiß, grau oder schwarz. Diese Punkte hätten dann gewissermaßen die Farbsättigung „Null".

Die beiden Enden der Farbskala macht man dadurch kenntlich, daß man vom Signal B der blauen Bildröhre das Gesamthelligkeitssignal Y subtrahiert (d.h. das positive B-Signal mit dem ins Negative umgepolten Y-Signal zusammenführt). Dabei entsteht ein neues Bildsignal, das teilweise positiv, teilweise negativ ist und als „U-Signal" bezeichnet wird. In gleicher Weise verfährt man mit dem anderen Ende der Farbskala: Man subtrahiert vom R-Signal das Y-Signal und erhält dabei das sogenannte „V-Signal". U- und V-Signal sind die Farbdifferenzsignale, die zwar auch ein Auflösungsvermögen von 5 MHz haben könnten, dieses jedoch nicht mehr benötigen. Man hat jetzt das gesamte Bildsignal auf Y = 5 MHz und zwei weitere Kanäle U und V mit je 1,3 MHz reduziert. Diese Signalart wird häufig bei der Aufzeichnung von Bildsignalen angewendet.

III 30 Zukunft

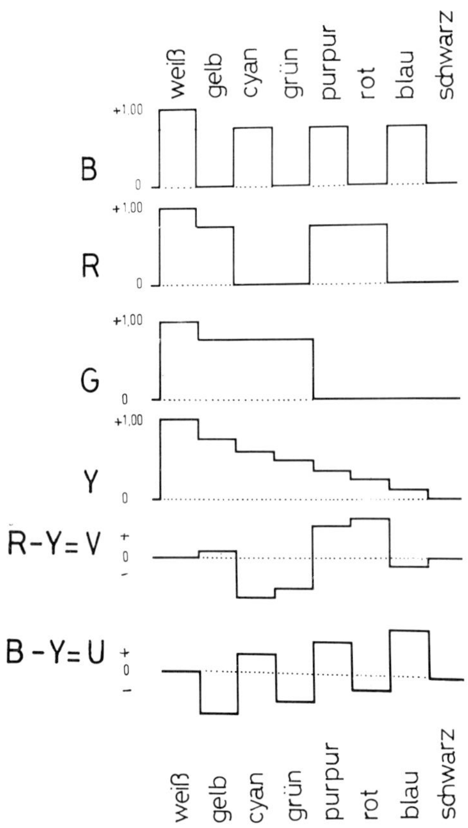

Abb. 96: Entstehung der Farbdifferenzsignale V und U durch Subtraktion des Helligkeitssignals Y vom Farbsignal R (Rot) bzw. B (Blau).

Im Y-U-V-Signal wird also ein rein blauer Bildteil durch entsprechende Helligkeit (Y), durch negativen V-Pegel und hohen positiven U-Pegel dargestellt. Bei Grün haben wir wieder die Helligkeit Y und im Vergleich dazu sowohl einen negativen U- wie V-Pegel. Bei Grau ist dagegen nur ein Y-Pegel vorhanden, jedoch kein U- oder V-Pegel. Benutzt man die Spannungsunterschiede zwischen den drei Komponenten Y, U und V als Schleusen, erhält man gewissermaßen Vektoren, mit denen das Helligkeitssignal so in die drei Kanäle R, G und B verteilt werden kann, daß aus den drei Farbkomponenten wieder Ursprungsfarben werden. Farbmonitore und Farbempfänger arbeiten nach diesem Prinzip.

II 20 Schwingungen

Nun haben wir nach dem Y-U-V-System immer noch drei Übertragungskanäle, wenn auch mit verminderter Bandbreite. Um das Bildsignal auf einen Kanal reduzieren zu können, muß man die Farbinformation in die Helligkeitsinformation integrieren. Dazu wird dem Y-Signal eine Farbträgerschwingung von 4,43 MHz zugemischt. Diese Frequenz würde auf dem Bildschirm als Rauschen oder als Moiré sichtbar werden. Sie wird daher, nachdem sie im Empfänger ihren Dienst getan hat, aus dem Y-Signal wieder herausgefiltert.

Die übermittelte Farbe wird beim Empfänger aus der Interferenz zwischen Farbsignal und einer konstanten Farbreferenz-Frequenz gleicher Wellenlänge ermittelt. Haben Farbsignal und Farbreferenzsignal die gleiche Phase, addieren sie sich zu einer hohen Spannung, kommen sie gegenphasig an, löschen sie sich aus. In den Zwischenbereichen werden mal die ansteigenden Amplitudenflanken verstärkt und die abfallenden geschwächt – mal umgekehrt. Aus diesen Phasenunterschieden läßt sich die Farbart rekonstruieren, die ursprünglich gesendet wurde, gewissermaßen ein Vektor, der auf einen bestimmten Punkt der Farbskala zeigt und damit das Helligkeitssignal auf die drei Farbkomponenten entsprechend verteilt.

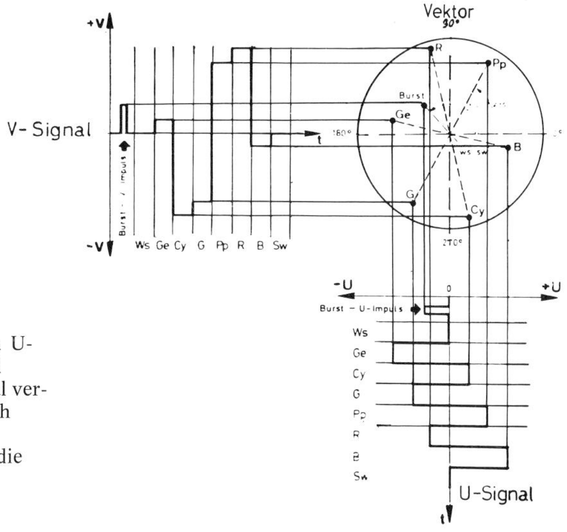

Abb. 97: Durch das Zusammenwirken von U- und V-Signal wird das Farbsignal gegenüber dem Farbreferenzsignal verzögert bzw. beschleunigt. Dadurch entstehen die unterschiedlichen Phasenlagen des Farbsignals für die einzelnen Farben.

Zudem übermittelt bereits die Stärke des Farbsignals für sich allein den Grad der Farbsättigung. Ist an einer bestimmten Bildstelle kein Farbsignal vorhanden, wird das Helligkeitssignal gleichmäßig auf den R-, G- und B-Elektronenstrahl des Empfängers verteilt, so daß die entsprechende Bildstelle farblos wiedergegeben wird. Ist das Farbsignal jedoch zu 100% ausgesteuert, dann schlägt die durch die Phasenunterschiede mit dem Referenzsignal vermittelte Farbinformation voll durch: Das Helligkeitssignal wird so auf die drei Farbkanäle verteilt, daß an der entsprechenden Bildstelle eine satte Farbe entsteht.

Der Zweck würde nicht erreicht, würde der Sender ohne Unterbrechung gleichzeitig das Farbreferenzsignal und das Farbsignal senden. In diesem Fall könnte der Empfänger nicht unterscheiden, ob mit einer bestimmten Amplitude jeweils eine bestimmte Farbart oder eine bestimmte Sättigung gemeint ist. Daher werden vom Farbreferenzsignal stets dann jeweils nur 10 Schwingungen gesendet, wenn zwischen den einzelnen Bildzeilen der Elektronenstrahl auf den Zeilenanfang zurückgeführt wird. Diese 10 Schwingungen, Burst genannt, dauern nur 2 1/4 Mikrosekunden lang, sie bewirken jedoch, daß im Empfänger ein Oszillator für die Dauer einer Bildzeile (64 Mikrosekunden) gleichphasig weiterschwingt. Erst dann, wenn der Elektronenstrahl wieder anfängt, eine neue Bildzeile zu schreiben, werden auch wieder Farbschwingungen von 4,43 MHz übermittelt, die dann phasenmäßig mit dem nachschwingenden Oszillator verglichen werden.

Nun sind Signale mit so hoher Frequenz wie das Farbsignal äußerst störanfällig, zumal dann, wenn sie auch noch genau phasenrichtig empfangen werden müssen. Schon nach einer Streckenlänge von etwas über 30 m kommt ein derart hochfrequentes Signal so verzögert an, daß es genau gegenphasig zum Ausgangspunkt ist. Bereits kleinste Einflüsse wie Reflexionen der Senderfrequenzen von einer Hauswand oder

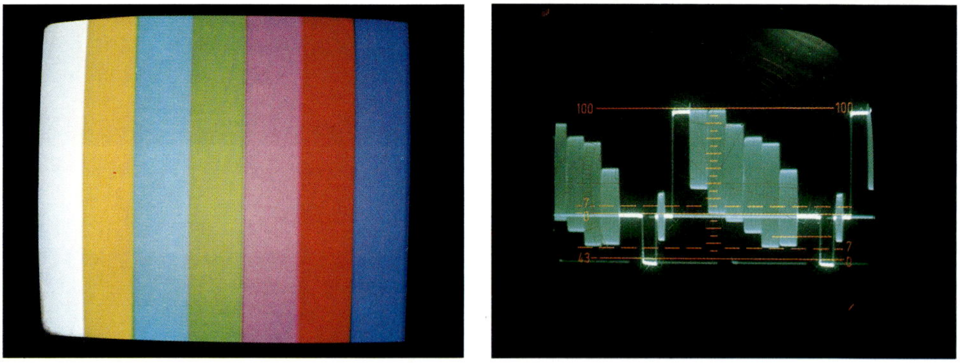

Abb. 98 a und b: Dieser Farbbalken entspricht der Grautreppe in Abb. 95 a und b - dem Helligkeitssignal ist nur ein Farbsignal in Form einer 4,43-MHz-Frequenz überlagert. Diese sehr hohe Frequenz ist im Oszillogramm als längliches helles Rechteck sichtbar. Diese Rechtecke wären kürzer, wenn die Farb*sättigung* geringer wäre. Aus den Helligkeitsstufen ist erkennbar, daß Blau den geringsten Helligkeitswert hat. Es folgt Rot, und danach Rot + Blau = Purpur (Magenta). Nach Grün folgt in der linken Hälfte Grün + Blau = Cyan, dann Grün + Rot = Gelb, schließlich mit dem höchsten Helligkeitswert Blau + Grün + Rot = Weiß.

die schwache Einstrahlung weit entfernter anderer Sender können zu Phasenfehlern führen, die ihrerseits dann ständig wechselnde Farbfehler zur Folge haben. Unter diesem Manko leidet das erste, in Amerika entwickelte Farbfernsehverfahren NTSC.

Um hier Abhilfe zu schaffen, wurde das PAL-(„Phase Alternating Line“)-Verfahren entwickelt, bei dem abwechselnd jede zweite Bildzeile mit umgekehrter Phase gesendet wird. Irgendwelche Phasenfehler, die jetzt beim Übermitteln auftreten sollten, werden dadurch in sich aufgehoben. Stark vereinfacht ausgedrückt: Sollte eine Bildzeile infolge eines Phasenfehlers grünstichig werden, würde die nächste, gegenphasig empfangene Bildzeile aufgrund desselben Phasenfehlers rotstichig werden. Der Gesamteindruck der beiden Zeilen wäre dann wieder farbneutral. Moderne Geräte arbeiten so, daß sie die Phasenfehler zwischen zwei Zeilen auf elektronischem Wege entdecken und kompensieren, so daß heute jede Einzelzeile im PAL-Verfahren farbneutral wiedergegeben wird.

Stellen wir uns die Phasenlagen der einzelnen Farben wieder wie in einem Kreis angeordnet vor, dann würde reines Rot bei 105° liegen, Grün etwa bei 240° und Blau bei etwa 350°. Die Burst-Phasen würden beim alternierenden PAL-Verfahren von Zeile zu Zeile zwischen 135° und 225° - d.h. um jeweils 90° - wechseln.

IV 10 Schnitt

Da unsere Fernsehnorm 625 Bildzeilen (d.h. eine ungerade Zahl) hat, beginnt jedes zweite Bild mit einer anderen PAL-Phase. Das hat zur Folge, daß man z.B. beim Schnitt nicht immer zwei beliebige Bilder zusammenfügen kann. Hat man zwei Bilder mit gleicher PAL-Phase zusammengesetzt, kann es beim Abspielen an der Schnittstelle zu kurzzeitigen Farbverfälschungen kommen. Daher gibt es zwei Möglichkeiten: Entweder man verzichtet auf einen bildgenauen Schnitt, oder man verwendet aufwendige Schaltungen, bei denen Burst und Farbphase beim Überspielen neu gebildet werden.

II 29 Elektronenstrahl

Zu einem vollständigen Fernsehsignal gehören auch jene Impulse, die die Rückführung des Elektronenstrahls nach jeder Zeile an den Anfang der nächsten Zeile, und die Rückführung von der letzten Zeile an der unteren Bildkante an den Anfang der ersten Bildzeile am oberen Bildrand auslösen.

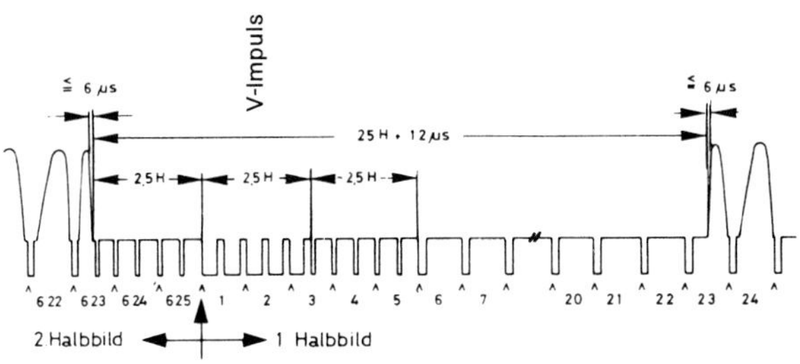

Abb. 99: H- und V-Impulse. Die (negativen) V-Impulse beginnen jeweils mit dem neuen Halbbild und dauern so lange wie 2 1/2 H-Impulse. Für die Dauer des V-Impulses werden die H-Impulse ins Positive verkehrt. Weil entweder die Vorder- oder die Rückflanke des V-Impulses in die Mitte einer Zeile fällt, werden die H-Impulse in der Umgebung des V-Impulses 7 Zeilen lang doppelt gegeben. Da die Sägezahnspannung in der Mitte der Zeile noch nicht hoch genug angestiegen ist, führen die Impulse in der Zeilenmitte nicht zum Zurückspringen der Zeile auf Anfang.

Eine Bildaustastung im 50er Takt ist aus zweierlei Gründen praktisch:
1. Da unser Stromnetz mit 50 Hz betrieben wird, besteht die Möglichkeit, die V-Impulse immer dann, wenn es erforderlich ist, mit dem Stromnetz zu synchronisieren und stabil zu halten.
2. Bei der Wiedergabe eines Bildes wird der Phosphor immer dann aufglühen, wenn der Elektronenstrahl einen der 600 000 Phosphorpunkte auf dem Bildschirm berührt. Nach ca. 1/25 Sekunde ist der Phosphor verglüht und damit wieder dunkel. Bei einer Abtastung von 25 Vollbildern würde am Anfang eines jeden Bildes die oberste Zeile hell leuchten, die darunterliegende hingegen bereits verglüht und dunkel sein. Ist der Elektronenstrahl am unteren Bildrand angekommen, ist dieser hell, während der obere Rand inzwischen wieder dunkel ist. Geschieht dies im Wechsel von 25mal/sek., flimmert das Bild. Phosphore, die länger nachglühen, kann man nicht verwenden, in diesem Fall würden alle Bewegungen im Bild „nachziehen", d.h. unscharf werden. Wird das Bild jedoch zweimal mit alternierenden Zeilen abgetastet, dann geraten bereits abgedunkelte Zeilen neben frisch aufleuchtende, und das Flimmern ist nicht mehr zu sehen („Zeilensprung").

Das Schreiben einer Bildzeile dauert 52 Mikrosekunden - die Rückführung des Strahls an den Zeilenanfang 12 Mikrosekunden. Während der Rückführung des Strahls muß dessen Helligkeitsaussteuerung Schwarz entsprechen, da das Bild sonst aufgehellt würde. Der Zeitraum für die Rückführung (H-Austastlücke) wird für die Übermittlung des Horizontal-Synchronimpulses und für den Burst benutzt.

Damit der Synchronimpuls bei der Rückführung des Elektronenstrahls nicht als heller Fleck im Bild sichtbar wird, hat man beim kombinierten „FBAS"-Signal (Farbe-Bild-Austast-Synchron) die „Schwarzschulter" bei etwa 30% der Signalspannung angeordnet und die Synchronimpulse in dem Bereich zwischen 0 und 30% untergebracht. Dadurch ergibt sich für eine Bildzeile ein Spannungsverlauf wie er in Abb. 100 (s. S. 178) gezeigt wird.

Überall dort, wo man die Synchronimpulse vom eigentlichen Bildsignal trennen will, muß man nur eine Gleichspannung in gleicher Höhe wie die Schwarzschulter parallel zum FBAS-Signal führen. In einer Verbindung zwischen beiden Leitungen würde der Synchronimpuls in die eine, das Bildsignal in die andere Richtung fließen. Mit Dioden, die Ströme nur in eine Richtung durchlassen, können Synchronimpulse und Bildsignal

III 23 Elektronische Tricks

daher voneinander getrennt werden. Bei dem isolierten Bildsignal besteht jetzt die Möglichkeit, den Schwarzpunkt statt mit 30 mit 0% anzunehmen und Weiß nach wie vor bei 100% zu lassen.

Für die vertikale Rückführung des Elektronenstrahls stehen 1,6 Millisekunden zur Verfügung. Pro Halbbild entspricht dies 25 Zeilen - folglich fehlen bei jedem Vollbild 50 Zeilen, die auf dem Bildschirm nicht sichtbar sind. Von den 625 Zeilen pro Bild sind daher auf dem Bildschirm bestenfalls nur 575 zu sehen.

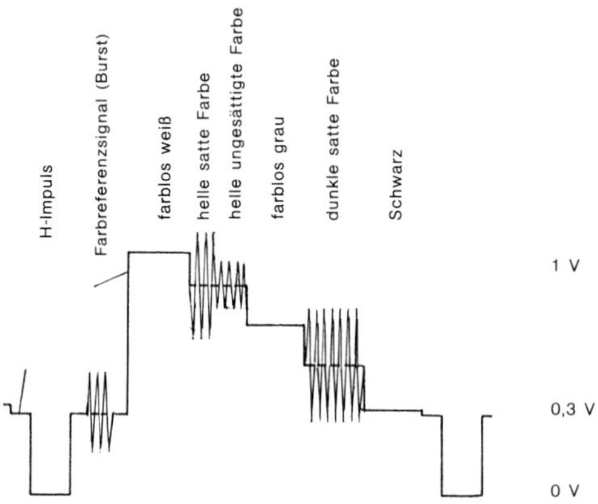

Abb. 100: Das komplette FBAS-Bildsignal (vgl. Abb. 98), es umfaßt 1 Volt, wobei 0,3 Volt den H-Impuls bilden. Bei hellen satten Farben können die Schwingungen des Farbsignals über die 1-Volt-Grenze hinausragen - bei dunklen satten Farben können sie, ebenso wie der Burst, unter die Schwarzgrenze geraten.

In dieser vertikalen Austastlücke ist auch der V-Impuls enthalten, der sich natürlich von den H-Impulsen unterscheiden muß. Dieser Unterschied besteht u.a. in der längeren Dauer des V-Impulses: 160 Mikrosekunden anstelle von nur 4 3/4 Mikrosekunden. Folglich werden während der Gesamtdauer des V-Impulses reichlich 2 H-Impulse (negativ) übermittelt, da in diesem Zeitraum genau 2 1/2 Bildzeilen Platz hätten. Nur beim Beginn eines ersten Halbbildes fällt der Anfang eines V-Impulses genau mit einem H-Impuls zusammen. Das zweite Halbbild beginnt mit einer halben Zeile - bei Zeile 312 1/2 - und in diesem Fall liegt der Anfang des V-Impulses exakt zwischen zwei H-Impulsen. Anhand dieser Erscheinung kann ein elektronisches Schnittgerät die einzelnen V-Impulse nach Halbbildern voneinander unterscheiden und verhindern, daß z.B. zwei erste Halbbilder zusammengesetzt werden und die ganze Austastung dabei aus dem Rhythmus kommt.

Addiert man die Zeitdauer aller 50 vertikalen Austastlücken innerhalb einer Sekunde, kommt man auf eine Summe von 0,05 Sekunden. Dieser Zeitraum wird für die Übermittlung zusätzlicher Informationen, wie z.B. codierter Bildschirmtexte, genutzt.

Auch das FBAS-Signal kann in vielerlei Weise beeinflußt werden. So besteht z.B. die Möglichkeit, die 4,43 MHz des Farbsignals unterschiedlich zu verstärken und damit die Farbsättigung zu verändern. Zudem kann die Phasenlage des Farbsignals und damit die Farbart verändert werden. Solche Manipulationen sind immer dann notwendig, wenn ein Bildsignal durch Leitungen übertragen oder aufgezeichnet und wieder abgespielt wird, da die hochempfindlichen Signale dabei stets Veränderungen (Dämpfung, Phasenveränderungen durch Laufzeit) unterworfen sind. Wann immer es möglich ist, wird man daher die entstandenen Abweichungen vor Beginn der eigentlichen Produktionsarbeit oder der Sendung kompensieren. Zu diesem Zweck werden genormte Testbilder und Farbbalken übermittelt oder aufgezeichnet, die dann wieder
Abb. 98
auf ihre genormten Volt- und Phasenwerte zurückgeregelt werden („Leitung bzw. MAZ einpegeln").

Bei den meisten Aufzeichnungsgeräten werden die zum Bild gehörenden Ton- und Zeitcode-Signale getrennt vom Bildsignal auf separaten Spuren aufgezeichnet.

Bei der Sendung von FBAS-Signalen muß jedoch - will man nicht einen extra Tonsender in Betrieb nehmen - das Tonsignal in das Bildsignal integriert werden. Hat man das Bildsignal aus der höherfrequenten Trägerschwingung des Senders herausgefiltert, kann man hieraus wiederum die 5,5-MHz-Schwingung abtrennen und diese als Träger für die Tonmodulation benutzen. Das Bildsignal selbst kann in diesem Fall dann nur bis maximal 5 MHz beansprucht werden. Dabei werden besonders scharfe Bildkonturen mit Amplitudenflanken, die an 5,5-MHz-Amplitudenflanken heranreichen (z.B. bei eingestanzten Schriften), im Ton u.U. als scharfes Rauschen hörbar. Umgekehrt können Tonschwingungen bei unsauberer Abtrennung des 5,5-MHz-Tonträgers vom übrigen Bildsignal im Bild als hell-dunkle Streifen sichtbar werden.

II 22 Modulation

Ist eine Integration des Tonsignals in das Bildsignal mittels einer Trägerschwingung aufgrund der hohen Bandbreite von 5,5 MHz nicht praktikabel, besteht auch die Möglichkeit, das Tonsignal zu digitalisieren und an den noch freien Stellen der horizontalen Austastlücken als Code-Impulse unterzubringen. Bei 15 625 solcher Impulsgruppen/sek. ist eine befriedigende Tonqualität übertragbar.

32. Magnetische Aufzeichnung

Um jeden elektrischen Leiter - um jeden stromdurchflossenen Draht - bildet sich kreisförmig ein Magnetfeld, dessen Polarität sich nach der Fließrichtung des Stromes ausrichtet. Dreht man einen solchen stromdurchflossenen Draht zu einem Wendel, wird daraus eine Spule. In der Mitte dieser Spule haben alle Magnetfelder die gleiche Richtung, so daß sie sich gegenseitig verstärken. Ein Eisenstab, der sich mitten in dieser Spule befindet, wird dabei magnetisch und zieht andere Eisenteile oder gegenpolige Magnete an.

Elektromotoren bestehen aus einem System vieler solcher Spulenmagnete, die immer abwechselnd so mit Strom durchflossen werden, daß sie sich gegenseitig anziehen und abstoßen. Dabei entsteht insgesamt eine kontinuierliche Drehbewegung.

Das Zusammenwirken von elektrischem Strom und Magnetismus läßt sich auch umkehren. Bewegt man einen Magneten durch eine Spule hindurch, so entsteht für die Dauer der Bewegung in den Drähten der umgebenden Spule ein elektrischer Strom. Stromgeneratoren funktionieren im Prinzip so, daß durch die Kraft von Dampfturbinen etc. Magnete durch Spulen hindurchgeführt werden.

Elektrischer Strom entsteht natürlich auch dann, wenn man ein kleines magnetisches Eisenkorn an einer sehr kleinen Spule vorüberführt: In der Spule entsteht ein winziger Stromstoß. Umgekehrt würde auch ein Eisenkörnchen in unmittelbarem Kontakt mit einer stromdurchflossenen Spule magnetisiert werden.

Auf genau diesem Prinzip beruht die magnetische Aufzeichnung. Ähnlich wie ein Bildfilm, bei dem Bromsilberkörner in einer Gelatine-Emulsion auf eine flexible Unterlage aufgegossen sind, besteht die aktive Schicht eines Magnetfilms aus einzelnen Eisenoxid- oder Chromdioxidkörnern, die von einer Verbindungsmasse zusammengehalten werden.

Führt man ein solches Band an einer von Wechselstrom durchflossenen Spule vorüber, so werden manche Körner positiv (= in Bewegungsrichtung des Bandes), manche negativ (= entgegengesetzt der Bewegungsrichtung des Bandes), und andere wiederum gar nicht magnetisiert und zwar genau im Rhythmus der Wechselstrom-Amplituden. Auf dem Band wird der Wechselstrom gewissermaßen fixiert - d.h. er wird „aufgezeichnet".

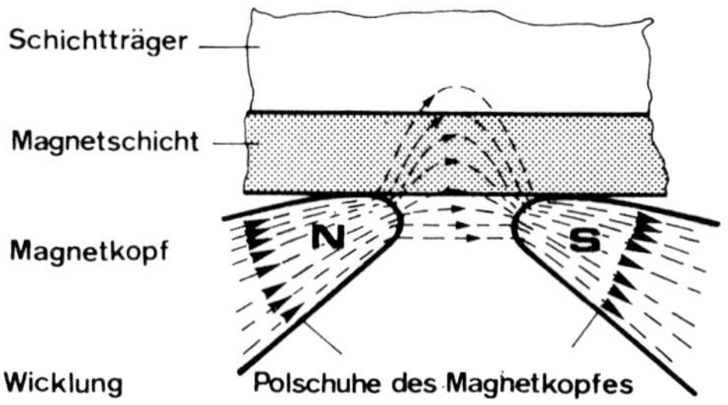

Abb. 101: Magnetisierung einer Magnetschicht mittels einer Spule

Wird dieses Band später an einer Spule vorübergeführt, so erzeugen die magnetisierten Eisenkörner in der Spule wieder kleine Stromstöße, die je nach Polarität in wechselnde Richtungen fließen. In der Spule entsteht wieder genau der Wechselstrom, der zuvor aufgezeichnet wurde.

Tonschwingungen, die mittels Mikrofon in elektrische Schwingungen umgewandelt und verstärkt wurden, können in der gleichen Weise auf einen mit Eisenoxidkörnern beschichteten Film aufgezeichnet und später wieder abgespielt werden.

III 30 Zukunft

Dabei ergeben sich ähnliche Probleme wie bei der Digitalisierung von Bild- und Tonsignalen: Man muß versuchen, beim Abspielen eines Signals ein möglichst genaues Abbild der ursprünglich aufgezeichneten Schwingungen zurückzuerhalten. Je mehr einzelne Körner an der Abbildung einer Schwingung beteiligt sind, um so genauer wird diese Abbildung.

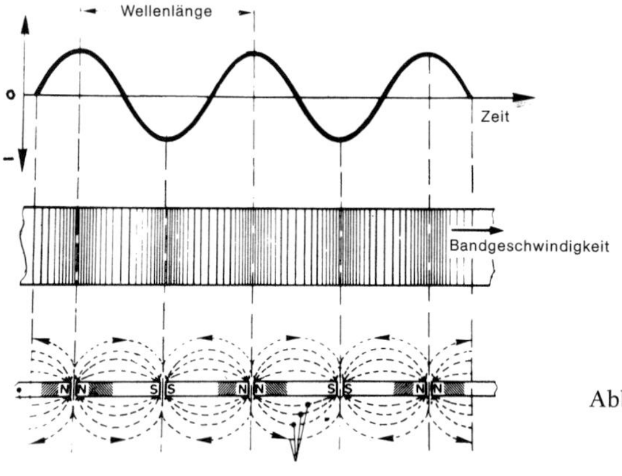

Abb. 102: Umwandlung eines elektrischen Signals in Magnetisierungsspuren auf einem Band

Außerdem muß gewährleistet sein, daß die von der aufzeichnenden Spule ausgehende Magnetisierung wirklich nur die Eisenkörner, die sich direkt an der Spule befinden, und nicht auch die der weiteren Umgebung, beeinflußt. Eine solche „Streuung" würde das Bild der Schwingungen abflachen und diffus machen.

In den Anfangsjahren der magnetischen Aufzeichnung konnte man diese Probleme nur dadurch lösen, daß man das Magnetband sehr schnell an den Spulen vorüberführte. Um die etwa 16 000 Schwingungen/sek. einer guten Tonwiedergabe aufzeichnen zu können, mußte das Band mit 76 cm/sek. Geschwindigkeit laufen. Dabei kamen 21 Schwingungen auf 1 mm Band. Heute wird eine gute Tonqualität bereits mit Laufgeschwindigkeiten von 9,5 cm/sek. und weniger erreicht. Bei 16 000 Schwingungen entspricht dies 168 Schwingungen auf 1 mm Band. Diese Lösung wurde dadurch ermöglicht, daß man das Magnetfeld an den Spulen auf einen immer schmaleren Spalt konzentrieren konnte und außerdem immer kleinere Eisenoxid- oder Chromdioxidkörner auf engem Raum unterbrachte.

Nun kann man diese Verkleinerung nicht endlos weitertreiben: Mit den ständig kleiner werdenden Eisenoxidkörnern verringert sich aufgrund der geringeren Masse auch der Grad der Magnetisierung. Folglich werden auch die Stromstöße, die beim Abspielen entstehen, immer schwächer. Da auf dem Band auch ohne Aufspielspule einzelne Eisenoxidkörner durch Umwelteinflüsse magnetisiert werden, heben sich schwach magnetisierte Signalamplituden kaum noch von dem rauschenden Untergrund der fehlmagnetisierten Körner ab. Der „Störabstand" wird zu gering – die Tonaufnahmen „rauschen". *II 16 Information*

Durch immer ausgefeiltere Technologien können heute sehr große Informationsmengen auf verhältnismäßig wenig Bandfläche untergebracht werden. Moderne Chromdioxidschichten können pro Millimeter bis zu 1500 Impulse speichern. Auf einem Quadratzentimeter Magnetfläche kann man alles in allem bis zu 5 Millionen Impulse speichern. Je kleiner die einzelnen Wellenlängen sind, die aufgezeichnet werden, um so weniger tief dringen sie in die Schicht ein. Die Kunst der Bandfabrikanten besteht nun darin, in möglichst dünnen Schichten möglichst viele Eisenoxidkörner unterzubringen, ohne daß diese sich berühren und „infizieren". Die verbindende Leimmasse muß so fest sein, daß sie auf den Spulenköpfen nicht abgeschabt wird oder Eisenoxidstaub freiläßt, da andernfalls die Spulenköpfe sehr schnell „verschmieren" würden. Die Leimmasse muß jedoch gleichzeitig flexibel genug sein, um alle Biegungen des Bandes mitzumachen - und zudem nicht so hart, daß die Magnetköpfe vorzeitig verschleißen.

Moderne Magnetschichten sind etwa 1/100 bis 1/200 mm dick. Die Eisenoxidkörner haben eine Länge von 0,0002 bis 0,0008 mm. Sie sind länglich - fast wie Nadeln geformt. Um möglichst hohe Magnetisierungen zu erhalten, versucht man, nach dem Gießen der Schicht, so lange der Leim noch flüssig ist, alle Körner in eine Richtung längs der späteren Aufzeichnungsspur auszurichten.

Könnte man die Magnetisierung auf einem normalen Tonband sichtbar machen, dann sähe sie ähnlich aus wie eine Lichttonaufzeichnung in Sprossenschrift. Auch Magnetköpfe übertragen die Magnetisierung mittels eines möglichst schmalen Spaltes, der quer zur Laufrichtung des Bandes steht. Der Spalt darf höchstens einhalbmal so breit sein wie die kleinste aufzuzeichnende Wellenlänge (bei einer bestimmten Bandgeschwindigkeit). Der Spalt kann jedoch weder bei der Aufzeichnung noch bei der Wiedergabe beliebig klein sein, da andernfalls der Grad der Magnetisierung zu gering wird. *II 25 Lichtton*

Je länger der Spalt ist, um so mehr Körner erfaßt er und um so breiter wird die aufgezeichnete Spur. Entsprechend stärker wird dann die Magnetisierung. Nachdem es in den letzten Jahren gelungen ist, den Storabstand zwischen Rauschen und Signal immer mehr zu vergrößern, konnte die Spaltlänge immer weiter verkürzt werden.

Soll ein Magnetband synchron mit einem anderen Band laufen, muß dieses Band ganz genau mit einer vorgegebenen Geschwindigkeit laufen. Um dies zu erreichen, gibt es zwei verschiedene Methoden:

II 26 Synchronität

- Man benutzt Magnetbänder in den gleichen Breiten wie die zugehörigen Bildfilme (= 16 mm oder in der Mitte geteilter 35-mm-Film, d.h. 17,5 mm) und perforiert sie in der gleichen Weise wie die Bildfilme („Cord", „Perfo"). Auf Schneidetischen oder in Zweiband-Projektoren sind dann die Laufwerke für Bild und Ton mechanisch verkoppelt. Bei Mischungen etc. laufen Bildprojektor und Tonbandspieler mit Motoren, die untereinander elektrisch verkoppelt (synchron) sind.
- Auf das Magnetband wird zusätzlich zu den Tonfrequenzen eine Pilotfrequenz (auch „elektrische Perforation" genannt) aufgezeichnet.

33. Video-Aufzeichnung (MAZ)

Sehr große Schwierigkeiten hat lange Jahre die magnetische Aufzeichnung von elektronischen Bildsignalen bereitet, da dabei die enorme Frequenz von 5 bis 6 MHz aufgezeichnet werden muß. Ein Tonband aus der Anfangszeit hätte dazu statt mit 76 cm/sek. für Ton mit 237 m/sek. Geschwindigkeit laufen müssen.

Geht man davon aus, daß bei einigermaßen genauer Wiedergabe der Amplitudenform heute etwa 100 bis 200 Impulse pro mm Band aufgezeichnet werden können, so bedeutet dies, daß für ein Video-Signal mit 5 MHz immer noch 25 bis 50 m Band pro Sekunde über die Magnetköpfe laufen müßten. Technisch ist dies kaum machbar.

Für die Aufzeichnung dieser großen Informationsmenge (Impulsmenge) wurde nun folgende Lösung gefunden: Sie wird nicht auf eine lange schmale Spur aufgezeichnet, sondern auf breitere Magnetbänder verteilt, die dann entsprechend langsamer laufen können. Der kontinuierliche Impulsfluß des Video-Signals wird dazu auf eine große Zahl kurzer Aufzeichnungsspuren verteilt, die quer oder schräg zur Bandrichtung aufgezeichnet werden. Zwischenzeitlich gibt es für die magnetische Aufzeichnung von Video-Signalen einige Normen mehr, als es Herstellerfirmen gibt. Der schnelle Wechsel der Normen läßt es müßig erscheinen, sie einzeln zu beschreiben. So müssen wir uns hier mit der Schilderung von Grundbegriffen begnügen.

Unterschiedlich sind u.a. auch die Methoden, mit denen die Bildsignale für die Aufzeichnung aufbereitet werden. Eine Aufbereitung ist notwendig, da ein normales FBAS-Signal nicht ohne weiteres auf ein Magnetband aufgezeichnet werden kann. Dies ist darin begründet, daß nur Veränderungen des Magnetisierungszustandes beim Abspielen in der Spule einen elektrischen Strom erzeugen. Findet diese Veränderung zu langsam statt, wird der von ihr erzeugte Strom u.U. so schwach, daß er in der Praxis nicht mehr verwendbar ist. Das ist bei ganz großen Wellenlängen, also bei sehr niedrigen Frequenzen, der Fall. Die Aufnahmefähigkeit des Magnetbandes für Frequenzen ist folglich nicht nur nach oben, sondern auch nach unten begrenzt. Da die absolute Begrenzung an beiden Enden des Frequenzspektrums von der Laufgeschwindigkeit des Bandes abhängt, läßt sich die Faustregel aufstellen, daß die untere Frequenzgrenze etwa 1/1000 der oberen Frequenzgrenze betragen kann. Für ein Tonspektrum von 16 - 16 000 Schwingungen reicht das aus. Bei einem Video-Signal, dessen obere Grenze bei etwa 5 MHz liegen sollte, könnten jedoch Frequenzen unter 5000 Hz nicht mehr registriert werden. Das würde schon aufgrund der 50-Hz-Frequenz des vertikalen Austastimpulses Probleme bereiten.

Man hilft sich dadurch, daß man das Video-Signal einer Trägerschwingung aufmoduliert. Die Frequenz dieser Schwingung kann freilich nicht - wie bei einem Sender - um ein Vielfaches höher sein als der 5-MHz-Frequenzumfang des Video-Signals. Durch Frequenzmodulation gelingt es jedoch, den Träger auf einen Bereich von 5 MHz bis 7 MHz („Low Band“) oder zwischen 9 und 12,5 MHz („Super High Band“) zu beschränken, wobei die unteren Werte die Synchronimpulse, die oberen die hellsten Bildstellen repräsentieren. Beim Super-High-Band-Träger muß die Aufzeichnungsspur zwar etwa 250 Impulse pro mm aufzeichnen, diese müssen allerdings nicht mehr ganz genau formgerecht wiedergegeben werden, da sie ohnehin wieder in Helligkeitssignale von maximal 5 MHz zurückverwandelt werden. Die Umwandlung des FBAS-Signals in das frequenzmodulierte Aufzeichnungssignal, sowie umgekehrt die Umwandlung des aufgezeichneten Signals in ein FBAS-Signal (oder auch RGB-Signal) beim Abspielen vollzieht sich normalerweise im Aufzeichnungsgerät.

II 22 Modulation

Bei den Bandformaten kann man grundsätzlich das (ältere) 2-Zoll- und das (neuere) 1-Zoll-Format unterscheiden. Beide liefern professionelle Bildqualität. Außerdem gibt es das semi-professionelle 3/4-Zoll-Format. Dessen Bildqualität ist im Original, und wohl auch noch in der ersten Kopier-Generation (Überspiel-Generation) akzeptabel. Weitere Kopiervorgänge zeigen jedoch erhebliche Degeneration der Bildparameter.

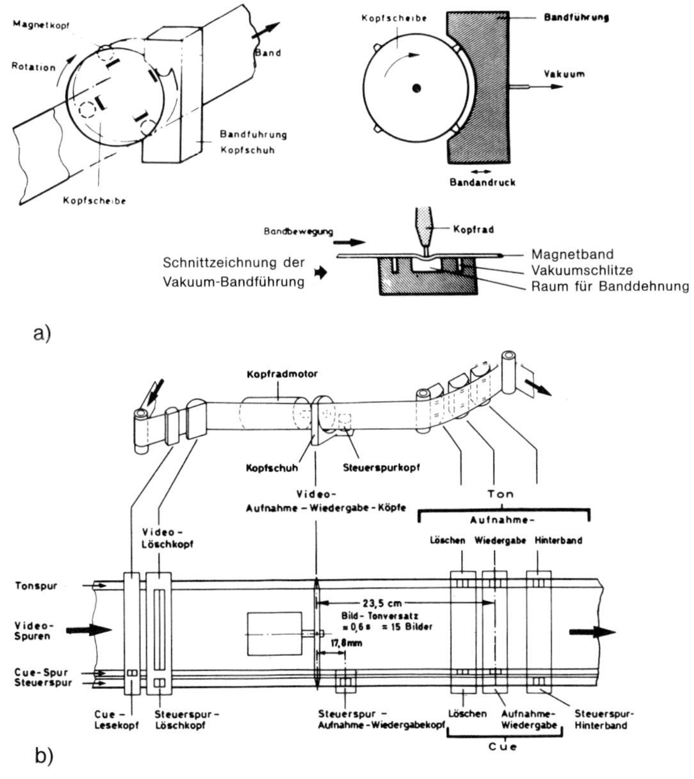

Abb. 103 a und b: Verteilung der verschiedenen Aufnahme-, Wiedergabe- und Löschköpfe für Video, Ton, Steuerimpuls und Cue bei einer 2-Zoll-MAZ

Das 2-Zoll-Band läuft über ein mit 250 Umdrehungen/sek. vertikal rotierendes Rad. Dieses Rad besitzt einen Durchmesser von 5 cm und trägt 4 Aufzeichnungs- bzw. Abspielköpfe. Durch Saugluft wird das Band gewölbt und an die Rundung des Rades angesaugt, wobei es das Rad um etwas mehr als 90° umschlingt, so daß immer einer der vier Magnetköpfe des Rades mit dem Band Kontakt hat. Da die vier Köpfe, während das Band mit etwa 40 cm/sek. über das Rad gezogen wird, nacheinander 46 mm lange, 0,4 mm breite Spuren quer zur Laufrichtung auf das Band schreiben, haben sie auf der Bandoberfläche eine Geschwindigkeit von 46 m/sek. Bevor einer der Magnetköpfe das Band verläßt, wird auf den folgenden Kopf umgeschaltet, der dann bereits Berührung mit dem Band hat. Im Bereich der Umschaltung wird ein kurzes Stück überlappend aufgezeichnet, so daß ein durchgehendes Signal gewährleistet ist.

Beim Abspielen der Bänder ist es wichtig, daß die Magnetköpfe immer genau die Spuren abtasten und nicht etwa zwischen den Spuren laufen. Zu diesem Zweck wird auf dem Rand des Bandes eine Längsspur freigelassen, auf der für jede Radumdrehung ein Impuls aufgezeichnet wird - folglich 250 Impulse/sek. Für Aufzeichnung und Abtastung dieser „Kontrollspur" („Steuerspur") ist ein besonderer Magnetkopf vorgesehen, der das Band natürlich nicht genau an der Stelle berühren kann, an der das Rad mit den Videoköpfen läuft. Die Steuerimpulse laufen den zugehörenden Videospuren ein Stück voraus. Wird ein Band auf einer anderen Maschine abgespielt als der, auf der es aufgenommen wurde, und hat diese Maschine einen anderen Abstand zwischen „Kopfrad" und Kontrollspurkopf - oder hat sich ein Band durch starken Zug oder Temperaturunterschiede in seiner Länge verändert - , können die Abtastköpfe neben den Spuren laufen. Dadurch wird die Qualität des abgetasteten Signals mehr oder weniger stark beeinträchtigt.

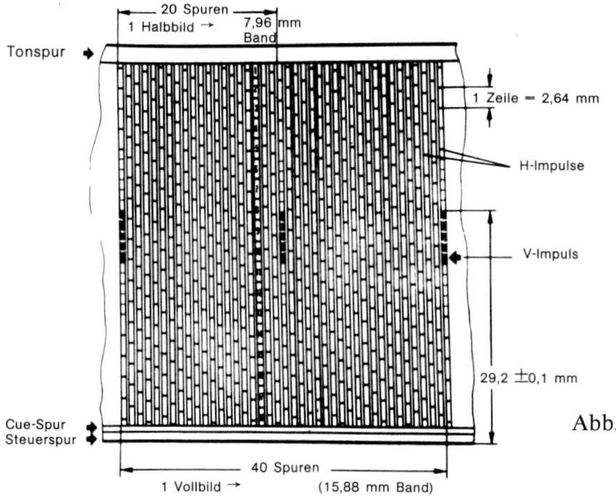

Abb. 104: Verteilung der Bild-, Ton-, Synchron- und Austastsignale auf einem 2-Zoll-MAZ-Band

Eine andere Schwierigkeit dieses „Quadruplex" genannten Verfahrens besteht darin, daß die vier Abtastköpfe nie ganz genau gleich auf das aufgezeichnete Signal reagieren. Da auf jeder Einzelspur 16 Bildzeilen aufgezeichnet sind, hat dies zur Folge, daß sich z.B. die Farbeigenschaften des Bildes nach jeweils 16 Zeilen leicht verändern („Banding"). Es gehört einiger elektronischer Aufwand dazu, die Signalunterschiede der einzelnen Köpfe automatisch auszugleichen.

Außer den Steuerspuren enthalten die Ränder des Bandes noch zwei Tonspuren - eine etwa 2 mm breite auf der einen Seite - und eine sehr schmale auf der anderen Seite neben der Steuerspur. Für jede dieser Spuren gibt es in einem gewissen Abstand zum Videokopfrad separate Aufzeichnungs- und Abspielköpfe.

Die breitere Tonspur wird in der Regel für die Aufzeichnung des zum Bild gehörenden Tons verwendet. Die schmalere und qualitativ schlechtere kann man sowohl für zusätzliche Tonaufzeichnungen als auch für Startmarken, Synchronmarken oder den Zeitcode verwenden. Sie wird daher auch als „Cue-Spur" (=„Stichwort-Spur") bezeichnet.

Schmalere Bänder mit einer Breite von 1 Zoll oder 3/4 Zoll, die für professionelle Nutzung in Frage kommen, werden im Schrägspurverfahren bespielt. Dabei läuft das Band ganz oder teilweise schräg um eine rotierende Trommel, die mit einem oder zwei Magnetköpfen versehen ist. Da das Band wendelförmig um die Trommel läuft, verlaufen die Einzelspuren schräg („Helical Scan"). Je größer der Trommeldurchmesser ist, um so länger werden die Einzelspuren, aber um so spitzer sind auch die Winkel im Verhältnis zur Bandkante. Lange Spuren sind zwar von Vorteil - bei manchen Geräten nimmt eine Einzelspur ein ganzes Halbbild mit 312,5 Zeilen auf - , der spitze Winkel macht es jedoch beim Abspielen sehr schwierig, den Abspielkopf immer genau über die Spur zu führen. Schon kleine Diskrepanzen in den Laufgeschwindigkeiten oder im Abstand zwischen Steuerspur-Abtastung und Videospur haben zur Folge, daß der Abtastkopf etwas neben der Spur („Tracking-Fehler") oder im Verlauf des Abtastvorgangs etwas schräg zur Spur läuft („Skew").

a)

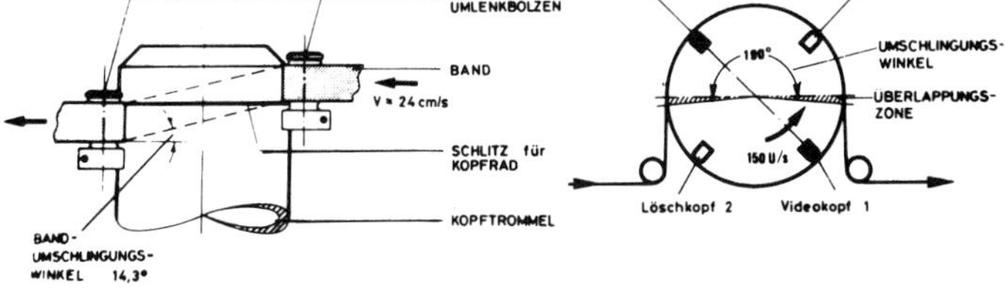

b)

Abb. 105 a und b: Bandführung und Anordnung der Videoköpfe bei einer 1-Zoll 2-Kopf-MAZ

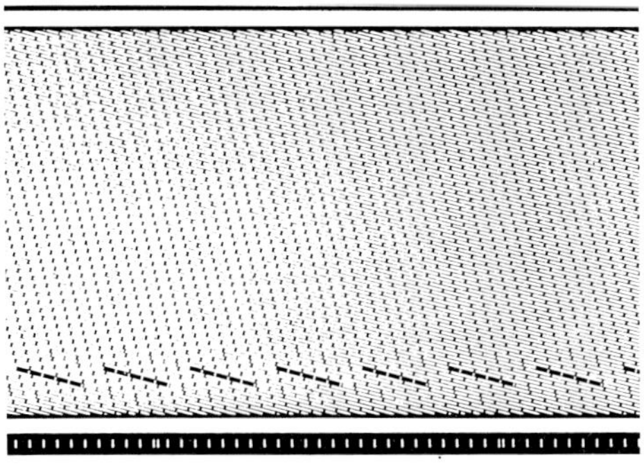

Abb. 106: Verteilung der Signale auf einem 1-Zoll-MAZ-Band. Die in der unteren Hälfte schräg verlaufenden dunklen Spuren sind die V-Impulse mit den eingelagerten weißen H-Impulsen. Ganz unten die Steuerspur - dunkel mit eingelagerten weißen Steuerimpulsen. Auf beiden Seiten der Video-Aufzeichnung die weißen, unbespielten Tonspuren.

Das letztere ist immer dann der Fall, wenn das Band angehalten wird und die weiter rotierende Trommel nur noch eine Spur abtastet. Durch den fehlenden Bandvorschub ändert sich der Abtastwinkel, so daß der Kopf u.U. von einer Spur auf die benachbarte wechselt. Das „Standbild", das dabei auf dem Monitor zu sehen ist, ist dadurch qualitativ minderwertig. Außerdem verschleißt die Magnetschicht, die 50mal/sek. abgetastet wird, an dieser Stelle sehr schnell. In besser ausgestatteten Geräten wird daher immer das letzte abgespielte Bild für 1/25 sek. gespeichert. Zur Wiedergabe eines Standbildes wird dann dieses gespeicherte Bild 25mal/sek. gespielt.

Trommeln mit nur einem Magnetkopf haben den Nachteil, daß die Aufzeichnung immer dann für einen kurzen Augenblick unterbrochen wird, wenn eine Spur zu Ende aufgezeichnet ist und der Kopf auf der anderen Bandseite die Aufzeichnung der nächsten Spur beginnt. Es muß darauf geachtet werden, daß diese Aufzeichnungslücke mit der vertikalen Austastlücke zusammenfällt, da dies die einzige Stelle ist, an der ein Signalausfall kompensiert werden kann. Die Trommel mit dem einen Magnetkopf muß daher exakt 50 Umdrehungen/sek. synchron zum Austastrhythmus machen und immer ein vollständiges Halbbild mit 312,5 Zeilen auf einer Spur unterbringen.

II 31 Video-Signal

III 31 Normen

Viele professionelle 1-Zoll-Geräte besitzen Trommeln mit zwei Magnetköpfen, die sich mit 150 Umdrehungen/sek. drehen. Dadurch wird jedes Halbbild in 3 Umdrehungen (bei 2 Köpfen) in 6 Einzelspuren aufgeteilt. Diese Spuren laufen dann natürlich nicht mehr in einem so spitzen Winkel wie dies bei den Ein-Kopf-Geräten der Fall ist und können daher auch beim Abspielen genauer abgetastet werden.

Das Prinzip eines neuen Verfahrens, bei dem verhältnismäßig hohe Bildqualitäten auch auf 1/2 Zoll breiten Bändern aufgezeichnet werden, beruht auf der getrennten Aufzeichnung von Helligkeitssignal (Y) und Farbsignal (U und V). Auch in diesem Fall ist auf jeder 94 mm langen Spur ein vollständiges Halbbild enthalten, es wird jedoch von zwei nah zusammenliegenden Köpfen aufgezeichnet. Die eine, 175 Mikrometer breite Spur enthält das Y-Signal, die andere, 65 Mikrometer breite, U- und V-Signale, amplitudenmoduliert auf zwei Trägerschwingungen mit unterschiedlichen Frequenzen. Die Kopftrommel enthält zwei Kopfpaare, so daß sie bei jeder Umdrehung zwei Halbbilder (= ein Vollbild) aufzeichnet. Die Trennung von Y- und UV-Signal hat den großen Vorteil, daß beim Schneiden keine Rücksicht mehr auf die PAL-Phase genommen werden muß, da das FBAS-Signal erst später neu gebildet wird. Mit 1/2 Zoll breiten Bändern ist es möglich, das Aufzeichnungsgerät in eine tragbare Kamera zu integrieren. Dadurch ist diese wie eine Filmkamera völlig unabhängig von Kabelverbindungen.

II 31 Video-Signal

II 30 Elektronische Kamera

In jedem Fall muß gewährleistet sein, daß die Laufgeschwindigkeit des Bandes mit der Drehgeschwindigkeit der Köpfe synchronisiert ist und die Abtastung der Kontrollspur (die die Bandgeschwindigkeit regelt) dabei den richtigen Abstand zu den Videospuren hat, so daß die Abtastköpfe stets in der Mitte der aufgezeichneten Spuren laufen.

Dennoch kann es bei leicht geschrumpften oder gedehnten Bändern außer zu Tracking-Fehlern noch zu weiteren Wiedergabefehlern kommen. Schon Temperaturunterschiede von 10° C können zur Folge haben, daß beim Abtasten der Einzelspuren nicht die volle Länge der ursprünglich aufgezeichneten Spuren erfaßt wird. Bei Ein-Kopf-Maschinen sind 312,5 Zeilenimpulse auf einer (längeren) Einzelspur, bei Zwei-Kopf-Maschinen für 1-Zoll-Band sind etwa 54 Zeilenimpulse auf einer (kürzeren) Einzelspur aufgezeichnet. Bereits sehr geringfügige Veränderungen der abgetasteten Spurenlängen haben zur Folge, daß der Rhythmus der Zeilenimpulse am Übergang von einer Einzelspur zur nächsten aus dem Tritt kommt. Bessere Geräte sind daher mit aufwendigen Einrichtungen zur Zeitbasis-Korrektur ausgestattet.

Bänder müssen vor Beginn der Aufzeichnung gelöscht werden, damit die Ursprungsmagnetisierung der einzelnen Eisenoxidkörner völlig ausgeglichen wird. Zu diesem Zweck wird mit einem besonderen Löschkopf eine Frequenz von 50 000 - 100 000 Hz auf das betreffende Band aufgespielt und zwar bevor dieses den Aufnahmekopf erreicht hat. Die Besonderheit dieses Löschkopfes besteht darin, daß der Spalt zwischen den Spulenteilen breiter ist als dies bei Aufnahme- oder Wiedergabe-Köpfen der Fall ist. Bei der hohen Löschfrequenz hat dies zur Folge, daß sich die positiven und negativen Amplituden im Spaltbereich gegenseitig aufheben und die Magnetisierung dadurch im ganzen neutralisiert wird.

Technisch einfach ist ein Löschsystem, bei dem ein breiter Kopf die gesamte Bandbreite vor Erreichen des Aufnahmekopfes löscht. Diese Methode hat indessen zwei Nachteile: Beim Beginn der Aufnahme wird ein kurzer Teil des Bandes - der Teil zwischen den Köpfen - nicht gelöscht. Zudem geht der Anfang der Löschung quer durch die schräg verlaufenden Spuren, so daß davon mehrere Einzelbilder partiell betroffen werden. Besonders beim elektronischen Schnitt ist dies untragbar - auch im Hinblick auf die Tonspuren, die an ganz anderen Stellen gelöscht werden müssen.

IV 10 Schnitt

Geräte, die zum elektronischen Schnitt benutzt werden, benötigen dazu „fliegende" Löschköpfe, die nur genau jene Spuren und Spurenteile löschen, auf die neu aufgespielt werden muß. Dazu gehört nicht nur die genaue örtliche Steuerung der Löschkopf-Bewegungen, sondern auch eine Schaltung, die den Löschkopf vor Beginn der Aufzeichnung in Aktion setzt.

Auch bei den 3/4- und 1-Zoll-Bändern werden eine oder mehrere Tonspuren und eine Steuerspur an den Bandrändern entlang durch besondere Köpfe aufgezeichnet.

Ein Speicher ermöglicht es, bei schneller oder langsamer durchlaufendem Band Bilder auf dem Monitor zu sehen, da er die Bildinformation vom MAZ-Band auch dann noch „auslesen" kann, wenn diese viel schneller als normal angeliefert wird. Der Monitor hingegen kann in jedem Fall nur 25 Bilder je Sekunde wiedergeben. Er „ruft" in jeder 25. Sekunde mittels seines Austastsignals das letzte gespeicherte Bild aus dem Speicher ab, gleichgültig, ob er dieses Bild schon einmal vorher wiedergegeben hat (bei langsamerem Lauf des Bandes), oder ob inzwischen mehrere Bilder überschlagen wurden (bei schnellerem Lauf des Bandes).

Der technische Aufwand für die Schnittechnik ist erheblich und damit auch der Aufwand für die Wartung der Geräte. Nicht nur müssen die H- und V-Impulse automatisch synchronisiert werden, auch die Tatsache, daß jedes zweite Einzelbild mit einer umgekehrten PAL-Phase beginnt, bereitet Probleme. Damit es an den Schnittstellen keine Farbverfälschungen gibt, muß die Apparatur erkennen können, welche PAL-Phase jeder Bildanfang hat, und in den Fällen, in denen es erforderlich ist, den Schnitt um ein Bild automatisch verlegen. Damit ist ein bildgenaues Schneiden nicht mehr möglich. Zur leichteren Identifikation wird bei manchen Systemen von vornherein die Steuerspur der MAZ-Bänder bei jedem zweiten Bild mit einem „Schnittimpuls" versehen.

Trotz größter Sauberkeit und Präzision ist es unvermeidlich, daß kleine Staubkörner zwischen Magnetkopf und Magnetschicht des Bandes geraten oder daß bei der Fabrikation der Bänder winzige Lücken zwischen den Eisenteilchen verbleiben. Bei einer Zeilenlänge von 52 Mikrosekunden machen sich Signalausfälle von 3 - 5 Mikrosekunden Dauer schon als Bildstörungen unangenehm bemerkbar. Je nach Stärke und Dauer der Signalausfälle („Drop-Out") kann auch der horizontale Synchronimpuls betroffen werden, so daß einzelne Bildzeilen springen.

MAZ-Geräte für professionellen Gebrauch sind mit Detektoren ausgestattet, die einen Pegelabfall der Trägerschwingung um 12 - 20 dB (= Dezibel) registrieren und dann für die Dauer des Drop-Outs auf einen Speicher umschalten. Dort wird das Bildsignal ständig 128 Mikrosekunden lang - d.h. für die Dauer einer Bildzeile - gespeichert. Für die Dauer des Drop-Outs gibt das Gerät dann anstatt des original vom Magnetkopf abgetasteten Bildsignals die jeweils vorhergehende Bildzeile aus dem Speicher ab. Wenn die Drop-Outs nicht allzu dicht aufeinanderfolgen - wie es etwa bei verschmutzten oder verschlissenen Magnetköpfen, bei fehlerhaften oder zu stark abgespielten Bändern vorkommt -, fällt dieser Zeilenersatz dem Betrachter nicht auf.

34. Filmgeber

II 18 Filmlaufwerke

II 28 Bildsignal

Filmgeber dienen zur Umwandlung von Filmbildern in Video-Signale. Die einfachste Form der Umwandlung besteht darin, den Film durch einen normalen Projektor laufen zu lassen und das Bild in eine elektronische Kamera hineinzuprojizieren („Speicherröhren-Prinzip"). Daß der Projektor bei jedem Weiterschalten des Bildes seine Lichtquelle für die Dauer der Fortbewegung des Films abdunkelt, stört dabei wenig, die Bildröhren der Kamera speichern das Bild ohnehin auf ihren Speicherplatten, ehe es vom Elektronenstrahl abgetastet wird. Weitaus lästiger ist die Tatsache, daß die H- und V-Ablenkung in allen drei Bildröhren ganz genau übereinstimmen muß, da andernfalls Konvergenzfehler (Farbsäume) oder Unschärfen entstehen.

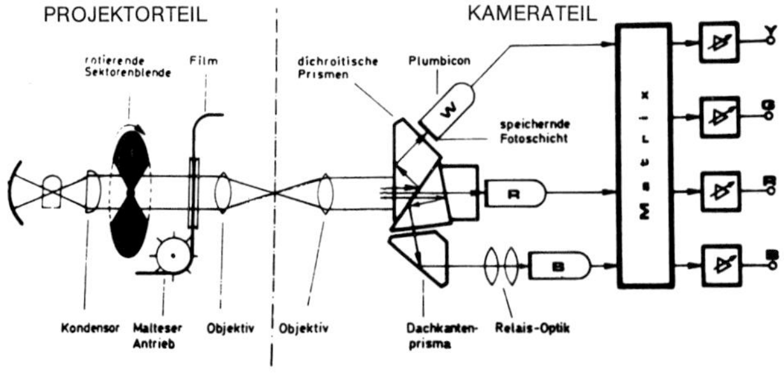

Abb. 107: Schema eines Speicherbild-Abtasters

Diese Schwierigkeit wird in anderen Filmgebern dadurch umgangen, daß man in einer kleinen Bildröhre mit normaler V- und H-Ablenkung auf einer Phosphorschicht einen zeilenweise wandernden weißen Lichtpunkt erzeugt (aufgrund der Tatsache, daß der Lichtpunkt sehr schnell wandert, erscheint die Vorderfläche der Röhre dem Auge wie eine Leuchtfläche - ähnlich wie beim Bildschirm eines Empfängers). Der wandernde Lichtpunkt wird von einem optischen System, das einer Aufnahme- oder Projektions-Optik ähnelt, aufgenommen und auf die Filmebene projiziert. Der projizierte Lichtpunkt dringt durch die im Filmbild enthaltenen Filterfarben und wird hinter der Bildebene durch beschichtete Prismen oder Spiegel auf drei Fotozellen verteilt und zwar so, daß eine Zelle nur von blauen, eine zweite nur von grünen und eine dritte nur von roten Anteilen des Lichts getroffen wird. Je nachdem, welche Filterfarben in einem gerade abgetasteten Bildpunkt des Films enthalten sind, verteilen sich die R-, G- und B-Werte unterschiedlich auf die drei Fotozellen.

II 10 Objektive

II 17 Farbe

Da der Bildpunkt wandert („Flying-Spot-System"), berührt er auf der Filmschicht der Reihe nach Punkte unterschiedlicher Dichte und unterschiedlicher Farbstoffmischung. So entstehen analog dazu in den drei Fotozellen Video-Signale für R, G und B (Rot, Grün und Blau). Da die Abtastung nur durch einen Lichtpunkt erfolgt, kann es bei den R-, G- und B-Signalen keine zeitlichen Diskrepanzen und damit keine Konvergenzfehler geben.

II 29 Elektronenstrahl
II 31 Video-Signal

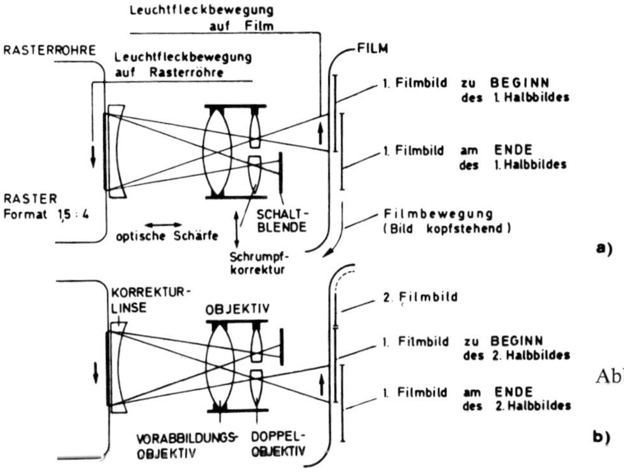

Abb. 108: Schema eines Lichtpunkt-Abtasters („Flying-Spot"-Abtasters) mit kontinuierlich durchlaufendem Film

Der Nachteil des Verfahrens besteht darin, daß ein solcher Filmgeber keine Bildröhre und damit auch keine Speicherplatte, die das Filmbild für die Dauer der Fortbewegung des Films speichert, besitzt. Viele Flying-Spot-Filmgeber sind daher mit „Schnell-Schaltwerken" ausgestattet, die den Film während einer vertikalen Austastlücke um ein Bild weiterschalten. Dieser Vorgang muß innerhalb von 1,6 Millisekunden abgeschlossen sein. Ein Schmalfilm muß, um während dieses Zeitraums um ein Bild, d.h. um 7,5 mm, weitergeschaltet zu werden, von 0 auf etwa 20 km/h beschleunigt und anschließend wieder angehalten werden. Dieses Beschleunigen und Abbremsen muß 25mal/sek., d.h. 90 000mal/h erfolgen. Abgesehen von der extremen Belastung, der das Filmmaterial dabei ausgesetzt ist, muß auch das Präzisions-Schaltwerk äußerst verschleißfest sein. Der Film selbst wird durch Preßluft-„Explosionen" fortbewegt.

Bei Normalfilmen müßte die Weiterschaltung des Films noch fast dreimal so schnell erfolgen. Technisch ist dies nicht machbar. Daher werden Normalfilme entweder nach dem Speicherröhren-Prinzip oder nach einem komplizierten Flying-Spot-Verfahren, bei dem der Film kontinuierlich und nicht schrittweise durch den Filmgeber läuft, abgetastet. Die vertikale Ablenkung des Lichtpunktes entspricht dabei nur der halben Bildhöhe, tastet aber dennoch die ganze Bildhöhe ab, da sich der Film während der Laufzeit des Halbbildes (1/50 sek.) um eine halbe Bildhöhe weiterbewegt hat. Nun muß aber dasselbe Filmbild noch einmal für das zweite Halbbild abgetastet werden. Da es sich inzwischen an einer anderen Stelle befindet (da der Film ja inzwischen um eine halbe Bildhöhe fortbewegt wurde), muß auf ein zweites optisches System umgeschaltet werden, das den Lichtpunkt über die neue Bildposition zum Abtasten des zweiten Halbbildes steuert. Auf diese Weise wird jedes Einzelbild des Films von zwei sich ständig abwechselnden optischen Systemen abgetastet.

Der Nachteil des Flying-Spot-Verfahrens besteht darin, daß man die Helligkeit des Lichtpunktes auf der Röhre nicht beliebig verstärken kann, ohne dafür große Nachteile (schneller Verschleiß, Nachzieh- und Streu-Effekte) in Kauf zu nehmen. Die Helligkeit reicht in der Regel nicht aus, um Filmdichten über etwa log 2,6 zu durchdringen. Damit können bei Theaterkopien mit Schattendichten über log 3,5 viele Bilddetails nicht mehr übertragen werden. Die Schattenpartien „laufen zu".

II 13 Kopieren

In neueren Filmgebern laufen alle Filme kontinuierlich durch, werden aber nicht mehr mit dem lichtschwachen Flying-Spot-Verfahren abgetastet. Der Film wird in der Fortbewegung mit einem schmalen Lichtspalt durchleuchtet, der etwa die Form und Lage einer Bildzeile hat. Das durchfallende Licht wird durch dichroitische Spiegel in die rote, grüne und blaue Farbkomponente aufgeteilt und als scharf abgebildete Zeile auf drei Reihen lichtempfindlicher Halbleiter-Sensoren - je eine für Rot, Grün und Blau - projiziert. Die Sensoren sind nur 0,01 bis 0,02 mm breit, und insgesamt enthält jede der drei lichtempfindlichen Zeilen 1024 solcher Sensoren. Diese speichern das aufgenommene Licht als elektrische Ladung, die bei jedem Durchlauf eines Einzelbildes 625mal in einen Bildspeicher übertragen wird. So entsteht im Speicher nach jedem Bilddurchlauf ein vollständiges RGB-Signal - allerdings als Vollbild ohne Zeilensprung.

Aus dem Speicher kann man nun die Signale in der Reihenfolge abrufen, wie sie für ein standardmäßiges Video-Signal benötigt werden, d.h. im Zeilensprungverfahren mit 625 Zeilen in der Sekunde. Dadurch, daß die Bildsignale in digitaler Form gespeichert werden, entstehen noch weitere Vorteile. So spielt es z.B. keine große Rolle mehr, mit welcher Geschwindigkeit die Bildsignale von den Halbleiterzellen aufgenommen und an den Speicher weitergeleitet werden. Man kann ebensogut zwei Einzelbilder in 1/25 sek. abtasten, aber nur eines aus dem Speicher abrufen, oder umgekehrt ein eingespeichertes Bild mehrmals abrufen. Mit anderen Worten: Man kann den Film mit jeder beliebigen Geschwindigkeit ablaufen lassen und sogar sendefähige Standbilder als 625-Zeilen-Signal 25mal in der Sekunde liefern. Außerdem besteht die Möglichkeit, jedes Filmformat vom 16-mm-Schmalfilm bis zum Cinemascope-Format mit demselben Filmgeber zu verarbeiten. Die digitalen Impulse lassen sich beliebig in bildfüllende Video-Signale umrechnen.

III 30 Zukunft

Die Problematik bei der Konstruktion von Filmgebern besteht darin, jedes einzelne Filmbild ganz präzise so in eine Position zu bringen, daß die Abbildung scharf wird und die aufeinanderfolgenden Bilder genau zur Deckung kommen - das Bild also nicht „wackelt" oder zittert. Diese Forderung nach einem optimalen „Bildstand" ist insbesondere bei Schrittschaltwerken schwer zu erfüllen, da Filme durch Schrumpfung oder Erwärmung nie ganz genau maßhaltig sein können. Bei Durchlauf-Filmgebern ist die mechanische Beanspruchung des Films und insbesondere der Klebestellen weit geringer als bei Schrittschaltwerken.

Auch die optische und magnetische Lenkung des Abtastpunktes bei Flying-Spot-Filmgebern muß so präzise justiert sein, daß das entstehende Bildsignal wirklich einer Abtastung von zwei Halbbildern entspricht und die Zeilen des zweiten Halbbildes wirklich zwischen den Zeilen des ersten Halbbildes liegen.

Die Aufbereitung des Video-Signals gehört ebenfalls zu den Funktionen des Filmgebers. In Kapitel II/17 wurde bereits dargelegt, daß eine naturgetreue Wiedergabe von Farben durch unterschiedlich empfindliche Filmschichten und Filterfarbstoffe, die in den Filmschichten entstehen, physikalisch nicht möglich ist. Ebensowenig werden diese Filterfarbstoffe, wenn sie durch Dichroid-Farbteiler auf drei Bildröhren verteilt, unterschiedlich verstärkt und durch verschiedene Leuchtphosphore auf dem Monitor wiedergegeben werden, noch Ähnlichkeit mit den ursprünglichen Farben haben.

Bei oberflächlicher Betrachtung kann man annehmen, daß ein intensives (hochgesättigtes) Rot in der Filmschicht später auch wieder als intensives Rot auf dem Bildschirm erscheinen wird. In der Regel ist dies auch der Fall - in der Praxis machen hochgesättigte Farben jedoch nur einen winzigen Bruchteil der übertragenen Bildinhalte aus. Durchwegs bestehen Bilder aus Mischfarben. Es kommt darauf an, daß die Mischungsverhältnisse aus Rot, Grün und Blau möglichst genau eingehalten werden, auch in den Lichtern und Schatten der Bilder. Aus den Kurven in Abb. 76 (s. S. 134) kann man erkennen, daß die Filterfarbstoffe in den Filmschichten auch noch Lichtfarben, die sie eigentlich durchlassen müßten, absorbieren („Nebendichten"). Der Magenta-Farbstoff absorbiert z.B. kleine Mengen roten und etwas größere Mengen blauen Lichts. Diese Nebendichten werden von den drei Abtaströhren wiederum in unterschiedlicher Stärke registriert, je nachdem wie die Nebendichten in den Dichroidfiltern der entsprechenden Farbe beschaffen sind. In keinem Falle wird das Endergebnis noch genau dem Verhältnis Hauptfarbe zu Nebenfarben entsprechen.

Am deutlichsten wird das Problem bei der Abtastung von Farbnegativen. Die Elektronik des Filmgebers kann die Y-Signale und die Farbsignale ohne weiteres in negative elektrische Werte umwandeln, so daß das Negativ auf dem Bildschirm als positives Bild erscheint. Das hat viele Vorteile, weil dadurch alle Qualitätsparameter des Negativfilms (wie Schärfe, Belichtungsumfang, Farbtrennung) im Video-Signal enthalten bleiben. Bei Kopien muß man bei allen drei Parametern Verluste in Kauf nehmen.

Nun enthält das Farbnegativ allerdings einen gelben Maskenfarbstoff, der nur in der grün-empfindlichen Magenta-Schicht (Purpur-Schicht) gebildet wird. Er verbleibt an jenen Stellen, an denen kein Magenta gebildet wird; die Dichte der Gelbmaske ist daher umgekehrt proportional zu der Magenta-Dichte. (Beim Kopieren eines solchen Negativs kann man die Gelbmaske durch stärkeres Blau kompensieren - damit kompensiert man dann gleichzeitig die gelbe Nebendichte des Magenta-Farbstoffes.) Die Maske hat auch zur Folge, daß die Schatten des Negativbildes - da sie weder Purpur noch einen anderen Farbstoff enthalten - gelb maskiert sind.

Beim Abtasten eines solchen Negativs werden in den Schattenpartien die Grün- und die Rot-Röhre kräftig belichtet, die Blau-Röhre dagegen kaum. Durch die elektrische Umpolung ins Positiv entsteht dadurch die Farbe Blau. Da das System nicht ohne weiteres erkennen kann, ob an dieser Stelle des Bildes ein blauer Himmel oder nur ein farbneutraler Schatten gemeint ist, werden zunächst alle Schatten im Bild blau. Will man dies einfach in der üblichen Weise dadurch kompensieren, daß man die Blau-Komponente schwächer verstärkt, dann werden zwar die Schatten wieder farbneutral, alle Lichter dagegen gelborange. Um die Nebendichten zu kompensieren, muß man den Grad der Verstärkung selektiv innerhalb eines Bildes verändern können. Dazu wird eine Elektronik benötigt, die erkennen kann, ob eine bestimmte Konstellation aus drei Farben Nebendichten enthält. Diese werden dann durch entsprechend dosierte Verstärkung kompensiert.

III 9 Farbbeeinflussung

Grundsätzlich ist dies durch Vergleichen des Helligkeitssignals Y mit den Farbdifferenzsignalen U und V möglich. Diese Werte müssen durch ein elektronisches Filter, das die Grundwerte der Filmfarbstoffe enthält, quantifiziert werden. Ein solches Filter würde z.B. beim Abtasten von maskierten Farbnegativen wie folgt reagieren: „Gelbe Farbe bei großer Helligkeit = Nebendichte." Nur an diesen Bildstellen würde (nach der Negativ-Positiv-Umpolung) die Verstärkung von Rot und Grün intensiviert und die Verstärkung von Blau reduziert werden. Eine solche, auf bestimmte Eigenschaften eines Farbfilmmaterials eingestellte selektive Schaltung nennt man „Matrix".

Moderne Filmgeber enthalten Matrizes für alle gängigen Filmarten. Dabei ist es eine Ermessensfrage, ob man die Matrizes so einrichtet, daß sie die Farben des *Films* getreu reproduzieren, oder sie auf die Farben des ursprünglich aufgenommenen *Objekts* einstellt (d.h. die rein filmtypischen Farbfehler bereits in die Matrix mit einbezieht). In der Regel wird man wohl den filmgetreuen Matrizes den Vorzug geben, da die besonderen Eigenschaften des Filmmaterials schon bei der Produktion gestalterisch mit berücksichtigt werden.

II 25 Lichtton

II 26 Synchronität

Selbstverständlich müssen Filmgeber auch mit Einrichtungen zum Abtasten von Ton versehen sein. Zum Abspielen von kombinierten Kopien sind im Filmgeber selbst Tonköpfe für Magnet-Randspur und Lichtton vorgesehen. Außerdem kann man den Filmgeber mit Cord-Bandspielern synchron koppeln, da fernseheigene Produktionen aus Qualitätsgründen in der Regel mit separatem Magnetton abgespielt werden.

Band III

Arbeits- und Gestaltungstechniken

Inhalt

1. Beleuchtung

Die Beleuchtung ist bei Film- und Fernsehproduktionen eine teure Sache, wobei die Personalkosten besonders hoch sind. Jede unnötige Maßnahme und jedes erfolglose Experimentieren bedeuten eine erhebliche Geldverschwendung. Deshalb sollte man bei der Beleuchtung von Szenen planvoll vorgehen. In vielen Studios, insbesondere in angelsächsischen Ländern, ist es üblich, auf dem Papier ausführliche Lichtpläne zu entwerfen, bevor man an die praktische Arbeit geht. Die weiteren Ausführungen werden deutlich machen, weshalb dies zweckmäßig ist.

Grundsätzlich gibt es drei Zielsetzungen für die Beleuchtung:

a. die notwendige Helligkeit zu schaffen, die zum Belichten des Films oder der Speicherplatte der E-Kamera erforderlich ist; *II 12 Filmmaterial* *II 28 Bildsignal*

b. die abgebildeten Gegenstände möglichst deutlich und plastisch im Sinne der Gestaltwahrnehmung wiederzugeben; *I 1 Gestaltwahrnehmung*

c. eine Atmosphäre zu vermitteln, die dem dargestellten Vorgang oder der Geschichte adäquat ist und sie unterstützt. *I 8 Aufmerksamkeit*

Diese drei Zielsetzungen sind miteinander verknüpft und stehen in hierarchischer Beziehung zueinander. Punkt a - die Helligkeit - muß in jedem Falle erfüllt sein und ist daher auch in Punkt b und c enthalten.

Es gibt durchaus Fälle, in denen sich ein Kameramann mit der Herstellung einer technisch ausreichenden Helligkeit begnügt. Dies trifft häufig auf Nachrichtenfilme und Dokumentationen zu. Geht man davon aus, daß es zwischen menschlichem Sehen und der Fotografie keine wie auch immer geartete Ähnlichkeit gibt, so bedeutet dieses Verfahren eine Verfremdung. *I 4 Auge* In dieser Weise entstandene Bilder wirken äußerst steril, sie geben nur die äußere Hülle der abgebildeten Realität wieder und dies zudem in einer Lichtatmosphäre, die mit der tatsächlich vorhandenen Umgebung keinerlei Ähnlichkeit mehr hat. Obgleich auch andere im Bild enthaltene Faktoren beim Zuschauer gewisse Wirkungen (informativer oder emotionaler Art) auslösen, stellen diese dennoch nur einen Bruchteil dessen dar, was insgesamt an Wirkung erreicht werden kann. In manchen Fällen wird es für den Kameramann allerdings praktische Gründe geben, sich auf die Herstellung von technischer Helligkeit zu beschränken. Zur Erfüllung der in Punkt b (Deutlichkeit) angeführten Forderung müssen Licht und Schatten bewußt und gezielt im Bild verteilt werden. Dies sei an einigen Beispielen erläutert: Die Form dreidimensionaler Objekte wird auf zweidimensionalen Bildern dadurch erkennbar, daß sie nur aus einer Richtung beleuchtet werden. Dadurch wirken die dem Licht zugewandten Flächen am hellsten - alle anderen Flächen hingegen werden dunkler, je mehr sie der Lichtquelle abgewandt sind. *I 6 Raum sehen* Bei runden Körpern sind die Übergänge zwischen Hell und Dunkel fließend.

Die plastische Wirkung fotografierter Objekte wird verstärkt, sobald sich die Lichtquelle nicht genau auf gleichem Stand mit der Kamera-Achse befindet - wenn sie also etwas seitlich verschoben oder weiter oben angebracht ist. Dadurch vergrößert sich die Schattenfläche, wobei jedoch ein Verfremdungseffekt eintritt, da das Auge z.B. die Schattenpartien eines Gesichts nur selten in einem undurchdringlichen Schwarz sehen wird. In den meisten Fällen erkennt man auch hier Hautstrukturen und Formen - z.B. das Ohr auf der Schattenseite. Will man diese normalen Sehbedingungen auch im Bild erhalten, dann müssen die Schattenpartien so weit „aufgehellt" werden, daß die Strukturen des Objekts auch in diesen Partien erkennbar sind.

▲

Abb. 110: Oben: „Spitze“ von rechts hinten, um das Objekt vom Hintergrund abzuheben.
Unten: „Lichtschere“ = zwei Führungslichter etwa 180° zueinander.

◄

Abb. 109: Führungslicht und Aufhellung,
oben: ohne Aufhellung,
Mitte: mit schwacher Aufhellung (ca. 1 : 4),
unten: mit stärkerer Aufhellung (ca. 1 : 2)

Die Dosierung der Lichtmenge ist dabei von ausschlaggebender Bedeutung. Sie muß auf alle Fälle so hoch sein, daß sie *über* dem unteren Schwellenwert des Filmmaterials bzw. der Aufnahmeröhre liegt. Sie darf aber keinesfalls ebenso hoch sein wie das Führungslicht, da sie dann die Licht-Schatten-Wirkung aufheben und das Bild seine Plastik verlieren würde.

Innerhalb dieser beiden Margen liegt ein breiter Entscheidungsspielraum: Je nach Zielsetzung kann man entweder ein sehr „weiches“ Licht-Schatten-Verhältnis anstreben, wobei die Aufhellung dann vielleicht 50% der Helligkeit des Führungslichts besitzt (Führungs-Aufhellungs-Verhältnis 1:2) oder aber ein sehr „kräftiges“ Bild, bei dem die Aufhellung nur noch 12% des Führungslichts besitzt (Führungs-Aufhellungs-Verhältnis 1:8). Dabei ist in jedem Fall zu berücksichtigen, daß keinesfalls das auf das Objekt auffallende Licht fotografiert wird, sondern das vom Objekt *reflektierte.*

Bei der Dosierung des Aufhellichts spielt es daher auch eine wichtige Rolle, ob eine fotografierte Person z.B. dunkles oder helles Haar hat. Bei sehr niedrig dosiertem Aufhellicht wird dunkles Haar in der Regel unterhalb des unteren Schwellenwerts des Filmmaterials belichtet werden und folglich keine Differenzierung mehr aufweisen. In der Praxis wird man in solchen Fällen abwägen, was jeweils wichtiger ist: ein Bild mit kräftigen Kontrasten oder die Durchzeichnung des Haars auf der Schattenseite des Gesichts.

Eine Lichtquelle, die ein rundes, plastisches Objekt aus der Aufnahmerichtung beleuchtet, wird die Vorderfläche des Objekts am hellsten erscheinen lassen und die Seitenflächen dunkler. Eine umgekehrte Anordnung ist ebenfalls denkbar. In diesem Fall muß man zwei Führungslichter einsetzen, die das Objekt seitlich beleuchten und in einem Winkel von etwa 180° zueinander stehen („Lichtschere"). In dieser Weise beleuchtete Objekte haben helle Randkonturen, die sich natürlich besser von einem dunklen Hintergrund abheben als Objekte mit dunklen Randkonturen.

Wo bei nur *einem* Führungslicht auf eine Lichtschere verzichtet werden soll (wobei jedoch die Gefahr besteht, daß das aufzunehmende Objekt sich nicht vom Hintergrund abhebt), wird gelegentlich neben Führung und Aufhellung eine dritte Lichtquelle eingesetzt, die das Objekt (von der Kamera aus gesehen) von hinten beleuchtet. Eine solche „Spitze" gibt dem Objekt eine helle Kontur, die sich von einem dunkleren Hintergrund absetzt. Bei sehr hellem Hintergrund ist diese Methode weniger empfehlenswert.

Ähnliche Beleuchtungsprobleme wie bei der Aufnahme dreidimensionaler Objekte entstehen dann, wenn man Oberflächenstrukturen deutlich machen will. Der Unterschied zwischen einer Samtfläche und einer Betonfläche besteht nicht nur in der Farbe, sondern wesentlich auch in den (wenngleich winzigen) Unebenheiten der

Abb. 111: Beeinflussen der Oberflächenstruktur durch Beleuchtung aus der Kamera-Achse bzw. im spitzen Winkel zur Oberfläche

Oberfläche. Beleuchtet man diese genau aus der Kamerarichtung, erhalten die Unebenheiten keine Schatten. Grauer Beton sieht dann auf dem Bild nicht viel anders aus als grauer Samt. Beleuchtet man sie jedoch seitlich, dann erscheinen die Samthärchen auf einer Seite hell, auf der anderen Seite dunkel. Außerdem können an der Oberfläche der Samthärchen, wie an den Sandkörnern in der Oberfläche des Betons, Spiegelungen entstehen, die im Bild als winzige Lichtpunkte oder Lichtlinien erscheinen. Aus diesen Reflexionen bzw. Licht- und Schattenflächen ergibt sich eine Oberflächenstruktur, die vom Betrachter gestaltpsychologisch wiedererkannt und auf synästhetischem Wege fühlbar wird.

II 16 Information

I 5 Synästhesie

Voraussetzung hierfür ist, daß das Auflösungsvermögen des Aufnahmesystems in der Lage ist, die sehr winzigen Licht- und Schattendetails einer solchen Oberflächenstruktur getrennt aufzuzeichnen. Beschränkt man sich bei der Beleuchtung einer Samtfläche darauf, nur eine einzige Lichtquelle seitlich anzusetzen, werden die Schattenpartien der Samthärchen vollkommen schwarz wiedergegeben. Wenn diese Schattenflächen auch sehr winzig sind, so summieren sie sich doch zu einer farblichen Verfälschung der Materie - zu einer Verschwärzlichung. Außerdem würden allzu intensive Schatten zu einer Überzeichnung der Struktur führen, was gleichfalls eine Verfälschung bedeuten würde. In vielen Fällen wird es daher notwendig sein, auch bei der Aufnahme von Oberflächenstrukturen Aufhellicht anzuwenden, um die Kontraste zu mindern.

Bei der Aufnahme dreidimensionaler Objekte muß der Kameramann bei der Positionsbestimmung des Führungslichts abwägen, wieviel Rücksicht er auf die Oberflächenstruktur zu nehmen hat. Bei Porträtaufnahmen besteht z.B. die Möglichkeit, durch seitliche Beleuchtung die Hautstruktur fühlbar zu machen, oder - im umgekehrten Fall - durch Licht aus der Kamerarichtung und hochdosierte Aufhellung Hautunebenheiten verschwinden zu lassen, sie „wegzuleuchten“.

2. Führungslicht und Aufhellung

In der Regel benötigt man, will man ein Objekt für eine möglichst deutliche Wiedergabe beleuchten, mehrere Lichtquellen. Werden dabei eine Reihe von Lichtquellen mit kleinflächigen Leuchtflächen verwendet, wirft selbstverständlich auch das Objekt mehrere scharfumrandete Schatten auf den Hintergrund. Dies hat empfindliche Nachteile zur Folge, denn die scharfumrandeten Schattenkonturen auf dem Hintergrund werden gestaltpsychologisch wie Objekte gesehen. Solange es sich nur um *einen* Schatten handelt, entspricht dies noch den normalen Wahrnehmungserfahrungen. Zwei oder mehrere Schatten werden jedoch als ungewöhnlich empfunden und suggerieren dem Betrachter, daß er hier nicht die Wirklichkeit, sondern etwas synthetisch Zusammengestelltes sieht.

I 1 Gestaltwahrnehmung

Es gibt viele Möglichkeiten, den Schattenwurf von Objekten grundsätzlich zu vermeiden:

a. Man verwendet für Führung und Aufhellung, oder für eines von beiden, eine großflächige Lichtquelle, so daß die entstehenden Schattenkonturen möglichst diffus werden. Die Nachteile dieses Verfahrens liegen darin, daß großflächige Lichtquellen in viele Richtungen streuen und diese Streuung sich nicht begrenzen läßt.

II 11 Lichtquellen

▲

Abb. 113: Lichtquelle in der Kamera-Achse

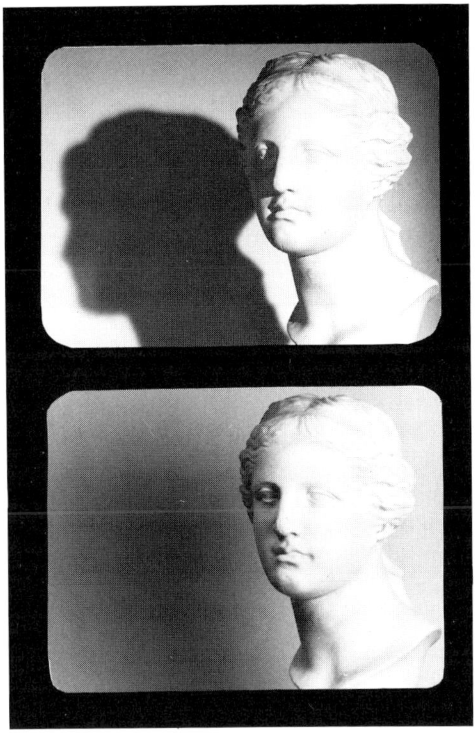

◄

Abb. 112: Oben: Beleuchtung mit einer kleinflächigen Lichtquelle
Unten: Beleuchtung mit einer großflächigen (diffusen) Lichtquelle

b. Man legt eine (groß- oder kleinflächige) Lichtquelle genau in die Kamera-Achse oder ein wenig darüber bzw. darunter. Dabei fällt der Schatten, von der Kamera aus gesehen, genau hinter das aufgenommene Objekt und verliert dadurch seine Bedeutung. Ein Nachteil dieses Verfahrens besteht bei Aufnahmen mit mehreren Kameras darin, daß die zweite Kamera die Schattenkonturen auf dem Hintergrund sehr wohl sieht. Dagegen ist es von Vorteil, daß - vorausgesetzt die Lampe ist mit der Kamera verbunden und macht jede ihrer Bewegungen mit - der Schatten auch bei beweglicher Kamera immer versteckt bleibt.

c. Man wählt die Position einer (groß- oder kleinflächigen) Lampe so, daß der Schatten im Bild oder außerhalb vom Bildrand versteckt wird. Beleuchtet man z.B. ein Objekt schräg von oben, so fällt sein Schatten nicht auf die Rückwand, sondern auf den Boden, wo er in den seltensten Fällen stört. Müssen dafür jedoch allzu schräge Beleuchtungswinkel gewählt werden, kann dies für die Wiedergabe des Objekts im Bild abträglich sein.

Gelegentlich wird versucht, unerwünschte Schatten durch zusätzliches Licht „wegzuleuchten“. Dies ist ein ziemlich aussichtsloses Unterfangen, denn durch Aufhellen eines auf den Hintergrund projizierten Schattens wird dessen Außenkontur nicht weniger scharf; lediglich der Kontrast zwischen Schatten und Umfeld wird gemindert. Erst bei sehr großen Helligkeitswerten wird der Hell-Dunkel-Kontrast an den Schattenrändern so gering, daß diese wahrnehmungspsychologisch nicht mehr ins Gewicht fallen. Bis dahin aber ist der Hintergrund so hell, daß in den meisten Fällen eine sehr unnatürliche Wirkung entsteht.

Die Schärfe der Schattenkonturen wird nicht allein von der Größe der Leuchtfläche bestimmt, sondern auch vom Abstand zwischen beleuchtetem Objekt und Hintergrund, sowie vom Abstand zwischen Lichtquelle und Objekt. Je weiter die Lichtquelle entfernt ist, um so schärfer werden die Schattenränder. Großflächige Lichtquellen erzeugen auch dann scharfe Schatten, wenn sie sehr weit vom Objekt entfernt sind. Umgekehrt werden Schattenkonturen unschärfer, wenn ein Objekt sich weiter vom Hintergrund entfernt.

Beim Beleuchten von Film- und Fernsehszenen muß häufig auch die Bewegung der beleuchteten Objekte durch den Raum berücksichtigt werden. Dabei entstehen besondere Probleme: Bewegt sich ein Objekt auf eine Lichtquelle zu, wird es immer heller - bewegt es sich von der Lichtquelle fort, wird es immer dunkler.

Dieser Effekt tritt nicht ein, wenn sich das Objekt im rechten Winkel zur Lampen-Achse durch den Lichtkegel bewegt, vorausgesetzt, die Lichtverteilung im Lichtkegel ist gleichmäßig wie beim Stufenlinsen-Scheinwerfer.

Beim Aufhellicht liegt die Problematik etwas anders. In den meisten Fällen wird man auch hier aus einem Winkel von etwa 45° einleuchten. Da indessen zur Aufhellung häufig großflächige Lichtquellen verwendet werden, deren Lichtbündel sich nicht - wie bei Scheinwerfern - begrenzen lassen, summiert sich das Licht der Aufheller. Daraus ergibt sich eine andere Verteilungsstrategie als bei eng gebündelten Führungslichtern. Durch den weiten Streuwinkel der großflächigen Leuchten nimmt die Lichtintensität mit zunehmender Entfernung von der Lampe schnell ab. Will man über die gesamte Strecke, die das aufzunehmende Objekt zurücklegen wird, stets in etwa denselben Lichtpegel beibehalten, muß man dort, wo der Lichtpegel des ersten Aufhellers zu stark abgenommen hat, mit einer weiteren Aufhell-Lampe „verlängern". Je nach Tiefe des Raumes muß diese „Verlängerung" mehrmals durchgeführt werden.

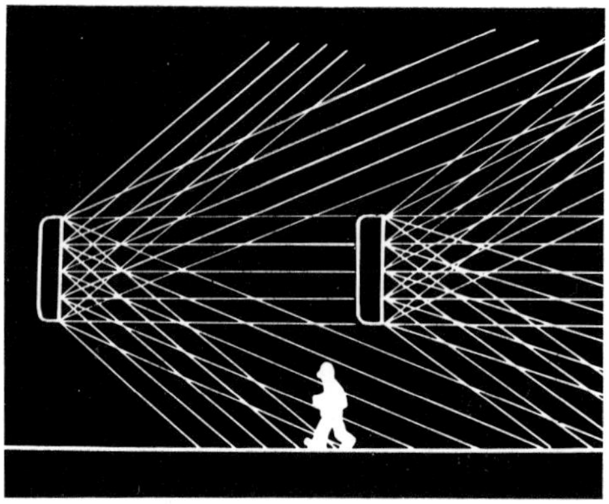

Abb. 114: Das „Aneinanderstückeln" von diffusen Flächenleuchten

Dies ist u. U. dann unzureichend, wenn die Kamera seitwärts bewegt wird oder mehrere Kameras gleichzeitig eine Szene aufnehmen. Auch bei einer vollständigen, der Sicht der Kamera entsprechenden Aufhellung der Schattenpartien der Objekte sieht eine aus einer anderen Richtung aufnehmende Kamera schwarze Schatten. Daher müssen, wenn Kamerabewegungen stattfinden oder mit mehreren Kameras gleichzeitig aufgenommen wird, mehrere Aufheller-Staffeln aus verschiedenen Richtungen vorgesehen werden. Der Raum wird dabei sehr stark von Streulicht durchdrungen, und es besteht leicht die Gefahr, daß die Summe des Aufhellichts dabei an den Pegel des Führungslichts heranreicht. Die Folge davon wäre die Aufhebung der Licht-

IV 3 Kamera-Arbeit

Schatten-Differenzierung. Die sorgfältige Dosierung des Aufhellichts bedarf daher einiger Erfahrung.

Die vorstehenden Ausführungen sollten nicht so verstanden werden, daß man für das Führungslicht grundsätzlich nur eng gebündeltes Licht (d.h. Scheinwerfer) einsetzen darf. Großflächige Lichtquellen werden häufig nicht nur als Aufheller, sondern auch *I 17 Beleuchtung* als Führungslicht eingesetzt.

Vor dem Ausleuchten einer Szenerie sind eine Reihe von Überlegungen anzustellen:

- Welcher durchschnittliche Lichtpegel ist für das anzuwendende Aufnahmeverfahren erforderlich? *II 12 Filmmaterial*
- Welcher Stellenwert ist der Wiedergabe-Deutlichkeit beizumessen - d.h. wie sind Führungslicht und Schattenaufhellung im ganzen zu verteilen?
- Welcher Stellenwert ist der Atmosphäre der Szene beizumessen?
- Muß die Ausleuchtung so gestaltet sein, daß die Kamera (bzw. mehrere Kameras) ohne Lichtumbauten aus verschiedenen Richtungen aufnehmen kann (bzw. können)?
- Wie genau kann man vorherbestimmen, an welchen Stellen der Szenerie sich Personen bewegen werden?

Aus dem Folgenden geht hervor, daß man meistens Kompromisse schließen muß. So können u.a. Abstriche bei Punkt 3 (Atmosphäre) unerläßlich sein, weil nicht vorherzusehen ist, in welchen Teilen der Szenerie sich Personen bewegen werden (Punkt 5). Das ist z.B. bei manchen Dokumentationen der Fall, wobei dann über der gesamten Szenerie ein ziemlich gleichmäßiger Lichtpegel erforderlich ist sowie eine Plazierung der Lichtquellen, die ausschließt, daß Personen durch Annäherung viel zu viel Licht abbekommen.

Scheinwerfer in Bodennähe haben den Effekt, daß sie Objekte um so heller beleuchten, je näher diese dem Scheinwerfer kommen. Niedrig stehende Scheinwerfer sind einerseits immer dann angezeigt, wenn sie der Verstärkung des Lichteffekts gleichfalls niedrig stehender Kerzen, Autoscheinwerfer etc. dienen. Andererseits schränken sie die Bewegungsfreiheit der Darsteller sehr stark ein.

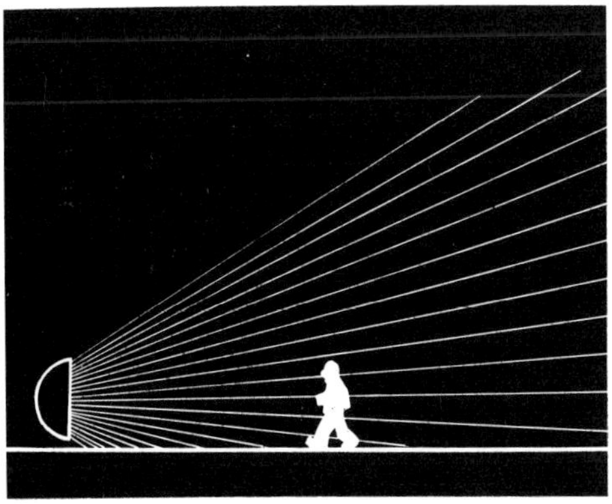

Abb. 115: Ein Objekt, das sich auf eine Lichtquelle zubewegt, wird immer heller, eines, das sich von einer Lichtquelle fortbewegt, immer dunkler.

Abb. 116: Ein Objekt, das sich quer zur Lichtrichtung bewegt, bleibt gleichmäßig hell. Eine solche Lichtführung wirkt jedoch häufig sehr unansehnlich.

Scheinwerfer, die senkrecht von oben die Szene anleuchten, geben zwar eine sehr gleichmäßige Lichtverteilung, sind aber für die Ausformung der beleuchteten Objekte in der Szene äußerst ungünstig. Personen bekommen dabei z.B. tiefschwarze Augenhöhlen.

Die am häufigsten angewendete Zwischenstellung zwischen diesen beiden Extremen liegt in der Nähe eines 45° Neigungswinkels der Scheinwerfer.

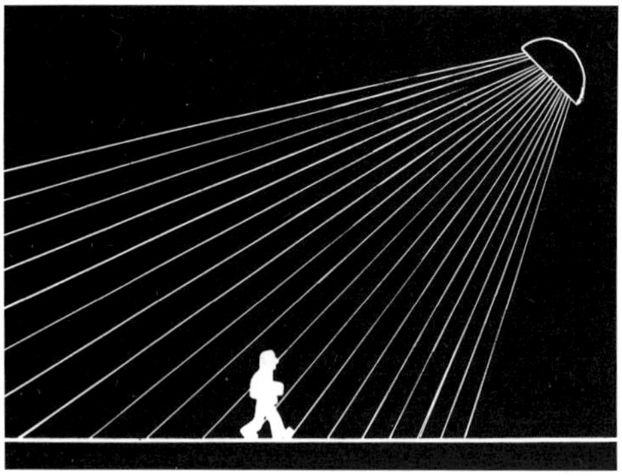

Abb. 117: Ein gangbarer Kompromiß ist eine Lichtführung aus ca. 45°. Dabei bleibt die Helligkeit des bewegten Objekts etwa gleich, und die Ausformung durch das Licht ist gut.

Abb. 118: Ist eine Lichtführung aus 45° wegen räumlicher Beengung über die Gesamtstrecke mit *einer* Lichtquelle nicht möglich, muß man mehrere Lichtquellen „aneinanderstückeln".

Hat man bei der Entfernung genügend Spielraum, ist es sicher einfacher und ökonomischer, aus größerem Abstand große Flächen mit lichtstarken Lichtquellen anzuleuchten (sofern man nicht aus atmosphärischen Gründen nur kleine Flächen beleuchten will). Nur in den Fällen, in denen der Entfernungsspielraum nicht für die Anwendung lichtstarker Lichtquellen ausreicht, ist man gezwungen, die Lichtkegel mehrerer Scheinwerfer „aneinanderzustückeln", um eine gleichmäßige Lichtverteilung über eine größere Fläche zu erreichen.

Bei einem Neigungswinkel der Lichtquelle von etwa 45° ist der Lichtabfall bei der Bewegung innerhalb des Lichtkegels nicht allzu groß. Jedenfalls gilt dies für Scheinwerfer mit verhältnismäßig engem Lichtbündel und gleichmäßiger Lichtverteilung. Etwas schwieriger liegen die Verhältnisse bei Spiegellampen. Durch den sehr breiten Lichtkegel dieser Lampen entsteht in größerer Entfernung ein sehr starker Lichtabfall. Dies läßt sich durch die ungleichmäßige Lichtverteilung innerhalb des Lichtkegels von Spiegellampen weitgehend kompensieren. Richtet man den intensiveren Kern des

II 11 Lichtquellen

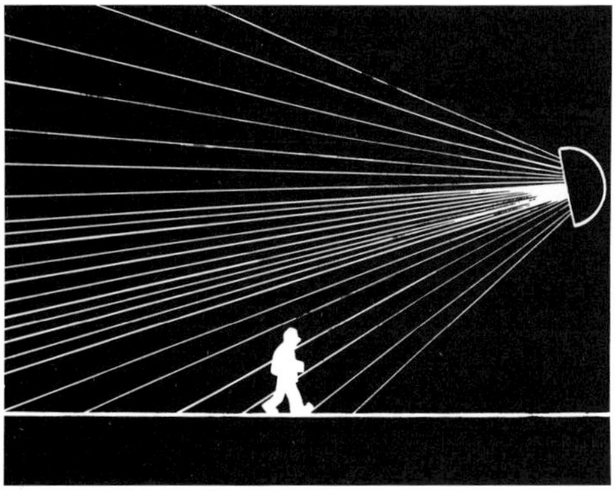

Abb. 119: Behelfsmäßig kann man Lichtquellen verwenden, deren Lichtbündel im Zentrum stärker als an den Rändern konzentriert ist, und sie so richten, daß das konzentrierte Licht die entfernteren, die Ränder des Lichtbündels die näheren Bildteile beleuchten.

Lichtkegels auf die entfernteren Teile der Szenerie, wird das wesentlich schwächere Randlicht des Lichtkegels die näheren Objekte beleuchten. Dabei geht freilich ein Teil der Lichtausbeute an die Zimmerdecke verloren. Spiegellampen werden verwendet, wenn es nicht möglich ist, an jeder beliebigen Stelle der Zimmerdecke Lichtquellen anzubringen.

Das Aufhellicht wird in der Regel in die Kamera-Achse gelegt, damit die Schatten des Lichts hinter den Objekten verschwinden und für die Kamera weitgehend unsichtbar bleiben. Augenhöhlen, Nasenschatten etc. werden um so besser aufgehellt, je niedriger die Aufhell-Lampen stehen. Allerdings führt eine Annäherung zwischen Kamera und Objekt während der Aufnahme zu einer starken Veränderung der Intensität der Aufhellung, was wiederum einen neuen, erhöhten Standpunkt des Aufhellichts erforderlich macht. *Abb. 113*

Möglichst unauffällige Schattenkonturen des Aufhellichts bewirken großflächige Lampen, die einen sehr breiten Streuwinkel haben, der sich seitlich nicht begrenzen läßt. Dadurch hellen diese Lampen stets den gesamten Raum auf, der vor ihnen liegt. Allerdings fällt die Lichtintensität aufgrund des breiten Streuwinkels in der Tiefe ziemlich stark ab. Will man folglich in einem größeren Raum überall einen etwa gleichen Aufhell-Lichtpegel beibehalten, muß man mehrere Aufhell-Lampen hintereinander staffeln. *Abb. 114*

Verändert die Kamera ihre Schußrichtung, oder nimmt eine andere Kamera die Szenerie gleichzeitig aus einer anderen Richtung auf, so werden für sie möglicherweise Schattenflächen sichtbar, die durch das Aufhellicht aus der ersten Kamerarichtung nicht aufgehellt werden. In solchen Fällen ist es notwendig, auch aus der zweiten Richtung Aufhell-Lampen zu setzen - unter Umständen sogar in die Tiefe gestaffelt. Durch ein solches System von Aufhellichtern entstehen in der Szene natürlich große Mengen von Streulicht.

In kleinräumigen Szenerien oder für die nähere Umgebung der Kamera kann man eine Aufhell-Lampe auch direkt an die Kamera montieren. Das hat den Vorteil, daß die Lampe mit der Kamera mitschwenkt und mitfährt und jeweils nur den aufgenommenen Bildausschnitt aufhellt. Diese Methode ist natürlich nur anwendbar, wenn nur mit *einer* Kamera aufgenommen wird und wenn die aufgenommenen Objekte ihren Abstand von der Kamera nicht allzu stark verändern.

Im allgemeinen beginnt die Planung einer Ausleuchtung mit dem Einrichten der Führungslichter, da diese für die beabsichtigte Lichtstimmung und die Deutlichkeit der Wiedergabe ausschlaggebend sind. Erst im Anschluß daran werden die notwendigen Aufhellungen hinzugefügt (im Englischen werden sie zutreffend als „fill-lights" bezeichnet).

In Fernsehstudios hat es sich wegen der Mehr-Kamera-Technik eingebürgert, zuerst Aufhellicht für alle Kamera-Schußrichtungen einzurichten. In diesen Fällen spricht man von „Grundlicht". Erst im zweiten Arbeitsgang werden die Führungslichter eingefügt. Diese Arbeitsweise verführt dazu, den Pegel des Aufhellichts („Grundlichts") viel zu hoch anzusetzen, so daß am Ende ein sehr geringer Licht-Schatten-Kontrast entsteht, der die Prägnanz der beabsichtigten Atmosphäre bis zur Unkenntlichkeit herabsetzt. Das liegt nicht an der Arbeitsweise als solcher, sondern an der fehlerhaften Durchführung.

Moderne Studios sind mit „Lichtorgeln" verschiedener Bauart ausgerüstet, die die Stromspannung jeder einzelnen Lampe steuern. Die einzelnen Lampen sind durch numerierte Stromanschlüsse identifizierbar. Jede Anschlußnummer kann von der

Lichtorgel aus angesteuert werden. Somit besteht die Möglichkeit, die Lampen von einem zentralen Punkt aus an- und auszuschalten und in ihrer Intensität über die Stromspannung zu regeln. Dabei ist zu berücksichtigen, daß diese Intensitätsregelung nur mit Glühlampen und nicht mit HMI- oder Kohlebogenlampen realisierbar ist, und daß sich beim Herunterregeln einer Glühlampe deren Farbtemperatur verändert.

II 1 Licht

Abb. 120: Lichtstellanlage („Lichtorgel"). Mit dieser Anlage können alle Lichtquellen im Studio einzeln oder in Gruppen geregelt werden.

Abb. 121: Studiodekoration mit Stufenlinsen-Scheinwerfern und Flächenleuchten.

Lichtorgeln bieten zudem die Möglichkeit, ganze Ausleuchtungen elektronisch einzuspeichern. Auf Knopfdruck können alle zu einer Ausleuchtung gehörenden Lampen gleichzeitig ein- oder ausgeschaltet oder auch langsam ein- oder ausgeblendet werden. Ein Stimmungswechsel in der Szene (z.B. von „Nacht" auf „Abend", wenn in der Szene Licht eingeschaltet wird), kann durch Umschalten von einer Ausleuchtung (Nacht) in eine andere (Abend) durchgeführt werden.

Da Glühlampen große Wärmemengen erzeugen und damit die Klimatisierung von Studios aufwendig gestalten, wird versucht, auch HMI-Lampen für den Anschluß an Lichtorgeln tauglich zu machen. Zur Zeit ist dies noch nicht möglich, da HMI-Lampen erst etwa 1 Minute nach dem Einschalten ihre volle Lichtintensität und normale Farbtemperatur entfalten und ihre Intensität über die Stromspannung praktisch nicht regelbar ist.

Die Ausleuchtung von bewohnten Räumen, Häusern, Kinos, Fabrikhallen etc. - d.h. von Szenerien, die nicht mit den Beleuchtungsmitteln eines Studios ausgestattet sind - erfordert ein hohes Maß an Improvisationstalent und eine gute Beherrschung der technischen Mittel. Vorab sind jedenfalls folgende Fragen abzuklären:

- Stehen die Räume durch Fenster, Türen etc. mit dem Tageslicht (ca. 5400 K) in Verbindung?
- Soll eine prägnante Stimmung erzeugt werden?

Aus der Beantwortung dieser Fragen ergibt sich die Entscheidung, ob die ganze Ausleuchtung auf Kunstlicht (3200 K) oder Tageslicht (ca. 5400 K) abgestellt werden soll. Sehr prägnante Stimmungen sind meistens nur mit Lampen machbar, deren Lichtkegel eng begrenzt werden können. In der Regel sind dies Glühlichtscheinwerfer. In diesem Fall müssen die Fensterflächen durch Filterfolien o.ä. auf die gleiche Farbtemperatur, d.h. auf 3200 K heruntergefiltert werden.

II 4 Farbfilter

Für die auf Tageslicht abgestellte Ausleuchtung wird in der Regel HMI-Licht verwendet. Dadurch ist die Lichtausbeute wesentlich höher, die Wärmeentwicklung hingegen wesentlich geringer. Wird eine großflächigere Lichtführung beabsichtigt, fällt die Entscheidung - aufgrund der räumlichen Ausdehnung und trotz des Gewichts der notwendigen Vorschaltgeräte - meist zugunsten des HMI-Lichts, obgleich es auch HMI-Brenner in Stufenlinsen-Scheinwerfern gibt. Durch Filterung kann das HMI-Licht auf Kunstlicht von 3200 K reduziert und dann mit Glühlichtlampen gemischt werden. Dabei werden ca. 30% des Lichts absorbiert. Ungefiltertes Tageslicht erfordert bei kunstlicht-sensibilisiertem Farbfilm ebenfalls ein Korrekturfilter vor der Kamera, durch das 2/3 Blendenstufen an Licht verlorengehen.

III 9 Farbbeeinflussung

Für den Fall, daß die Fensterflächen im Verhältnis zum aufgestellten Licht im Innern des Raumes viel zu hell sind, gibt es neutralgraue ND(= Neutraldicht)-Folien zum Abdecken der Fenster. Sie lassen je nach Dichte 50 oder 25% des Lichts durch und werden mit ND 3 (= 1 Blendenstufe) und ND 6 (= 2 Blendenstufen) bezeichnet.

II 12 Filmmaterial

Während in Studios Beleuchterbrücken oder spezielle Studiodecken-Einrichtungen für die Anbringung von Lampen, Abdeckplatten, Streuschirmen etc. vorhanden sind, muß deren Befestigung an Außendrehorten improvisiert werden. Hierfür gibt es eine große Anzahl von Hilfsmitteln wie Stative (die jedoch nicht im Bild erscheinen dürfen), Klammern und Rohrstangen, die zwischen Zimmerwänden und -decken eingesetzt werden, um Lampen und Zubehör aufzunehmen. Sollten diese Stützen dennoch im Bild erscheinen, werden sie durch Dekorationsteile (Pflanzen, Garderobenständer) verdeckt - „getarnt".

Außenaufnahmen bei Tag erfordern u. U. große Lichtmengen, da der Licht-Schatten-Kontrast bei Sonnenschein höher sein kann, als es für eine optimale Wiedergabe über Film und Fernsehen gut wäre. Eine Aufhellung der Schatten ist nur mit einem sehr hohen Lichtpegel möglich, da das Führungslicht der Sonne an sich schon extrem hoch liegt. Für größere Flächen werden Kohlebogen-Scheinwerfer (HI [=Hochintensitäts]-Scheinwerfer) mit einer Leistungsaufnahme von maximal 250 A verwendet. Kleinere Flächen (Einzelpersonen) kann man auch mit HMI-Lampen von 2,5 oder 4 kW aufhellen.

Der Farbtemperatur-Unterschied zwischen direktem Sonnenlicht und HMI-Aufhellung fällt nicht ins Gewicht - vorausgesetzt, er ist nicht zu extrem. Auch in der Natur ist man daran gewöhnt, daß die Aufhellung durch das diffuse Himmelslicht eine etwas andere Färbung hat als das direkte Sonnenlicht.

Hat man Teile einer Szene bei Sonnenlicht mit HMI-Aufhellung abgedreht und muß der letzte Teil der Szene wegen Wetterwechsel bei bedecktem Himmel aufgenommen werden, kann man sich dadurch helfen, daß man die bisher zur Aufhellung verwendeten HI- oder HMI-Lampen jetzt als Führungslicht und das diffuse Himmelslicht als Aufhellung benützt. Bei bedecktem Himmel ist der allgemeine Lichtpegel so niedrig, daß sich auf diesem Wege ein ähnlicher Licht-Schatten-Kontrast herstellen läßt, wie er zuvor bei Sonnenlicht bestand. Natürlich müssen jetzt die Führungslichter aus einer Richtung kommen, aus der glaubhaft auch die Sonne scheinen könnte.

Einige Kameramänner lassen im Nahbereich ihres Bildausschnittes auch das direkte Sonnenlicht durch Aufspannen großflächiger Tüllbahnen o.ä. in der Intensität mindern und zerstreuen - oder durch dunkle Tücher ganz abdecken, wenn die Sonne aus einer ungünstigen Richtung scheinen sollte. Das fehlende Sonnenlicht wird dann durch künstliche Lichtquellen (HI oder HMI) ersetzt. Das Herabmindern des Sonnenlichts ergibt eine bessere Wiedergabe der Hauttöne - insbesondere bei Frauen, die sonst im Verhältnis zu den Hintergründen in einen Bereich zu hoher Helligkeit geraten könnten.

Eine Schattenaufhellung bei Sonnenlicht kann auch durch Reflektoren vorgenommen werden.

3. Messen des Lichts

I 4 Auge

Da das Auge eine Szene grundsätzlich anders sieht als eine fotografische Schicht, wird sich jeder erfahrene Kameramann beim Beleuchten ausschließlich auf Meßwerte verlassen. Die Pupille des Auges paßt sich sehr schnell der Helligkeit jedes fixierten kleinen Ausschnitts einer Szene an, so daß die menschliche Wahrnehmung die Licht-Schatten-Kontraste in einer Szene keinesfalls zuverlässig einschätzen kann. Hinzu kommen weitere irreführende Faktoren: Sehr helle Objekte außerhalb des Bildausschnitts (Scheinwerfer, helle Fenster) können ebenso zu einer völlig falschen Beurteilung der Lichtverhältnisse führen wie die Ermüdung des Wahrnehmungsapparates im Laufe eines Drehtages. Jeder erfahrene Kameramann weiß, daß er eine Szene, die er am Vormittag ausgeleuchtet hat, am Nachmittag u.U. ganz anders sieht. Ohne genaue Meßwerte würde er gegen Ende eines Drehtages völlig andere Bilder fotografieren als am Vormittag, was wiederum der bildlichen Kontinuität eines Films sehr abträglich wäre.

Grundsätzlich gibt es zwei Meßverfahren:

a. Messen des Lichts, das eine Szene beleuchtet.

b. Messen der Helligkeit, die von den beleuchteten Objekten in die Kamera reflektiert wird.

II 1 Licht

Beim Messen der Lichtintensität wird eine Meßzelle in die Nähe des aufzunehmenden Objekts gebracht. Das Instrument zeigt dann an, welche Lichtmenge auf die Zelle fällt - jeweils entweder in Lux-Werten oder aber, nach Einstellung der jeweiligen Filmempfindlichkeit und Belichtungszeit, umgerechnet als einzustellende Kamerablende.

Bei manchen Instrumenten kann man über der Meßzelle eine halbkugelförmige Streu-„Kalotte“ anbringen, die das Licht aus mehreren Richtungen einfängt und auf die Meßzelle lenkt. Eine solche Kalotte wird - bringt man sie in die Nähe des aufzunehmenden Objekts und richtet sie zur Kamera - Führungslicht und Aufhellicht in etwa gleichen Anteilen einfangen, wie sie auch das Objekt treffen. Der dabei ermittelte Meßwert ist ein Mittelwert, der nur dann relevant ist, wenn die Kalotte mit ihrem Mittelpunkt zur Kamera weist. Der Meßwert sagt nichts über Licht- und Schatten-Kontrast an einem Objekt aus, sondern gibt nur Anhaltspunkte für die Einstellung der Blende.

Will man mit einem solchen Instrument den Licht-Schatten-Kontrast messen, muß die Meßzelle flach sein. Man hält sie dann parallel zu der am hellsten beleuchteten Fläche des Objekts. In der Regel ist die Meßzelle dann ziemlich genau gegen das Führungslicht gerichtet. In gleicher Weise verfährt man mit der Schattenseite, das heißt, man hält die Meßzelle parallel zu den Objektflächen, die nur von Aufhellicht getroffen werden. Wenn die Richtung dieser Fläche durch die Rundung des Objekts nicht eindeutig definierbar sein sollte, besagt dies nichts anderes, als daß auch die Helligkeit der Rundung von Punkt zu Punkt verschieden sein kann. Bei einem Gerät, das Blendenwerte anzeigt, sind diese für die Einstellung der Kamerablende bei dieser Messung natürlich nicht brauchbar. Man kann aus ihnen lediglich Kontrast und Helligkeit der Licht- und Schattenseite des Objekts entnehmen und daraus eine Blende für die Aufnahme bestimmen (die in den meisten Fällen zwischen den gemessenen Werten liegen wird).

II 12 Filmmaterial

Alle direkten Lichtmessungen gehen von der stillschweigenden Annahme aus, daß dunkle oder helle Objektfarben von der Film-Emulsion bzw. von der elektronischen Aufnahmeröhre ihrer Helligkeit bzw. Dunkelheit entsprechend registriert werden. Ein Blick auf die Gamma-Kurven der Aufnahmematerialien zeigt jedoch, daß dies nur für die mittleren Werte zutrifft. Bei sehr hellen oder dunklen Farben sowie bei starken Kontrasten zwischen Führungslicht und Aufhellung kann es dabei leicht zu Fehleinschätzungen kommen, da die Meßwerte keinen Aufschluß darüber geben, inwieweit die Farben des Objekts in den unteren Kurvenfuß oder über die Kurvenschulter hinausragen. Das Licht-Schatten-Verhältnis ist mit diesem Verfahren jedoch genau zu bestimmen.

Bei der „Objektmessung" wird das vom Objekt in die Kamera reflektierte Licht gemessen. Dabei kommt es sehr auf den Meßwinkel des Instruments an. Belichtungsmesser mit sehr großem Meßwinkel erfassen gleichzeitig Licht- und Schattenseiten aller Objekte, sowie alle dunklen und hellen Objekte innerhalb des Meßwinkels. Die Anzeige entspricht einem Mittelwert aus dieser Vielzahl von Einzelwerten und liefert ungefähre Anhaltspunkte für die Belichtung. Über die Kontrastverhältnisse im Bild sagt diese Messung nichts aus. Gewöhnlich hat man dabei nicht die Gewähr, daß der Meßwinkel genau den aufgenommenen Bildausschnitt erfaßt. Es kann dabei vorkommen, daß Lichtquellen in das Meßergebnis integriert werden, die gar nicht im Bild erscheinen. In solchen oder ähnlichen Fällen können die Meßwerte erheblich von dem abweichen, was für fachgerechte Belichtung zuträglich ist.

Andere Instrumente für die Objektmessung erfassen nur einen Winkel von etwa 1° bis 5° („Spotmeter" bzw. Spot-Fotometer). Sie zeigen die Helligkeit in einem sehr eng begrenzten Gebiet an und erfassen dabei auch den „Remissionswert" (d.h. den Wert, der das Verhältnis zwischen dem auf eine Fläche auffallenden und dem von einer Fläche reflektierten Licht angibt) der (helleren oder dunkleren) Objektfarbe, demnach exakt die Lichtwerte, wie sie auf der Filmschicht bzw. in der elektronischen Aufnahmeröhre wirksam werden. Bei sorgfältiger Auswahl der auszumessenden Flächen kann man sich einen sehr genauen Überblick über die jeweils hellsten und dunkelsten Bilddetails und über die mittleren Werte beschaffen sowie darüber, wie diese auf der Gamma-Kurve des Aufnahmematerials wiedergeben werden. Zu diesem Zweck sind Spot-Fotometer mit Rechenscheiben versehen, die die Grenzen der differenzierten Aufzeichnungsfähigkeit des Filmmaterials für die jeweiligen Belichtungswerte anzeigen.

Die Ermittlung des *Beleuchtungs*kontrastes mit einem Spot-Fotometer ist nur über einen Umweg möglich: Eine ebene Fläche von homogener Farbe (Zeichenkarton, Grautafel) wird zunächst parallel zur hellsten Fläche des Objekts gehalten und das von ihr reflektierte Führungslicht gemessen. Anschließend hält man die Fläche parallel zur Schattenfläche des Objekts und mißt das von ihr reflektierte Aufhellicht. Die angezeigten Werte geben keinen Anhaltspunkt für die Belichtung, es sei denn, der Remissionswert der verwendeten Fläche ist genau definiert. Sie geben in jedem Falle nur Aufschluß über das Verhältnis zwischen Führungs- und Aufhellicht.

4. Messen der Farbtemperatur

I 1 Licht

Zur Messung der Farbtemperatur werden Instrumente verwendet, die ähnlich konstruiert sind, wie die zur Messung einfallenden Lichts. Der Unterschied besteht darin, daß sie das Licht einer Lichtquelle durch Farbfilter hindurch messen und das Verhältnis zwischen rotem und blauem Anteil angeben.

Dabei wird davon ausgegangen, daß das gemessene Licht ein kontinuierliches Spektrum (wie bei Temperaturstrahlern) besitzt. Man kann dann aus dem Rot-Blau-Verhältnis auf die Farbtemperatur der Lichtquelle schließen. Voraussetzung für genaue Ergebnisse ist, daß die Meßzelle eine ausreichende Lichtmenge aufnehmen kann.

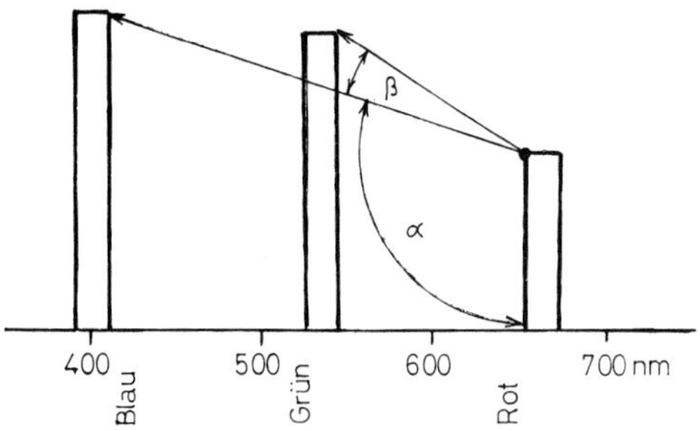

Abb. 122: Messung des Rot-Grün-Blau-Verhältnisses beim Aufnahmelicht. Zuerst wird das Rot-Blau-Verhältnis (Farbtemperatur) α gemessen, dann das Verhältnis des Grün-Anteils zu dieser Farbtemperatur β.

II 17 Farbe

III 9 Farbbeeinflussung
II 30 Elektronische Kamera

Für die Messung von Lichtquellen, die kein kontinuierliches Spektrum haben (Gasentladungslampen, Leuchtstofflampen), sind auch teurere Geräte mit drei Meßbereichen im Handel. Ein Überschuß oder Mangel an grünem Licht in einem solchen Spektrum ist fotografisch erst dann von Bedeutung, wenn die eigentliche Farbtemperatur an die spektrale Empfindlichkeit des Aufnahmematerials angepaßt wurde. Daher wird mit einem derartigen Instrument zuerst das Blau-Rot-Verhältnis gemessen und auf einer Rechenscheibe festgehalten. Anschließend erfolgt die Messung des Rot-Grün-Verhältnisses. Wird dabei ein Mangel oder Überschuß an Grün angezeigt, kann durch entsprechende (Grün- oder Magenta-)Filter korrigiert werden. In elektronischen Kameras kann die Korrektur auch durch Einstellen der Empfindlichkeit der Grünröhre erfolgen.

Das Kopierwerk ist für das Entwickeln und Kopieren von Filmen zuständig. Diese Arbeiten bestehen aus einer großen Vielfalt unterschiedlichster Einzelverrichtungen.

5. Entwicklung

II 15 Entwicklung

Eine Entwicklungsmaschine für Filme besteht im wesentlichen aus einer Reihe von röhrenförmigen, senkrecht stehenden Behältern aus chemikalienbeständigem Kunststoff. Der Film läuft über Umlenkrollen in den Behälter hinein, wird am Boden des Behälters durch weitere Umlenkrollen wieder nach oben und dann ein weiteres Mal in denselben Behälter bzw. in einen Nachbarbehälter geleitet. Auf diese Weise kann ein Film vom Einlauf in den ersten Behälter bis zum Verlassen des Trockenschranks am anderen Ende der Maschine 30 oder 60 Minuten in der Bearbeitung sein.

Abb. 123: Entwicklungsmaschine. Der Film läuft von links durch die einzelnen lichtdicht verschlossenen Tanks nach rechts in den Trockenschrank. Nach der Trocknung wird er aufgerollt.

Die einzelnen Behälter enthalten Chemikalien zur Auflösung der Lichthofschutzschicht, zur Entwicklung, für das Stoppbad, zum Fixieren oder Bleichen, für die Zweitentwicklung (bei Umkehrfilmen), zum Härten der Emulsion u.v.a.m. Die Verweildauer des Films in den einzelnen Bädern wird sekundengenau durch die Laufgeschwindigkeit und die (einstellbare) Tauchtiefe - also durch Verstellen der unteren Umlenkrollen in den Behältern - eingestellt. Automatische Regleranlagen sorgen für eine präzise Einhaltung der Entwickler- und Trockentemperatur.

Außerhalb der eigentlichen Entwicklungsmaschinen befinden sich Anlagen für die Wiederaufbereitung der Chemikalien, die durch die Reaktionen mit der Film-Emulsion und durch Berührung mit Luftsauerstoff verändert werden.

Zur Entwicklungsmaschine gehören auch Einrichtungen zur Nach- bzw. Zweitbelichtung des Films - Lichtquellen also, an denen der Film beim Entwickeln vorbeiläuft, so daß er eine genau dosierte Belichtung erfährt. Die Nachbelichtung beim Einlauf des Films in die Maschine dient z.B. zur Verflachung der Gradation; die Zweitbelichtung zwischen Bleichbad und Zweitentwicklung ist bei Umkehrfilmen erforderlich, damit das positive Bild entwickelt werden kann. Entwicklungsmaschinen für Negativ- oder Positivfilm sind naturgemäß sehr viel einfacher in der Konstruktion als Maschinen für die Umkehrentwicklung, da diese zahlreiche zusätzliche Arbeitsgänge erfordert.

III 10 Gradation

Das Konstanthalten und die gleichmäßige Durchmischung der Chemikalien in den Behältern ist ein schwieriges technisches Problem, da die fehlende Homogenität der Flüssigkeiten u. U. Helligkeitsschlieren oder Dichteschwankungen des Films zur Folge hat. Viele moderne Maschinen arbeiten daher mit „Sprühentwicklung", bei der die Chemikalien aus Düsen gleichmäßig auf den Film aufgesprüht werden.

Es ist selbstverständlich unmöglich, jedes (lichtempfindliche) Filmstück einzeln in alle Umlenkrollen der Maschine einzulegen, wie dies in Kameras oder Projektoren geschieht. Zumindest der Anfang des Films würde dabei unterschiedlich lang in den verschiedenen Bädern verbleiben. Normalerweise wird bei kontinuierlichem Betrieb der Anfang jedes neuen Filmstücks an das Ende des vorhergehenden mit einer Klammer angeheftet, ohne daß dabei die Maschine angehalten wird. Entweder muß dieser Teil der Arbeit im Dunkeln erfolgen, oder die Maschine ist gegen Lichteinfall abgeschirmt und der zu entwickelnde Rohfilm wird in lichtdichten Kassetten an die Maschine angesetzt, nachdem das Ende des einen mit dem aus der Kassette herausragenden Anfangsstück des nächsten Films zusammengeheftet wurde.

Solange sich noch Film im Entwicklungsprozeß befindet, kann die Entwicklungsmaschine nicht angehalten werden, da sich sonst die Reaktionszeiten der Chemikalien vervielfachen. Vor dem Anhalten muß daher zuerst eine genügend große Menge „Blankfilm“ an den letzten Rohfilm angeheftet werden, und die Maschine muß so lange weiterlaufen, bis das letzte Ende des Rohfilms den Trockenschrank verlassen hat und die ganze Maschine mit Blankfilm gefüllt ist.

Das gleiche gilt für Veränderungen der Entwicklungsbedingungen, d.h. dann, wenn eine Filmrolle länger entwickelt (forciert) werden soll als die übrigen. Auch dazu muß der normal zu entwickelnde Film die Maschine verlassen haben und diese mit Blankfilm gefüllt sein, ehe die Umstellung der Entwicklungszeit und das Anhängen des länger zu entwickelnden Filmstücks erfolgen kann. Das Zurückstellen auf Normalbetrieb erfordert den gleichen Aufwand, so daß das Forcieren einer einzelnen Filmrolle u.U. zwei zusätzliche Betriebsstunden beansprucht.

Da es viele unterschiedliche Filmsorten gibt, verfügen Kopierwerke in der Regel auch über mehrere Entwicklungsmaschinen. Das Umstellen einer Maschine von einer Filmsorte auf eine andere ist ein sehr langwieriger und nicht ganz risikoloser Prozeß. Man versucht aus diesem Grund, solche Umstellungen nach Möglichkeit zu vermeiden und benötigt daher u.U. eigene Maschinen für Schwarz-Weiß und Farbe, für Negativ und Positiv und eventuell sogar für Umkehrfilm. Rohfilmhersteller haben sich häufig insoweit auf dieses Problem eingestellt, als z.B. ihre Farbnegativ-Filme alle für die Entwicklung nach *einem* Verfahren geeignet sind.

Das unbeabsichtigte Stehenbleiben einer Entwicklungsmaschine, das Reißen eines Films oder das Verschrammen der aufgeweichten Gelatineschicht kann - wenn es sich um Kamera-Originale von schwierigen Expeditionsaufnahmen oder um teure Spielfilmszenen mit vielen Darstellern, Komparsen und großem Lichtaufwand handelt - unermeßlichen Schaden anrichten. Die Qualität eines Kopierwerks wird darum nicht nur an der Sauberkeit, Schnelligkeit und Gleichmäßigkeit der Entwicklungsresultate, sondern auch an der Häufigkeit von „Pannen“ gemessen.

6. Kopieren

Beim Kopieren von Filmen wird das Ursprungsbild durchleuchtet und mit dem durchfallenden Licht wiederum ein lichtempfindlicher Kopierfilm belichtet. Dieser Film kann ein Positiv-, ein Duplikat-Negativ- oder ein Umkehrfilm sein.

Damit die Abbildung des Ursprungsbildes auf dem Kopiermaterial scharf wird, werden Original und Rohfilm während der Belichtung aufeinandergepreßt (Kontaktkopierung), oder aber das durchleuchtete Bild wird durch ein Objektiv auf den Rohfilm projiziert (optische Kopierung). Beim optischen Kopieren besteht die Möglichkeit der Formatänderung, z.B. von 16 mm auf 35 mm oder umgekehrt. Außerdem kann durch die Verwendung von anamorphotischen Objektiven ein 65-mm-Breitwandfilm auf seitlich komprimiertes 35-mm-Cinemascopeformat verändert werden.

II 13 Kopieren

Ferner gilt es zwischen Schrittkopierung und Durchlaufkopierung zu unterscheiden. Bei der Durchlaufkopierung laufen Bildfilm und Rohfilm gemeinsam über einer Walze an einer Lichtquelle vorbei, durch die der Bildfilm durchleuchtet und der Rohfilm belichtet wird. Die Lichtmenge läßt sich dosieren, außerdem kann man zwischen

Lichtquelle und Film Farbfilter zur Farbkorrektur anbringen. Diese bleiben jedoch während des ganzen Kopiervorgangs konstant, so daß sie nur zur Korrektur bestimmter Abweichungen des Kopiermaterials o.ä. verwendbar sind.

III 9 Farbbeeinflussung

Schrittkopiermaschinen werden eingesetzt, um einen Film Einstellung für Einstellung farblich und dichtemäßig anzugleichen. Sie sind ähnlich konstruiert wie eine Kamera oder ein Projektor, d.h. sie schalten Bildfilm und Rohfilm Bild für Bild weiter und belichten jedes Filmbild einzeln. Dazu werden Bildfilm und Rohfilm in einem Filmkanal zum Belichten zusammengedrückt. Zum Weitertransport wird der Andruck des Bildfensters jeweils geöffnet („Schwingfenstermaschine").

II 18 Filmlaufwerke

Das Zusammenpressen von Bildfilm und Rohfilm genügt nicht immer, um ein optimales Kopierresultat zu erhalten. Insbesondere dann, wenn die Kunststoffunterlage des Bildfilms durch langes Lagern oder durch zu heiße Trocknung gewölbt ist, bilden sich zwischen den beiden aufeinandergepreßten Emulsionsschichten flache Hohlräume, die so dünn sind, daß es zu Interferenzen der Lichtstrahlen und damit zu Farbringen, sogenannten „Newtonringen", kommt.

II 5 Interferenz

Seit einigen Jahren gibt es die „Naßkopierung". Dabei wird der Bildfilm zum Belichten in eine Flüssigkeit getaucht oder damit besprüht. Diese Flüssigkeit hat den gleichen Brechungsindex wie das Filmmaterial. Sind die Räume zwischen Bild- und Rohfilm mit dieser Flüssigkeit erst einmal gefüllt, durchläuft das Licht beide Filme ohne irgendwelche Brechungen oder Reflexionen zu erfahren. Ein zusätzlicher Vorteil besteht darin, daß etwaige Schrammen in der Bildfilmoberfläche durch die Flüssigkeit gefüllt werden und dadurch das Licht nicht mehr an ihren Kanten ablenken - die Schrammen werden unsichtbar. Etwaige Staubkörner auf dem Bildfilm werden größtenteils fortgespült und dadurch ebenfalls nicht mitkopiert.

II 3 Oberflächen

Sobald der Film das Kopierfenster verlassen hat, muß er möglichst schnell und ohne Rückstände getrocknet werden, damit man ihn wieder aufrollen kann. Die Flüssigkeit sollte daher schnell verdunsten. Zum Naßkopieren werden z.B. Chlorothem oder Perchlorethylen verwendet.

Eine Schrittkopiermaschine kann bei jeder Einstellung vom ersten Bild an eine neue Lichtintensität und eine andere Farbfilterung vornehmen. Bei älteren Maschinen wird der Anfang einer neuen Einstellung durch eine Kerbe am Bildfilmrand oder durch ein Metallplättchen gekennzeichnet. Diese Markierung löst die jeweils nächste, vom Lichtbestimmer gewählte Filterung aus. Moderne Maschinen haben ein Zählwerk, das jedes Einzelbild des Films abzahlt und in das die Bildzahlen der Einstellungsanfänge eingespeichert werden. Die Steuerung der Kopierlichtintensität und die Farbfilterung erfolgen bei alten Kopiermaschinen dadurch, daß in einen perforierten schwarzen Papierstreifen unterschiedlich große, kreisrunde Löcher gestanzt werden, die im Strahlengang der Kopiermaschine als Blendenöffnung wirksam werden und unterschiedliche Lichtmengen durchlassen. Zu Beginn einer jeden Einstellung wird der Papierstreifen um ein Blendenloch weitergeschaltet. Über die Blendenlöcher kann man zusätzlich noch Farbfilterfolien für die farbliche Anpassung der jeweiligen Einstellung kleben.

II 9 Blende

In modernen Maschinen wird das weiße Kopierlicht durch Dichroidfilter, ähnlich wie in elektronischen Farbkameras oder in alten Technicolorkameras, in die drei Farbkomponenten Rot, Grün und Blau zerlegt. Dadurch daß man die Intensität jeder einzelnen Farbkomponente beeinflußt, steuert man sowohl die Gesamthelligkeit des Kopierlichts als auch seine farbliche Zusammensetzung. Im Kopierfenster werden die drei Komponenten wieder zusammengefügt.

II 30 Elektronische Kamera

III 7 Lichtbestimmung

KORREKTUR : 1   DATUM : 02.9.81   ROLLE NR. : A   MATERIAL :
TITEL : KULTURARBEIT   PROD.-NR.: 556326

E-NR	BILDZAHL	BE	R.	G.	B.
1	000100		15	15	15
2	000751		20	18	18
3	004816		16	15	15
4	006705		27	28	25
5	007662		28	27	25
6	007955		26	25	19
7	008295		27	26	26
8	008597		15	15	14
9	008969		22	20	18
10	009105		23	21	20
11	009509		20	18	17
12	010088		20	21	20
13	010575		20	21	20
14	011194		16	15	15
15	011449		27	27	27
16	011523		18	18	18
17	011591		20	19	18
18	011682		17	15	14
19	012304		16	15	14
20	012394		16	15	14
21	012694		20	20	20
22	013517		22	20	19
23	013779		15	15	15
24	014024		18	18	18
25	014454		04	03	02
26	015415		10	10	10
27	015745		11	10	10
28	016118		10	13	09
29	017182		16	14	15
30	017517		09	10	10
31	019242		23	20	19
32	019932		17	15	14
33	020190		08	08	08
34	023504		12	20	21
35	024163		10	10	10
36	024337		11	15	19
37	024766		06	10	14
38	025174		15	15	15
39	025814		21	20	20
40	026375		15	15	15
41	026549		32	29	30
42	026626		16	15	15
43	026809		08	10	12
44	027306		03	05	07
45	028896		08	10	12
46	030625		11	10	10
47	031221		11	10	09
48	033785		09	10	10
49	035138		18	17	17
50	035264		09	10	10
51	036276		16	15	15
52	036856		10	11	13
53	037626		20	22	26
54	038140		25	25	26
55	038575		11	13	16
56	038912		09	10	10

Abb. 124: Die vom Lichtbestimmer festgelegten Daten für eine farblich und dichtemäßig optimale Zusammensetzung des Kopierlichts. Links die fortlaufende Nummer der Einstellungen. Daneben die Einzelbildzahl an der Schnittstelle zu jeder folgenden Einstellung. Jeweils an diesen Schnittstellen stellt die Kopiermaschine den neuen Wert für die Rot-Grün-Blau-Zusammensetzung des Kopierlichts für die nächste Einstellung ein.

Der Lichtbestimmer programmiert die Schrittkopiermaschine so, daß die Bildzahl jeder Einstellung und die zugehörige Rot-, Blau- und Grünintensität digital gespeichert werden. Ein Prozeßrechner steuert dann laufend den Kopiervorgang.

Kopiermaschinen müssen nicht nur das ca. 18 x 22 mm große Normalfilmbild oder das ca. 7,5 x 10 mm große Schmalfilmbild auf das Rohmaterial kopieren. Bei den meisten Schrittkopiermaschinen für Normalfilm ist das Bildfenster wesentlich größer, so daß beim Negativ-Positiv-Prozeß das positive Bild schwarz umrandet wird. Dadurch lassen sich bei der Projektion Streulichteffekte vermeiden.

Außerdem besitzen die meisten Kopiermaschinen zusätzliche Einrichtungen für das Kopieren von Lichtton. Der Lichtton eines Films kann auf keinen Fall einzelbildweise kopiert werden. Auch sollte die Intensität des Kopierlichts für den Lichtton vom Kopierlicht für die Bildkopierung unabhängig sein. Bei der Herstellung von kombinierten Bild-Ton-Kopien durchläuft der Rohfilm - nach der Aufbelichtung des Bildes - ein weiteres Kopierfenster, in welchem das Lichtton-Negativ entweder im Kontaktverfahren oder aber optisch aufbelichtet wird. Damit Bild und Ton später auf der kombinierten Kopie synchron sind, müssen Bildfilm und Ton-Negativ auf Startmarke in die Kopiermaschine eingelegt werden. Damit laufen zusammen mit dem Rohfilm insgesamt drei Filmstreifen durch die Maschine.

II 25 Lichtton
Abb. 87
III 8 Negativarbeiten

Es gibt natürlich - insbesondere beim Verkauf von Filmen oder bei der Verwendung von archivierten Filmen - auch Fälle, in denen kombinierte Bild-Ton-Kopien oder Duplikat-Negative vorliegen. Diese werden ähnlich wie separate Vorlagen kopiert, nur daß hier derselbe Film zuerst durch die Bild- und anschließend durch die Ton-Kopierung läuft.

Die Arbeits- oder Muster-Kopien, die für den Schnitt von den Kamera-Originalen kopiert werden, durchlaufen meistens Schlitzkopiermaschinen, in denen durch eine spezielle Lichtquelle auch die Filmränder außerhalb der Perforation durchkopiert werden. Dadurch zeichnen sich auf den Bildrändern der Arbeits- oder Musterkopie auch die Filmkennzeichnung und eine durchlaufende Numerierung („Randnummern") des Aufnahmematerials ab. Die durchlaufende Numerierung dient dazu, die Aufnahmeoriginale nach dem Schnitt wieder den Schnitten in der Arbeitskopie zuzuordnen.

IV 10 Schnitt-Technik

Arbeits- oder Musterkopien sind, wenn sie in Schlitzkopiermaschinen hergestellt werden, natürlich nicht Einstellung für Einstellung lichtbestimmt und angeglichen.

Die meisten Schrittkopiermaschinen besitzen neben der normalen Steueranlage für Kopierlichtintensität eine weitere Steuerung, durch die die vorher eingestellte Lichtintensität Bild für Bild immer weiter vermindert wird. Die Geschwindigkeit, mit der diese Minderung erfolgt, ist einstellbar - das Kopierlicht kann nach 6, 8, 12, 18, 24 usw. oder auch erst nach 60 Einzelbildern den Wert Null erreichen - , so daß den Rohfilm dann überhaupt kein Licht mehr erreicht. Beim Kopieren eines Duplikat-Negativs von einem Zwischenpositiv wird dieses durch die „Abblendeinrichtung" immer heller, bis es am Ende ganz transparent bleibt. Kopiert man dann später von dem „abgeblendeten" Dup-Negativ eine positive Kopie, so wird diese an der abgeblendeten Stelle dunkler, bis sie ein homogenes Schwarz erreicht hat.

III 25 Fertigstellung

Beim Kopieren von Umkehr-Duplikaten werden diese in der Abblendeinrichtung sofort dunkler bis schwarz.

Durch die sogenannte AB-Bandkopierung lassen sich auf Schrittkopiermaschinen auch Überblendungen herstellen. Dabei werden die Einstellungen des Films beim Abziehen des Negativs auf zwei Streifen verteilt - die Einstellungen mit geraden Nummern auf das „A-Band", die Einstellungen mit den ungeraden Nummern auf das „B-Band". Die jeweiligen Zwischenräume werden mit Schwarzfilm von genau derselben Länge wie die jeweils fehlenden Bilder aufgefüllt, so daß der Rohfilm an den Stellen nicht belichtet wird. Bildgenau eingestartet kann man den ganzen Film so in *zwei* Arbeitsgängen auf *einen* Rohfilm kopieren. Das hat folgende Vorteile:

Bei 16-mm-Schmalfilmen ragen die Klebestellen häufig in die Bilder hinein, da der Bildstrich fehlt. Beim AB-Kopieren wird das Durchkopieren der Klebestellen dadurch vermieden, daß diese jeweils in den Schwarzfilm hineinragen.

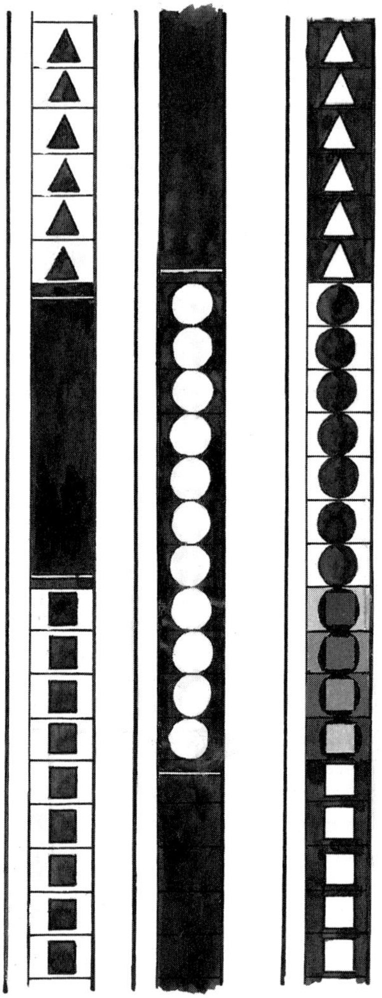

Abb. 125: AB-Kopierung. Zwischen Einstellung I und Einstellung II ein „harter Schnitt“, zwischen II und III eine Überblendung.

Man kann auch bestimmte Bildlängen sich überlappen lassen und dann beim ersten Kopierdurchgang den einen Teil abblenden und beim zweiten Durchgang den anderen aufblenden, so daß die Auf- und Abblenden übereinanderkopiert werden. Dabei entsteht eine *Überblendung*. Diese Überblendungen sehen etwas anders aus, je nachdem, ob sie von einem Negativ auf ein Positiv oder von einem Positiv auf ein Duplikat-Negativ kopiert werden. Im ersten Fall entstehen in den Schatten des auslaufenden Bildes zuerst die Lichter des nachfolgenden Bildes und dann erst die übrigen Details. Im zweiten Fall entstehen in den Lichtern des auslaufenden Bildes zuerst die Schatten des nachfolgenden Bildes.

7. Lichtbestimmung

Die „Lichtbestimmer“ des Kopierwerks begutachten das zu kopierende Ausgangsmaterial und programmieren Intensität und Farbzusammensetzung des Kopierlichts. Für das Programmieren gibt es drei Möglichkeiten: 1. die entsprechenden Lochblenden in einen Papierstreifen zu stanzen, 2. die Werte digital codiert in einen Lochstreifen zu stanzen oder 3. diese Werte magnetisch zu speichern. Dazu sind mehrere Arbeitsgänge erforderlich. Zuerst müssen das Kopierlicht der zu verwendenden Kopiermaschine sowie die Charakteristik des zu verwendenden Rohfilms und der Entwicklung dieses Films so aufeinander abgestimmt werden, daß das Ergebnis völlig neutral ist. Zu diesem Zweck wird gewöhnlich vor der eigentlichen Lichtbestimmung ein neutralgrauer „Keil“ - also ein Film mit progressiv dunkler werdenden neutralgrauen Flächen - kopiert und diese Kopie entwickelt. Die Filterung in der Kopiermaschine wird nun so lange verändert und der Vorgang so lange wiederholt, bis auch die Kopie neutralgrau ist. Das Resultat dieses Prozesses ist die „Grundfilterung“ der Kopiermaschine. *III 6 Kopieren*

In der Praxis bedeutet das nicht unbedingt, daß diese Farbfilterung fest in die Maschine installiert oder auf alle Blendenöffnungen aufgeklebt wird. Sie wird vom Lichtbestimmer nur theoretisch gespeichert und später bei der Einzellichtbestimmung zu den ermittelten Einzelwerten für die Einstellungen addiert oder von ihnen subtrahiert. Wird für die Grundfilterung z.B. eine Korrektur von 0,5 Blau verlangt, und erfordert die Einstellung eines danach zu bestimmenden Films eine Gelbkorrektur von 0,5, dann werden nicht etwa ein entsprechendes Gelb- und Blaufilter übereinandergelegt, sondern beide Filter werden weggelassen (sie subtrahieren sich gegenseitig). *Abb. 126* *III 9 Farbbeeinflussung*

Bei der Bestimmung der *Lichtintensität* muß natürlich auch berücksichtigt werden, welche Farbfilterung für die jeweilige Einstellung angezeigt ist, denn Farbfilter subtrahieren (absorbieren) Licht, was durch eine entsprechende Vergrößerung der Blendenöffnung kompensiert werden muß. Aus den Komponenten „Grundfilterung“, „Farbfilterung für die Einzeleinstellung“ und „Lichtintensität für die Einzeleinstellung“ ergibt sich, da sie sich gegenseitig bedingen, eine Rechenaufgabe.

In modern eingerichteten Kopierwerken werden diese Werte digital eingespeichert. „Additive“ Kopiermaschinen - Kopiermaschinen also, bei denen die Rot-, Grün- und Blau-Anteile des Kopierlichts separat in ihrer Intensität gesteuert werden - regeln die Intensität der drei Farbkomponenten nach magnetisch gespeicherten Digitalwerten, die der Lichtbestimmer eingegeben hat. *Abb. 124*

Dennoch erfordert die Arbeit des Lichtbestimmers sehr viel Erfahrung und ein sehr großes Einfühlungsvermögen in fotografische Prozesse. Die Regel ist, daß von einem Film die erste Kopie farblich und dichtemäßig noch nicht so präzise ausgeglichen sein kann, daß die Wahrnehmung des Zuschauers nicht doch von leichten Helligkeits- oder Farbdifferenzen abgelenkt wird. Die allererste Kopie eines fertigen Films heißt daher „Null-Kopie“. Sie wird in der Regel nie mehr benutzt, es sei denn zur Erarbeitung einer neuen, verbesserten Lichtbestimmung für die „erste Korrekturkopie“. Bei Filmen, bei denen der Hersteller Wert auf hohe Bildqualität und störungsfreie Betrachtung durch den Zuschauer legt, werden noch weitere Korrekturkopien angefertigt. *I 9 Verschmelzung*

Mit der endgültigen Lichtbestimmung (aber mit einer anderen Grundfilterung) wird in den meisten Fällen vom Originalnegativ ein „Zwischenpositiv“ kopiert - ein Positiv also, das nicht für die Vorführung bestimmt ist, sondern aufgrund seiner weichen Gradation und seines feinen Korns dazu dient, Duplikat-Negative zu kopieren. Da ein solches Duplikat-Negativ von einem ausgeglichenen Positiv stammt, können Vorführkopien hiervon mit einer Schlitzkopiermaschine und nur *einer* Grundfilterung kopiert werden. Das geht viel schneller und ist billiger als eine Schrittkopierung.

II 13 Kopieren

Das Herstellen mehrerer Korrekturkopien ist kostspielig. Modernes Instrumentarium kann dazu dienen, das Verfahren abzukürzen. Viele Kopierwerke verfügen dazu über „color-analyzer". Diese tasten das negative oder positive Bild des Ursprungsmaterials, ähnlich wie in einem Filmgeber, elektronisch ab und geben es auf einem Farbmonitor wieder. Ähnlich wie bei der elektronischen Farbkorrektur kann man die Farbwerte elektronisch beeinflussen - die jeweiligen Abweichungen, die schließlich zu einer voll korrigierten Farbwiedergabe auf dem Monitor führen, können abgelesen und als Filterwerte für die Kopiermaschine eingespeichert werden.

II 34 Filmgeber

Da die Reaktionskurven und die spektrale Zusammensetzung der Farbwerte auf Film, in der Elektronik und in den Phosphoren des Bildschirms aufgrund der physikalischen Verschiedenheit der einzelnen Medien immer unterschiedlich bleiben müssen, kann

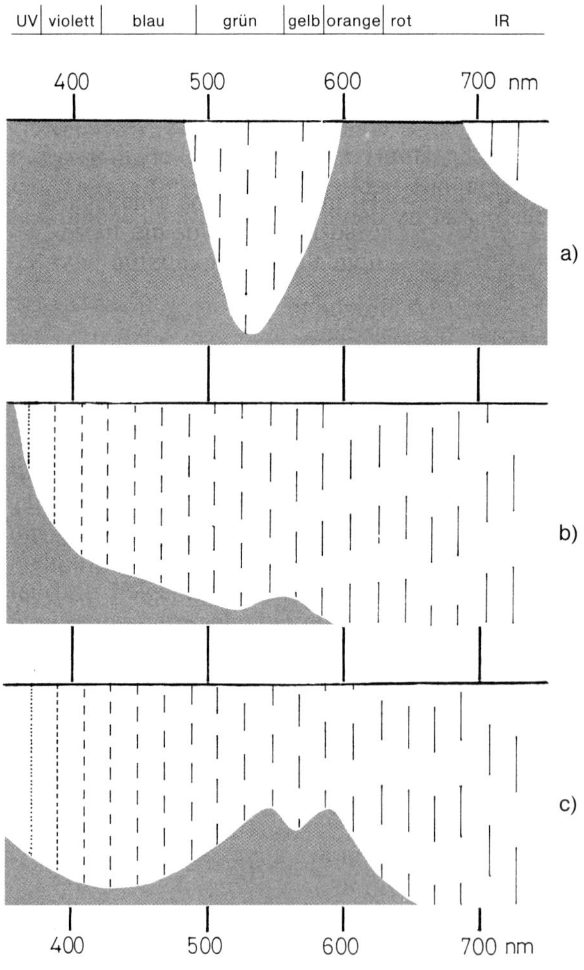

Abb. 126: Verschiedene Farbfilter.
a) „Schmalbandiges" Grünfilter, das keine „Nebendichten" durchläßt.
b) Farbtemperatur-Korrekturfilter, hier zur Umwandlung von Tageslicht in Kunstlicht, z.B. 5000 K zu 3200 K.
c) Magentafilter, absorbiert Grün und wirkt damit Grünstichen entgegen.

auch ein solcher analyzer für die Kopiermaschine nur Annäherungswerte liefern. Immerhin gelingt es mit diesem Hilfsmittel, schneller zu einem optimalen Resultat zu kommen als mit der bloßen Wahrnehmung des Lichtbestimmers, die im Laufe eines Tages einer natürlichen Ermüdung unterworfen ist.

Für die Farbkorrektur in alten Kopiermaschinen gibt es spezielle Korrekturfilter, die genau definierte Anteile des Lichtspektrums beeinflussen (absorbieren). Sie haben die Farben Gelb, Magenta und Cyan (zur Absorption nur eines Farbdrittels aus dem Spektrum) oder Blau, Grün und Rot (zur Absorption von zwei Dritteln des Spektrums). Der Grad der Absorption ist als Dichte 0,05; 0,10; 0,20 etc. bis 0,50 abgestuft. Die gleichen Abstufungen sind in den modernen digitalen Anlagen für additive Lichtsteuerung übernommen worden.

II 17 Farbe

8. Negativarbeiten

Fester Bestandteil eines jeden Kopierwerkes ist auch die Negativabzieherei. Hier werden die geschnittenen Arbeitskopien aus den Schneideräumen und die entwickelten Originalnegative (oder Umkehr-Originale) angeliefert. Der normale Arbeitsgang besteht im Vorsortieren aller Originale (oft viele tausend Meter) nach Randnummern. Anschließend wird auf speziellen Umrolltischen das Negativ genauso nachgeschnitten („abgezogen"), wie die Arbeitskopien geschnitten wurden. Dabei werden Randnummern und Schnittstellen zur Deckung gebracht. Höchste Genauigkeit bis auf jedes Einzelbild ist dabei sehr wichtig, damit die Schnittanschlüsse stimmen und der Film synchron bleibt. Schnittstellen in Arbeitskopien, die nur auf nachträglichen Korrekturen beruhen - z.B. eine nachträgliche Verlängerung einer Einstellung, die vorher kürzer geschnitten war -, bleiben beim Negativabziehen unberücksichtigt.

IV 10 Schnitt-Technik

II 26 Synchronität

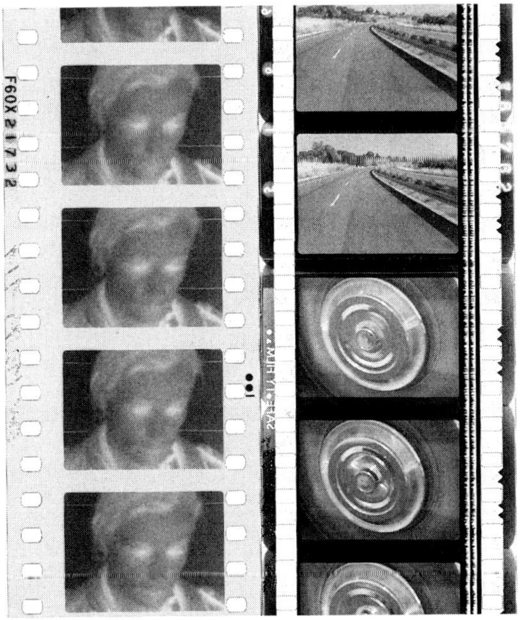

Abb. 127: Randnummern („Fußnummern") auf dem linken Rand eines Negativs und einer Vorführkopie

Zur Vermeidung von sichtbaren, durchkopierten Klebestellen bei 16-mm-Schmalfilmen und zur Fertigung von Überblendungen beim Kopieren wird das Negativ oder Umkehr-Original als AB-Streifen abgezogen.

Abb. 125

Zu den Aufgaben der Negativabzieherei gehört es auch, aus den Kamera-Originalen vorweg jene Einstellungen auszusuchen, die im Trick bearbeitet werden sollen, z.B. Einkopieren von Titeln, Standverlängerungen („Einfrieren" von Bildern) oder alle Arten von Überblendungen. Diese Streifen müssen so mit Startbändern versehen und präpariert werden, daß das Trickstudio genau erkennen kann, an welcher Stelle der Aufnahme welcher Effekt in welcher Länge herzustellen ist. Die hierzu notwendigen Angaben sind entweder auf der Arbeitskopie eingezeichnet oder werden der Kleberei aus dem Schneideraum geliefert.

III 19 Studiotricks

Beim Herstellen der Tricks entstehen Duplikat-Negative, die, nachdem sie entwickelt wurden, beim Abziehen in das Originalnegativ eingefügt werden.

Sehr schwierig wird das Abziehen, wenn bei Archivaufnahmen oder bei Verwendung von nicht für professionellen Gebrauch bestimmten Filmen keine Randnummern vorhanden sind. Die Negativkleberin hat als Anhaltspunkt für das Abziehen nur die Bildinhalte, die so lange miteinander verglichen und übereinandergelegt werden müssen, bis eine genaue Entsprechung von Original und Arbeitskopie gefunden ist.

Die Klebetechnik ist von Fall zu Fall verschieden. Es gibt die Naßklebetechnik, bei der ein schmaler Gelatinestreifen von der Filmunterlage abgeschabt, die Oberfläche des Films durch Filmkitt angelöst und beide Filmenden durch Aufeinanderpressen miteinander verschweißt werden. Bei der Trockenklebemethode werden die Filmenden nicht übereinander, sondern aneinander durch Überkleben mit transparenten Klebestreifen verbunden. Diese sehr dünnen Klebestreifen werden einseitig oder zweiseitig aufgeklebt. Das Trockenkleben hat den Vorteil, daß sich die Filmenden durch Ablösen wieder trennen lassen, ohne daß ein Bild beschädigt wird. Beim Trennen von Naßklebestellen gehen immer zwei Bilder des Films verloren, ein Verlust, der bei Bild-Ton-synchron geschnittenen Filmen katastrophal ist.

II 18 Filmlaufwerke

Andererseits können sich die dünnen Klebestreifen der Trockenklebestellen bei starker Zugbelastung des Films (etwa beim Umrollen oder beim Anlaufen eines Filmgebers) dehnen, so daß die Abstände der Perforationslöcher nicht mehr gleichmäßig sind. Da zudem der Gleitfaktor der Klebestreifen nicht mit dem der Filmoberfläche übereinstimmt, besteht die Möglichkeit, daß die Klebestellen in der Kopiermaschine oder im Filmabtaster „hüpfen".

Naßklebestellen haben den Nachteil, daß der Film an der Klebestelle doppelt dick ist und sich das Bild beim Kopieren kurz vom Rohfilm abhebt. Außerdem können Naßklebestellen im Laufe der Zeit austrocknen und sich dann beim Kopieren oder beim Senden (d.h. beim Abtasten im Filmgeber) lösen. Da die meisten Maschinen in diesem Fall nicht sofort stehenbleiben, wird durch offene Klebestellen u.U. ein Teil des Films irreparabel beschädigt.

Die Wahl der Klebetechnik hängt davon ab, auf welche Technik die jeweiligen Kopiermaschinen oder Filmabtaster mit den geringsten Störungen reagieren.

Bei allen Arbeiten im Kopierwerk, sei es Lichtbestimmung, Negativschnitt, Kopieren oder Entwickeln muß größter Wert auf klinische Sauberkeit gelegt werden. Fusseln, Staubkörner und Schrammen auf dem Film werden auf der Kinoleinwand vielhundertfach vergrößert. Auf dem Positivfilm erscheinen sie als schwarze Linien und Flecken. Wenn sie auf dem Negativ vorhanden sind, werden sie später im Positiv als weiße Linien oder Flecken sichtbar, die im Bild aufblitzen oder „umherzappeln". Ihre Beweglichkeit und ihr Aufblitzen bewirken beim Zuschauer eine Reizerneuerung. Damit besitzen diese Störfaktoren einen sehr hohen Aufmerksamkeitswert und beeinträchtigen erheblich die Aufnahme des Filminhalts durch den Betrachter. Aus diesen Gründen muß in Kopierwerken größte Sauberkeit herrschen; Filme dürfen nur mit fusselfreien Spezialhandschuhen angefaßt werden.

I 8 Aufmerksamkeit

Zudem gibt es Spezialgeräte für die schonende Reinigung von Filmen. Wurde ein Film in der Kamera, beim Entwickeln oder Kopieren trotz aller Vorsicht verschrammt, so kann man die Schrammen in manchen Fällen mit einem Speziallack auffüllen, der den gleichen Brechungsindex hat wie die Filmunterlage. Dadurch wird das Licht nicht mehr an den Kanten gebrochen und die Schrammen werden unsichtbar.

III 6 Kopieren

Natürlich ist es möglich, zum Kopieren auch Umkehrmaterialien zu verwenden. So könnte man von einem Umkehr-Original ein Umkehr-Duplikat oder von einem Negativ ein Duplikat-Negativ ohne Zwischenschaltung eines „Lavendels" herstellen. Es gibt jedoch triftige Gründe, weshalb diese Verfahren noch keine weite Verbreitung gefunden haben.

Beim Normalfilm gibt es feste Regeln, die jede Verwirrung ausschließen:

- Beim Negativ liegt die Emulsion immer so, daß man das Bild durch den Träger hindurch betrachten muß, um es seitenrichtig zu sehen.
- Beim Positiv liegt die Schicht immer so, daß man von der Emulsionsseite her das richtige Bild sieht (Vorführregel: „Schicht zum Licht").

Da diese Regeln automatisch auch für alle Duplikate gelten, kann man im Kontaktverfahren problemlos von jedem Negativ ein Positiv herstellen und umgekehrt.

Das geht im Umkehrverfahren nicht ohne weiteres. Beim Normalfilm z.B. liegt das Bild nicht genau in der Mitte des Films, sondern ist wegen der Tonspur um 1,5 mm seitlich verschoben. Wenn man also im Kontaktverfahren ein Umkehr-Dup-Negativ herstellen wollte, hätte man später das Bild auf der falschen Filmseite.

Doch auch beim Schmalfilm, bei dem das Bild in der Mitte liegt, gibt es zahlreiche Komplikationen. So ist es unmöglich, ein Kontaktduplikat (etwa Archivaufnahmen, Fremdmaterial oder Tricks) in ein Original einzuschneiden, da wahrscheinlich die Schicht auf der anderen Seite liegt. Das bedeutet, daß die Bildebene dadurch um 1/10 mm - d.h. um die Dicke des Schichtträgers - verschoben ist. In dieser Form kann der Film weder vorgeführt noch im Fernsehen abgetastet, noch optisch oder kontaktkopiert werden, denn eines von beiden Materialien würde dabei unscharf werden.

Das führt häufig zu verwirrenden Situationen. Meistens müssen Teile eines Films in einem zusätzlichen Arbeitsgang optisch umkopiert werden, damit sie zu dem übrigen Material passen. Dabei muß man noch auf die Lage der Perforation bei einseitig perforierten Filmen achten, wozu die Kopierwerke ständig zweierlei Rohmaterial auf Lager haben müssen, und zwar in sogenannter A-Wicklung (Perforation rechts) und B-Wicklung (Perforation links). Das alles trägt natürlich nicht zur Qualitätsverbesserung bei, und trotz des hohen Aufwandes an Zeit und Arbeit sieht man in Schmalfilmberichten immer wieder seitenverkehrte Bilder.

Merkwürdigerweise nehmen Filmkopierwerke auch eine Art notarielle Funktion wahr: Sie schützen den Besitzstand ihrer Kunden. Das ergibt sich zwangsläufig aus der Notwendigkeit, Filmmaterial sachgemäß zu lagern, damit es nicht durch Trocknung, Schrumpfung, Bleichung etc. seine Eigenschaften nachteilig verändert. Normalerweise verbleiben die Negative eines fertigen Films ständig im Kopierwerk. Schließlich werden dort ohnehin die Vorführkopien und die Duplikate hergestellt.

Nun liegt der eigentliche Wert eines Films kaum im Filmmaterial selbst, sondern in den Honoraren der Mitarbeiter, den Ausstattungskosten u.v.a.m. Diese Werte werden vom Produzenten als Eigentümer oder Verwalter in den Handel gebracht. Nur er hat somit die Berechtigung, vom Filmnegativ Kopien oder Duplikate herstellen zu lassen, und das Kopierwerk wird entsprechende Aufträge von anderen nur dann ausführen, wenn vom Produzenten eine entsprechende schriftliche Bestätigung vorliegt (Urheberrecht).

IV 11 Produktion

9. Beeinflussen von Farben

Zwischen den natürlichen Farben aufgenommener Objekte und deren Wiedergabe auf der Leinwand oder dem Bildschirm kann es keinerlei Ähnlichkeit im physikalischen Sinne geben. Eine solche Ähnlichkeit wäre nicht einmal wünschenswert, da solche Farben dann aufgrund der unterschiedlichen Betrachtungssituation - in der Realität, auf einer Leinwand bzw. einem Bildschirm - wahrnehmungspsychologisch völlig verschiedene Eindrücke vermitteln würden. Die Aufnahme von Farben durch Medien (Film, Elektronik etc.) ist damit in jedem Fall ein technisch-schöpferischer Vorgang.

II 2 Farben

Man kann versuchen, den Eindruck natürlicher Farben zu erzeugen oder aber gezielte wahrnehmungspsychologische Wirkungen - meist emotionaler Art - hervorzurufen. Das eine muß das andere nicht ausschließen.

I 7 Farben sehen

II 17 Farbfilm

Eindrücke von nicht natürlichen Farben können z.B. entstehen, wenn ein für Kunstlicht sensibilisierter Film bei Tageslicht belichtet wird. Alle aufgenommenen Objekte wirken dann auf dem Bild viel stärker blau als sie dem Auge in der Wirklichkeit erscheinen. Umgekehrt erscheinen alle Objekte, die bei Kunstlicht auf Tageslichtfilm aufgenommen wurden, auf dem Bild orange getönt. Um diesen Effekt zu vermeiden, muß man das Aufnahmelicht an die Farbsensibilisierung des Aufnahmematerials anpassen. Dafür gibt es mehrere Methoden:

Abb. 126

a. Man versieht alle verwendeten Lichtquellen, je nachdem, mit mehr oder weniger dichten blau- oder orangefarbigen Korrekturfiltern. Die Dichte dieser Filter richtet sich nach dem Farbtemperaturunterschied zwischen der Lichtquelle und der Farbsensibilisierung des Films; die Farbe des Filters richtet sich danach, ob man die Farbtemperatur des Lichts senken (orange) oder erhöhen (blau) will. Beim Filtern geht in jedem Falle Licht verloren. Der Nachteil dieses Verfahrens liegt darin, daß u.U. viele Lampen mit Filtern versehen werden müssen. Der Vorteil ist der, daß man Lampen verschiedener Farbtemperatur verwenden und einander angleichen kann.

II 11 Lichtquellen

b. Man verwendet in der Kamera ein Farbkorrekturfilter. Auch hierbei entstehen durch Absorption dieselben Lichtverluste wie bei der Verwendung von Filtern vor Lichtquellen. Von Vorteil ist jedoch, daß nur ein Filter benötigt wird. Der Nachteil dieses Verfahrens besteht darin, daß optisch nicht absolut einwandfreie (planparallele) Filter im Strahlengang die Bildschärfe beeinträchtigen oder Spiegelungen hervorrufen. Solche Filter sind in jedem Falle als zusätzliches Element im Aufnahmeobjektiv zu betrachten. Ein weiterer Nachteil ist der, daß es nicht möglich ist, mit Farbfiltern in der Kamera einzelne Lichtquellen gesondert zu beeinflussen.

II 8 Linsen

c. Man korrigiert die Farbtemperatur durch entsprechende Filterung des Kopierlichts beim Kopieren. Hat man indessen einen Kunstlichtfilm bei Tageslicht (bzw. umgekehrt) belichtet, dann bedeutet dies, daß entweder die blau-empfindliche Schicht über- oder die rot-empfindliche Schicht unterbelichtet wurde (bzw. umgekehrt). Das wirkt sich als starke Deformierung der roten bzw. blauen Teilinformation aus, die durch Rückfilterung beim Kopieren nicht mehr rückgängig gemacht werden kann. *II 13 und III 6 Kopieren*
In der Praxis sieht das so aus, daß die Farben in den mittleren Helligkeitsstufen einigermaßen normal aussehen, in den Lichtern und Schatten jedoch völlig verfremdet werden. In der Regel wird man daher bei der Aufnahme so filtern, daß das Aufnahmelicht annähernd der Farbsensibilisierung des Filmmaterials angepaßt ist. Eine Feinkorrektur wird zweckmäßigerweise beim Kopieren vorgenommen, weil dabei ohnehin eine gegenseitige Anpassung der Einzeleinstellungen erforderlich wird.

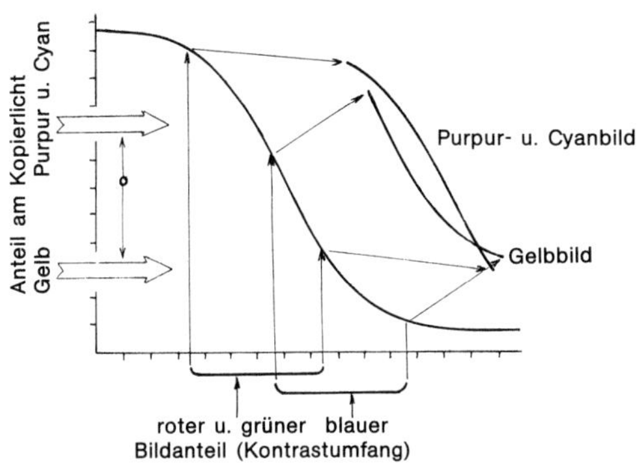

Abb. 128: Beim Versuch, einen fälschlich bei Tageslicht belichteten Farbumkehrfilm für Kunstlicht durch veränderte Zusammensetzung des Kopierlichts nachträglich zu korrigieren, entsteht in den Schattenpartien des Bildes wegen der Nicht-Linearität der Reaktionskurven ein anderes Farbmischungsverhältnis als in den Lichtern.

Bei der elektronischen Kamera ist eine Anpassung an die Farbtemperatur des Aufnahmelichts dadurch möglich, daß man die Empfindlichkeiten bzw. Verstärkungsstufen für Blau, Grün und Rot im Verhältnis zueinander verändert. Dabei wird die Kamera auf eine neutralweiße Fläche gehalten und die von den drei Bildröhren abgegebene Maximalspannung auf gleiches Niveau eingeregelt (viele Kameras tun dies auf Knopfdruck automatisch). Diesen „Weißabgleich" kann man noch dadurch ergänzen, daß man das Aufnahmeobjektiv durch einen Deckel verschließt und jetzt die Dunkelströme der drei Röhren auf gleiches Niveau bringt („Schwarzabgleich"). Die Kennlinien der drei Bild-Farbanteile haben danach - bezogen auf die Farbtemperatur des Aufnahmelichts - einen nahezu parallelen Verlauf. *II 30 Elektronische Kamera*

Trotz dieser Möglichkeit verfügen viele elektronische Kameras zusätzlich über eingebaute Korrekturfilter.

Bei Filmaufnahmen, die in der Fertigstellung elektronisch korrigiert und auf MAZ überspielt werden, kann man ähnlich verfahren wie beim Kopieren. Die Korrekturmöglichkeiten sind hier jedoch weitreichender, da man innerhalb gewisser Grenzen auch die Kennlinien und die Gradation in den einzelnen Farbbereichen sowie den Schwarz- und Weißwert beeinflussen kann. Im Film nicht vorhandene Informationen kann allerdings selbst die elektronische Farbkorrektur nicht rekonstruieren. Derartige Informationslücken treten beispielsweise in der unter- oder überbelichteten Blauschicht auf, wenn ein Film bei falscher Temperatur belichtet wurde. *II 34 Filmgeber I 9 Verschmelzung*

Abweichungen des Aufnahmelichts von der Farbsensibilisierung des Aufnahmematerials müssen nicht auf die Farbtemperatur beschränkt sein. Es ist ebenso möglich, daß das Verhältnis Blau zu Rot - und damit die Farbtemperatur - zwischen Licht und Aufnahmematerial übereinstimmt, der in der Mitte liegende Grün-Anteil jedoch im Verhältnis zu schwach oder zu stark ist. Das führt dann zu Farbdominanten nach Magenta (Blau-Rot) oder Grün. Diese Fehler treten sehr häufig bei Leuchtstofflampen auf und sind für das Auge nicht erkennbar. Feststellen kann man sie nur durch Messung oder Probeaufnahmen. Die Korrektur erfolgt, ebenso wie bei der Farbtemperatur, durch Grün- bzw. Magentafilter oder durch Weißabgleich der elektronischen Kamera.

Abb. 43

III 4 Farbtemperatur

In der gleichen Weise, in der man die spektrale Zusammensetzung des Lichts an die Farbsensibilisierung des Aufnahmematerials anpassen kann, um so eine möglichst große Annäherung des Farbeindrucks an die realen Objektfarben zu erreichen, kann man auch bewußt und gezielt farbliche Veränderungen im Bild herbeiführen. So besteht z.B. die Möglichkeit, einen Raum mit trister Leuchtstoffbeleuchtung im Bild mit einer kälteren (blaueren) Tendenz wiederzugeben. Will man bei Tageslicht Aufnahmen machen, die wie Nachtaufnahmen aussehen, wird man in jedem Falle eine Tendenz nach Blau anstreben. Umgekehrt sollten Szenen, die z.B. in der Nähe einer Feuersbrunst spielen, rötlicher eingefärbt werden. Grundsätzlich kann man jede gewünschte Veränderung herbeiführen, also auch nach Grün, Violett etc., wenn man beim Zuschauer besondere psychische Wirkungen hervorrufen oder märchenhafte bzw. irreale Effekte erzeugen will. Die Mittel dazu entsprechen den zuvor beschriebenen zur Anpassung an das Aufnahmelicht: Filterung der Lichtquellen, Filterung in der Kamera oder elektronische Steuerung der Farben bei der Aufnahme oder bei der elektronischen Farbkorrektur von Filmen.

I 20 „Nacht/außen“

Eine Schwierigkeit besteht darin, daß wir auf dem Film nicht nur die reine Farbe an sich, sondern gleichzeitig auch unterschiedliche Helligkeitsstufen aufzeichnen. Außerdem besteht die Umgebung, die wir aufnehmen, in den seltensten Fällen aus „reinen“ Farben, sondern meistens aus Mischtönen.

Wenn wir uns z.B. ein „warmes Grün“ ansehen, dann besteht dieses aus einem größeren Anteil Grün und einem geringeren Anteil Rot. Bei einer mittleren Helligkeit des betreffenden Objektes im Bild mag die Wiedergabe einer solchen Farbe relativ problemlos sein. Handelt es sich indessen um ein sehr helles Objekt, dann lassen die betroffenen Filterfarben in der Filmschicht ein sehr viel breiteres Spektrum durch – also auch die Nebenfarben. Die ursprüngliche Farbe wird „entsättigt“, verweißlicht.

An den dunklen Schattenseiten des warmgrünen Objekts entsteht dagegen (im Positiv) sehr viel Filterfarbstoff. Dadurch werden die Spektralbreiten des durchgelassenen Lichts de facto schmaler. Das hat beim Kopieren unter Umständen den Nachteil, daß das sehr schwache Rot, welches der grünen Grundfarbe die warme Nuance gab, auf dem Kopiermaterial gar nicht mehr registriert wird. Die Farbe wird ent-nuanciert, knallig.

Umgekehrt werden durch das sehr helle Grün in den Spitzlichtern hindurch auch die Nebenfarben Rot und Blau auf dem Kopiermaterial belichtet. Dadurch werden diese Lichter in der Kopie noch weiter entsättigt.

Eine weitere Möglichkeit zur Farbkorrektur besteht noch beim Weißabgleich der elektronischen Kamera: Man kann die Kamera auf eine Fläche abgleichen, die nicht weiß ist - entweder weil sie eine andere Farbe hat, mit nicht-weißem Licht beleuchtet wird oder während des Weißabgleichs ein Filter vor die Kamera gesetzt wurde. Nach einem solchen „manipulierten“ Weißabgleich wird die Kamera eine zu der Abgleichfarbe komplementäre Farbtendenz haben. Hat man den Weißabgleich z.B. auf eine grünliche Fläche vorgenommen, so wird die Kamera zum Ausgleich ihre Empfindlichkeit für Rot und Blau erhöhen - mit dem Erfolg, daß alle abgebildeten Objekte einen dominierenden Magenta-Ton (Blau-Rot-Ton) bekommen.

II 30 Elektronische Kamera

Die Beantwortung der Frage, in welcher Stärke man die Abweichungen von der Norm wählt, hängt von der gewünschten Wirkung und von der Wahl des Verfahrens ab. Bei Farbfiltern im Rot-Blau-Bereich wird der Wirkungsgrad in Mired angegeben. „Mired“ (Micro reciprocal degree) ist der reziproke Wert der Farbtemperatur in Kelvin, multipliziert mit 10^6 (Mireds = $\frac{1.000.000}{\text{Zahl der Kelvin-Grade}}$). Farbkorrekturfilter für Scheinwerfer tragen oft die Bezeichnung „100%“ oder „50%“, wobei 100% die volle Konversion von Tageslicht auf Kunstlicht (oder umgekehrt) = ca. 144 Mired bedeutet, 50% demnach die Hälfte davon, also ca. 72 Mired. Bei Grün- und Magenta- wie bei allen „Effekt“-Filtern (Filterfarben der unterschiedlichsten Art, die jedoch keine Korrekturfunktionen im Sinne einer Anpassung an bestimmte Lichtsorten erfüllen können) sollte die Wirkung auf das jeweilige Aufnahmematerial durch Versuche ermittelt werden. Diese kann nämlich je nach Verlauf der Kennlinie durchaus unterschiedlich sein. Es unterscheiden sich auch die Bildwirkungen, je nachdem, ob man den Weg der Kamerafilterung, der Kopierlichtfilterung oder der elektronischen Veränderung der Farben wählt, da die Kennlinien jeweils in anderer Art beeinflußt werden.

II 13 Kopieren

Für den Praktiker ist es wichtig, in diesen Dingen Erfahrungen zu sammeln, zunächst indem er möglichst immer gleiche Objekte aufnimmt, die verschiedene Farben sowie Lichter und Schatten enthalten, und diese nach verschiedenen Methoden farblich verändert. Dabei sind die farblichen Veränderungen in den Schatten wie in den Lichtern des Bildes gesondert möglichst objektiv zu beobachten.

Besondere Verfahren zur Farbveränderung (Verfremdung) bestehen u.a. in einer farbigen Vor- oder Nachbelichtung, die im folgenden Kapitel beschrieben wird.

Ein elektronisches Trickpult bietet dadurch Möglichkeiten einer vollkommenen Farbverfremdung, daß beliebige Farben durch Phasenverschiebung der Farbträgerfrequenz erzeugt werden können. Mittels eines Schwellwertschalters kann man hellere von dunkleren Bildteilen trennen und z.B. die dunklen Bildteile in einer, die hellen Bildteile in einer anderen beliebigen Farbe einfärben. Durch die Trennung der Helligkeitswerte in helle und dunkle Werte, ohne weitere Diskriminierung der Zwischentone, hat man in diesem Stadium zwei völlig homogene Farbflächen, die durch scharfe Konturen voneinander getrennt sind.

II 1 Licht

III 23 Elektronische Tricks

In einem weiteren Arbeitsgang (der auf dem Trickpult nicht als *zeitliches* Nacheinander dargestellt ist) kann man diesen Farbflächen das Helligkeitssignal des ursprünglichen Bildes zumischen, so daß das Bild in seinen wesentlichen Informationen rekonstruiert wird, jedoch nur noch zwei willkürlich gewählte Farben enthält.

10. Veränderungen in der Gradation

II 12 Filmmaterial

II 34 Filmgeber

I 9 Verschmelzung

Aus der Beschreibung der Kennlinien von Filmmaterial und Videobildern geht hervor, daß das Aufnahmematerial nicht immer so auf die Helligkeitsabstufungen der Aufnahmeobjekte reagiert, wie es wünschenswert wäre. Manche Umkehrfilme erreichen einen Schwärzungsumfang, der von Filmgebern beim Fernsehen und von Kopiermaterialien nicht mehr verarbeitet werden kann. In anderen Fällen möchte man aus gestalterischen Gründen - beispielsweise, um eine neblige oder dunstige Atmosphäre im Bild zu erzeugen - eine flachere Gradation haben, als sie das Aufnahmematerial unter den bestehenden Lichtkontrastverhältnissen an den Aufnahmeobjekten wiedergibt. Ferner kann es vorkommen, daß mit der Aufnahme einer Szene bei sehr geringen Lichtkontrasten begonnen wurde und sich dann, während der Dreharbeiten, die Lichtverhältnisse ändern - kontrastreicher werden. Auch in solchen Fällen besteht die Möglichkeit, durch Verflachen der Gradation notdürftig Abhilfe zu schaffen.

Eine Verflachung der Gradation - d.h. eine Verringerung des Schwärzungskontrastes beim fertig entwickelten Film - kann man durch Vor- oder Nachbelichten erreichen. Dabei wird die gesamte Bildfläche des Films vor, während oder nach dem Aufbelichten des eigentlichen Bildes zusätzlich mit einer genau dosierten Menge weißen Lichts belichtet. Für diese zusätzliche Belichtung gibt es drei Möglichkeiten:

- der Film läuft ein zweites Mal durch die Kamera, die dann auf eine homogene weiße Fläche eingerichtet ist;
- der Film läuft vor dem Entwickeln durch eine Kopiermaschine und wird dort mit weißem Licht belichtet;
- der Film durchläuft in der Entwicklungsmaschine beim Einlaufen eine kleine Lichtkammer.

III 12, 13 Trick

Grundsätzlich besteht zwischen Vor- und Nachbelichtung in den Auswirkungen kein Unterschied von praktischer Bedeutung.

Die Dosierung der Nachbelichtung ist dort, wo sie mit der Kamera ausgeführt wird, leicht zu errechnen. Würde man die Blende beim Vor- oder Nachbelichten auf den Wert einstellen, den die weiße Fläche auf dem Belichtungsmesser anzeigt, dann würde die Fläche nach den DIN-Normen für Filmempfindlichkeit und Belichtungsmesser mittelgrau mit der Dichte log 1 wiedergegeben werden. An den Stellen des Bildes, an denen kein zusätzliches Licht auftrifft, weil dort die dunkelsten Stellen des Schattens wiedergegeben werden, entsteht jetzt die Dichte 1. An den Stellen des Bildes, die vom Bildinhalt her die mittlere Helligkeit 1 haben, wird die Lichtmenge durch das Nachbelichten verdoppelt. An den hellsten Stellen des Bildes, die (linear gemessen) in der Regel etwas mehr als 10mal (= log 1) so hell sind wie die mittlere Helligkeit, addiert sich die zusätzliche Vor- oder Nachbelichtung zu einer Lichtmenge 11 - das macht kaum einen Unterschied zur Lichtmenge 10. Daraus kann man schließen, daß Vor- oder Nachbelichtung sehr stark auf die Schattenpartien, doch kaum auf die Lichter eines Bildes einwirken. Die Kurve in Abb. 129 zeigt die Auswirkung einer Vor- oder Nachbelichtung auf einen Umkehrfilm mit dem (für Fernseh- und Kopierzwecke zu hohen) Schwärzungsumfang von 3,5.

Eine Nachbelichtung mit der vom Belichtungsmesser angezeigten Blendeneinstellung führt logischerweise zu einer sehr flachen Gradation, die in jedem Falle wie eine

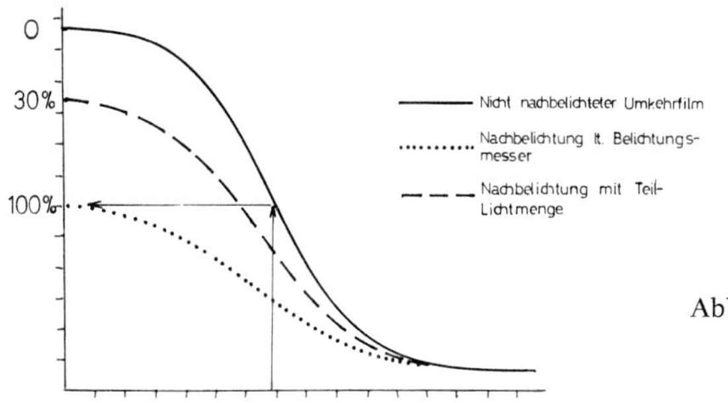

Abb. 129: Reduzierung der Maximaldichte (Abflachen der Reaktionskurve) durch Vor- oder Nachbelichten von Umkehrfilmen

Dunst- oder Nebelaufnahme wirkt. Man kann die Aufnahmeblende allerdings auch um 1, 2 oder 3 Stufen schließen, so daß 50, 25 oder 12,5% der gemessenen Lichtmenge vor- oder nachbelichtet werden. Mit dieser Methode ist es möglich, sehr genau den Kontrastumfang herzustellen, der für die angestrebten Zwecke optimal ist. Bei Filmsorten, die von Hause aus einen geringen Kontrastumfang haben, wird man selten auf die Vor- oder Nachbelichtung zurückgreifen, es sei denn, um damit spezielle Wirkungen zu erzielen. Da die geringen Lichtmengen für die Nachbelichtung hauptsächlich auf die größeren Bromsilberkristalle der Filmemulsion einwirken, entsteht - besonders bei Negativfilm - in den Schatten eine gewisse Grobkörnigkeit. Außerdem werden die Farben durch das weiße Licht etwas entsättigt - ein Nachteil, der jedoch in manchen Fällen durch die großen Vorteile aufgehoben wird.

Eine Zusatzbelichtung *während* der Aufnahme kann durch zwei Methoden bewerkstelligt werden:

a. Man setzt ein „low-contrast"-, „haze"- oder „fog"-Filter vor das Aufnahmeobjektiv. Zum überwiegenden Teil bestehen solche Filter aus klaren, planparallelen Glasplatten, die das Licht ungehindert zum Objektiv durchlassen und damit praktisch keine optische Wirkung haben. Ein kleiner Teil ihrer Oberfläche ist jedoch mit sehr flachen Einbuchtungen versehen, die einen Teil des einfallenden Lichts in einem bestimmten Winkel streuen. Dieses zerstreute Licht summiert sich im Strahlengang des Objektivs zu einer gewissen Menge, die sich über die gesamte Bildfläche verteilt. Eine ähnliche Wirkung haben planparallele Glasscheiben, in deren Glasmasse winzige Perlen aus einer Glassorte mit anderem Brechungsindex eingegos- *II 3 Oberflächen*
sen sind.

   Eine genaue Dosierung der Zusatzbelichtung ist mit solchen Filtern deshalb schwierig, weil Aufnahmeobjektive mit kleiner Frontlinse (Weitwinkel) nur kleine Anteile des vom Filter erzeugten Streulichts einfangen, Objektive mit großer Frontlinse (Teleobjektive) hingegen wesentlich mehr. Man muß also den Wirkungsgrad eines solchen Filters sowohl nach der beabsichtigten Wirkung als auch nach dem verwendeten Aufnahmeobjektiv bemessen.

b. Vor dem Aufnahmeobjektiv wird im 45°-Winkel eine kleine, planparallele Glasplatte angebracht, durch die hindurch das Objekt aufgenommen wird. Gleichzeitig spiegelt sich in der Glasplatte eine homogene weiße Fläche, die im 90°-Winkel zum Objektiv angebracht ist und durch eine in ihrer Intensität steuerbare Lampe *III 14 glass-shots*
beleuchtet wird. Die gespiegelte weiße Fläche wird dem Bild somit überlagert. *II 30*
Durch Steuerung der Lichtquelle kann man die Menge des Zusatzlichts sehr genau *Elektronische*
dosieren und, wo man will, sogar von Aufnahme zu Aufnahme verändern. *Kamera*

Diese beiden Verfahren haben den großen Vorteil, daß sie den Kontrast des aufgenommenen Objekts bereits herabsetzen und dadurch Schattendetails in den Bereich des Aufzeichenbaren erheben, die sonst unterhalb der Empfindlichkeitsschwelle des Filmmaterials geblieben wären. Eine Vor- oder Nachbelichtung in der Kamera, in der Kopier- oder Entwicklungsmaschine kann den Schwärzungskontrast des Materials wohl verbessern, sie kann jedoch die *Empfindlichkeitsschwelle* des Materials im Bereich der Schatten nicht so weit verändern, daß daraus praktischer Nutzen entsteht. Der Nachteil der Verfahren besteht darin, daß durch das Einschalten der Filter und Spiegel die Konturenschärfe des Bildes beeinträchtigt werden kann.

11. Beeinflussen der Bildschärfe

Moderne Objektive sind so berechnet, daß alle Kompromisse im Bereich des Auflösungsvermögens des Aufnahmematerials eine optimale Konturenschärfe erzeugen.

Nicht in allen Fällen ist jedoch eine „gestochen scharfe" Wiedergabe von Konturen wünschenswert. Falten und Unsauberkeiten der Gesichtshaut treten weniger in Erscheinung, wenn die Konturen „weicher" sind. Auch bei überstrahlendem Licht oder bei trübem Wetter erscheinen der Wahrnehmung Konturen weniger scharf und müssen dementsprechend fotografisch beeinflußt werden. Prinzipiell geschieht dies dadurch, daß kleine Mengen des Lichts, welches von den Objekten nahezu parallel zum Aufnahmeobjektiv strahlt, geringfügig abgelenkt werden, so daß die Bildebene nicht mehr exakt in der Filmebene liegt, sondern geringfügig davor oder dahinter. Dadurch entstehen in der Filmebene keine exakten Bildpunkte, sondern neben den scharfen Konturen kleine Scheibchen. „Soft"- oder „Weichzeichner"-Filter, die zu diesem Zweck hergestellt werden, bestehen ähnlich wie die „low-contrast"-Filter aus planparallelen Glasplatten, die das Licht im großen und ganzen ungehindert zum Objektiv durchlassen. Nur ein kleiner Teil der Filteroberfläche besteht aus linsenförmigen Auf- oder Einwölbungen, die einen Teil des Lichts geringfügig ablenken. Die Folge davon ist, daß z.B. eine schwarz-weiße Kontur nicht mehr wie in Abb. 130a wiedergegeben wird, sondern wie in Abb. 130b.

I 5 Signalverarbeitung

II 6 Linsen

Die gleiche Wirkung entsteht bei planparallelen Glasplatten, in die kleine Glaspartikel mit einem etwas anderen Brechungsindex eingelagert sind. Soft- oder Weichzeichner-Filter unterscheiden sich nach dem Grad der Ablenkung und nach dem Anteil, den das abgelenkte Licht im Verhältnis zur gesamten einfallenden Lichtmenge einnimmt. Ihre Wirkung ist zudem je nach Brennweite und Vorderlinsen-Durchmesser des Aufnahmeobjektivs verschieden stark.

Besondere Effekte erzielt man durch die Verwendung von Glasplatten mit zylinderförmigen Auf- und Einwölbungen. In diesem Fall wird ein Teil des einfallenden Lichts nicht in alle, sondern nur in zwei Richtungen abgelenkt und damit werden nur solche Konturen weicher wiedergegeben, die parallel zu dem in das Filter eingeprägten Zylinder verlaufen. Sehr helle Spitzlichter, die ein Vielfaches mehr an Licht auf die Bildebene bringen als für die Erzeugung eines reinen Weiß erforderlich wäre, bilden durch die Ablenkung an der zylindrischen Prägung nach zwei Seiten helle Linien neben der Abbildung des Spitzlichts aus. Länge und Intensität dieser Linien richten sich a) nach der Wölbung der zylindrischen Prägung, b) nach der Helligkeit des Spitzlichts und c) nach der Brennweite des Aufnahmeobjektivs. In der Regel haben Spezialfilter dieser Art Zylinderprägungen, die in zwei, drei oder vier Richtungen verlaufen, so daß jedes

a)

b)

c)

Abb. 130: a) Aufnahme ohne Filter,
b) mit Weichzeichner („Softer"),
c) mit star-effect-Filter

Spitzlicht vier, sechs oder acht Lichtlinien ausbildet („star-effect" = Sterneffekt). Je nach Anzahl der Zylinderrichtungen werden sie als „4-point", „6-point" oder „8-point" bezeichnet. Bei star-effect-Filtern ist jedoch zu bedenken, daß der Sterneffekt nur bei sehr hellen Spitzlichtern mit ausreichender Lichtreserve auftritt - alle anderen, normalen Hell-Dunkel-Konturen werden nur etwas weicher aufgezeichnet.

Sind die Prägungen an der Filteroberfläche nicht zylinder-, sondern dachförmig mit geraden, aber angewinkelten Oberflächen, so entstehen dabei schmale, längliche Prismen, durch die ein Teil des einfallenden Lichts in seine Spektralfarben zerlegt wird. Die Wirkung ähnelt der beim star-effect-Filter, jedoch bestehen die an Spitzlichtern erzeugten Lichtstreifen jetzt aus einer Aneinanderreihung der einzelnen Spektralfarben.

Gelegentlich improvisieren Kameramänner ihre Weichzeichner selbst - entweder weil sie keine fertigen Filter zur Hand haben, oder weil sie besondere Effekte erzielen wollen. Die einfachste Methode besteht darin, einen Nylon-Damenstrumpf straff vor das Objektiv zu spannen. Seine Fäden bestehen aus sehr dünnen, transparenten Nylonzylindern, die einen ähnlichen Effekt hervorrufen wie die Wölbungen auf den Glasfiltern. Zwischen den Fäden hindurch fällt das Licht geradlinig zum Objektiv. Die Wirkung ist unterschiedlich, je nach Webart (Richtungen der Nylonfäden) und Webdichte (Anteil des abgelenkten Lichts im Verhältnis zur gesamten einfallenden Lichtmenge); auch fällt sie in der Regel viel stärker aus als bei Glasfiltern und ist schlechter dosierbar.

Hat man klare, planparallele Glasfilter, so kann man die verschiedensten Weichzeichner auch dadurch herstellen, indem man eine klare Flüssigkeit so über das Filter verteilt (verstreicht), daß auf Teilen der Fläche winzige Aufwölbungen entstehen. Die Flüssigkeit muß so dick sein, daß sie die aufgestrichene Form in etwa beibehält. Bei großer Wärme wäre dafür z.B. Vaseline geeignet, bei Kälte Salatöl. Im Notfall genügt auch Motorenöl o.ä., dessen Eigenfarbe bei hauchdünnem Auftrag keine Rolle mehr spielt.

Mit dieser Methode ist es z.B. möglich, die Mitte des Glasfilters frei zu lassen und nur die Ränder kreisförmig mit Öl zu bestreichen. Dadurch entstehen winzige, zylinderförmige Aufwölbungen, die bewirken, daß alle Konturen außerhalb des freigelassenen Zentrums in diametraler Richtung weicher werden und Spitzlichter ebenfalls diametrale Lichtlinien ausbilden.

Bei allen Filtern dieser Art spielt der Abstand zum Aufnahmeobjektiv eine sehr wichtige Rolle. Ein improvisiertes Filter, das nur bestimmte Bildteile weichzeichnen soll, muß so viel Abstand vom Objektiv haben, daß es tatsächlich nur jene Bildteile weichzeichnet, die außerhalb der scharf wiederzugebenden Bildteile liegen. Bei langen Brennweiten ist dieser erforderliche Abstand weit größer als bei Weitwinkelobjektiven. Andererseits besteht bei Weitwinkelobjektiven und kleinen Blendenöffnungen die Gefahr, daß das Zylinderraster eines vorgesetzten star-effect-Filters bildhaft wiedergegeben wird. Dies kann auch bei bestimmten Zoomlinsen vorkommen, deren Schärfenbereich sehr nahe an die Frontlinse heranreicht.

II 9 Blenden

Zu beachten ist ferner, daß Weichzeichner und low-contrast-Filter jeder Art nicht von direktem Scheinwerfer-, Sonnen- oder Himmelslicht getroffen werden dürfen, da sie auch dieses streuen und zum Aufnahmeobjektiv lenken. Dies führt zu einer allgemeinen Streulicht-Aufhellung des Bildes, die in ihrem Ausmaß unkontrollierbar ist und sich bei Kameraschwenks deutlich sichtbar verändern kann. Es ist somit angebracht, Filter dieser Art grundsätzlich in einem Kompendium zu verwenden, in dem sie zuverlässig vor unerwünschtem Streulicht geschützt sind.

12. Trick (Special Effects)

Das Gebiet der Tricktechnik ist äußerst vielfältig, und täglich kommen neue Techniken hinzu. Außerdem ist es meist so, daß mehrere mögliche Wege zur Verfügung stehen, um ein und dieselbe Wirkung zu erzielen. Welchen Weg man wählt, hängt - wie bei der Farbkorrektur - u.a. davon ab, welcher jeweils ökonomischer ist, welcher das bessere Ergebnis hat und auf welchem Wege das Produkt als Ganzes fertiggestellt wird, d.h. als Film, als elektronische Produktion oder als Mischproduktion. Auch wer Tricks nicht selbst ausführt, sollte Grundlegendes über die Tricktechnik wissen, da er u.U. Entscheidungen über die anzuwendende Technik fällen muß. Die aktive Beschäftigung mit Tricks ist Lernenden dringend zu empfehlen, da sie besser als andere Methoden in die technische Bildentstehung und in wahrnehmungspsychologische Wirkungen einführt.

III 25 Fertigstellung

Es ist keineswegs so, daß Tricks nur angewandt werden, um in Phantasiefilme irreale Gags einzubauen. Die meisten Tricks dienen dazu, besondere Schwierigkeiten oder Gefahren zu vermeiden oder bestimmte Wirkungen zu erzielen; sie werden vom Zuschauer überhaupt nicht als Tricks erkannt. Im Grunde genommen sind dies die sinnvolleren Tricks, weil sie der Informationsdichte der Filmhandlung dienen, während die auffälligen Tricks meist nur um ihrer selbst willen im Film enthalten sind, als l'art pour l'art, und damit den Handlungsfluß unterbrechen oder falsch gewichten. Tricks sind auch keineswegs die Domäne des Spiel- oder Unterhaltungsfilms. Sie haben ihren Platz ebenso in der Dokumentation und veranschaulichen dort reale Vorgänge, die direkt nicht fotografierbar sind: einen Sternenhimmel über einem bestimmten Gebiet, den „Sonnenwind", der die Erdkugel umströmt, den Wachstumsverlauf einer Pflanze u.v.a.m.

I 28 Gewichtung

Man unterscheidet grundsätzlich:

a. Kameratricks, d.h. Tricks, die mit einer Filmkamera oder elektronischen Kamera am Aufnahmeort selbst hergestellt werden.

b. Nachbearbeitungstricks, d.h. Tricks, die unter Verwendung angelieferten oder neu gedrehten Bildmaterials, z.B. durch Spezialkopierung, gefertigt werden.

c. Elektronische Tricks.

d. Requisitentricks.

In der Praxis werden diese vier Grundmethoden häufig miteinander kombiniert.

Nicht zufällig war der erste Trickfilmer (Melies um 1905) ein Zauberkünstler. Beides, die Hexerei auf der Bühne und der Trickfilm, haben eines gemeinsam: eine exzellente Kenntnis der menschlichen Wahrnehmung als Grundvoraussetzung für das Gelingen. Der Zauberkünstler kennt tausend Tricks, um die Aufmerksamkeit der Zuschauer präzise und zuverlässig zu lenken, und er weiß ganz genau, wieviele Zehntelsekunden er für eine Manipulation zur Verfügung hat. Er kennt die Logik der menschlichen Wahrnehmung genau und weiß, an welchen Punkten man sie in die Irre führen kann.

I 9 Verschmelzung

Mit dem Filmtrick verhält es sich nicht anders. Wenn Tricks mißlingen und dem Zuschauer sofort auffallen, liegt das in den seltensten Fällen an der angewandten Technik (obwohl man meistens dort den Fehler - vergeblich - suchen wird), sondern weit öfter daran, daß wahrnehmungspsychologische Gesetze unberücksichtigt blieben. Umgekehrt enthüllt eine genauere Untersuchung hervorragend gelungener Tricks häufig, daß sie *technisch* ganz konventionell gemacht sind - nur stimmen ihre

I 4 Auge

wahrnehmungspsychologisch wichtigen Details genau. Welche Details das sind, wird bei der folgenden Beschreibung der Techniken von Fall zu Fall erwähnt werden.

Der häufigste Fehler ist darauf zurückzuführen, daß Filmemacher auf gelungene Tricks besonders stolz sind - begreiflicherweise. Das verleitet sie jedoch dazu, diese zeitlich möglichst lange vorzuführen. Aber jeder Zauberkünstler weiß, daß gerade das grundfalsch ist. Optimal ist hingegen die Methode, einen Vorgang bilddramaturgisch in mehrere kurze Einzeleinstellungen einzuteilen, die so aufgenommen und geschnitten sind, daß sie vom Zuschauer als kontinuierlicher Vorgang ohne Schnitte empfunden werden. Wenn dann in den Einzelbildern der Schnittfolge auch noch unterschiedliche Tricktechniken angewandt werden, bleibt die Technik ganz unauffällig. Es kann hier nicht eindringlich genug darauf hingewiesen werden, daß der Schnitt für das Gelingen von Tricks von elementarer Bedeutung ist.

I 10 Bilddramaturgie

13. Kameratricks

II 13 Kopieren

II 33 Video-Aufzeichnung

Tricks, die am Aufnahmeort direkt in der Kamera gemacht werden, haben gegenüber Nachbearbeitungstricks den großen Vorteil, daß man als Ergebnis ein Original-Negativ bzw. ein Umkehr-Original erhält, also keine Kopie oder ein Duplikat. Für die weitere Bearbeitung des Films kann dies ebenso wichtig sein, wie für elektronische Produktionen, insbesondere dann, wenn diese auf Magnetbändern mit geringer Informations-Speicherkapazität aufgezeichnet werden.

II 12 Film

Der einfachste Kameratrick besteht darin, bestimmte Bildteile selektiv dunkler zu machen. Das kann bei Landschaftsaufnahmen (z.B. im Gegenlicht) angezeigt sein, wenn der Himmel so viel heller als der Vordergrund ist, daß er entweder vollkommen überbelichtet oder aber durchgezeichnet würde. Im letzteren Fall entstünde dann eine unnatürlich dunkle Wiedergabe des Vordergrundes. In solchen Fällen kann man eine Glasscheibe, die an einem Ende grau getönt und am anderen klar ist („Grau-Verlauffilter"), so vor das Kamera-Objektiv bringen, daß selektiv der Himmel in seiner Intensität durch die Grautönung etwas abgedunkelt wird, wobei der durch den klaren Teil des Filters aufgenommene Vordergrund normal durchbelichtet werden kann. Bei

Abb. 131: Bedeckter Himmel als Lichtquelle - links ohne Filter, rechts mit partiellem Graufilter („Verlauffilter") zum Angleichen des Himmels

Anwendung dieser Verlauffilter sollte man die Helligkeit des abgedunkelten Bildteils durch das Filter hindurch messen, um abschätzen zu können, in welchem Helligkeitsverhältnis Himmel und Vordergrund zueinander stehen. Ist der dunklere Teil des Filters so dicht, daß später auf dem Bild der Himmel dunkler als der Vordergrund wird, so entsteht (bei Wolken) ein besonders dramatischer Effekt oder - bei leichter Unterbelichtung und Blautönung - ein Nachteffekt („day-for-night").

III 3 Messen

I 20 „Nacht/außen"

Die Idee des Grau-Verlauffilters läßt sich dahingehend weiterentwickeln, daß ein Teil der Glasscheibe nicht einfach nur neutralgrau ist, sondern aus Wolkenbildern besteht, die an ihrer Unterseite allmählich in das klare Glas übergehen. Hat man bei grauem Himmel (der als Lichtquelle für die Vordergrundszene in der Regel neutralweiß wiedergegeben würde) ein „Wolkendia" dieser Art vor der Kamera, dann filtert dieses einen Teil des Himmelslichts so weg, daß auf dem Bild ein Wolkenhimmel zu sehen ist. Damit diese Wolken einigermaßen scharf wiedergegeben werden, müssen sie natürlich in einigem Abstand vor dem Objektiv angebracht werden. Wie weit dieser Abstand zu sein hat - und wie groß folglich das Wolkendia -, läßt sich am besten aus einer Schärfentiefentabelle für die jeweils verwendete Brennweite und Blendenöffnung ablesen.

II 6 Linsen

Will man mit einem Verlauffilter oder einem Wolkendia Schwenks ausführen, sind einige Voraussetzungen zu beachten: Zum ersten sollte die Glasscheibe dann nicht fest mit der Kamera verbunden sein, denn in diesem Fall würde die Hell-Dunkel-Abgrenzung bzw. würden die Wolken ja mitschwenken - das Ergebnis wäre ein äußerst merkwürdiger und irrealer Effekt.

Doch selbst wenn man die Glasplatte auf einem separaten Ständer vor der Kamera aufstellt, ist ein Schwenk nicht ohne weiteres möglich. Das liegt daran, daß die eigentliche „Kamera" im optischen Sinn ja nur den Bereich Objektiv und Bildebene umfaßt. Die meisten Kameras und ihre Stative schwenken jedoch um einen Punkt, der sehr viel weiter hinten liegt. Die „optische" Kamera führt dabei eigentlich eine Seitwärtsfahrt aus, was zur Folge hat, daß eine Bewegungsperspektive entsteht. Eine Bewegungsperspektive freilich, die dem Zuschauer sofort enthüllt, daß die Wolken nicht riesig groß in der Ferne, sondern winzig klein vor der Kamera liegen. Dies kann man nur durch einen Schwenk um den vorderen optischen Hauptpunkt des Objektivs verhindern. Für diesen Zweck gibt es Spezialstative, die auch für andere Trickverfahren erforderlich sind, z.B. für die im folgenden beschriebenen „glass-shots".

II 9 Hauptpunkt

I 13 Kamerabewegungen

14. glass-shots

Der Unterschied zwischen einem Wolkendia und einem glass-shot besteht darin, daß der Bildinhalt auf der Glasscheibe nicht mehr transparent ist und von einer weißen Fläche oder Wolkendecke durchleuchtet wird. Er ist vielmehr als undurchsichtiges Papierbild oder Modell auf der Glasscheibe befestigt, so daß er Teile des realen Hintergrunds ersetzt. Für den glass-shot gibt es eine solche Fülle von Verwendungsmöglichkeiten, daß man sich nur darüber wundern kann, wie selten in Europa - ganz im Gegensatz zu den USA - davon Gebrauch gemacht wird. Mit dem glass-shot kann man nämlich sehr oft große Summen an Ausstattungsaufwand einsparen.

IV 2 Ausstattung

Zur Veranschaulichung einige Anwendungsbeispiele:

a. Häuser werden vergrößert, indem man weitere Stockwerke als naturalistische Gemälde oder als Reliefmodell aufsetzt. Über einem Barackenlager werden Wachtürme so angebracht, daß daraus ein Gefangenenlager wird.

b. Von einem großen Saal soll eine Totale unter Einschluß der Saaldecke aufgenommen werden. Normalerweise wäre es in diesem Fall nicht mehr möglich, Lampen an der Decke zu installieren und den Saal zweckdienlich auszuleuchten. Man kann indessen auch die Saaldecke vor Einbau der Beleuchtung fotografieren und das Foto später als Vergrößerung auf der Glasplatte genau mit der realen Decke zur Deckung bringen. Jetzt verdeckt das Foto die inzwischen eingebauten Lampen.

I 17 Beleuchtung

c. Man fotografiert den Bereich unterhalb eines Küchenausgusses und ersetzt diesen Teil der realen Szene später durch eine Vergrößerung des Fotos. Ein Schauspieler kann jetzt so tun, als steige er in den Ausguß (in Wirklichkeit steigt er hinter den Ausguß), und da er unterhalb des Ausgusses nicht wieder erscheint (da er dort durch das Foto verdeckt wird), entsteht der Eindruck, als verschwände er durch das Ausgußrohr.

d. Ein vorläufig nur als Modell vorhandenes Hochhaus soll in ein Stadtpanorama eingefügt werden. Hierzu fotografiert man das Modell und paßt es anschließend als glass-shot in das Stadtpanorama ein.

e. Ein historisches Gebäude wird durch eine Neonschrift verunziert. Man fotografiert den betreffenden Teil des Gebäudes, retuschiert auf der Vergrößerung die Neonschrift weg und setzt den bereinigten Teil als glass-shot wieder in die Realszene ein.

f. Umgekehrt soll an einem Haus ein riesiges Transparent angebracht werden. Anstatt ein solches Transparent in realer Größe anzufertigen und an der Hauswand aufzuhängen, malt man es verkleinert auf eine Glasplatte.

Glass-shots, die fachgerecht ausgeführt werden, sind manchmal selbst von Fachleuten nicht als solche zu erkennen. Fachgerecht heißt in diesem Fall: volle Berücksichtigung der hochempfindlichen Auswertung bestimmter Details durch die menschliche Wahrnehmung. Dazu gehört, daß der Inhalt des glass-shots in Perspektive, Gradation, Farbe, Helligkeit und Lichtführung absolut genau mit dem realen Hintergrund übereinstimmen muß. Damit die Perspektive genau stimmt, müssen z.B. die Fotos für unsere Beispiele b, c und e - auch in der Höhe - genau von dem Standpunkt aus aufgenommen werden, von dem aus später auch die Filmaufnahme gemacht wird.

Werden Bildteile gemalt oder durch Reliefmodelle ergänzt, so hat es sich in der Praxis bewährt, den realen Hintergrund zuvor vom genauen Kamerastandpunkt aus zu fotografieren. Das Foto (oder auch ein Einzelbild aus einer Filmaufnahme) kann man dann als Dia auf eine weiße Wand projizieren, auf der die Glasscheibe befestigt ist. Nunmehr ist es möglich, die notwendigen Ergänzungen (Häuserteile, Wachtürme, Transparente) äußerst genau auf der Glasscheibe anzubringen. Diese Ergänzungen wird man später, wenn die Filmkamera genau an demselben Punkt aufgestellt wird, von dem aus auch das Foto aufgenommen wurde, wieder exakt in den Hintergrund einpassen können.

Eine genaue Beachtung von Farbe, Helligkeit und Gradation ist wichtiger, als auf den ersten Blick zu vermuten wäre. Beim Beispiel der hinzugefügten Wachtürme soll z.B. der Eindruck entstehen, daß die Türme *hinter* den Baracken hochragen, während sie in Wirklichkeit unmittelbar vor der Kamera stehen. Vernachlässigt man dabei die

Dunstperspektive, wird der Trick durch die Wahrnehmung des Zuschauers sofort als solcher erkannt, selbst wenn der Zuschauer nicht bewußt artikulieren kann, *was* ihm die Erkenntnis vermittelt. In der Praxis wird man daher die Wachtürme weißlich überspritzen, um eine Dunstperspektive vorzutäuschen.

II 1 Licht

Will man Fotos von Modellen (projektierte Häuser, nicht mehr existierende Gebäude) in einen Hintergrund einpassen, sind einige einfache Berechnungen unumgänglich. Zunächst muß der Abstand der Kamera vom geplanten Standort des Gebäudes in der Wirklichkeit bekannt sein. Bei der Aufnahme des Modells muß dieser Abstand um den Verkleinerungsmaßstab des Modells verkürzt werden. Bei einem Abstand von 300 m und einem Verkleinerungsmaßstab von 1 : 100 muß das Modell folglich aus 3 m Entfernung aufgenommen werden. Auch die Aufnahmehöhe gilt es entsprechend zu verkürzen: Steht die Kamera bei der Aufnahme des glass-shots 1,5 m hoch, muß das Modell aus 1,5 cm Höhe aufgenommen werden.

III 22 Modellaufnahmen

Generell ist bei glass-shots darauf zu achten, daß in den Glasscheiben keine ungewollten Spiegelungen zu sehen sind. Das kann man verhindern, indem man über Kamera und Glasplatte ein dunkles Tuch spannt oder durch ein Loch in einem senkrecht aufgespannten schwarzen Tuch hindurch fotografiert.

Ähnliche Wirkungen wie beim glass-shot kann man mit dem Aufpro- und dem bluescreen-Verfahren sowie elektronisch mit der Stanze erreichen. Der Unterschied liegt darin, daß mittels glass-shot ersetzte Bildteile nicht beweglich sein können und daß bewegliche Bildinhalte (Fahrzeuge, Personen) Gefahr laufen, hinter einem glass-shot-Bildinhalt zu verschwinden (z.B. hinter einem Haus, das für die Wahrnehmung des Zuschauers weiter entfernt zu sein scheint als das Fahrzeug oder die Person). In manchen Fällen freilich, wie in unserem Beispiel c (Mann verschwindet im Ausguß), ist gerade dieser Effekt erwünscht.

III 19 Studiotricks

Das blue-screen-Verfahren hat gegenüber dem glass-shot den Nachteil, daß als Resultat ein Duplikat-Negativ anstatt eines Originals vorliegt. Das gleiche trifft teilweise für die Aufpro-Technik zu. Das elektronische Stanzverfahren hat den Nachteil, daß es an das Vorhandensein eines Trickmischpults, also in der Regel an ein Studio, gebunden ist. Bei Außenaufnahmen mit elektronischen Kameras wird man sich daher von Fall zu Fall auch für glass-shots entscheiden können.

III 18 Aufpro
III 23 Elektronische Tricks

Über Probleme der Schärfentiefe und die Möglichkeiten, in glass-shots zu schwenken, wurde zu Beginn dieses Kapitels referiert.

15. Doppelbelichtung

Doppelbelichtung kann auf zweierlei Weise erfolgen: Dadurch, daß man den Film mehrfach durch die Kamera laufen läßt und mehrere Bildinhalte übereinander aufbelichtet, oder dadurch, daß man durch eine Glasscheibe hindurch aufnimmt, die zusätzlich weitere Inhalte an ihren Oberflächen spiegelt. Dieser Effekt läßt sich auch beobachten, wenn man vor einem Schaufenster steht und dabei nicht nur die ausgestellten Waren, sondern auch die hell beleuchtete andere Straßenseite sieht.

Die einfachste Art der Doppelbelichtung wurde in Kapitel III/10 als „Vor- oder Nachbelichtung“ beschrieben und dient der Verbesserung der Gradation oder der Schaffung von Nebeleffekten. Mit diesem Verfahren können allerdings auch irreale, märchenhafte Farbeffekte erzielt werden, indem man beispielsweise ein Bild durch ein dichtes Gelbfilter hindurch aufnimmt und mit gesättigtem violettem Licht vor- oder nachbelichtet. Da Vor- oder Nachbelichtung nur auf die Schattenpartien eines Bildes einwirken, werden die Lichter des Bildes gelblich, die Schatten violett wiedergegeben. Das violette Vor- oder Nachbelichten kann vor einer weißen Fläche erfolgen, die man mit violett gefiltertem Licht anleuchtet oder vor einer violetten Fläche, die mit weißem Licht beleuchtet wird. Die dritte Möglichkeit besteht in der Verwendung eines violetten Filters vor der Kamera.

Es gibt allerdings auch Fälle, in denen gezielt nur bestimmte Teile des Bildes nachbelichtet werden (partielles Nachbelichten). Auf diese Weise kann z.B. ein Gegenstand dargestellt werden, der von innen heraus zu „glühen" beginnt. Dabei nimmt man den Gegenstand zunächst mit festgezurrter Kamera auf, befestigt dann in einigem Abstand von der Kamera (am Kompendium) eine Glasplatte, auf der mit einem Filz- oder Fettstift die Umrisse des Gegenstandes nachgezogen werden. Natürlich muß man dabei gleichzeitig durch den Sucher der Kamera blicken und die Spitze des Stifts beobachten. Anschließend wird auf der Glasplatte die Fläche außerhalb der gezeichneten Umrisse durch Plakafarbe oder Klebeband abgedichtet und damit undurchsichtig gemacht („Kasch"). Die Wirkung kann im Sucher der Kamera kontrolliert werden - am Ende darf nur noch der Gegenstand zu sehen sein, der „erglühen" soll.

Als nächstes bringt man vor der Kamera eine weiße oder rote Fläche zum Nachbelichten an, die, je nachdem, mit weißem oder rotem Licht beleuchtet bzw. durch ein rotes Filter hindurch aufgenommen wird. Dabei kann man durch einen Regeltrafo die Intensität der Nachbelichtung von 0 - 100% steigern bzw. umgekehrt herunterregeln, so daß später in der Doppelbelichtung der Gegenstand zu „glühen" beginnt oder sich scheinbar „abkühlt". Natürlich können dabei zusätzlich Flackereffekte erzeugt werden.

II 11 Lichtquellen

Die Ränder des ausgemalten „Kaschs" werden, da sie nahe beim Kameraobjektiv liegen, gewöhnlich unscharf wiedergegeben. Das kann beim Nachbelichten durchaus wünschenswert sein, weil das Glühen somit gleichsam über die Begrenzung des Gegenstandes hinaus ausstrahlt. Der Grad der Unschärfe hängt von Brennweite und Blendenöffnung ab. Will man aber zum Nachbelichten schärfere Kaschränder haben, muß man die Glasplatte weiter von der Kamera entfernen. In solch einem Fall wird man meistens zum Spiegeltrickverfahren greifen, das im nächsten Kapitel beschrieben wird.

Eine weitere Anwendungsmöglichkeit partieller Nachbelichtung besteht darin, daß anstelle einer homogenen Fläche herabrieselnde weiße Papierkonfetti oder Styroporkrümel vor einem dunklen Hintergrund zusätzlich aufbelichtet werden. Diese Konfetti oder Krümel, die man vor der Kamera in unterschiedlichen Entfernungen herabrieseln läßt, werden seitlich „angeblasen" oder in Zeitlupe aufgenommen, so daß sie schräg oder langsam und majestätisch herabsinken. Dadurch wird sehr überzeugend der Eindruck von fallendem Schnee vermittelt, jedoch ist dabei zu bedenken, daß Vor- oder Nachbelichtungen nur in den Schattenpartien des Bildes wirksam werden. In den Lichtern - z.B. auf großen weißen Schneeflächen - bleiben sie unsichtbar, wie übrigens in der Wirklichkeit auch.

16. Spiegelverfahren

Beim Spiegelverfahren wird gewöhnlich eine kleine Glasscheibe im Winkel von etwa 45° vor dem Kameraobjektiv angebracht. In dieser Scheibe spiegeln sich alle Flächen oder Gegenstände, die sich seitlich der Kamera befinden. Das Grundprinzip wurde schon im Kapitel über Vor- und Nachbelichtung beschrieben.

III 10 Gradation

Beim Dosieren von Doppelbelichtungen über teildurchlässige Spiegel ist zu berücksichtigen, daß eine normale Fensterglasscheibe etwa 90% Licht durchläßt und etwa 10% spiegelt (reflektiert). Die einzuspiegelnde Fläche muß also im Vergleich zu direkt aufbelichteten Flächen die zehnfache Lichtmenge erhalten (= 3 Lichtwertstufen).

Freilich gibt es für diesen Zweck auch Spiegel, deren Durchlaß-Reflexions-Verhältnis jeweils 25 : 75, 50 : 50 oder 75 : 25 beträgt. Dabei muß aber beachtet werden, daß beispielsweise bei einem 50 : 50 Spiegel zwar die Hälfte des Lichts von der reflektierten Fläche die Kamera erreicht, dafür aber auch die direkt aufgenommene Szene um 50% in ihrer Intensität geschwächt wird (= 1 Lichtwertstufe).

II 3 Oberflächen

Natürlich lassen sich auch hierbei zwischen Spiegel und einzubelichtender Fläche undurchsichtige Flächen in Form von schwarzer Pappe oder bemalten Glasflächen als Kaschs anbringen, so daß nur Teile des Bildes nachbelichtet werden.

Nun kann man sowohl durch Vor- oder Nachbelichten als auch mittels Spiegel nicht nur homogene Flächen, sondern auch differenziertere Bildinhalte zusätzlich in ein Primärbild hineinbelichten, z.B. Personen, die als „Geister“ auftauchen, Glühbirnen, die plötzlich aufleuchten etc. Solche einzuspiegelnden Personen oder Gegenstände müssen entsprechend den verwendeten Spiegeln hell genug beleuchtet werden, bei Einfachglas also um 3 Lichtstufen heller, als es für die eingestellte Blende normal wäre. Dabei ist zu berücksichtigen, daß eingespiegelte Personen oder Gegenstände nur in den dunkleren Teilen des Direktbildes sichtbar werden, nicht aber auf weißen Wänden, und daß ferner dunkle Kleidungsstücke in der Doppelbelichtung meistens untergehen. Die betreffenden Personen oder Gegenstände erscheinen, da sie zusätzlich zum Primärbild aufbelichtet werden, durchsichtig, also geisterhaft. Dadurch, daß man die Beleuchtung der eingespiegelten Personen oder Gegenstände mittels Regeltrafo ein- oder ausblendet, kann man die „Geister“ im Bild erscheinen oder verschwinden lassen.

Wird eine dunkle Kiste o.ä. mittels Spiegel mit der Sitzfläche eines Stuhls, der in der direkt aufgenommenen Dekoration steht, zur Deckung gebracht, so scheint der „Geist“ auf dem Stuhl Platz zu nehmen, sobald sich der Darsteller auf die dunkle Kiste setzt.

Selbstverständlich besteht auch die Möglichkeit, „Geister“ durch normales Vor- oder Nachbelichten in einen Hintergrund hineinzubelichten. Damit sie sich in der Topographie der Dekoration (z.B. zwischen den Möbeln) richtig bewegen können, wird häufig in einem Arbeitsgang bei festgezurrter Kamera zuerst der Hintergrund aufgenommen (eventuell mit realen Personen) und in einem zweiten Belichtungsgang der „Geist“. Dabei wird man u.U. die Beleuchtung der Hintergründe zurücknehmen und die des „Geistes“ verstärken. Dieses Verfahren hat gegenüber dem Spiegeltrick den Vorteil, daß die betreffende Person auch hinter einen Tisch treten kann und dann teilweise durch den Tisch verdeckt wird. Über Spiegel wird sie in jedem Fall immer ganz aufbelichtet, und dadurch scheinbar *vor* dem Tisch stehen - es sei denn, man bringt zwischen Spiegel und Person lichtundurchlässige Kaschs mit dem Tisch des Direktbildes zur Deckung.

II 26 Synchronität

IV 4 Tongestaltung

Der Spiegeltrick hat gegenüber dem Vor- oder Nachbelichten den Vorteil, daß Realpersonen und eingespiegelte Personen aufeinander reagieren - z.B. einen Dialog miteinander führen können. Bei der Aufnahme in zwei Arbeitsgängen besteht die Schwierigkeit, daß ganz genaue Zeitmarken mit dem Aufnahmefilm in der Kamera synchronisiert werden müssen. Z.B. kann man die Tonaufnahme des ersten Aufnahmedurchgangs beim zweiten Aufnahmedurchgang hörbar einspielen, so daß daraus für den Darsteller seine Stichworte erkennbar werden. In diesem Fall müssen allerdings Kamera und Tonaufnahme für den zweiten Durchgang genau auf denselben Startpunkt zurückgefahren und dann auch genau gleichzeitig gestartet werden können (Bildgenauigkeit ist dabei nicht erforderlich, da es sich nur um Stichworte handelt).

Auf elektronischem Wege sind ähnliche Effekte in folgender Weise machbar:

II 30 Elektronische Kamera

III 23 Elektronische Tricks

- Farbverfälschungen in Lichtern und Schatten sind durch Manipulation der Schwarz- und Weißwerte zu erlangen.
- Partielles Nachbelichten („Aufglühen“ eines Gegenstandes) ist dadurch zu erreichen, daß eine zweite Bildquelle noch einmal die nachgezeichnete Kontur des Gegenstandes als reine Schwarz-Weiß-Information aufnimmt und deren entsprechend eingefärbtes und unscharfes Bild über Trickmischer dem Originalbild zugemischt wird. Das ist nicht mit allen Anlagen möglich, weil einige Systeme die Bildhelligkeit automatisch auf optimale Werte einregeln („Weißwertbegrenzer“). Wird *während* der Aufnahme eine zusätzliche Helligkeit zugemischt (wie beim „Aufglühen“ des Gegenstandes), so regelt diese Automatik die Gesamthelligkeit des Bildes entsprechend herunter, so daß der ursprüngliche Bildinhalt dabei verdunkelt wird. Auf modernen Trickmischpulten kann man diesen Effekt jedoch ausschalten.
- Das Nachzeichnen der Kontur kann dadurch erfolgen, daß die Kamera, die die Kontur liefern soll, und die auf den Gegenstand gerichtete Kamera provisorisch übereinandergeblendet werden. Die Hand des Zeichners vor der Konturenkamera wird dann gleichzeitig mit dem Gegenstand auf *einem* Monitor sichtbar, und die Kontur kann nach dem Monitorbild auf einem Blatt genau nachgezeichnet werden.

17. Kaschtricks

Das Wesen der Kaschtricks besteht darin, daß einzelne Bildinhalte zeitlich nacheinander aufgenommen werden. Das ist bei Doppelgängeraufnahmen unerläßlich, aber auch dann, wenn z.B. ein Sternenhimmel über einer realen Landschaft gezeigt werden soll. (Da sich ein echter Sternenhimmel mit einer Filmkamera nicht aufnehmen läßt, muß man sich durch einen Trick behelfen: z.B. dadurch, daß man in einen schwarzen Karton unterschiedlich große Löcher sticht und diesen Karton anschließend vor einer sehr hellen weißen Fläche aufnimmt. Eine nächtliche Landschaft wiederum ist nur durch entsprechende Maßnahmen als „Tag-für-Nacht“-Aufnahme fotografierbar.)

I 20 „Nacht/außen“
III 14 glass-shots

Eine weitere Anwendungsmöglichkeit der Kaschtricks besteht z.B. darin, die Aufnahme ein und derselben großflächigen Szenerie in drei Abschnitten nacheinander durchzuführen (wobei jeweils zwei Drittel des Bildes abgekascht werden und nur ein Drittel belichtet wird), so daß die Szenerie am Ende wieder als Ganzes zu sehen ist. Werden bei jeder einzelnen Aufnahme stets 300 Komparsen über dieselbe Szenerie bewegt, so sind durch den Kaschtrick später insgesamt 900 Komparsen auf dem Bild zu sehen. Auf diese Weise lassen sich Honorare und Spesen für 600 Komparsen einsparen.

Beim Kaschtrick wird ein Teil des Bildes in kurzem Abstand vor der Kamera durch ein Stück Pappe oder durch schwarz bemalte Glasplatten abgedeckt. Nach dem ersten Belichtungsdurchgang wird der Film zurückgedreht und der „Gegenkasch" so an den ersten Kasch angepaßt, daß keine Ritzen oder Überschneidungen entstehen. Nach Entfernen des ersten Kaschs kann dann die Zweitbelichtung erfolgen.

Gewöhnlich versucht man, den Kaschrand entlang einer Linie zu legen, die ohnehin als Kontur im Bild vorhanden ist, wie z.B. eine Zimmerecke oder eine Gardinenfalte. Etwaige Ungenauigkeiten fallen dann nicht auf. Bei genauer Ausführung sind Kaschränder für den Nichteingeweihten selbst in homogenen Bildflächen nicht zu erkennen. Voraussetzung hierfür ist, daß die Kaschränder unscharf wiedergegeben werden. Scharfe Kaschränder bekommt man nie exakt zur Passung, da diese auf hundertstel Millimeter genau erfolgen muß. Unscharfe Kaschränder fließen jedoch ineinander, so daß sie völlig unsichtbar werden. Damit sich die Übergangszonen von Kasch und Gegenkasch genau ergänzen, müssen sie absolut gleich bleiben, folglich darf man weder die Blende noch die Entfernungseinstellung des Objektivs im geringsten verändern.

II 16 Information

Bei Doppelgängeraufnahmen stellt sich das Problem der Stichworte. Damit der Darsteller einen Dialog mit sich selbst führen kann, muß ähnlich verfahren werden wie bei Geisteraufnahmen mittels Doppelbelichtung.

III 15 Doppelbelichtung

Ein anderes Verfahren für die Herstellung von Doppelgängeraufnahmen ist die Aufpro. Sie hat einerseits den Nachteil, daß das Bild teilweise ein Duplikat ist, aber andererseits den Vorteil, daß die Darsteller voreinander hergehen und sich im Bild „überschneiden" können. Elektronisch werden Doppelgänger einfacher mit der Stanze gemacht. Schwieriger ist es, die beiden Durchgänge wie beim Kaschtrick mit einer Kamera aufzunehmen, weil der erste Durchgang auf MAZ aufgezeichnet werden muß, und die später notwendige Angleichung der MAZ-Aufzeichnung an das Kamerabild hinsichtlich Farbe, Gradation und Schärfe außerordentlich schwierig ist.

II 31 Video-Signal

18. Aufpro

Aufpro ist die Abkürzung für „Aufprojektion". Sie hat die früher übliche Rückprojektion weitgehend abgelöst, die dadurch große Probleme aufwirft, daß sie enorme Lichtmengen benötigt und daher auf kleine Bildflächen begrenzt ist, und eine gleichmäßige Lichtverteilung wiederum nur unter Hinnahme von Lichtverlusten möglich ist.

All diese Probleme entfallen bei der Aufpro, so daß wir uns auf die Schilderung dieses Verfahrens beschränken wollen. Es beruht auf der Eigenschaft sechseckiger Kristalle - bzw. von Perlen aus Materialien mit hohen Brechungsindizes -, Lichtstrahlen genau in die Richtung zu reflektieren, aus der sie eingefallen sind. Projiziert man ein Bild auf eine spezielle Leinwand (=Aufprowand), deren Oberfläche aus solchen Perlen besteht, so wird das gesamte Projektionslicht in den Projektor reflektiert. Das projizierte Bild ist für Betrachter kaum oder gar nicht zu sehen - je nach Qualität der Aufprowand.

Normale weiße Wände zerstreuen das aufprojizierte Licht gleichmäßig in alle Richtungen des Raumes - also etwa halbkugelförmig. Ein Aufnahmeobjektiv, das sich im Raum befindet, fängt von dieser reflektierten Abstrahlung nur so viel auf, wie seine Frontlinse an Oberfläche einnimmt, also nur einen winzigen Bruchteil. Könnte man hingegen ein Aufnahmeobjektiv an jener Stelle anbringen, an der das projizierte Licht nach der Reflexion durch eine Aufprowand wieder in einem Punkt konzentriert wird - nämlich beim Projektionsobjektiv -, dann würde das Aufnahmeobjektiv dort die vieltausendfache Lichtmenge einfangen.

III 16 Spiegelverfahren

II 9 Hauptpunkt

Dies ist physikalisch natürlich nicht möglich; deshalb verwendet man zur Verdoppelung der optischen Achse eine Glasplatte oder einen teiltransparenten Spiegel, ähnlich wie beim Spiegeltrickverfahren. Man projiziert das Bild über einen teildurchlässigen Spiegel, der im Winkel von etwa 45° vor dem Projektor angebracht ist und der z.B. 30% des Lichts spiegelt (reflektiert), auf eine Aufprowand. Von dem reflektierten Licht fallen wiederum 70% durch den Spiegel hindurch auf das Objektiv einer Kamera, deren Objektiv-Hauptpunkt sich genau im Brennpunkt der reflektierten Projektionsstrahlen befindet - also dort, wo sich ohne Spiegel der Hauptpunkt des Projektionsobjektivs befinden würde. Obwohl auf diesem Wege etwa 50% des projizierten Lichts verlorengehen, bleibt durch die Konzentration auf einen Punkt im Raum dennoch so viel übrig, daß man von riesengroßen Projektionswänden bei normalen Projektionslampen jederzeit ausreichend fotografisch nutzbares Licht erhält.

Abb. 132 macht deutlich, daß eine genaue Übereinstimmung von Kamera- und Projektionsobjektiv wichtig ist. Rückt das Aufnahmeobjektiv seitlich aus der optischen Achse heraus, tritt sofort ein hoher Lichtverlust ein. Rückt das Aufnahmeobjektiv auf der Achse nach vorne oder hinten aus dem Brennpunkt heraus, so fängt es nur noch die Strahlen aus der Bildmitte ein - die Ränder werden deutlich dunkler.

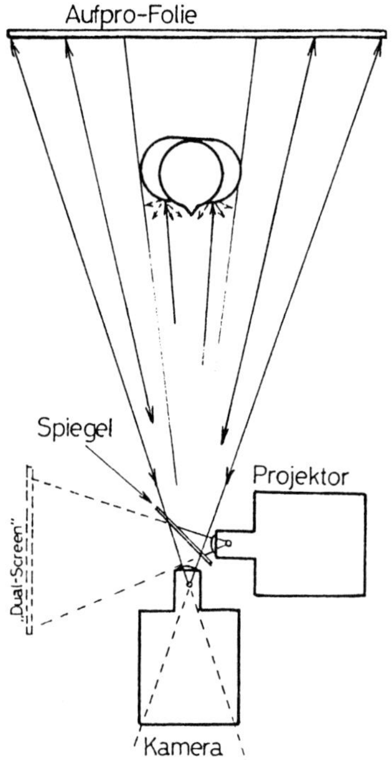

Abb. 132: Aufnahme-Anordnung bei Aufprojektion

Ein Vordergrundobjekt, das sich zwischen Kamera und Aufprowand befindet, wird natürlich ebenfalls vom Projektionslicht getroffen. Da es aber das projizierte Licht in der Regel in alle Richtungen zerstreut, ist die Lichtmenge, die die Kamera erreicht, um Potenzen geringer als diejenige, die von der Aufprowand zurückkommt. Somit ist sie im Vergleich zum projizierten Bild fotografisch nicht wirksam. Das Objekt erscheint auf dem Bild vollkommen schwarz - es bildet gewissermaßen seinen eigenen Kasch. Wenn man aber das Vordergrundobjekt so beleuchtet, daß es in der Helligkeit mit dem projizierten Bild aus Sicht der Kamera übereinstimmt, wird aus Projektion und Vordergrundbild eine Einheit.

Ein solches Vordergrundobjekt wirft natürlich auch Schatten auf die Aufprowand. Da dieser Schatten aus dem gleichen Hauptpunkt (des Projektors) projiziert wird wie dem der Aufnahmekamera, bleibt er für die Kamera unsichtbar. Zeigen sich dennoch seitlich neben einem Vordergrundobjekt schmale Schattenränder, so sind sie ein Zeichen dafür, daß Projektor und Kamera nicht genau in derselben optischen Achse stehen. Schattenränder, die um das ganze Vordergrundobjekt herumführen, deuten darauf hin, daß die Kamera auf der optischen Achse zu weit hinten liegt und dadurch gewissermaßen „um das Vordergrundobjekt herum" dessen Schatten sehen kann. In seltenen Fällen entstehen solche Rundum-Schatten auch dann, wenn mit einem langbrennweitigen Objektiv projiziert wird und das Vordergrundobjekt so weit von der Aufprowand entfernt ist, daß dessen Schattenränder sehr unscharf projiziert werden. Die Kamera sieht dann Teile der unscharfen Übergangszone.

Sind aufgrund entsprechend abgestimmter Brennweiten Projektions- und Bildwinkel der Kamera identisch, wird die Kamera das gesamte projizierte Bild erfassen. Das muß nicht in allen Fällen beabsichtigt sein. Ist die Projektionsbrennweite relativ länger als die Aufnahmebrennweite, füllt das projizierte Bild nur einen Teil des aufgenommenen Bildes aus. Das kann dann erwünscht sein, wenn eine Filmszene das Vorführen von Dias oder Filmen beinhaltet. Mit üblichen Mitteln ist auf einer normalen Leinwand niemals annähernd genügend Helligkeit für einen überzeugenden Bildeindruck herstellbar (die Wahrnehmung empfindet ein projiziertes Bild als „hell", folglich muß es im oberen Bereich der Gradationskurve aufgezeichnet werden). Zweckmäßigerweise wird man solche Szenen daher immer mit einer Aufprowand aufnehmen, zumal der technische Aufwand für die Aufprojektion sehr gering ist und die entsprechenden Vorrichtungen jederzeit transportabel sind. Ein kleineres Projektionsbild kommt auch dann in Betracht, wenn man z.B. die Silhouette einer fernen Stadt als Fensterausblick braucht und dazu einfach eine Aufprowand hinter das Fenster stellt.

II 12 Filmmaterial
I 4 Auge

Ist die Brennweite in der Aufnahmekamera relativ länger als die der Projektion, erfaßt die Kamera nur einen Ausschnitt aus dem projizierten Bild. Sie kann mit entsprechender Einrichtung (Spezialstativ) jetzt auch über das projizierte Bild schwenken. Es ist jedoch zu bedenken, daß der von der Kamera erfaßte Ausschnitt gewissermaßen vergrößert wird. Schärfe und Auflösungsvermögen dieses Ausschnitts müssen also ausreichen, um nicht - auf die gesamte Aufnahmebildfläche verteilt - unscharf und grobkörnig zu wirken. Generell kann man davon ausgehen, daß aufprojizierte Vorlagen ein erheblich höheres Auflösungsvermögen haben sollten als das Aufnahmeverfahren.

III 14 glass-shots
II 16 Information

Da es sich beim Aufzeichnen eines projizierten Bildes technisch gesehen um einen Kopierprozeß handelt, müssen alle für eine gute Kopie oder ein gutes Duplikat notwendigen Voraussetzungen erfüllt sein. Der Schwärzungskontrast der Vorlage sollte also nicht höher sein als der mögliche Aufnahmekontrast des Aufnahmematerials. Außerdem sind möglicherweise Farbkorrekturen erforderlich, die eine genaue Anpassung an das Vordergrundbild gewährleisten. Das ist wichtig, da sonst die wahrneh-

II 13 Kopieren

mungspsychologischen Funktionen den Trick als solchen sofort erkennbar machen. Die meisten Aufprowände haben die Eigenschaft, einzelne Spektralbereiche des Lichts in einer Weise zu verstärken, die das Auge nicht wahrnimmt, durch die jedoch auf dem Film deutliche Farbstiche erzeugt werden. Bei genauem Arbeiten wird man daher zunächst einen Graukeil von einem Dia projizieren und diesen wieder mit der Kamera von der Aufprowand aufnehmen. Dabei wird ein weiterer Graukeil zwischen Aufprowand und Kamera aufgestellt und beleuchtet. Später kann man auf dem entwickelten Film beide Graukeile vergleichen und feststellen, mit welchen Korrekturfiltern der projizierte Graukeil an den direkt aufgenommenen Graukeil angepaßt werden kann. Diese Filterung müßte man in den Strahlengang der Projektion einbringen, um eine farbneutrale Aufzeichnung des projizierten Bildes zu gewährleisten.

III 9 Farben

Da der Belag der Aufprowand das Projektionslicht in jedem Falle zum Projektor hin reflektiert, muß diese nicht unbedingt senkrecht zur Projektionsachse stehen. Sie bringt auch dann noch eine volle Projektionsleistung, wenn sie ca. 45° zur Projektionsrichtung steht - darüber hinaus aber fällt ihre Lichtleistung stark ab. Daher kann man auch Fußböden nicht mit Aufprofolie belegen - sie werden meist in einem spitzen Winkel aufgenommen.

Andererseits besteht die Möglichkeit, mehrere Projektionswände hintereinanderzustellen. Wenn ihre Kanten mit Bildkonturen zur Deckung kommen, bleibt die Anordnung im Bild unsichtbar. Folglich könnte eine zusätzliche Aufprowand so vor einer anderen aufgestellt werden, daß ihre Seitenkante mit einer Litfaßsäule oder einem Türrahmen im Projektionsbild zur Deckung kommt. Tritt ein Darsteller hinter der vorderen Aufprowand hervor, so scheint er im Bild hinter der Säule hervorzukommen bzw. aus der Türe herauszutreten.

Besondere Effekte entstehen durch die Ausstattung von Projektor und Kamera mit gekoppelten Zoomlinsen. Wenn beide Objektive genau gleichzeitig ihren Bildwinkel vergrößern oder verkleinern, bleibt die Größe des Projektionsbildes in der Aufnahme natürlich immer genau gleich, die Größe des Vordergrundobjektes wird dabei allerdings verändert.

Des weiteren gibt es auch die Möglichkeit, jenen Anteil des projizierten Bildes zu nutzen, der den Spiegel „durchläuft" anstatt zur Aufprowand umgelenkt zu werden. In diesem Fall muß man eine weitere, kleinere Aufprowand im 90° Winkel zur ersten Wand in den Strahlengang des einfallenden Projektionslichts stellen. Das von dieser zweiten Wand reflektierte Projektionsbild erreicht die Kamera ebenfalls über den Spiegel und kommt zwangsläufig mit dem von der ersten Wand reflektierten Bild zur Deckung. Ein Vordergrundobjekt, das sich zwischen der ersten Aufprowand und der Kamera befindet, erscheint dann durchsichtig, weil über die zweite Aufprowand der projizierte Hintergrund auch an den Stellen sichtbar bleibt, an denen sich das Vordergrundobjekt befindet.

Abb. 132

Andererseits kann man in den Strahlengang der einen Projektion einen Kasch und in den der anderen einen Gegenkasch einbringen, so daß ein Teil des Bildes über die erste, der andere über die zweite Aufprowand projiziert wird. Ein praktisches Beispiel dafür wäre die Projektion eines zweistöckigen Hauses, vor dem sich Personen bewegen. Wegen des möglichen Größenvergleichs mit den Personen müßte das Haus in natürlicher Größe projiziert werden - die Aufprowand also die Größe eines zweistökkigen Hauses haben. Um diese Schwierigkeit zu umgehen, projiziert man nur den Teil des Hauses, vor dem sich die Personen bewegen, auf die erste Wand. Die übrigen Teile werden auf die viel kleinere zweite Aufprowand projiziert. Das Verfahren erscheint nur auf den ersten Blick einfach - in der Praxis sind dabei erhebliche Probleme zu lösen, wie die unterschiedliche Helligkeit auf den beiden Aufprowänden und die Probleme der Projektionsschärfentiefe.

Selbstverständlich kann man mittels Aufprojektion nicht nur Standfotos, sondern auch Filme reproduzieren. Dabei muß nur gewährleistet sein, daß Kamera und Projektor genau synchron laufen, sonst entstehen Stroboskop-Effekte in Form von rhythmischen Helligkeitsschwankungen. Doch selbst bei synchroner Laufgeschwindigkeit von Projektor und Kamera kann man nicht davon ausgehen, daß die Sektorenblende der Kamera immer gerade dann geöffnet ist, wenn auch der Sektor des Projektors offen ist. Moderne Schmalfilmprojektoren haben zwar so große Hellsektoren und so kurze Schaltzeiten, daß die Kamera immer einen Teil des projizierten Bildes mitbekommt; man hat jedoch keine Kontrolle darüber, wie groß dieser Anteil ist - wie *lange* also das projizierte Bild auf dem Film aufbelichtet wird. Genaues Arbeiten ist daher nur möglich, wenn der Stand der Sektorenblende im Projektor durch einen elektrischen Fühler abgetastet wird, der durch Phasenschiebung den Antrieb der Kamera so steuert, daß beide Sektorenblenden gleichlaufen. Mit diesem Verfahren kann man z.B. Doppelgängeraufnahmen in der Weise herstellen, daß ein Darsteller auf dem projizierten Filmbild vorhanden ist und gleichzeitig noch einmal *vor* der Aufprowand auftritt.

II 26 Synchronität

Aufprofolie wurde bei Trickaufnahmen auch schon als Verkleidung für Requisiten oder als Teil der Bekleidung von Darstellern angewendet. Durch kleine Lichtquellen in unmittelbarer Nähe der Kamera-Achse leuchten diese Dekorationsteile dann grell auf und überstrahlen („Überstrahlung" ist ein fotografischer Begriff für extreme Helligkeiten im Bild, die auch ihre unmittelbare Umgebung mit belichten). Durch Regeln dieser Lichtquellen oder durch Auswechseln von Farbfiltern kann man die Intensität oder die Farbe des beleuchteten Objekts beeinflussen (z.B. „leuchtendes Laser-Schwert" in utopischen Filmen).

Ähnliche Effekte wie mit der Aufprotechnik lassen sich mit dem blue-screen-Verfahren oder elektronisch mit der Stanze herstellen. Die Vorteile der Aufprojektion liegen darin, daß in den Vordergrundobjekten alle Farben enthalten sein dürfen, da diese nicht als Diskriminierungssignal für die Hintergründe gebraucht werden. Es können auch feinste Details (Haare, Spitzenbesatz auf Kostümen, Fäden), spiegelnde Objekte (Fahrradspeichen, verchromte Objekte) oder Objekte mit unscharf definierten Rändern (Zigarettenrauch) im Bild enthalten sein. All dies wirft beim blue-screen-Verfahren und in der elektronischen Stanze Probleme auf. Der Nachteil der Aufprotechnik besteht jedoch darin, daß ein Projektionswinkel von 45° zur Aufprowand nicht unterschritten werden darf, so daß die dreidimensionale Verkleidung von Objekten mit dem Ziel, diese im Hintergrund verschwinden zu lassen, ebenso wenig möglich ist wie die Verwendung von Fußböden aus Aufprofolie.

III 19 Studiotricks
III 23 Elektronische Tricks

19. Studiotricks

Bei Studiotricks handelt es sich im wesentlichen um Trickaufnahmen, die mit Spezialgeräten in einem speziell dafür eingerichteten Raum aufgenommen werden müssen.

II 18 Laufwerke

III 17 Kaschs

II 14 Kurven

Spezialgeräte sind u.a. Kameras, die einzelbildweise vorwärts und rückwärts laufen können. Ihren Filmkanal können ein oder auch zwei Filmstreifen übereinander durchlaufen. Dabei enthält der obere meistens schwarz-weiße Bildinhalte, deren schwarze Bestandteile den Strahlengang zwischen Objektiv und Filmebene unterbrechen. Teile des Bildes werden dadurch nicht belichtet („Wandermaske"). Von solchen Wandermasken auf high-contrast-Film kann man, ebenfalls auf high-contrast-Film, Kopien herstellen, die dann als „Gegenmaske" fungieren. Belichtet man ein Stück Rohfilm zuerst durch die Wandermaske und dann ein zweites Mal durch die Gegenmaske, so erhält man wieder ein vollständig belichtetes Bild, dessen Inhalt jedoch aus zwei verschiedenen Quellen stammen kann. Meist handelt es sich dabei um bereits vorhandene Filmaufnahmen, die synchron mit der Kamera - ggf. also auch synchron im Einzelbild - durch einen Projektor laufen und von dessen Bildfenster abfotografiert werden. In den meisten Fällen geschieht das Abfotografieren im Größenverhältnis 1:1. Eine „optische Bank" oder „Trick-Kopier-Maschine", wie eine solche Kamera-Projektor-Kombination auch genannt wird, hat jedoch zahlreiche Einstellmöglichkeiten für die Herstellung anderer Größenverhältnisse. Außerdem kann der Ablauf der Kopiervorgänge elektronisch vorprogrammiert werden. Dadurch ist es möglich, mit diesen Maschinen jedes zweite Filmbild doppelt zu kopieren und dabei jedes Einzelbild wieder in eine genaue Deckungsposition mit dem vorhergehenden oder nachfolgenden zu rücken. Alte Stummfilme, die erstens ein größeres Bildfeld hatten als moderne Tonfilme, deren Einzelbilder zweitens durch Schrumpfung des Filmmaterials aus ihrer Lage gerückt sind und die drittens mit 16 Bildern/sek. aufgenommen wurden und daher bei einer 24 Bilder/sek.-Projektion viel zu schnell und „zappelig" ablaufen, sind danach als Kopie wieder im vollen Bildausschnitt und mit gutem Bildstand in normalen Bewegungsabläufen zu sehen. Wandermasken spielen beim Regenerieren alter Filme natürlich keine Rolle. Sie sind dafür beim blue-screen-Verfahren wichtig.

Beim blue-screen-Verfahren werden Vordergrundobjekte - z.B. Objekte, die scheinbar durch die Luft fliegen sollen - vor einer blauen Wand aufgenommen. Die blaue Wand kann tatsächlich eine blau gestrichene Wand sein, die mit normalem Licht beleuchtet wird, oder auch eine halbtransparente matte Folie, die von hinten mit intensiv blauem Licht angeleuchtet wird. Große blaue Wände verbreiten riesige Mengen blauen Streulichts im Studio, so daß die Vordergrundobjekte davon häufig mehr mitbekommen (z.B. blaue Ränder in den Haaren von Darstellern) als für die Trickaufnahme gut wäre. Um Abhilfe zu schaffen, beleuchtet man daher nur die unmittelbare Umgebung kleinerer Vordergrundobjekte auf der blauen Wand. Dieser kleine Bildteil ist für die Kamera durch ein genügend großes Loch in einem blauen Karton zu sehen, der sich nahe vor der Kamera befindet und die gesamte übrige Bildfläche blauzeichnet.

III 18 Aufpro

Abb. 126

Noch besser ist es, die blaue Fläche durch Aufprojektion herzustellen. Dazu benötigt man statt eines Bildprojektors nur eine gewöhnliche Lampe von ca. 500 W, die mit einem schmalbandigen Blaufilter versehen ist. Das Problem des blauen Streulichts im

Studio ist damit gelöst, und es können sogar reflektierende Vordergrundobjekte aufgenommen werden, deren Oberfläche andernfalls viel Blau eingefangen hätte.

Die blauen Flächen werden auf Farbnegativ gelb-rot wiedergegeben. Wenn man sie auf unsensibilisierten (also nur blau-empfindlichen) high-contrast-Film kopiert, bleiben alle ursprünglich blauen Flächen auf dem high-contrast-Film blank und transparent. Nur wo sich das Vordergrundobjekt befand, entsteht Schwärzung - allerdings auch nur in den Schattenpartien, denn nur dort läßt das Negativ genügend Licht durch, die Spitzlichter des Objekts sind im Negativ hingegen so dicht, daß sie auf dem high-contrast-Film ebenfalls blank bleiben.

II 12 Filmmaterial

II 13 Kopieren

Um auch diese Stellen auffüllen zu können, benötigt man vom Negativ eine normale farbige Kopie. Von dieser wiederum kopiert man auf panchromatischen - also auch für rotes Licht empfindlichen - schwarz-weißen Kopierfilm eine Kopie mit intensiv rotem Licht. Die blauen Flächen der Farbkopie absorbieren das rote Licht völlig, so daß die Kopie an diesen Stellen blank bleibt. Doch auch die Schattenpartien des Vordergrundobjekts, die auf dem Farbpositiv fast schwarz sind, rufen keine Belichtung auf der Schwarz-Weiß-Kopie hervor und bleiben blank. Lediglich die Spitzlichter des Vordergrundobjekts werden auf der Kopie schwarz.

Von dieser panchromatischen Kopie *und* von der zuvor erwähnten high-contrast-Kopie muß nun wiederum je eine Kopie hergestellt werden, auf der jeweils die Spitzlichter bzw. die Schatten des Vordergrundobjekts als blanke Stellen in schwarzer Umgebung erscheinen. Diese beiden Streifen werden nun nacheinander auf *einen* high-contrast-Streifen kopiert. Auf diesem sind jetzt *alle* Bestandteile des Vordergrundobjekts - die Lichter und die Schatten - als schwarze Maske enthalten, während die ursprünglich blauen Flächen blank und transparent sind. Hiervon kann man ohne weiteres eine Gegenmaske kopieren.

In einem letzten Arbeitsgang wird das ursprüngliche Originalnegativ der blue-screen-Aufnahme durch diese Gegenmaske hindurch auf farbiges Kopiermaterial kopiert - auf „Zwischenpositiv" oder „Negativ-Umkehrfilm". Dabei wird nur das Vordergrundobjekt aufbelichtet - seine Umgebung hingegen von der Wandermaske absorbiert und zurückgehalten. Als nächstes kann man jetzt das Originalnegativ, z.B. einer Luftaufnahme, auf denselben Film aufkopieren, wobei man die Stelle, an der sich das Vordergrundobjekt befindet, durch die entsprechende Wandermaske zurückhält. Bei der Kombination dieser beiden Aufnahmen entsteht der Eindruck, als würde das Vordergrundobjekt durch die Luft fliegen.

All diese Kopiervorgänge können nicht einfach in einer Kontaktkopiermaschine erfolgen, da einerseits das Bild beim Normalfilm wegen der Tonspur nicht exakt in der Filmmitte liegt, und andererseits beim Kontaktkopieren immer Emulsion auf Emulsion liegen muß. Dadurch entstünde jedoch bei manchen Kopiervorgängen eine seitenverkehrte Wandermaske, die zudem auf die falsche Filmseite gerückt wäre. Alle Kopien müssen daher auf optischen Kopiermaschinen gemacht und genau justiert werden, da später Wandermasken und Bildinhalte genauer als 1/100 mm aneinanderpassen müssen. Mag diese Technik auch sehr kompliziert erscheinen, so gibt es doch in der Welt eine Reihe von Studios, die ganz auf blue-screen-Technik spezialisiert sind und diese Arbeiten routinemäßig ausführen.

Es gibt eine Reihe von Varianten des blue-screen-Verfahrens, die, obgleich sie um einiges komplizierter sind, bessere Resultate ergeben - z.B. dahingehend, daß auch durchsichtige Gegenstände wie Trinkgläser in einen Hintergrund kopiert werden können.

Bei einem einfacheren Verfahren wird anstelle der blauen eine scheinbar schwarze Wand als Hintergrund benutzt, die unsichtbares Ultraviolett- oder Infrarot-Licht abstrahlt. Wieder ein anderes Verfahren basiert auf der Verwendung einer gelben Wand, die von spektralreinem orangefarbigem Natriumlicht beleuchtet wird.

II 30 Elektronische Kamera

Bei diesen Verfahren benötigt man jedoch eine spezielle Kamera mit Strahlenteiler, wie sie früher beim Technicolor-Verfahren üblich war. In dieser Kamera laufen gleichzeitig zwei Filme. Der erste Film, ein normaler Farbnegativ-Film, nimmt nur die Vordergrundobjekte auf, da er für Ultraviolett- bzw. Infrarot-Licht blind ist bzw. alle Farben durchläßt, mit Ausnahme des schmalen Natrium-Spektralbandes, das durch ein vor dem Film angebrachtes Spezialfilter absorbiert wird. Der zweite Film, ein Schwarz-Weiß-Film, ist speziell für Infrarot oder Ultraviolett sensibilisiert und wird hinter einem entsprechenden Filter belichtet. Er zeichnet *nur* die Wand hinter dem Vordergrundobjekt auf und bleibt an den Stellen, an denen sich das Vordergrundobjekt befindet, blank. Somit wäre er eine ideale Wandermaske, von der man ohne weiteres die Gegenmaske kopieren könnte.

II 7 Linsen

Beim Infrarot- und Ultraviolett-Verfahren gibt es allerdings eine Schwierigkeit: Wegen der schwächeren bzw. stärkeren Brechung des infraroten bzw. ultravioletten Lichts liegt die Schärfe-Ebene des Bildes weiter hinten bzw. weiter vorne auf der optischen Achse als dies bei weißem Licht der Fall wäre. Dadurch wird das Wandermaskenbild jeweils größer bzw. kleiner als das Farbbild auf dem ersten Film. Diese Unterschiede müssen durch zusätzliche Linsen im optischen System der Kamera oder durch verkleinertes bzw. vergrößertes Kopieren der Wandermaske kompensiert werden.

III 18 Aufpro

Das blue-screen-Verfahren hat gegenüber der Aufpro den Vorteil, daß man u.U. auch Teile eines Vordergrundobjekts oder Halterungen von Modellen blau verkleiden kann, so daß sie später im kombinierten Bild verschwunden sind und durch den Hintergrund ersetzt werden. Dazu zwei Beispiele aus der Praxis: Von einem Darsteller in blauer Kleidung sieht man später im kombinierten Bild nur noch den Kopf. Das Modell einer Raumfähre kann mittels Stangen bewegt werden, sofern diese blau sind und dadurch später im Hintergrund verschwinden.

III 23 Elektronische Tricks

Die chroma-key-Stanze in der Video-Technik ist genau analog dem blue-screen-Verfahren beim Film.

20. Der Tricktisch

III 19 Studiotricks

Der Tricktisch funktioniert nicht wesentlich anders als die optische Bank (= Trick-Kopier-Maschine), bis auf die Tatsache, daß das projizierte Bild auf dem Weg zur Kamera vergrößert wird. Dadurch besteht die Möglichkeit, in den Strahlengang Zeichnungen, Titelvorlagen und gemalte Kaschs einzubringen. Diese „Vorlagen" werden auf dem eigentlichen Trick*tisch* aufgelegt.

Unterhalb der Tischplatte befindet sich ein Projektor, der ein Bild von unten in eine Öffnung in der Tischplatte projiziert. Befindet sich in dieser Öffnung eine Mattscheibe (etwa in der Größe 30x40 cm), so kann man das Bild auf der Mattscheibe beobachten und auch mit einer oberhalb des Tisches angebrachten Kamera aufnehmen. Vor Beginn der Aufnahme können die projizierten Bildkonturen auf transparenten Folien, die man auf die Mattscheibe legt, liniengenau nachgezogen und Teile der Bildinhalte schwarz als Kaschs ausgemalt werden. Bei beweglichen Objekten erstellt man Bild für Bild neue Kaschs, deren Gegenkaschs später bei der Aufnahme einer zweiten projizierten Bildvorlage auf denselben Aufnahmefilm genau passend zu den ersten Kaschs als deren Ergänzung aufgelegt werden können. Dieses Verfahren ist zwar zeitraubend, bietet jedoch ebenfalls die Möglichkeit, zwei Filmaufnahmen miteinander zu kombinieren, ohne daß eine der beiden vor einem blauen Hintergrund aufgenommen worden wäre.

II 3 Oberflächen

Mit einer Mattscheibe ist es natürlich nicht möglich, Titelvorlagen mit heller Schrift auf durchsichtigem Untergrund (Glas, Folie) einfach so auf das projizierte Bild zu legen, daß die Buchstaben ihren eigenen Kasch darstellen und gleichzeitig von der Kamera aufgenommen werden. Man müßte dazu die Schrift beleuchten, wobei das Licht von der Mattscheibe in alle Richtungen gestreut würde. Dies hätte jedoch eine unerträglich starke Nachbelichtung des projizierten Bildes zur Folge.

III 10 Gradation

Hier schaffen zwei Methoden Abhilfe. Die erste besteht darin, daß man die Vorlagen (Titel o.ä.) zuerst ohne Beleuchtung auf die Mattscheibe legt und so den Hintergrundfilm mit der Kamera kopiert. Die aufgelegten Vorlagen wirken dabei - unabhängig von ihrer wirklichen Farbe - als schwarzer Kasch.

In einem zweiten Arbeitsgang wird zunächst der Aufnahmefilm genau auf den Ausgangspunkt zurückgedreht, anschließend werden die Vorlagen noch einmal in genau der gleichen Reihenfolge *mit* Beleuchtung auf schwarzem Untergrund aufgenommen. Paßstifte auf dem Tisch und Stanzlöcher in den Vorlagen gewährleisten, daß die Vorlagen im ersten und zweiten Durchgang genau zur Deckung kommen. Auf diese Weise werden farbige Schriften oder Zeichenfilmfiguren in einen Filmhintergrund hineinkopiert (abgesehen von diesem „Rückpro-Verfahren" wäre es natürlich auch möglich, Titel o.ä. mit Hilfe des Aufpro-Verfahrens einzukopieren).

III 18 Aufpro

Die zweite Methode hat den Vorteil, daß der Einkopiervorgang in einem einzigen Arbeitsgang erfolgen kann. In der Schärfe-Ebene des projizierten Bildes ist das Bild „virtuell" auch dann vorhanden, wenn sich an dieser Stelle keine Mattscheibe befindet, die es sichtbar macht. Alle vom Projektionsobjektiv ausgehenden Lichtstrahlen kommen in der Tischebene zu Bildpunkten zusammen, die in ihrer Gesamtheit das projizierte Bild ergeben, jedoch unsichtbar bleiben, da keine Mattscheibe sie in alle Richtungen zerstreut und somit kein Teil davon unser Auge erreicht. Die Strahlen laufen geradlinig weiter in den Raum. Dort kann man sie jedoch durchaus fotografisch nutzen. Ein fotografisches Objektiv würde zwar nur einen kleinen Bruchteil der projizierten Lichtstrahlen aus der Bildmitte einfangen, aber dies kann man beheben, indem man in der Schärfe-Ebene statt der Mattscheibe eine sehr große Sammellinse - eine „Feldlinse" oder „Kondensorlinse" - anbringt, die alle vom Projektor ausgehenden Lichtstrahlen im Aufnahmeobjektiv konzentriert. Die Kamera „sieht" damit das projizierte Bild ebenso wie der Kameramann, der durch den Kamerasucher blickt.

II 6 Linsen

Gezeichnete Vorlagen auf transparentem Untergrund können jetzt ohne weiteres auf die Feldlinse gelegt und von oben beleuchtet werden. Die Feldlinse zerstreut das auffallende Licht nicht und reflektiert es daher auch nicht in die Kamera - bis auf punktförmige Einzelreflexe auf der Linsenoberfläche, die durch falsche Position der Lampen entstehen können.

Da beim Feldlinsen-System das Projektionslicht nicht in alle Richtungen zerstreut, sondern in seiner Gesamtheit auf das Kamera-Objektiv konzentriert wird, benötigt man für diese Art der Rückprojektion erheblich weniger Projektionslicht.

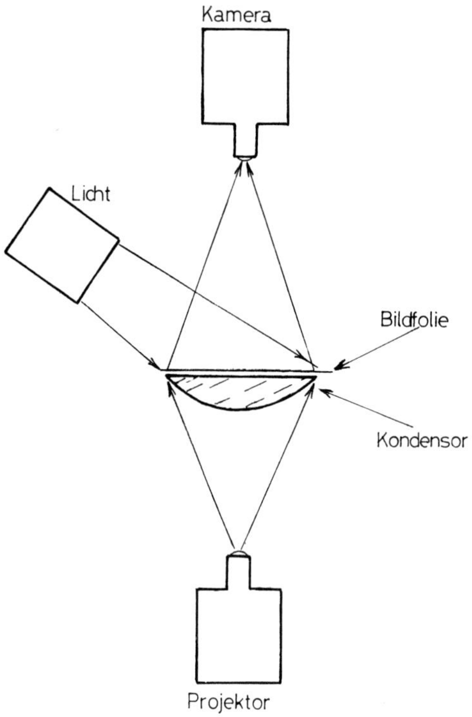

Abb. 133: Schema eines Tricktisches mit Rückprojektion und Kondensorlinse (statt Mattscheibe)

I 11 Zeitsprünge

Tricktisch und optische Kopiermaschine werden häufig zur Herstellung von Überblendungen oder Trickblenden benutzt. Bei gewöhnlichem Ab- und Aufblenden sowie bei Überblendungen werden dabei einfach die beiden Einstellungen nacheinander auf einen Film kopiert, wobei sich die Sektorenblende der Aufnahmekamera an der vorgesehenen Stelle langsam schließt (und die Bilder dabei immer dunkler werden) bzw. öffnet. Moderne Trickeinrichtungen haben dafür einstellbare Programme, durch die der Vorgang automatisch abläuft.

Bei Trickblenden - z.B. bei einer „Schiebeblende", bei der eine Trennungslinie das vorhergehende Bild immer mehr abdeckt und damit gleichzeitig das nachfolgende Bild freigibt - läßt man in der optischen Kopiermaschine beim Kopieren der vorhergehenden Einstellung eine entsprechende Wandermaske mitlaufen und beim Kopieren der nachfolgenden Einstellung eine dazu passende Gegenmaske. Auf dem Tricktisch benötigt man dazu eine größere Anzahl von Kaschs auf Folien, die man Bild für Bild beim Kopieren auflegt.

Damit als Ergebnis einer solchen Arbeit auch tatsächlich eine flüssig ablaufende Überblendung bzw. eine Schiebeblende entsteht, muß von allen Trickarbeiten ein „Fahrplan" angefertigt werden. Dieser wird nur selten vom Regisseur oder vom Cutter erstellt (wenn diese besondere Vorstellungen vom Ablauf des Tricks haben), häufiger hingegen vom Trickkameramann selbst. Dabei kommt es darauf an, daß Aufnahmefilm und die jeweils zu kopierenden Filme vom gleichen Nullpunkt an „eingestartet" werden können und ihre jeweiligen Längen (einzelbildweise gezählt) mit dem Zählwerk der Aufnahmekamera in allen Phasen übereinstimmen.

In der Praxis braucht man natürlich nicht grundsätzlich immer wieder auf den Nullpunkt zurückzufahren. Wenn die nachfolgend einzukopierenden Filmstreifen entsprechend „eingestartet", d.h. mit genormten Startstreifen versehen sind, kann man

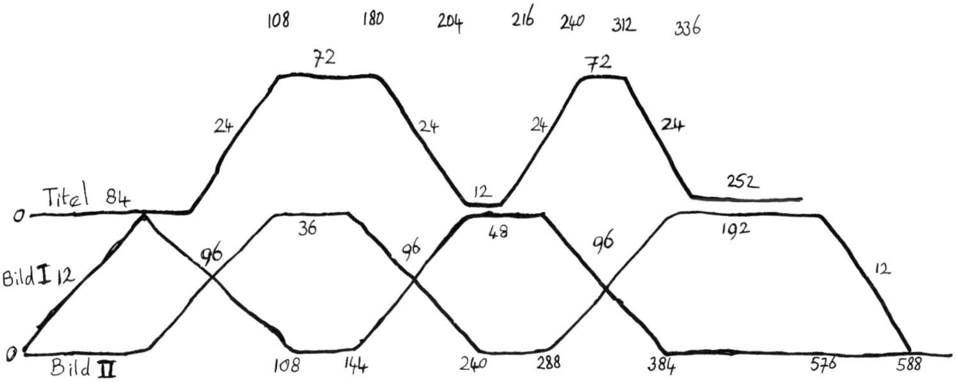

Abb. 134: Trickfahrplan. In der unteren Hälfte ist eine „Montage" aus zwei Bildbändern aufgeführt. Sie beginnt damit, daß Bild I eine halbe Sekunde = 12 Bilder aufblendet und danach gleich 4 Sekunden lang = 96 Bilder in Band II überblendet, das dann 36 Bilder lang stehenbleibt usw. Ganz unten ist die ab 0 insgesamt abgelaufene Bildzahl aufaddiert. Die obere Hälfte zeigt zwei Titel, die in die Montage hineinbelichtet werden. Sie blenden je eine Sekunde = 24 Bilder ein bzw. aus und stehen dazwischen für je 3 Sekunden = 72 Bilder.

auch auf lange Strecken Schwarzfilm verzichten. Dabei sind jedoch genaue Berechnungen, d.h. Additionen und Subtraktionen erforderlich.

Eine weitere Möglichkeit der Herstellung von Überblendungen ist mit dem AB- *III 6 Kopieren*
Kopierverfahren gegeben.

Bei allen im Trickstudio hergestellten Überblendungen und Einkopierungen besteht die Gefahr, daß die dabei entstehenden Duplikate deutliche Qualitätsunterschiede zu den vorhergehenden und nachfolgenden Einstellungen zeigen. Trickstudios müssen *II 12, 13*
deshalb um ein optimales Verfahren zur Herstellung von Duplikaten besorgt sein. *Filmmaterial*

Auf Schwarz-Weiß-Filmen geraten Duplikate qualitätsmäßig viel besser, da erstens Schwarz-Weiß-Emulsionen dünner sind und dadurch beim Kopieren weniger Lichtstreuung und damit weniger Schärfeverluste auftreten, und zweitens Schwarz-Weiß-Filme erheblich längere und geradere Reaktionskurven haben und damit Helligkeitsabstufungen originalgetreuer wiedergeben. Einige Trickstudios stellen daher von allen Kopiertricks - also blue-screen-Tricks, Einkopierungen, Überblendungen etc. - jeweils drei Schwarz-Weiß-Auszüge für die einzelnen Farbkomponenten des Ausgangsmaterials her. Mit diesen drei Auszügen führen sie die Trickarbeit dreimal nacheinander in genau gleicher Form aus (wo die Durchführung in Prozeßrechner einprogrammiert wird und dann automatisch abläuft, ist das nicht problematisch). Die drei ferti- *II 17 Farbe*
gen schwarz-weißen Tricks werden dann nacheinander auf *ein* Farb-Duplikat-Negativ kopiert – jeweils durch ein rotes, ein grünes und ein blaues Filter.

Selbstverständlich kann man auf einem Tricktisch auch ohne Verwendung der Rückprojektion, also ohne bereits vorhandene Filme zu kopieren, gemalte oder fotografierte Vorlagen aufnehmen. Dazu läßt sich die Kamera vertikal zur Veränderung des aufgenommenen Ausschnitts auf- und abbewegen. Außerdem können Teile der Tischplatte in alle Richtungen bewegt und gedreht werden.

Besonders aufwendige Tricktische gibt es für die Aufnahme von Zeichentrickfilmen. Um die teure Zeichenarbeit der vielen Einzelphasen einzusparen, werden über Strecken immer nur diejenigen Teile einer Figur gezeichnet, die sich in einer bestimmten Einzelphase bewegen. Diese Folien werden dann auf die Folie mit den unbewegten Teilen aufgelegt. Hintergründe zeichnet man meist nur in einem Exemplar und bewegt sie einzelbildweise (entsprechend den Kameraschwenks oder -fahrten im Realfilm). Bei Seitwärtsfahrten bewegen sich allerdings die näheren Objekte schneller vorüber als die entfernteren. Im Zeichentrick müssen solche Hintergründe auch als unterschiedliche Tiefenschichten gezeichnet und bei der Aufnahme unterschiedlich schnell bewegt werden. Bei komplexen Abläufen liegen daher häufig sieben Folienschichten übereinander. Da jedoch jede Folie, genau wie eine Glasscheibe, an ihrer Oberfläche einen gewissen Anteil des Aufnahmelichts reflektiert, werden die untersten Bildteile stark verweißlicht. Damit sich der Grad der Verweißlichung nicht mitten in einer Szene durch Wegfall oder Zufügung einer Folie verändert, muß eine zusammenhängende Einstellung durchgehend mit einer gleichen Anzahl Folien aufgenommen werden - notfalls mit sogenannten „Blindfolien" (Folien ohne Bild).

I 13 Kamerabewegungen

III 14 glass-shots

Die Verweißlichung der Vorlagen durch Oberflächenspiegelung an den Folien läßt sich verhindern, wenn man die Folien zur Aufnahme in eine Flüssigkeit eintaucht, die denselben Brechungsindex wie das Folienmaterial besitzt. Dieses Verfahren wird jedoch nur bei sehr teuren und aufwendigen Zeichentrickfilmen angewandt.

21. Einzelphasentricks

Einzelphasentricks werden Bild für Bild aufgenommen, wobei Gegenstände oder Zeichnungen jeweils etwas bewegt werden. Bei der Arbeit am Tricktisch wechselt man Einzelzeichnungen oder Kaschs von Bild zu Bild aus. Sonderformen der Einzelphasenaufnahme sind z.B. Scherenschnitte oder Puppenfilme, bei denen die Gliedmaßen der Puppen von Bild zu Bild eine kleine Veränderung erfahren.

Das Bewegungsprinzip bei Einzelphasenaufnahmen erscheint bei oberflächlicher Betrachtung sehr einfach, ist jedoch in Wirklichkeit äußerst schwierig zu handhaben. Soll eine Puppe oder eine gezeichnete Figur innerhalb von einer halben Sekunde den Arm heben, so muß man - nach Meinung vieler Trickfachleute - die Strecke zwischen Anfangsposition und Endposition nur durch 12 teilen und eine entsprechende Anzahl von Bewegungsphasen herstellen. Das Resultat wirkt jedoch immer hölzern, mechanisch und fremdartig - keineswegs „künstlerisch überhöht, typisiert und vereinfacht", wie manche ihre Unfähigkeit zu entschuldigen suchen. Die Ursache für diese Schwierigkeit liegt in einem sehr wirksamen Mechanismus der menschlichen Wahrnehmung begründet. Ebenso wie das Wahrnehmungszentrum abertausende Figuren und Farben aus der Erfahrung gespeichert hat und alle Wahrnehmungen mit diesem Erfahrungsstock vergleicht, so sind auch Bewegungsabläufe, ihre Ursachen und Auswirkungen auf das feinste gestaltpsychologisch gespeichert. Schon die Wahrnehmung eines achtjährigen Kindes kennt die Fallgesetze und die Gesetze der Trägheit in allen Feinheiten und Nuancen, lange ehe sein Bewußtsein im Physikunterricht damit bekanntgemacht wird.

I 1 Gestaltwahrnehmung

I 2 Gewichte

In der Vorstellung eines Zuschauers hat jeder erkannte Gegenstand - auch ein völlig abstraktes Dreieck - ein Gewicht. Folglich muß ein Dreieck, wenn es sich in Bewegung setzt, seine Trägheit überwinden, und, wenn es wieder zum Halten kommt, bremsen, d.h. Bewegungsenergie in Lageenergie umwandeln. Wenn sich ein Dreieck in einer Sekunde von A nach B bewegen soll, kann es unmöglich schon in der ersten

24stel Sekunde die volle Geschwindigkeit erreicht haben. Eine Teilung der Strecken in 24 gleiche Teile führt zu einem völlig unmöglichen Bewegungsablauf, der von der Wahrnehmung sofort als falsch registriert wird.

Die Bewegungsabläufe bei Menschen und Tieren sind außergewöhnlich komplex. Ihre Darstellung im Einzelbildverfahren setzt langjährige intensive Bewegungsstudien voraus. Erst wenn man eine Bewegung in allen Einzelheiten studiert, ihre wesentlichen Merkmale festgestellt und typisiert hat, kann man diese Typisierung vereinfachen und übertreiben. Auf einer Porträtkarikatur ist der Porträtierte nur dann zu erkennen, wenn der Zeichner die charakteristischen Merkmale erkannt hat, die ausschließlich für dieses Individuum kennzeichnend sind. Das gleiche gilt daher auch für die Typisierung und Karikierung von Bewegungen.

22. Modellaufnahmen

Die Aufnahme von Modellen, die im Film wie lebensgroße Häuser, Lokomotiven etc. aussehen sollen, stellt den Trickfachmann vor die Bewältigung besonderer Bewegungsprobleme. Eine echte Lokomotive hat mit ihrem Modell eines gemeinsam: Beide werden während der Fahrt hin- und herbewegt, beide „wackeln". Aufgrund eines Gewichts von über 100 Tonnen sind diese Bewegungen bei einer lebensgroßen Lokomotive jedoch durch erhebliche Trägheit gekennzeichnet, die bei einem Modell mit einem Gewicht von nur einigen hundert Gramm fehlt. Das Wahrnehmungszentrum des Zuschauers erkennt diesen Unterschied sofort, so daß Modellaufnahmen auch bei sorgfältigster fotografischer Arbeit erkennbar sind.

Sorgfältige fotografische Arbeit bedeutet, daß ein Modell mit derselben Brennweite aufgenommen werden müßte, mit der man auch das Original aufgenommen hätte. Das ist in den meisten Fällen ein Weitwinkel. Außerdem reicht bei der Aufnahme sehr großer Objekte wegen des großen Abstands die Schärfentiefe meist über das ganze Bild. Das muß auch bei der Aufnahme des Modells gewährleistet sein, so daß sich dabei wegen des kurzen Aufnahmeabstands notwendigerweise sehr kleine Blendenöffnungen (meist nur 16 - 22 oder noch kleiner) ergeben. Die Aufnahme von Modellen erfordert daher außergewöhnlich hohe Lichtpegel oder aber lange Belichtungszeiten.

II 6 Linsen

Um das Bewegungsproblem zu lösen, muß man die Modelle in Zeitlupe filmen, mit einer Bildfrequenz, die sich nach dem Verkleinerungsmaßstab richtet. Dazu muß der Maßstab mit dem Faktor $\sqrt{2}$ multipliziert werden. Bei 1:10 ergibt das, ausgehend von einer Normalbild-Frequenz von 25 Bildern/sek., 77 Bilder/sek. Erst jetzt erhält man den gewünschten Effekt: Die Modellokomotive setzt sich langsam in Bewegung und wackelt behäbig wie eine echte Lokomotive; das Modellhaus bricht ebenso eindrucksvoll zusammen wie sein lebensgroßes Vorbild.

Mit Wasser und Wellen verhält es sich nicht wesentlich anders. Kleine Wellen sehen nicht viel anders aus als große - sie bewegen sich nur viel schneller. Nimmt man eine kleine Wasserfläche, über die der Wind streicht, mit Zeitlupe auf, so sieht sie - vorausgesetzt, daß keine Bezugsgrößen den Eindruck stören - wie die Oberfläche des Ozeans aus (einzelne zu große Wassertropfen kann man dadurch vermeiden, daß man dem Wasser ein Entspannungsmittel zusetzt).

Zeitlupenaufnahmen bedeuten kürzere Belichtungszeiten in der Kamera und damit noch einmal eine Erhöhung des Lichtpegels. Beide Faktoren zusammen - die Notwendigkeit extrem kleiner Blendenöffnungen wegen der Schärfentiefe plus die Notwendigkeit kurzer Belichtungszeiten - lassen Modellaufnahmen zu einem nahezu unlösbaren Problem werden.

Wie auf Trickaufnahmen dieser Art spezialisierte Studios solche Probleme lösen, sei an einem praktischen Beispiel erläutert. Für die Aufnahme einer Verfolgungsjagd zweier Raumfahrzeuge über die Oberfläche eines fremden Planeten, die aus einem der beiden Raumfahrzeuge heraus gesehen wird, macht man zunächst eine ähnliche Aufnahme mit Flugzeugen über der Erdoberfläche. Die Bewegungen des verfolgten Flugzeugs werden von einem Computer Bild für Bild nach Seiten-, Höhen-, Vor-, Zurück- und Drehbewegungen analysiert und die Daten gespeichert. In diese Analyse gehen natürlich auch die Bewegungen des verfolgenden Flugzeugs in Relation zum verfolgten ein.

Getrennt davon werden einzelne Punkte der Erdoberfläche herausgegriffen und deren Bewegungen von Bild zu Bild ebenfalls vom Computer gespeichert. In diese Analyse gehen nur die Bewegungen des Verfolgers ein, der gleichzeitig Standort und Blickpunkt der Kamera war.

Für die Aufnahme des verkleinerten Raumfahrzeug-Modells werden die Daten umgerechnet. Der Computer (Prozeßrechner) steuert jetzt das Modell und die aufnehmende Kamera entsprechend den Bewegungen des verfolgenden Flugzeugs. Die Steuerung erfolgt freilich Bild für Bild, wobei die Möglichkeit besteht, jedes Einzelbild so lange wie nötig zu belichten, so daß kleinste Blendenöffnungen ausreichen und das gesamte Modell scharf wiedergegeben wird.

III 19 Studiotricks

Das Modell wird bei der Aufnahme mittels eines blau gestrichenen Gestänges vor einem blauen Hintergrund bewegt. Somit kann es nach dem blue-screen-Verfahren in eine Aufnahme der Planetenoberfläche einkopiert werden. Diese als Modell gebaute Oberfläche wird ebenfalls mit Hilfe des Prozeßrechners entsprechend der Analyse der Erdoberfläche aufgenommen.

III 25 Fertigstellung

Da der Prozeßrechner das einmal eingespeicherte Programm beliebig oft in genau derselben Form wiederholen kann, verzichtet man häufig auf die Aufnahme auf Farbnegativ, von dem nachträglich drei schwarz-weiße Farbauszüge kopiert werden müßten. Statt dessen nimmt man den Trick gleich dreimal hintereinander auf schwarz-weißem Material auf, einmal mit rotem, einmal mit grünem und einmal mit blauem Filter. Auf diese Weise wird ein Kopiervorgang eingespart und eine Bildqualität erzielt, die der von Originalnegativen entspricht.

Bei normalen Filmaufnahmen muß damit gerechnet werden, daß die Einzelbilder bei sehr schnellen Bewegungen Bewegungsunschärfen aufweisen. Das ist bei einer Belichtungszeit von 1/50 sek. zu erwarten und außerdem notwendig. Würden bei sehr schnellen Bewegungen die Einzelbilder scharf wiedergegeben, so sähe die Bewegung später bei der Vorführung abgehackt aus - sie würde gewissermaßen „flimmern“.

II 18 Umlaufblende

Bei allen Einzelbildaufnahmen, die eine schnelle Bewegung darstellen sollen, muß daher für ausreichende Bewegungsunschärfe gesorgt werden. Bei Zeichentrickfilmen z.B. muß die Bewegungsunschärfe entweder gezeichnet werden oder die Zeichnungen müssen bei der Aufnahme während der Belichtung bewegt werden.

Einzelphasen- und Modelltricks sind nur mit der Filmkamera durchführbar. Elektronische Kameras sind auf die Abtastung von 25 Bildern (50 Halbbildern) je Sekunde festgelegt und können daher weder Zeitlupen noch Zeitraffer und auch keine Einzelbilder aufnehmen. (Zeitlupe und Zeitraffer mittels MAZ-Manipulation sind nachträgliche Veränderungen, die keinen Einfluß auf die Belichtungszeit in der Kamera und damit auch nicht auf die Blendenöffnung haben.)

II 33 Video-Aufzeichnung

23. Elektronische Tricks

Elektronische Tricks beruhen darauf, daß man elektronische Bildsignale nicht nur durch entsprechende Regler abschwächen und verstärken (und damit ein Bild oder z.B. nur die Schattenteile eines Bildes oder auch nur einzelne Farbanteile dunkler oder heller machen), sondern sie auch noch durch andere elektrische Ströme und Impulse beeinflussen kann. Diese Vorgänge sind leichter zu verstehen, hat man sich erst einmal mit zwei Grundgedanken vertraut gemacht:

a. Obwohl auch die menschliche Wahrnehmung ihre Umgebung als ein zeitliches Nacheinander von kontinuierlichen Informationsströmen durch den Sehnerv verarbeitet, erweckt z.B. ein Fernsehbild - mit Ausnahme eines Schwenks - beim Betrachter den Eindruck einer in allen Teilen stets vorhandenen Erscheinung. In Wirklichkeit ist das nicht der Fall. Ein Fernsehbild besteht ebenso wie die menschliche Wahrnehmung, wenn auch in anderer Weise, aus einer zeitlichen Dimension. Ein bestimmter Zeitpunkt ist auch auf dem Bildschirm identisch mit einem örtlichen Punkt - nämlich dem Punkt, an dem sich der Abtast- oder Schreibstrahl in einem bestimmten Augenblick gerade befindet.

b. Der Abtast- oder Schreibvorgang beim elektronischen Bild läuft unglaublich schnell ab. Auf einer 60-cm-Bildröhre legt die Schreibspitze des Elektronenstrahls beim zeilenweisen Aufzeichnen des Bildes etwa 10 km je Sekunde zurück, das sind 36 000 Stundenkilometer. Schon eine zeitliche Veränderung des Bildsignals von 1/1000 Sekunde bedeutet eine seitliche Verschiebung des Bildes um 10 m. Da die Einzelzeilen aber nur 60 cm lang sind, bedeutet das, daß der Bildinhalt um 17 Zeilen nach oben oder unten rückt. Bei einer Mikrosekunde Unterschied, also einer millionstel Sekunde, beträgt die seitliche Verschiebung immer noch 1 cm.

Bei einem Auflösungsvermögen von 5 MHz kann die 60 cm lange Bildzeile einer entsprechend großen Fernsehröhre noch 1,5 mm große Gegenstände auflösen. Eine Bildröhre mit diesem Auflösungsvermögen wird also noch zeitliche Verschiebungen von 1/6 Mikrosekunde = 150 Nanosekunden registrieren können.

Zwar fließt elektrischer Strom ungeheuer schnell - 300 000 km/sek. -, dennoch bedeutet es eine Verzögerung von 3 millionstel Sekunden, wenn ein Bildsignal durch einen 100 m langen Draht fließt, und das macht eine seitliche Verschiebung des Bildes auf dem 60-cm-Bildschirm um etwa 3 cm aus. Bei allen elektronischen Schaltungen für Videozwecke sind also die „Laufzeiten" in den Leitungen zu berücksichtigen. Schon weniger als 5 m Leitung machen sich bemerkbar.

Die außergewöhnlich hohe Geschwindigkeit des elektrischen Stroms macht es möglich, sogar innerhalb der Laufzeit einer einzigen Bildzeile mehrere Umschaltungen vorzunehmen.

II 28 Bildsignal

Die Impulse, die solche Umschaltungen - z.B. von einer Bildquelle auf eine andere - auslösen, werden in manchen Fällen vom Bild selbst erzeugt. Helle Stellen im Bild werden durch höhere Spannungen erzeugt, dunkle durch niedrigere.

III 19 Studiotricks
III 14 glass-shots

Verbindet man eine Leitung, die elektrische Bildsignale führt, mit einer anderen Leitung, die einen schwachen Gleichstrom führt, so bestehen grundsätzlich zwei Möglichkeiten: Die Gleichspannung ist entweder schwächer als das Bildsignal oder sie ist stärker. Im ersten Fall würde an der Verbindungsstelle Strom von der Bildleitung in die Gleichstromleitung, im zweiten umgekehrt von der Gleichstromleitung in die Bildleitung fließen. Leitet man diesen Strom in die Sperrschicht einer Diode, so würde sie einmal den Strom einer beliebigen anderen Leitung unterbrechen, bei umgekehrter Stromrichtung aber freigeben. Dieser Strom einer beliebigen anderen Leitung könnte auch das Bildsignal sein. In einem solchen Fall würde das Bildsignal sich selbst immer an jenen Stellen aussperren, an welchen der Abtaststrahl über eine dunkle Bildstelle läuft oder - bei umgekehrter Schaltung - über eine helle Stelle. Mit der gleichen Schaltung könnte man, wenn man will, auch das Bild aus einer ganz anderen Quelle - einer anderen Kamera, einem Filmgeber, einer MAZ oder einem Bildgenerator - in die ausgesperrten Bildflächen einschalten. Man hat flächenweise ein Bild durch ein anderes ersetzt oder in ein anderes ein-„gestanzt". Der Effekt entspricht in etwa dem beim blue-screen-Verfahren bzw. beim glass-shot. Durch Erhöhung oder Verminderung der Gleichspannung kann die Helligkeitsschwelle zum Umschalten frei gewählt werden („clip level").

Nun sind Helligkeitsmerkmale (luminanz-key) allein als Umschaltkriterium, wenn überhaupt, nur dann verwendbar, wenn man nicht zu dunkle Gegenstände vor eine schwarze Rückwand stellt oder nicht zu helle Objekte vor eine weiße.

Bessere Resultate erhält man, indem man beim Farbfernsehen die Unterschiede zwischen den einzelnen Farbsignalen als Umschaltkriterium ausnutzt. Wird beispielsweise ein Objekt vor eine blaue Wand gestellt und aufgenommen, entsteht an der Kontur Blau/Objekt ein Spannungsverlauf wie in Abb. 135b.

In dem in Abb. 135 vorgeführten Beispiel gibt es drei Spannungskurven - für jede Farbe eine. Dort, wo sich der rein blaue Hintergrund im Bild befindet, ist die Spannung des blauen Teilbildes hoch, die der beiden anderen Teilbilder niedrig. Dort, wo ein Vordergrundobjekt im Bild ist, kann jedes beliebige Mischungsverhältnis auftreten. Führen wir die Spannungskurven der roten und grünen Teilbilder zusammen in eine Leitung, so addieren sich ihre Spannungen, so daß daraus eine neue Spannungskurve entsteht. Zwischen der Leitung, die das blaue Teilbild führt, und der Leitung, die die addierten Spannungen von Rot und Grün führt, entstehen unterschiedliche Spannungsfelder. Mit Hilfe einer Gleichspannung kann man einen Spannungsverlauf so einregeln, daß bei allen rein blauen Bildteilen eine positive Spannung übrigbleibt, während alle anderen Farbmischungen in den negativen Bereich geraten. Führt man diese positiven und negativen Spannungen wieder in die Sperrschicht einer Diode, so kann man damit wieder wie beim oben beschriebenen Hell-Dunkel-Prinzip zwischen zwei Bildquellen hin- und herschalten. Das Resultat ist eine „chroma-key"-Stanze, die natürlich ebenso mit einem roten oder grünen Hintergrund funktionieren würde. Es kommt dabei nur auf den *Unterschied* zwischen den Farbkomponenten an.

II 2 Farben

In der Praxis ist es natürlich sehr wichtig, daß in den Vordergrundobjekten möglichst kein Blau vorkommt, da dieses den Umschaltvorgang in Gang setzen und „ausstanzen" würde. Probleme können auch dann entstehen, wenn das Blau des Hintergrunds nicht ausreichend gesättigt oder nicht hell genug beleuchtet ist.

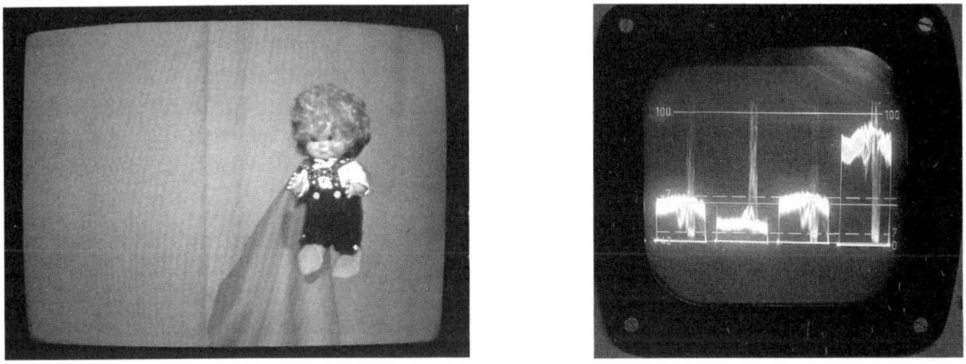

a. b. W R G B

Abb. 135: Elektronisches Bild einer Puppe vor einem blauen Untergrund. Das Oszillogramm zeigt den Spannungsverlauf in den drei Bildröhren für Rot, Grün und Blau. An blauen Bildstellen ist die Spannung der Blau-Röhre hoch, die der beiden anderen Röhren niedrig. Nur an den Stellen, an welchen sich die Puppe befindet, liegen die Spannungsverhältnisse anders.

a b.

Abb. 136: Ein Hintergrundbild aus einer anderen Bildquelle (E-Kamera, Filmgeber, MAZ). Rechts wurde die Puppe aus Abb. 135 elektronisch in den Hintergrund eingestanzt („chroma-key").

Wie mit der chroma-key-Stanze im Studio verfahren wird, ist aus dem Kapitel über das blue-screen-Verfahren beim Film zu ersehen.

III 19 Studiotricks

Ein Lattenzaun vor einem blauen (grünen, roten) Stanzhintergrund, von dem 10 Latten im Bildausschnitt zu sehen sind, läßt den Trickumschalter bei jedem Zeilendurchlauf 10 mal zwischen Bildquelle eins und Bildquelle zwei hin- und herschalten. Bei 625 Zeilen je Bild sind das 6250 Hin- und Herschaltungen - vorausgesetzt, die Latten reichen vom oberen bis zum unteren Bildrand. Da in der Sekunde 25 Bilder abgetastet werden, ergeben sich dabei 156.250 Umschaltungen je Sekunde. Nun sind 10 Zaunlatten nicht eben viel; eine in einen Hintergrund eingestanzte Schriftzeile hat ein Vielfaches an Hin- und Herschaltungen, da jeder Buchstabe ein bis zwei „Latten" enthält.

II 16 Information

III 18 Aufpro

Bei derart vielen und schnellen Schaltungen gibt es natürlich auch Grenzen. Es bestehen direkte Zusammenhänge zwischen dem Auflösungsvermögen des elektronischen Bildsystems und der Schaltgeschwindigkeit der Trickstanze. Bei sehr kleinen Gegenständen - Fäden, Haare, Fahrradspeichen u.v.a.m. - hat das System nicht genügend Zeit, zwischen zwei Bildquellen hin- und wieder zurückzuschalten. Für die beiden Schaltungen (hin und zurück) würde es so viel Zeit benötigen wie zum Abtasten von 1 1/2 + 1 1/2 = 3 mm breiten Gegenständen auf einem 60-cm-Bildschirm erforderlich ist. Gegenstände, die auf diesem Bildschirm kleiner als 3 mm sind, werden von der Stanze „übergangen" - sie verschwinden völlig aus dem Bild, da unter ihnen das Hintergrundbild weiterläuft. Wo es also darauf ankommt, Pelzwerk, Brüsseler Spitzen, Schiffstakelagen etc. sauber in einen Hintergrund zu stanzen, sollte man zu einem anderen Tricksystem greifen.

II 20 Schwingungen

II 31 Video-Signal

Andererseits hat das elektronische Stanzsystem den erheblichen Vorteil, daß man alle Parameter des Resultats während der Produktion beobachten und korrigieren kann. Das Problem mit der nach unten begrenzten Schaltzeit hat u.U. auch eine positive Seite. In seinem technischen Aufbau funktioniert das System natürlich nicht ganz so einfach, wie es hier beschrieben wurde. So müssen z.B. die Schaltimpulse, die man aus dem Spannungsgefälle zwischen Bildsignal und Gleichstrom gewinnt, verstärkt werden, um überhaupt wirksam zu werden. Durch hochgradige Verstärkung, d.h. durch Zufuhr von viel Energie wird die Schaltflanke steil; die Umschaltung erfolgt sehr schnell. Durch geringere Verstärkung aber kann man die Schaltflanke auch flacher verlaufen lassen, so daß sich an der Schaltkontur eine Art winzige Überblendung ergibt. Es entsteht eine weiche Kontur. Das ist besonders dann wünschenswert, wenn man Objekte mit unscharfen Umrissen (wie Zigarettenrauch) aufnehmen und stanzen will. Ein neueres Stanzverfahren beruht darauf, daß Bildinhalte mit einer beliebigen Phasenlage des Farbsignals als Schaltmatrize aus dem FBAS-Signal herausgefiltert werden. Mit diesem Verfahren kann man dann nicht nur mit reinem Blau, Rot oder Grün, sondern mit jeder beliebigen Zwischenfarbe stanzen, vorausgesetzt, sie kommt nicht im Vordergrund vor.

Durch eine dosierte Gleichspannung ist es nicht nur möglich, die Spannungskurve eines Bildsignals in eine positive und eine negative Hälfte zu teilen - ähnlich kann auch mit den Strömen verfahren werden, die den horizontalen und vertikalen Lauf des abtastenden Elektronenstrahls steuern, den „Sägezahnfrequenzen". Teilt man zum Beispiel die Sägezahnfrequenz für die horizontale Ablenkung durch eine Gleichspannung in zwei Hälften, so kann man, vorausgesetzt man benutzt die entstehenden positiven und negativen Ausgleichsspannungen zum Umschalten zwischen zwei Bildquellen, das Bild durch eine senkrechte Linie in zwei Hälften teilen. Durch Verändern der Gleichspannung wird die Trennlinie von links nach rechts bzw. umgekehrt verschoben (Schiebeblende).

II 28 Bildsignal

Genauso kann man natürlich mit der Sägezahnfrequenz für die senkrechte Ablenkung verfahren. Man erhält dann eine waagerechte Trennlinie zwischen den beiden Teilbildern.

Wenn die Gleichspannung, die den Schaltimpuls auslöst, im Laufe der Abtastung eines ganzen Bildes nicht ganz gleichmäßig verläuft, sondern z.B. ansteigt - wenn aus ihr also auch eine Art Sägezahnfrequenz von 25 Hz/sek. wird -, dann verläuft die Trennlinie zwischen den beiden Bildhälften nicht mehr gerade sondern schräg.

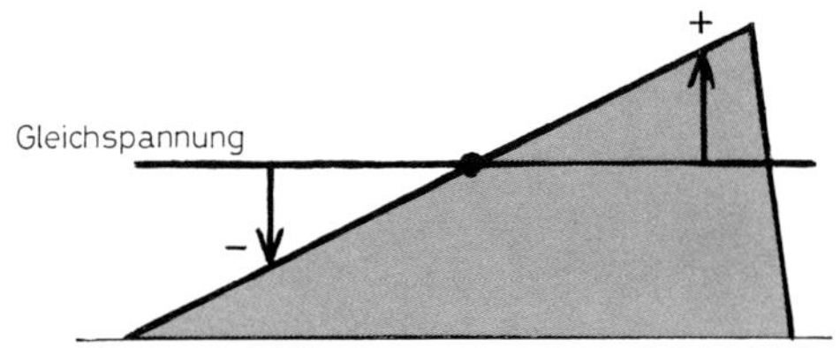

Abb. 137: Die Sägezahnspannung für die Zeilenablenkung wird durch eine Gleichspannung in zwei Hälften geteilt. Beim Abtasten einer Bildhälfte fließt ein Schaltstrom in einer, beim Abtasten der anderen Bildhälfte in entgegengesetzter Richtung.

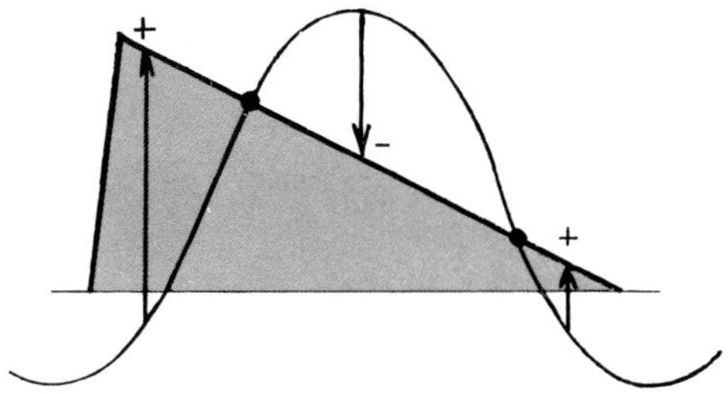

Abb. 138: Die Sägezahnspannung für die Zeilenablenkung wird durch eine Sinusspannung geteilt („pattern-generator"). Durch die entstehenden unterschiedlichen Schaltströme wird die Bildfläche in unterschiedliche Muster aufgeteilt.

Moderne Trickmischpulte enthalten einen Generator, der alle möglichen Schwingungsformen erzeugt, die statt der Gleichspannung die Umschaltvorgänge bei der Horizontal- oder Vertikalablenkung auslösen („pattern-generator"), so daß es eine große Vielzahl von Trennlinienmustern gibt, die man durch Drucktasten anwählen und deren Lage man durch Potentiometer regeln kann. Auch hierbei ist es selbstverständlich möglich, durch unterschiedliche Verstärkung der Schaltimpulse die Übergänge von Bild zu Bild hart oder mit weicher Kontur („soft edge") zu regeln.

Als Stanzsignale sind nicht nur Farb- oder Helligkeitsunterschiede zwischen Objekt und Hintergrund, sondern u.a. auch Helligkeitsunterschiede innerhalb einer Farbe verwendbar. Nimmt man z.B. ein Objekt vor einem blauen Hintergrund auf, wobei das Objekt auf den Hintergrund einen Schatten wirft, so reichen die Unterschiede im Pegel der drei Grundfarben auch noch in den Schatten auf dem blauen Hintergrund dazu aus, den Vordergrund sauber in einen Hintergrund aus einer anderen Bildquelle einzustanzen.

Bei entsprechend ausgestatteten Mischpulten besteht inzwischen die zusätzliche Möglichkeit, das fertig gestanzte Bild noch einmal in einen zweiten Stanzkanal einzuleiten. In diesem werden jetzt nur die unterschiedlichen Helligkeiten des Blausignals ausgewertet, die durch den Schatten hervorgerufen wurden. Die signalauslösende Gleichspannung legt man nun so hoch, daß sie zwischen den Pegeln der hellen und der abgedunkelten Hintergrundteile liegt. Dadurch werden jetzt an den Schattenkonturen Umschaltimpulse ausgelöst.

In die Schattenbereiche hinein schaltet man jetzt noch einmal das ursprüngliche Hintergrundbild. Dieses würde, da es genau deckungsgleich mit dem eingestanzten Hintergrundbild ist, gänzlich darin aufgehen, hätte man nicht auf dem Wege in die zweite Stanze seinen Pegel etwas heruntergeregelt. Dadurch hat dieses ursprüngliche Bild zwar nach wie vor dieselben Inhalte, kommt jedoch dunkler an. Die Wirkung ist die, daß das eingestanzte Objekt jetzt scheinbar einen Schatten auf den Hintergrund wirft.

Dieser Schattenwurf ist wahrnehmungspsychologisch äußerst wichtig. Bei Stanz-, blue-screen- und Aufpro-Tricks ist die Künstlichkeit des Verfahrens allzu häufig trotz sorgfältigster Abstimmung von Lichtführung, Perspektive etc. zwischen Vordergrund und Hintergrund offensichtlich. Das Wahrnehmungszentrum des Zuschauers registriert sofort die fehlende Bildlogik, sobald einige der Objekte Schatten werfen, andere - nämlich die eingestanzten - hingegen nicht. Diese Objekte scheinen quasi über ihrem Untergrund zu schweben, und alle Versuche, sie mit diesem in Verbindung zu bringen, schlagen fehl. Dazu ein konkretes Beispiel: Ballettänzerinnen erwecken

I 1 Gestalt-wahrnehmung

beim Betrachter nur dann den Eindruck kleiner Elfen, die auf einem Seerosenblatt tanzen, wenn sie bildlogische Schatten werfen - ohne diese Schatten schweben sie über dem Blatt.

Voraussetzung für die Bildlogik der Schatten ist natürlich, daß der stanzblaue Hintergrund in Gestalt und Lage dem der zweiten Bildquelle entspricht. Soll ein Darsteller z.B. so in das Bild eines weiten leeren Parkplatzes eingestanzt werden, als stünde er selbst auf diesem Parkplatz, dann muß sein Schatten im Studio selbstverständlich auch auf eine waagerechte blaue Fläche fallen. Fiele der Schatten auf eine senkrechte Rückwand, hätte er eine Form, die in keinem Fall der Realität entspräche.

Das für die Herstellung von Schatten in der Stanze („shadow-key") angewandte Verfahren kann man auch für völlig andere Zwecke benutzen. Wählt man als Umriß für die Stanze keine Schattenkontur, sondern aus dem Repertoire der vorprogrammierten Muster eine Kreisform, so kann man das Originalbild in den ausgestanzten Kreis noch einmal hineingeben. Diesmal regelt man jedoch nicht den Pegel der Bildteile nach unten, die *innerhalb* des Kreises liegen, sondern den jener, die sich *außerhalb* befinden. Nur im Kreis selbst hat das Bild die volle Helligkeit, und es sieht so aus, als seien Teile des Bildes durch einen Spotscheinwerfer aus ihrer Umgebung herausgegriffen. Die Lage des Kreises kann man nun ständig durch Regeln der Gleichspannung gegenüber der H- und V-Ablenkung verändern - bewegliche Objekte können im Bild mit dem „spot" verfolgt werden.

Ein neues Verfahren („Ultimatte") stellt eine wesentliche Verbesserung dar. Es geht von dem Gedanken aus, daß die Signale aus dem Blau-(Rot-, Grün-)Kanal, die an ihren Kanten die Umschaltung von einer Bildquelle in die andere bewirken, eine Art Maske (engl. „matte") darstellen. Diese (schwarz-weiße) Maske kann man auf einem Monitor wiedergeben und hat dann die Möglichkeit, sie durch normale Schwarzwert-, Weißwert-Kontrast-Regelung etc. in ihren Eigenschaften zu verändern. So kann man z.B. die schwächeren Blauanteile von Rändern, die häufig durch blaues Streulicht an den Kanten der Vordergrundobjekte hervorgerufen werden, „wegregeln". Man kann aber auch weiche Hell-Dunkel-Übergänge erzeugen, die dann keine harte „Alles-oder-Nichts"-Umschaltung mehr zwischen den einzelnen Bildquellen bewirken, sondern weiche Übergänge – gewissermaßen „Überblendungen". Auf diese Weise lassen sich dann auch Rauch, Gläser oder Schatten einwandfrei stanzen.

Was auf elektronischem Wege leicht durchzuführen ist, gestaltet sich auf filmischem Wege manchmal schwierig - und umgekehrt. So ist z.B. die Durchführung einer schlichten Doppelbelichtung, einer Überblendung oder auch einer Abblende in der Elektronik - ganz im Gegensatz zum Film - mit einigen Problemen verbunden. Der Nichtfachmann übersieht leicht, daß das Video-Signal nicht nur aus der reinen Helligkeitsinformation des Bildes besteht, sondern zudem aus Synchronimpulsen für die Horizontal- und Vertikalablenkung sowie dem Farbreferenzsignal. Wenn diese Signalkombination („FBAS-Signal") einen Regler durchläuft und dort vermindert wird, dann wird nicht nur das Bild dunkler, Synchron- und Farbreferenzsignal werden ebenfalls vermindert. Dadurch gerät das ganze System aus dem Rhythmus, und bei Erscheinen des nächsten Bildes gibt es groteske Farbverfälschungen sowie durchlaufende Bilder. Aus diesem Grunde enthält jedes Trickmischpult einen eigenen Bilderzeuger, der nur ein Synchron- und Farbreferenzsignal erzeugt, dessen Helligkeitssignal jedoch gleich null ist („Schwarzblende"). Anstatt wie beim Film einfach durch Dunklermachen eines Bildes abzublenden, muß man in der Elektronik von einem Bild in eine Schwarzblende *über*blenden, um denselben Effekt zu erzielen.

II 31 Video-Signal

Beim Überblenden von einem Bild in ein anderes bleibt auch das Problem, daß dabei der Pegel von Synchron- und Farbreferenzsignal möglichst gleichbleiben sollte. Eine Automatik, die diese Pegel auch in der Mitte der Überblendung auf demselben Stand hält, verhindert gleichzeitig, daß sich das Helligkeitssignal der Bilder - sollte zufällig eine helle Stelle des einen Bildes auf eine helle Stelle des folgenden Bildes treffen - auf Werte über der 100%-Marge addiert.

Die meisten Trickmischpulte sind mit einem oder zwei Farbgeneratoren ausgestattet. Diese erzeugen nur eine Frequenz von 4,43 MHz, d.h. ein Farbsignal, das mit einem Phasenverschieber gegenüber dem Referenzsignal so verschoben werden kann, daß praktisch jede sichtbare Farbe entsteht.

III 9
Farbbeeinflussung

Mit diesen Farbfrequenzen kann man die Farbsignale aller Bildinhalte ersetzen, z.B. die der eingestanzten Schrift oder aber die der Bildschatten. Das Farbgeneratorgerät heißt „Cox Box“. Anstatt z.B. hinter einen gestanzten Vordergrund ein Hintergrundbild zu geben, kann man eine Farbe aus der Cox Box nehmen, die dann natürlich vollkommen homogen und gleichmäßig erscheint.

Anfangs- und Schlußtitel sowie andere Schrifteinblendungen werden immer häufiger von einem Schriftgenerator hergestellt, der an ein Trickmischpult angeschlossen ist. Er besteht im wesentlichen aus einem Computer, in den die Merkmale verschiedener Schriftbilder digital als Positionen in einem System aus horizontalen und vertikalen Koordinaten eingespeichert sind. Damit wählt man zunächst Schrifttyp und Schriftgröße an und tippt anschließend die gewünschten Texte zeilenweise auf einer Schreibmaschinentastatur. Die Koordinatenwerte der angetippten Buchstaben rechnet der Computer in Zeitpunkte des abtastenden Elektronenstrahls in der Bildröhre um, so daß die Buchstaben auf einem Bildschirm erscheinen. Jede einzelne so eingetippte Schriftzeile kann man beliebig seitlich verschieben - etwa um eine Zeile in die Bildschirmmitte zu rücken. Ebenso lassen sich die Zeilen vertikal verschieben. Das vertikale Verschieben läßt sich zum Rolltitel erweitern, dessen Geschwindigkeit regelbar ist. Alle Daten werden vom Schriftgenerator gespeichert und können vom Trickmischpult abgerufen und den anderen Bildinformationen zugesetzt (gestanzt) werden.

Früher war es nicht möglich, ein elektronisch aufgezeichnetes Bild zu vergrößern oder zu verkleinern. Wollte man z.B. eine Stadtsilhouette in einen kleinen, blau hinterlegten Fensterausschnitt hineinstanzen, und war diese Silhouette nur als Film oder MAZ-Aufzeichnung vorhanden, dann war im Fensterausschnitt nur ein kleiner Ausschnitt der Silhouette zu sehen. Das Silhouettenbild so zu verkleinern, daß mehr davon im Fenster zu sehen war, war technisch unmöglich.

Seitdem man Fernsehbildsignale digitalisiert hat und sie so kurzzeitig speichern und abrufen kann, haben sich neue Möglichkeiten ergeben, die auf der Computertechnik fußen. So sind neuerdings z.B. Computer auf dem Markt, mit deren Hilfe sehr schnell und bequem elektronische Grafiken und selbst plastische Farbbilder hergestellt werden können. Durch bloßes Antupfen mit einem Stift läßt man eine Vielzahl geometrischer Figuren als elektronisches Bild auf einem Bildschirm erscheinen. Diese können beliebig konturiert, eingefärbt und strukturiert werden. Ebenso kann man natürlich mit dem Stift auf dem Bildschirm zeichnen.

Die so entworfenen Bildvorlagen lassen sich digital speichern und zu jedem beliebigen Zeitpunkt wieder einspielen. Auf diese Weise wäre es möglich, für ein ganzes Fernseh-

spiel die Hintergründe zu zeichnen, sie zu speichern, und dann die Schauspieler davorzustanzen, wobei man von Einstellung zu Einstellung die einzelnen Hintergründe aus
III 30 Zukunft
dem Speicher abruft („Szenographie").

Ist ein Fernsehbild einmal in digitaler Form gespeichert, kann man die Code-Zahlen für die einzelnen Bildpunkte jederzeit in andere Werte umrechnen und damit jede beliebige Veränderung im Bild hervorrufen. So besteht z.B. die Möglichkeit, gespeicherten Bildpunkten eine andere zeitliche Position zuzuweisen. In der Praxis lassen sich dadurch folgende Veränderungen durchführen: Das betreffende Bild wird seitlich oder waagerecht „zusammengedrückt" oder läßt sich im ganzen verkleinern und an eine beliebige Stelle auf dem Bildschirm setzen. Außerdem können auf diese Weise
II 16 Information
einzelne Ausschnitte aus einem Bild herausvergrößert werden, wobei sich natürlich das Auflösungsvermögen mit dem Vergrößerungsmaßstab verschlechtert.

Es gibt Trickmischpulte der unterschiedlichsten Art. Sie alle bestehen aus einer Anzahl von Druckknöpfen, mit denen man das Bildsignal in die einzelnen Funktionen lenkt oder mehrere Bildsignale in einer Funktion zusammenführt. Mit Hilfe von Reglern werden Veränderungen der Gleichspannungen (clip level) herbeigeführt oder Farbsignalphasen verschoben (Cox Box).

Bei komplizierteren Mischpulten sind die meisten Funktionen mehrfach vorhanden. Man kann dann nicht nur z.B. zwei Vordergrundbilder gleichzeitig in zwei Hintergrundbilder einstanzen, um dann anschließend von einem Trick in den anderen umzuschalten („schneiden") - man kann auch ein Trickbild wieder in den Eingang eines zweiten Trickkanals leiten und es dort einer weiteren Bearbeitung unterziehen. Das ist dann erforderlich, wenn ein Hintergrund sowohl aus lebensgroßen Objekten als auch aus verkleinerten Modellen besteht, die im Trick miteinander verbunden werden, und wenn es gilt, nachfolgend Vordergrundfiguren in diesen kombinierten Hintergrund einzustanzen. Will man einen solchen Effekt mit einfachen Mischpulten, die nur einen Trickkanal haben, erzeugen, muß man den kombinierten Hintergrund auf MAZ aufzeichnen und in einer zweiten Arbeitsphase den Vordergrund in das MAZ-Bild einstanzen. Das bedeutet jedoch eine Kopiergeneration und damit für die spätere Weiter-
IV 10 Schnitt
verarbeitung (Schnitt) einen Qualitätsverlust.

Viele Mischpulte bieten die Möglichkeit, Trickeffekte - nachdem sie probeweise ausgeführt wurden - mit allen zugehörigen Schaltungen und Reglereinstellungen zu speichern. Später können diese Tricks dann auf Knopfdruck abgerufen werden. Eine solche Einrichtung ist bei Live-Sendungen nützlich (Nachrichtensendungen mit eingestanzten, überblendenden Hintergrundbildern), bei denen eine probeweise Ausführung der Tricks *während* der Sendung unmöglich ist. Die Anzahl der Kombinationsmöglichkeiten beim elektronischen Trick ist fast unbegrenzt. Sie schließt eine riesige Zahl von Kamera-, MAZ-, Film-, Foto- und gezeichneten Bildvorlagen ein, die dem Trickmischpult zugeführt werden, sowie alle schaltbaren Funktionen und Regelungen.

Herstellbar ist praktisch jeder denkbare Bildeffekt - vom realistischen Bild, bei dem der Zuschauer den Trick nicht als solchen erkennt, bis zum abstrakt gestalteten Vorspanntitel, der ohne weiteres ästhetisch schön und faszinierend sein kann. Ebenfalls sind reine Spielereien ohne jeden Bezug zum Inhalt einer Sendung, also reines l'art pour l'art, machbar.

Der sinnvolle Umgang mit Tricks im allgemeinen setzt jedoch immer eine genaue Vorstellung vom angestrebten Effekt sowie eine präzise Vorplanung aller erforderlichen Wege - Requisiten, Techniken, Reihenfolge der Trickschritte - voraus.

24. Requisitentricks

Mit Requisitentricks sind andere Personen befaßt als mit den vorher beschriebenen Verfahren. Zum Teil sind es Requisiteure, Maskenbildner, zum Teil besondere Spezialisten, die meist immer wieder neue Requisitentricks planen und durchführen. Das Gebiet ist so vielfältig, daß man mühelos ein ganzes Buch damit anfüllen könnte.

Voraussetzung sind in jedem Fall eine ausgezeichnete Materialkunde sowie gute Physikkenntnisse. So muß man z.B. wissen, daß Schamotte-Erde eindrucksvolle Staubwolken aufwirbelt, wenn ein Auto darüber fährt, und daß gefrorene Kohlensäure in Wasser ungefährliche weiße Dampfwolken erzeugt, die schwerer als Luft sind und über den Boden „kriechen". „Schwere Explosionen" wirbeln Schaumstoffbrocken, Rauch und Staub durch die Luft, Magnesium und Natrium sorgen für grelle gelbe Blitze, aber zu hören ist dabei wenig. Das martialisch berstende Krachen wird erst später bei der Tonmischung hinzugefügt.

IV 4 Tongestaltung

Feuersbrünste werden von Spezialisten in feuersicheren Gebäuden aus Gips und Asbest entfacht. Gas wird in Schläuchen zu den Stellen geleitet, an welchen Flammen emporzüngeln sollen. Flammöl (eingedicktes Benzin) wird auf unbrennbare Gebäudeteile gestrichen, die wie aus Holz gefertigt aussehen, und angezündet. In der Sekunde, in der die Filmeinstellung abgedreht ist, verlöschen auch die Flammen. Die Schauspieler bewegen sich in sicheren, feuerlosen Bereichen - von der Kamera her gesehen aber scheint es, als gingen sie mitten durch das Feuer.

Manche Tricks sind so einfach, daß es fast albern ist, sie zu beschreiben. Wenn z.B. Gläser oder Fensterscheiben „von selbst" zerspringen, steht wahrscheinlich außerhalb des Bildausschnitts jemand, der mit einem Luftgewehr darauf schießt.

Eine Fensterscheibe, durch die jemand hindurchspringt, darf allerdings keinesfalls aus echtem Glas sein. Sie besteht aus einem glasklaren Kunststoff, der schon bei leichtem Druck in Scherben zerbirst - die ihrerseits so weich sind, daß man sich nicht daran schneiden kann. Auch Flaschen und andere Glasgefäße kann man aus diesem Kunststoff täuschend echt nachmachen.

Sprengkapseln dürfen nur von speziell ausgebildeten Fachleuten gezündet werden. Mit ihnen sprengt man Gipsbrocken aus dem Mauerverputz heraus, um den Eindruck von Einschüssen vorzutäuschen. Kann man die Kapseln für die Kamera unsichtbar anbringen, dann eignen sie sich u.a. auch zum Sprengen von Windschutzscheiben.

Blitze dauern zwar nur einen kurzen Augenblick, wahrnehmungspsychologisch sieht man sie jedoch verhältnismäßig lange flackern. Im Film wirken sie erfahrungsgemäß am natürlichsten, wenn sie etwa eine halbe Sekunde anhalten. Natürlich braucht man, will man Blitze mit Lampen imitieren, sehr starke Lichtquellen wie HI- und HMI-Lampen, die durch kurzes Zünden oder Öffnen einer Abdeckung die Szene grell überbelichten. Für große Totalen reicht das nicht aus. In solchen Fällen wird man kurze Strecken des Negativs mit rötlich-schwarzer, transparenter Farbe ungleichmäßig besprühen. In der Positivkopie werden diese Partien dann sehr hell aufflackern.

II 11 Lichtquellen

Rauch und Nebel erzeugt man durch Anzünden von Rauchpulver oder durch Verdampfen von Öl in speziellen Apparaten. Besonders in geschlossenen Räumen (in denen man bildlich mit Rauch eine zauberhafte Kneipenatmosphäre hervorrufen kann) sind diese chemischen Düfte für Darsteller und Aufnahmestab auf die Dauer nicht sehr angenehm.

Stöcke und Stühle, die bei einer Schlägerei auf den Köpfen von Darstellern in Stücke geschlagen werden, bestehen aus leichtem Balsaholz mit überkitteten Sollbruchstellen.

Wie bereits erwähnt, müssen viele Trickrequisiten erst neu entworfen und erfunden werden. Dazu ein Beispiel aus der Praxis: ein glühender Folterstab, mit dem einem Darsteller der Rücken „verbrannt" werden soll. Der Stab ist hohl und mit Aufprofolie beklebt, so daß er rötlich aufglüht, sobald über der Kamera-Achse eine entsprechende Lampe brennt. Die Hand des Henker-Darstellers berührt ein Ventil, mit dem man weißen Rauch aus einem Raucherzeuger in den Stab strömen läßt. Dieser Rauch entweicht durch viele kleine Bohrlöcher längs des Stabes. In dem Augenblick, in dem der Henker-Darsteller mit dem „glühenden" Stab die Haut des Opfer-Darstellers berührt, läßt er den Rauch entlang des Stabes entweichen (der Opfer-Darsteller brüllt in diesem Moment „vor Schmerzen"). Der Stab hinterläßt auf der Haut eine lange Spur aus Talkumpulver, die wie eine Brandwunde aussieht.

III 18 Aufpro

Daß Blut mit Tomatenketchup imitiert wird, ist ein weitverbreitetes Gerücht. Auf Maskenbildnerei spezialisierte Kosmetikfirmen liefern ein weit besseres „Kunstblut" in verschiedenen Tönungen und in unterschiedlicher Dickflüssigkeit. Sehr oft muß Blut frisch und flüssig aussehen, darf aber in Wirklichkeit nicht fließen, weil der Blutfleck in einer Anschlußeinstellung wieder genau dieselbe Form haben muß. Die Blutflüssigkeit gibt es auch in Kapseln, die man nach einem Kinnhaken mit den Zähnen zerbeißt oder mit einer kleinen Sprengkapsel unter dem Hemdenstoff zersprengt. Dabei muß die Haut des Darstellers natürlich durch eine Kunststoffolie geschützt werden.

Bei allen gefährlich aussehenden Tricks gilt als höchstes Gebot, Leben und Gesundheit der Darsteller zu schützen; dies nicht nur aus humanitären Erwägungen, sondern auch deshalb, weil Verletzungen eines Darstellers den Drehplan soweit durcheinanderbringen können, daß das ganze Filmprojekt dadurch gefährdet wird. Dennoch ist es so, daß manche Szenen, die dem Zuschauer außerordentlich gefährlich erscheinen, in Wirklichkeit „getrickst" sind, während es andererseits höchst gefährliche Aufnahmesituationen gibt, bei welchen der Zuschauer fälschlich annimmt, hier handle es sich um Trickaufnahmen.

25. Fertigstellungsverfahren

Bei der Auswahl des jeweils anzuwendenden Trickverfahrens sind die folgenden Gesichtspunkte zu berücksichtigen:

a. daß möglichst wenige Kopiergenerationen entstehen;

b. daß die Wirtschaftlichkeit gewahrt wird;

c. welches Verfahren für die Fertigstellung der Gesamtproduktion verwendet wird.

Der klassische Fertigstellungsweg beginnt mit der Aufnahme auf Negativfilm. Wegen des höheren Auflösungsvermögens ist für die Projektion in Filmtheatern allein das 35-mm-Format zufriedenstellend und ergibt bei der Umwandlung in andere Systeme (Video) bessere Resultate. Für Fernsehzwecke reicht in der Regel das 16-mm-Format aus.

II 16 Information

Von den belichteten und entwickelten Negativen werden zunächst „Muster-" oder „Arbeitskopien" hergestellt. Von der endgültig fertig geschnittenen Arbeitskopie wird dann im Kopierwerk das Negativ „abgezogen". Von diesem geschnittenen Original-Negativ erstellt man entweder lichtbestimmte Vorführkopien oder ein Duplikat-Negativ. Grundsätzlich gibt es die folgenden Methoden für die Herstellung von Duplikaten:

IV 10 Schnitt
III 8 Kopierwerk

a. Kopieren des Negativs auf ein Farb-Positiv-Material, das feinkörnig ist und eine flache, zum Kopieren geeignete Gradation (Zwischenpositiv) besitzt. Hiervon wird dann in einem zweiten Arbeitsgang das Duplikat-Negativ kopiert - ebenfalls auf ein speziell für diesen Zweck gefertigtes, besonders feinkörniges Filmmaterial.

II 13 Kopieren

b. Kopieren des Negativs auf ein Farb-Umkehr-Duplikat-Material, bei dem durch Umkehrung beim Entwickeln direkt ein Duplikat-Negativ entsteht. Dabei muß die Emulsion (Informationsträger) auf der gleichen Seite der Trägerschicht (Film) zu liegen kommen wie schon beim Original-Negativ; eine Kontaktkopierung Emulsion auf Emulsion ist daher nicht möglich. Das Umkehr-Duplikatverfahren erfordert folglich optisches Kopieren, d.h. jedes Einzelbild wird auf das Kopiermaterial durch den Schichtträger hindurch projiziert.

III 22 Modellaufnahmen

c. Kopieren auf panchromatisches Schwarz-Weiß-Material. Dabei wird für jede der drei Grundfarben durch entsprechende schmalbandige Filter eine Kopie erstellt. So entstehen jeweils drei „Farb-Separations-Kopien". Kopiert man diese nacheinander durch die entsprechenden Farbfilter hindurch auf Duplikat-Farbnegativ-Material, entsteht wiederum ein farbiges Negativ. Durch die größere Feinkörnigkeit und die wesentlich längere Gradation des Schwarz-Weiß-Materials entstehen hierbei die geringsten Verluste. Allerdings müssen dazu die Trickarbeiten (Überblendungen) jeweils dreimal in exakt gleicher Form (vorprogrammiert) ausgeführt werden, d.h. jeweils einmal für jede Grundfarbe.

II 12, 13 Filmmaterial

Für aufwendige Filme von internationalem Rang verwendet man, um die Gefahr von Bildqualitätsverlusten bei der Verarbeitung zu verringern, größere Aufnahmeformate, wie den 65-mm-Film. Erst die Vorführkopien werden durch optische Verkleinerung auf 35-mm-Format reduziert.

Es gibt gute Gründe dafür, zunächst einmal Duplikat-Negative des ganzen Films anzufertigen und erst davon die Vorführkopien zu erstellen:

a. Beim Kopieren vom Original-Negativ muß man an jeder Schnittstelle das Kopierlicht verändern, damit die einzelnen Einstellungen in Farbe und Dichte einander genau angeglichen werden. Ein Duplikat-Negativ kann schon „angeglichen", d.h. „lichtbestimmt" sein, so daß die Vorführkopien hiervon wesentlich schneller auf einfacheren Kopiermaschinen angefertigt werden können.

III 6 Kopieren

b. Jeder Kopiervorgang bedeutet eine Gefährdung des Negativs (z.B. durch mechanische Beschädigung). Im Original-Negativ sind die gesamten Produktionskosten eines Films enthalten, so daß eine Beschädigung dieses Originals dem Verlust dieser Produktion gleichkäme.

c. Beim Verkauf ins Ausland wird in den meisten Fällen ein Duplikat-Negativ an den Käufer geliefert. Dieser wechselt die Negative der Titel gegen Titel in der eigenen Sprache aus und stellt eigene Kopien - entweder mit Untertiteln oder mit einem neu erstellten, synchronisierten Tonband - her. Zuweilen werden Fremdsprachenfassungen allerdings auch im Herstellerland kopiert.

IV 4 Tongestaltung

Die in Duplikat-Negativen enthaltenen Tricks und Überblendungen sind, da sie ja schon als Duplikate in das Original eingesetzt wurden, Duplikate „der zweiten Generation“. Da die Qualitätsverluste sich beim mehrmaligen Kopieren nicht nur addieren, sondern sogar potenzieren, ist der Wahl des Duplizierverfahrens bei der Herstellung von Überblendungen und Tricks größte Aufmerksamkeit zu widmen.

Von einem 35-mm- oder 65-mm-Negativ lassen sich alle kleineren Formate (16-mm-Format, Video) ohne Bildschärfeverluste anfertigen. 16-mm-Kopien vom 35-mm-Negativ haben eine bessere Auflösung als 16-mm-Kopien von einem 16-mm-Negativ, da das Auflösungsvermögen des Kopiermaterials wesentlich höher ist als das des Aufnahmematerials.

26. Aufnahme auf 16-mm-Umkehrfilm

Dieses Verfahren hat den Vorteil, daß die Kamera-Originale geschnitten und als Unikate verwendet werden können. Das Original ist jedoch beim Schneiden wie beim Vorführen gefährdet: Es kann reißen, verstauben und verschrammen. Wegen der im Original enthaltenen Produktionskosten wird man dieses Verfahren nur bei billigsten Produktionen und nur bei wenigen Vorführungen anwenden (aktuelle Fernsehberichte).

Selbstverständlich kann man wie von einem Negativ auch von Umkehr-Originalen Arbeitsduplikate herstellen, diese „Arbeitsdups“ schneiden, das Original „abziehen“, und dann von diesem Vorführduplikate anfertigen. Die Qualitätsverluste beim Kopieren sind bei Umkehrfilmen aufgrund ihres geringen Kontrastumfangs und ihrer gebogenen Gamma-Kurven jedoch wesentlich größer als beim Negativ-Positiv-Verfahren. Das wirkt sich dann sehr drastisch aus, wenn in ein Original Tricks, Titel und Überblendungen als Duplikate eingesetzt wurden und wenn dann vom ganzen Film wiederum ein Duplikat angefertigt wird. Der Unterschied zwischen den Duplikaten erster und zweiter Generation ist meistens so groß, daß die eingesetzten Blendenteile als nicht zum Film gehörend empfunden werden.

27. Live-Sendungen

I 9, 10 Bilddramaturgie
IV 10 Schnitt

Live-Sendungen des Fernsehens werden im Studio oder über „Ü-Wagen“ am Ort des Geschehens produziert. Bilddramaturgische Erfordernisse werden dabei durch den gleichzeitigen Einsatz mehrerer Kameras erfüllt. Der Schnitt erfolgt in der Weise, daß eine Kamera nach der anderen auf den Sender durchgeschaltet bzw. von einer Kamera auf die andere überblendet wird. Die Schaltung bzw. Überblendung wird an einem Bedienpult von einer „Bildmischerin“ ausgeführt. Am selben Pult sitzen der Ablaufregisseur, der die Bilddramaturgie vor und während der Sendung überwacht, und der Produktionsingenieur, der die Tricks, wo erforderlich, elektronisch herstellt (z.B. wenn hinter dem Moderator das nächste Bild erscheinen soll). In eine Live-Sendung können auch vorproduzierte und magnetisch oder auf Film konservierte Programm-

III 23 Elektronische Tricks

teile eingespielt werden. Die Bildmischerin kann in diesen Fällen nicht nur von einer Kamera auf die andere umschalten, sondern zusätzlich auf den jeweiligen Filmgeber bzw. die magnetische Aufzeichnung.

Zwischen Regie, Bildmischerin, Kameramännern und dem Bedienungspersonal der Filmgeber und MAZ besteht eine ständige Sprechverbindung. Ihre gegenseitige Kommunikation bleibt wegen der schnellen Abläufe der Vorgänge auf verbale Chiffren beschränkt. Das erfordert von allen Beteiligten ein außergewöhnlich hohes Maß an Konzentration und absolut sichere Beherrschung bilddramaturgischer Methoden.

IV 3 Kamera-Arbeit

Eine besondere Schwierigkeit der Produktion von Live-Sendungen besteht darin, daß alle Produktionsfehler irreparabel sind und sich redundante Phasen im Ablauf eines Ereignisses nur schwer mit sinnvollen Inhalten, die die Kontinuität des Ablaufs nicht unterbrechen, füllen lassen. Die sich daraus ergebenden Kompromisse der Gestaltung werden häufig durch die Unmittelbarkeit der Produktion ausgeglichen.

I 11 Zeitsprünge

Gewöhnlich werden von Live-Sendungen zur Archivierung sowie als Protokoll für nachträgliche Kontrollen magnetische Aufzeichnungen gemacht.

Beispiele für meist live produzierte Programme sind Magazinsendungen, Quiz-Shows sowie die Übertragung wichtiger sportlicher und politischer Ereignisse.

28. Elektronische Vorproduktion

Elektronische Vorproduktion wird bei Magazinsendungen, Fernsehspielen und anderen elektronischen Produktionen angewandt. Im wesentlichen gleicht die Produktionsart der der Live-Produktion, mit Ausnahme der Tatsache, daß das Produkt auf Magnetband aufgezeichnet wird (MAZ). Dadurch besteht die Möglichkeit, die Gesamtlänge des Programms in Einzelabschnitte („Takes") zu unterteilen, diese Abschnitte einzeln aufzunehmen und ggf. zu wiederholen. Redundanzphasen kann man dabei leicht in der dramaturgisch üblichen Weise überbrücken. Diese Produktionsart macht eine Nachbearbeitung (Schnitt) erforderlich, d.h. die einzelnen Takes - die gewöhnlich aus einer Vielzahl von Einzeleinstellungen bestehen - müssen zu einem Gesamtablauf zusammengestellt werden.

I 11 Zeitsprünge

Elektronische Vorproduktionen, die mit Studiokameras aufgenommen werden und eine für Fernsehzwecke hohe Bildqualität liefern (5 - 6 MHz Auflösung), wurden bislang auf 2 Zoll breiten MAZ-Bändern aufgezeichnet und vertrieben. Der internationale Programmaustausch wird dadurch erschwert, daß es drei verschiedene Fernsehnormen (NTSC, PAL und SECAM) gibt, so daß die Bildaufzeichnungen in den meisten Ländern durch „Normenwandler" dem jeweils eigenen System angepaßt werden müssen. Das hat, wie beim Kopieren von Filmen, Qualitätseinbußen zur Folge, zu denen technische Probleme bei der Nachsynchronisation in eine andere Sprache kommen.

IV 4 Tongestaltung

Zur Zeit wird die 2-Zoll-MAZ durch das bandsparende 1-Zoll-System abgelöst. Da MAZ-Maschinen jedoch außerordentlich teuer sind, wird dieser Wechsel viele Jahre beanspruchen. Zum Abspielen archivierter Produktionen werden 2-Zoll-MAZ-Maschinen jedenfalls noch lange in Betrieb sein. Eine zusätzliche Erschwernis des internationalen Programmaustauschs bedeutet die parallele Existenz mehrerer Bandnormen. Ansonsten hat die 1-Zoll-MAZ etwa die gleiche Bildqualität wie die 2-Zoll-MAZ.

Beim Kopieren (=„Überspielen“) von MAZ-Bändern entstehen weit weniger Qualitätsverluste als beim Kopieren von Filmen. Erst bei der 6. oder 7. Kopiergeneration zeigen sich deutliche Qualitätseinbußen. Da das Schneiden von MAZ-Bändern jedoch immer mit Überspielungen verbunden ist, wird eine höhere Kopiergeneration schneller erreicht.

Produktionen mit tragbaren elektronischen Kameras sind bislang überwiegend auf Nachrichtensendungen und Dokumentationen beschränkt. Ihre Verwendung für szenische Produktionen wird durch zwei Faktoren erschwert: a) Schwierigkeiten beim Schnitt - insbesondere beim Schneiden synchroner Tonbänder - und b) eine große Vielfalt von Band- und Spurnormen, die einen internationalen Austausch wertvoller Programme nahezu unmöglich macht.

II 16 Information

Die von tragbaren elektronischen Kameras gelieferten Bildsignale können direkt gesendet oder auf 1-Zoll-MAZ aufgezeichnet werden. Diese Aufzeichnungsmaschinen haben jedoch ein erhebliches Gewicht und benötigen eine leistungsfähige Stromversorgung, so daß die Vorteile der leicht transportierbaren Kamera dadurch wieder verlorengehen. In den meisten Fällen benutzt man daher bei Nachrichtensendungen und Dokumentationen Aufzeichnungsgeräte mit geringerem Bandformat, z.B. 3/4-Zoll-Geräte. Die Bildqualität dieses Systems ist auf etwa 3 1/2 MHz begrenzt, was bei Direktsendung im Fernsehen durch eine Konturenanhebung nicht auffällt. Beim Kopieren (= Überspielen) von Bändern treten hierdurch jedoch schon in der 3. Generation erhebliche Qualitätsverluste auf, so daß die Schnittmöglichkeiten und die Möglichkeit der Herstellung vieler Kopien für den Vertrieb stark eingeschränkt sind.

Zur Zeit werden elektronische Kameras mit eingebautem Aufzeichnungsgerät für 1/2-Zoll breite Bänder eingeführt, die von der Bildqualität her professionellen Ansprüchen genügen.

III 9 Farben

Ein Problem bei Produktionen mit tragbaren elektronischen Kameras besteht darin, nach dem Schnitt die einzelnen Bildeinstellungen in Farbgebung und Kontrast einander anzupassen (color matching). Hierzu müssen Geräte entwickelt werden, die, ähnlich wie bei der elektronischen Farbkorrektur von Filmen, die Bild-für-Bild-Speicherung von Korrekturwerten ermöglichen.

Einige Rundfunkanstalten und Privatfirmen betreiben mobile Aufnahme-Einheiten mit zwei oder mehr mobilen Kameras, einem kleinen Mischpult und in Kleintransportern eingebauten Aufzeichnungsgeräten.

29. Mischproduktionen

Mischproduktionen können darin bestehen, daß z.B. die Außenaufnahmen einer Handlung mit der Filmkamera, die Studioaufnahmen jedoch elektronisch aufgenommen werden. Das trifft u.U. auf Fernsehspiele zu, ist aber regelmäßig bei Nachrichtensendungen und Magazinen üblich. Mischproduktionen liegen immer dann vor, wenn es gilt, Archivaufnahmen unterschiedlichen Ursprungs in eine Produktion zu integrieren. Die Probleme, die sich dabei teilweise ergeben, werden noch an späterer Stelle erläutert. Bei allen Mischproduktionen ist ein einheitliches Endprodukt - eine 16-mm-Kopie, eine MAZ o. ä. - erforderlich, so daß stets Teile der Produktion auf einen neuen Bildträger transferiert werden müssen. Der Fachmann muß diese Vorgänge gut beherrschen, um Wege zu finden, durch die der Qualitätsverlust möglichst gering bleibt.

Qualitativ am hochwertigsten ist die Überspielung von Original-Negativen auf MAZ. Dabei werden die Helligkeits- und Farbwerte elektronisch umgekehrt, so daß ein positives Bild aufgezeichnet wird. Die beim Überspielen notwendigen Helligkeits- und Farbkorrekturen kann man vorab Einstellung für Einstellung ermitteln und einspeichern, um anschließend beim Überspielen an jeder Schnittstelle nur mehr die erforderliche Anpassungskorrektur einzustellen („Elektronische Farbkorrektur" = „color matching").

Steht dabei mehr als ein Filmgeber zur Verfügung, kann im AB-Verfahren überspielt und überblendet werden. In diesem Fall haben die Überblendungsteile die gleiche Original-Qualität wie die übrigen Einstellungen. Leitet man die Überspielung über ein elektronisches Mischpult, an das elektronische Kameras oder Schriftgeneratoren angeschlossen sind, besteht die Möglichkeit, während des Überspielvorgangs Titel und Tricks zuzumischen, ohne dabei die Bildqualität des Originals zu beeinträchtigen.

Die sehr hohe Bildqualität bei der Überspielung von Original-Negativen ist darauf zurückzuführen, daß der gesamte, sehr hohe Aufnahmekontrast sich auf dem entwickelten Film auf einen Schwärzungskontrast von ca. log 2,5 konzentriert, - ein Kontrast, der von Filmgebern jeder Machart ohne Verluste in elektrische Signale umgewandelt werden kann. Außerdem wirkt sich die Tatsache positiv aus, daß die Kennlinien des Farbnegativs über lange Strecken gerade und parallel verlaufen, so daß das Mischungsverhältnis der Farben in Schatten und Spitzlichtern gleichbleibt. Ein Nachteil besteht darin, daß durch die elektronische Negativ-Positiv-Umkehrung auch kleinste Staubkörner auf dem Negativ als leuchtend weiße Punkte, und ins Bild ragende, überlappende Klebestellen als weiße Striche aufblitzen. Äußerste Sauberkeit ist daher bei der Behandlung des Negativs höchstes Gebot (Ultraschall-Reinigung). Spielfilmserien für das Fernsehen werden häufig nach diesem Verfahren hergestellt.

II 12 Filmmaterial

Das Überspielen von Positiven auf MAZ ergibt nur dann gute Resultate (wenngleich nicht mit Original-Negativen vergleichbare), wenn es sich a) um Positive einer möglichst geringen Generationenzahl - am besten also um ein Umkehr-Original - handelt, und wenn b) die maximale Dichte log 2,8 nicht übersteigt. Vorführkopien und manche Umkehrfilme erreichen jedoch regelmäßig eine maximale Schwärzung von 3,5 und mehr, so daß hier beim Überspielen mit Sicherheit große Teile der Bildinformation verlorengehen. Bei alten Theaterkopien der 3. oder 4. Generation, die als Archivmaterial benutzt werden, muß man mit hohen Informationsverlusten und starken Farbverfälschungen rechnen. Dies ist mit ein Grund, weshalb manche Produzenten bestimmte, immer wiederkehrende Situationen lieber neu aufnehmen, als sie aus einem Archiv zu übernehmen.

III 10 Gradation

Selbstverständlich kann man auch Positiv-Filme beim Überspielen elektronisch farbkorrigieren und bei Vorhandensein entsprechender Einrichtungen durch AB-System Überblendungen herstellen, sowie elektronisch Titel und Tricks zumischen. Falls solche Einrichtungen nicht vorhanden sind, ist es selbstverständlich möglich, nach erfolgter Überspielung eine MAZ-Nachbearbeitung vorzunehmen und dabei Überblendungen und Titel in die Produktion einzufügen.

Soll das Endprodukt ein Film sein - in der Regel also ein geschnittenes Negativ, von dem Vorführkopien gezogen werden -, so gibt es eine große Anzahl verschiedener Verfahrensweisen. Welchen Weg man wählt, hängt stets von den jeweiligen Umständen ab. Grundsätzlich kann davon ausgegangen werden, daß als Ausgangsmaterial a) das größere Format (35 mm), b) Negative statt Positive und c) möglichst wenige Kopierschritte (Generationen) das bessere Resultat liefern. Bei der Vergrößerung von einem kleineren (16 mm) auf ein größeres (35 mm) Format wird keine zusätzliche Auflösung (Schärfe) gewonnen; auch das größere Format hat dann nur das Auflösungsvermögen des kleineren Ausgangsmaterials.

Das Aufspielen einer MAZ auf Film ist sehr problematisch. Grundsätzlich reicht das Auflösungsvermögen des elektronischen Bildes nicht annähernd für die Projektion eines Bildes auf eine Leinwand aus. Die Phosphorfarben des Bildschirms wirken auf die drei farbempfindlichen Schichten des Filmmaterials außerdem so, daß das Resultat keinerlei Ähnlichkeit mehr mit den Bildschirmfarben hat.

II 16 Information

Es gibt freilich ein sehr aufwendiges Verfahren, mit dessen Hilfe auch elektronische Bilder mit befriedigender Qualität auf Film aufgezeichnet werden können. Es beruht auf einer Entwicklung der amerikanischen Raumfahrtbehörde zum Zwecke der Verbesserung von Mondfotos. Ein Computer vergleicht alle Einzelpunkte von etwa 20 Einzelbildern einer MAZ miteinander. Sind all diese Punkte in ihrer Helligkeit unterschiedlich, schließt der Computer daraus, daß es sich um Kornrauschen im Bild handeln muß. Dieses wird eliminiert. Häufig wiederkehrende Helligkeitssprünge an derselben Stelle des Bildes werden als Konturen identifiziert und elektronisch verstärkt. Das geschieht auch dann, wenn die Kontur nur in 50 % der Bilder erkennbar, folglich in der übrigen Hälfte dem geringen Auflösungsvermögen zum Opfer gefallen ist. Die elektronisch registrierten Farben werden in Rot-, Grün- und Blau-Lichtwerte umgerechnet, die auf Filmmaterial möglichst den Farbeindruck hervorrufen, der auch auf der MAZ elektronisch gespeichert ist. Anschließend wird ein feiner Lichtstrahl entsprechend den vom Computer errechneten Werten in seiner farblichen Zusammensetzung und seiner Helligkeit gesteuert und damit jedes einzelne Filmbild streifenweise Zeile für Zeile belichtet. Der Durchmesser des Lichtstrahls ist kleiner als das Auflösungsvermögen des Filmmaterials, so daß dessen Auflösungsvermögen voll ausgenutzt werden kann. In der Bundesrepublik waren Geräte dieser Art bei Drucklegung dieser Publikation noch nicht verfügbar. Qualitativ hochwertige Umspielungen von MAZ auf Film müssen im Ausland in Auftrag gegeben werden.

30. Die Zukunft - technisch

Schon in den kommenden Jahren werden einige Neuerungen eingeführt werden, die das bisherige System der Programmherstellung und -verbreitung und damit letztlich auch die Funktion der betreffenden Programme in bezug auf die Gesellschaft von Grund auf verändern. Argumente in der Art, wonach die eine oder andere Technik zu aufwendig oder zu teuer sei oder ihre Anwendung auf den Zuschauer schädliche Auswirkungen haben könnte, sind in der Regel zu vernachlässigen. Es gibt aus der Vergangenheit kaum Beispiele dafür, daß neue Techniken nicht auch in die Praxis umgesetzt worden wären. Alle Bedenken, ob finanzieller oder inhaltlicher Art, konnten die Anwendung immer nur unbedeutend verzögern oder leicht modifizieren, nie jedoch verhindern.

In ihrer Entwicklung sehr weit fortgeschritten sind Techniken, die die Übertragung einer um Potenzen höheren Informationsdichte ermöglichen: Glasfaserkabel und Satelliten, die im Gigahertz-Bereich senden. Die gemeinsame Anwendung beider Techniken wird zur Folge haben, daß in Kürze praktisch jeder Haushalt in der Bundesrepublik mindestens 30 Fernsehprogramme empfangen kann. Der größte Teil dieser Programme wird aus dem Ausland stammen, was bedeutet, daß der internationale Programmaustausch erheblich an Umfang zunehmen wird. Dadurch ergeben sich weitreichende finanzielle und urheberrechtliche Konsequenzen, über die noch zu sprechen sein wird.

II 16 Information

II 22 Modulation

Als Trägerschwingung für die Übertragung von Bildsignalen haben bisher elektromagnetische Rundfunkwellen gedient. Die Anzahl der übertragbaren Informationsschwingungen war damit immer durch die Schwingungszahl der Trägerschwingung begrenzt - sie konnte stets nur einen Bruchteil davon betragen, da mehrere Trägerschwingungen erforderlich waren, um eine Informationsschwingung auszumodellieren.

Dies ist zwar auch dann der Fall, wenn - wie bei der Glasfasertechnik - Laserlicht als Träger für Informationsschwingungen benutzt wird, die Schwingungszahl des Lichts ist jedoch so enorm hoch, daß man ohne weiteres eine Vielzahl (30) verschiedener Fernsehprogramme auf einen Laserstrahl aufmodellieren kann.

Die Glasfasertechnik basiert auf folgendem Phänomen: Ein Lichtstrahl, den man längs in einen zylindrischen Glasstab einleitet, wird an dessen Innenflächen immer wieder nach innen zurückgespiegelt (Totalreflexion), so daß er den Stab nicht mehr verlassen kann. Diesen Umstand kann man sich zunutze machen, um Lichtstrahlen über längere Strecken - auch um Biegungen und Kurven herum - von einem Ort zum anderen zu leiten.

Die Art und Weise, in der die einzelnen Lichtstrahlen an den Innenflächen des Glaszylinders reflektiert werden, ist u.a. abhängig von der Glaszusammensetzung, aber auch davon, ob es sich bei der spiegelnden Innenfläche um eine Glas-Luft-Grenze oder um eine Grenze zwischen Glas und einem anderen Medium handelt. Da die Reflexion der Lichtwellen rundherum von allen Seiten des Glaszylinders erfolgt und sich dieser Vorgang mit zunehmender Länge des Lichtstrahls immer häufiger wiederholt, kann es nach einiger Entfernung dazu kommen, daß die Lichtwellen miteinander interferieren, was eine teilweise Auslöschung der Wellen zur Folge hat. Die Intensität des Lichtstrahls wird daher mit zunehmender Länge „gedämpft".

II 3 Oberflächen

II 20 Schwingungen

Um diese „Dämpfung“ möglichst gering zu halten, wurden inzwischen die folgenden Verfahren entwickelt:

- Die Lichtwellen-Interferenzen werden durch die Verwendung sehr dünner Zylinderstäbe - also Fasern - mit Durchmessern von 1/10 bis 1/20 mm möglichst klein gehalten.
- Man benutzt keine Glas-Luft-Grenze als Spiegelfläche, sondern ummantelt den Faserkern mit verschiedenen Lagen von Stoffen mit unterschiedlichem Brechungsindex („Gradientenfaser“).
- Man verwendet möglichst langwelliges (Infrarot-)Licht mit Wellenlängen zwischen 800 und 1600 nm, da dieses weit weniger stark gedämpft wird, sowie
- besonders entwickelte Glasarten, die sehr wenig Licht absorbieren.
- Ferner werden Laserdioden benutzt, die sehr viel mehr Licht liefern als normale Leuchtdioden. Allerdings sind sie sehr teuer und zudem empfindlich (u.a. gegen Strom- oder Temperaturschwankungen).

Um die sehr dünne und daher mechanisch sehr empfindliche Glasfaser vor Bruch und Zugbeschädigung zu bewahren, verlegt man sie oft in kleinen Plastikschläuchen, die einen Durchmesser von ca. 1 mm haben und mit einer dickflüssigen Paste gefüllt sind.

Vorteile der Lichtleiterfasern bestehen darin, daß die durch sie übertragenen Signale gegen äußere Einflüsse weitgehend geschützt sind. Elektrische Signale dagegen können durch Schaltströme oder elektrische Frequenzen in der Umgebung von Leitungen induktiv sehr empfindlich gestört werden. Umgekehrt ist es äußerst schwer, die in einer Glasfaser laufenden Signale anzuzapfen, während bei elektrischen Signalen ein induktives Abhören ohne Störung des eigentlichen Signals ohne weiteres möglich ist. In Glasfasern übertragene Informationen sind folglich besser geschützt.

Problematisch ist es, Kabelenden ohne Verluste aneinanderzukoppeln. Daher ist es auch schwierig, ein Programm nach Belieben auf mehrere Kanäle zu verteilen. Vorläufig muß man die Signale zu diesem Zweck wieder in elektrische Impulse zurückverwandeln. Spätestens nach 10 km Faserlänge ist eine Ankoppelung notwendig, da die größtmögliche Herstellungslänge z.Zt. 10 km beträgt. Dauerhafte Verbindungen werden durch Verschweißen oder durch Anleimen zweier aufeinanderstoßender Faserenden hergestellt. Die vorübergehenden Verbindungen (Steckverbindungen) erfordern Geräte von höchster Präzision, da die ungeheuer kleinen Schnittflächen an den Faserenden so genau aneinanderpassen müssen, daß zwischen ihnen keine Lufteinschlüsse verbleiben. Zudem dürfen die Schnittflächen nicht einmal um winzige Millimeterbruchteile seitlich gegeneinander verschoben werden, da sonst ein Teil des Lichts verlorengeht.

Eine Verkabelung aller Haushalte ermöglicht aufgrund der großen Bandbreite nicht nur die Übertragung vieler Fernsehprogramme, sondern auch die einer Vielzahl anderer Daten: aktuelle Informationen, lexikalische Informationen (von wissenschaftlichen Daten bis zu Theater- und Fahrplänen), Angebote des Handels, aber auch Auszüge des eigenen Bankkontos. Ein Informationsfluß in umgekehrter Richtung ist gleichfalls möglich: das Anwählen von Datenbanken, das Überweisen von Rechnungsbeträgen vom eigenen Konto, das Bestellen von Waren. Die Fernsehempfänger der Zukunft werden daher mit einem Zusatzgerät, z.B. einem FAT (Fernsteuerbarer Adressierbarer Teilnehmerkonverter), verbunden sein.

I 32 Zukunft

Durch Digitalisierung lassen sich große Fortschritte bei der Bild- und Tonübertragung sowie bei der Aufzeichnung erzielen. Elektronische Bild- und Tonsignale werden in ihrer Qualität stets durch „Rauschen“ beeinträchtigt. Je häufiger ein Signal umgewandelt werden muß - etwa um von der Speicherplatte einer elektronischen Kamera in ausreichender Stärke an den Aufzeichnungskopf einer MAZ zu gelangen -, und je häufiger ein Signal zunächst durch Leitungsverluste geschwächt wird und anschließend wieder verstärkt werden muß, um so größer wird der Anteil des Rauschens am Nutzsignal. Zuerst werden die feineren (schwächeren, höherfrequenteren) Teile des Nutzsignals durch das überlagerte Rauschen nicht mehr unterscheidbar - zuletzt dann auch die gröberen (stärkeren, niederfrequenteren).

II 16 Information

Diesem „Verschleiß“ kann man weitgehend durch Verwendung von Signalen mit hoher Amplitude, die sich immer aus dem Rauschen hervorheben und damit stets erkennbar bleiben, vorbeugen. Das trifft für „digitale“ Zählimpulse zu, für die es nur zwei elektrische Spannungszustände gibt: 100% Spannung oder 0% („binäre Signale“). Auch wenn das gesamte Signal mit 50% Rauschen vermischt ist, ragen die Zählimpulse noch deutlich daraus hervor. Werden die Zählimpulse durch Leitungsverluste so abgeschwächt, daß sie sich dem Rauschpegel gefährlich nähern, kann man durch eine einfache Diodenschaltung alle Signale bis zu einer bestimmten Stärke - das gesamte Rauschen - unterdrücken. Durchgelassen werden dann nur noch die Spannungsreste oberhalb des Unterdrückungspegels, also die inzwischen nur noch schwachen Zählimpulse. Da diese jedoch jetzt frei von störendem Rauschen sind, kann man sie wieder verstärken - regenerieren -, wobei von den ursprünglichen Signalinhalten praktisch nichts verlorengeht.

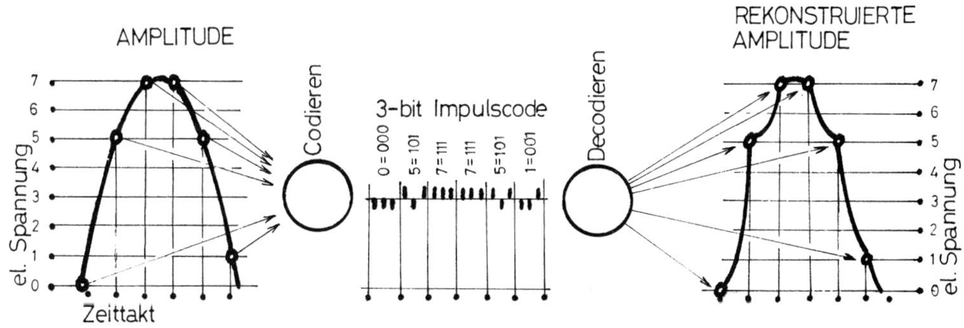

Abb. 139: Codieren und Decodieren einer Sinuswelle (z.B. Schallwelle)

II 22 Modulation

Um beispielsweise aus einem analogen Tonsignal (d.h. einem Tonsignal, in dem der elektrische Spannungsverlauf etwa dem Druckverlauf der ursprünglichen Schallwellen entspricht) ein digitales Signal zu machen, muß jede einzelne Schallwelle mehrmals nach der jeweiligen Höhe ihrer elektrischen Spannung abgetastet werden. Die ermittelten Spannungswerte werden codiert und als Impulse übertragen. Am Wiedergabeort wird die jeweilige Spannung aufgrund der codierten Signale wieder erzeugt, so daß mehrere nacheinander einlaufende Code-Signale wieder in etwa den Spannungsverlauf der ursprünglichen Schallwelle ergeben. Je häufiger eine einzelne Schallwelle abgetastet wird und je feiner die ermittelten Spannungshöhen abgestuft sind, um so genauer kann die ursprüngliche Form der Schallwelle wieder hergestellt werden. Ungenauigkeiten, die am Ende nicht mehr hörbar - oder bei Video-Signalen nicht mehr sichtbar - sind, können vernachlässigt werden. Somit besteht die Möglichkeit, verhältnismäßig genau zu bestimmen, wie häufig die jeweilige Spannungshöhe abgetastet und in wie vielen Stufen die Höhe gemessen werden muß.

Bei einem Hi-Fi-Ton, dessen höchste Obertöne eine Frequenz von über 15 000 Schwingungen/sek. (= 15 kHz) haben können, muß der Spannungsverlauf mindestens 30 000mal in der Sekunde abgetastet werden. Nun kann bei Tönen die Schwingungsamplitude der einzelnen Schallwellen sehr unterschiedlich sein, so daß man etwa 10000 einzelne Amplitudenstufen unterscheiden sollte. Um eine so hohe Zahl aus einfachen „Alles-oder-Nichts"-Impulsen darstellen zu können, werden 16 solcher Impulse, also 16 voneinander unterscheidbare 100% oder 0% Spannungszustände oder 16 sogenannte „1"- oder „0"-Impulse benötigt. Die Zahl 1 wird dann durch folgende 16 Impulse übermittelt: 0000000000000001, die Zahl 167 durch 0000000010100111.

Wenn also das Schallsignal 30 000mal in der Sekunde abgetastet und jeder Abtastwert durch 16 Impulse dargestellt werden soll, dann müssen für die digitale Übertragung oder Aufzeichnung eines Hi-Fi-Tones 480 000 Impulse/sek. (bits) gebildet werden.

Hinzu kommt noch, daß die Empfängerstation unterscheiden können muß, ob z.B. fünf oder sechs Nullen gesendet wurden, da sich beides ja durch eine längere spannungslose Strecke ausdrückt. Die Empfängerstation muß daher wissen, in welchem Rhythmus die Sendestation die Nullen abgelesen hat, um diese richtig zählen zu können - folglich muß sie von der Sendestation auch den Zählrhythmus in Form von zusätzlichen Impulsen zur Synchronisation übermittelt bekommen („Zeitkonstante").

Sender und Empfänger wird man - ähnlich wie Kamera und Tongerät - vorzugsweise mit Quarzen steuern, die mit konstanter Frequenz schwingen, so daß die Digitalimpulse genau in dem Tempo ausgelesen werden, in dem sie auch gesendet wurden. Dies ist freilich nicht überall möglich. So ist beispielsweise keine Synchronität gegeben, wenn mit einem Lichtgriffel gedruckte Binärcodes auf Markenartikel-Packungen oder in Programmzeitschriften abgetastet werden.

Ein Fernseh-Bildsignal in der heute üblichen Qualität besteht aus maximal 5 bis 6 Millionen Schwingungen pro Sekunde. Um auch die Phasenlage der sehr kleinen Farbreferenzsignale genau genug übermitteln zu können, müßte das Bildsignal zur Digitalisierung etwa 16 Millionen mal pro Sekunde abgetastet werden. Allerdings genügt dann eine Unterscheidung von etwa 250 Spannungsstufen. Diese lassen sich durch 8 „Alles-oder-Nichts"-Impulse ausdrücken, durch 8 bits also. Somit ergeben sich für die digitale Übertragung eines Fernsehbildes 128 Millionen Impulse/sek. Eine Glasfaser kann eine solche Informationsmenge über Laserlicht leicht übertragen.

Etwas schwieriger ist die Aufzeichnung auf Magnetband. Die Schwierigkeit liegt hier nicht nur in der extrem hohen Impulsdichte der Digitalsignale begründet - auch Drop-Outs, d.h. auch Fehlimpulse infolge von Bandfehlern oder mikroskopisch kleinen Staubkörnern können außerordentlich starke Auswirkungen haben. Wenn man bedenkt, daß selbst unter günstigsten Bedingungen mit etwa 15 Drop-Outs in der Sekunde zu rechnen ist, ergeben sich schon gravierende Probleme. Man versucht, sie durch hochkomplizierte Schaltungen zu beheben, die fehlerhafte Impulse entdecken und korrigieren.

II 33 Video-Aufzeichnung

Für studio-internen Gebrauch strebt man eine Digitalisierung mit noch höherer bitrate an, um ein Endresultat mit möglichst hohem Qualitätsniveau zu erreichen. Dabei trennt man Helligkeitssignal (Y-Signal) von Farbsignal (UV-Signal). Das Y-Signal wird dann 13,5 Millionen mal/sek., U- und V-Signale werden 6,75 Millionen mal/sek. abgetastet. Insgesamt sind dann für die Codierung 216 Millionen bits/sek. erforderlich.

II 31 Video-Signal

Im Idealfall stellt man sich die digitalen Impulse als rechteckige Spannungsverläufe vor. Die Wirklichkeit der Technik muß freilich damit leben, daß ein Übergang von Spannung 0 auf Spannung 100% immer das Laden oder Entladen von Kondensatoren usw. bedeutet, ein Vorgang, der - wenn auch in geringem Maße - Zeit und Energie in Anspruch nimmt. Auch da, wo es sich nur um Mikrosekunden handelt, bedeutet dies bei vielen Millionen Impulsen pro Sekunde, daß die Flanken der Impulse abgeflacht und abgerundet werden. Steilere Flanken erhält man nur, indem man die Spannungsveränderung mit höherer Energiezufuhr erzwingt. Wenn folglich viele Millionen Impulse/sek. nicht ineinanderfließen sollen, braucht man um so mehr Verstärkerenergie, je dichter der bit-Fluß in einer Zeiteinheit fließt.

II 20 Schwingungen

Neue Fernsehsysteme mit höherem Auflösungsvermögen, stereoskopischen Bildern und stereophonem Ton benötigen selbstverständlich einen wesentlich dichteren Informationsfluß als hier geschildert wurde. Die Digitalisierung von Bild- und Tonsignalen wird in jedem Fall sehr bald breiten Raum einnehmen, da sie außer der erheblichen Qualitätsverbesserung durch Fortfall des störenden Rauschens eine Reihe weiterer Vorteile bietet:

- Bild- und Tonsignale können, da sie als zahlenmäßige Größen dargestellt sind, von Computern umgerechnet werden. Dadurch kann man z.B. beim Ton Tonhöhen beliebig verändern, Echos erzeugen etc. Beim Bildsignal eröffnen sich viele neue Trickmöglichkeiten.

III 23 Elektronische Tricks
II 34 Filmgeber

- Durch die Umrechnungsmöglichkeit von Bildsignalen läßt sich die Anzahl von Signalen je Fernsehzeile bzw. die Gesamtzahl der Zeilen beliebig erhöhen oder vermindern, was praktisch auf eine Formatvergrößerung oder -verkleinerung hinausläuft. Dadurch kann man Videobilder auf dem Monitor vergrößern oder verkleinern, seitlich oder in der Höhe „zusammendrücken" oder „dehnen". In Filmgebern kann jedes beliebige Filmformat von 35-mm-Cinemascope bis Super-8 abgetastet und auf Fernsehformat gebracht werden.
- Kostspielige Höchstleistungs-Computer können Bilder aus plastischen Figuren, Oberflächenstrukturen und Farben erzeugen und bewegen. Diese werden meist als abstrakte Signets, z.B. für Sendeanstalten oder Sendereihen, verwendet.

I 30 Abstraktion

- Elektronische Kameras und andere Videogeräte können durch Computer automatisch auf ihre Idealwerte geregelt werden. Gemeint sind u.a. der Schwarz- und Weißabgleich, die Konvergenz der einzelnen Farbauszüge, die Helligkeitsabstufungen, die Synchronität.

II 30 Elektronische Kamera

Die geringe Informationsdichte (Auflösung, Schärfe) und die technischen Mängel des heutigen Fernsehbildes haben zur Entwicklung neuer Fernsehsysteme geführt, die zum Teil den Qualitätsparametern des Films angenähert sind. Sie sind dadurch in der Lage, die menschliche Wahrnehmung besser zu „beschäftigen". In naher Zukunft werden die meisten Haushalte mit Fernsehprojektoren ausgestattet sein, die auf eine freie Wohnzimmerwand ein 1 bis 2 m großes scharfes, weitgehend fehlerfreies Bild projizieren.

II 16 Information

Zu den neuen Verfahren gehört in erster Linie das hochauflösende Fernsehen („HDTV" = „High Definition Television"). In den Ländern mit 50 Hz Netzstromfrequenz wird das HDTV voraussichtlich 1249 (statt bisher 625) Zeilen und 50 Halbbilder/sek. haben, in Ländern mit 60 Hz Netzfrequenz (USA, Japan) 1125 (statt bisher 525) Zeilen und 60 Halbbilder/sek. Für die Übertragung der Bildsignale wird eine Bandbreite von 20 bis 60 MHz (statt bisher 5 bis 6 MHz) benötigt.

II 31 Video-Signal

Die technischen Probleme des HDTV sind weitgehendst gelöst. Für die Aufnahme wird mehr Licht benötigt, weil der Abtaststrahl der Kamera stärker fokussiert werden muß. Er muß ja wesentlich kleinere Bildpunkte auf der Speicherplatte abtasten, die demnach auch viel geringere Signalspannungen liefern. Für das Abtasten einer Zeile stehen außerdem nur noch etwa 36 Mikrosekunden – davon 7 Mikrosekunden für den Rücklauf – zur Verfügung. Die hohe Signaldichte bereitet bei der Übertragung Probleme. Am einfachsten wird sie durch Glasfasern geleitet.

Der Vorteil des HDTV-Verfahrens liegt – außer bei der besseren Auflösung – in der hervorragenden Farbwiedergabe und dem guten Bildstand. Eine elektronische Konturenanhebung wirkt an der feineren Bildstruktur weit weniger störend als bei dem heutigen groben Bild. Im Gegenteil, dadurch, daß sie kleine Unschärfen kompensiert, bewirkt sie eine Erweiterung des Schärfentiefenbereichs bei der Aufnahme.

II 28 Bildsignal

I 5 Signalverarbeitung

Das HDTV-Bild mit 1125 Zeilen und 60 Halbbildern/sek. hat gegenüber dem 50 Hz-Standard den Vorteil, daß es in hellen Flächen weniger flimmert. Um das „Großflächenflimmern" zu verhindern, wird erwogen, die 25 Bilder/sek. bei der Wiedergabe – statt als 2 Halbbilder – als 4 Viertelbilder zu projizieren. Dazu müßte man die beiden Halbbilder speichern und jeweils um das Doppelte beschleunigt wiederholen, etwa in der Reihenfolge 1, 2, 1, 2. Das hätte freilich den Nachteil, daß bei waagerechten Schwenks oder Objektbewegungen die senkrechten Konturen beim 3. Teilbild (welches inhaltlich ja mit dem 1. Halbbild identisch ist) zurückspringen würden. Mit anderen Worten: Bei horizontalen Bewegungen fransen die senkrechten Konturen aus, werden gedoppelt oder unscharf. Diesen Effekt kann man nur mit erheblichem Schaltungsaufwand mildern oder dadurch, daß man gleich bei der Aufnahme 100 Teilbilder statt 50 aufnimmt. Das verbietet sich aber deshalb, weil dann der Signalgewinn von der Speicherplatte der Kamera noch weiter verringert und die Signaldichte bei der Übertragung noch einmal verdoppelt werden würde.

Andere „klassische" Bildfehler beruhen darauf, daß waagerechte oder nahezu waagerechte Konturen – insbesondere beim Zeilensprungverfahren – zwischen zwei Wiedergabezeilen unentschieden hin- und herwandern. Dies hat eine lästige „Kantenunruhe" oder ein „Zeilenwandern" zur Folge. Beides läßt sich kaum beheben, es sei denn durch Verzicht auf das Zeilensprungverfahren. Mit hochkomplizierten, aus der Computertechnik entlehnten Methoden versucht man, durch Speichern und Umformen von Bildsignalen die Vorteile des Zeilensprungs mit denen des Vollbildes zu verbinden.

Ein weiterer Bildfehler ist das „Übersprechen" der Farbkomponente und der Helligkeitskomponente, die z.B. beim FBAS-Signal miteinander verkoppelt sind. Unterschiedliche Frequenzen haben die „Eigenschaft", sich gegenseitig zu beeinflussen oder durch Stroboskopeffekte ganz neue Frequenzen zu bilden („alias"-Wellen). Hohe Frequenzen im Helligkeitssignal können z.B. Farbmoirés erzeugen. Auch kann die Farbträgerschwingung mit dem Helligkeitssignal neue „alias"-Schwingungen und damit Moirés, Rauscheffekte oder wandernde Farbkanten bilden. Abhilfe ist dadurch möglich, daß man Helligkeits- und Farbsignal getrennt leitet oder aufzeichnet. Dazu werden dann entweder zwei Kanäle benötigt oder die beiden Komponenten müssen nacheinander („sequentiell") aufgezeichnet werden. In der Regel verwendet man doppelt soviel Bandbreite oder Speicherplatz für das Helligkeitssignal wie für jedes der beiden Farbsignale. (Das Helligkeitssignal wird gewöhnlich mit „Y" bezeichnet, die beiden Farbsignale mit „Blau-Y" und „Rot-Y".) Für das „Komponentensignal" gilt also das Verhältnis 4 : 2 : 2. In bezug auf die technische Realisierung hat diese Verfahrensweise zur Folge, daß man die Signale bei der Wiedergabe in jedem Falle speichern und dehnen muß. Sie müssen ja zeitlich wieder zusammengeführt werden, um ein Farbbild zu ergeben.

Damit die enorm hohen Informationsdichten der Signale bewältigt werden können, wird in vielfacher Weise versucht, die bit-rate zu verringern. Die meisten Verfahren beruhen darauf, sogenannte „Redundanzen" nicht mehr zu übertragen. Dazu gehören z.B. homogene Farbflächen (ständige Wiederholung der gleichen Farbimpulse) oder auch Konturen, die sich in jedem Einzelbild an der gleichen Stelle wiederholen. Verzichtet man darauf, das gleiche Signal an der gleichen Stelle zu wiederholen, indem man es abspeichert, kann die freigewordene Kanalkapazität für die Verbesserung der Bildqualität genutzt werden. Dieser „Trick" funktioniert allerdings nur so lange, bis die Kamera schwenkt, und es zu keiner entsprechenden Wiederholung der Konturen mehr kommt. Einfacher ausgedrückt: Verbesserung der Bildqualität durch Verzicht auf redundante Signale funktioniert in der Regel nur bei stillstehenden Bildbestandteilen.

Gäbe es im Fernsehsignal nicht die H- und V-Austastlücken, könnte man auf dem gleichen Raum fast 20% mehr Bildsignal unterbringen. Auch dieses wird versucht. Und auch hier muß man die Signale zur Wiedergabe erst speichern und dann zeitlich zusammendrücken, damit sie mit den notwendigen Austastlücken versehen werden können.

Eine andere „Philosophie" will die Tatsache nutzen, daß das menschliche Auge waagerechte und senkrechte Konturen viel deutlicher sieht als schräge Linien, und daß fast alle Bilder zum überwiegenden Teil waagerechte und senkrechte Konturen enthalten. Indem man die verfügbare Signalkapazität vornehmlich auf diese Konturen verwendet und die anderen etwas vernachlässigt, läßt sich die Signalkapazität senken bzw. die Bildqualität verbessern.

Auf der Grundlage dieser und anderer Überlegungen hat sich eine Vielzahl technischer Methoden entwickelt, die, wollte man sie alle beim Namen nennen – meist handelt es sich dabei um Abkürzungen wie z.B. EQTV oder E-MAC –, gleich mehrere Seiten füllen würden. Da jedoch ständig neue hinzukommen und andere in Vergessenheit geraten, hätte eine solche Auflistung an dieser Stelle nur wenig Sinn. Die einzelnen Verfahren unterscheiden sich u.a. nach der jeweiligen Anwendung:

- für die Aufnahme oder Wiedergabe elektronischer Bilder,
- für die Übermittlung der Signale (terrestrische Sender, Satelliten, Kabel),
- für die Speicherung von Signalen (MAZ).

Die Signalformen kann man unterscheiden nach

- integrierten (z.B. FBAS) oder Komponenten-Signalen (z.B. Betacam-Aufzeichnung, D2MAC-Signale für Satelliten),
- analogen oder digitalen Signalen.

(Integrierte Signale werden häufig auch als „verkämmte" oder „Composite"-Signale bezeichnet.)

Da jedes Gerät die für seine Funktion günstigste Signalform verwenden wird, müssen die Signale auf dem Wege von der Aufnahmekamera bis zum Heimempfänger mehrfach umgewandelt werden. Fachleute rechnen damit, daß in Kürze jedes Fernsehbild auf seinem Weg vom Studio bis zum Empfänger mindestens 8mal umgewandelt worden sein wird. Die Umwandlung von Bildsignalen ist nun keineswegs eine neue technische Entwicklung, sondern findet seit Jahren statt und zwar sowohl bei der Übertragung von einem Land zum anderen, als auch in jedem Aufzeichnungsgerät, in dem das FBAS-Signal in ein frequenzmoduliertes High-Band-Signal umgewandelt wird bzw. umgekehrt. In naher Zukunft werden jedoch eine Vielzahl von Signalwandlern, sogenannten „Interfaces" benötigt, die den einzelnen Produktions-, Aufzeichnungs- und Verbreitungsstufen zwischengeschaltet werden müssen. Da die häufige Umwandlung der Bildsignale die mühsam erreichte Bildqualität nach Möglichkeit nicht beeinträchtigen sollte, müssen diese Interfaces zuverlässig so viel leisten, wie hochwertige Computer, d.h. sie müssen in jeder Sekunde weit mehr als 10 MHz verarbeiten können. Bei der Kurzlebigkeit und der hohen Komplexität der Videogeräte ist in diesem Industriezweig die Vollbeschäftigung damit wohl vorläufig sichergestellt.

III 31 Normen

Weiter kompliziert wird diese Entwicklung dadurch, daß auch die Tonqualität des Fernsehens zu verbessern ist. Auf 1/2-Zoll-MAZ-Bändern ist sie so minderwertig, daß sie nicht annähernd der Rundfunknorm entspricht. Zudem sind die Lautsprecher der meisten Fernsehempfänger unendlich weit von einer Hi-Fi-Qualität entfernt.

Die Aufzeichnung des Tons auf den Rand von Videobändern ist wegen der langsamen Laufgeschwindigkeit der Bänder in jedem Falle unzureichend. Die folgenden Techniken könnten daher in Zukunft neu eingeführt werden:

- die Digitalisierung des Tons,
- die Integrierung des Tonsignals in das Videosignal (ähnlich wie die Integrierung des Farbsignals beim FBAS),
- die Ausnutzung der Austastlücken (13.625 je Sekunde) des Bildsignals für digitale Tonsignale (die dann gespeichert und über den gesamten Zeitraum gedehnt werden müssen).

Der zweikanalige stereophone Ton ist inzwischen bereits eingeführt und bewirkt eine bessere räumliche Transparenz.

Zwischen den einzelnen Bildsignal- und Tonsignal-Systemen ist fast jede Kombination vorstellbar.

Zur Zeit werden experimentelle Fernsehempfänger für stereoskopische Bildbetrachtung gebaut, die mittels Polarisation für jedes Auge nur das jeweils „linke" oder „rechte" Bild sichtbar machen. Dazu werden die beiden Bilder übereinander auf eine Silberwand projiziert - das eine mit 45° nach links, das andere mit 45° nach rechts geneigter Polarisation des Lichts. Der Betrachter muß dazu eine Brille mit entsprechend polarisierten Gläsern tragen. Das menschliche Sehzentrum ist, ähnlich wie ein Computer, in der Lage, zur Bildverbesserung aus mehreren Bildern eine höhere Informationsmenge zu entnehmen und zu integrieren. Dadurch erscheinen stereoskopische Bilder dieser Art auch bei einem Auflösungsvermögen von 5 MHz je Bild erheblich schärfer und detailreicher als flache Bilder.

III 29 Mischproduktion

Gewiß wird es eines Tages möglich sein, hochauflösende Fernsehbilder auch auf kleinstem Raum zu konzentrieren - etwa auf einer Bildfläche von 6 cm Breite. Dazu dürfen die einzelnen Bildpunkte allerdings nur noch einen Durchmesser von etwa 1/100 mm haben. Zur Betrachtung eines solchen Bildes mit einem Blickwinkel von 35 Grad müßte man so nah herangehen, daß zwischen Bild und Auge ein optisches Betrachtungssystem - ein Okular - erforderlich wäre. Allerdings könnte unter diesen Umständen jedem Auge - wie in einem Stereoskop - ein separates Weitwinkelbild dargeboten werden.

Hat man einmal die visuelle Darbietung in unmittelbaren Kontakt mit dem entsprechenden Sinnesorgan, dem Auge, gebracht, könnte man mit den anderen Sinnesorganen, wie z.B. den Ohren, ebenso verfahren, indem man auch den Begleitton über Kopfhörer direkt an den Zuschauer bringt. Dadurch bestünde die Möglichkeit, statt des nicht immer befriedigenden stereophonen Tones einen sehr viel realitätsnäheren Kunstkopfton zusammen mit dem Bild zu übertragen.

Durch den direkten Kontakt mit den Sinnesorganen wäre sogar die Übertragung schnellwechselnder Gerüche machbar, da alle gängigen Gerüche nach Aussagen der zuständigen Fachleute aus nur wenigen Grundkomponenten zusammengesetzt werden können. Dieser Gedanke mag auf den ersten Blick belächelt werden; wer jedoch weiß, in wie starkem Maße auch unterschwellig wahrgenommene Gerüche die Atmosphäre einer Situation u.U. beeinflussen, der wird diese Möglichkeit durchaus ernsthaft in Erwägung ziehen.

Mit stereoskopen und stereophonen Empfangsgeräten dieser Art wird es zudem möglich sein, daß in einem Raum oder einer Wohnung mehrere Personen gleichzeitig und ungestört individuell verschiedene Programme verfolgen.

Bildsignale kann man neuerdings nicht nur auf Magnetbändern, sondern auch digital auf CD-Platten speichern. Ähnlich wie bei den bereits bekannten CD-Schallplatten werden die einzelnen Digitalimpulse dabei mikroskopisch fein mittels Laser in die Plattenoberfläche eingeprägt. Mit der heute noch üblichen Bildqualität können solche Platten bis zu zwei Stunden Programm aufnehmen. Da die einzelnen Rillen der Platte in Sekundenschnelle angesteuert werden können, kann man innerhalb des aufgezeichneten Programms sehr schnell hin- und herspringen. Dadurch werden ganz neuartige Programme, sogenannte interaktive Programme möglich. Das sind Programme, bei denen der Zuschauer den Fortgang der Handlung beeinflussen kann.

31. Einige wichtige Normen

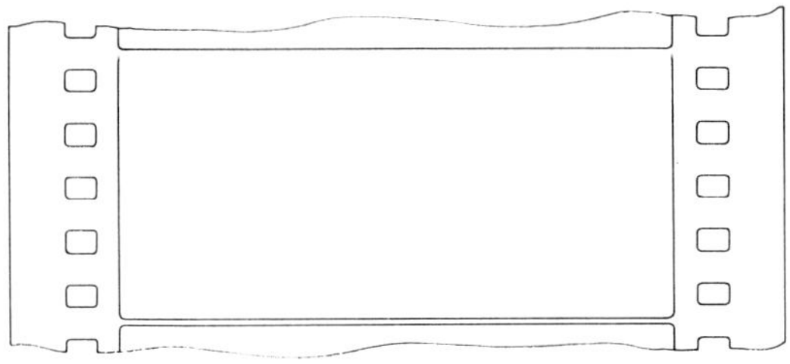

70-mm-Positiv-Film für Breitwand-Vorführung nach dem „Super-Panavision"-Verfahren. Die Aufnahme erfolgt auf 65 mm-Film, da hier die Flächen seitlich der Perforation für die Aufnahme der Tonspuren fehlen. Ein Umkopieren des 65-mm-Negativs auf 35-mm-Cinemascope (s.S. 210) ist ebenfalls möglich.

Bildformat: Negativ 52,6 x 23 mm
Positiv 48,5 x 22 mm

Auflösungsvermögen des Negativs: ca. 7.400.000 Bildpunkte

Ton: 6 Magnetspuren - je 2 außerhalb, 1 innerhalb der Perforation

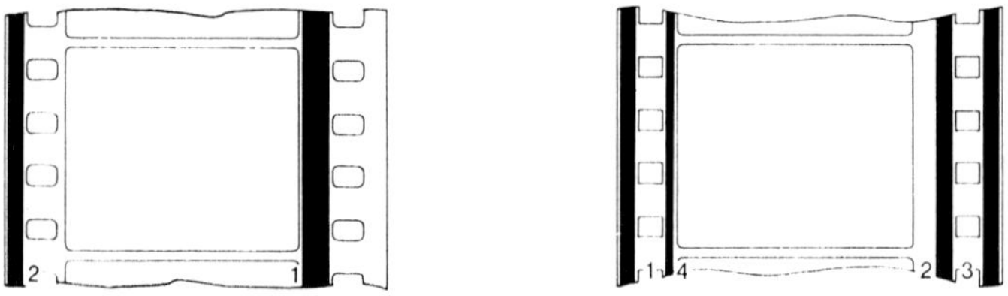

35-mm-Normalfilm (links) und Cinemascope-Film (rechts)

Bildformat: Negativ 22 x 16 mm, Positiv 21 x 15,3 mm (Normalbild)

Negativ 24,7 x 18,6 mm, Positiv 21,3 x 18,1 mm (Cinemascope)

Bei der Aufnahme auf Cinemascope bzw. beim Umkopieren von Super-Panavision auf Cinemascope wird das Bild durch Zylinderlinsen im Verhältnis 1 : 2 seitlich zusammengedrückt. Bei der Vorführung wird es - ebenfalls durch Zylinderlinsen - im gleichen Verhältnis wieder gedehnt, so daß die abgebildeten Gegenstände wieder ihre normalen Proportionen erhalten.

Auflösungsvermögen des Negativs: ca. 2.500.000 Bildpunkte

Ton: Normalbild:
Lichtton- oder Magnetton-Spur 2,54 mm breit zwischen Bild und Perforation. (Damit der Film auf beiden Seiten die gleiche Dicke hat und sich gleichmäßig aufwickelt, wird bei Magnetbeschichtung auf der dem Ton gegenüberliegenden Seite eine funktionslose Ausgleichsspur aufgegossen.)

Cinemascope:
3 Magnetspuren je 1,6 mm und eine Spur 1 mm

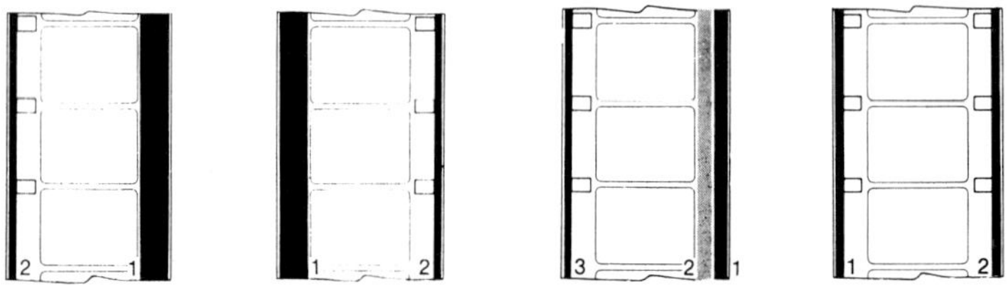

16-mm-Schmalfilm, einseitig perforiert in A- und B-Wicklung, da durch Verwendung von Umkehrfilmen die Schichtlagen veränderbar sind. (Bei Negativ-Positiv-Verfahren ist das Negativbild immer von der Schichtseite, das Positivbild immer von der Glanzseite her seitenrichtig zu sehen.)

Bildformat: 10 x 7,5 mm

Auflösungsvermögen des Negativs: ca. 500.000 Bildpunkte

Ton: Bei einseitig perforiertem Film eine 2,54 mm breite Lichtton- oder Magnetton-Spur. (Ebenfalls lieferbar ist eine 1,25 mm breite Magnetton-Spur, so daß daneben noch eine ebenso breite Lichtton-Spur aufgezeichnet werden kann.) Bei

Magnetton-Spuren muß auf der anderen Filmseite eine schmale Ausgleichsspur aufgegossen werden (s. 35 mm).

Bei zweiseitig perforiertem Film kann auf beiden Seiten je eine 0,8 mm breite Magnetspur aufgetragen werden.

Bei kombinierten 35-mm-Lichtton-Vorführkopien liegt der Synchronpunkt des Tons 20 Bildfelder *vor* dem zugehörigen Bild, bei Vorführkopien mit Magnetton-Spur liegt er 28 Bildfelder *nach* dem zugehörigen Bild.

Bei kombinierten 16-mm-Lichtton-Vorführkopien liegt der Synchronpunkt des Tons 26 Bildfelder, bei Vorführkopien mit Magnetton-Randspur 28 Bildfelder *vor* dem zugehörigen Bild.

Tonaufzeichnungen

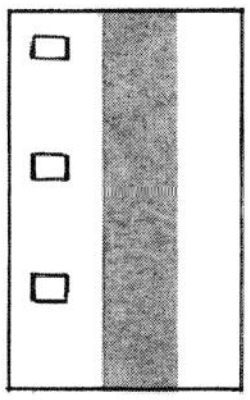

7-mm-Magnetband mit 1 oder 2 Tonspuren und ggf. mit Pilotton zum Synchronhalten mit anderen Bild- oder Tonträgern. Laufgeschwindigkeit 19 oder 38 cm/sek.

16-mm perforierter Magnetfilm mit 5 mm breiter Aufzeichnung in der Filmmitte bzw. mit zwei 4 mm breiten Spuren. Auf 16-mm-Magnetfilm kann auch eine Randspur wie auf 16-mm-Vorführkopien aufgezeichnet werden, ggf. auch zusätzlich zu einer Mittelspur.

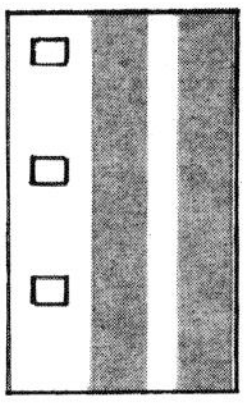

Laufgeschwindigkeit des 16-mm-Magnetfilms 19,05 cm/sek.

17,5-mm-Magnetfilm („gesplitteter“ 35-mm-Film) mit einer 5 mm breiten Aufzeichnungsspur bzw. mit zwei Spuren.

35-mm-Magnetfilm mit einer Aufzeichnungsspur in gleicher Lage wie beim 17,5-mm-Magnetfilm, oder mit 2, 3, 4 oder 6 Spuren.

Laufgeschwindigkeit des 17,5- und 35-mm-Magnetfilms 47,5 cm/sek.

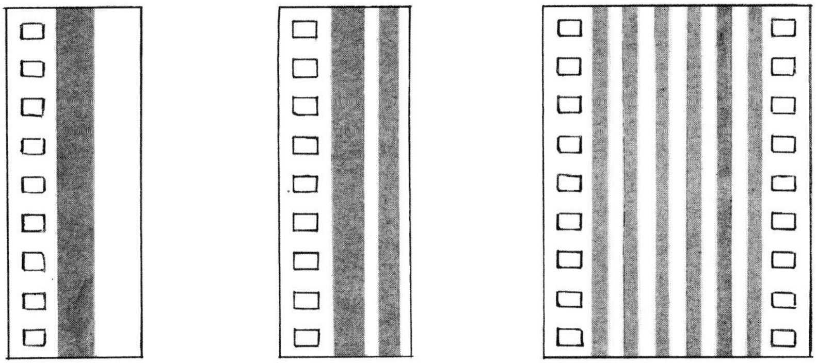

Video-Aufzeichnung (MAZ)

2-Zoll-MAZ (Bandbreite 50,8 mm) wird mit 4 rotierenden Köpfen quer zur Laufrichtung mit Bildsignal bespielt. Auf einer Bandseite befindet sich eine 1,7 mm breite Tonspur in Längsrichtung für den Programmton, auf der anderen Bandseite eine 0,5 mm breite Cue-Spur für Zeitcodes und Schnittsignale, sowie eine 1,2 mm breite Spur für Synchronimpulse („Steuerspur“). Laufgeschwindigkeit des Bandes 40 cm/sek.

1-Zoll-MAZ B-Format (Bandbreite 25,4 mm). Das Bildsignal wird mit zwei Köpfen in Schrägspuren („Helical Scan“) aufgezeichnet. Auf einer Bandseite befinden sich zwei 0,8 mm breite Tonspuren in Längsrichtung, dazwischen eine 0,4 mm breite Steuerspur mit den Synchronsignalen. Auf der anderen Bandseite befindet sich eine weitere 0,8 mm breite Tonspur, die auch für Zeitcodes oder Schnittimpulse verwendet werden kann. Laufgeschwindigkeit des Bandes 24,3 cm/sek.

1-Zoll-MAZ C-Format. Das Bildsignal wird mit einem Kopf in Schrägspuren („Helical Scan“) aufgezeichnet. Auf einer Bandseite befinden sich zwei 0,8 mm breite Tonspuren in Längsrichtung, auf der anderen Bandseite eine 0,6 mm breite Steuerspur, eine 1,3 mm breite Synchronspur und eine weitere 0,8 mm breite Spur für Zeitcodes, Schnittimpulse oder wahlweise für eine weitere Tonaufzeichnung. Laufgeschwindigkeit des Bandes 24 cm/sek.

3/4 Zoll-MAZ (Bandbreite 19,05 mm)
1/2 Zoll-MAZ (Bandbreite 12,7 mm)
1/4 Zoll-MAZ (Bandbreite 6,3 mm)

Für diese drei Formate gibt es keine Normen über Spurlagen und Laufgeschwindigkeiten, so daß die Bänder zwischen den einzelnen Fabrikaten nicht austauschbar (nicht „kompatibel“) sind.

Band IV

Die Arbeitsgebiete

Inhalt

Je intensiver die Vorbereitungsarbeiten für eine Produktion sind, um so schneller und reibungsloser verlaufen die Aufnahmen und um so weniger Verluste entstehen (z.B. durch fehlerhafte Requisiten, Terminänderungen oder Wiederholungen). Im Idealfall sollten die Aufnahmearbeiten Schlußakt und Höhepunkt der gesamten Vorbereitungsphase sein.

Mittelpunkt aller Vorbereitungen ist das

1. Drehbuch

Der Autor eines Films wird erhebliche Zeit mit der Recherche seines Themas verbringen. Schließlich muß er wesentlich mehr darüber wissen, als später im Film selbst an Informationen enthalten sein kann. Nach Beendigung der Recherche gilt es, sich für eine Handlungsführung zu entscheiden und sie dann in einem sogenannten Exposé niederzulegen. Diese Methode wird sowohl bei Spielfilmen als auch bei Dokumentationen und allen anderen Darstellungsarten angewandt.

Bei der Ausarbeitung des Stoffes hat der Autor dann die Möglichkeit, aus dem reichen Vorrat seiner Recherchen zu schöpfen. Und hier ist der Punkt, an dem die meisten Anfänger scheitern, weil sie es nicht verwinden, daß sie die meisten Fakten ihrer Recherchen nicht verwenden können. Aus Verzweiflung packen sie möglichst viele Fakten in ihren Film, und das auch an den Stellen, an denen sie für die Handlungsführung ohne Bedeutung sind. Der Zuschauer fühlt sich mit inkohärenten Informationen überschüttet, ist völlig verwirrt und versucht, das Sammelsurium möglichst schnell zu vergessen.

Noch einmal zurück zum Exposé. Es ist eine halbe bis eine Seite lang und umreißt kurz den zugrundeliegenden Konflikt und seine Lösung, sowie die verschiedenen Situationen und die Charaktere der am Geschehen beteiligten Personen. In dieser Kürze liest sich jeder Stoff, selbst wenn er von Goethe oder Shakespeare stammen sollte, banal.

Der nächste Arbeitsschritt, das Treatment, beinhaltet bereits die detaillierte dramaturgische Konstruktion. Bei Spielfilmen hat es einen Umfang von mehreren Seiten. Stellenweise mag sich dieses Treatment wie eine Kurzgeschichte lesen, es stellt jedoch keinerlei literarische Ansprüche. Hier kommt es u.a. nur darauf an, zu beschreiben, welche Fakten zu welchem Zeitpunkt exponiert werden, wie die Haupt- und Nebenhandlungen ablaufen und wie sie miteinander verflochten sind.

I 22 Handlungsführung

Hält das Treatment allen Prüfungen auf dramaturgische Logik und Gewichtung stand, kann daraus das Drehbuch erarbeitet werden. Diese Erarbeitung besteht darin, die einzelnen Bildeinstellungen festzulegen, die Sprechtexte zu formulieren und Übergänge, Stimmungen sowie Tonereignisse (Geräusche, Musiken) zu beschreiben.

I 10 und 11 Gestaltung

Gelegentlich wird die Auffassung vertreten, bei einer so präzisen Ausarbeitung des Drehbuchs verbleibe für Regie, Kamera, Schnitt und Ton keine kreative Gestaltungsmöglichkeit mehr. Angesichts der hohen Informationsdichte des gestalteten Filmbildes ist diese Auffassung jedoch recht naiv.

Die in einem detailliert ausgearbeiteten Drehbuch enthaltenen Informationen stellen nur einen Bruchteil der im fertigen Film vermittelten Zusammenhänge dar. Jeder einzelne Satz kann auf ganz verschiedene Art und Weise gesprochen werden, Pausen können verlängert oder verkurzt werden und gute Schauspieler haben z.B. ein Repertoire von mehr als 20 Möglichkeiten, um von einem Stuhl aufzustehen. Alle diese

I 30 Abstraktion

I 28 Gewichtung
I 14 Bildaufbau
I 17 Beleuchtung

Varianten werden vom Zuschauer psychologisch gedeutet; der Regisseur muß diese Deutungen berücksichtigen und in die Logik des Gesamtablaufs einpassen. Der Kameramann hat, auch wenn das Drehbuch z.B. vorschreibt:„Nah, Darsteller X", eine Vielfalt von Möglichkeiten, die Gewichte im Bild zu verteilen, die Umgebung mehr oder weniger stark in den Vordergrund treten zu lassen etc. Ebenso kann die Anweisung „Tag/innen" entweder durch einen sonnendurchfluteten Raum oder aber durch einen Raum mit einer bedrückenden Atmosphäre realisiert werden.

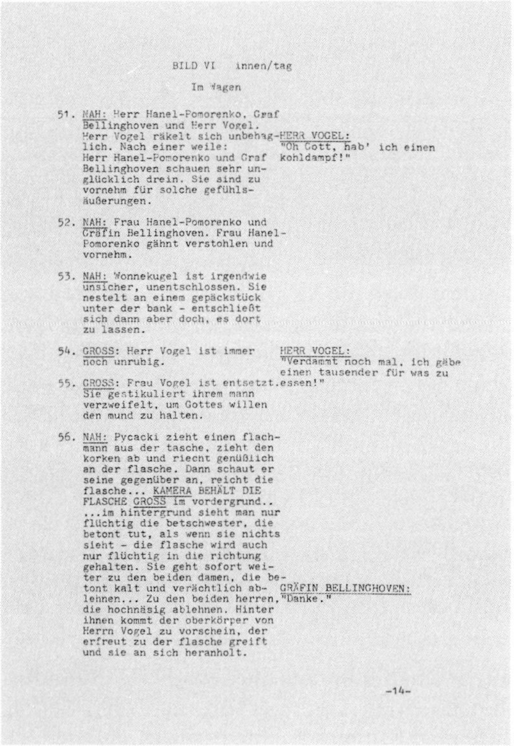

BILD VI innen/tag

Im Wagen

51. NAH: Herr Hanel-Pomorenko, Graf Bellinghoven und Herr Vogel. Herr Vogel räkelt sich unbehaglich. Nach einer weile: Herr Hanel-Pomorenko und Graf Bellinghoven schauen sehr unglücklich drein. Sie sind zu vornehm für solche gefühlsäußerungen.

HERR VOGEL: "Oh Gott, hab' ich einen kohldampf!"

52. NAH: Frau Hanel-Pomorenko und Gräfin Bellinghoven. Frau Hanel-Pomorenko gähnt verstohlen und vornehm.

53. NAH: Wonnekugel ist irgendwie unsicher, unentschlossen. Sie nestelt an einem gepäckstück unter der bank - entschließt sich dann aber doch, es dort zu lassen.

54. GROSS: Herr Vogel ist immer noch unruhig.

HERR VOGEL: "Verdammt noch mal, ich gäbe einen tausender für was zu essen!"

55. GROSS: Frau Vogel ist entsetzt. Sie gestikuliert ihrem mann verzweifelt, um Gottes willen den mund zu halten.

56. NAH: Pycacki zieht einen flachmann aus der tasche, zieht den korken ab und riecht genüßlich an der flasche. Dann schaut er seine gegenüber an, reicht die flasche... KAMERA BEHÄLT DIE FLASCHE GROSS im vordergrund.. ...im hintergrund sieht man nur flüchtig die betschwester, die betont tut, als wenn sie nichts sieht - die flasche wird auch nur flüchtig in die richtung gehalten. Sie geht sofort weiter zu den beiden damen, die betont kalt und verächtlich ablehnen... Zu den beiden herren, die hochnäsig ablehnen. Hinter ihnen kommt der oberkörper von Herrn Vogel zu vorschein, der erfreut zu der flasche greift und sie an sich heranholt.

GRÄFIN BELLINGHOVEN: "Danke."

-14-

Abb. 140: Drehbuchseite

Es gibt sehr unterschiedliche Grade der Ausarbeitung von Drehbüchern. Bei Produktionen von internationalem Rang beansprucht die Erarbeitung eines Drehbuchs, an der dann eine Anzahl von Spezialisten für Dramaturgie, Dialoge, Gags etc. beteiligt sind, u.U. mehrere Jahre. In solchen Fällen ist es dem Aufnahmestab vielfach untersagt, nach der Abnahme des Drehbuchs durch den Regisseur bei der Aufnahme noch irgendwelche Änderungen vorzunehmen.

Wesentlich häufiger ist es jedoch so, daß Regisseur, Schauspieler und Kameramann im Verlauf der Proben mehr oder weniger geringfügige Änderungen an den Texten oder Schnitten vornehmen.

Da es in der Bundesrepublik keine Ausbildungsstätten für Film- und Fernsehautoren gibt und Drehbuchautoren mit ausreichendem bilddramaturgischem Können daher äußerst rar sind, wird hierzulande oft nach „Drehbüchern" gearbeitet, die mehr wie Theaterstücke formuliert sind. D.h. sie bestehen aus knappen Anweisungen für die Aktionen der Darsteller und können im übrigen nur als Dialoglisten bezeichnet werden. Für die Produktion bedeutet dies, daß der Regisseur die im Drehbuch fehlende Bilddramaturgie zunächst schriftlich nachliefern muß, um den Mitarbeitern des Aufnahmestabes sinnvolle Vorbereitungen für den jeweiligen Drehtag (Ausleuchten, Requisiten besorgen, Kostüme vorbereiten etc.) zu ermöglichen. Das Nachliefern der fehlenden Bilddramaturgie nennt man „ein Drehbuch einrichten".

IV 2 Ausstattung
IV 3 Kamera-Arbeit

Für die Produktionsvorbereitung sind solche Dialoglisten besonders problematisch. Aus ihnen geht weder eindeutig hervor, wann welcher Ausstattungsaufwand erforderlich ist, noch, wie das Gesamtpensum rationell auf einzelne Drehtage verteilt werden kann. Die Folge davon ist, daß sowohl beim Engagement von Darstellern, die nur kurze Szenen mit wenigen Drehtagen zu spielen haben, als auch bei der Planung der Gesamtdrehzeit hohe Sicherheitsmargen einkalkuliert werden müssen. Somit verteuert sich die gesamte Produktion aufgrund des fehlenden vollständigen Drehbuchs erheblich (um bis zu 20%). Darüber hinaus besteht bei nichtchronologischem Drehablauf (und dieser ist die Regel) die Gefahr, daß Schnittanschlüsse nicht passen oder Tonübergänge nicht gemacht werden, da im Drehbuch die entsprechenden Angaben fehlen. Folglich muß man zusätzlich zu den höheren Produktionskosten auch noch Qualitätseinbußen in Kauf nehmen. Aufgrund dieser Nachteile gibt es viele Produzenten, die Drehbücher in Form von Dialoglisten nicht akzeptieren.

IV 11 Produktionsleitung
IV 9 Schnitt
I 9 Verschmelzung

Bei Produktionen für das Fernsehen wird häufig für das Endresultat eines Films eine genaue Laufzeit (z.B. 28 Minuten, 58 Minuten o.ä.) vorgegeben, die dann sekundengenau eingehalten werden muß. Die laienhafte Vorstellung, man könne einen Film später beim Schnitt erheblich kürzen oder verlängern, läßt sich nicht mit der Realität vereinbaren. Ein dramaturgisch sauber durchkonstruierter Film enthält nichts, was entbehrlich wäre. Und sollte sich wirklich an irgendeiner Stelle ein verzichtbarer Dialogsatz finden, so wird das Ergebnis nach dem Schnitt aller Wahrscheinlichkeit nach einer Art „Verwandlungskunststück" entsprechen. Dazu ein konkretes Beispiel: Eine Dialogsituation, bei der der zuhörende Darsteller zu Beginn eines Satzes an seiner Zigarette zieht, während er sich am Ende des Satzes ein Glas Wein einschenkt.

Eine möglichst präzise zeitliche Vorausplanung des Handlungsablaufs ist nur möglich, wenn das Drehbuch bilddramaturgisch aufgelöst und entsprechend ausgestoppt ist. Alle anderen Methoden wie z.B. nachträgliche Schnittmanipulationen führen zu schweren Qualitätseinbußen.

In Kapitel I/31 wurde bereits erläutert, daß bei Dokumentationen oder ähnlichen Programmarten in den meisten Fällen keine Möglichkeit besteht, ein ausführliches Drehbuch zu entwerfen. Bei echten Dokumentationen entsteht das Drehbuch gewissermaßen während der Dreharbeiten, wobei selbstverständlich zugunsten einer größeren Unmittelbarkeit Abstriche an Bildlogik, Schnitt etc. in Kauf genommen werden müssen. Es sollte jedoch in allen Einzelfällen gewissenhaft geprüft werden, inwieweit Vorbereitungsarbeiten durchführbar sind. So ist beispielsweise bei Lehrfilmen und Dokumentationen, die einen technischen Vorgang schildern, bei dem alle Einzelheiten vorhersehbar sind, die Erarbeitung eines vollständigen Drehbuchs durchaus möglich.

I 31 Programmarten

2. Ausstattung

Die Ausstattung ist ein weiterer Bestandteil der Herstellung von Filmen und Fernsehprogrammen. Im Vor- und Nachspann werden zu ihrer Bezeichnung auch die Begriffe „Szenenbild“, „Bild“ oder „Bauten“ (bei älteren Filmen) verwendet. Zweck der Ausstattung ist es, die Szenerie für die Aufnahmen so herzurichten, daß

a. inhaltlich und stilistisch genau die zur Handlung passende Umgebung geschaffen wird,

b. alle vom Drehbuch geforderten Handlungen durchführbar sind und

I 14 Bildaufbau

c. die technischen Erfordernisse von Kamera und Ton berücksichtigt werden.

Die für die Ausstattung eines Films verantwortlichen Personen (Szenenbildner) haben in den meisten Fällen eine Ausbildung als Architekt oder Innenarchitekt und zusätzlich eine Lehrzeit beim Theater oder Film absolviert. Sie sollten nicht nur bautechnisch sehr versiert sein, da die von ihnen veranlaßten Maßnahmen allen bei der Aufnahme vorkommenden Belastungen standhalten müssen, sondern auch über sehr weitreichende Stilkenntnisse der verschiedenen Epochen sowie fremder Länder verfügen. Ein guter Szenenbildner muß in der Lage sein, die Wohnküche einer Arbeiterwohnung ebenso stilecht in allen Einzelheiten aufzubauen wie z.B. das Innere eines malaiischen Bauernhauses oder das eines hypermodernen Operationssaales.

III 12 Trick

Grundsätzlich wird zwischen Innenbauten, Außenbauten sowie dem Herrichten (der Ausstattung) realer Drehorte unterschieden. Bei der Vorausplanung einer Produktion sind grundsätzliche Überlegungen darüber anzustellen, ob es z.B. günstiger ist, die Wohnküche einer Arbeiterwohnung im Atelier als Innenbau aufzubauen, oder aber eine geeignete Wohnung zu suchen und diese dann zweckentsprechend herzurichten.

Im folgenden soll das Für und Wider des Atelierbaus erörtert werden:

Zunächst bietet ein Atelier den Vorteil, daß störende Umwelteinflüsse wie z.B. Geräusche, wandernde Sonne etc., die beim Drehen Verzögerungen verursachen, ausgeschaltet werden. An Außendrehorten können solche Störungen erhebliche Schwierigkeiten bereiten, selbst dann, wenn ein Motiv z.B. aufgrund seiner ruhigen Lage ausgewählt wurde. Nach den Erfahrungen von Filmleuten gibt es mindestens ebensoviele Baumaschinen wie Verkehrsteilnehmer, und Tiefbauunternehmer müssen einen untrüglichen Instinkt für geplante Filmaufnahmen haben. In jedem Fall sind in Betrieb befindliche Baumaschinen in der nächsten Umgebung von Filmaufnahmen deutlich überrepräsentiert.

I 17 und III 1 Beleuchtung

In Originalräumen ist es in der Regel außerordentlich problematisch, z.B. die Beleuchtungskörper dort anzubringen, wo sie im Sinne einer optimalen Ausleuchtung am zweckmäßigsten wären. Niedrige Zimmerdecken machen eine große Anzahl von Kameraeinstellungen unmöglich, da in diesem Fall häufig Lampen oder Kabel im Bildausschnitt erfaßt werden. Auch Nachführbewegungen des Mikrofons gestalten sich in Originalräumen schwieriger. Im Studio gibt es all diese Probleme nicht, da man Zimmerdecken und Wände (sogenannte Springwände), wenn sie nicht im Bild erscheinen, entfernen kann, um dadurch Platz für die Technik zu schaffen.

Bei „Tag/innen“-Aufnahmen ist es nicht möglich, die Fenster eines Zimmers zu verdunkeln. Daher müssen an Originaldrehorten Veränderungen der Lichtverhältnisse (z.B. die Tatsache, daß die Sonne am Morgen aus einer ganz anderen Richtung ins

Fenster scheint als am Nachmittag oder der Wechsel von Sonnenschein und bedecktem Himmel) berücksichtigt werden. Liegt die betreffende Wohnung dann auch noch in einem höheren Stockwerk, sind diese Veränderungen nur sehr schwer durch künstliche Lichteffekte zu kompensieren. Im Studio sind diese Schwierigkeiten natürlich nicht vorhanden.

Diese mit Außendrehorten verbundenen technischen Probleme verursachen nicht nur Verzögerungen im Drehablauf, sondern führen auch zu Kompromissen bei der Lichtgestaltung sowie bei der Bild- und Handlungsdramaturgie.

Bei einem Studiobau kann der Szenenbildner alle Grundrisse etc. genau so gestalten, wie es das Drehbuch erfordert. Bei Außendrehorten muß man hingegen die baulichen Gegebenheiten im wesentlichen so hinnehmen, wie man sie vorfindet und kann sie mit den Mitteln der Ausstattung nur bis zu einem gewissen Grade den Erfordernissen der Handlung anpassen. Andererseits ist es jedoch außerordentlich schwierig, Studiobauten jene Lebendigkeit zu verleihen, die Originaldrehorte ausstrahlen. Häuser z.B., die schon viele Jahrzehnte lang bewohnt werden, haben durch ihre Bewohner eine große Zahl von Einflüssen und Veränderungen erfahren (z.B. die Ansammlung von zum Teil nicht mehr benutzten Gegenständen, Kabeln oder Wandschaltern, ferner Bemalungen, Verfärbungen der Wandtapeten und Holzteile etc.), die in einem neu erstellten Studiobau nur äußerst schwer überzeugend nachzuempfinden sind. Ohne diese Merkmale wirkt ein Studiobau jedoch immer steril. Es gibt nur wenige Szenenbildner, die völlig echt wirkende Bauten erstellen können.

Ein weiteres Problem bei Studioaufnahmen ist die Sterilität des Tons. In der Regel wird im Studio die atmosphärische Kulisse eines Originaldrehortes fehlen. Diese aber ist, auch wenn sie nur unbewußt wahrgenommen wird, mit maßgebend für einen Eindruck von Lebendigkeit.

IV 4
Tongestaltung

Originaldrehorte spiegeln auch häufig durch Zusammenstellung und Beschaffenheit der Einzelrequisiten die Charakteristik der Bewohner wider. Auch dies ist etwas, was sich nur sehr schwer im Studio nachvollziehen läßt. In der Authentizität des Schauplatzes kann daher eine der Stärken des dokumentarischen Films liegen.

Alle bei der Ausstattung vorgenommenen Arbeiten haben provisorischen Charakter und müssen wieder rückgängig gemacht werden können. Studiobauten bestehen folglich aus anderen Materialien als echte Bauten. Für tragende Konstruktionen verwendet man heute Bauholz und montierbare Rohrgerüste. Zimmerwände bestehen meist aus tapezierten oder bemalten, wiederverwendbaren Tischlerplatten. Mauerwerk wird aus dünnen Kunststoffolien erstellt, die in einer Tiefziehanlage ihre Oberflächenstruktur erhalten. In dieser Tiefziehanlage werden auch Kopfsteinpflaster, Bilderrahmen, alte Holzbalken und tausend andere Dinge geformt, die dann mit einem geeigneten Farbanstrich versehen nahezu echt wirken. Die Formen zum Tiefziehen werden in der Regel unter Zuhilfenahme von Originalen gewonnen (Beispiel: die Anfertigung eines Gipsabdrucks von einer echten Natursteinwand). Für glatte Holzoberflächen wird auch bedruckte Klebefolie, die überall im Handel erhältlich ist, benutzt.

Nicht nur im Studio, auch im Freien müssen Bauten erstellt werden. Alte Straßenzüge sind oft auch dann, wenn sie heute noch existieren, nur mit viel Aufwand für Filmaufnahmen herzurichten. Meist sind die Häuser mit Lichtreklamen und Fernsehantennen geschmückt, die Straße ist asphaltiert, die Straßenbahn verschwunden. Man kann zwar die Lichtreklamen abmontieren oder durch alte Firmenschilder „kaschieren", das Kopfsteinpflaster als Kunststoffolie auf den Asphalt legen und eine alte Straßenbahn samt Schienen aufbauen, es fragt sich jedoch, ob es nicht billiger wird, die Straße irgendwo provisorisch neu aufzubauen. Die Aufnahme am Originaldrehort bedeutet nämlich auch, daß Wohnungs- und Geschäftsinhaber entschädigt werden müssen, daß der Verkehr umgeleitet wird und daß - und dies ist der wichtigste Punkt - der gesamte Aufnahmestab sowie die Darsteller anreisen müssen und für die Dauer der Drehzeit zusätzlich zur Gage Spesen erhalten.

„Außenbauten" dieser Art müssen, obwohl sie nur ein Provisorium sind, relativ wetterfest erstellt werden.

III 24 Requisitentricks

Häuser, die brennen sollen, bedürfen besonderer Konstruktionsmerkmale. Größtenteils bestehen sie aus nichtbrennbarem Material (z.B. Gipsplatten), das mit Flammöl bestrichen und dann angezündet wird. Auf diese Weise kann man die entsprechenden Aufnahmen dann mehrfach wiederholen. Bauteile, die von einem brennenden Gebäude herabfallen sollen, werden gesondert angefertigt, präpariert und mit mechanischen Einrichtungen (z.B. Drähten) versehen, die ein Herabstürzen im geeigneten Augenblick ermöglichen.

Es ist unmöglich, alle Arbeiten, die bei der Ausstattung von Außendrehorten anfallen, im einzelnen aufzuzählen. Ihr Spektrum reicht von der Beschaffung von Fahrzeugen (vom Krankenwagen bis zur Postkutsche) und deren Präparierung für die Aufnahme (Befestigung von Kameras, Beleuchtungsmitteln etc.) bis zum Anbringen künstlicher Blätter an winterlich entlaubten Bäumen.

II 17 Farbe

II 12 Filmmaterial

II 11 Lichtquellen

Vom Szenenbildner wird verlangt, daß er mit allen Erfordernissen der Film- und Fernsehaufnahme vertraut ist. Dazu gehört z.B., daß er die Farben der von ihm erstellten Dekorationsteile so wählt, daß sie vom Filmmaterial oder von der elektronischen Kamera optimal wiedergegeben werden. Bei der Ausstattung einer Szenerie wird er, wann immer dies möglich ist, den für Beleuchtungsmittel, Kameras und Tongeräte erforderlichen Platz mit berücksichtigen.

Zudem muß der Szenenbildner mit den gängigen Tricktechniken vertraut sein, da er einen großen Teil der Trickarbeiten selbst durchführt. Dazu gehört z.B. die Anfertigung von fotografierten oder gemalten Hintergründen, verkleinerten Modellen oder Trickrequisiten (Beispiel: ein Stab, der aussieht wie rotglühendes Eisen und der bei Berührung mit der menschlichen Haut auf Knopfdruck (Kohlensäure-)Dampf ausstößt).

Bei der Erfüllung seiner Aufgaben wird der Szenenbildner durch eine Reihe hochqualifizierter Mitarbeiter unterstützt: Schreiner, Schlosser, Maler, Fotografen etc., deren Kenntnisse und Fähigkeiten ein weit größeres Spektrum umfassen, als es üblicherweise in diesen Berufen gefordert wird. Ein Schreiner, der beim Film arbeitet, muß nicht nur in der Lage sein, sekundenschnell zu improvisieren, da dies bei Dreharbeiten täglich mehrmals notwendig ist, sondern muß auch beurteilen können, ob sich z.B. an der Zimmerdecke eines uralten Fachwerkhauses provisorisch eine HMI-Lampe befestigen läßt. Von einem Maler wird z.B. verlangt, daß er eine Tür nicht nur so anstreicht, daß sie wie neu aussieht, sondern auch so, daß die Farbe alt und abgeblättert wirkt.

Eng verbunden mit der Tätigkeit des Szenenbildners ist die Arbeit des Maskenbildners und die des Kostümbildners.

Der Maskenbildner muß ebenso wie der Szenenbildner über seine handwerklichen Fähigkeiten hinaus in Stil- und Völkerkunde sowie in der Aufnahmetechnik absolut sattelfest sein. Von ihm wird verlangt, daß er mit den Gesichtsmerkmalen alter und junger Menschen und denen der Angehörigen der verschiedenen Völker (angefangen vom Süditaliener bis hin zum Grönländer) vertraut ist und genau weiß, welche Frisuren z.B. mitteleuropäische Landleute im 18. Jahrhundert trugen. Er muß in der Lage sein, eine Verletzung mit Hautaufstülpung so aufzutragen und zu nuancieren, daß sie nicht wie ein Klatsch Ketchup aussieht und muß sie, für den Fall, daß eine Szene mehrere Drehtage in Anspruch nimmt, Tag für Tag in haargenau der gleichen Form erneuern können.

An den Kostümbildner werden ähnliche Anforderungen gestellt. Er muß über die verschiedensten Stoffe und Farben sowie über die Bekleidungsstile vieler Völker und Epochen sowie aller Bevölkerungsschichten Bescheid wissen. Zudem sollte er die einzelnen Stile in sich variieren können. Wenn beispielsweise 30 Bauern aus den Bauernkriegen im Bild erscheinen, dann dürfen diese nicht alle genau das gleiche tragen, nur weil es in den Geschichtsbüchern vielleicht eine einzige Abbildung gibt, die die Bekleidung der Bauern in der betreffenden Zeit zeigt.

Werden Kleider - etwa in Kampfszenen - absichtlich beschädigt oder verschmutzt, so ist der Kostümbildner dafür verantwortlich, daß die Beschädigung oder Verschmutzung in allen nachfolgenden Szenen in genau der gleichen Form durchgehalten wird. Wird - wie in den meisten Fällen - nicht chronologisch gedreht, muß er beschädigte wie unbeschädigte Kostüme der gleichen Art bereithalten und anhand des Drehbuchs und des Drehplans genau verfolgen, an welchen Drehtagen welcher Darsteller welches Kostüm zu tragen hat.

IV 1 Drehbuch
IV 11 Produktionsleitung

Aus Kostengründen wird der Kostümbildner versuchen, möglichst wenige Kostüme anfertigen zu lassen und sich daher das meiste bei einem Kostümverleih beschaffen. Seine erste Tätigkeit bei der Vorbereitung eines Films besteht in der Regel darin, sich über die Konfektionsgrößen der Darsteller zu informieren.

Ein weiterer mit der Ausstattung befaßter Spezialist ist der Requisiteur. Er beschafft alle in einer Dekoration vorhandenen beweglichen Teile sowie all jene Dinge, die von den Darstellern benützt werden. Er findet z.B. eine Vorkriegsausgabe der Prawda oder sorgt dafür, daß die brennende Zigarre eines Darstellers stets die richtige Länge hat. Letzteres ist dann von Bedeutung, wenn eine längere Szene in mehreren Einstellungen nicht chronologisch abgedreht wird und die Zigarre mal kürzer, mal auch wieder länger sein muß. Ein Pfandleiherladen aus der Jahrhundertwende oder die Praxis eines leicht verrückten Arztes werden von ihm mit zahlreichen, liebevoll ausgesuchten Stücken ausgestattet. Wenn im Drehbuch steht, daß sich der Arzt nach einer Untersuchung die Hände wäscht, dann können Sie sicher sein, daß am Aufnahmetag ein Stück Seife und ein Handtuch vorhanden sind, die beide nicht fabrikneu aussehen.

Die Quelle, aus der der Requisiteur schöpft, ist sein eigener „Fundus" oder der der Produktionsgesellschaft. Dort ist alles gesammelt, was einstmals an Requisiten in den Besitz der Gesellschaft überging. Zusätzlich werden jeweils Gegenstände in Möbel-, Radio-, Foto- und hundert anderen Geschäften gegen Gebühr ausgeliehen oder, wenn es gar nicht anders geht, angekauft. Gegenstände, die nicht ohne weiteres erhältlich sind, muß der Requisiteur anfertigen lassen. Abgesehen davon ist er auch für das Anmieten von Fahrzeugen, die laut Drehbuch benötigt werden, verantwortlich.

Es versteht sich von selbst, daß Szenen-, Masken- und Kostümbildner sowie Requisiteur sehr eng zusammenarbeiten, da ihre jeweiligen Beiträge stilistisch und farblich genau aufeinander abgestimmt werden müssen. Wann immer die Regie exakte Vorstellungen von der Ausgestaltung einer Szene hat (und dies sollte die Regel sein, da die Ausgestaltung für die Rezeption der Handlung durch den Zuschauer von grundlegender Bedeutung ist), wird von ihnen ein hohes Maß an gegenseitigem Einfühlungsvermögen gefordert. Eine genaue Absprache über jeden einzelnen Farbton, jede Haarlocke oder jede Blumenvase ist einfach nicht möglich. Jeder einzelne muß daher kreative Leistungen erbringen, die sich genau in die Arbeiten der anderen einfügen.

3. Kamera-Arbeit

Der Kameramann ist für die fotografische Gestaltung eines Films oder einer Fernsehsendung und alle damit zusammenhängenden Maßnahmen verantwortlich. Assistieren ihm bei seiner Arbeit noch andere Mitarbeiter, wird er bei Spielfilmprojekten auch „Chef-Kameramann“ genannt. Bei größeren elektronischen Produktionen des Fernsehens ist der „erste Kameramann“ für die Bildgestaltung verantwortlich. Bei sehr aufwendigen Spielfilmproduktionen von internationaler Bedeutung spricht man in angelsächsischen Ländern vom „director of photography“, was frei übersetzt etwa dem „verantwortlichen fotografischen Gestalter“ entspricht. Dieser wird kaum noch selbst die Kamera bedienen.

Neben der bildlichen Vermittlung der zu einer Information gehörenden Atmosphäre, besteht die Arbeit des Kameramannes im weiteren darin, die Bildparameter im Verlauf einer zusammenhängenden Szene konstant zu halten. Er muß verhindern, daß sich mitten in einer bilddramaturgisch aufgelösten Szene plötzlich die Farbstimmung, der Kontrast oder irgendein anderer Parameter verändert. Da der Zuschauer aufgrund solcher Bildsprünge in jedem Fall durch Reflexionen über die Vermittlungstechnik vom eigentlichen Geschehen abgelenkt würde, wäre für ihn der Fluß der Handlung unterbrochen und die vom Autor beabsichtigte Kommunikation gestört.

I 9 Verschmelzung
I 10 Bilddramaturgie

Voraussetzung für eine Erfüllung der an ihn gestellten Anforderungen ist, daß der Kameramann über eine genaue Kenntnis der technischen Eigenschaften seines Aufnahmematerials und der ihm zur Verfügung stehenden optischen Mittel verfügt. Nur dann ist es ihm möglich, Filter, elektronische Aussteuerung und alle anderen Mittel so präzise zu dosieren, daß sie genau die beabsichtigte Wirkung hervorrufen. In den meisten Fällen kann eine bestimmte Wirkung durch den Einsatz verschiedener technischer Mittel erzielt werden. Es gilt dann stets zu überlegen, welches Mittel jeweils optimal oder am wenigsten aufwendig ist. Voraussetzung für eine entsprechende Entscheidung ist die Festlegung des Fertigstellungsweges. Dabei gibt es zwei Möglichkeiten: Der Fertigstellungsweg wird entweder auf eventuell erforderliche bildgestalterische Notwendigkeiten abgestimmt oder es werden umgekehrt diejenigen bildgestalterischen Mittel gewählt, die für einen bestimmten Fertigstellungsweg am besten geeignet sind.

Auch für den Kameramann ist die gründliche Vorbereitung auf einen Film ungeheuer wichtig. Anhand des Drehbuchs oder anderer Unterlagen über Inhalt und Gestaltung eines Films, erarbeitet er bestimmte Vorstellungen hinsichtlich der fotografischen Mittel (z.B. Kameratechnik, Optik, Licht), die ihm für das betreffende Projekt geeignet erscheinen. Außerdem finden ausführliche Vorgespräche mit dem Regisseur statt, um eine gemeinsame Vorstellung bezüglich der bildlichen Gestaltung des Films (Stimmung, Prägnanz und Schnittrhythmus) zu entwickeln.

I 3 Gewichte
I 17 Beleuchtung

Diese Gespräche können einen sehr unterschiedlichen Verlauf nehmen, je nachdem, wie weit der Regisseur Einfluß auf die Bildgestaltung nehmen will. Es gibt in dieser Hinsicht sehr große individuelle Unterschiede: Regisseure, die ihre Vorbildung in erster Linie am Theater erworben haben, legen den Schwerpunkt auf die Schauspielerführung und geben dem Kameramann mehr oder weniger pauschale Angaben über Atmosphäre und Rhythmus des Stückes an die Hand, so daß dieser die Bildgestaltung und Bilddramaturgie weitgehend selbst übernimmt. Ähnlich verhält es sich bei Dokumentationen, wenn die Kamera ein Ereignis im Entstehen erfassen muß und für entsprechende Regieanweisungen keine Zeit mehr bleibt.

I 31 Programmarten

Andere Regisseure, die ihr Metier als Regie-Assistenten beim Film erlernt haben, legen jede Einstellung ausschnittmäßig und bildrhythmisch fest, so daß sich der Kameramann auf die Auswahl der technischen und optischen Mittel sowie auf die Lichtgestaltung konzentrieren kann.

Zwischen diesen beiden Extremen existiert ein breiter Spielraum, und nicht nur während der Vorbereitung, sondern auch bei den Dreharbeiten finden ständig Abstimmungsgespräche zwischen Regisseur und Kameramann statt. Je größer das Einfühlungsvermögen beider in das Arbeitsgebiet des anderen ist und je länger ein solches Team erfolgreich zusammenarbeitet, um so kürzer und prägnanter sind die jeweiligen Koordinationsgespräche. Da sich jeder in einem solchen Fall intensiver auf sein eigenes Arbeitsgebiet konzentrieren kann, verläuft die ganze Produktionsarbeit entsprechend rationeller und qualitativ erfolgreicher.

Immer und in jedem Fall ist der Kameramann Mittler zwischen den gestalterischen Erfordernissen eines Projekts und den technischen Gegebenheiten. Er muß sich daher den technisch orientierten Mitarbeitern des Aufnahmestabes mitteilen können: den Beleuchtern, den Kamera-Assistenten, den Lichtbestimmern im Kopierwerk, beim Fernsehen den Bildingenieuren. Nach den Grundlagen der Kommunikationslehre bedeutet das, daß er mit diesem Personenkreis einen gewissen gemeinsamen Wortschatz - und somit ausreichende Kenntnisse der einzelnen Arbeitsgebiete - haben muß.

III 28 Elektronische Vorproduktion
III 7 Lichtbestimmung

In der Vorbereitungsphase führt der Kameramann auch mit den für die Ausstattung Verantwortlichen ausführliche Gespräche über aufnahmetechnische Erfordernisse (Farben, Tricktechniken, Standpunkte für Kamera und Licht). Ferner finden Absprachen mit dem Produktionsleiter statt, da die Anmietung von Kameras, Kamerakränen, Licht etc. einen erheblichen Kostenfaktor darstellt. In allen Fällen wird der Kameramann häufig gangbare Kompromisse aushandeln müssen und versuchen, unter den gegebenen Umständen optimale Resultate zu erarbeiten. Die Qualifikation eines Kameramannes wird u.a. auch danach bewertet, ob er unter schwierigen Bedingungen mit geringen Mitteln noch Resultate liefert, die den Ansprüchen an eine qualifizierte Gestaltung genügen. Dazu benötigt er ein breites Spektrum von technischen und gestalterischen Kenntnissen sowie die Fähigkeit des schnellen Zugriffs und der kreativen Verknüpfung dieser Kenntnisse.

IV 2 Ausstattung

Die Zusammenstellung der Kamerateams variiert entsprechend den sehr unterschiedlichen Aufgabenstellungen.

Ein-Mann-Team. Es gibt Schmalfilmkameras, auf deren Randspur gleichzeitig auch der Ton aufgezeichnet werden kann. Dadurch ist es möglich, daß *ein* Mann gleichzeitig und synchron Bild und Ton aufzeichnet. Sowohl durch die Randspuraufzeichnung als auch durch die erforderliche automatische Aussteuerung ist der Ton technisch von ausgesprochen mangelhafter Qualität. Auch der Kameramann ist, auf sich allein gestellt, völlig überfordert. Er kann weder eine vernünftige Lichtgestaltung durchführen - meist wird außer dem Mikrofon auch noch eine Lampe an die Kamera

IV 4 Tongestaltung

montiert, die nahe Objekte über- und entferntere Objekte unterbeleuchtet -, noch ist es ihm möglich, gleichzeitig im Sucher seiner Kamera einen optimalen Bildausschnitt einzustellen und dabei die Vorgänge in seiner Umgebung im Blick zu behalten. Technisch notwendige Manipulationen wie Filmeinlegen setzen ihn zeitweise völlig außer Gefecht.

Ein-Mann-Teams sind in kleinen amerikanischen Fernsehstationen die Regel. Das von ihnen produzierte Programm ist in technischer und gestalterischer Hinsicht so schlecht, daß von einer realistischen Wiedergabe von Ereignissen nicht im entferntesten mehr die Rede sein kann. Diese Programme sind allerdings auch weniger zur Information des Zuschauers gedacht - in amerikanischen Haushalten laufen sie meist unbeachtet als Geräuschkulisse -, sondern mehr als Füllsel zwischen den Werbespots.

In Ausnahmefällen wird auch ein seriöser Dokumentarist mit einem Ein-Mann-Team vorliebnehmen, und zwar stets dann, wenn ein höherer Personaleinsatz aus irgendwelchen Gründen unmöglich ist, das Ereignis selbst jedoch so einmalig, daß es die gestalterischen Kompromisse rechtfertigt (Beispiele: eine schwierige Operation, bei der nur ein Zuschauer zugelassen ist oder exotische Gemeinschaften, die durch die Anwesenheit eines größeren Teams beunruhigt werden bzw. sich nicht mehr unbefangen verhalten).

Dokumentarfilm-Teams bestehen aus zwei oder drei Personen. In jedem Fall gehören dazu ein Kameramann und ein Kamera-Assistent. Ist der Kamera-Assistent mit der Unterstützung des Kameramannes, der technischen Fürsorge für die Geräte und gegebenenfalls mit der Führung einer zweiten Kamera voll beansprucht, wird das Team durch einen Toningenieur vervollständigt. Ist er nicht voll beansprucht - z.B. bei der Aufnahme eines Interviews -, dann werden in vielen Fällen auch die Tonaufnahmen von ihm übernommen.

Wer zusätzlich zum Aufnahmeteam gehören soll - ein Regisseur/Redakteur (in angelsächsischen Ländern „producer" genannt), ein Aufnahmeleiter oder Beleuchter mit Gerät - das hängt von der Art des Projektes, von der angestrebten Produktqualität und von den verfügbaren Geldmitteln ab. In einigen Ländern werden diese Entscheidungen ausschließlich von den Gewerkschaften getroffen. Deren schematische Regelungen entsprechen nur in Ausnahmefällen den individuellen Anforderungen der einzelnen Projekte, so daß zahlreiche Vorhaben personell überbesetzt, andere hingegen finanziell nicht mehr durchführbar werden. Dies gilt insbesondere dann, wenn das betreffende Team zu den Aufnahmen anreisen muß und dadurch für jeden einzelnen Mitarbeiter nicht nur Honorarkosten, sondern auch ganz erhebliche Reisekosten und Spesen anfallen.

Während der Vorbereitung zu einer dokumentarischen Aufnahme werden die Geräte auf ihre Funktionssicherheit überprüft, Zusatzgeräte (Objektive, Akkumulatoren, Thermoskisten) über den Produktionsleiter angekauft oder angemietet, geeignete Film- und Tonaufnahmematerialien von der Produktion eingekauft. Bei Auslandsreisen müssen günstige bzw. geeignete Reiserouten und Transportmittel in den jeweiligen Ländern eruiert werden. Da eine Filmausrüstung insgesamt weit über 100 kg wiegen kann, spielen bei der Überlegung, ob man sich für „begleitetes" oder „unbegleitetes" Fluggepäck entscheidet oder ein anderes Transportmittel als das Flugzeug wählt, die jeweils anfallenden Kosten eine große Rolle. Gleichzeitig muß natürlich auch die Zuverlässigkeit der betreffenden Transportmittel mit in Betracht gezogen werden. Ein Team, das eine Woche lang im Ausland auf seine Ausrüstung wartet, kostet Honorare und Spesen, ohne produktiv zu sein.

Außerdem sollte vor Reiseantritt unbedingt geklärt werden, ob in den bereisten Ländern elektrischer Strom vorhanden ist, und wenn ja, welche Spannung und welche Wechselstromfrequenz. Dies ist wichtig, weil Batterien für die Stromversorgung von Lampen und Geräten unterwegs geladen und sehr oft auch Lampen direkt an ein Stromnetz angeschlossen werden müssen.

Beleuchter und ein größerer Beleuchtungspark werden bei Dokumentationen nur bei der Aufnahme von größeren Sälen, Industrieprojekten etc. eingesetzt. In der Regel führen Dokumentarteams eigene, leicht transportable Beleuchtungsmittel mit sich, die an gewöhnliche Steckdosen angeschlossen oder mit Batterien betrieben werden.

II 11 Lichtquellen

Bei längeren Reisen muß für die möglichst rasche Entwicklung der belichteten Filme gesorgt sein. Daher werden entweder Flugverbindungen eruiert, die eine schnelle Beförderung der Filme ins heimatliche Kopierwerk garantieren oder man arrangiert die Zusammenarbeit mit einem zuverlässigen Kopierwerk, das sich in der Nähe des Aufnahmeortes befindet. Der sichere und umgehende Transport des bereits belichteten Filmmaterials gehört mit zu den Aufgaben des Teams bzw. in erster Linie zu denen des Assistenten. Die Tatsache, daß in dieses Filmmaterial alle bisherigen Produktionskosten investiert sind, rechtfertigt den Aufwand der allergrößten Sorgfalt.

Abhängig von den klimatischen Verhältnissen des jeweiligen Aufnahmeortes müssen bereits bei der Vorbereitung unterschiedliche Hilfsmittel eingeplant werden, die zum Schutz der Ausrüstung bestimmt sind: Thermoskisten, in denen das Filmmaterial auch bei großer Hitze kühl gelagert werden kann, oder Schutzhauben für die Kamera, wenn bei Regen oder bei hohem Seegang (Salzwasser) gedreht werden muß. Aufnahmen bei mehr als minus 20° Kälte werden problematisch, da a) die Lager der drehenden Kamerateile sich zusammenziehen und die Kamera nicht mehr richtig läuft, b) das Filmmaterial spröde wird und leicht bricht, c) sich durch die Trockenheit der Luft statische Elektrizität bilden kann, die zu Blitz-Entladungen auf dem Film führt und d) die Leistung aller Batterien stark nachläßt. Aus diesem Grund versieht man Kamera und Batterie mit elektrisch beheizten Schutzhauben, die ihrerseits jedoch sehr viel Strom verbrauchen.

Bei den Aufnahmen selbst wird vom Dokumentarfilm-Kameramann, außer der gründlichen Beherrschung bilddramaturgischer und filmtechnischer Kenntnisse, ein umfangreiches Repertoire sehr unterschiedlicher Fähigkeiten verlangt. Dazu gehört u.a. auch ein stark ausgeprägtes Improvisationstalent, da er häufig in äußerst kurzer Zeit und mit sehr geringen Mitteln sowie unzureichenden lichttechnischen Möglichkeiten akzeptable und aussagestarke Bilder zustande bringen muß. Dies ist jedoch nur auf der Grundlage weitreichender Kenntnisse und langjähriger praktischer Erfahrung möglich, wobei mit der Zeit tausend Tricks und Finten so in Fleisch und Blut übergehen, daß sie sekundenschnell verfügbar sind.

Ein völlig unbefangenes und natürliches Verhalten von Personen vor der Kamera erfordert von seiten des Kameramannes viel Geduld und zudem einen möglichst unauffälligen Einsatz der technischen Hilfsmittel. Das Installieren von Lampen, sowie ständiges Umherlaufen oder laute Kommunikation zwischen Team-Mitgliedern schaffen eine fremdartige Atmosphäre, in der fast alle Menschen unbewußt laienschauspielerhafte Manierismen annehmen.

Eine weitere wichtige Fähigkeit des Kameramannes ist die der Kommunikation. Voraussetzung dazu ist die Beherrschung von Fremdsprachen, die eine Verständigung mit Zollbehörden, angemieteten Beleuchtungsfirmen oder Einheimischen, die am jeweiligen Aufnahmedrehort tätig sind, ermöglicht. Außerdem ist ein hohes Maß an Einfühlungsvermögen in die Motivationen und Verhaltensnormen anderer Menschen erforderlich, ohne das der Erfolg eines Dokumentarfilm-Projekts nachhaltig in Frage gestellt werden kann.

I 10 Bilddramaturgie

I 13 Bewegungen

Will man einen Vorgang dokumentarisch so aufnehmen, daß dabei eine lebendige und aussagestarke Bilddramaturgie entsteht, muß die Kamera häufig ihren Standort wechseln. Da das erneute Aufstellen eines Stativs mit einem erheblichen Zeitaufwand verbunden ist und dadurch u.U. nur mehr eine lückenhafte Wiedergabe des betreffenden Geschehens erfolgt, wird bei dokumentarischen Aufnahmen sehr oft „aus der Hand" gedreht. Da „zappelige" oder „wackelige" Bilder auf die Wahrnehmung des Zuschauers eine verheerende Wirkung ausüben, ist eine absolut ruhige Kameraführung unerläßlich. Voraussetzung dafür sind a) eine erstklassige körperliche Kondition des Kameramannes, die ihn dazu befähigt, die Kamera auch unmittelbar nach körperlichen Anstrengungen (Laufen) - u.U. minutenlang - völlig ruhig zu halten und b) eine ergometrisch vernünftig konstruierte Kamera, deren Schwerpunkt im Idealfall auf der Schulter des Kameramannes liegen sollte.

Schwenks und Fahrten sind bei dokumentarischen Filmen stets mit großen Problemen verbunden. Wahrnehmungspsychologisch und bilddramaturgisch darf man sie nur unter exakt definierbaren Umständen einsetzen. Ist dabei die Bilddramaturgie nicht genau drehbuchmäßig festgelegt, bestimmen sie in starkem Maße die Nachbearbeitung (Schnitt) eines Films, da eine nachträgliche sinnvolle Kürzung bei Dokumentaraufnahmen nicht mehr möglich ist.

Für die Durchführung von Kamerafahrten gibt es zwei Möglichkeiten: a) den Einsatz von umfangreichen Hilfsmitteln (z.B. „Schienenwagen") und b) die provisorische Verwendung von Autos oder Krankenfahrstühlen (Voraussetzung ist hierbei allerdings ein glatter Untergrund). Das Umhertragen der laufenden Kamera birgt hingegen stets die Gefahr in sich, daß die betreffenden Aufnahmen „verwackeln" und dadurch - wie bereits erwähnt - nachteilig die Wahrnehmung des Zuschauers beeinflussen. Gummilinsen-Fahrten (Transfokator-Fahrten) sind in diesem Fall auch keine Alternative - sie erzielen einen künstlichen und abstrakten Effekt und wirken somit der Zielsetzung einer Dokumentation diametral entgegen.

I 8 Aufmerksamkeit

Trotz all dieser Schwierigkeiten hat der Kameramann bei der Aufnahme eines Dokumentarfilms die gleichen Aufgaben zu erfüllen wie bei der jedes anderen Films, d.h. er muß ein Ereignis so wiedergeben, daß in seinem Verlauf keine für den Zuschauer unerklärlichen Sprünge entstehen. Gleichzeitig sollte er darauf bedacht sein, das Interesse des Zuschauers stets aufrechtzuerhalten. Eine Feuerwehrkapelle, die einen Marsch spielt, in einer einzigen Einstellung „durchzudrehen", widerspricht z.B. der Notwendigkeit der Reizerneuerung. Während des Spiels die Bildaufnahme zu unterbrechen, um eine neue Kameraposition einzunehmen, ist allerdings gleichfalls unmöglich, da die Musik während der Unterbrechung im Ton weiterlaufen, im Bild jedoch eine Lücke entstehen würde.

Bei Ereignissen anderer Art (z.B. Fußballspielen, Diskussionen o.ä.) entwickelt ein erfahrener Kameramann ein Gespür für die Augenblicke, in denen das Ereignis redundante Phasen aufweist, und er wird diese für einen schnellen Positionswechsel ausnutzen. Bei einer Musikdarbietung, die in der Wahrnehmung des Zuschauers offensichtlich kontinuierlich abläuft, besteht diese Möglichkeit hingegen nicht.

In allen Fällen wird der Kameramann gangbare Kompromisse zwischen den Problemen der bewegten Kamera einerseits und den Erfordernissen der Reizerneuerung andererseits finden müssen - und dies nicht selten, indem er Schwenks und Fahrten so behutsam durchführt, daß sie vom Zuschauer kaum bemerkt werden.

Abgesehen davon existieren eine Reihe von Möglichkeiten, schwierige Kontinuitätsprobleme zu lösen. So kann ein Ereignis z.B. gleichzeitig mit mehreren Kameras aufgenommen werden. Damit die verschiedenen Einstellungen später bilddramaturgisch zusammenpassen, wird dabei zwischen den einzelnen Kameramännern genau abgesprochen, wer welche Einstellung macht. Positionswechsel dürfen allerdings nur dann vorgenommen werden, wenn mindestens *eine* Kamera den betreffenden Vorgang aktiv aufnimmt, andernfalls besteht die Gefahr, daß gerade zu diesem Zeitpunkt ein u.U. wichtiges Tonereignis stattfindet, zu dem es dann später kein entsprechendes Bild gibt. Voraussetzung für die Anwendung dieser Methode ist, daß alle Kameras nicht nur untereinander sondern auch mit dem Tongerät synchron laufen. Außerdem müssen alle einzelnen Bildaufnahmen der jeweiligen Stelle der Tonaufnahme zugeordnet werden können. Ist diese Möglichkeit nicht gegeben, läßt man die Kamera häufig auch während eines Positionswechsels weiterlaufen. Dadurch entstehen zwar unbrauchbare Bilder - andererseits bleibt jedoch die Synchronität von Bild und Ton gewahrt.

IV 5 Playback
II 26 Synchronität

Bei kleinen Dokumentarfilm-Teams wird in der Regel so verfahren, daß der Kamera-Assistent eine zweite Kamera bedient. Ein guter Kamera-Assistent besitzt daher nicht nur eine technische sondern auch eine bilddramaturgische Ausbildung. Allerdings fällt er, während er die Kamera bedient, für andere wichtige Aufgaben aus: Filme einlegen, Zusatzgeräte betriebsfertig bereithalten, den Kameramann bei Positionswechseln unterstützen usw.

In Fällen wie z.B. der zuvor geschilderten Aufnahme einer Feuerwehrkapelle besteht ferner die Möglichkeit, vor oder nach der Aufzeichnung des eigentlichen Ereignisses - während z.B. noch ein anderes Musikstück gespielt wird - unbeteiligte Zuhörer oder Zuschauer aufzunehmen. Diese Aufnahmen werden dann später in die durch die Positionswechsel der Kamera entstandenen Bildlücken eingesetzt. Diese Verfahrensweise hat indessen den Nachteil, daß Mimik und Gestik der Zuschauer nicht genau zur jeweils präsentierten Stelle der musikalischen Darbietung passen, so daß dadurch u.U. die Glaubwürdigkeit des Gezeigten beeinträchtigt wird. Dieses Handicap muß jedoch häufig zugunsten eines kontinuierlichen Ablaufs der Aufzeichnung in Kauf genommen werden. Bei der Aufzeichnung von Diskussionen oder ähnlichen Ereignissen kann nach der gleichen Methode verfahren werden.

In der Praxis werden häufig mehrere Methoden miteinander verknüpft. Eine dieser Varianten besteht z.B. darin, die Aufzeichnung mit zwei Kameras durchzuführen und außerdem vor oder nach dem Stattfinden des eigentlichen Ereignisses in kontinuierlichen Abläufen zusätzliche Aufnahmen zum Auffüllen von Bildlücken zu drehen.

Über fotografisch-technische Arbeitsmethoden wird noch im Laufe dieses Kapitels referiert werden.

IV 9 Schnitt
IV 12 Regie

Spielfilm-Teams sind bisweilen nicht anders besetzt als Dokumentarfilm-Teams, d.h. mit einem Kameramann und einem Assistenten. Der Kameramann ist in diesen Fällen gleichzeitig für die fotografische Gestaltung des Projekts verantwortlich und zudem Schwenker der Kamera. Diese Regelung, die allerdings nur bei kleineren Projekten üblich ist, wurde erst durch die Einführung geräuschloser Kameras ohne zusätzliche Schallschutzhaube („blimp“) ermöglicht. „Geblimpte“ Kameras wären viel zu groß und schwer und zu kompliziert in der Bedienung, als daß ein kleines Team damit fertig werden könnte.

In einem kleinen Team hat der Assistent folgende Aufgaben zu erfüllen: Er hält die Kamera-Ausrüstung betriebsbereit, legt Filmmaterial ein und aus, hält genau fest, welche Filmrollen bereits belichtet wurden und überwacht ihren Transport ins Kopierwerk. Während der Aufnahmen reguliert er ständig die Schärfe des Aufnahmeobjektivs entsprechend der jeweils unterschiedlichen Entfernung der aufgenommenen Objekte (wenn z.B. ein Darsteller auf die Kamera zukommt oder die Kamera durch eine Dekoration fährt).

Das Gegenstück zum Kleinst-Team ist das klassische vierköpfige Kamera-Team, das u.a. bei Filmen von internationalem Rang eingesetzt wird. Bei Produktionen dieser Art ist man bestrebt, die gestalterischen Kompromisse auf ein Minimum zu reduzieren und dies ist nur durch Einsatz eines größeren Mitarbeiterstabes möglich. Die Durchführung eines aufwendigen Projekts erfordert viel zu viel Konzentration, als daß ein oder zwei Personen über einen ganzen Arbeitstag hinweg die Vielfalt der zu entscheidenden Details zuverlässig unter Kontrolle haben könnten. Fehler gleich welcher Art führen jedoch u.U. zu erheblichen Minderungen hinsichtlich der Wirkung des Endprodukts oder aber zu sehr kostspieligen Wiederholungen.

Zum Viermann-Team gehören folgende Fachleute:

- **Der verantwortliche Kameramann**, der den fotografischen Stil eines Films und alle zur Realisierung erforderlichen Maßnahmen bestimmt. Der Wert seiner Tätigkeit besteht darin, daß er aufgrund seiner jahrzehntelangen Berufserfahrung ein umfangreiches Repertoire von Verfahrensweisen erworben hat und mit großer Sicherheit die Auswirkungen seiner fotografischen Maßnahmen vorausberechnen kann.

- **Der Schwenker**, der die Kamera „betätigt“ und daher in angelsächsischen Ländern auch als „cameraman“ bezeichnet wird. Er muß die Bilddramaturgie bis in alle Einzelheiten beherrschen und außerdem die Fähigkeit besitzen, auch bei starken Bewegungen der Bildinhalte durch Schwenken und eventuelles Betätigen der Zoomlinse stets eine ideale Bildkomposition im Ausschnitt zu halten. Dabei dürfen selbst unvorhergesehene Bewegungen - z.B. bei Kampfszenen, die nicht genau wie geprobt verlaufen, oder bei Tieraufnahmen - nicht zu Ungenauigkeiten führen. Ferner gehört es zu den Aufgaben des Schwenkers, bei der Aufnahme im Sucher die Bildschärfe zu überwachen.

  In der Regel stehen dem Schwenker für die Kamera Fahrmöglichkeiten, wie z.B. Spezial-Schienenwagen, zur Verfügung, die im Bedarfsfall eingesetzt werden. Spezial-Schienenwagen gibt es in zahlreichen Größen und Ausführungen, je nach Größe der Kamera und der mitzuführenden Geräte sowie der Anzahl der mitfahrenden Personen (z.B. Schwenker, Schärfen-Assistent). Die Fahrschienen müssen für jede Einstellung neu verlegt und - sofern es die Bodenverhältnisse erfordern - mit Holz provisorisch unterbaut werden. Der Nachteil von Schienenwagen-Aufnahmen besteht darin, daß die Schienen bei Blickrichtung der Kamera parallel zur Fahrtrichtung u.U. im Bildausschnitt erfaßt werden und es für Schauspieler außerdem recht schwierig ist, die Schienen im Bild zu überqueren, ohne dabei scheinbar unmotiviert den Gehrhythmus zu verändern.

  I 13 Bewegungen der Kamera

  Es gibt daher auch Kamerawagen mit Gummirädern, für die keine Schienen benötigt werden. Voraussetzung für ihren Einsatz ist allerdings ein entsprechend beschaffener oder (durch Hartfaserplatten o.ä.) präparierter Untergrund. Gummiräderwagen sind viel beweglicher als Schienenwagen und können zudem sehr enge Kurven fahren.

Für Pflege, Aufbau und Bedienung des Kamerawagens sind eine oder zwei Fachkräfte zuständig. Sie sollten nicht nur über technisches Verständnis und praktische Fähigkeiten, sondern auch über sehr viel Einfühlungsvermögen in bilddramaturgische Notwendigkeiten verfügen. So muß z.B. der Kamerawagen-Fahrer - meist auf das Stichwort der Schauspieler hin - seinen Wagen so lenken, daß sich die Kamera in jedem Augenblick des Handlungsablaufs am dramaturgisch richtigen Standort befindet.

Eine Vielzahl von Aufnahmen erfordern vertikale Bewegungen der Kamera. Damit sind durchaus nicht immer spektakuläre Kranfahrten gemeint, sondern viel häufiger bildkompositorisch notwendige Ausgleichsbewegungen, die vom Zuschauer später bewußt gar nicht wahrgenommen werden (z.B. wenn sich ein Darsteller von einem Stuhl erhebt oder Treppenstufen hinaufsteigt und dabei von der Kamera „nah verfolgt" wird). Für vertikale Kamerabewegungen werden mit einem Kranbaum („Kamerakran") ausgerüstete Kamerawagen verwendet. In den meisten Fällen handelt es sich bei der gesamten Konstruktion um eine Art „Wippe", an deren längerem Arm sich Vorrichtungen zum Anbringen der Kamera sowie Sitze für den Schwenker und den Schärfen-Assistenten befinden. Der (in der Regel kürzere) Gegenarm kann mit Bleigewichten so belastet werden, daß beide Seiten der „Wippe" genau austariert sind. Auf diese Weise kann ein kräftiger Mann Kamera und Bedienungspersonal problemlos auf- und ab- (und meist auch seitlich) bewegen.

I 14 Bildaufbau

Kamerawagen und Kran müssen wegen der Tonaufnahme vollkommen geräuschlos bewegt werden. Ihr Bedienungspersonal wird meist als „Kamerabühne" bezeichnet.

- **Der Schärfen-Assistent** ist für alles verantwortlich, was mit der Optik der Kamera zusammenhängt: Pflege der Objektive, Einsetzen der Filter und Objektive in die Kamera, Scharfstellen der Entfernung bei beweglicher Kamera oder sich bewegenden Aufnahmeobjekten. Während den Proben zu einer Szene macht er sich entweder genaue Notizen über die einzelnen Entfernungen oder bringt auf den Objektiven entsprechende Markierungen an. Die jeweiligen Entfernungen wurden früher stets mit einem Maßband gemessen, inzwischen werden sie allerdings häufiger vom Schwenker anhand des Suchers beim Einrichten der Szene eingestellt.

II 6 Linsen

Die besondere Schwierigkeit des richtigen Scharfstellens besteht darin, daß z.B. die kontinuierliche Bewegung eines Darstellers auf die Kamera zu keineswegs auch eine kontinuierliche Bewegung des Schärfenrings am Objektiv erfordert. Während der ersten Hälfte des Weges muß der Schärfenring vielleicht nur um wenige Grade gedreht werden - dann immer schneller und im letzten Teil der Aufnahme u.U. nur mehr um eine halbe Umdrehung. (Warum dies so ist, zeigt ein Blick auf die Entfernungsskala eines beliebigen Aufnahmeobjektivs.) Der Schärfen-Assistent muß dabei ständig einschätzen können, wie groß die Schärfentiefe des jeweiligen Objektivs bei der jeweils eingestellten Blende und Entfernung sein könnte.

Es ist jedoch nicht bei jeder Szene möglich, bereits bei den Proben alle Entfernungen genau festzulegen. Daher wird vom Schärfen-Assistenten bei Tanzszenen, Tieraufnahmen o.ä. während der Aufnahme häufig schnelles und exaktes Improvisieren verlangt.

Bisweilen erfolgt das Nachstellen der Bildschärfe auch durch eine Servosteuerung von einem entfernteren Ort aus, z.B.bei sehr beengten Verhältnissen oder wenn die Kamera vom Schwenker getragen wird. In diesem Fall ist in das Suchersystem der

Filmkamera eine kleine elektronische Kamera eingebaut, die über Kabel mit einem oder mehreren Bildschirmen (Monitoren) verbunden wird und auf diesen das Mattscheibenbild im Sucher der Filmkamera zeigt. Der Schärfen-Assistent sitzt oder steht vor einem solchen Monitor und bedient ein Steuergerät, das über Kabel mit dem Aufnahmeobjektiv der Filmkamera verbunden ist. Mit Hilfe dieses Steuergeräts kann er nach dem Monitorbild kontinuierlich die Scharfeinstellung der Filmkamera nachregeln („remote control").

- **Der Material-Assistent** ist, wie der Name bereits sagt, für das Filmmaterial verantwortlich. In seinen Aufgabenbereich fallen dabei auch die sachgerechte (staubfreie, kühle) Lagerung sowie der Transport des unbelichteten und des belichteten Filmmaterials. Bei extremen klimatischen Verhältnissen kann dies mit großen Schwierigkeiten verbunden sein. Staub, Wind, Hitze, Feuchtigkeit oder große Kälte - vor all diesen Einwirkungen muß das Material, z.B. durch entsprechende Spezialbehälter sowie sorgsame Pflege, geschützt werden.

II 18 Filmlaufwerke

Am Aufnahmeort lädt und entlädt der Material-Assistent die Filmkassetten der Kamera und die Kamera selbst, wobei er peinlich genau auf präzises Einlegen und auf absolute Sauberkeit achten muß, da jedes Staubkorn endlos lange Schrammen auf der Film-Emulsion hervorrufen kann. Durch solche Beschädigungen werden u.U. mehrere Szenen eines Films unbrauchbar und eine Neuaufnahme ist dann in der Regel ein recht kostspieliges Unternehmen.

III 5 Entwicklung

Belichtetes und aus den Kassetten ausgelegtes Filmmaterial wird in speziellen Behältern (Filmbüchsen) aufbewahrt, die genau nach Rollennummer, Materialart, Filmtitel etc. gekennzeichnet werden, um eventuelle Verwechslungen auf dem Transport oder im Kopierwerk auf jeden Fall zu vermeiden.

Der Material-Assistent führt außerdem in Zusammenarbeit mit dem Scriptgirl und dem Aufnahmeleiter über abgedrehte Einstellungen, sowie unbelichtetes und belichtetes Filmmaterial Buch. Es darf unter keinen Umständen vorkommen, daß an den beiden letzten Drehtagen einer Produktion unverhofft kein Filmmaterial mehr vorhanden ist. Andererseits bedeutet ein allzu reichlicher Vorrat an Filmmaterial eine sinnlose Verschwendung, da Restposten einer Film-Emulsion kaum mehr weiter verwendbar sind.

Bewegliche Elektronik. Hiermit sind elektronische Kameras gemeint, die dank ihrer leichten Bauweise ähnlich wie eine Filmkamera getragen werden können. Aufgrund ihrer Verwendungsart in den Anfangsjahren ihrer Entstehung firmieren sie auch unter den Bezeichnungen „EB" (elektronische Berichterstattung) oder „ENG" (electronic news gathering). Faktisch haben diese Bezeichnungen jedoch längst keine Gültigkeit mehr.

Zwischen einer beweglichen elektronischen Kamera und einer Filmkamera bestehen im wesentlichen die folgenden Unterschiede:

II 33 Video-Aufzeichnung

a. Die Filmkamera enthält sowohl die Aufzeichnungseinrichtung (Filmkassette) als auch die Stromversorgung und ist demzufolge völlig unabhängig von Kabelverbindungen, während das (schwere) Gerät für die elektronische Aufzeichnung und die oft umfangreiche Stromversorgung des Gesamtsystems separat von einer Hilfskraft mitgeführt werden und mit der Kamera ständig über ein Kabel verbunden sein müssen. Die Beweglichkeit der elektronischen Kamera ist daher eingeschränkt, und die Kabelverbindung bedeutet in turbulenten Situationen eine Gefährdung. Weniger kompakte Systeme sind in Vorbereitung.

b. Die Bildqualität der beweglichen Elektronik ist bei der Verwendung für Fernsehzwecke wesentlich besser als die des 16-mm-Schmalfilms. Der wesentliche Grund hierfür ist der, daß die auf dem Film in Form von chemischen Farbstoffen enthaltenen Farbinformationen nicht in elektrische Signalsysteme umgewandelt werden müssen und daher die bei jeder Systemumwandlung entstehenden Informationsverluste ausbleiben.

II 16 Information
III 25 Fertigstellung

II 17 Farbe

Bei der direkten Projektion elektronischer Bilder auf eine große Leinwand zeigt sich sehr deutlich, daß das Auflösungsvermögen des elektronischen Systems in diesem Fall nicht annähernd ausreicht. Eine große Leinwand ist nur für spezielle wissenschaftliche Zwecke (Übertragung einer Operation in den Hörsaal einer Universität) verwendbar.

c. Die von einer beweglichen elektronischen Einheit aufgenommenen Bilder können sofort nach der Aufnahme kontrolliert und u.U. geschnitten oder gesendet werden.

IV 10 Schnitt-Technik

d. Die Apparaturen für elektronische Aufnahmen und Nachbearbeitung (Schnitt, Trick, Vertonung) sind erheblich komplizierter und kostspieliger als die bei Einsatz einer Filmkamera erforderlichen. Eine Ausnahme bildet die Filmkopieranstalt, die bei der Elektronik nicht benötigt wird. Die in professionellen elektronischen Kameras enthaltene hoch entwickelte Automatik regelt alle Bildparameter wie Belichtung, Kontrast und Farbgebung. Dies hat natürlich zur Folge, daß alle Bilder, gleich unter welchen Umständen aufgenommen, mehr oder weniger immer die gleiche Atmosphäre wiedergeben. Dies ist jedoch nur dann tragbar, wenn man auf große Informationsmengen - wie sie die Umgebungsatmosphäre beinhaltet - zugunsten eines schnellen und problemlosen Arbeitsablaufs verzichten will. Bei Dokumentationen und szenischen Produktionen, bei denen die atmosphärische Information unverzichtbar ist, sollten die automatischen Steuerungseinrichtungen der Kamera auf jeden Fall abgeschaltet und die Bildparameter per Hand geregelt werden.

II 30 Elektronische Kamera

e. Soll mit mehreren Kameras gedreht werden, müssen in jedem Fall alle Bildqualitäts-Parameter zentral von einem Bildmischpult aus gesteuert werden. Die Aufzeichnungen mehrerer transportabler Kameras würden nur selten zufällig in Farbe, Helligkeit, Kontrast und Schärfe zusammenpassen.

Aufgrund der unterschiedlichen Technik setzt sich das Team bei Aufnahmen, die mit beweglicher Elektronik durchgeführt werden, natürlich anders zusammen als bei Filmaufnahmen. Zur Erfüllung ganz anspruchsloser Aufgaben (Aufnahmen von sog. statements o.ä.) genügen sicherlich ein Kameramann und eine technisch versierte Hilfskraft, die Stromversorgungs- und Aufzeichnungsgerät bedient und hinter dem Kameramann hertransportiert. Will man jedoch die volle Informationsdichte des Fernsehsystems ausnützen, sollte der Kameramann von technischen Manipulationen entlastet und die Überwachung und Bedienung der optischen Teile der Kamera von einem Assistenten (vergleichbar dem Schärfen-Assistenten beim Film) übernommen werden.

Die elektronische Studiokamera. Aufgrund ihrer besseren elektronischen Ausstattung ist sie wesentlich größer und schwerer als die bewegliche elektronische Kamera, liefert allerdings auch hinsichtlich Auflösung und Farbe ein weitaus besseres Bild.

Eine elektronische Studiokamera muß wegen ihres Gewichts stets von einem Stativ aus betrieben werden. In den meisten Studios gibt es fahrbare hydraulische Stative, die der Kameramann (Schwenker) ruckfrei fahren und sogar in der Vertikalen auf- und abbewegen kann. Transfokator (Zoom, Gummilinse) und Schärfe werden vom Kameramann gleichfalls per Fernbedienung eingestellt und nachgeregelt, da er - wenn er hinter der Kamera steht - zu weit vom Objektiv entfernt ist, um es noch direkt bedienen zu können.

Da mit elektronischen Studiokameras in der Regel längere Passagen (Fußballspiele, Studiodiskussionen) ohne Unterbrechung aufgenommen werden, hat der „elektronische" Kameramann, auf sich allein gestellt, gleichzeitig eine Vielzahl von Aufgaben zu erfüllen: Er muß Bildkompositionen einstellen, die bilddramaturgisch zu den Bildern der anderen an der Aufnahme beteiligten Kameras passen, Schärfe und Brennweite kontinuierlich nachregeln und außerdem die Kamera schwenken und horizontal bzw. vertikal bewegen.

„Elektronische" Kameramänner werden gewöhnlich universal eingesetzt und sollten daher dazu in der Lage sein, sekundenschnell die wesentlichen Spielerkonstellationen eines Fußballspiels zu erkennen, einen prominenten Wissenschaftler unter den Zuhörern einer politischen Veranstaltung zu finden oder die interessantesten Momente einer Musikdarbietung zu erfassen. Bei der Aufnahme von Fernsehspielen müssen ihnen die entsprechenden Stichworte der Handlung bekannt sein, die es ihnen ermöglichen, zum richtigen Zeitpunkt die richtige Einstellung zu finden.

Die weitverbreitete Auffassung, der „elektronische" Kameramann brauche nur die Anordnungen durchzuführen, die ihm über Kopfhörer vom Regisseur mitgeteilt werden, ist ebenso falsch wie unlogisch. Um alle Einzelheiten der gewünschten Bildgestaltung verbal übermitteln zu können, würde der Regisseur nach den Erkenntnissen der Informationslehre ein Vielfaches der Laufzeit des gesamten aufzunehmenden Programms benötigen. Er muß sich daher auf kurze Chiffren beschränken, die der Kameramann jeweils in äußerst komplexe bildgestalterische Maßnahmen umsetzt.

Obgleich der „elektronische" Kameramann alle bildgestalterisch erforderlichen Manipulationen allein ausführt und koordiniert, kann er dennoch nicht ohne Hilfskraft auskommen. Wenn zwei, drei oder vier Kameras in einem Studio viele dutzend Bildeinstellungen und Fahrten machen, müssen „Kabelhilfen" schnell, umsichtig und geräuschlos die Kamerakabel nachführen, Verknotungen verhindern und dafür sorgen, daß keine der Kameras über ein Kabel fährt.

Die technischen Parameter der Bilder, die die an einer elektronischen Produktion beteiligten Kameras anliefern, werden von einem Bildingenieur zentral gesteuert. Er kann von einem Steuerpult aus die Blenden der Kameras ebenso fernsteuern, wie auch Schwarzwert, Weißwert, Gamma, Strahlstrom und Apertur. Die zentrale Steuerung hat den Vorteil, daß alle beteiligten Kameras in Helligkeit, Kontrast und Farbgebung optimal einander angepaßt werden und sich dadurch störende Bildsprünge bei den Umschnitten vermeiden lassen.

Bei Studioproduktionen wird die Beleuchtung entweder vom „ersten Kameramann" oder vom „Lichtingenieur" in Zusammenarbeit mit den Studiobeleuchtern eingerichtet. In deutschsprachigen Ländern besteht der Unterschied zwischen einem ersten Kameramann und einem Lichtingenieur in der Regel darin, daß der erste Kameramann seine Ausbildung bei gestalteten Produktionen erworben hat und sich seine Arbeit daher überwiegend nach inhaltlichen und wahrnehmungspsychologischen Erfordernissen ausrichtet. Lichtingenieure werden dagegen meist aus dem technischen Personal von Fernsehanstalten rekrutiert, so daß sich ihre Tätigkeit vornehmlich an den technischen Bildparametern orientiert. In den Fernsehbetrieben angel-

I 17 Beleuchtung

sächsischer Länder ist der „lighting engineer" ein speziell ausgebildeter Spezialist, der sowohl die technischen als auch die gestalterischen Aspekte der Lichtgestaltung umfassend beherrscht.

Bei jeder Art von Produktion ist der Kameramann grundsätzlich für Stil und Technik der Beleuchtung verantwortlich. Die praktische Durchführung setzt sich indessen aus zahllosen Einzelverrichtungen zusammen, die wiederum den Einsatz eines Stabes geschulter Fachleute erforderlich machen. Dieser Stab besteht aus einem Oberbeleuchter und - je nach Umfang des Projekts - einem bis zehn Beleuchtern.

Da es für den Umgang mit Stromstärken, die über das in einem Haushalt Übliche hinausgehen, gesetzliche Vorschriften gibt, sind Beleuchter in jedem Falle gelernte Elektriker, während der Oberbeleuchter normalerweise ein diplomierter Schaltmeister ist. Bei Ausleuchtungen mit Anschlußwerten von 10 kW an ist es unbedingt erforderlich, die Verteilung der Last auf die einzelnen Phasen der Starkstromleitung, die Leitungsquerschnitte und die Absicherungen der Zuleitungen genau zu berechnen. Der Oberbeleuchter trägt außerdem die volle Verantwortung für die Sicherheit aller Anwesenden. Dies betrifft Anschlüsse an fremde Stromquellen, Außenaufnahmen bei Regen oder den Einsatz eigener Stromaggregate ebenso wie die Sicherung gegen herabfallende Scheinwerferteile etc.

Der Beleuchter sollte zudem ganz genau über die verwendeten Lampen und ihre Anwendung Bescheid wissen. An Außendrehorten wird von ihm ein weit überdurchschnittliches Improvisations- und Organisationstalent gefordert. Der Oberbeleuchter muß flott und zielsicher die Verkabelung aller eingerichteten Lampen und ihre zweckentsprechende Verteilung auf die einzelnen Stromquellen oder Phasen planen und seinen Beleuchtern die entsprechenden Anweisungen erteilen. Seine Fähigkeiten in dieser Hinsicht sind mitbestimmend für Zeitverluste oder -gewinne im Ablauf einer Produktion.

Kameramann und Oberbeleuchter arbeiten eng zusammen. Dabei ist ausschlaggebend, daß der Kameramann von seinem Beleuchtungsplan genaue Vorstellungen hat und zudem in der Lage ist, sie dem Oberbeleuchter gegenüber präzise und klar zu artikulieren. Besonders jüngere Kameramänner sind nicht schlecht beraten, wenn sie ihren Beleuchtungsplan mit einem älteren erfahrenen Oberbeleuchter durchsprechen. Die langjährige Erfahrung eines solchen Fachmannes kann für sie nur von Vorteil sein.

4. Tongestaltung

In der Realität kann die Stimme eines Sprechenden wesentlich leiser sein als der sie umgebende Straßenlärm; dennoch wird man durch das gestaltpsychologische und akustische Selektionsvermögen des Hörsystems die Stimme des Sprechenden vordergründig, den Straßenlärm hingegen nur entfernt und gelegentlich am Bewußtseinsrand wahrnehmen. In einer monauralen Tonaufnahme dieser Situation würde die Stimme indessen hoffnungslos im Straßenlärm untergehen. In der Praxis wird der Tonmeister daher versuchen, die Stimme aus dem Hintergrundgeräusch hervorzuheben, indem er a) ein Mikrofon mit Richtwirkung benutzt (das bevorzugt Schallwellen aus einer bestimmten Richtung aufnimmt), und/oder b) das Mikrofon möglichst nahe an den Sprechenden heranbringt (natürlich ohne daß es im Bild erscheint). Mikrofone

I 15 Hören

im Bild bedeuten für den Zuschauer eine völlige Situationsverfremdung, da es in seiner Lebenserfahrung wohl kaum Assoziationen von Gesprächen mit herumbaumelnden oder in Fäusten gehaltenen Mikrofonen gibt.

Nun wird eine Szene in der Regel aus einer Vielzahl von Bildeinstellungen zusammengesetzt, die der Zuschauer bei sachgemäß ausgeführter Bilddramaturgie als Kontinuum erlebt. Diese Kontinuität darf auch nicht durch Tonsprünge an den Schnittstellen gestört und die Schnittstelle damit wieder ins Bewußtsein gerufen werden.

Bei der Aufnahme des Dialogs zweier Personen, die sich in einem Raum mit Fenster gegenübersitzen, ergeben sich für den Tonmeister folgende Probleme:

a. Richtet er sein Mikrofon auf die Person, die mit dem Rücken zum Fenster sitzt, dann fängt es - im Vergleich zur Stimme des Sprechers - einen weitaus höheren Anteil an hereindringendem Straßenlärm auf, als im umgekehrten Fall, d.h. dann, wenn das Mikrofon auf die dem Fenster zugewandte Person gerichtet ist.

b. Bei der Auflösung eines Dialogs in Schnitt und Gegenschnitt kann es vorkommen, daß beim Umschnitt am Ende eines Satzes gerade ein schwerer Lastwagen vor dem Haus vorbeifährt, der selbstverständlich längst fort ist, wenn die Kamera für die Aufnahme des Gegenschnitts eingerichtet ist. Wird an einer umfangreicheren Dialogszene ein Tag oder länger gedreht, ändern sich u.U. ständig Art und Stärke der natürlichen Geräuschkulisse der Umgebung.

Diese beiden Handicaps führen dazu, daß später beim Zusammenschnitt der Szene an jeder Schnittstelle ein deutlicher Tonsprung entsteht. Dies steht im Gegensatz zur realen Dialogszene, bei der dem Zuschauer bzw. Zuhörer der Eindruck einer durchgehenden, ununterbrochenen Geräuschkulisse vermittelt würde.

Um beim fertigen Film einen möglichst natürlichen Toneindruck zu erzeugen, wendet der Tonmeister folgende Methoden an:

- Er versucht, durch die Wahl eines geeigneten Mikrofons sowie eines günstigen Standorts das vordergründige Schallereignis im Verhältnis zum Hintergrundgeräusch so laut wie möglich aufzuzeichnen, d.h. er bemüht sich um eine möglichst „saubere" Aufzeichnung des eigentlichen Schallereignisses.

- Er achtet darauf, daß vor und nach jeder Schnittstelle ein kurzes Stück Hintergrundgeräusch ohne Sprache „überhängt". Zur Not kann man dann später, nach dem Filmschnitt, bei der Mischung die einzelnen Tonaufnahmen an den Bildschnittstellen kurz ineinander überblenden, so daß Änderungen des Hintergrundgeräusches weniger auffallen.

IV 9 Schnitt

- Er stellt, zusätzlich zu den eigentlichen Sprachaufnahmen, eine längere Aufnahme her, die *nur* das Hintergrundgeräusch enthält. Diese „Atmo" wird später dem geschnittenen Sprachband zugemischt. Der durchgehende Geräuschhintergrund überdeckt dann etwaige Geräuschsprünge der Sprachaufnahme an den Schnittstellen. Äußerst problematisch wird das Ganze natürlich, wenn z.B. im Hintergrund gehämmert wird und dieses Hämmern dramaturgische Bedeutung besitzt. „Doppeltes" Hämmern, erzeugt durch Zumischen einer Atmo zum geschnittenen Sprachband, ist ebenso unerträglich wie eine Rhythmusänderung des Hämmerns an den Schnittstellen.

IV 8 Mischung

- Er berücksichtigt ferner bei all seinen Maßnahmen das ungeheuer feinfühlige Unterscheidungsvermögen des menschlichen Gehörs. Daher versucht er z.B., die Raumatmosphäre (Echos etc.) im wahrnehmungspsychologisch richtigen Verhältnis zum Hauptschallereignis einzufangen, oder hält das Mikrofon bei Totalaufnahmen (bei denen der Zuschauer das Gefühl hat, von der Szene weiter entfernt zu sein) in einem größeren Abstand vom Schallereignis als bei Großeinstellungen (bei denen der Zuschauer sich näher am Objekt befindet). Dies ist natürlich nur bei einem entsprechend gearteten Hintergrundgeräusch möglich. Außerdem gilt es in jedem Fall zu vermeiden, daß z.B. beim Heransprung von einer Totalen auf eine Großeinstellung durch falsche Führung des Mikrofons plötzlich ein völlig anderes Verhältnis zwischen Sprache und Hintergrundgeräusch entsteht.

Die menschliche Stimme strahlt wie ein Musikinstrument nicht alle Frequenzen ihres Tonspektrums in alle Richtungen gleich stark ab. Außerdem kann das Gehör aus dem Frequenzspektrum eines Schallereignisses nicht nur auf die Entfernung der Schallquelle schließen, sondern auch genau unterscheiden, ob es von jemandem direkt „angesprochen" wird, oder ob der Sprechende an ihm „vorbeispricht". Bis zu einem gewissen Grade berücksichtigt der Tonmeister auch diese Tatsache und nimmt daher Personen, die deutlich „von der Kamera weg" sprechen, niemals unmittelbar von vorne auf.

In jedem Fall gilt es jedoch zu vermeiden, daß das Mikrofon oder sein Schatten im Bild sichtbar werden. Daher muß der Tonmeister bei all seinen Entscheidungen stets auf den Bildausschnitt der Kamera sowie auf die Lichtführung Rücksicht nehmen. Dies bedeutet freilich für ihn bzw. seinen Assistenten, der das Mikrofon führt, eine ständige Behinderung und führt zudem zu zahlreichen Kompromissen, denen gelegentlich auch Verhandlungen mit dem Kameramann vorangehen.

III 1 Beleuchtung

In der Regel werden die einzelnen Mikrofone von Assistenten an „Tongalgen" oder einer Art verstärkter „Angel" geführt und zwar so, daß sie sich über und vor dem jeweils Sprechenden befinden und auf ihn gerichtet sind. Bei komplizierten Szenen, bei denen mehrere Personen sprechen und agieren, und die Kamera laufend bewegt wird, gestaltet sich die Durchführung dieser Aufgabe weitaus schwieriger als aus der vorliegenden Beschreibung ersichtlich wird.

Abgesehen von den normalen Schwierigkeiten, die sich aus dem Zusammenspiel von Vordergrundgeräuschen (Sprache) und Raumatmosphäre ergeben, gibt es eine Anzahl von Sonderproblemen. Dazu gehört z.B. die Aufnahme von Schüssen und Explosionen. Rein akustisch bestehen diese aus einer einzigen, sehr großen Amplitude sowie einer Anzahl weitaus schwächerer und sehr kurzzeitiger Obertöne und Echos. Wird die Hauptamplitude einer Explosion voll ausgesteuert, bleiben Obertöne und Echos praktisch unvernehmbar, so daß auf dem Tonband später nur ein trockenes „Plopp" zu hören ist. Dies entspricht jedoch keineswegs dem normalen menschlichen Hören, da das menschliche Gehör aufgrund seiner ungeheuren Anpassungsfähigkeit an unterschiedlichste Lautstärken bei Schüssen und Explosionen ein kompliziertes Schallspektrum aufnimmt und dieses - ähnlich wie das Sehzentrum beim Anblick von Explosionen - zusätzlich zeitlich dehnt.

III 24 Requisitentricks

Insgesamt gibt es eine Vielzahl von Schallereignissen (wie z.B. Feuer, K.-o.-Schläge etc.), die vom menschlichen Gehör völlig anders wahrgenommen und gestaltpsychologisch verarbeitet werden, als das Mikrofon sie aufnimmt. Schallereignisse dieser Art muß man daher stets künstlich erzeugen und später dem Film zumischen.

Was die Dramaturgie betrifft, so ist der Tonmeister dafür verantwortlich, daß der fertige Film alle wichtigen Geräuschinformationen enthält. Verläßt beispielsweise ein Darsteller einen Raum im „Off", d.h. für den Zuschauer nicht sichtbar, muß das entsprechende Türgeräusch aufgenommen werden. Es ist jedoch ein bei Laien weit verbreiteter Irrtum, daß sich für diesen Zweck jede beliebige Tür verwenden läßt. Sie muß vielmehr sowohl raumakustisch als auch von der Machart her exakt in die jeweilige Szene passen, da andernfalls beim Zuschauer ein Gefühl der Fremdartigkeit ausgelöst wird. Ähnlich verhält es sich mit Telefonklingeln und zahllosen anderen dramaturgisch-informatorisch wichtigen Schallquellen. Das Läuten einer Telefonklingel muß entweder von einem Tonband ab- und in die Aufnahme der Szene eingespielt oder nachträglich zugemischt werden.

Abb. 141: Tonmeister am Mischpult eines Fernsehstudios bei der Aufnahme

Bei Musikaufnahmen werden vom Tonmeister genaue Kenntnisse hinsichtlich der Abstrahlungscharakteristik der einzelnen Stimmlagen und gängigen Musikinstrumente sowie der besonderen Eigenarten ihres Klangspektrums verlangt. Eine Orchesteraufnahme für die monaurale Wiedergabe im Fernsehen, bei der nur ein Mikrofon eingesetzt wird, ergibt ein Schallwellengemisch, aus dem sich nur sehr entfernt der Zusammenklang mehrerer Instrumente erkennen läßt. Dieses Verfahren entspricht in keinem Fall dem menschlichen Hören, da das Gehör durchaus in der Lage ist, einzelne leise Instrumente eines Orchesters auch dann aus dem gesamten Klangbild herauszuhören, wenn die Lautstärke aller Instrumente die des Einzelinstruments um ein Vielfaches übersteigt.

IV 12 Regie

Daher werden bei gehörgerechten Musikaufnahmen einzelne Instrumente und Instrumentengruppen mit separaten Mikrofonen aufgenommen und erst am Mischpult so zusammengemischt, wie es der Charakter der Musik erfordert. Bei der Beurteilung, welche Instrumentengruppe in welchen Abschnitten des Stücks wie stark hervorzuheben ist und in welchem Ausmaß er die Raumakustik in die Aufnahme einbeziehen will, bleibt dem Tonmeister dann ein breiter Ermessensspielraum. Stereophone Aufnahmen sind in dieser Hinsicht wieder mit ganz anderen Anforderungen verbunden, da der Zuhörer die einzelnen Instrumentengruppen mit Hilfe seines Ortungssinnes separieren kann. Bei Opernaufführungen sind die Stimmen der Sänger im Verhältnis zum Orchester sehr leise, dennoch werden sie vom Gehör deutlich hervorgehoben. Bei der monauralen Aufnahme einer Oper ist diese Tatsache stärker zu berücksichtigen als bei der stereophonen.

I 16 Stereoton

5. Playback

Beim Playback-Verfahren wird von einem Ereignis zunächst eine Tonaufnahme erstellt, die dann später bei der Bildaufnahme akustisch über Lautsprecher eingespielt wird und den Darstellern als zeitliche Orientierung für ihr Spiel dient. Dieselbe Playback-Aufnahme wird auch beim Schnitt und bei der Mischung verwendet.

Das Playback-Verfahren ist immer dann erforderlich, wenn eine Szene aus bilddramaturgischen Gründen in einzelnen Abschnitten aufgenommen wird, die sich nicht mit dem realen Ablauf einer Darbietung (z.B. einer Musikaufnahme) vereinbaren lassen, oder wenn eine gute Tonaufnahme auf anderem Wege nicht durchführbar ist. Ein weiteres Beispiel wären Doppelgängeraufnahmen, bei denen der Darsteller im zweiten Aufnahmedurchgang auf seine eigenen Stichworte aus dem ersten Durchgang reagieren muß.

IV 12 Regie

III 17 Kaschtricks

Bei Szenen, die ein tanzendes Paar zeigen, das gleichzeitig einen Dialog führt, der in Schuß und Gegenschuß aufgelöst wird, müssen die Darsteller einerseits auf den Rhythmus der Musik reagieren, andererseits muß ihre Sprache verständlich sein. In diesem Fall spielt man die Tanzmusik während der Aufnahme abschnittsweise sehr leise in die Szene ein. Später wird die Originalmusikaufnahme (Playback-Aufnahme) so zugemischt, daß sie mit der leise hörbaren Hintergrundmusik genau zur Deckung kommt. Da beide, Originalmusik und Hintergrundmusik, identisch sind, wird die Hintergrundmusik völlig verdeckt.

I 10 Bilddramaturgie

Musikalische Darbietungen als Bestandteil einer Spielhandlung sollten, auch bei einer Aufnahme im Studio, bilddramaturgisch stets so dargestellt werden, wie sie der Zuhörer bzw. Zuschauer in der Wirklichkeit erlebt. In der Realität aber hängen oder stehen in solchen Fällen wohl kaum Mikrofone, die für eine Originaltonaufnahme unerläßlich sind, herum. Zudem ist die Akustik in Bildaufnahmestudios nicht immer ideal. Um dennoch hochwertige Musikaufnahmen zu erhalten, nimmt man die gesamte Darbietung zunächst in einem Tonstudio auf, teilt sie anschließend nach der Partitur bilddramaturgisch in einzelne Einstellungen ein und zeichnet schließlich Einstellung für Einstellung - Abschnitt für Abschnitt - bildmäßig auf, wobei Sänger und Musiker nur optisch nach Playback agieren. Bei der Fertigstellung ist dann nur mehr die Originalmusikaufnahme zu hören.

Eine Kombination von Direktaufnahme und Playback wird bei Fernsehaufnahmen von Konzertaufführungen praktiziert. Das Konzert wird gleichzeitig in Bild und Ton aufgezeichnet, wobei mehrere Kameras, von der Regie nach Partitur angewiesen, den Dirigenten, den bzw. die Solisten sowie einzelne Instrumentengruppen aufnehmen. Dabei läßt es sich kaum vermeiden, daß einzelne Instrumente oder Gruppen im Bild nicht erfaßt werden, da andere Musiker sie verdecken oder die Kameras nicht schnell genug ihre Positionen wechseln können. Die entsprechenden Einstellungen werden dann unmittelbar im Anschluß an die Originalaufnahmen zum Playback des Fernsehtons „nachgedreht“ und entweder sofort nach dem „Insert-Verfahren“ in das MAZ-Band eingefügt oder nachträglich in einer MAZ-Nachbearbeitung eingesetzt.

III 27 Live-Sendungen

IV 10 Schnitt-Technik

6. Nachsynchronisation

Die Nachsynchronisation von Tönen ist immer dann erforderlich wenn a) während der Bildaufnahme keine Möglichkeit zu einer synchronen Aufnahme des Tons besteht oder b) fremdsprachlich aufgenommene Filme in die eigene Sprache übertragen werden müssen.

II 26 Synchronität

III 8 Negativarbeiten

Beim Nachsynchronisieren wird der Film „take“-weise - in der Regel einstellungsweise - in einem Aufnahmestudio projiziert. Früher wurde er zu diesem Zweck in einzelne Einstellungen zerschnitten, die dann als Endlosschleifen zusammengeklebt und anschließend vorgeführt wurden. Heute sind Projektoren und Tonaufnahmegeräte elektrisch so miteinander verkoppelt, daß sie gemeinsam vorwärts und rückwärts laufen können. Auf diese Weise lassen sich die einzelnen „Takes“ ständig wiederholen. Die zur Nachsynchronisation benutzte „Arbeitskopie“ eines Films ist später als Vorführkopie natürlich nicht mehr verwendbar.

Während der take-weisen und ständig wiederholten Vorführung des Films versuchen die Synchrondarsteller, lippensynchron mit den Darstellern auf der Leinwand, den Text „aufzusprechen“. Die aufgesprochenen Texte werden bei jedem neuen Durchlauf wieder gelöscht, und zwar so lange, bis eine optimal gelungene Version aufgezeichnet ist. Routinierte Synchronteams bewältigen mehrere hundert Takes an einem Arbeitstag.

IV 8 Mischung

Da das Tonband während des ganzen Prozesses synchron mit dem Bildprojektor vor- und zurückgefahren wurde, liegt am Ende für den gesamten Film oder Filmabschnitt ein synchrones Tonband (Sprachband) vor. Diesem Sprachband müssen dann in einem späteren Arbeitsgang Geräusche und Musik zugemischt werden.

International gehandelte Filme werden häufig mit sogenannten IT-Bändern (IT = internationaler Ton) geliefert, auf denen ausschließlich Geräusche und Musik aufgezeichnet sind. Plant man Filme von Anbeginn für den internationalen Handel, muß der Tonmeister dafür sorgen, daß Requisitengeräusche - wie z.B. das Rühren in einer Kaffeetasse während eines Gesprächs - nach der eigentlichen Bild-Sprache-Geräuschaufnahme noch einmal als Nur-Geräusch aufgenommen werden.

Sollten auf den IT-Bändern einzelne Geräusche fehlen oder keine entsprechenden Bänder vorhanden sein, müssen alle atmosphärisch und dramaturgisch wichtigen Geräusche nachsynchronisiert werden. Obwohl der Zuschauer eine Vielzahl von Geräuschen meist nicht bewußt wahrnimmt, wirken z.B. lautlos galoppierende Pferde oder sich geräuschlos entzündende Streichhölzer in einem Tonfilm ausgesprochen fremdartig und merkwürdig. Für das Nachsynchronisieren von Geräuschen gibt es Spezialisten, die z.B. mit Hilfe von Kokosnußschalen das Galoppieren von Pferden vollkommen synchron und täuschend echt nachahmen.

Eigentlich sollten bei Sprach- und Geräuschaufnahmen im Synchronstudio die akustischen Verhältnisse der jeweils im Bild gezeigten Situation möglichst genau nachvollzogen werden. Die spärlichen Variationsmöglichkeiten - ein schalltoter (echofreier) Kasten für „Außen“-Situationen, die natürliche Akustik des Studios für „Innen“-Situationen sowie wechselnde Sprecherpositionen (d.h. variierende Abstände zwischen Sprecher und Mikrofon) - , die in der Regel dafür in Frage kommen, reichen indessen bei weitem nicht dazu aus, den entsprechenden realen Verhältnissen gerecht zu werden. Daher wirken nachsynchronisierte Filme sehr häufig steril und wirklichkeitsfremd. Als Ursache wird nur selten das Fehlen der Akustik erkannt, das zwar deutlich registriert, aber eben nur unbewußt wahrgenommen wird. *I 15 Hören*

Bei Dreharbeiten an Originalschauplätzen ist die Herstellung einer tonlichen Kontinuität recht mühevoll und mit viel Arbeit verbunden. Immer wieder müssen Einstellungen wiederholt werden, weil Schauspieler sich versprochen haben, die Kamera einen Scheinwerfer im Bildausschnitt eingefangen hat oder Hintergrundgeräusche (z.B. durch ein Flugzeug verursacht) genau am Take-Ende einen späteren Schnitt an dieser Stelle unmöglich machen. Um all diesen Schwierigkeiten aus dem Wege zu gehen und Produktionszeit einzusparen, planen manche Produzenten von vornherein die Nachsynchronisation des gesamten Films ein, so daß alle Bildeinstellungen ohne Ton gedreht werden. Dafür nehmen sie allerdings aus Ersparnisgründen eine von der ersten bis zur letzten Filmminute unveränderte Tonkulisse in Kauf.

7. Mehrkanalton

Der hohe Abstraktionsgrad des einkanaligen (monauralen) Tons wurde in den letzten Jahren vielfach durch den wirklichkeitsnäheren Stereoton (zweikanalig) ersetzt. Grundsätzlich wird dabei die räumliche Ausdehnung der Schallquellen, die den Hörenden umgeben, auf zwei Kanäle verteilt. Die Tonaufnahme erfolgt dementsprechend mit zwei Richtmikrofonen, die jeweils die linke bzw. rechte Hälfte des vorderen Schallbildes aufnehmen, wobei in der Mitte eine Überlappung entsteht. Folglich werden Schallquellen, die sich in der Mitte vor dem Hörenden befinden, von beiden Mikrofonen gleich stark wahrgenommen. Bei der Wiedergabe werden zwei Lautsprecher jeweils links und rechts vor dem Zuhörer aufgestellt, so daß er Schallquellen, die sich in bestimmten Bereichen links und rechts vor ihm befinden, orten und damit auch wahrnehmungspsychologisch selektieren kann. Probleme ergeben sich bei Schallquellen, die in der Mitte vor dem Zuhörer liegen, da die Schallbilder in diesem Fall aus zwei Richtungen gleichzeitig beim Gehör ankommen. Da dies keineswegs den natürlichen Hörverhältnissen entspricht, ist die Ortung in diesem Bereich vage und verwirrend. *I 16 Stereophonie*

Das natürliche Hören ist eine Rundum-Funktion - bei der Stereophonie fehlt jedoch der gesamte Bereich, der 90° seitlich und hinter der Hörachse des Zuhörers liegt. Selbst wenn in diesem Bereich keine Schallquellen vorhanden sind, die entsprechenden Schallreflexionen von Schallquellen, die vor dem Zuhörer liegen, sind für eine vollständige Raumwirkung in jedem Fall erforderlich. Um hier Abhilfe zu schaffen, hat man *hinter* dem Zuhörer ein weiteres stereophones System eingerichtet und das Ganze als „Quadrophonie" bezeichnet. Da die Quadrophonie jedoch vier Aufnahme-, Übertragungs- und Wiedergabe-Kanäle erfordert und der Zuhörer trotz alledem in bestimmten Bereichen die gleichen Ortungsschwierigkeiten hat wie bei der Stereophonie, konnte sich die Quadrophonie nicht durchsetzen.

Dazu hat auch die Einführung der zweikanaligen Kunstkopfstereophonie beigetragen. Sie kommt dem menschlichen Hören mittlerweile sehr viel näher als die Quadrophonie, da das zwei-ohrige Hören des Menschen bereits bei der Aufnahme möglichst genau nachgeahmt wird. Dies gelingt durch die Verwendung künstlich nachgeformter Köpfe aus Kunststoffen mit fleisch- und knochenähnlicher Konsistenz, in deren

Gehörgängen sich Mikrofone befinden. Diese nehmen seitlich angebrachte Schallquellen mit den gleichen Verzögerungen (Phasenverschiebung) und der gleichen Interferenz auf wie das menschliche Gehör. Optimal ist das Resultat, wenn der Ton-Assistent in seinen Gehörgängen vor den Trommelfellen Kleinmikrofone trägt.

IV 4 Tongestaltung

Bei der Wiedergabe ist jedoch wichtig, daß die Aufzeichnung aus dem linken Kunstkopfohr auch nur das linke Ohr des Zuhörers erreicht. Das gleiche gilt selbstverständlich für das rechte Ohr. Dies ist nur mittels Kopfhörer durchführbar. Anders als beim Stereoton, bei dem beide Ohren des Zuhörers beide Lautsprecher wahrnehmen, erhält bei der Kunstkopfstereophonie jedes Ohr sein spezielles Signal. Auf diese Weise läßt sich eine perfekte Rundum-Ortung realisieren.

III 30 Zukunft

Bei großformatigen Kinofilmen hat man, da es nicht möglich ist, jeden Besucher an einen Kopfhörer anzuschließen, durch das sogenannte Vielkanaltonsystem einen ähnlichen Effekt erzielt. Dabei sind rund um den Vorführraum mehrere Lautsprecher angeordnet, die einzeln gesteuert werden, so daß der Zuschauer bzw. Zuhörer aus allen Richtungen Schallsignale empfangen kann. Natürlich muß zu diesem Zweck für jeden Lautsprecher ein Tonkanal aufgenommen und aufgezeichnet werden, so daß das System insgesamt mit sehr viel Aufwand verbunden ist.

Hinsichtlich der Gestaltung muß beim Mehrkanaltonsystem eine Voraussetzung unbedingt erfüllt sein: Der Film darf keine sich widersprechenden Informationen optischer und akustischer Art enthalten, d.h. wenn jemand links vom Zuschauer zu sehen ist, muß auch seine Stimme auf jeden Fall aus derselben Richtung zu hören sein. Bei großformatigen Leinwänden („Cinemascope“) ist dies kaum mit Schwierigkeiten verbunden, da der Zuschauer einen Bereich von weit über 40° in der seitlichen Ausdehnung überblicken kann.

I 16 Information

Beim Fernsehbild ergeben sich jedoch größere Probleme, da der Blickwinkel des Betrachters hier nur maximal 10° beträgt. Alle Geräuschquellen, die im Bild zu sehen sind, dürfen daher nur aus einer Richtung kommen.

Geräuschquellen *außerhalb* des Bildes bilden eine Ausnahme. Auch in der Realität ergänzen sie den engen Gesichtswinkel des Menschen durch zahlreiche Rundum-Informationen. Ein Fernsehbild mit kunstkopfstereophoner Tonbegleitung entspricht von der wahrnehmungspsychologischen Funktionsweise her ziemlich genau einem Menschen, der starr in eine Richtung blickt. Unter diesen Umständen wirkt stereophoner Ton beim Fernsehen nicht nur natürlich, sondern löst auch den hohen Abstraktionsgrad des viel zu kleinen Bildausschnittes (mit seinen verzerrten Perspektiven und dem dominierenden Bildrand) dadurch auf, daß der Zuschauer einen mehrdimensionalen Raumeindruck von wesentlich höherer Informationsdichte gewinnt. Dies ist solange gewährleistet, wie die tonlichen Informationen, die von Quellen außerhalb des Bildausschnittes herrühren, rein atmosphärischer Natur sind (Beispiele: Gewitterdonner rollt von vorne nach hinten, allgemeines Verkehrsgeräusch ist rundum zu hören). Treten jedoch außerhalb des Bildwinkels Signalgeräusche auf, die als Aufmerksamkeitsauslöser wirksam sind (z.B. eine sich öffnende Türe, sich nähernde Schritte), besteht die (automatische) Reaktion des Zuschauers darin, Kopf und Blick in die Richtung des Signalgeräusches zu wenden (es sei denn, die Bildinhalte dominieren als Aufmerksamkeitsauslöser). In der herkömmlichen, auf einkanaligen Begleitton ausgerichteten Dramaturgie wurde dieser Tatsache durch Schnitt auf die Türe bzw. auf die sich nähernde Person entsprochen. Mit stereophonem Begleitton treten schwerwiegende bilddramaturgische Probleme auf, an deren Lösung zur Zeit noch gearbeitet wird.

8. Mischung

Die Mischung ist - bis auf das Kopieren - so ungefähr die letzte Fertigungsstufe eines Films. Die für die Mischung erforderlichen Tonbänder werden vom Schneideraum synchron mit dem Bildfilm geschnitten geliefert. Dazu gehören z.B. mehrere Sprachbänder, für den Fall, daß bei Dialogen aus Gründen der Raumakustik ein Satz in einen anderen überblendet werden muß oder ein zusätzliches Sprachband, wenn ein Teil eines Dialogs, der im Film aus einem Telefonhörer oder einem Lautsprecher zu hören ist, durch Filterung verfremdet werden soll.

IV 4 Tongestaltung
IV 9 Schnitt

Außerdem müssen Geräusch- und Musikbänder vorhanden sein, auf denen Geräusche, Raumatmosphäre, Musikakzente etc. so verteilt und angeordnet sind, daß sie sich durch Ein-, Aus- und Überblenden und gegebenenfalls durch Filterung zu einem geschlossenen und kontinuierlichen akustischen Gesamteindruck mischen lassen.

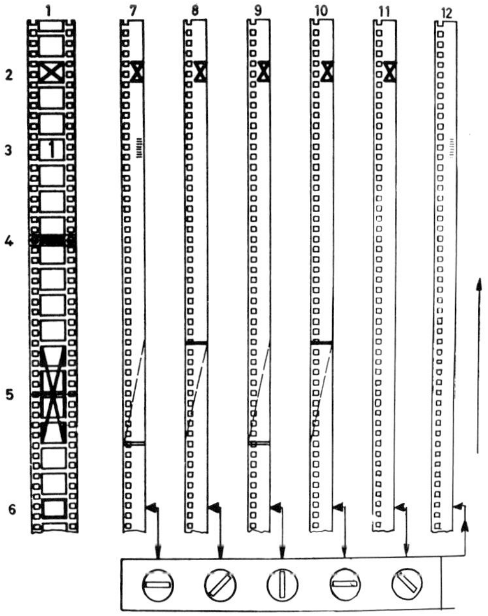

Abb. 142: Schema einer Tonmischung. Der Bildfilm 1 und die Ton-Abspielbänder 7-11 (Sprache, Geräusche, Musik) werden so eingelegt, daß sie alle synchron mit dem Startkreuz 2 anlaufen. An einer markierten Stelle 3 des Startbandes (Vorlaufband) ist auf einem der Abspielbänder ein „Piepser" eingefügt, der bei der Mischung auf das Aufnahmeband 12 übertragen wird. Damit kann später das gemischte Aufnahmeband wieder synchron zum Bildband angelegt werden. An der Schnittstelle 4 ist das Startband zu Ende und der eigentliche Film beginnt. Bei 5 ist im Bildfilm eine Überblendung eingezeichnet. Auch im Ton wird hier von Band 7 in Band 8 und von 9 in 10 überblendet. Entsprechend sind die Tonbänder überlappend eingesetzt.

Die Mischung eines neu aufgenommenen oder nachsynchronisierten Films findet in einem für diesen Zweck speziell eingerichteten Studio statt. Im „Tonträgerraum“ befinden sich sechs oder mehr „Bandspieler“ für perforierte Tonbänder. Sie sind elektrisch so miteinander gekoppelt, daß sie auf Knopfdruck alle gleichzeitig vorwärts oder rückwärts anlaufen und auch beim Laufen absolut synchron bleiben. Die von den einzelnen Bandspielern gelieferten Töne werden einzeln zu den Reglern des Mischpults geleitet.

II 19 Motoren

Ebenfalls mit den Bandspielern synchron gekoppelt sind ein Filmprojektor für den Bildstreifen sowie ein Aufnahmegerät für perforiertes Magnetband, das den vom Mischpult gelieferten gemischten Ton aufzeichnet. Von diesem Gerät kann auch der gemischte Ton abgehört werden.

Die Cutterin, die in der Regel auch bei der Mischung zugegen ist, hat für die von ihr gefertigten Bänder einen „Mischplan“ erstellt. Dieser enthält sekundengenaue Angaben darüber, an welchen Stellen des Films sich welche Toninformationen auf welchen Sprach-, Geräusch- oder Musikbändern befinden. Für die Zeitangabe ist der Schneidetisch der Cutterin mit einem Zusatzgerät ausgerüstet, das die Filmsekunden genau zählt - je eine Sekunde für 24 (Kinonorm) oder 25 (Fernsehnorm) Bilder. Während der Mischung läuft dann - für alle sichtbar - eine ähnliche Zähluhr vorwärts und rückwärts ab. Auf diese Weise kann der Tonmeister ständig auf die Sekunde genau die von den Bändern angelieferten Töne durch Auf- und Zuziehen der einzelnen Regler ab-, auf- oder überblenden.

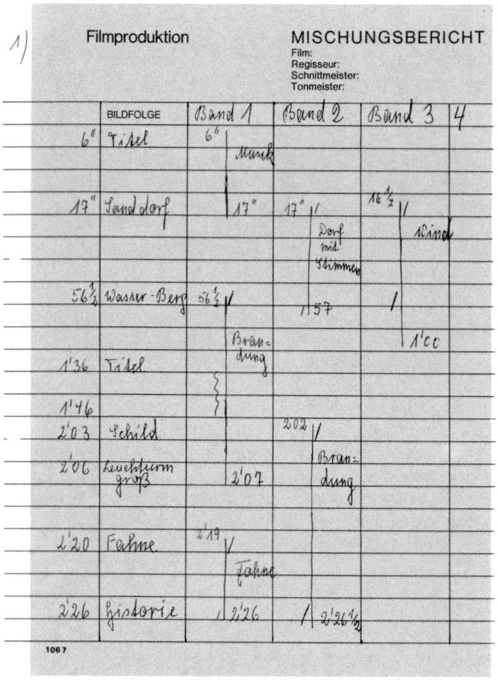

Abb. 143: Mischplan für eine Mischung mit 3 Bändern. In der linken Spalte sind die jeweiligen Minuten- und Sekundenzeiten ab Filmanfang aufgeführt.

In früheren Jahren, als es noch nicht möglich war, mehrere Bandspieler synchron vorwärts und rückwärts zu steuern, mußte eine Mischung stets von Anfang bis Ende einer Filmrolle durchgehend gelingen. Durch die modernen Kopplungssysteme sieht sich der Tonmeister inzwischen in der Lage, immer dann, wenn ihm eine Stelle nicht geglückt erscheint, alle Bandspieler und den Projektor anzuhalten, sie ein Stück rückwärts laufen zu lassen und dann nochmals vorwärts zu schalten. Dabei wird das bisher Gemischte nur abgehört. An einer geeigneten Stelle kann er dann wieder „einsteigen", wobei er, ohne das Aufnahmegerät anzuhalten, einfach von „Wiedergabe" auf „Aufnahme" umschaltet und von diesem Zeitpunkt an neu mischt.

Es ist selbstverständlich möglich, während einer Mischung Studiomikrofone zuzuschalten, über die eventuell noch fehlende Geräusche oder Sprecherkommentare hinzugemischt werden.

9. Schnitt

Beim Schnitt eines Films oder eines Fernsehprogramms werden die von den Kameras vorgegebenen Bildinhalte und die sie begleitenden Töne miteinander verbunden. Diese Tätigkeit erscheint jedoch nur bei einer oberflächlichen Betrachtung einfach, die Realität hingegen sieht ganz anders aus. Gerade Laien (und nicht nur die) legen der Beurteilung eines Films nur die vordergründigen Inhalte zugrunde, ohne zu ahnen, in welchem Maße ihr Urteil von Farben und Rhythmen, von Klängen und Stimmungen abhängt. Der Filmschnitt beeinflußt eine Handlung oder einen Inhalt viel weniger dadurch, daß Teile eines Films „weggeschnitten" werden (obwohl die Bezeichnung „Schnitt" darauf schließen ließe), sondern weit eher durch die Art und Weise, in der die einzelnen Elemente zusammengefügt werden. Daher sind auch die im Französischen übliche Bezeichnung „montage" bzw. das Englische „editing" weitaus zutreffender. Selbst wenn die einzelnen Bildeinstellungen drehbuchmäßig aufgenommen wurden und in ihrer Reihenfolge weitgehend festliegen, gibt es dennoch eine unübersehbare Anzahl von Möglichkeiten, sie zusammenzusetzen.

Das einfachste Beispiel dafür ist der Schnitt eines Dialogs zwischen zwei Darstellern. In der Realität wird ein interessierter Betrachter dieser Situation meist von einem Gesprächspartner zum anderen blicken und dabei wohl in erster Linie denjenigen ansehen, der gerade spricht. Die filmdramaturgische Entsprechung besteht jedoch keineswegs in einem mechanischen Hin- und Herschneiden, entsprechend der Abfolge von Rede und Gegenrede. Ein solches Verfahren würde beim Zuschauer, auch bei hochinteressanten Dialoginhalten, sehr schnell ein Gefühl penetranter Langeweile erwecken.

I 10 Bilddramaturgie

Auch in einer realen Gesprächssituation wird ein unbeteiligter Dritter ab und an den jeweiligen Sprecher erst dann anblicken, wenn dieser bereits zu sprechen begonnen hat - sozusagen als Reaktion auf seine Aussage. Im umgekehrten Fall wird er den jeweils Zuhörenden ansehen - etwa in der Erwartung: „Wie wird er auf den letzten Satz reagieren?" Bei längeren Monologen eines Gesprächsteilnehmers wird er seinen Blick von Zeit zu Zeit auch auf den Zuhörer richten, um dessen Reaktion zu erforschen.

Die Gestaltung der Pausen zwischen den einzelnen Sätzen, aus der sich der Rhythmus von Rede und Gegenrede ergibt, obliegt gleichfalls der Cutterin (Schnittmeisterin). Sie kann die Sätze z.B. hart aneinanderschneiden und dadurch der jeweiligen Replik eine viel temperamentvollere, aggressivere und dramatischere Färbung verleihen, als dies bei einer Pause von vielleicht 6 Bildfeldern (1/4 sek.) der Fall wäre. Bei einer längeren Pause würde dieselbe Aussage bedächtiger und überlegter wirken.

Wenn die Cutterin zwischen den Sätzen mechanisch immer die gleichen Pausenlängen läßt, können die Darsteller noch so viele Nuancen in ihre Dialoge bringen, nach einer gewissen Zeit wirkt das Ganze durch den gleichförmigen Rhythmus wie aufgesagt - mechanisch gelernt und wiedergegeben.

Bei einem gut geschnittenen Dialog sind daher die Bildschnitte keineswegs überall mit den Tonschnitten identisch - sie können erheblich früher oder später liegen; außerdem fallen die Pausen zwischen den Dialogsätzen unterschiedlich lang aus, je nach Inhalt und Bedeutung der betreffenden Aussage. Entsprechen diese Variationen genau der Wahrnehmungssteuerung einer beteiligten Person in der Realität, wird der Zuschauer die Schnitte bewußt gar nicht registrieren, sondern den Ablauf als organisch und ganz selbstverständlich empfinden.

IV 4 Tongestaltung

Bei ihrer Arbeit achtet die Cutterin sehr genau auf Hintergrundgeräusche und Raumatmosphäre und verteilt, falls erforderlich, die einzelnen Dialogsätze auf zwei Tonbänder, so daß sie in der Mischung bei ausreichend langen Pausen ineinander überblendet werden können. Bei Bildaufnahmen achtet sie auf die Haltung der Darsteller und darauf, ob z.B. Biergläser die richtige Füllung und Zigaretten die richtige Länge haben. Sie verfolgt, an welchen Stellen des Dialogs einer der Darsteller trinkt und schneidet ihn genau zu diesem Augenblick ein. Auf diese Weise schafft sie eine logische Begründung dafür, daß das Glas zu einem späteren Zeitpunkt nicht mehr ganz gefüllt ist. Dem Laien mag eine so penible Einhaltung der Bildlogik bei scheinbar Nebensächlichem übertrieben erscheinen - die Praxis zeigt jedoch, daß „Regiefehler" in diesem Bereich von der Wahrnehmung des Zuschauers zuverlässig registriert werden und die emotionale Einstellung zur Handlung verändern - meist in Richtung Mißtrauen gegenüber der Wahrhaftigkeit des Inhalts.

IV 12 Regie

I 22 Handlung

Ein sehr einfacher Vorgang - entnommen aus Peter Roseggers Roman „Als ich noch der Waldbauernbub war" - mag veranschaulichen, in welch vielfältiger Weise der Schnitt gehandhabt werden kann:

Der Waldbauernbub ist in die Kirche gegangen, um am Gottesdienst teilzunehmen. Zusammen mit den Bauern steht er andächtig wartend in einer der Bankreihen. Der Organist betritt die Kirche durch den hinteren Eingang. Er durchquert das Kirchenschiff auf der Suche nach einem Jungen, der den Blasebalg seiner Orgel treten soll. Neben der Bankreihe, in der sich der Waldbauernbub befindet, bleibt er stehen und macht sich dem Jungen durch Zischen und Gestikulieren bemerkbar.

Die einfachste Schnittmöglichkeit besteht darin, mit dem Buben, der die Kirche betritt und am Ende andächtig in der Bankreihe stehenbleibt, anzufangen. Schnitt. Der Organist betritt die Kirche, geht suchend durch das Schiff, bleibt an der Bankreihe des Buben stehen und macht „ssst, ssst". Schnitt. Der Bauernbub schaut hoch, bemerkt den Organisten, begreift, daß er gemeint ist und verläßt seinen Platz.

Dies wäre eine sehr genaue und chronologische Erzählweise mit sehr langen Einstellungen; allerdings auch mit langen redundanten Passagen: lange Gänge, in denen außer dem Suchen nichts Wesentliches geschieht.

I 29 Zeit

Eine zeitliche Raffung des Vorgangs kann durch die Gleichzeitigkeit zweier Erzählebenen erreicht werden. Aus demselben Aufnahmematerial kann dabei die folgende Sequenz geschnitten werden:

Der Bauernbub betritt die Kirche und beginnt einen Platz zu suchen. Schnitt. Der Organist betritt die Kirche und beginnt einen Jungen zu suchen. Schnitt. Der Bub ist an seinem Platz angekommen und hat andächtig den Kopf gesenkt. Schnitt. Der Organist hat den Jungen entdeckt, ist stehengeblieben und macht „ssst, ssst". Schnitt. Der Bub wird aufmerksam und verläßt seinen Platz.

In diesem Fall entsteht beim Zuschauer der Eindruck, daß beide Aktionen - das Suchen eines Platzes durch den Buben und das Suchen eines Jungen durch den Organisten - mehr oder weniger gleichzeitig ablaufen. Dabei werden redundante Handlungsteile dadurch eliminiert, daß man von einer Erzählebene auf die andere umschneidet, sobald eine der beiden zu lang(weilig) wird.

Eine sehr viel interessantere Variante dieser zweischichtigen Methode könnte so aussehen:

Der Bauernbub betritt die Kirche und sucht einen Platz. Schnitt. Der Organist betritt die Kirche und sucht einen Jungen. Schnitt. Der Bauernbub steht andächtig an seinem Platz. Nach einer Weile hört man aus dem Off (d.h. aus einer im Bild nicht sichtbaren Schallquelle) „ssst, ssst". Der Junge schaut hoch. Schnitt. Der Organist, offensichtlich der Urheber der Zischgeräusche, steht und winkt ihn heran. Schnitt. Der Junge erkennt, daß er gemeint ist und verläßt seinen Platz.

Die (ohnehin sehr vordergründige) Tatsache, daß der Organist den Jungen findet, wird nicht im Bild gezeigt. Statt dessen bleibt der Zuschauer bei dem Buben, wird Zeuge seiner Andächtigkeit und erlebt dann, wie seine Aufmerksamkeit durch ein typisches Auslösegeräusch - das „Ssst" des Organisten - erregt wird. Mit dem Hochblicken des Buben sieht auch der Zuschauer den Organisten, der jetzt nicht mehr sucht, sondern gestikuliert.

Durch diese Schnittmethode, die sich äußerlich nur in Nuancen von der zuvor beschriebenen unterscheidet, finden dennoch eine weitaus intensivere Identifizierung des Zuschauers mit dem Jungen und eine wesentlich stärkere Aufmerksamkeitsauslosung statt.

I 25 Identifikation
I 8 Aufmerksamkeit

Daß der Zuschauer in jedem Fall die räumliche Orientierung durch entsprechende Gewichtsverteilung, durch die Linienführung und Blickrichtungen in den Bildern behalten muß, ist weniger eine Angelegenheit des Schnitts als der Aufnahme. Die gestalterischen Variationsmöglichkeiten des Schnitts sind natürlich abhängig vom Material, das Regie, Kamera und Ton angeliefert haben. Sie können dem Schnitt sehr enge Grenzen setzen oder ihm große Freiheiten lassen. Das Verhältnis zwischen Regie und Cutterin ähnelt in dieser Hinsicht dem Verhältnis zwischen Regie und Kamera: Es ist nirgendwo eindeutig festgelegt; während manche Regisseure sehr genaue Vorstellungen vom schnittmäßigen Ablauf ihres Films haben, konzentrieren sich andere voll und ganz auf Handlung und Darstellung und überlassen Bilddramaturgie und Rhythmus zumindest in den Einzelheiten dem Kameramann und der Cutterin. Es ist daher nur schwer einzusehen, wie jemand den Beruf eines Regisseurs, eines Kameramannes oder eines Tonmeisters erlernen kann, ohne für eine gewisse Zeit im Schneideraum gearbeitet zu haben.

In jedem Falle sind die Gestaltungsmöglichkeiten des Schnitts bei der Dokumentation wesentlich vielfältiger als bei inszenierten Filmen, da die Einzelheiten des Handlungsflusses hier erst beim Schnitt festgelegt werden. Die Schlußfolgerung, durch den Schnitt könne auch völlig konzeptionslos aufgenommenes Material noch zu einem brauchbaren Programm zusammengebastelt werden, ist jedoch ebenso falsch wie weit verbreitet. Die einzelnen Bilder müssen vielmehr eine Vielzahl wahrnehmungspsychologischer Forderungen erfüllen, damit sie mit anderen Bildern zusammengekoppelt werden können.

I 9 Verschmelzung

Die wichtigsten dieser Forderungen sind:

- Durch den Bildwechsel darf der Zuschauer keinen durch Farb- oder Helligkeitssprünge ausgelösten Farbschock bekommen - es sei denn, ein solcher Schock ist Bestandteil der Erzählung oder des Berichts und daher beabsichtigt.
- *I 27 Exposition* Der Zuschauer darf nicht durch Schnitte auf andere Bilder die Orientierung in der Szenerie verlieren. Eine Ausnahme bilden bewußte Schauplatzwechsel oder Zeitsprünge, bei denen selbstverständlich umgeschnitten werden muß.
- Bewegungsabläufe, die der Zuschauer als kontinuierlich zu sehen gewöhnt ist, müssen auch in Schnittbildfolgen kontinuierlich ablaufen.
- Kontrastierungen in Inhalt, Bewegung oder Farbe müssen durch die ganze Informationsstruktur des Films als motiviert und beabsichtigt erkennbar sein.

Sind alle diese Forderungen bei der Entscheidung, zwei Bilder zusammenzufügen, erfüllt, hat der Schnitt die folgenden gestalterischen Möglichkeiten (in welcher Form sie angewendet werden, bestimmen der Autor, der Regisseur oder die Cutterin):

Assoziative Schnitte. Die Wahrnehmung des Menschen setzt alle zeitlich aufeinander folgenden Einzelwahrnehmungen in einen logischen kausalen Zusammenhang. Sieht man in der realen Umwelt einen Menschen, der gebannt in eine Richtung blickt, wird man unwillkürlich in dieselbe Richtung schauen, um herauszufinden, was seine Aufmerksamkeit erregt hat. Bei der Betrachtung von Filmen reagiert der Zuschauer - wie russische Experimente aus den zwanziger Jahren zeigen - nicht anders: Schneidet man an die Aufnahme eines Menschen, der in eine bestimmte Richtung außerhalb des Bildes blickt, die Aufnahme eines Sarges, so erkennen die Zuschauer im Blick dieser Person mit größter Sicherheit Trauer. Schneidet man an dieselbe Aufnahme das Bild eines spielenden Kindes, erkennen die Zuschauer mit gleich großer Sicherheit den Ausdruck liebevoller Zuneigung. Dies ist darauf zurückzuführen, daß der Zuschauer die logischen Zusammenhänge gestaltpsychologisch auch durch Ergänzung herstellt.

I 26 Kausalität

Der assoziative Schnitt ermöglicht eine unübersehbare Vielfalt erzählerischer Möglichkeiten (und damit natürlich auch polemischer Manipulationen). Damit die Assoziation beim Zuschauer wirksam wird, ist jedoch vorauszusetzen, daß dieser eindeutig erkennen kann, welche Vorstellung mit welcher Realität assoziiert werden soll. Eine Assoziation ist ja von der Sache her immer etwas Gedankliches und liegt damit auf einer anderen Realitätsebene als das vordergründige Objekt. Am sichersten ist die Assoziation für den Zuschauer nachvollziehbar, wenn er sich mit einer Person identifiziert und das assoziative Bild von der ganzen Handlungsführung her als Assoziation folgen könnte. Die Fata Morgana, die ein Verdurstender in der Wüste hat, ist zwar ein sehr altes, aber dennoch prägnantes Beispiel für den hier geschilderten Sachverhalt. Bei systematischer Suche lassen sich indessen in fast allen Filmen Beispiele für assoziative Schnitte finden.

Die Länge, mit der eine Einstellung jeweils in einen Film eingeschnitten wird, hängt von einer Reihe von Faktoren ab. In erster Linie wird sie durch den *Bildinhalt* und seine *dramaturgische Bedeutung* bestimmt. Die Entscheidung für eine bestimmte Einstellungslänge ist jedoch weit schwieriger zu fällen, als es auf den ersten Blick scheint. Dies ist darauf zurückzuführen, daß die Verarbeitung der Bildinhalte durch das menschliche Bewußtsein nur langsam und Stück für Stück erfolgt, wohingegen die unbewußten Funktionen der Wahrnehmung große Informationsmengen in kürzester Zeit verarbeiten. Bei der Bestimmung der jeweiligen Einstellungslänge ist dieser Tatbestand zu berücksichtigen.

I 1 Gestaltwahrnehmung

Für Regisseur und Cutterin ist dies jedoch besonders schwierig, da ihnen die Bildinhalte durch häufiges Vorführen während der Bearbeitung bereits vertraut sind. Sie können sich daher nicht mehr auf ihre Intuition verlassen, wenn sie abschätzen wollen, wie ein Zuschauer ein Bild erstmalig und in Zusammenhang mit dem Gesamtkontext des Films sieht. In diesem Fall helfen nur nüchterner Verstand, Kenntnis der Wahrnehmungsvorgänge und langjährige Erfahrung. Generell kann man sagen, daß Bilder, die faszinierende Vorgänge mit genügend Aufmerksamkeitsauslösern enthalten, nicht unbedingt geschnitten werden müssen und minutenlang stehenbleiben können. Andererseits müßten die Einzeleindrücke eines Unfallopfers - z.B. Näherkommen eines Lastwagens, Aufprall, splitternde Scheibe - der normalen Wahrnehmung eines solchen Vorgangs entsprechend als Sekundenbruchteil-Schnitte dargestellt werden. Das gleiche gilt für assoziative Schnitte, die mehr auf den unbewußten als den bewußten Teil der Wahrnehmung abzielen - wie z.B. die bemalte Fratze eines Zauberers, die man in einem unheimlichen Urwald zu sehen glaubt.

Aufgrund dieser Überlegungen erscheint es plausibel, daß die Schnitte bei Fernsehprogrammen im allgemeinen kürzer sein sollten als bei Breitwandfilmen. Dafür spricht schon allein die Tatsache, daß die Informationsdichte des Fernsehbildes wegen des geringen Auflösungsvermögens nur einen Bruchteil der des Breitwandbildes beträgt und das Fernsehen daher weit stärker darauf angewiesen ist, eine Situation durch die zeitliche Abfolge von Einzeleindrücken zu schildern.

II 16 Information

Die Länge eines Bildschnitts wird noch durch einen weiteren Faktor, den sogenannten *Schnittrhythmus* beeinflußt, der bei bestimmten Passagen einer Handlung ein zusätzliches Gestaltungselement sein kann. Wie jeder Neurologe und wie jeder Sportarzt weiß, spielen Rhythmen im gesamten psychischen Geschehen eine große Rolle. Als energiesparendes System haben sie bereits auf einer sehr niedrigen Stufe Eingang in die Evolution von Wahrnehmungs- und Steuersystemen gefunden. Um die Bedeutung von Rhythmen für den Organismus festzustellen, braucht man nur einmal eine kurze Strecke mit ständig wechselnder Schrittlänge zu gehen oder zu laufen.

Wie wir bereits aus der Musik wissen, üben Rhythmen auf die Psyche eine stark dynamisierende Wirkung aus. Sie erstreckt sich von zwanghaften Bewegungsimpulsen (abgewandelte Schrittbewegungen bei Marsch und Swing, schwingende Bewegungen beim Walzer) bis hin zur Blockade des Bewußtseins bei Trancezuständen. Die durch den Rhythmus hervorgerufene Wirkung wird einerseits durch ostinate (lang andauernde) Gleichförmigkeit, andererseits durch komplexe dynamische Effekte aus Interferenzen „ineinandergeschachtelter" Rhythmen (z.B. Synkopen) intensiviert. Diese Phänomene sind in ihrer reinen Form in afrikanischen Musiken und weniger offensichtlich auch in klassischen europäischen Orchestermusiken enthalten.

Optisch wahrgenommene Rhythmen haben die gleiche Wirkung wie akustisch wahrgenommene. Somit können auch Bildübergänge - und damit der Schnitt - auf den

Betrachter u.U. dynamisierend wirken. In der Praxis wird man sich diesen Effekt immer dann zunutze machen, wenn es von der Handlungsführung her wünschenswert und motiviert ist. Am deutlichsten zeigt sich die dynamisierende Wirkung optischer Rhythmen beim Bildschnitt von Musikdarbietungen, Ballettaufführungen oder ganz allgemein dann, wenn eine Filmstelle im Ton musikalisch unterlegt ist. Dabei wäre es zu primitiv, die Bildschnitte bei rhythmischer Musik stets genau auf die Taktanfänge zu legen, es sei denn, die Monotonie dieses Verfahrens wird aus dramaturgischen Gründen bewußt in Kauf genommen. In allen anderen Fällen sollte man jedoch zu anderen Mitteln greifen. Klassische Jazznummern erhalten die für sie typische unwiderstehliche Dynamik – ihren „Drive" – dadurch, daß die Rhythmusgruppe der Melodieführung um winzige Sekundenbruchteile voraus ist. Je weiter voraus, um so stärker der Drive. Es wird jedoch sehr schnell der Punkt erreicht, an dem der Zuschauer das „Vorauseilen" bewußt erkennt und die dynamisierende Wirkung damit schlagartig verlorengeht.

Ähnlich kann man auch beim Bildschnitt zu Musikaufnahmen verfahren, indem man entweder den Taktanfängen bzw. Soloeinsätzen um wenige Einzelbilder „vorauseilt" oder ihnen „nachhängt". Im ersten Fall treibt der Bildschnitt die Musik, im zweiten die Musik den Bildschnitt. Bildschnitt und Musikrhythmus sollten im allgemeinen zu einem Rhythmussystem verbunden werden, d.h. der Schnittrhythmus sollte der Musik als zusätzliche Variante überlagert und gemeinsam mit ihr in den gesamten Bildschnitt integriert werden. Schnitte auf Taktanfänge kommen dann nur von Fall zu Fall als Orientierungspunkte vor.

Was hier der Einfachheit halber am Beispiel der Musik erläutert wurde, gilt allgemein für all jene Fälle, in denen die Wahrnehmung von Dynamik durch den Schnitt intensiviert werden soll. Dazu gehören z.B. Sportdarbietungen, dynamische Massenszenen oder bestimmte dramatische Spielszenen.

Zusammenfassend läßt sich sagen, daß das Können einer Cutterin an der Fähigkeit gemessen wird, die zu Beginn dieses Kapitels erwähnten Muß-Voraussetzungen (Kontinuität) und dramaturgischen Notwendigkeiten mit gestalteten Assoziationen sowie Rhythmus und Tempo zu einem homogenen Ganzen zu vereinen.

10. Schnitt-Technik

Der Schnitt eines Films findet auf dem Schneidetisch statt. Dieser ist mit einer oder mehreren Einrichtungen versehen, die die Projektion eines durchlaufenden Filmbildes auf einen kleinen Bildschirm ermöglichen. Zwei Bildschirme haben dabei den Vorteil, daß *zwei* Bildfilme nebeneinander betrachtet werden können. Dies ist z.B. dann praktisch, wenn die Aufnahme einer Dialogszene mit zwei Kameras gleichzeitig erfolgte.

Des weiteren besteht die Möglichkeit, perforierte Magnettonbänder abzuhören, wobei die Anzahl der Bänder auch in diesem Fall von der Ausstattung des betreffenden Schneidetischs abhängt. Die Perforierung der Magnetbänder entspricht genau der der Bildfilme (allerdings ist das „Perfo"-Band für 35-mm-Normalfilm aus Ersparnisgründen nur 17,5 mm breit und dementsprechend lediglich an einer Seite perforiert). Bildfilm und Magnettonband laufen mit exakt der gleichen Geschwindigkeit über den Schneidetisch, da ihre Laufgeschwindigkeiten durch mechanisch miteinander verbundene Zahnrollen gekoppelt sind.

II 26
Synchronität

Abb. 144: Filmschneidetisch für 1 Bildstreifen und 2 Magnetton-Streifen. Am oberen Bildrand außerhalb des Bildes befinden sich der Bildschirm und der Lautsprecher.

Die Cutterin erhält vom Kopierwerk täglich die Arbeitskopien der Bildaufnahmen, die vom Aufnahmeteam angeliefert wurden. (Nur bei sehr eiligen aktuellen Nachrichtenfilmen bekommt der Schneideraum die Umkehr-Originale.) Bei vielen Spielfilmen sind bereits in den Arbeitskopien jene Einstellungen nicht mehr enthalten, die schon bei der Aufnahme als nicht gelungen erkannt und vom Scriptgirl in einem sogenannten „Cutterbericht" vermerkt wurden. Aufgrund dieser Vermerke trennt dann die Negativkleberei im Kopierwerk die entsprechenden Einstellungen („Nicht-Kopierer") bereits aus dem Negativ oder Umkehr-Original heraus. Sollte das Kopieren des *gesamten* Aufnahmematerials jedoch billiger sein als die Arbeitszeit der Negativkleberin, wird auf das Vorsortieren von „Kopierern" und „Nicht-Kopierern" im Kopierwerk verzichtet. In diesem Fall werden die Nicht-Kopierer im Schneideraum aus der Arbeitskopie herausgetrennt. Bei Dokumentarfilmen erhält die Cutterin selbstverständlich stets das gesamte Aufnahmematerial als Arbeitskopie.

III 8 Negativarbeiten

Die Tonaufnahmen werden vom Tonmeister entweder gleich auf perforiertem Tonband („Cordband") aufgenommen oder zunächst auf normalem, 7 mm breitem Magnettonband („Senkel") und erst von da aus auf Cordband überspielt. Die zweite Methode hat den Vorteil, daß man bei Spielfilmen die Nicht-Kopierer nicht mit überspielen muß und dadurch sehr viel Cordband spart. Auch bei der Aufnahme auf Cordband ist es aus Sicherheitsgründen erforderlich, zum Schnitt eine Kopie zu überspielen. Eine Beschädigung des Originals würde sonst u.U. das Ergebnis eines ganzen Drehtages in Frage stellen.

Die erste Aufgabe des Schneideraums, die in der Regel von der Assistentin übernommen wird, besteht darin, die Bild- und Tonaufnahmen anhand der (von Scriptgirl und Tonmeister verfaßten) Cutterberichte einander zuzuordnen und jede einzelne Bildeinstellung mit der ihr zugehörenden Tonaufnahme bildgenau auf den gleichen Anfang zu bringen („anzulegen"), so daß sie im weiteren Verlauf synchron bleiben.

Die Zusammengehörigkeit einer Bildeinstellung und einer Tonaufnahme geht entweder aus der Klappe hervor, deren Nummer im Bild sichtbar und im Ton hörbar ist („Fünfunddreißig zum dritten Mal") oder aber aus den Zeitcodemarkierungen auf den Filmrändern. Aufgrund dieser Markierungen läßt der Schneidetisch die zusammengehörenden Streifen automatisch zusammenlaufen. Wenn ein Darsteller im Bild die Lippen zusammenpreßt, um ein „p" auszusprechen, ist das „p" im selben Augenblick auch im Ton zu hören. In dieser Weise werden alle Aufnahmen, die in den Berichten als Kopierer ausgewiesen sind, aneinandergereiht.

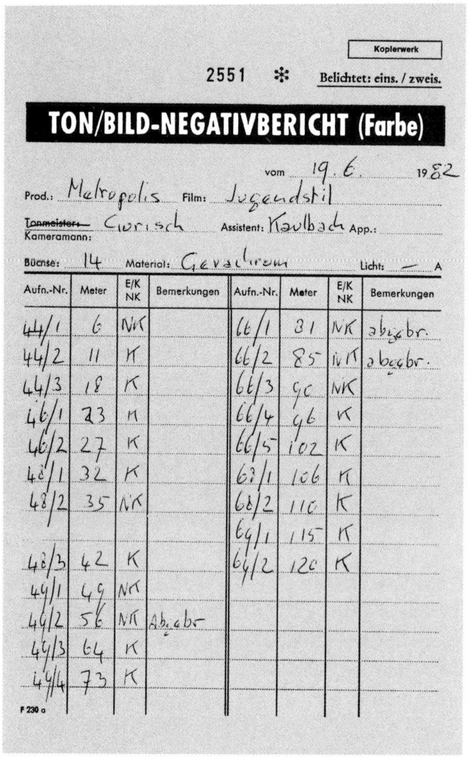

Kopierwerk

2551 ❊ Belichtet: eins. / zweis.

TON/BILD-NEGATIVBERICHT (Farbe)

vom 19.6. 1982

Prod.: Metropolis Film: Jugendstil

~~Tonmeister~~ Gorisch Assistent: Kaulbach App.:
Kameramann:

Büchse: 14 Material: Gevachrom Licht: — A

Aufn.-Nr.	Meter	E/K NK	Bemerkungen	Aufn.-Nr.	Meter	E/K NK	Bemerkungen
44/1	6	NK		66/1	81	NK	abgebr.
44/2	11	K		66/2	85	NK	abgebr.
44/3	18	K		66/3	90	NK	
46/1	23	K		66/4	96	K	
46/2	27	K		66/5	102	K	
48/1	32	K		67/1	106	K	
48/2	35	NK		68/2	110	K	
				69/1	115	K	
48/3	42	K		69/2	120	K	
49/1	49	NK					
49/2	56	NK	Abgebr.				
49/3	64	K					
49/4	73	K					

F 230 a

Abb. 145: Negativbericht des Scriptgirls. Er dient der Negativkleberei im Kopierwerk und dem Schneideraum zum Auffinden und Sortieren der einzelnen Einstellungen. Die Bezeichnungen „K" und „NK" bedeuten „Kopieren" (zum Ausmustern) und „Nicht Kopieren" (unbrauchbar, daher keine Musterkopie erforderlich).

Von diesen synchron angelegten Bild- und Tonaufnahmen findet dann - nach Möglichkeit täglich im Anschluß an die Aufnahmen - eine „Mustervorführung" statt, bei der Regisseur, Kameramann, Tonmeister und Cutterin zugegen sind. Da es in der Regel von jeder Einstellung mehrere Kopierer gibt, werden bei dieser Vorführung diejenigen Einstellungen ausgewählt („ausgemustert"), die am besten gelungen sind bzw. am besten ins Gesamtkonzept passen. Bei dokumentarischen Filmen wird selbstverständlich das gesamte aufgenommene Material vorgeführt und vorläufig ausgemustert.

Der nächste Arbeitsgang des Schneideraums besteht darin, die ausgesuchten Einstellungen aneinanderzuschneiden und dabei die Klappen und zum großen Teil auch etwaige Überlappungen in den Szenenabläufen zu entfernen („Grobschnitt"). Alle herausgeschnittenen Bild- und Tonteile, auch die kürzesten Schnipsel, werden von der Assistentin mit Einstellungsnummern versehen und so archiviert, daß sie jederzeit wieder greifbar sind, wenn z.B. eine Szene aus irgendwelchen Gründen verlängert werden muß oder Stücke von ausgemusterten Aufnahmen als Schnittmaterial benötigt werden.

Der Film hat jetzt noch nicht die endgültige Form. Es gibt noch Übergänge, die nicht flüssig sind, und Abläufe, die eine gewisse Zähigkeit aufweisen. Die Cutterin geht daher an den „Feinschnitt", d.h. sie entfernt oder ergänzt an den Schnittstellen kurze

Filmstücke, oft nur Einzelbilder, damit der Filmablauf die wahrnehmungspsychologisch wichtige fließende Kontinuität und das zur Handlung passende Tempo bekommt. Bei allen verlängernden oder verkürzenden Operationen im Bild muß selbstverständlich die Synchronität der Tonbänder erhalten bleiben. Wenn die Cutterin an einer Bildschnittstelle zwei Einzelbilder entfernt, muß sie folglich auch aus dem Tonband zwei Felder herausschneiden, andernfalls würde der Ton von der Schnittstelle an immer etwas später ankommen als das zugehörige Bild und wäre am Ende des Films schließlich um zwei Bilder länger. Das gleiche gilt natürlich auch für den umgekehrten Fall, d.h. bei Verlängerungen oder Verkürzungen im Ton.

Abblenden, Aufblenden, Überblendungen und Tricks werden mit Fettstiften so auf der Arbeitskopie eingezeichnet, daß die Negativkleberin im Kopierwerk später genau erkennen kann, welche Teile sie mit welchen Aufträgen an die Trickabteilung weitergeben bzw. in welcher Weise sie Überlappungen im AB-Band lassen muß.

III 6 Kopieren

Der letzte, aber keineswegs einfachste Arbeitsgang besteht darin, die einzelnen Tonbänder für die Mischung herzurichten und für den Tonmeister einen sekundengenauen Mischplan zu erstellen. In der Regel sind mehrere, parallel laufende Sprachbänder vorhanden, da an den Schnittstellen aufgrund des Hintergrundgeräusches von einem Sprachband in das andere überblendet werden muß. Ferner gibt es mehrere Bänder mit allgemeiner Hintergrundatmosphäre, die zum Überdecken etwaiger Schnittstellen als durchgehende „Atmo“ unter den einzelnen Szenen fortlaufen. Als letztes wären noch Musikbänder zu nennen, die entweder als Musikkonserven gekauft und an den Bildschnitt angepaßt oder aber als Neuaufnahme bzw. „Neuschöpfung“ eines für den Film eigens engagierten Komponisten angeliefert werden.

IV 8 Mischung

Abb. 146: Regiepult bei einer Fernsehaufnahme.
Links die Regie-Assistentin,
Mitte der Regisseur,
rechts die Bildmischerin.

Bei elektronischen Produktionen erfolgt der Schnitt technisch auf völlig andere Weise. Im Studio wird die bilddramaturgische Auflösung gewöhnlich durch mehrere Kameras vorgenommen, die längere, durchgehende Handlungspassagen aus den erforderlichen Blickwinkeln und in den notwendigen Ausschnitten gleichzeitig aufnehmen. Beim Schnitt laufen dann die Bildsignale der Kameras (und anderer Bildquellen wie MAZ oder Filmgeber) in einem „Mischpult“ zusammen. Die Cutterin, die bei elektronischen Produktionen als „Bildmischerin“ bezeichnet wird, schaltet nach Vorlage eines bilddramaturgischen Plans eine Kamera nach der anderen auf die magnetische Aufzeichnung oder auch gleich auf den Sender durch. Der Effekt ist der gleiche wie beim Aneinanderschneiden von einzelnen Filmeinstellungen, bis auf die Tatsache, daß

IV 3 Kamera-Arbeit

die Bildmischerin keinen Einfluß auf das Tempo des Handlungsablaufs hat und etwaige Korrekturen nur dadurch möglich sind, daß man die gesamte Aufnahme der betreffenden Szene wiederholt (was bei Live-Sendungen natürlich unmöglich ist). Auf den Originalton, der aus dem Studio kontinuierlich durchläuft, muß die Bildmischerin keine Rücksicht nehmen. Sie kann jedoch, insbesondere bei Musikaufnahmen, um Sekundenbruchteile vor oder nach Satz- und Tonanfängen „umschneiden" und damit den „Drive" in ähnlicher Weise beeinflussen wie dies beim Filmschnitt möglich ist.

III 23 Elektronische Tricks

Ab-, Auf- und Überblendungen sind auch auf dem elektronischen Bildmischpult machbar und zwar ganz einfach durch Regeln des Spannungspegels des Bildsignals. Für Tricks, wie z.B. das Einstanzen von Titeln, ist der Produktionsingenieur zuständig, der ebenfalls an einem Mischpult sitzt und die gleichen Signale empfängt wie die Bildmischerin. Mit Hilfe des Trickmischers schaltet und regelt er die Bildsignale so, daß die gewünschten Tricks entstehen. Das fertige Tricksignal wird der Bildmischerin zugeleitet, die es im geeigneten Augenblick ähnlich wie ein Kamerabild einschaltet.

II 26 Synchronität

Bei vielen elektronischen Produktionen werden bereits fertiggestellte Teile eingeschnitten: bei Magazinsendungen z.B. Kurzdokumentationen auf Film, bei Fernsehspielen Außenaufnahmen, die bereits auf MAZ oder Film vorliegen. Handlungsfragmente dieser Art können in den Schnitt einer Studioproduktion einbezogen werden. Voraussetzung ist in jedem Fall sekundengenaues Einstarten und Einschalten der betreffenden Filme oder MAZ-Teile. Da jedoch Filmgeber und MAZ-Maschinen einige Sekunden benötigen, bis die von ihnen ausgehenden Austast- und Farbsignale mit denen des Studios synchron sind, müssen sie von der Bildmischerin stets mit einem zeitlichen Vorsprung von 3 bis 10 Sekunden ferngestartet werden. Die Bildmischerin kann das im Filmgeber oder in der MAZ anlaufende Startband natürlich ebenso wie die Bilder aller Kameras auf Kontrollmonitoren beobachten. Sie wird Filmgeber oder MAZ erst dann auf Sendung oder Aufzeichnung durchschalten (auf Filmgeber oder MAZ schneiden), wenn diese ein stabiles Bild herausgeben.

IV 4 und 5 Ton

Die für den Schnitt einer elektronischen Produktion zur Verfügung stehende Zeit entspricht stets der Länge des jeweils zu bearbeitenden Teils. Da die Bildmischerin überfordert wäre, müßte sie in dieser Zeit auch noch tonliche Manipulationen durchführen, werden diese vom Tonmeister und seinem Assistenten vorgenommen. Zu diesen Manipulationen gehören zuvor auf Magnetband gespeicherte Musikzuspielungen, die im geeigneten Moment gestartet werden, Geräusche, die nicht live im Studio entstehen (fernes Straßengeräusch, Glockenläuten o.ä.) sowie Playback-Aufnahmen.

Von elektronischen Produktionen werden nach Möglichkeit vor der eigentlichen Aufzeichnung oder Sendung einige „Durchlaufproben" gemacht, die dazu dienen, Kamerapositionen und Schnitte festzulegen und einzuüben. Bei dokumentarischen Produktionen (Sportübertragungen etc.) ist dies natürlich nicht möglich. Sie sind daher mit großen Risiken behaftet und stellen sehr hohe Ansprüche an Sicherheit und Schnelligkeit aller Beteiligten. In der Regel arbeiten Bildmischerinnen beim Einrichten einer Szene beratend mit, indem sie gemeinsam mit dem Regisseur und den Kameramännern die einzelnen Kamerapositionen festlegen und auf die Kameras verteilen.

Häufig ist es notwendig, bereits auf MAZ aufgezeichnete Aufnahmen zu schneiden. Es kann sich dabei z.B. um dokumentarische Aufnahmen handeln, die mit nur einer tragbaren elektronischen Kamera Einstellung für Einstellung aufgenommen wurden, oder um einzelne größere Komplexe von Handlungsabläufen, die in sich bereits während der Aufnahme am Mischpult geschnitten wurden und damit aus zahlreichen Einzeleinstellungen bestehen. Letzteres wäre bei Schauplatzveränderungen der Fall, die eine kontinuierliche Aufnahme der gesamten Handlung in einem Durchgang unmöglich machen. *I 29 Zeit*

Nachdem einerseits die auf dem MAZ-Band aufgezeichneten Spuren schräg verlaufen und andererseits das ganze Video-System vom gleichmäßigen rhythmischen Ablauf der vertikalen und horizontalen Austastsignale sowie des Farbreferenzsignals abhängig ist, darf man ein MAZ-Band auf keinen Fall einfach durchschneiden und dann ein anderes MAZ-Stück ankleben. Der Schnitt würde durch mehrere schräg aufgezeichnete Spuren führen und die V- und H-Impulse würden plötzlich ihren Rhythmus ändern. Dadurch würde an jeder Schnittstelle das gesamte Bild durcheinandergeraten. *II 33 Video-Aufzeichnung* *II 31 Video-Signal*

Aus diesem Grund verzichtet man auf den „mechanischen“ Schnitt der MAZ-Bänder und überspielt (kopiert) statt dessen die Einstellungen in der richtigen Länge und Reihenfolge nacheinander vom Ursprungsband auf ein anderes Band. Das Ursprungsband läuft dabei auf einer Maschine, die es u.a. möglich macht, das Band sehr schnell vorwärts und rückwärts zu bewegen, so daß die jeweils gewünschte Einstellung ohne Verzögerung vorgelegt werden kann.

Da auf dem Magnetband - anders als beim Film - mit dem Auge kein Bild zu erkennen ist, die Bilder eben nur durch Umwandlung einer Folge elektrischer Impulse auf einem Bildschirm sichtbar werden, benutzt man zur Identifikation der einzelnen Bilder und zu ihrem „Wiederauffinden“, ähnlich wie bei der Bild- und Tonsynchronisation beim Film, einen Zeitcode. Zur Erstellung dieses Zeitcodes werden Stunden, Minuten, Sekunden einer beliebigen Uhr, sowie pro Sekunde 25 Einzelbilder in Form von digitalen Impulsen auf eine Hilfsspur des MAZ-Bandes aufgezeichnet. Die Aufzeichnung kann entweder sofort bei der Aufnahme des Ursprungsbandes erfolgen (wobei der Zeitcode dann die Uhrzeiten anzeigt, zu denen die einzelnen Aufnahmen gemacht wurden) oder zu einem beliebigen späteren Zeitpunkt (in diesem Fall besteht der Code aus einer beliebigen, kontinuierlich ablaufenden Uhrzeit). Solange es keine doppelten Zeitangaben gibt (was jedoch bei Aufnahmen, die an verschiedenen Tagen durchgeführt werden, durchaus möglich ist), eignen sich beide Verfahren in gleicher Weise zur Identifikation der einzelnen Einstellungen. *II 26 Synchronität*

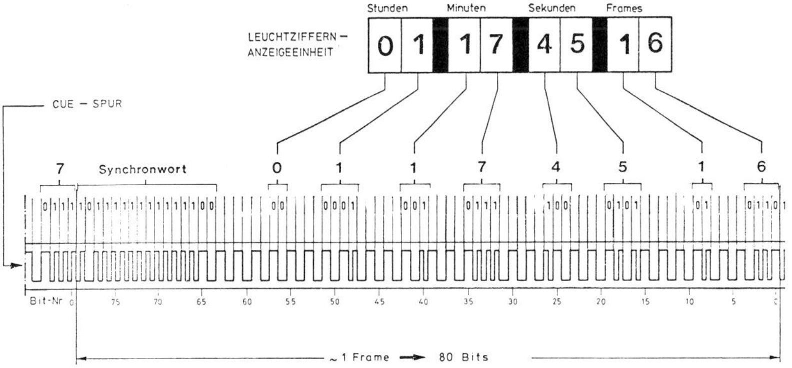

Abb. 147: Zeitcode auf einem MAZ-Band. Jedes Einzelbild („Frame“) ist mittels der 80 aufgezeichneten bits identifizierbar (1/25 sek.).

Die erste Vorarbeit zum Schneiden von MAZ-Bändern muß in jedem Fall darin bestehen, die einzelnen Einstellungen sowie ihren Zeitcode schriftlich niederzulegen. Dies kann entweder gleich bei der Aufnahme erfolgen oder auch später, beim Ausmustern von inszenierten oder dokumentarischen Aufnahmen - etwa in der Weise: „Einstellung 25 zum ersten Mal = 10 h, 35 min, 12 sek". (In der Praxis schreibt man natürlich „25/1 10, 35, 12"). Die Einzelbilder kommen in diesem Stadium noch nicht in Betracht, da sie erst später beim genauen Schnitt von Bedeutung sind.

Der elektronische MAZ-Schnitt wird noch nicht sehr lange praktiziert, und so kommt es, daß eine große Anzahl verschiedenster Apparaturen zu diesem Zweck entwickelt wurden und immer noch werden. In allen Fällen benötigt man einen Computer oder Prozeßrechner, der den Überspielprozeß beim Schneiden steuert. Die einfachste Form des elektronischen MAZ-Schnitts verläuft wie folgt:

Man hat zwei MAZ-Maschinen in Betrieb, die von einem Computer gesteuert werden. Eine Maschine („slave") dient zum Abspielen, die andere („master") zum Aufnehmen der überspielten Teile. Von der Anzeige des Computers kann der Zeitcode für beide MAZ-Maschinen abgelesen werden, außerdem besteht die Möglichkeit, Zeitcodes einzugeben, die dann entweder ein Band an einer bestimmten Stelle anfahren bzw. stoppen lassen oder die „master"-Maschine von „Abspielen" (display) auf „Aufnahme" (record) umschalten.

Auf der „master"-Maschine läßt man sich die letzte überspielte Einstellung vorspielen und markiert den Zeitcode des Bildes, bei dem man die betreffende Einstellung „abschneiden" und eine neue, die einstweilen nur auf der slave-MAZ vorhanden ist, beginnen will. Für die Markierung des letzten Bildes gibt es, je nach Konstruktionsweise der verwendeten Maschine, zwei Möglichkeiten: Entweder man hält den durchlaufenden Zeitcode im richtigen Augenblick durch Knopfdruck an oder man stoppt das MAZ-Band. Das dabei auf dem Monitor sichtbare Standbild kommt dadurch zustande, daß die Maschine mit ihren Magnetköpfen ein und dasselbe Bild 25mal in der Sekunde abtastet. Da das Band jedoch in diesem Fall bereits nach wenigen Minuten verschlissen wird, sind in einigen Maschinen Bildspeicher eingebaut, die alle vom MAZ-Band abgetasteten Einzelbilder für den Zeitraum von 1/25 Sekunde speichern. Wird das Band angehalten, gibt die Maschine anstelle des vom Band wiedergegebenen Bildes 25mal pro Sekunde das letzte gespeicherte Bild wieder.

Nachdem der Zeitcode des letzten Bildes auf der master-MAZ registriert wurde, muß das erste Bild der neuen, nachfolgenden Einstellung auf der slave-MAZ festgelegt werden. In diesem Fall wird mit der slave-MAZ ähnlich verfahren wie zuvor mit der master-MAZ: Man läßt sich die Einstellung vorspielen und markiert den Zeitcode des Einzelbildes, mit dem die Einstellung beginnen soll. Jetzt gilt es, den Anfang der neuen Einstellung genau dann von der slave-MAZ auf die master-MAZ zu überspielen, wenn dort das Schlußbild der vorherigen Einstellung durchläuft. Zu diesem Zweck müssen beide Maschinen auf diesen Schnittpunkt synchronisiert werden. Eine Überspielung kann allerdings nur bei *laufenden* Bändern stattfinden, wobei es unbedingt erforderlich ist, daß alle Austast- und Farbreferenzimpulse bei beiden Bändern genauestens synchron - zeitlich deckungsgleich - laufen. Eine komplexe Automatik des Prozeßrechners läßt daher beide Bänder zunächst ein Stück rückwärts laufen, anschließend wieder vorwärts und zwar so, daß beide gleichzeitig den Schnittpunkt erreichen. Dieser Vorgang dauert lange genug - einige Sekunden -, um bei beiden Bändern auch die Synchron- und Farbreferenzimpulse exakt zur Deckung kommen zu lassen. Ist der Schnittpunkt erreicht, hört die master-MAZ auf, das Bild auf ihrem Band wiederzugeben und beginnt statt dessen mit der Aufzeichnung des von der slave-MAZ abgespielten Bildes.

Nun besteht allerdings die Gefahr, daß der betreffende Schnitt Mängel aufweist. Dazu ein konkretes Beispiel: Man hat in eine Bewegung - eine Kopfdrehung o.ä. - geschnitten und stellt anschließend fest, daß sie am Schnittpunkt „ruckt“. In diesem Fall müßten ein oder zwei Bilder entfernt oder zusätzlich eingefügt werden. Nach erfolgter Überspielung ist eine Korrektur jedoch nicht mehr durchführbar - es sei denn, man will mit dem Schnitt des *gesamten* Films wieder ganz von vorne beginnen. Um dennoch eine nachträgliche Korrektur zu ermöglichen, sind die Steuercomputer mit einer weiteren Einrichtung zur Schnittsimulation („pre-view“) ausgestattet. Beide Bandmaschinen werden in diesem Fall, wie beim Schnitt, synchron gesteuert, mit dem Unterschied, daß an der Schnittstelle (Umschaltpunkt) das Umschalten der master-MAZ auf „Aufnahme“ entfällt und dafür (anstelle des master-MAZ-Bildes) das Bild der slave-MAZ auf den Monitor geschaltet wird („off-line“-Betrieb). Auf diesem kann man die Umschaltung und damit den Schnitt von einer Einstellung auf die andere beobachten. Ist sie zufriedenstellend, läßt man den Computer die Überspielung durchführen („on-line“-Betrieb). Andernfalls besteht die Möglichkeit, den Zeitcode der Schnittstelle sowohl bei der Zuspiel-MAZ (slave-MAZ) als auch bei der Aufnahme-MAZ (master-MAZ) so lange zu korrigieren und als simulierten Schnitt zu betrachten, bis ein befriedigendes Ergebnis erreicht ist.

Abb. 148: Schnittsteuergerät für elektronischen Schnitt mit einem Zuspielband (slave-Band) und einem Aufnahme-Band (master-Band). Oben links und Mitte werden die Zeitcodes der beiden Bänder angezeigt. Ganz rechts eine Tastatur, mit welcher die Zeitcodes für die gewünschten Schnittstellen eingegeben werden können. Als Schnittstellen können auch die vorliegenden Zeitcodes der Bänder übernommen werden.

Obgleich sich auf diese Weise ein einzelner Bildschnitt ziemlich präzise ausführen läßt, ist das Gesamtresultat möglicherweise noch nicht optimal. Wie bereits an einer früheren Stelle dargelegt wurde, erhält man erst dann einen zutreffenden Eindruck von Fluß, Rhythmus und Tempo eines Handlungsablaufs, wenn man ihn als Ganzes betrachtet. Dazu gehört selbstverständlich auch ein Eindruck vom tonlichen Ablauf, der dann Hinweise darauf gibt, an welchen Stellen Dialogübergänge verkürzt bzw. verlängert oder Bildschnitte den Tonübergängen vorgezogen werden sollten bzw. umgekehrt. Beim Film wird der entscheidende zweite Schnittdurchgang als „Feinschnitt“ bezeichnet. *IV 9 Schnitt*

Über die Problematik des Tonschnitts beim MAZ-Verfahren wird noch zu sprechen sein. Zunächst bleiben wir bei der Bildgestaltung. Das bisher geschilderte Schnittverfahren eignet sich bestenfalls für das grobe Aneinanderschneiden von Einstellungen („assemble"-Schnitt) oder auch dazu, eine kurze Einstellung in eine längere einzufügen, wobei ein Handlungsabschnitt mit einer langen Einstellung beginnt, für eine Weile durch die kurze Einstellung unterbrochen wird und dann mit der langen Einstellung wieder endet („insert"-Schnitt). Ein Feinschnitt ist mit dieser Apparatur nicht mehr durchführbar.

Da aber präzise Schnitte für den Erfolg und die richtige Rezeption eines Films von größter Bedeutung sind, wurden Apparaturen entwickelt, die auch bei MAZ-Aufnahmen einen Feinschnitt ermöglichen. Voraussetzung sind zunächst *zwei* oder mehr Zuspielmaschinen, da immer dann, wenn eine slave-MAZ ihre Einstellung überspielt, eine zweite im Schnellauf auf die Stelle rückt, mit der sie die nächste Einstellung einspielen wird. Demzufolge muß man bei Beginn der Schnittarbeit alle Einstellungen - wenn auch nur in groben Zügen - alternierend auf die slave-MAZ-Maschinen verteilen („Mosaik").

Jetzt kann der Computer die gesamte Programmlänge mit den Zeitcodes aller Schnitte auf einen Kernspeicher oder eine Magnetplatte speichern. Bei der Wiedergabe laufen dann beide Zuspielmaschinen, vom Computer gesteuert, hin und her und spielen alternierend die Einstellungen in der richtigen Reihenfolge ab, während bei jedem Wechsel eine slave-MAZ nach der anderen auf den Monitor geschaltet wird („off-line"). Auf dem Monitor kann man jetzt den Schnittablauf beobachten, ohne daß an den Zuspielbändern etwas verändert wird.

Es besteht natürlich jederzeit die Möglichkeit, das gespeicherte Zeitcode-Programm beim Feinschnitt zu verändern und zwar solange, bis die Schnittabfolge in Tempo, Rhythmus und Bewegung flüssig und dem Handlungsablauf entsprechend verläuft. Erst dann läßt man die beiden slave-MAZ-Maschinen ihre Einstellungen nacheinander auf die master-MAZ überspielen („on-line").

Das Vorhandensein von mehreren Zuspiel-MAZ-Maschinen hat ferner den Vorteil, daß beim Schneiden Überblendungen hergestellt werden können. Während des Überblendvorgangs sind ja beide Einstellungen gleichzeitig sichtbar, so daß zwei slave-MAZ-Maschinen der master-MAZ gleichzeitig ein Bildsignal zuspielen müssen. Anstatt von einer MAZ „hart" auf die andere umzuschalten, wird beim Überblenden die Intensität des einen Bildsignals langsam heruntergeregelt und die des anderen Bildsignals gleichzeitig von 0 auf 100 % hochgeregelt. Die genau deckungsgleichen Synchron- und Farbreferenzsignale addieren sich dabei immer zu 100 %.

Bei allen MAZ-Schnittverfahren ist es möglich, das von der slave-MAZ oder den slave-MAZ-Maschinen ausgehende Bildsignal in ein Trickmischpult zu leiten, anstatt es der master-MAZ direkt zuzuführen. Dort kann man dem Bildsignal Titel oder Grafiken zusetzen oder - sollten zwei gleichzeitige Bildsignale vorhanden sein - Tricküberblendungen (z.B. Schiebeblenden) herstellen und anschließend das Bildsignal mit dem Trick wieder der master-MAZ zuleiten.

Die Tonbearbeitung ist beim Schneiden von MAZ-Bändern mit besonderen Problemen verbunden. Während Bild und Ton beim Film auf separaten Bändern aufgenommen werden, sind sie bei der MAZ auf einem Band aufgezeichnet. Das würde bedeuten, daß bei jedem Bildschnitt gleichzeitig auch der Ton einer Einstellung in den der nächsten hart geschnitten wird.

Wie in Kapitel IV/4 bereits erläutert wurde, führt ein solches Vorgehen zu Tonsprüngen in der Raumatmosphäre. Außerdem ist ein Bildschnitt genau in dem Augenblick, da ein Dialogsatz beginnt, selten wünschenswert. Somit ergibt sich auch für die einfachsten „assemble"-Schnittanlagen die Notwendigkeit, die Tonaufnahmen auf den MAZ-Bändern zeitlich an anderen Stellen umzuschalten als die Bildsignale. Der Steuercomputer besitzt daher, zusätzlich zu den Eingabemöglichkeiten für Bildschnitt-Zeitcodes, auch noch eine Tastatur zur Eingabe von Zeitcodes für die Tonumschaltung. Mit dieser Einrichtung kann man nicht nur die Tonumschaltung später oder früher als die Bildumschaltung legen, sondern auch den Ton einer Bildeinstellung weiterlaufen lassen, während vorübergehend eine andere Bildeinstellung zu sehen ist. Das wäre z.B. dann der Fall, wenn bei einem längeren Monolog der Kopf eines Zuhörers per „insert"-Schnitt „zwischengeschnitten" wird und anschließend wieder der Redner ins Bild kommt.

In der Praxis erweist sich jedoch diese Verfahrensweise in der Mehrzahl der Fälle als unzureichend. Ein sauberer Schnitt erfordert, daß die Raumatmosphäre unter jedem Bildschnitt ungestört weiterläuft, Geräusche an den richtigen Stellen zu hören sind und Musikakzente zeitlich richtig eingesetzt werden. All dies läßt sich in jedem Fall nur durch die Mischung mehrerer Tonspuren erreichen. Zur Lösung des Problems wurden mehrere Methoden entwickelt:

a. Man nimmt das Bild der geschnittenen MAZ mit einer 16-mm-Filmkamera auf und überspielt gleichzeitig die Tonspur auf 16-mm-Cordband. (MAZ, Filmkamera und Cordband-Spieler müssen zu diesem Zweck selbstverständlich synchron laufen.) Anschließend werden Film und Tonband ganz konventionell auf einem Schneidetisch bearbeitet und dabei nachträglich weitere synchrone Tonbänder für Raumatmosphäre, Musiken und Geräusche aufgenommen.

   Sprach-, Musik- und Geräuschbänder werden, wie bei Filmen üblich, gemischt. Anschließend erfolgt die synchrone Überspielung des gemischten Cordbandes auf die Tonspur des geschnittenen MAZ-Bandes.

   Diese Mischfassung bleibt jedoch nur dann mit dem geschnittenen MAZ-Bild synchron, wenn an dem 16-mm-Film während der Tonbearbeitung am Schneidetisch keinerlei Veränderungen vorgenommen werden. Der Film dient ausschließlich zum Auffinden der Synchronpunkte - d.h. der Mundbewegungen für die Sprache, der Schnitte für Musikeinsätze etc.

   Bei dieser Art der Bearbeitung wird in der Regel eine Überspielung der O-Töne (= original aufgenommene Töne) vom ungeschnittenen MAZ-Band auf Cord erforderlich sein. Einer der Gründe dafür besteht darin, daß bei Dialogschnitten meist zwei Sprachbänder mit Überlappungen benötigt werden. Auf dem geschnittenen MAZ-Band sind solche Überlappungen nicht mehr vorhanden.

b. Eine modernere Methode der Tonbearbeitung bei MAZ-Schnitt besteht darin, alle Töne auf ein etwa 5 cm breites Magnettonband, das parallel nebeneinander 16 oder mehr Tonspuren aufzeichnen kann, zu überspielen. Dabei wird eine der Spuren für die Aufzeichnung eines Zeitcodes, der vom geschnittenen MAZ-Bildband übernommen wird, reserviert. Dadurch können MAZ und Tonband ständig synchron laufen.

   Jetzt kann man die zuvor auf „Senkel" oder andere Träger (Cord) aufgenommenen Töne zunächst synchron auf die 15 Spuren des Vielspur-Tonbandes und dann anschließend über ein Mischpult auf die Tonspur des MAZ-Bandes überspielen.

Dabei besteht, wie bei der Filmmischung, die Möglichkeit, Bild und Ton abschnittweise zu mischen und - sollte die Mischung nicht optimal sein - auch abschnittweise durch synchrones Rückwärtslaufen zu wiederholen.

Abb. 149: 16-Spur-Tonbandgerät. Eine der Spuren trägt einen Zeitcode, der ggf. von einer synchron laufenden Video-Aufzeichnung übernommen werden kann. Im Vordergrund das Bediengerät mit Steuercomputer.

Bei entsprechender Schulung von Cutterin und Tonmeister beansprucht die elektronische Nachbearbeitung weniger Zeit als Filmschnitt und -mischung. Allerdings sind die entsprechenden Apparaturen um ein Vielfaches teurer als Schneidetische und erfordern zudem ein technisch hochqualifiziertes Wartungspersonal.

Die Entwicklung programmierter elektronischer Schnitt-Techniken wird auch auf die Filmschneidetechnik Auswirkungen haben. Von den technischen Voraussetzungen her besteht z.B. durchaus die Möglichkeit, elektronische und filmische Aufzeichnungs- und Wiedergabe-Einrichtungen untereinander synchron zu verkoppeln, so daß z.B. an einem Filmschneidetisch Tonbänder synchron zu einem mitlaufenden MAZ-Band geschnitten werden können.

Außerdem wäre es möglich, ähnlich wie bei der vorprogrammierten MAZ-Schneidetechnik, anstelle des mechanischen Schnitts der Bildmuster nur mehr die Zeitcode-Marken für die Schnittstellen elektronisch zu speichern.

II 26 Synchronität

Ein solcher „elektronischer Filmschnitt" wird damit beginnen, daß das Scriptgirl keinen Cutterbericht im herkömmlichen Sinne mehr schreibt, sondern statt dessen ein elektronisches Eingabegerät bedient. In diesem Gerät läuft eine Quarzuhr synchron mit anderen Quarzuhren, die sich in den Filmkameras und dem Tonaufnahmegerät befinden. Weitere wesentliche Bestandteile des Eingabegeräts sind die Tastatur sowie ein Diskettenlaufwerk.

Über die Tastatur gibt das Scriptgirl zunächst die jeweils aktuelle Einstellnummer ein – etwa „124/3" – und schaltet dann auf Weisung des Regisseurs über Dezistrecke (Funkverbindung) die Kameras und das Tonaufnahmegerät ein. Dabei wird der gerade vorliegende Zeitcode neben der Einstellungsnummer auf der Diskette registriert. Diese „weiß" jetzt, daß Einstellung 124/3 z.B. um 11 Uhr, 23 Minuten und 48 Sekunden gestartet wurde. Derselbe Zeitcode wird zusätzlich neben dem Bild in der Kamera und neben der Tonspur aufgezeichnet. Solange die Geräte eingeschaltet bleiben, gilt dies auch für alle folgenden Zeitcodes.

III 8 Negativarbeiten

Nachdem das Scriptgirl nach Beendigung der Aufnahme die Kameras und Tongeräte abgeschaltet hat, gibt sie auf der Diskette noch die Entscheidung des Regisseurs ein, ob die gerade abgedrehte Einstellung „K" oder „NK" ist.

Am Abend des jeweiligen Drehtages kann die bespielte Diskette in den entsprechenden Geräten die folgenden Abläufe automatisch steuern:

- das entwickelte Negativ in „K“- und „NK“-Einstellungen sortieren, da die auf dem Negativ aufgezeichneten Zeitcodes deren Identifizierung ermöglichen;
- beim Überspielen der Töne vom Schnürsenkel auf Cord „K“- und „NK“-Einstellungen unterscheiden und nur die „K“-Einstellungen überspielen;
- die Negative der „K“-Einstellungen auf eine oder mehrere MAZ-Maschinen überspielen, wobei das Bild elektronisch umgekehrt und positiv wiedergegeben wird;
- eine Schnittliste ausdrucken.

Das Schneiden des Films erfolgt dann, wie oben beschrieben, nach dem Mosaikverfahren mit MAZ-Bändern und Cord-Tönen. Als Ergebnis liegt eine zweite Diskette vor, auf der die Zeitcodes aller Schnittübergänge gespeichert sind.

III 7 Lichtbestimmung

Diese Diskette geht ins Kopierwerk zum Lichtbestimmer. Er läßt sich die Filmnegative in der Reihenfolge der Schnitte – von der Diskette gesteuert – auf dem Color-Analyzer vorführen und speichert die ermittelten Kopierlichtwerte ebenfalls auf die Diskette.

III 8 Negativarbeiten

Am Ende erhält das Kopierwerk dann keine geschnittene Arbeitskopie mehr, von der das Negativ abgezogen werden muß, sondern nur noch das elektronisch gespeicherte Schnittprogramm mit den dazugehörenden Kopierlichtwerten. Das ganze ungeschnittene Negativ wird dann in die Kopiermaschine eingespannt, die anhand der Zeitcodes die eingeschnittenen Einstellungen im schnellen Vor- und Rücklauf aufsucht und sie nacheinander in der richtigen Reihenfolge und Länge auf das Kopiermaterial kopiert. Ab-, Auf- und Überblendungen sind auf diesem Wege auch automatisch herstellbar.

11. Produktions- und Aufnahmeleitung

Ein so kostenintensives Unternehmen wie die Produktion eines Films oder eines Fernsehprogramms erfordert von seiten der Produktions- und Aufnahmeleitung sehr eingehende organisatorische Vorbereitung und Betreuung.

Am Beginn stehen das Studium der Drehbücher sowie zahlreiche Konferenzen mit Regisseur, Szenenbildner und anderen Mitarbeitern.

Mit dem Regisseur müssen Absprachen über die Besetzung der Haupt- und Nebenrollen getroffen werden, wobei der Produktionsleiter dem Regisseur häufig entsprechende Vorschläge unterbreitet. Steht die Besetzungsliste fest, so handelt der Produktionsleiter mit den Schauspielern und ihren Agenturen die Gagen aus und vereinbart Produktionstermine.

Zu den Aufgaben eines Produktionsleiters gehört ferner der Abschluß von Verträgen über die Verpflichtung von Kamera- und Tonstab, Kostümbildner, Maskenbildner, Cutterin sowie über die Anmietung von Studios, Schneideraum, technischen Geräten etc. Eine alte Produktionsleiterweisheit lautet: „Nichts ist teurer als ein nicht vorhandener Mitarbeiter." Eine Hilfskraft, die im kritischen Augenblick nicht zur Verfügung steht, kann die extrem teure Produktionsarbeit, an deren Durchführung viele hochbezahlte Spezialisten beteiligt sind, über erhebliche Zeiträume hinweg lahmlegen. Es gehört eine sehr lange Berufserfahrung dazu, für jeden Einzelfall rechtzeitig und im voraus nicht zu viele, aber auf keinen Fall auch nicht zu wenige Mitarbeiter - angefangen vom Beleuchter bis hin zur Regie-Assistenz - zu engagieren.

IV 2 Ausstattung

Mit dem Szenenbildner gilt es Vereinbarungen über Außendrehorte und Studiobauten zu treffen. Diese Absprachen erfolgen auf der Grundlage von Kalkulationen hinsichtlich der Kosten für Studiobauten.

Bei Aufnahmen an Außendrehorten muß der Produktionsleiter mit Haus- und Grundbesitzern, in vielen Fällen auch mit Stadtverwaltungen und Polizeibehörden, Verträge über die Nutzung von Grundstücken, Gebäuden, öffentlichen Straßen und Plätzen abschließen. In diesen Verträgen sind dann alle mit den Produktionsarbeiten verbundenen Einzelheiten (Stromentnahme, zeitweilige Änderungen an Firmenschildern oder Antennenanlagen, Verkehrsumleitungen o.ä.) enthalten.

Der Produktionsleiter bringt in jedem Stadium der Verhandlungen oder der Produktion die bereits vertraglich ausgehandelten, zur Verhandlung stehenden oder während der Produktion anfallenden Geldbeträge mit dem geplanten Gesamtetat und der Vorkalkulation in Übereinstimmung. Er muß bei all seinen Dispositionen die jeweiligen arbeitsrechtlichen, handelsrechtlichen und tarifvertraglichen Bestimmungen sowie Jugendschutzgesetze, Gesetze über das Recht am eigenen Bild, Urheberrechte u.v.a.m. beachten.

Letzteres gilt auch für die Aufnahmeleitung, deren Tätigkeit eng mit der der Produktionsleitung verflochten ist. Die erste Aufgabe des Aufnahmeleiters besteht darin, nach dem Drehbuch einen Drehplan zu erstellen. Dabei werden die im Drehbuch enthaltenen Einstellungen nach dem Kalender in einzelne Vorbereitungstage, Drehtage sowie Schnitt- und Mischtage eingeteilt. Je exakter die Ausarbeitung des Drehbuchs, um so genauer und rationeller die Einteilung des Drehplans.

IV 1 Drehbuch

Während der Produktion achtet der Aufnahmeleiter auf die Einhaltung der disponierten Termine. Dies ist um so wichtiger, als Schauspieler oft nur für bestimmte Abschnitte der Produktionszeit engagiert sind oder Studios, Mietautos o.ä. nur an bestimmten Tagen zur Verfügung stehen. Umdispositionen, die sich beispielsweise durch schlechtes Wetter, mißlungene Aufnahmen, Erkrankungen von Darstellern oder technischen Pannen ergeben, sind stets mit erheblichen Problemen verbunden.

Die sogenannte „Tagesdisposition" gehört gleichfalls zu den Aufgaben eines Aufnahmeleiters. Sie enthält außer dem Arbeitspensum des folgenden Produktionstages noch genaue Angaben darüber, welche Darsteller zu welchen Uhrzeiten in der Maske und am Drehort sein müssen und zu welchen Zeiten bestimmte Personen (Darsteller und Mitarbeiter) oder Gerätschaften von einem Ort zum anderen transportiert werden.

Vertragliche Vereinbarungen sind keineswegs nur eine Sache des Produktionsleiters. Viele Probleme ergeben sich oft erst am Drehort und müssen dann vom Aufnahmeleiter geklärt werden. Dazu gehören z.B. Verhandlungen über die zeitliche Verschiebung von Bauarbeiten, die mit Preßlufthämmern durchgeführt werden (und an vielen Drehorten scheinbar unvermeidlich sind) oder Absprachen mit Straßenpassanten, die im Bild erscheinen sowie mit Hausbesitzern, deren Eigentum unvorhergesehenerweise für die Aufnahmen benötigt wird.

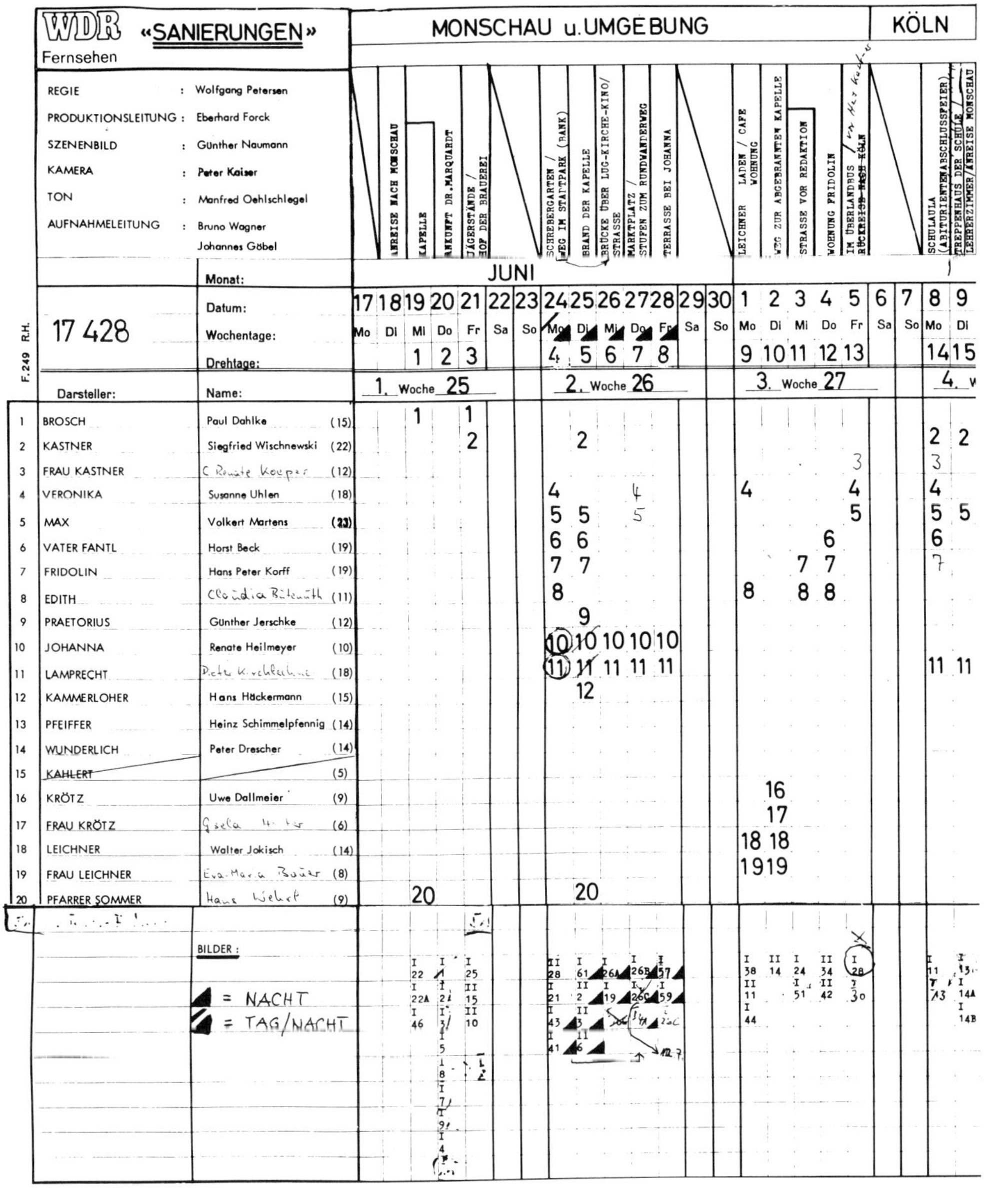

WDR Fernsehen «SANIERUNGEN»

MONSCHAU u. UMGEBUNG | KÖLN

REGIE	Wolfgang Petersen
PRODUKTIONSLEITUNG	Eberhard Forck
SZENENBILD	Günther Naumann
KAMERA	Peter Kaiser
TON	Manfred Oehlschlegel
AUFNAHMELEITUNG	Bruno Wagner, Johannes Göbel

Motive: ANREISE NACH MONSCHAU; KAPELLE; ANKUNFT DR. MARQUARDT; JÄGERSTÄNDE / HOF DER BRAUEREI; SCHREBERGARTEN / WEG IM STADTPARK (BANK); BRAND DER KAPELLE; BRÜCKE ÜBER LUG-KIRCHE-KINO / STRASSE; MARKTPLATZ / STUFEN ZUM RUNDWANDERWEG; TERRASSE BEI JOHANNA; LEICHNER LADEN / CAFE WOHNUNG; WEG ZUR ABGEBRANNTEN KAPELLE; STRASSE VOR REDAKTION; WOHNUNG FRIDOLIN; IM ÜBERLANDBUS / RÜCKREISE NACH KÖLN; SCHULAULA (ABITURIENTENABSCHLUSSFEIER); TREPPENHAUS DER SCHULE / LEHRERZIMMER / ABREISE MONSCHAU

F. 249 R.H. — 17 428

Monat: JUNI

Datum: 17 18 19 20 21 22 23 24 25 26 27 28 29 30 1 2 3 4 5 6 7 8 9

Wochentage: Mo Di Mi Do Fr Sa So Mo Di Mi Do Fr Sa So Mo Di Mi Do Fr Sa So Mo Di

Drehtage: 1 2 3 4 5 6 7 8 9 10 11 12 13 14 15

1. Woche 25 — 2. Woche 26 — 3. Woche 27 — 4. W

	Darsteller	Name	
1	BROSCH	Paul Dahlke	(15)
2	KASTNER	Siegfried Wischnewski	(22)
3	FRAU KASTNER	[illegible]	(12)
4	VERONIKA	Susanne Uhlen	(18)
5	MAX	Volkert Martens	(23)
6	VATER FANTL	Horst Beck	(19)
7	FRIDOLIN	Hans Peter Korff	(19)
8	EDITH	[illegible]	(11)
9	PRAETORIUS	Günther Jerschke	(12)
10	JOHANNA	Renate Heilmeyer	(10)
11	LAMPRECHT	Dieter Kirchlechner	(18)
12	KAMMERLOHER	Hans Häckermann	(15)
13	PFEIFFER	Heinz Schimmelpfennig	(14)
14	WUNDERLICH	Peter Drescher	(14)
15	~~KAHLERT~~		(5)
16	KRÖTZ	Uwe Dallmeier	(9)
17	FRAU KRÖTZ	[illegible]	(6)
18	LEICHNER	Walter Jokisch	(14)
19	FRAU LEICHNER	Eva-Maria Bauer	(8)
20	PFARRER SOMMER	Hans Weicht	(9)

BILDER:

◢ = NACHT

◢ = TAG/NACHT

Abb. 150: Ausschnitt aus einem Drehplan. Oberhalb des Kalendariums die Drehorte (Motive). Unter dem Kalendarium die Drehtage und Drehwochen. Neben der Rollenliste rechts die Drehtage für die einzelnen Darsteller. In der unteren Rubrik die Drehbuch-Bilder und -Einstellungen (Tagespensum).

Bei kleineren Produktionen zahlt der Aufnahmeleiter Kleindarstellern und Darstellern mit kurzer Verpflichtungszeit die Honorare und Spesen aus oder zeichnet zumindest ihre Honorarscheine ab (die betreffenden Geldbeträge werden dann von der Produktionskasse ausbezahlt). Bei größeren Produktionen, bei denen z.B. viele Komparsen benötigt werden, erscheint zur Auszahlung von Honoraren und Spesen ein Rechnungsführer am Drehort.

Aufgrund der großen Vielfalt der Aufgaben und der zu beachtenden Einzelheiten - jede vergessene Kleinigkeit kann die Produktion gefährlich verzögern - wird die Arbeit der Aufnahmeleitung häufig von zwei Personen übernommen, wobei eine überwiegend für den Innendienst (Büro- und Telefondienst), die andere für die Überwachung der Dreharbeiten am Drehort zuständig ist.

Produktions-Kalkulation

Die folgenden Posten müssen bei der Kalkulation einer Produktion berücksichtigt werden:

Entwicklungs- und Vorbereitungskosten

Recherchen und Informationsmaterial
Fachberatung

Rechte und Manuskript

Urheberrechte am Stoff
Exposé
Treatment
Drehbuch
Musik-Komposition
Archivmusikrechte
Bildarchivrechte
Schreibarbeiten und Vervielfältigungen

Honorare Regiestab

Produktionsleiter
Erster Aufnahmeleiter
Zweiter Aufnahmeleiter
Regisseur
Regie-Assistent
Kameramann
Erster Kamera-Assistent
Zweiter Kamera-Assistent
Tonmeister
Ton-Assistent
Cutterin
Cutter-Assistent
Szenenbildner
Kostümbildner
Maskenbildner
Garderobiere
Requisiteur
Produktionsingenieur („Elektronisch")
Bildtechniker („Elektronisch")
Bildmischerin („Elektronisch")
MAZ-Techniker („Elektronisch")
Oberbeleuchter
Beleuchter
Bühnenhandwerker
Kabelhilfen und Hilfskräfte

Darsteller

Hauptdarsteller
Nebenrollen
Komparsen
Orchester
Kommentar- und Synchronsprecher
Geräuschemacher

Studios, Arbeitsgeräte etc.

Studiomieten
Mieten für Originalräume
Mieten für Außen-Schauplätze
Schneideraum
Tonstudio für Kommentaraufnahme, Synchronisation, Mischung, Musikaufnahme, Überspielungen (z.B. auf Lichtton)
Vorführraum
Büroräume
Kameramiete
Zubehörmiete
Tonapparaturen und Tonwagen
Beleuchtungsmaterial mit Zubehör
Anfertigung, Kauf und Leihmiete von Dekorationen, Kostümen und Requisiten
Strom
Trickaufnahmen (Titel, Blenden etc.)

Filmmaterial und Tonbänder

Bildnegativ
Duplikat-Negativ
Positiv
Duplikat-Positiv
Magnet-Schmalband
Perfo-Magnetband (Cord)
Klebeband
Negativ-Entwicklung
Positiv-Kopierung und -Entwicklung
Muster; Vorführkopie
Schwarzfilm und Startstreifen
Ton-Negativ-Material
Ton-Negativ-Entwicklung
MAZ-Band (Elektronisch)
MAZ-Bandspieler für Aufnahme und Schnitt
Grafische Arbeiten (Titel)
Negativ Sortieren und Abziehen

Reisekosten (auch für Motivsuche, Vorbereitung etc.)

Kilometergeld für Pkws
Omnibusmieten – Lkw-Kosten
Eisenbahn-, Flug- und Schiffskarten
Tagegelder
Übernachtungsgelder
Frachtkosten

Allgemeine Kosten

Filmmaterialversicherung
Apparateversicherung
Haftpflichtversicherung
Sozialabgaben
Lohnsummensteuer
Berufsgenossenschaftsbeiträge
Telefon- und Portokosten
Zollgebühren, Genehmigungen etc.
Zensur- und Prüfungskosten

12. Regie

Da in der Regiearbeit alle Aufgaben, die bereits bei der Behandlung von Ausstattung, Kamera-Arbeit, Tongestaltung etc. erwähnt wurden, mehr oder weniger enthalten sind, kann ihre Beschreibung relativ kurz ausfallen. Die Hauptaufgabe der Regie besteht darin, die Arbeit von Kameramann, Tonmeister, Cutterin, Szenen- und Kostümbildner und selbstverständlich auch die der Darsteller so miteinander zu koordinieren, daß aus den unterschiedlichen Beiträgen ein einheitliches Werk entsteht. Dabei hat jeder Regisseur seinen ganz persönlichen Stil.

So gibt es z.B. Regisseure, die zunächst die Vorschläge der anderen Teammitglieder sammeln und dann gegebenenfalls Änderungswünsche im Sinne ihrer Koordinationsaufgabe äußern. Andere wiederum haben sehr konkrete Vorstellungen von Bild, Schnitt, Ton, Ausstattung und Darstellung ihres „Produktes“ und versuchen daher, die Teammitglieder so weit wie möglich in der von ihnen gewünschten Richtung zu überzeugen. Insgesamt gesehen ähnelt die Arbeit des Regisseurs der des Dirigenten eines großen Orchesters.

Auch hinsichtlich der Behandlung des Drehbuchs bestehen zwischen den einzelnen Regisseuren große Unterschiede. Während die einen ihre Drehbücher selbst schreiben oder fremde Drehbücher in ihrem Sinne modifizieren, akzeptieren andere die Drehbücher in der Form, in der sie vom Autor geliefert werden.

Ein wesentlicher Teil der Regiearbeit beginnt lange vor den eigentlichen Aufnahmen: Studium des Drehbuchs, Auswahl des geeigneten Produktionsstabes und der Darsteller, Verhandlungen mit der Produktionsleitung über Produktionszeiten, Engagements, Studiobelegungen und Ausstattung. Dabei sind genaue Absprachen zwischen Regisseur und den für die einzelnen Arbeitsgebiete verantwortlichen Personen erforderlich. In allen Fällen - insbesondere dann, wenn vor oder während der Produktionsarbeit unterschiedliche Auffassungen über gestalterische Fragen auftreten - obliegen Entscheidung und Verantwortung letzten Endes dem Regisseur.

IV 3 Kamera-Arbeit
IV 10 Schnitt

Eine Sonderform der Regietätigkeit stellt die „Ablaufregie" von Live-Sendungen im Fernsehen dar. In diesem Fall entwirft der Regisseur einen Bilddramaturgie-Plan, den er vor Beginn der Sendung mit den Kameramännern und der Bildmischerin durchspricht. Während der Sendung erteilt er dann (über Kopfhörer) den Kameramännern und der Bildmischerin Anweisungen. (Sehr einfache Routinesendungen können oft auch von einer Bildmischerin allein gesteuert werden.)

Die Arbeit des Ablaufregisseurs ist bei einer Reihe von Aufzeichnungen mit besonderen Schwierigkeiten verbunden. Dazu gehören z.B.:

I 10 Bilddramaturgie

- turbulente aktuelle Ereignisse, deren Verlauf nicht vorhersehbar ist;
- öffentliche Veranstaltungen, Theateraufführungen etc., bei denen eine Postierung der Kamera im Sinne einer idealen bilddramaturgischen Auflösung meist nicht möglich ist, die entsprechenden Ansprüche sich jedoch in der Regel dennoch an spielfilmmäßiger Arbeit orientieren sowie ferner
- Musikdarbietungen, die es erforderlich machen, daß der betreffende Regisseur Partituren lesen und musikalisch bewerten kann. Für Aufzeichnungen dieser Art wird vom Regisseur in der Regel anhand der Partitur ein Ablaufplan erstellt.

IV 5 Playback
IV 9 Schnitt

Zu den Aufgaben der Regie-Assistenz gehört es, die Kontinuität des Handlungsablaufs zu überwachen. Zu diesem Zweck muß bei jeder Einstellung über die folgenden Einzelheiten genauestens Buch geführt werden: Körperhaltung der Darsteller an denjenigen Punkten des Handlungsablaufs, an denen später geschnitten wird sowie Art und Standort der Ausstattungsgegenstände und der Komparsen. Dazu wieder ein konkretes Beispiel: Geht ein Komparse bei einer Dialogszene im Hintergrund als „Straßenpassant" durch das Bild, so muß derselbe Komparse bei einem „Gegenschuß" auf den Dialogpartner im richtigen Augenblick sowie in der richtigen Richtung auch durch das „Gegenschußbild" gehen. Voraussetzung ist dabei selbstverständlich, daß sein erneutes Auftauchen von der jeweiligen Blickrichtung und der Topographie der Szene her logisch erscheint. Ein Straßenpassant, der sich beim Umschnitt innerhalb eines Dialogs plötzlich in Luft aufgelöst hat, würde auch einem naiven Zuschauer sofort auffallen (möglicherweise nicht bewußt, aber dennoch mit katastrophalen Folgen).

IV 4 Tongestaltung

Werden einzelne Einstellungen eines Films nicht in ihrer chronologischen Abfolge gedreht oder Anschlußeinstellungen zu gänzlich anderen Zeiten aufgenommen, muß die Regieassistenz dafür sorgen, daß Requisiten, Komparsen und Darsteller genau so „arrangiert" werden, daß später beim Zusammenschnitt des Films im Handlungsablauf und den jeweiligen Hintergründen keinerlei Brüche oder Sprünge entstehen. Dabei sind auch tonliche Erfordernisse, z.B. nachträglich aufzunehmende Geräusche, Musikeinspielungen sowie bildliche und tonliche Überlappungen einzubeziehen. Aufgrund der großen Bedeutung der Regieassistenz für den Schnitt werden beide Aufgaben häufig von *einer* Person übernommen, wobei die Filmcutterin dann gleichzeitig als Regieassistentin fungiert.

Beim Arrangieren einer Szene übernimmt die Regie-Assistenz in der Regel auch die Führung der Komparserie. Der Regisseur äußert in diesen Fällen nur mehr in groben Zügen seine Wünsche, die entsprechenden Anweisungen an die einzelnen Komparsen, wann sie welche Tätigkeiten oder Gänge auszuführen haben, werden von der Regie-Assistenz – nachdem sie sich über den Bildausschnitt der Kamera orientiert hat – erteilt.

13. Die Zukunft - wirtschaftlich

Filme und Fernsehprogramme sind vom Standpunkt des Wirtschaftlers gesehen ebenso eine Ware wie Autos oder Kühlschränke. An ihrer Herstellung sind viele Personen mit ihrer Arbeitskraft und ihrem speziellen Fachkönnen beteiligt. Diese Personen wiederum erwarten von den Verbrauchern (die Autos und Kühlschränke benutzen und verschleißen oder Filme und Fernsehprogramme konsumieren) eine Gegenleistung, die dann in Form von selbstverdientem Geld erbracht wird.

Zwischen Hersteller und Konsument (Kunde) gibt es den Handel, der für eine möglichst effiziente Verteilung der hergestellten Ware an möglichst viele Konsumenten sorgt. In der klassischen Filmindustrie ist der Produzent der Hersteller der Ware, die dann vom Filmverleih an den Konsumenten, d.h. an den Zuschauer, der sich im Kino ein paar schöne Stunden macht, verteilt wird.

Natürlich gab es schon immer von der Regel abweichende Formen der Produktion und Verteilung. In diesen Bereich gehören z.B. mit staatlichen Geldern produzierte und für Schulen bestimmte Unterrichtsfilme, für die dann dieselben finanziellen Bedingungen gelten wie für das gesamte Schulwesen. Oder auch Filme, die von großen Industriefirmen in Auftrag gegeben werden, um die eigenen Zielsetzungen bekannt zu machen und bei potentiellen Kunden oder Konsumenten Sympathie zu wecken.

Mit dem Erscheinen des Fernsehens hat sich die Situation grundlegend gewandelt. Konsumenten, die in früheren Jahren einmal wöchentlich oder gar nur einmal monatlich ins Kino gingen und folglich u.U. nur 2 Stunden Programm pro Monat konsumierten, sehen inzwischen täglich 2 Stunden Programm. Damit haben sie ihren Konsum um das Dreißigfache erhöht! Die Frage, wer diese gewaltigen Programm-Mengen herstellen und insbesondere, wie man sie finanzieren soll, ist bis heute ungelöst. Als eine Art Notlösung haben die Fernseheinrichtungen bisher die folgenden Maßnahmen ergriffen:

- Der gesamte Vorrat an Programmen, die die Filmindustrie seit 1930 produziert und eingelagert hat, wird bis zum Gehtnichtmehr ausgebeutet.
- Zur Rationalisierung der Produktionsmethoden wird z.B. die Produktionszeit eines Spielfilms von früher 3-6 Monaten auf 4 Wochen reduziert.
- Man stellt große Mengen billiger und minderwertiger Füllprogramme her.

In den einzelnen Ländern bezahlt der Konsument in unterschiedlicher Weise für die Programmbenutzung. In der Bundesrepublik und in einigen anderen europäischen Ländern entrichtet der Zuschauer für die Benutzung von monatlich etwa 120 Stunden Programm eine ebenfalls monatliche Pauschalgebühr, die in etwa dem Preis von 2 Kinokarten entspricht.

In Ländern wie den USA wird Fernsehen im wesentlichen durch Werbung finanziert. Praktisch bedeutet dies, daß der Zuschauer mit dem Einkauf eines Pakets Waschmittel einen Dollar Fernsehgebühren bezahlt - in den meisten Fällen ist er sich dieser Tatsache allerdings kaum bewußt.

In totalitären Ländern wird das Fernsehen vom Staat finanziert, was nichts anderes bedeutet, als daß der Konsument sein Programm mit Steuern oder dem Gewinn, den der Staatshandel aus seiner Arbeitskraft schöpft, bezahlt.

Aus den folgenden Gründen kann jedoch keines dieser Systeme auf die Dauer Bestand haben:

- die angesammelten Vorräte der Filmindustrie lassen sich nicht endlos ausbeuten,
- das Programmangebot wird in Zukunft wesentlich größer sein und damit gleichzeitig um einiges höhere Kosten verursachen,
- zudem werden Film- und Fernsehmedien im öffentlichen Leben einen viel breiteren Raum einnehmen als dies bisher der Fall ist.

Somit läßt es sich kaum vermeiden, daß der Konsument in Zukunft einen größeren Anteil seines Einkommens für die Bezahlung der angebotenen Dienste ausgeben muß. Eine pauschale Gebührenerhöhung ist jedoch in jedem Falle unbefriedigend, da der Konsument dadurch keine Möglichkeit besitzt, die Verteilung seines Geldes zu beeinflussen und auf diese Weise Dinge finanziert, für die er selbst keinerlei Bedarf hat. De facto bedeutet dies eine Entmündigung des Konsumenten. Die zukünftige Verbindung von Kabelfernsehen mit Zentralcomputern wird es allerdings möglich machen, daß das Konto jedes Fernsehteilnehmers nur mit Gebühren für *die* Sendung belastet wird, die er tatsächlich ausgewählt und konsumiert hat.

Gegen dieses Schema gibt es etliche Einwände, etwa in der Art, daß bei derartigen freien Wahlmöglichkeiten das allgemeine Niveau des angebotenen Programms sinken würde. Abgesehen davon, daß solche Einwände regelmäßig von Leuten vorgebracht werden, die zur Herstellung eines guten Programms selbst völlig außerstande sind, liefern z.B. Länder, die kein subventioniertes Theater besitzen, die besten Beispiele für angesehene Theaterkultur. Auch das Argument, daß ältere und bedürftige Menschen sich bei diesem Modell der Zukunft wohl kaum eine ausreichende Fernsehversorgung leisten können, läßt sich leicht entkräften. Nichts wäre einfacher, als ihre Konten im Zentralcomputer aus Steuermitteln mit Subventionen aufzustocken, die dann selektiv nicht nur für Nahrungsmittel, sondern auch für den gewünschten Fernsehkonsum abrufbar wären.

Inhaltsübersicht

Stichwortverzeichnis

Die halbfett gedruckten Zahlen verweisen auf diejenigen Textabschnitte, in denen der betreffende Begriff bzw. das betreffende Thema schwerpunktmäßig behandelt wird. Weitere Stichworte sind den Kapitelüberschriften der einzelnen Bände zu entnehmen.